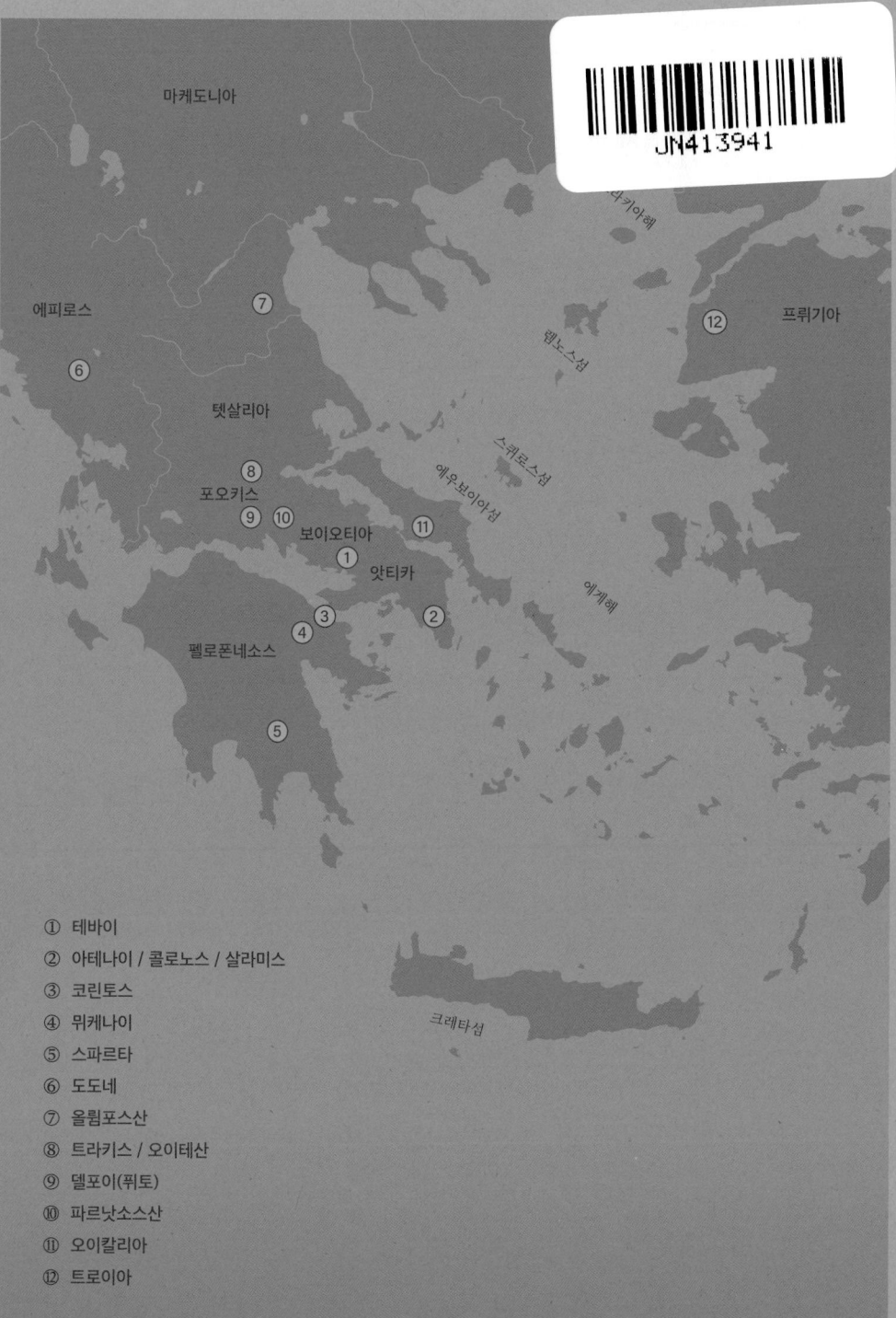

소포클레스의 작품 무대

SOPHOCLIS
FABVLAE

소포클레스 전집

소포클레스 지음
이준석 옮김

그리스 고전 문학선

아카넷

일러두기

1. 이 책은 Hugh Lloyd-Jones와 Nigel Guy Wilson이 편집한 *Sophoclis Fabulae*(Oxford University Press, 1990)를 대본으로 삼아 희랍어에서 한국어로 번역한 것이다.
2. 희랍어 원문과 대조해볼 수 있도록 다섯 행마다 행수를 표기하였다. 해설 등에서 특정한 단어가 등장하는 자리를 언급하는 경우에 이 행수를 밝혔다.
3. 본문에 간혹 등장하는 괄호들의 의미는 다음과 같다.
    [ ]: 원전 편집자가 삭제하자고 판단한 구절
    ⟨ ⟩: 원전 편집자가 첨부하자고 판단한 구절
    ( ): 번역자가 이해를 돕기 위해 삽입한 구절이나 짧은 뜻풀이
4. 신화 속 인물, 신, 지명, 개념 등에 대한 각주를 서로 다른 비극 작품들에서 반복하여 붙이기도 했다. 각각 독립된 작품들이므로, 독자가 읽는 순서에 관계없이 필요한 주석을 참고할 수 있게 하기 위함이다.

차례

옮긴이의 말 ··· 007
작품 읽기에 앞서 ·· 011

오이디푸스 튀란노스 ················ OEDIPVS REX ···························· 019
안티고네 ···································· ANTIGONE ································· 111
엘렉트라 ···································· ELECTRA ·································· 191
아이아스 ···································· AJAX ··· 273
트라키스의 여인들 ···················· TRACHINIAE ···························· 357
필로크테테스 ···························· PHILOCTETES ·························· 429
콜로노스의 오이디푸스 ············ OEDIPVS COLONEVS ············· 513

옮긴이의 말

이 작품집은 기원전 5세기 아테나이의 시인 소포클레스의 비극 작품 중 현재까지 전하는 일곱 편 모두를 희랍어에서 우리말로 옮긴 것이다. 각 작품에 등장하는 주인공들은 각양각색이다. 아이아스와 필로크테테스처럼 트로이아 전쟁담에서 온 인물들이 있는가 하면, 오이디푸스 가문과 아가멤논 가문의 인물들도 있다. 이보다 시기적으로 더 앞서는 헤라클레스와 데이아네이라의 이야기도 있다. 그러나 이 일곱 편의 비극은 모두 주인공들이 결정적인 상황에서 자신의 삶과 죽음을 가르는 단 하루에 초점을 맞춘다. 그 과정에서 솟아오르는 위력적인 질문들은 당시의 관객들에게도, 오늘을 사는 우리에게도 동등한 무게로 다가온다. 그렇게 오랜 시간을 내구하며 현재를 살아내는 작품들을 우리는 고전이라고 부른다. 그 고전 작가의 명단 중에서 신의 지위를 내려놓은 적 없는 호메로스 다음으로는 언제나 소포클레스가 있었다. 고대 희랍 문화의 최전성기에 해당하던 기원전 5세기의 고전 시대에서도 그는 가장 밝게 빛나는 별이었다. 그의 작품들을 번역하는 것은, 따라서 보통의 마음가짐으로는 될 일이 아니었다. 그러나 이 지극히 당연한 사실을 잊은 채, 이미 초벌로 옮겨놓은 작품도 두엇 있었고, 몇 차례 읽어보고 가르쳐본 작품들도 있다는 이유로 다소 홀가분한 마음으로 시작했던 것이 패착이었다. 그런 설익은 기대는 번역을 시작하자마자 사라졌고, 역자는 마지막까지 낮게 몸을 숙여 엎드릴 수밖에 없었다.

『트라키스의 여인들』 12행에서 역자가 '굼실거리는'이라고 옮긴 원어 aiolos(아이올로스)는 '날렵하다, 빛나다, 알록달록하다, 변화무쌍하다, 꿈틀대다'라는 뜻을 모두 한 몸에 품은 단어이다. 구혼자 아켈로오스가 뱀의 모습으로 나타났을 때 떠올릴 수 있는 모든 심상이 하나에 응축된 듯한 단어인데, 이를 우리말 단어 하나로 옮긴다는 것은 불가능에 가까운 일이었다. 그러나 작품 전체를 지배하는 변화와 순환의 이미지를 처음으로 드러내는 단어인 만큼 가볍게 넘어갈 수도 없었다.

아예 제목에서부터 숨이 막혔던 작품도 있다. 흔히 『오이디푸스 왕』으로 번역하는 작품의 원제는 『오이디푸스 튀란노스』이다. 희랍어에는 왕을 뜻하는 말들이 몇 가지 있는데, 왕위를 얻는 방식에 초점을 두면 튀란노스는 자기 힘으로 왕위에 오른 사람을 뜻하고, 바실레우스는 왕조의 세습 왕을 가리킨다. 어떤 이도 동시에 두 지위를 점유할 수는 없다. 그러나 오로지 오이디푸스만 튀란노스이자 바실레우스이다. 자신의 실력으로 왕위에 추대된 점에서는 튀란노스이지만, 전임자와의 혈연관계를 생각하면 바실레우스니까. 역자가 이 작품의 제목을 번역 없이 『오이디푸스 튀란노스』로 둔 것도 그런 의미에서였다. '왕'으로 번역하는 순간, 그 고유의 역리가 사라질까 두려웠다.

어려운 고비마다 기존 번역서들에서 큰 도움을 얻었다. 외국어 역으로는 독일에서 발간되고 있는 Griechische Dramen 시리즈(De Gruyter, 2012-), 올리버 태플린의 영역(Oxford University Press, 2015), 폴 마종의 불역(Les Belles Lettres, 1955-1960) 등을 주로 참조하였고, 우리말 원전 번역으로는 작고하신 천병희 선생님의 『소포클레스 비극 전집』(숲, 2008), 그리고 강대진 선생님의 『오이디푸스 왕』(민음사, 2009)에서 많은 영감을 얻었다. 이 번역들이 없었다면 훨씬 더 고된 작업이 되었을 것이다. 희랍어 원전으로는 로이드-존스와 윌슨이 편집한 *Sophoclis Fabulae*(Oxford University Press, 1990)를 번역의 대본으로 삼았다. 비평 각주(criticus apparatus)가 가장 충실하기 때문이었다. 다만 이들은 전통적인 독법에 얽매이지 않고 텍스트를 자유롭게 삭제하고 추가하는 경향이 있는데, 역자가 이를 모두 수용하지는 않았다. 로저 도의 *Sophoclis Tragoediae*(Teubner, 1979)도 비교하였으나, 역자가 받아들이기 어려운 주장이 많은 편이었다.

해설 역시 쓰고 지우기를 반복하였다. 신화의 어떤 대목에서 어떤 방식으로 시작하여도 낯설지 않았을 고대 희랍의 관객들과 우리 사이에는 정보의 격차가 있다. 그래서 이해를 위해 줄거리를 요약하고 생각해볼 만한 지점들을 작품별로 몇 가지씩 짚어보는 방식으로 해설을 구성하였다. 역자의 주관적인 해석이 짙게 담겨 있어 누구에게나 환영받지는 못하겠지만 아무쪼록 작품을 읽고 이해하는 데에 조금이나마 도움이 되기를 바라는 마음이다.

이 번역은 역자가 오랫동안 품고 있던 꿈이었다. 대학원 공부를 시작하며 처음 읽었던 작품이 『필로크테테스』와 『안티고네』였고, 언젠가는 소포클레스의 모든 작품을 온전히 이해하여 우리말로 오롯이 옮기고 싶다는 생각도 그때부터 했던 것 같다. 여전히 온전한 이해에는 가닿을 수 없지만 최선을 다해 번역하려는 마음은 변한 적이 없다. 독자 여러분의 많은 질타를 기다린다. 전작들에 이어 이번에도 아카넷 박수용 편집자의 노고가 컸다. 함께 읽고 공부하며 많은 조언과 격려를 해주신 나의 학생들, 특히 정유진, 손기순, 이주영, 그리고 신혜란 님께 깊은 감사를 드린다. 역자를 소포클레스의 세계로 이끌어주신 유-군더트(Irmgard Yu-Gundert) 선생님께 이 책을 바친다. 고전문헌학을 공부하기 어려웠던 국내 환경에서 선생님의 존재는 절대적이었고, 그 가르침 덕택에 역자도 학문의 길에 들어설 수 있었다. 올륌포스에 계신 어떤 신께서 선생님의 모습을 하고 오신 것이었다고, 역자는 여전히 믿는다.

2025년 여름 낙산(駱山) 아래에서

이준석

작품 읽기에 앞서

극장과 공연

편의상 우리는 희랍 비극이라는 용어를 사용하지만, 엄밀히 보자면 아테나이 비극, 혹은 아테나이가 속한 지역의 이름을 따서 아티카 비극이라고 하는 편이 더 잘 어울린다. 고대 아테나이인들은 포도주의 신 디오뉘소스를 기리기 위해 매년 3월 말에서 4월 초에 디오뉘시아 대제전이라는 축제를 열어 즐겼고, 이는 도시국가의 후원을 받는 종교 축제 중 가장 규모가 큰 행사였다. 축제의 꽃은 단연 비극 경연이었다. 닷새의 축제 기간 중 사흘 동안은 비극 경연이 진행되었는데, 각 비극 작가는 세 편의 비극 작품, 즉 삼부작(trilogia)을 바탕으로, 우스꽝스러운 사튀로스(satyros)극 한 편을 더해 총 사부작(tetralogia)을 출품하여 경쟁하였다고 전해진다. 이들 중 가장 뛰어난 작가 셋은 시대순으로 아이스퀼로스, 소포클레스, 에우리피데스이며 모두 기원전 5세기에 활동하였다. 물론 이들 이전과 이후에도 비극 작가들이 없는 것은 아니었으나 우리에게 전해지는 작품은 없다. 이들의 비극은 연극 상연을 위한 희곡이므로 당시의 공연에 대한 설명이 조금은 필요할 것이다.

에피다우로스 극장[1]

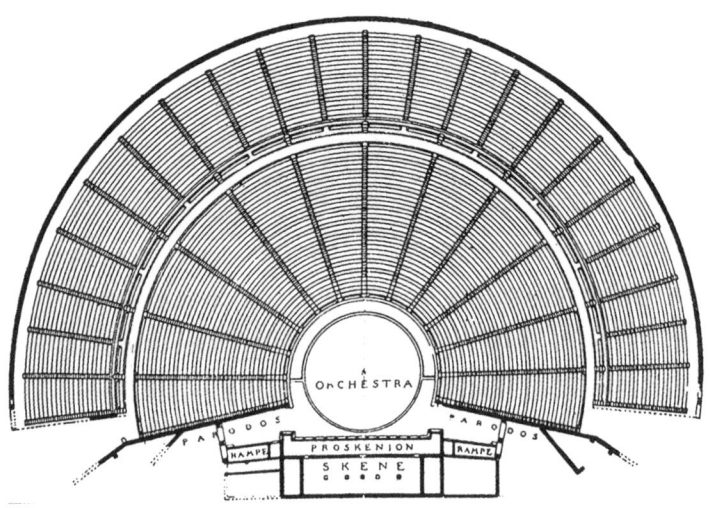

에피다우로스 극장의 평면도[2]

---

1 https://en.wikipedia.org/wiki/Ancient_Theatre_of_Epidaurus#/media/File:The_great_theater_of_Epidaurus,_designed_by_Polykleitos_the_Younger_in_the_4th_century_BC,_Sanctuary_of_Asklepeios_at_Epidaurus,_Greece_(14015010416).jpg
2 Margarete Bieber, *The History of the Greek and Roman Theater*, Princeton University Press, 1961, p. 71.

여기에서는 에피다우로스 극장을 예로 든다. 이 극장이 지어진 시기는 기원전 4세기이니, 기원전 5세기에 활약한 3대 비극 작가들은 이 극장을 알지 못했을 것이다. 기원전 5세기의 극장에서는 석조가 아닌 목조 의자에 관객들이 앉아 비극을 관람했다고 하나, 남아 있는 유적이 없어 구체적인 실상을 알기는 어렵다. 에피다우로스 극장을 예로 든 것은 고대 희랍의 극장들 중 가장 보존 상태가 뛰어나기 때문이다. 그림에서 보는 바와 같이 객석은 부채꼴, 혹은 반원 모양으로 언덕의 경사면을 따라 배치되어 있다. 반원의 중심에 해당하는 곳에는 작은 원형 공간이 있는데, 합창단의 가무가 이루어지는 곳으로 이를 오르케스트라(orchestra)라고 부른다. 관객의 시선이 모이는 자리에는 스케네(skene)라는 장치가 있는데, 일종의 가건물로서 무대의 배경이 되는 궁전이나 신전 등의 모습을 하고 있었다. 영어 scene의 어원이다. 배우들이 연기하는 자리는 오르케스트라와 스케네 사이의 무대이며, 스케네 앞에 있다는 의미에서 프로스케니온(proskenion)이라고 부른다. 무대 양옆으로는 파로도스(parodos)라는 통로가 있어 배우와 합창단의 등장과 퇴장에 사용되었다. '갓길'이라는 뜻이다.

비극 공연은 동틀 무렵에 시작되었고, 배우들은 모두 가면을 쓰고 연기하였다. 애초에는 한 명의 배우가 연기하였다고 하며, 두 번째를 올리기 시작한 것은 아이스퀼로스에 이르러서였다. 소포클레스가 세 번째 배우를 도입한 이후, 배우의 숫자가 더 늘지는 않았다. 가장 비중이 큰 제1배우는 대체로 주인공 역할 하나만 하는 경우가 많지만, 제2, 3배우는 여러 역할을 소화해야 했다. 이들은 퇴장과 함께 의상과 가면을 교체하고 다른 배역으로 나설 준비를 했을 것이다. 여기에 적게는 12명, 많게는 15명으로 구성된 가무단인 합창단(choros 코로스)이 있었고, 이들을 이끄는 합창단장도 고정 배역을 소화하였으니, 실질적으로는 배우가 넷이었던 셈이다. 배우가 더 등장하는 경우도 있으나, 이들에게는 대사가 배당되지 않는다.

비극의 구성 요소와 용어

대체로 비극은 첫머리, 등장가, 4-5개의 삽화와 정립가, 그리고 퇴장가의 순서로 구성되는데, 각각의 형식과 전개는 다음과 같다.

첫머리(prologos 프롤로고스)

극의 시작 장면으로, 합창단이 등장하기 전까지 배우의 독백, 또는 대화로 이루어진다. 사태의 한복판에서 곧장 시작하는 경우가 대부분이므로, 프롤로고스에서 배경과 맥락을 보여주는 경우가 많다. 영어 prologue의 어원이다.

등장가登場歌(parodos 파로도스)

무대 양옆으로는 배우와 합창단의 입구와 출구가 되어주는 길이 서로 마주하며 나 있는데, 이 두 통로를 파로도이(parodoi)라고 부른다. 합창단이 이 입구의 통로(parodos)로 등장하며 부르는 노래로서, 배우와 나눠 부르는 경우도 있다.

정립가停立歌(stasimon 스타시몬)

합창단의 자리는 무대와 객석 사이에 있는 원형 공간(orchestra 오르케스트라)이다. 합창단이 여기에 멈춰[停] 서서[立] 부르는 노래[歌]라는 뜻이다. 극 중간중간에 합창단이 부르는 노래이다.

애탄가哀嘆歌(kommos 콤모스)

합창단이 배우와 대화하듯이 노래를 메기고 받으며 부르는 부분이다. 어원은 가슴을 치며(koptein 콥테인) 부르는 노래로 추정되는데, 비탄을 표현하는 경우가 많기 때문이다.

퇴장가退場歌(exodos 엑소도스)

합창단이 오르케스트라를 떠나 퇴장하며 부르는 노래로, 후대의 비극에서는 종결부 전체를 가리키기도 한다.

좌-우(strophe 스트로페-antistrophe 안티스트로페)

합창단의 노래에는 단락마다 좌1, 우1, 좌2, 우2…라는 표시가 붙는다. 좌는 strophe, 우는 antistrophe의 번역이고, 원래는 각각 회전, 반대회전이라는 뜻이다. 합창단은 오르케스트라에서 한쪽으로 돌며 한 단락을 노래하고, 다음 단락은 반대쪽으로 돌며 부른다. 합창단의 노래는 같은 운율의 노래가 두 단락씩 짝지어져 있고, 이를 각각 좌1/우1, 좌2/우2…로 표기한다. 간혹 이후 한 단락의 노래가 따라 나오며[從] 노래를 끝내는 경우도 있는데, 이를 종가(從歌, epode 에포데)라고 부른다.

삽화揷話(epeisodion 에페이소디온)

합창단의 노래 사이에 놓이는[揷] 이야기[話]로서 배우들의 연기와 대화로 이루어진다. 영어 episode의 어원이 되는 용어이다. 이때, 배우들이 한 행씩 주고받으며 말하는 부분을 스티코뮈티아(stichomythia), 반 행씩 빠르게 주고받으며 말하는 부분을 안틸라베(antilabe)라고 부른다. 한편, 한 배우가 길게 말하는 연설은 레시스(rhēsis)라고 한다.

이 밖에 무대 기술의 요소로는 에퀴클레마(ekkyklema)가 있는데, 이는 바퀴가 달린 이동식 무대장치로, 시신을 운반하는 등의 용도로 쓰인다. 내부에서 벌어진 일을 관객과 다른 등장인물들에게 보여주는 장치이다. 또, 극의 종결부에 기중기와 같은 기계장치를 이용하여 신이 등장하는 장면을 연출하는 경우가 있는데, 이를 데우스 엑스 마키나(deus ex machina)라고 부른다. 무슨 대단한 뜻이 있는 것까진 아니고, 희랍어 apò mēkhanês theós(아포 메카네스 테오스)를 라틴어로 그대로 옮겨 온 것이다. '기계장치로부터 나오는 신'이라는 뜻이다. 에우리피데스가 즐겨 사용하던 장치이며, 소포클레스의 경우 『필로크테테스』의 헤라클레스가 이에 해당한다.

시인의 생애

비극 작가 소포클레스는 기원전 496년경 아테나이 인근 콜로노스에서 부유한 무구 장인 소필로스의 아들로 태어났다. 그에 대한 고대의 기록들에 의하면 어린 시절부터 외모가 뛰어났고 음악, 춤에도 두각을 나타내었다고 한다. 그래서 480년 살라미스 전투의 승리를 기리는 합창단에서도 활약했다고 하는데, 호사가들은 이 전투에 45세의 장년 아이스퀼로스가 참전했고, 16세의 소년 소포클레스는 합창단에서 노래했으며, 에우리피데스는 이때 세상에 태어났다는 이야기를 만들어 즐기기도 하였다. 역사적 사실과는 다소 차이가 있겠지만, 이른바 3대 비극 작가인 이들의 연배를 한눈에 알아보기에 좋은 이야기이긴 하다. 아이스퀼로스와 소포클레스가 한 세대 정도 차이가 나고, 소포클레스와 에우리피데스의 격차는 그 절반이다.

470년에 비극 작가로서의 경력을 시작한 그는 평생 약 120편 이상의 작품을 남겼으며, 한 작가가 네 작품씩 출품하는 비극 경연에서 총 24번의 승리를 거두었다고 전해진다. 당시 비극 경연은 1위부터 3위까지 순위를 매겼는데, 3위를 차지한 적은 한 번도 없었다고 한다. 극작가로서의 성공 외에도 그는 델로스 동맹의 재무관(443/442년), 사모스섬 원정(441/440년)의 제독으로 임명되어 활동하였으며, 펠로폰네소스 전쟁 중 중요한 현안을 다루던 10인 위원회의 위원(proboulos 프로불로스)으로 선출되었다고 전해진다(411년). 405년, 에우리피데스가 죽고 몇 달 지나지 않아 소포클레스는 90세의 나이로 사망한다. 다음 해에 펠로폰네소스 전쟁이 끝나며 아테나이는 패전을 맞는다. 401년에는 그와 이름이 같은 손자가 『콜로노스의 오이디푸스』를 상연하고 비극 경연대회에서 우승을 거두었다고 한다.

그가 120편 이상의 작품을 집필하였다고 하나 우리에게 온전하게 전해지는 작품은 일곱 편에 불과하고, 그중에서도 연대를 확실히 알 수 있는 작품은 둘밖에 없다. 기원전 409년 작 『필로크테테스』, 그리고 소포클레스 사후에 손자에 의해 상연된 401년 작 『콜로노스의 오이디푸스』이다. 관습적인 분류는 『트라키스의 여인들』과 『아이아스』를 450년대, 혹은 440년대의 '초기작'으로 놓는 것이다. 주인공의 죽음으로 인해 플롯이 둘로 나뉘는 듯한 양분구성(diptychon 디프튀콘)이라는 공통점을 보이기 때문이다. 그다음에 놓이는 것은 『안티고네』인데, 소포클레스가 이 작품의 성공으로 명성을 얻어 사모스섬 원정에서 제독으로 선출되었다는 고대의 기록 때문이다. 심지어는 『안티고네』의 작시 연대가 제독 선출 한 해 전인 442년일 것이라 확정하는 사람들까지 있다. 『오이디푸스 튀란노스』에는 테바이를 강타한 역병이 등장하는데, 이것이 기원전 430년경의 아테나이의 역병을 반영한 것이라고 믿는 사람들은 이 역병 직후에 이 작품이 상연되었을 거라고 주장한다. 『엘렉트라』와 『필로크테테스』는 주인공의 성격이 비슷하다는 이유로 비슷한 시기의 작품으로 묶는 사람들이 있다. 그러나 이러한 연대 추정은 '추정'에 불과하다. 교차 검증이 되지 않는 고대의 기록 하나를 의지하여 『안티고네』의 연도를 단정 짓는 것도, 역사적인 역병과 신화적인 역병을 동일 선상에 놓는 것도 이렇다 할 근거가 없는 일이다. 플롯의 구조나 등장인물의 성격 등에서 발견한 공통점을 실마리로 붙드는 것은 조금 더 나은 시도일 수 있지만, 우리가 가진 자료는 120편 중 일곱 편에 불과하다. 특정한 플롯 구성을 특정한 시기에만 적용했다든가, 특정한 인물상을 특정한 시기에만 그렸다는 주장에도 근거는 없다. 다만, 형식적으로 가장 뛰어난 면모를 보이는 『오이디푸스 튀란노스』와 『엘렉트라』가 작가의 전성기를 상징하는 작품일 것이라는 생각 정도는 가능할 것이다. 그러나 구체적인 연대의 추정까지는 불가능하다.

오이디푸스 튀란노스　OEDIPVS REX

등장인물

오이디푸스	테바이의 왕.
이오카스테	테바이의 왕비.
사제	제우스의 사제.
크레온	이오카스테의 남자 형제.
목자	라이오스의 하인.
사자	코린토스에서 온 사자(使者).
코로스	테바이의 원로들.
테이레시아스	눈먼 예언자.
안티고네, 이스메네	오이디푸스의 딸들. 대사는 없다.

(제우스의 노사제가 시민 여럿을 이끌고 와 오이디푸스의 궁전 앞 제단 주위에 앉아 있다.
오이디푸스가 시종들을 거느리고 등장한다)

오이디푸스   오오, 자녀들, 옛 카드모스[1]의 새 세대여,
너희는 대체 왜 이런 모습으로 탄원의 나뭇가지들을 두르고선
나를 향해 자리를 잡고 앉아 있는 거냐?
그런데 도시가 온통 향으로,
또 파이안[2]과 신음으로도 가득하구나.   5
나는 이 일을 전령들과 다른 이들에게서 듣는 게
당치 않다고 여겨, 아이들아, 직접 이리로 왔단다.
모든 이들에게 잘 알려진, 오이디푸스라 불리는 내가.

(사제에게)

자, 어르신, 말씀해보십시오, 이 사람들을 위해 말씀하시기에 그대가
적임이시니, 그대들은 어떤 상황에 놓인 겁니까, 두려워하고 있나요,   10
아니면 뭔가를 갈망하는 겁니까? 나는 무슨 도움이든 기꺼이 드릴
용의가 있습니다. 그대들이 이렇게 주저앉아 있는 걸 가여워하지 않는다면,
나는 고통도 느끼지 못하는 무딘 자일 테지요.

사제   오오, 내 땅을 다스리시는 오이디푸스여,
그대의 제단 앞에 나와 앉은 우리 연배들을   15
보고 계시겠지요. 어떤 이들은 아직 멀리 날갯짓할
기운도 채 없고, 어떤 이들은 노령에 눌려 무겁기만 합니다.
나는 제우스의 사제올시다, 그리고 이 사람들은 가려 뽑은
젊은이들이고요. 나머지 백성들은 탄원의 가지들을 두르고

---

1 카드모스는 테바이의 시조로, 용이 지키는 샘터에서 용을 죽이고 아테네 여신의 지시에 따라 용의 이빨을 땅에 뿌리자 전사들이 솟아났다고 한다. 이들은 서로를 죽이다가 다섯 명이 남았고, 카드모스가 이들을 데리고 테바이를 세웠다고 전해진다. 이로 인해 테바이는 카드메이아라는 이름으로 불리고, 테바이 사람들은 용의 이빨에서 나온 후손들, 카드모스의 후손들이라 불린다.
2 파이온/파이안은 질병을 치료하는 의신으로 종종 아폴론과 하나의 신격으로 결합되어 나타나기도 한다. '치유의 노래'를 뜻하기도 한다.

저잣거리에, 팔라스³의 두 신전 앞에, 그리고   20
이스메노스강의 예언하는 재⁴ 위에도 앉아 있습니다.
이 도시가, 당신도 몸소 보시다시피, 이미 지나치리만큼
뒤흔들리고 있는 데다가, 심연으로부터도, 피의 지진으로부터도
더는 고개를 들어 올릴 수 없을 지경이니까요.
생명을 잃어가고 있습니다, 대지의 열매를 품은 싹이.   25
생명을 잃어가고 있습니다, 초원에서 풀을 뜯는 소 떼가. 그런가 하면
여인들은 아이를 낳지 못하고 있습니다. 그 와중에 불길을 품은 신⁵께서
도시를 내리 덮쳐 몰아붙이고 있으니, 이건 더없이 가증스러운 역병입니다.
이로 인해 카드모스의 집은 비어가고, 새카만 하데스⁶는
신음과 눈물로 풍족해지고 있지요.   30
나도, 이 아이들도 그대를 신들과 맞먹는 분으로 여겨서
지금 이 화롯가에 앉아 있는 건 아닙니다.
다만 삶의 곡절들 속에서도, 신들과 주고받는 일에서도
인간들 중에서 그대가 으뜸이라고 판단해서지요.
카드모스의 도시로 오신 그대는, 그 모진 가수⁷에게   35
바쳐오던 공물로부터 우리를 방면해주셨지요.

3　아테네 여신의 또 다른 이름.
4　이스메노스는 테바이 동쪽을 흐르는 강이며, 서쪽에는 디르케강이 흐른다. 이스메노스강 가에 아폴론 신전이 있었고, 거기서 번제물을 태운 재로 점을 쳤다고 전해진다.
5　하나의 특정한 신으로 단정하기 어렵다. '불길을 품은(pyrphoros 퓌르포로스)'이라는 형용사는 192행에서는 아레스, 200행에서는 제우스, 그리고 206행에서는 아르테미스와 연결된다.
6　저승, 또는 저승의 지배자를 가리킨다. 저승의 지배자 하데스는 크로노스와 레아의 아들로, 제우스, 포세이돈과 동기간이다. 이 3형제가 세계를 삼분하여 다스리게 되었을 때 하데스는 지하 세계의 몫을 얻었다고 한다.
7　스핑크스. 여인의 얼굴에 사자의 몸, 혹은 새의 몸을 하고 있는 존재로서, 테바이에서 수수께끼를 내고, 맞히지 못한 사람을 죽였다고 한다. 그 수수께끼는 '두 발이면서 세 발이기도 하고 네 발이기도 한데 형태는 하나이며, 발이 제일 많을 때 발의 힘이 가장 약한 것은 무엇인가?'였고, 오이디푸스가 '인간'이라는 답을 내어 스핑크스는 떨어져 죽었다고 전해진다. 오이디푸스는 이로 인해 테바이 사람들에게 왕으로 추대되었고, 이오카스테와 결혼하게 된다.

그것도 우리에게 무얼 더 배워서, 가르침을 받아서가 아니라
그저 신의 도우심으로 그대가 우리네 삶을 일으켜 세우셨노라
일컬어지고, 여겨지고 있습니다.
그러니 이제, 오오, 만인의 눈에 가장 강력하신 오이디푸스의 머리[8]여, 40
이 자리에서 탄원하는 우리 모두가 그대에게 간청하오니,
저희를 위해 어떤 힘이라도 찾아주십시오, 신들의 말씀을 들어서든,
아니면 누군가에게서 알아내든 간에.
노련한 사람들이라면, 그들의 계획도 최선의 결과를
가져온다는 걸 나는 알고 있으니까요. 45
자, 필멸의 인간들 중 가장 뛰어난 분이여, 가서 다시 한번 도시를 일으켜주
 십시오.
자, 가서 마음 써주십시오. 그대가 예전에 품었던 열의 덕에
지금 이 대지는 그대를 구원자라 부르짖고 있으니까요.
우리가 처음엔 바로 일어섰다가 나중엔 쓰러졌노라며
당신의 통치를 기억하게 될 일 절대로 없게끔 해주십시오. 50
안 되고말고요. 이 도시를 다시 한번 일으켜주십시오, 견고해지도록.
그때에도 당신은 상서로운 조짐에 따라 우리에게 행운을 건네주셨으니,
지금도 그때와 마찬가지로 똑같은 분이 되어주십시오.
그대가 이 땅을 지금처럼 계속 통치하시려면,
공허한 땅이 아닌, 사람들로 넘쳐나는 땅을 다스리는 편이 나으니까요. 55
성탑도, 배도, 그 안에 사람들이 살지 않아 적막해진다면,
그건 아무것도 아닌 셈이니까요.

오이디푸스 아아, 가엾은 내 아이들아, 내가 잘 알고, 결코 모를 수 없는 것을
너희가 애태워 바라며 이리로 나왔구나. 너희 모두가 앓고 있다는 건
나도 잘 알고 있단다. 하지만 너희가 앓고 있다 한들, 60

---

8 희랍인들은 사람을 가리킬 때 그 사람의 힘, 또는 머리라는 표현을 즐겨 사용하였다.

너희 가운데 나와 똑같이 앓고 있는 사람은 아무도 없단다.

너희의 고통은 각자 자기 한 사람에게만 다가올 뿐,

다른 이에게 가지야 않지만, 나의 영혼은 도시를 위해, 그리고

나 자신과 너를 위해 한꺼번에 탄식하고 있단다.

그러니 너희는 깊이 잠들어 있는 나를 깨워 일으킨 게 아니란다, 65

아니고말고. 나 정녕 숱하게 눈물을 쏟아왔고, 헤아림 속에서

방황하며 수많은 길들을 걸어왔음을 너희도 알아두려무나.

그렇게 면밀히 살펴보던 중에 나는 유일무이한 치유책을 찾아냈고,

실행에 옮겼다. 메노이케우스의 아들 크레온, 내 인척[9]인 그이를

퓌토에 있는 포이보스의 집[10]으로 보냈단다. 70

무엇을 행해야, 또 무슨 말을 해야 이 도시를

구해낼 수 있을지 묻고 알아 올 수 있게 말이다.

그리고 이미 흐른 시간을 헤아려보니, 이 한나절조차 나를

근심케 하는구나, 그는 대체 무엇을 하고 있는지. 그는

알맞다 싶은 선을 넘어, 적절한 시간보다 더 오래 떠나 있으니까. 75

아무튼 그가 도착해서도 내가 신께서 드러내신 그 모든 것을

실행하지 않는다면 나는 비열한 자가 되고 말리라.

사제 아니, 그대가 때맞춰 말씀하셨군요. 지금 막 크레온이 걸어오고 있다며

저 사람들이 내게 신호를 보내고 있습니다.

오이디푸스 아폴론 왕이시여, 그가 구원이 되어줄 행운 속에서 80

오고 있기를 비나이다, 마치 그의 빛나는 안색처럼!

사제 짐작건대 달가운 소식인 듯합니다. 안 그러면 머리에 저토록

---

9 원문의 gambros(감브로스)는 처남, 사위, 매부, 장인, 시아버지, 남편 등을 개별적으로 지칭할 수 있을 뿐만 아니라 결혼으로 인해 생기는 남성 인척 관계 일반을 가리킬 수도 있는 유연한 말이다. 이 단어는 크레온이 오이디푸스의 처남처럼 보이지만 사실은 다른 인척 관계일 수도 있음을 시사하며, 결국 오이디푸스가 어떤 결혼을 하게 되었느냐는 질문에 대한 실마리가 될 수도 있다.

10 퓌토는 아테나이 인근 지역으로 아폴론 신전이 있으며 델포이라고도 불린다. 아폴론의 신탁으로 이름난 곳이었다. 포이보스는 아폴론의 또 다른 이름이다.

온통 열매 가득한 월계수로 화관을 두르고 오지는 않았겠지요.

(크레온 등장한다)

오이디푸스   우리도 금세 알게 될 겁니다, 그가 들릴 만한 간격으로 들어왔으니.

(크레온에게)

왕이여, 나의 인척, 메노이케우스의 아들이여,   85
그대는 우리를 위해 신의 어떤 말씀을 품고 오셨소?

크레온   상서로운 것입니다. 견디기 힘든 것이라 하더라도 올바른 쪽으로
가닿게만 된다면, 어느 모로나 잘된 일이라 말씀드릴 수 있을 테니까요.

오이디푸스   그게 대체 어떤 말씀이기에? 방금 그 이야기만으로는
내게 용기도, 두려움도 생기지 않는구려.   90

크레온   이 사람들이 가까이 있는데도 굳이 들으셔야겠다면
저야 말할 준비가 되어 있지만, 아니면 안으로 드시는 것도.

오이디푸스   모두를 향해 말해주시오. 나는 심지어 내 목숨보다도
이 사람들을 위해 더 큰 설움을 품고 있으니까.

크레온   그러시다면 제가 신께 들은 것을 말씀드리지요.   95
포이보스 왕께서 우리에게 분명하게 명하셨습니다,
이 땅에서 길러져온 오염을 나라에서 몰아내야 한다고,
치유할 수 없는 것을 길러내지 말라고 하셨습니다.

오이디푸스   어떤 식으로 정화하라는 것이오? 그 불미스러운 일의 정체가 무엇이오?

크레온   그자를 추방하거나, 아니면 살해로써 살해를 다시 해소하라는 겁니다.   100
이 도시에 폭풍을 몰고 온 것이 바로 그 피니까요.

오이디푸스   그분이 이렇게 드러내고 계신 자의 운명이 어떠했기에?

크레온   왕이시여, 그대가 이 도시를 복구하시기 전에는
우리를 위해 라이오스[11]라는 분이 이 땅을 이끌고 있었답니다.

---

11 테바이의 시조 카드모스의 증손자이자 랍다코스의 아들로, 오이디푸스 전에 테바이를 다스리던 왕이었으나 타지에서 도둑들에게 살해된 것으로 그려진다. 이오카스테의 전 남편이다.

오이디푸스	그건 나도 들어서 잘 알고 있소. 나야 본 적조차 없지만.	105
크레온	그분이 살해된 겁니다. 그리고 신께서는 살해자들이 누구든 간에 손을 써서 보복하라고 지금 분명히 명령하고 계십니다.	
오이디푸스	그들이 대체 어느 땅에 있을까? 그 오래된 범행의 흐릿한 흔적이 어디에서 발견될 수 있겠소?	
크레온	이 땅 안에서라고, 신께서 말씀하셨습니다. 탐문되는 것은 얻어지겠지만, 무시되는 것은 도망가게 마련이지요.	110
오이디푸스	라이오스가 살해당해 쓰러진 것이 집 안에서였소, 들판에서였소, 아니면 다른 나라 땅에서였소?	
크레온	그분은 신탁을 구하러 가마고 말하고선 떠나갔는데, 떠난 뒤로 다시는 집으로 돌아오지 못했습니다.	115
오이디푸스	그걸 목격한 어떤 전령도, 길동무조차도 없었던 거요? 그랬다면 우리도 그 사람에게서 뭔가 유용한 걸 알아낼 수 있었을 텐데.	
크레온	그들도 죽었으니까요, 단 한 사람만 빼고요. 그런데 그는 겁에 질려 도망쳤기 때문에 자신이 본 바를 확실히 설명할 수 없었지요, 단 하나만 빼고요.	
오이디푸스	그게 어떤 것이오? 단 하나로 우리가 알아낼 수 있는 많은 것들을 찾아낼 수도 있으니까, 우리가 희망의 작은 실마리라도 잡을 수 있다면.	120
크레온	그 사람 말로는 도적들이 그분을 맞닥뜨렸고, 한 사람의 힘이 아니라 여럿이 손을 써서 살해했다고 합니다.	
오이디푸스	만일 내부자로부터 어떤 금품이 오간 게 아니었다면, 그 도적이 어떻게 이런 대담한 짓에 발을 들여놓았겠소?	125
크레온	그런 짐작을 해왔지요. 그러나 라이오스께서 목숨을 잃고 나자 재앙 속에서 우리를 도와줄 이가 아무도 나타나지 않았답니다.	
오이디푸스	왕권이 이런 식으로 추락하고 말았는데, 대체 어떤 재앙이 발목을 잡았기에 이를 면밀히 살피는 일을 막았단 말이오?	
크레온	종잡을 수 없이 묘하게 노래하는 그 스핑크스가 우리로 하여금	130

	발등에 떨어진 문제만 보도록, 보이지 않는 건 제쳐두도록 해놓았지요.
오이디푸스	그건 그렇다 치고, 다시 한번 처음부터 내가 밝혀내겠소.
	포이보스께서 훌륭하게, 그리고 당신도 훌륭하게
	고인을 위해 관심을 기울여주었으니 말이오.

(모두를 향하여)

그러니 나 또한 전우가 되어 이 땅을 위해, 동시에 신을 위해　　135
보복에 나서는 것을 너희는 올바로 보게 될 것이다.
멀리 떨어진 친지들을 위해서가 아니라,
아니고말고, 바로 나 자신을 위해서 이 오염을 흩날려버리마.
그분을 살해한 자가 누구든 간에, 아마도 그자는 바로 그
보복의¹² 손으로 나까지도 움켜쥐려 할 테니까.　　140
그러니 나는 그분께 도움을 드리면서 나 자신을 도우련다.
어쨌든 최대한 빨리, 아이들아, 너희는 탄원의
나뭇가지들을 들어 올리고 바닥에서 일어나거라.
또 누군가는 카드모스의 백성들더러 이리 모이라고 해주게나.
내가 만반의 조치를 취할 테니, 우리는 신과 더불어 행운을　　145
누리는 자들로 드러나거나, 아니면 무너져 내리고 말겠지.

(오이디푸스 퇴장한다)

사제	오오, 아이들아, 일어나자꾸나. 우리가 이리로 오게 된
	용건에 대해 이분은 분명히 말씀해주셨으니까.¹³
	이 신탁들을 보내신 포이보스께서는 부디
	구원자로, 그리고 역병을 멈춰 세우는 분으로 오소서!　　150

(사제와 시민들 퇴장한다)

12　원문 timoreō(티모레오)는 '보복' 대신 '도움'으로 번역할 수도 있다.
13　원문의 exaggelletai(엑스앙겔레타이)는 '분명히 말하다' 대신 '비밀을 폭로하다'로 번역할 수 있다.

(등장가)

코로스(좌1)　달가운 말씀 주시는 제우스의 음성이여, 어인 일로
　　　　　황금이 넘치는 퓌토를 떠나 눈부신 테바이까지 오셨나이까?
　　　　　저는 두려운 마음으로, 겁에 질려 몸을 떨며 엎드려 있나이다.
　　　　　'이에, 이에'[14] 부르짖으올 델로스의 파이안이시여, 저는 임 앞에
　　　　　경외의 심정으로 있나니, 임께서 제게 새로운 빚을 얹으실지,[15]　　155
　　　　　두루 오가는 세월이 차오를 때 거듭되는 빚을 얹으실지,
　　　　　제게 말씀하옵소서, 오오, 희망이 낳으신 황금 같은 자녀여,
　　　　　쇠락을 모르는 음성이여!

(우1)　　먼저 임을 부르나이다, 제우스의 따님, 쇠락을 모르는 아테네시여,
　　　　　다음으로 이 땅을 차지하고 계신,[16]　　　　　　　　　　　　　160
　　　　　그분의 누이이신 아르테미스,
　　　　　광장에 둘러쳐진 명성 드높은 보좌에 좌정하신 그분을,
　　　　　그리고 멀리서 쏘아 맞히시는 포이보스를, 이오![17]
　　　　　죽음에 맞서는 세 겹의 방어자들로 제게 모습을 드러내주소서.
　　　　　예전에도 도시를 들쑤신 재앙들 탓에, 임들께서 참화의 불길을　　165
　　　　　몰아내주신 적 있었다면, 지금 이 순간에도 와주소서.

(좌2)　　비통하도다, 나 헤아릴 수조차 없는 참화를
　　　　　품고 있나니, 내 모든 백성이 병고를 겪는데,
　　　　　이를 물리칠 지혜의 창이 없도다.　　　　　　　　　　　　　　170
　　　　　이름난 이 땅에서는 아무것도 나고 자라지 않고

---

14 희랍어의 감탄사. 아폴론 제의에서 자주 쓰인다.
15 테바이의 역병을 몰아내는 대가로 신의 요구가 있을 것이라는 뜻이다.
16 원문의 gaiēokhos(가이에오코스)는 '땅을 차지하다' 대신 '대지를 흔들다'로 옮길 수 있다.
17 희랍어의 감탄사.

	여인들마저도 '이에' 울부짖으며 아이들을 낳는 수고를 그쳤으니,	
	한 사람에 이어 또 한 사람이 마치 날개가 잘 돋친 새처럼,	
	대적할 길 없는 화염보다 더 거세게 몸부림치며	175
	서쪽에 계신 신[18]의 곳으로 향하는 것을	
	그대도 볼 수 있을 거라오.	

(우-2) 망자들의 수는 헤아림을 넘어섰고, 도시는 멸망하고 있나니,
자식들은 무참하게도 땅바닥 위에서 죽음을 불러일으키며   180
널브러져 있나이다, 가엾게 여겨줄 이도 없이.
그중에는 아내들도, 잿빛 머리의 어미들도 있어
제단 곁 언저리 이쪽저쪽에서 탄원자가 되어
지독한 고통으로 탄식하며 절규하나이다.   185
파이안 노랫소리는 빛을 내뿜고, 탄식을 일으키는 목소리가 선율이 되어
이를 따릅니다. 이 일들을 두고 비오니, 제우스께서 낳으신
황금의 영애[19]시여, 상서로운 낯을 한 힘을 보내주소서.

(좌-3) 게다가 맹렬한 아레스가 지금   190
청동 방패도 없이
온통 절규하고 함치며 나를 마주쳐 불을 지르니,
그가 제 조국에서 등 돌려
달음박질치며 도망가게 하소서,
순풍에 실려 암피트리테[20]의 광대한 침실로든,   195
아니면 손님을 박대하는 포구로,
트라키아[21]의 풍랑 속으로 들어가도록.

---

18 하데스.
19 아테네 여신.
20 포세이돈의 아내.

만일 밤이 무언가를 빠뜨리고 남겨두면,

낮이 이를 이루기 위해 그리로 다가오는 법이니,

불길을 품은 번개의 힘을   200

휘두르시는 아버지 제우스시여,

임의 벼락 아래 그를 멸하소서.

(우3) 뤼케이오스[22]여, 왕이시여, 황금으로 꼬아 만든

임의 활시위에서 무적의 화살들이 쏟아져 내려,

저희에게 도움이 되어 우뚝 서기를 비나이다.   205

거기에 아르테미스께서 뤼키아[23]의 산맥을

질주할 때 지니시는,

불을 품은 광채까지도.

여기에 더해 저는 황금의 머리띠 두르신 분께 부르짖나이다,

그 이름을 이 땅에도 내려주신,   210

포도주의 낯을 하신 박코스,

그 이름 외쳐 부르짖으올 분,

마이나데스[24]와 함께 거니시는 그분께,

신들 사이에서 명예라곤 전혀 없는 그 신에게 맞서

빛나는 얼굴의 관솔 횃불을 들고 다가와주십사고 부르짖나이다. 215

(오이디푸스 등장한다)

---

21 오늘날의 희랍 북동부, 불가리아 남부, 그리고 이스탄불까지 걸친 지역이며, 에게해 북부, 마르마라해, 흑해 남서부에 면해 있다.

22 아폴론. 이 신은 종종 늑대(lykos)에서 파생된 lykeios(뤼케이오스)라는 수식어를 받는데, 신화에서 아폴론과 늑대 사이의 뚜렷한 연관성은 보이지 않는다.

23 소아시아 남서부, 로도스섬과 퀴프로스섬 사이의 해안 지역이다. 위의 각주에서 설명하는 아폴론의 수식어와 유사성을 드러내며, 아폴론의 누이인 아르테미스에게도 전이된 것으로 보인다.

24 디오뉘소스(박코스)의 여신도들. 박카이, 레나이, 튀이아이라고 불리기도 하며, 마이나데스는 광기에 사로잡힌 여인들이라는 뜻이다. 음악과 노래, 춤으로 황홀경에 들어가 광란에 가깝게 디오뉘소스를 숭배하는 것으로 알려져 있다.

오이디푸스   *(코로스장에게)*

간청하고 있구려. 그런데 만일 그대가 간청하는 바를 두고
내 말을 듣고 받아들이겠다면, 이 역병에 맞서 노를 저어주겠다면,[25]
그대는 이 재난으로부터 안도하게 될 것이고, 힘을 얻을 수 있을 거라오.

(모두를 향하여)

나는 이 이야기와 무관한 자로서, 저질러진 그 사건과
무관한 자로서 이것을 선언하려 한다. 아무런 단서도 없이   220
나 스스로는 멀리까지 자취를 좇을 수 없기 때문이지.
이제 와 하는 말이지만, 내가 이 시민들 사이에서 시민이 된 것은
나중 일이었다. 너희 카드모스의 후손들 모두에게 이를 선포하노라.
너희 중에 누구든 랍다코스[26]의 아들 라이오스가
어떤 자에게 살해되었는지 낱낱이 알고 있는 사람이 있거든,   225
내게 전부 고할 것을 그에게 명하노라.
혹 본인이 자신에게서 혐의를 없앨 수 있을지
염려하는 자가 있다 해도, 그는 불미스러운 일을
조금도 당하지 않을 것이며 무사히 이 땅을 떠나게 될 것이다.
그런데 만일 그 살인자가 다른 땅에서 온 다른 사람임을   230
누가 알고 있거든, 그는 침묵하지 말지어다. 내가 그의
이익을 채워줌은 물론, 내 사의(謝意)도 덧붙여지리라.
그러나 너희가 계속 입을 다물겠다면, 게다가 친지라든가
자기 자신이 걱정되어 내 말을 거부하는 자가 있다면,
그땐 내가 무슨 일을 행할지, 너희도 내 말을 들어둬야만 한다.   235
그자가 누구든 간에, 내가 권력도 왕좌도

---

25 '봉사하다', '명령을 실행하다'라고 의역하기도 하나, 여기서는 원문 hypereteō(휘페레테오)의 뜻을 살려 '노를 젓다'라고 옮겼다.
26 테바이의 시조 카드모스의 손자. 266-268행 참고.

차지하고 있는 이 땅에서 나는 그자를 금하노라,
너희가 그자를 받아들이지도 못하도록, 그에게 말조차 걸지 못하도록,
신들께 바치는 기도에도 제사에도 동참시키지 못하도록,
손 씻을 물조차 나눠주지 못하도록! 240
그러긴커녕, 나 만인에게 명하노니, 우리를 오염시키는
그자를 집 밖으로 몰아내어라, 퓌토의 신탁이
내게 방금 드러내신 바 그대로.
그래서 나는 신에게, 그리고 그 고인에게
이러한 전우가 되고자 한다. 245
[나는 그 짓을 저지른 자를 겨누어 기도하노라,
그자가 혼자서 눈길을 피하고 있든, 아니면 여럿과 같이 있든 간에
비참한 자로서 비참하게 제 몫도 없이 그 삶이 마멸되기를!
또한 기도하나니, 만에 하나 그자가 내 집 화롯가에 같이 있고,
나도 그걸 알게 된다면, 내가 이 사람들을 놓고 250
방금 기도했던 바를 내가 겪게 되기를!]
이 모든 일을 완수하도록 나 너희에게 명하노니,
이는 나 자신과 신을 위한 것이기도 하거니와, 신께 버림받아
열매 맺지 못한 채 쇠락한 이 땅을 위한 것이기도 하도다.
행여 신께서 이 사태를 추동하신 것이 아니라 할지라도, 255
너희가 이를 정화되지 않은 채로 이 지경으로 내버려둔 것은
바람직하지 않도다, 으뜸가는 인물이, 게다가 왕이 파멸을 맞았는데도.
아니고말고, 너희는 철저히 조사했어야 한다.
하지만 그분이 예전에 쥐었던 통치권을 이제는 내가 쥐게 된 데다가
그 침대도, 함께 씨 뿌려진 아내도 내가 차지하게 되었으니 260
같은 데서 난 공동의 자녀들도 태어났으리라,
그분에게 자식 복이 없지만 않았더라도.
그러나 이제는 그분의 머리 위로 운명이 뛰어올랐구나.

	이런 일들로 인해, 나는 이 일을 마치 내 아버지의 일로	
	여기고 투쟁할 것이며, 제 손으로 이 살인을 저지른 자를 찾아	265
	그 어디까지라도 가닿으려 하노라. 이는 랍다코스의 아들을	
	위한 것이니, 그는 폴뤼도로스의 아들이며, 거슬러 올라가	
	카드모스의 자손이고, 옛적 아게노르의 자손이로다.[27]	
	덧붙여, 이 일들을 실행하지 않는 자들을 겨누어 나는 기도하노라,	
	부디 신들께서는 그자들을 위해 땅에서 어떤 곡식도 틔워 올리지 마시기를,	270
	그 여인들에게서 어떤 자식도 보지 못하게 하시기를! 되려	
	지금 맞은 운명으로, 아니 더욱 혐오스러운 운명으로 멸망하기를!	
	그러나 그렇지 않은 카드모스의 자손들,	
	이를 찬동하는 너희들에게는, 부디 디케[28]께서 동맹이 되어주시고,	
	모든 신들께서 호의를 베풀며 영원토록 함께하시기를!	275
코로스장	저를 저주로 묶어두셨으니만큼, 왕이시여, 제가 이를 아뢰겠나이다.	
	저는 살인을 저지른 적도 없거니와, 살인자를 가리켜 보여드릴 수도	
	없나이다. 다만 그 탐문이라면, 그것을 내려보내신 포이보스께서	
	말씀해주셔야 합니다, 누가 그 짓을 저질렀든지 간에 말입니다.	
오이디푸스	타당하게 말하셨소. 그러나 신들이 내켜하지 않는 일을	280
	강요할 수 있는 인간은 단 한 명도 없다오.	
코로스장	그러면 그다음으로, 제게 차선책으로 보이는 것을 말씀드리고 싶습니다만.	
오이디푸스	만일 세 번째 것도 있다면, 그것도 절대 빠뜨리지 말고 말해주시오.	
코로스장	제가 아는 바로는 테이레시아스 왕[29]이 포이보스 왕과 정말이지	
	똑같은 것을 보고 있으니, 누군가가 이 사건을 조사한다면	285
	그분으로부터 가장 명백하게 배울 수 있지 않을까 합니다.	

---

[27] 테바이의 시조 카드모스는 원래 포이니키아의 왕 아게노르의 아들로, 누이 에우로페가 납치되자 그녀를 찾아오라는 아버지의 명령에 따라 고향을 떠나 트라키아까지 갔다가, 도시를 건설하라는 신탁을 받고 테바이를 건국한다.

[28] 정의, 혹은 정의의 여신.

| 오이디푸스 | 물론 나는 그 일을 수행함에 있어서도 손 놓고 있지 않았소.
크레온이 말해주어 내 전령을 두 명이나 보냈으니까. 안 그래도 시간이
한참 지체되었는데, 그분이 아직 당도하지 않아 의아하게 여기던 참이오. |
코로스장	그렇군요, 그건 그렇고 나머지 그 옛날이야기는 입을 다물고 있군요. 290
오이디푸스	어떤 것 말이오? 나는 모든 이야기를 들여다보고 있으니까.
코로스장	그분이 어떤 길손들에게 목숨을 잃었다는 말이 있었지요.
오이디푸스	나 역시 들었소만, 그 짓을 저지른 자를 본 사람이 아무도 없으니.
코로스장	그렇긴 합니다만 만일 그자에게 일말의 두려움이라도 있다면,
당신께서 그렇게까지 저주를 내리신 걸 듣고서도 가만히 있진 못할 겁니다. 295
오이디푸스	행동에 나서는 데에 떨지 않는 자라면, 말 한마디에 떨지야 않을 거요.
코로스장	아무튼 그자에게 선고를 내릴 분이 여기 있습니다. 이미 이 사람들이
신과 같은 그 예언자를 이리로 모셔 오고 있으니까요. 그분께서는
인간들 중에서 유일하게 진리가 심겨 있습니다.

(테이레시아스, 길잡이 소년의 도움을 받아 등장한다)

| 오이디푸스 | (테이레시아스에게)
오오, 배울 수 있는 것은 물론, 말로 다 할 수 없는 것까지, 300
하늘의 것은 물론 대지를 딛고 있는 것까지 모든 것을 살피시는
테이레시아스여, 눈으로는 볼 수 없다 해도, 그럼에도 그대는 잘 알고 계십니다,
이 도시가 과연 어떠한 역병과 얽혀 있는지를. 왕이시여, 이에 맞서 저희는
유일무이하게 그대를 최전선에 서 계신 분으로, 구원자로 찾아냈습니다.
혹시 전령들에게서 뭔가 듣지 못하셨을까 싶어 드리는 말씀입니다만, 305 |

---

29 테바이의 눈먼 예언자. 『안티고네』에서는 크레온에게 강력한 경고를 던지는 인물로 등장하며, 에우리피데스의 『박코스의 여신도들』에는 카드모스와 함께 등장하여 카드모스 때부터 오이디푸스의 자녀 세대까지 초자연적인 수명을 누리며 활약한 것으로 전해진다. 『오뒷세이아』 11권 90행 이하에서는 저승에서 오뒷세우스의 운명을 알려주는 역할을 한다.

저희가 사람을 보냈을 때 포이보스께서 대답해주셨지요, 이 역병에서

풀려날 수 있는 유일한 길은, 라이오스의 살해범들을 저희가 똑바로 알아내어

그자들을 죽이든가, 아니면 이 땅 밖으로 추방하여 몰아내는 것이라고요.

새들에게 얻은 예언[30]이 있다면, 아니면 또 다른 예언의 길을   310

갖고 계시다면, 이제 그대는 부디 꺼리지 마시고

그대 스스로와 이 도시를 구해주십시오, 저를 구해주십시오,

그리고 그 고인에게서 비롯된 모든 오염에서 (저희를) 구해주십시오.

저희의 향방이 그대에게 달려 있으니까요. 자신이 가진 것으로,

또 능력으로 사람을 돕는다는 것은 수고 중에서도 가장 훌륭한 것이지요.   315

테이레시아스 이럴 수가, 이럴 수가, 지혜로운 이에게 아무런 소득이 없는 곳에서

지혜롭다는 것은 얼마나 끔찍한 일이냐! 나 이것을 제대로 알고

있었으나 그만 잊고 말았구나. 그러지만 않았어도 이리로 오지 않았을 텐데.

오이디푸스 무슨 일이라도? 어찌 그리 낙담한 채로 들어오십니까?

테이레시아스 나를 집으로 보내주오. 당신 것은 당신이, 그리고 내 것은   320

내가 짊어지고 가는 편이 가장 쉽다오, 당신이 내 말을 따르겠다면.

오이디푸스 법도에도 어긋나는 데다가, 그대를 길러준 도시에도 우호적이지 않은

말씀을 하시는군요. 정작 예언은 주시지도 않았습니다.

테이레시아스 당신의 음성조차 부적절하게 나아가고 있음을 내가 보고 있기 때문이오.

그러니까, 똑같은 일을 나는 겪지 않으려는 거라오.   325

오이디푸스 신들의 이름으로 청하니, 지혜가 있으시다면 등을 돌리지 마십시오.

여기 저희 모두가 탄원자로서 그대에게 경의를 표하고 있지 않습니까.

테이레시아스 그건 당신들 모두 아무것도 깨닫지 못하고 있어서지. 어쨌든 나는 절대로

나의 재앙을, 당신의 재앙이라 말하고 싶지 않으니까, 입 밖에 내지 않으려오.

오이디푸스 그게 무슨 말씀입니까? 잘 알고 있으면서도 말하지 않겠다니,   330

---

30 고대 희랍에서는 새들의 움직임을 보며 점을 쳤다.

아니 당신은 우리를 배신하고 도시를 파멸시킬 작정입니까?

테이레시아스 난 말이오, 나 스스로에게도 그대에게도 고통을 끼치고 싶지 않소.
당신은 왜 부질없이 이 문제를 파고들려 하오? 어차피 내게선 아무것도 듣
지 못할 텐데.

오이디푸스 아니 이런, 몹쓸 놈들 중에서도 최악인 자여! 적어도 네놈이라면
바위조차도 격분케 할 수 있겠구나. 결코 입을 열지 않겠다고? 335
그러면서 고집스럽게 굴고, 흐지부지 결론도 내지 못하는 꼴이라니!

테이레시아스 당신은 내 성정을 책잡고 있지만, 당신과 더불어 살고 있는
당신의 것은 정작 살펴보지도 못하면서 애먼 내게 트집이구려.

오이디푸스 지금 네놈이 이 도시를 욕보인 그따위 말을 듣고서도
과연 분노치 않을 자 누가 있겠느냐? 340

테이레시아스 그건 스스로 오게 될 거요, 내가 침묵으로 덮어둔다 해도.

오이디푸스 그러니까, 오게 된다는 바로 그것을 네놈이 내게 아뢰어야 마땅하지 않으냐!

테이레시아스 나 더는 알려주지 않겠소. 당신이 내킨다면, 이 일을 두고
더없이 거친 분노를 터뜨려보시구려.

오이디푸스 좋다, 이토록 분노에 사로잡혀 있는 내가 알아차린 것을 345
무엇 하나 빠뜨리지 않을 테니, 알아두어라, 내가 보기엔
네놈이 그 짓을 함께 꾸미고 실행하였구나, 네 손으로 직접
죽인 건 아닐지라도. 만일 네놈이 앞을 보기라도 했다면
나는 그 범행도 네놈 혼자서 저질렀다고 말했을 거다.

테이레시아스 정말이오? 그렇다면 나는 그대가 공공연히 떠들었던 350
그 선포를 그대더러 준수하라고, 또 이제 오늘부터는
이 사람들에게도 내게도 말을 붙이지 말라고 말해두겠소.
당신이 이 땅을 오염시킨 불경한 자니까.

오이디푸스 이따위 것을 말이랍시고 이토록 파렴치하게 꺼내놓다니,
이제 이 상황에서 어떻게 빠져나갈 셈이냐? 355

테이레시아스 난 이미 빠져나왔소. 나는 진실이라는 힘을 기르고 있으니까.

오이디푸스	그건 누구에게 배운 것이더냐? 네 솜씨에서 나왔을 리는 만무하니.
테이레시아스	바로 당신에게서지. 마다하는 나를 말하도록 밀어붙인 게 당신이니까.
오이디푸스	대체 어떤 말을? 다시 말해보아라, 내가 더 잘 알아들을 수 있게.
테이레시아스	진작 알아들은 게 아니었소? 아니면, 나를 말하도록 꾀어내는 거요? 360
오이디푸스	알아냈다고 말할 수 있을 정도는 아니니까, 다시 말해보아라.
테이레시아스	내 말인즉슨, 당신이 찾고 있는, 그이의 살인자가 바로 당신이라는 거요.
오이디푸스	그런 흉악한 말을 두 번이나 입에 올리고서도 희희낙락하진 못하리라.
테이레시아스	그러면 내 진정 다른 것도 말해도 되겠소, 그대가 더욱 분노하도록?
오이디푸스	네놈이 원하는 만큼 하거라, 헛소리나 떠벌릴 테지만. 365
테이레시아스	내 말하노니, 그대는 가장 밀접한 이들과 가장 수치스럽게 어울려 지내면서도
	눈치조차 채지 못하고 있고, 어떤 재앙을 맞고 있는지도 보지 못하고 있소.
오이디푸스	네놈은 언제까지고 그런 말을 주워섬기며 즐거워할 수 있으리라 보느냐, 진심이냐?
테이레시아스	진실에 어떤 힘이 있다면.
오이디푸스	힘이야 있고말고, 네놈은 예외지만. 네놈에겐 그런 게 없지. 370
	너는 두 귀도, 정신도, 두 눈도 멀어버린 놈이니까.
테이레시아스	그 모욕을 퍼붓는 그대야말로 비참한 자요. 얼마 안 있어 이들 중
	하나도 빠짐없이 그대를 노리고 퍼붓게 될 바로 그 모욕이건만.
오이디푸스	네놈은 그저 밤에서만 자라왔으니 나도, 다른 사람도,
	빛을 바라보는 사람이라면 누구든 결코 훼방하지 못하리라. 375
테이레시아스	그대는 내게 쓰러질 운명이 아니니까. 그 일을 이뤄내기를
	염두에 두시는 아폴론으로 충분하기 때문이지.
오이디푸스	이것들을 꾸며낸 게 크레온이냐, 아니면 다른 누구냐?[31]
테이레시아스	크레온은 당신에게 아무런 재앙이 아니라오. 그저 당신 본인이 당신에게 재

---

31 다른 모든 사본은 '네놈이냐?'로 전하고 있다.

앙일 뿐.

오이디푸스   오오, 재산이여, 왕권이여, 그리고 경쟁으로 점철된 삶에서   380
기술을 능가하는 기술이여!
너희 곁을 지키고 서 있는 질시는 얼마나 심한 것인가!
내가 청한 적도 없건만 이 도시가 나를 위해
내 손에 선물로 건넨 바로 이 통치권 탓에,
그 미더운, 처음부터 내 사람이었던 크레온이   385
나를 밖으로 내던지기를 갈망하며 남몰래 기어들어 와,
기묘한 술수나 꾸며대는 이따위 요술쟁이를,
오로지 이득에만 혈안이고 재주에는 눈먼
이 간악한 거지 놈을 은밀히 심어놓은 거라면!
자, 와서 말해보아라. 네가 어떻게 확실한 예언자일 수 있느냐?   390
노래하던 그 암캐³²가 이곳에 있었을 때, 너는 어째서
시민들에게 해방을 안겨줄 말을 한마디도 하지 않았던 거냐?
그 수수께끼야말로 지나가던 사람이 풀어 대답할 게 아니라,
예언술을 요구하던 일이 아니었느냐!
그러나 네놈은 새들에게서도, 신들에게서도 아무것도   395
배우지 못하고 낯짝을 내밀었지. 그러나 바로 이 몸이,
아무것도 모르는 오이디푸스가 와서 그걸 멈춰놓았다,
새들에게서 배워서가 아니라, 지성으로 정곡을 찔러서.
바로 그 사람을, 네놈이 내던지려고 수작을 부리고 있구나,
크레온 도당의 권좌 가까이에서 곁에 서보겠다는 심산으로.   400
네놈도, 그리고 이 일을 함께 꾸민 자도, 그 저주받은 자를
몰아내겠다고 한 일을 두고 곡소리를 내게 될 것 같구나.
네놈이 늙어 뵈기에 망정이지, 그렇지만 않았어도 네가

---

32 스핑크스.

꾀한 짓만큼 직접 당해가며 깨달았을 텐데.

코로스장 저희가 보기에는 이분의 말씀도 분노에서 발설된 것 같고,
그대의 말씀 역시 한가지입니다, 오이디푸스여. 우리에게 필요한 건   405
그런 것들이 아닙니다, 아니고말고요. 어떻게 하면 신의 예언을
최선의 방식으로 풀어낼 수 있을지, 그걸 들여다봐야 합니다.

테이레시아스 당신이 다스리고 있을지언정, 적어도 동등한 반론의 기회만큼은
똑같아져야 하오. 나 역시 그런 힘은 누리고 있으니까.
나는 결코 당신을 위한 종이 아니라, 록시아스[33]를 위해 살고 있으니까.   410
그러니 크레온을 뒷배 삼아 그 밑에 이름을 적어 낼 일은 없을 거요.[34]
그건 그렇고, 눈먼 나를 당신이 욕보였으니 내가 이 말은 해야겠소.
당신은 눈을 부릅뜨며 보고 있지만, 동시에 보지 못하고 있는 것도 있소,
어떤 악에 처해 있는지, 어디서 지내고 있는지, 누구와 더불어 사는지.
그대는 과연 뉘들에게서 나왔는지 알긴 하오? 게다가 당신은   415
제 피붙이들에게, 그들이 저 밑에 있든, 땅 위에 있든 간에, 당신이
적이라는 걸 눈치조차 채지 못하고 있소. 또, 당신의 어머니와 아버지
양편에게서 오는 타격이 끔찍한 발을 달고 당신을 이 땅 밖으로
몰아낼 거라오, 지금이야 똑바로 보고 있지만, 그때는 어둠을 보게 될 당신을.
그러면 과연 어디라서 그대가 내지르는 절규의 항구가 되어주지 못하겠소?   420
키타이론산[35]의 그 어느 구석이 그것을 곧장 메아리치지 못하겠소?
우연히도 순항하여 저 집으로, 정박하지 못할 포구로 배를 몰아갔을 때
울리던 그 결혼 축가를 낱낱이 알아듣게 될 때 말이오.
당신은 이 밖에도 다른 수많은 재앙을 깨닫지 못하고 있으니, 그것들은

---

33 아폴론의 또 다른 이름.
34 소포클레스 당시의 아테나이에서는 시민권이 없는 모든 외국인(metoikos 메토이코스)은 자신을 법적으로 대리하는 후견인(prostates 프로스타테스)을 시민 중에서 선정해야 했다. 테이레시아스는 자신에게 크레온의 후견이 필요치 않다고 주장하는 것이다.
35 테바이 남쪽, 코린토스 북쪽의 거대한 산으로 앞으로 자주 언급될 지명이다.

그대를 그대 자신과도, 그대 자식들과도 똑같이 만들어줄 거라오. 425
그러니 이 상황 앞에서 크레온에게도, 그리고 내 입에도 진흙을
흩뿌리구려. 죽게 마련인 인간 중에서 그대보다 더 흉측하게
닳아 없어질 자는 아예 있질 않으니까.

오이디푸스 이놈에게서 나온 이 말들을 내가 정녕 참아가며 들어야 하는가?
파멸 속으로 들어가지 못하겠느냐? 냉큼 못하겠느냐? 430
이 집에서 등을 돌려 돌아가지 못할까!

테이레시아스 당신이 부르지 않았더라면, 내가 올 일도 없었을 거요.

오이디푸스 네놈이 그렇게 어리석은 말을 주워섬기리라고는 알 수 없었으니까.
그럴 줄 알았다면 네놈을 내 집으로 부르지도 않았을 거다.

테이레시아스 당신 눈에야 내가 그렇게 타고난 멍청이로 보이겠지만, 435
그대를 낳아준 부모들에게는 현명한 사람이었다오.

오이디푸스 어떤 이들에게라고? 게 섰거라. 죽게 마련인 인간 중에서
누가 나를 낳았다는 건가?

테이레시아스 바로 이날이 그대를 낳기도 하고, 궤멸시키기도 할 거요.

오이디푸스 어찌 그리 죄다 심한 수수께끼와 불분명한 말들만 내뱉는가!

테이레시아스 그러게, 당신은 그런 걸 밝혀내는 데에 으뜸으로 타고난 자 아니오? 440

오이디푸스 나를 위대한 자로 알아보게 될 바로 그것을 가지고 나를 욕보이다니!

테이레시아스 실은 바로 그 행운이 당신을 철저히 망쳐놓은 거요.

오이디푸스 그래도 내가 도시를 구한 거라면, 나는 신경 쓰지 않는다.

테이레시아스 이제 난 떠나가오. *(길잡이 소년에게)* 얘야, 날 돌보려무나.

오이디푸스 확실히 돌보게 해라. 네놈이 곁에 있으면 걸리적거리며 445
훼방이나 되지. 떠나가버리면 날 더는 괴롭히지 않겠군.

테이레시아스 내가 왜 여기 왔는지는 말하고 가겠소. 당신의 낯은
두렵지 않다오. 당신은 나를 멸할 수 없으니까.
당신에게 말해두오. 그대가 라이오스 살해 사건을 두고
아까부터 공언하고 윽박지르며 찾고 있는 그 사내는 450

바로 이 자리에 있다오.
말로야 이주해 와 살고 있는 이방인이라고 하지만,
나중에는 테바이에서 태어난 자로 드러날 것이오.
그이야 그 사태가 달가울 리 없겠지. 그는 눈 부릅뜨던 자에서
눈먼 자가 되고, 부자 대신 거지가 되어 455
지팡이로 앞을 디뎌가며 낯선 땅을 향해 길을 떠나게 될 거요.
드러나게 되어 있소, 제 자식들에게 자신이 형제이자
동시에 아비로 어울려 지내고 있음이, 자기를 낳아준
여인의 아들이자 남편임이, 그리고 아비와 함께 씨 뿌린 자이자
그를 살해한 자임이. 그러니 안으로 들어가서 이것을 460
셈해보시구려. 행여 이것이 거짓임을 밝혀낸다면,
그때는 내가 예언술에 대해 아무것도 모르는 자라고 말하시오.
(테이레시아스, 길잡이 소년의 도움을 받아 퇴장한다. 오이디푸스도 퇴장한다)

(1정립가)

코로스(좌1) 예언을 주는 델포이의 바위[36]가 말한 그자,
입에 담을 수조차 없는 짓들 중에서도
특히나 입에 담을 수 없는 짓을 465
피 묻은 두 손으로 저지른 그자는 누구인가?
이제 그자는 폭풍처럼 날렵한
말들보다도 더욱 기운을 내어
두 발을 놀려 도망쳐야 할 때로다.
제우스께 나신 분[37]께서 화염과 번개의 섬광으로
무장을 갖춘 채 그자를 노리고 뛰어오르시며, 470

---

36 델포이 신전은 파르낫소스산 남사면의 바위에 서 있다. 각주 10, 39번 참고.
37 아폴론.

빗나가는 법이 없는 무시무시한 죽음의 여신들께서
더불어 뒤따르고 있나니.

(우-1) 눈 덮인 파르낫소스산[38]으로부터
조금 전에 온 말씀이, 뵈지 않는 그자를
모두가 추격하라고 분명히 드러내며   475
빛을 밝혔기 때문이로다.
그자는 거친 수풀 아래 동굴과 바위들을
한 마리 황소가 되어 오가며
헤매고 있기 때문이로다.
헛것인 그자는 헛된 발을 달고 외따로 지내며
대지의 한가운데 배꼽[39]에서 나온 예언들을   480
떨쳐내고자 하지만, 그것은 영원히 살아 움직이며
그의 주변을 맴돈다네.

(좌-2) 끔찍하게도, 새점을 읽어내는 그 지혜로운 예언자가
진정 끔찍하게도 나를 뒤흔들어놓았고,
그 말을 믿을 수도, 거부할 수도 없으니   485
무어라 말해야 할지, 나는 길을 잃었노라.
그럼에도 난 기대를 품고 날아오른다네,
지금 여기 일도 다가올 일도 보이지 않지만.
랍다코스의 자손과 폴뤼보스의 아들[40] 사이에
어떤 다툼이 있었는지,   490

---

38 희랍 중부, 코린토스만 북부의 산이며 높이는 2457미터에 달한다. 아폴론에게 바쳐진 산이기도 하다.
39 델포이의 아폴론 신전이 서 있던 바위의 이름이 omphalos(옴팔로스)이다. 제우스는 세계의 동쪽 끝, 서쪽 끝에서 각각 독수리 한 마리씩을 날렸고, 이 둘이 만난 이곳이 세계의 중심으로 정해졌다고 한다.
40 오이디푸스는 코린토스의 왕 폴뤼보스와 왕비 메로페의 손에서 길러졌다.

나는 지금도, 예전에도
어떻게든 배워 안 적 없으니,
그 다툼을
진위를 판가름할
기준으로 삼아 검증할 수 없으며, 495
오이디푸스의 너른 명성에 맞서, 드러나지 않은
그 죽음을 두고 랍다코스의 자손에게 도움을 주러 갈 수 없다네.

(우2) 물론 제우스도, 아폴론도 현명하시며
인간사가 무엇인지도 알고 계시도다.
그러나 인간 중에서라면, 예언자가
나보다 더한 성취를 거둘 수 있는지는 500
진실한 판단을 내릴 수 없도다.
한 사람이 지혜로써
지혜를 능가할 수는 있으나,
사람들이 헐뜯는다 한들,
그 말이 옳다는 걸 내가 보기 전에는 505
나 결코 수긍하지 않으리라.
예전에 날개 돋은 소녀[41]가
그분께 다가와 모습을 드러냈을 때,
그 시험을 통해 그분은 지혜롭고도
이 도시에 달가운 분으로 드러나셨으니까. 이런 일들 덕에, 510
내 헤아림으로 그분은 결코 사악하다는 혐의를 받을 일 없으리라.

(크레온 등장한다)

---

41 스핑크스.

| 크레온 | 이 도시 사람들이여, 오이디푸스 왕께서 내게
| | 죄를 묻는다는 끔찍한 말을 듣고 도저히 견딜 수가 없어
| | 여기 오게 되었소. 요즘의 난국에서 그분이 515
| | 말로든 행동으로든 내게서 무슨 해를 입었노라
| | 여기고 있다면, 내가 그런 소문을 견디면서까지
| | 오래도록 살고 싶은 욕망은 결코 없다오.
| | 그 말이 내게 불러오는 손실은 간단치가 않기 때문이오.
| | 아니, 가장 중차대한 지점까지 가닿는다오. 520
| | 내가 이 도시에서 비열한 자라고, 또 그대와 벗들로부터
| | 비열한 자라고 불린다면 말이오.
| 코로스장 | 하지만 그 모욕은 숙고하고 판단해서라기보다는
| | 아마도 분노를 못 이기고 나온 것일 테지요.
| 크레온 | 그러나 그 말이 공공연히 나오지 않았소, 그 예언자가 525
| | 내 판단에 넘어가 거짓말들을 늘어놓았다고 말이오.
| 코로스장 | 그런 말씀이 있긴 했습니다만, 어떤 의도로 그러셨는지는 모르겠습니다.
| 크레온 | 나를 노린 이 혐의가 과연 똑바로 된 눈과
| | 똑바로 된 분별로 발설된 것이라 할 수 있겠소?
| 코로스장 | 저는 모릅니다. 권력을 쥔 분들이 행하시는 일들이 제 눈엔 뵈질 않으니까
| | 요. 530

[그나저나 지금 그분이 몸소 집 밖으로 가로질러 나오시는군요.]

(오이디푸스 등장한다)

| 오이디푸스 | 거기 너, 여기가 어디라고 들어온 거냐? 그토록
| | 뻔뻔한 낯짝을 뒤집어쓰고 내 집 지붕 아래로
| | 다가오다니, 네놈은 바로 이 몸의 살해범임이
| | 틀림없고, 내 왕권을 강탈하려는 놈이 명명백백한데도! 535
| | 자, 신들 앞에서 실토해보아라. 네놈이 이런 짓을 저지르려고
| | 작심한 건 내게서 무슨 비굴함이라든가 어리석음을 보아서였느냐?

	간교하게 내게 기어드는 이 짓거리가 네놈 짓인지 내가	
	모를 줄 알았더냐? 아니면 내가 알면서도 막지 못하리라 여긴 거냐?	
	재산도 없이, 네 사람들도 없이 왕권을 사냥하려 들다니,	540
	네놈이 벌인 시도는 정말이지 어리석지 않으냐?	
	그건 사람도 여럿 있어야 하고, 재산도 있어야 손에 넣는 것이 아니더냐?	
크레온	무슨 일을 해야 할지는 알고 계십니까? 그대의 말씀에 대한 동등한	
	대답을 들으십시오. 스스로 판단을 내리시되, 그리 아시고 나서 하십시오.	
오이디푸스	말은 끔찍이도 잘하는구나. 그러나 나는 네 말을 잘 못 알아듣는	545
	사람이지. 네놈이 내겐 적이고, 감내하지 못할 녀석이라는 걸 알아냈으니까.	
크레온	이번만은 바로 이 말을 일단 들어보시고요, 제가 무슨 말씀을 드리려느냐	
	하면…	
오이디푸스	바로 그 말만은 내게 꺼내지 말거라, 어떻게 네놈이 사악한 자가 아닌지는.	
크레온	당신이 지각없이 고집부리는 것을 재산으로 여기신다면,	
	그건 제대로 헤아리고 있는 게 아닙니다.	550
오이디푸스	네놈이 한집안 사람에게 비열하게 굴고도 대가를 치르지 않을 거라	
	여긴다면, 그건 제대로 헤아리고 있는 게 아니지.	
크레온	그 말씀은 당신에게서 정당하게 나왔다고 저도 한목소리로 말하렵니다.	
	한데, 당신이 당했다고 주장하는 게 대체 무엇인지는 제게 말씀해주셔야지	
	요.	
오이디푸스	내가 저 거룩하다는 예언자에게 누군가를	555
	보내야만 한다고 네놈이 날 설득한 적이 있느냐, 없느냐?	
크레온	그 조언에 관해서라면 저는 지금도 여전히 같은 입장입니다.	
오이디푸스	라이오스가 대체 얼마나 오랫동안…	
크레온	그분이 무슨 일을 했단 말입니까? 이해가 되지 않는군요.	
오이디푸스	그 치명적인 폭력으로 인해 시야에서 사라져 자취를 감추게 되었느냐?	560
크레온	옛날 길고 긴 시간을 거슬러 가며 재어봐야 할 겁니다.	
오이디푸스	그러면, 당시에도 그 예언자는 그 기술을 써먹고 있었느냐?	

크레온	그분은 똑같이 지혜롭고, 다름없이 존경받던 분이었습니다.
오이디푸스	그렇다면, 그 시기에 그자가 나에 대해 뭐라도 떠올린 게 있었던가?
크레온	제가 곁에 있을 적에는 결코 그런 일이 없었지요. 565
오이디푸스	그건 그렇고, 네놈들은 그 살해범에 대한 조사를 실시하지 않았지?
크레온	저희도 했지요, 어찌 안 할 수 있었겠습니까? 아무것도 못 들었을 뿐입니다.
오이디푸스	그러면 도대체 왜 그 지혜롭다는 자가 그때 이 일들을 말하지 않았던 건가?
크레온	저야 모르지요. 제 헤아림이 가닿지 못하는 자리를 두고는 입을 다물고 싶습니다.
오이디푸스	적어도 이것만큼은 네놈도 알고 있고, 말할 수도 있을 게다, 제정신이라면. 570
크레온	그게 도대체 뭡니까? 제가 정말 알고 있는 거라면, 거절하지 않겠습니다.
오이디푸스	그러니까, 그자가 네놈과 엮이지만 않았더라면, 라이오스의 파멸이 내 소행이라고는 결코 떠벌리지 않았으리라는 거다.
크레온	그분이 그 말을 했다면, 당신 스스로가 아시겠지요. 그건 그렇고, 지금 당신이 내게서 알아내고 있는 것과 똑같이 나도 당신에게서 알아내야 옳다고 봅니다. 575
오이디푸스	얼마든지 알아내보아라. 내가 살인자로 붙들리는 일은 없을 테니까.
크레온	이건 어떻습니까? 당신은 내 누이와 결혼하여 살고 있지요?
오이디푸스	네가 묻고 있는 그 점은 부인할 수 없지.
크레온	당신은 그녀와 똑같이 이 땅을 다스리며 동등한 몫을 나누었지요?
오이디푸스	그녀는 원하는 모든 것을 내게서 가져가고 있지. 580
크레온	그러면, 저도 삼인자로서 당신들 두 분과 대등하지 않습니까?
오이디푸스	바로 그 지점에서 네놈이 사악한 친구로 드러나는 거다.
크레온	그게 아닙니다, 제가 하는 것처럼만 당신도 스스로 따져보신다면. 일단 이걸 먼저 살펴보십시오. 누군가가 똑같은 권력을 갖고 있을 때, 근심 걱정 없이 잠드는 쪽 말고 585 두려움에 떨어가며 통치하는 쪽을 택하리라 보십니까? 저는 말입니다, 왕처럼 굴기보다 직접 왕이 되는 걸 염원하는

그런 사람이 아닙니다, 타고나길 그렇습니다. 비단 저뿐 아니라
제정신으로 판단할 줄 아는 사람이라면 누구나 그러지 않을 겁니다.
지금 저는 당신으로부터 모든 것을 일말의 두려움도 없이 얻고 있지요.   590
그러나 만일 제가 직접 통치한다 치면, 억지로 해야 하는 일도
꽤 될 겁니다. 그렇다면 제 입장에서 왕권을 쥐는 것이,
고생도 없이 생겨나는 지배권과 권력보다 도대체 무슨 수로 더
달콤할 수 있을까요? 근사하면서도 이득까지 주는 이것 말고
다른 걸 요구할 정도로, 제가 그 지경까지 현혹된 사람은 아닙니다.   595
지금 저야 모든 사람과 즐거이 어울리고, 그들 모두가 저를 반깁니다.
지금 당신에게서 뭔가를 필요로 하는 사람들은 저를 청하며 불러내지요.
왜냐면 그들은 모든 걸 바로 이런 방법으로 얻어낼 수 있으니까요.
그런 마당에, 대체 왜 제가 이걸 놓치고 저걸 붙들겠습니까?
[제대로 분별하는 사람의 정신은 사악해지지 않기 마련입니다.]   600
아니고말고요, 저는 천성이 그런 판단을 사랑하는 자가 아니올시다.
그런 걸 행동에 옮기는 다른 사람과 어울리는 것조차 견딜 수 없고요.
그리고 이에 대한 증명으로, 제가 당신께 똑똑히 전해드렸는지 아닌지,
일단 퓌토에 가서 어떤 신탁이 선포되었는지 물어 알아보십시오.
그러고 나서도 제가 그 예언자와 함께 뭐라도 획책했다는 걸   605
잡아내신다면, 그때는 저를 잡아서 죽이십시오, 한 표에
의해서가 아니라, 당신 것에 제 것까지 합친 두 표로 말입니다.
그러나 석연찮은 추정만으로 제게 죄를 묻진 마시기 바랍니다.
비열한 자들을 이유 없이 쓸모 있는 이들로 여기는 것도,
쓸모 있는 이들을 비열한 자들로 여기는 것도 모두 옳지 않기 때문이지요.   610
[제가 한 말씀 드리자면, 고귀한 벗을 내던지는 건, 자신이
가장 사랑하는 자기 목숨을 내던지는 것과 매한가지입니다.]
어쨌든, 시간이 흐르고 나면 이건 그대도 확실히 아시게 될 겁니다.
의로운 사람을 지목해주는 건 오로지 시간뿐이니까요.

	사악한 자는 단 하루 만에도 알아보실 수 있겠지만.	615
코로스장	추락하지 않으려 주의를 기울이는 자가 듣기에 이분은 훌륭하게	
	말씀하셨습니다, 왕이시여. 성급한 이들은 견고하게 판단하지 못하니까요.	
오이디푸스	은밀히 흉계를 꾸미는 자가 속도를 내며 치고 나갈 때에는	
	나도 신속히 대응책을 마련하지 않을 수 없소.	
	내가 여유를 부리며 기다린다면, 그자의 일은	620
	성취될 것이고, 내 일은 과녁을 빗나갈 거라오.	
크레온	당신은 대체 무얼 원하시는 겁니까? 저를 이 땅 밖으로 내던지려고요?	
오이디푸스	그런 건 조금도 필요치 않다. 내 원하는 바는 네 죽음이지, 추방이 아니라.	
크레온	……………42	
오이디푸스	그리고 그 전에 질시가 과연 무엇인지 네가 보여주고 나서.43	
크레온	당신은 내게 양보할 생각도, 나를 믿어줄 생각도 없이 말씀하시는 겁니까?	625
오이디푸스	……………44	
크레온	당신이 제정신이 아니라는 건 저도 제대로 직시하고 있습니다.	
오이디푸스	내 일에 대해서만큼은 제정신이다.	
크레온	아니, 그러면 제 일에 대해서도 똑같이 해주셔야 마땅하지요!	
오이디푸스	아서라, 몹쓸 놈으로 타고난 주제에.	
크레온	당신이 아무것도 깨닫지 못하고 있다면?	
오이디푸스	그럼에도 통치는 이루어져야지.	
크레온	안 됩니다, 사악하게 통치한다면.	
오이디푸스	오오, 도시여, 도시여!	
크레온	이 도시에 대한 지분은 내게도 있습니다, 당신 혼자에게만 있는 게 아닙니다.	630

---

42 크레온의 대사 한 행이 사라진 것으로 추측된다.
43 대본에서는 이 행을 크레온의 대사로, 625행은 오이디푸스의 대사로 간주하고 있으나, 오이디푸스는 크레온이 왕권에 대한 질시로 범죄를 저질렀다는 혐의를 두고 있으므로 화자를 바꾸는 것이 문맥에 더 잘 어울린다.
44 오이디푸스의 대사 한 행이 사라진 것으로 추측된다.

| 코로스장 | 그만 멈춰들 주시지요, 왕들이시여. 때마침 집 밖으로 이오카스테께서 그대들을 향해 나오시는 게 보입니다. 그분과 함께 지금 이 다툼을 조정하셔야 마땅할 것입니다. |

(이오카스테 등장한다)

이오카스테	아아, 딱한 사람들 같으니, 어쩌자고 이런 사려 깊지 못한 설전을 일으키셨나요? 이 땅이 이 지경으로 앓고 있는데도 635 삿된 못난 짓들이나 들쑤시고 있다니, 부끄럽지들 않습니까? 당신은 집 안으로 드시지 않겠어요? 그리고 너, 크레온도 네 지붕 밑으로 가려무나. 별것 아닌 고통을 크게 키우지들 말지요.
크레온	나와 피를 나눈 이여, 당신 남편 오이디푸스가 내게 끔찍한 짓을 저지르기를 정당화하고 있어요. 몹쓸 일 두 가지 중 택일인데, 640 나를 조국 땅에서 몰아내든가, 아니면 나를 잡아 죽인다는 거요.
오이디푸스	바로 그렇다오. 이 녀석이 비열한 술수로 내 몸에 몹쓸 짓을 하려는 것을 내가 잡아낸 거라오, 여보.
크레온	당신이 내 소행이라 죄를 묻는 것 중 무엇 하나라도 그대에게 저지른 적 있다면, 나 이제 성치 못하기를, 차라리 저주받아 파멸하기를! 645
이오카스테	신들의 이름으로 부탁해요, 오이디푸스, 그 말을 믿어주세요. 무엇보다도 신들께 거는 이 맹세를 존중해서요. 그리고 저와 당신 곁에 있는 이 사람들의 면을 봐서라도요.

(애탄가)

코로스(좌1)	그 말씀대로 원을 품으시고, 숙고하신 다음, 따라주소서, 왕이시여, 비나이다.
오이디푸스	대체 내가 무얼 양보해주길 바라오? 650
코로스	전에도 어리석은 적 없었고, 이제는 맹세 덕에 위대해진 저분의 체면을 살려 주십시오.
오이디푸스	그대가 무엇을 요구하는지 정녕 알고 있으렷다?
코로스	아나이다.

49

오이디푸스	그러면 무슨 말을 하려는지 분명히 밝혀보시오.	655
코로스(좌2)	스스로 저주까지 걸어둔 벗을, 확실치 않은 이유로 죄를 묻지 마시고 명예마저 박탈하며 내던지진 마십시오.	
오이디푸스	이제 잘 알아두시오, 그대가 그걸 추구한다는 건, 내가 파멸을 맞거나 이 땅 밖으로 추방되기를 추구한다는 것을.	
코로스	아닙니다! 모든 신들 중에서도 가장 앞에 나와 계신 헬리오스[45]께 걸고 말씀드리는바, 행여라도 제가 그런 생각을 품고 있다면 제가 신에게서도, 친구에게서도 떨어져 나가 가장 흉측하게 파멸하기를! 아무튼, 죽어가는 이 땅이 불운한 제 영혼을 갉아먹고 있습니다. 그런데 이 옛 재앙 위에 그대들 두 분께로부터 오는 재앙마저 얹힌다면!	660

665 |
오이디푸스	그렇다면 이놈은 가라고 하시오, 설령 내가 철저히 파멸하는 일이 있더라도, 설령 내가 명예마저 앗긴 채 이 땅에서 강제로 쫓겨나는 일이 있더라도. 왜냐면 나는 당신의 가련한 입을, 이놈의 입이 아니라, 가여워하고 있으니까. 그러나 이놈은 어디에 있든 간에 증오를 사게 될 거요.	670
크레온	과연 당신은 양보를 하면서도 증오를 놓지 않는군요. 그 격정이 선을 넘어 뻗어 나갈 때는 감당할 수조차 없고요. 그러한 천성이야말로 스스로에게 가장 감당키 어려운 고통을 일으키는 법이지요, 아무렴.	675
오이디푸스	나를 놔두고 나가지 못하겠느냐?	
크레온	가야지요. 아무것도 모르는 당신을 마주치긴 했으나, 여기 이 사람들에게는 멀쩡한[46] 사람으로요.	

(크레온 퇴장한다)

---

45 태양, 혹은 태양의 신.
46 다른 모든 사본은 '공평한/동등한'으로 전하고 있다.

코로스(우1)	마님, 왜 이분을 집 안으로 모시지 않고 계십니까?	
이오카스테	일단 무슨 일이 벌어졌는지는 알고 나서요.	680
코로스	말씀 중에 근거 없는 의혹이 나왔고, 심지어 부당한 말씀까지 나와 결국 집어삼키게 된 겁니다.	
이오카스테	두 사람 모두에게서 비롯된 건가요?	
코로스	네, 그렇습니다.	
이오카스테	그 이야기가 대체 무엇이었기에?	
코로스	제가 보기에는 충분합니다, 충분하고말고요. 이 땅이 이미 시달리고 있으니, 그 이야기는 멈춘 곳에서 머물러 있게 하는 편이 좋겠습니다.	685
오이디푸스	그대가 내 심기를 어르고 달래려다가, 그대 비록 좋은 판단을 내리는 사람일지언정, 어디까지 이르게 되었는지 보고 계시오?	
코로스(우2)	오오, 왕이시여, 제가 이미 누차 말씀드렸습니다만, 만에 하나 제가 당신을 등진다면, 저는 정신 나간 자이며 헤아릴 줄도 모르는 자라는 걸 아시기 바랍니다. 제 사랑하는 땅이 고난 속에서 넋을 놓고 있었을 때 순풍을 타고 똑바로 치고 나가도록 해주신 분이 당신이잖습니까. 그러니 이제 다시금 제대로 이끌어주시는 분이 되어주십사 합니다.	690 695
이오카스테	신들의 이름으로 부탁해요, 제게도 가르쳐주세요, 왕이시여, 도대체 어떤 일 때문에 당신이 이렇게나 큰 진노를 일으키게 되셨는지요.	
오이디푸스	말하리다. 난 이 사람들보다 당신을 훨씬 더 존중하니까요, 여보. 크레온 탓이외다. 그 녀석이 나를 노리고 흉계를 꾸몄단 말이오.	700
이오카스테	말씀해보세요, 당신이 혐의를 둔 그 다툼을 분명히 말씀해주실 수만 있다면요.	
오이디푸스	내가 라이오스의 살해범이라고 주장합디다.	

이오카스테   자기가 제대로 알고서 하는 소리인가요, 아니면 다른 누군가에게서 듣고서?

오이디푸스   그놈은 악업을 일삼는 예언자를 이리로 들여보냈다오.   705

그래야 자기 입만큼은 책임에서 완전히 자유롭게 되니까.

이오카스테   그러시다면 이제부터는 당신이 말씀하시던 화제에서 벗어나

제 말을 잘 들어보신 다음, 죽게 마련인 인간은 절대로

예언의 기술을 얻을 수 없다는 걸 알아두시길. 그 점에 대해

제가 당신께 간명한 증거 하나를 보여드리지요.   710

전에 라이오스에게 한 신탁이 다가온 적이 있었어요. 포이보스로부터

직접 왔노라고는 말할 수 없고, 그분을 위해 노 젓는 이들로부터였는데,

나와 그이에게 태어나는 아이에게서, 그 아이가 누구든,

그이가 목숨을 잃게 되리라는 것이었지요.

그런데 정작 그이를 죽인 건, 들리는 말에 따르자면,   715

이방의 도적들이었답니다, 마차가 다니는 삼거리에서요.

그런가 하면 아이는, 낳은 지 사흘이 채 흐르지 않았을 때,

그이가 두 발 복사뼈를 묶고서는 다른 사람들의 손을 빌려

발길 닿지 않는 산속에 내던졌지요.

그러니까 아폴론은 그 아이가 아버지의 살해자가 되도록 만들지도   720

못했을뿐더러, 라이오스도 그가 두려워했던, 자식에게

목숨을 앗기는 그 끔찍한 일을 겪지 않았던 것이지요.

이게 바로 예언의 말씀이랍시고 확정해놓은 거예요.

그러니 당신은 그런 것들에 관심조차 두지 마세요. 무엇이든

신께서 필요한 바를 찾게 되시면, 스스로 수월하게 드러낼 테니까요.   725

오이디푸스   나 방금 그 이야기를 들었을 때, 여보, 내 영혼이

얼마나 헤맸고, 내 정신이 얼마나 뒤흔들렸는지 모르오!

이오카스테   어떤 염려기에 당신을 뒤돌게 만들고 그런 말까지 하게 하는 거지요?

오이디푸스   당신에게서 이런 말을 들은 것 같구려, 마차가 다니는

삼거리 근방에서 라이오스가 살해되었다고.   730

이오카스테   그런 말이 돌았고, 여전히 그치지 않고 있지요.

오이디푸스   그러면, 그 사태가 벌어진 그 장소가 어디요?

이오카스테   포오키스라 일컬어지는 땅이고요, 갈라진 길이 델포이로부터,
            그리고 다울리아로부터 와서 한 지점에 이르는 곳이랍니다.[47]

오이디푸스   또, 그 일들이 있고 나서 시간은 얼마나 흐른 거요?   735

이오카스테   당신이 이 땅의 통치자로 모습을 드러내기
            얼마 전에 그 소식이 도시에 공표되었지요.

오이디푸스   아아, 제우스시여, 제게 대체 무슨 일을 하기로 결심하신 겁니까?

이오카스테   아니, 무엇이 당신의 심기를 짓누르고 있기에, 오이디푸스?

오이디푸스   아직은 내게 묻지 마오. 그나저나 라이오스에 대해 알려주시오,   740
            그의 모습이 어떠하였는지, 또 그의 젊음이 얼마나 절정에 도달해 있었는지도.

이오카스테   거뭇거뭇했고, 머리에는 막 흰 머리카락이 돋기 시작했어요.
            외모는 당신과 크게 다르지 않았고요.

오이디푸스   이럴 수가, 나는 비참한 자로다! 나는 나 자신을 끔찍한
            저주 속으로 던져놓은 것 같구려, 온전히 알지도 못한 채로!   745

이오카스테   그게 무슨 말씀인가요? 당신을 보고 있자니 몸이 다 떨리는군요, 왕이시여.

오이디푸스   그 예언자가 보고 있었던 게 아닌지, 무시무시할 정도로 낙담이 된다오.
            다만, 당신이 하나만 더 말해준다면, 더욱 분명히 보여주게 될 거요.

이오카스테   제 몸은 떨리고 있지만, 당신이 묻는 거라면 듣고 말씀드릴게요.

오이디푸스   그는 단출하게 떠났소, 아니면 권력자가 으레 그러듯   750
            많은 수행원을 거느리고 있었소?

이오카스테   모두 합쳐 다섯이었고, 그중에는 전령도 하나 있었지요.
            사륜마차 한 대가 라이오스를 이끌었고요.

오이디푸스   아아, 이럴 수가, 이제는 명명백백하구나. 그때 그대들에게

---

47 포오키스는 희랍 중부 지역으로 코린토스만 북쪽이며 파르낫소스산 서부에 있다. 이 세 갈래 길을 기준으로 서쪽으로는 델포이, 북쪽으로 다울리아, 동쪽으로 테바이가 놓인다.

	이 이야기를 해준 사람이 누구였소, 여보?	755
이오카스테	집안의 한 하인이었고, 그 사람 혼자서만 무사히 돌아왔어요.	
오이디푸스	그러면 그 사람이 지금도 이 집에 있소?	
이오카스테	아니요, 그렇지 않아요. 그곳에서부터 그가 돌아왔을 때,	
	라이오스가 죽고 당신이 권력을 쥔 것을 보더니	
	제 손을 만지며 간절히 애원하더군요,	760
	자기를 벌판으로, 양 떼가 풀 뜯는 곳으로, 그래서	
	도시에서 눈길도 닿지 않는 곳까지 가장 멀리 보내달라고요.	
	그래서 제가 그를 보내주었답니다. 그는 종으로서뿐만 아니라	
	그보다 더 큰 호의도 누릴 만한 자격이 있는 사람이었으니까요.	
오이디푸스	그가 서둘러 우리에게로 되돌아오게 할 무슨 수가 있겠소?	765
이오카스테	할 수는 있지만, 무엇 때문에 그런 명까지 내리시는 건가요?	
오이디푸스	나는 말이오, 여보, 지나치게 많은 말을 한 게 아닌가 두렵구려.	
	내가 그를 보려고 하는 것도 바로 그것 때문이라오.	
이오카스테	어쨌든 그는 오게 되어 있어요. 하지만 저 역시 당신이 속에서	
	힘겹게 떠안고 있는 것을 알 자격은 있잖아요, 왕이시여.	770
오이디푸스	당신이 그 기회를 앗길 일은 절대 없다오, 내가 이만큼	
	불길한 예감 속에 빠져들었으니까요. 내가 이만한 운을 누리며	
	지내고 있는데, 말할 상대로 당신보다 더 중요한 이가 누가 있겠소?	
	내 아버지는 코린토스 사람 폴뤼보스였고,	
	어머니는 도리스 사람 메로페라오. 나는 그곳 시민들 중에서	775
	가장 위대한 자로 여겨져왔소, 내게 그런 일이	
	닥칠 때까지는. 그건 충분히 놀랄 만한 일이긴 했지만	
	내가 진지하게 파고들 만한 일은 아니었다오.	
	식사 자리에 있던 한 남자가 엉망으로 술에 취한 채	
	내가 아버지의 친자식이 아니라고 술김에 흘리며 말했던 거요.	780
	나야 속이 상했지만 일단 그날은 어렵사리	

참아보다가 다음 날 어머니와 아버지 곁으로 가서
따져 물었소. 그러자 그 이야기를 흘려놓은 그자의 험담에
그분들은 견디지 못할 정도로 화를 내셨다오. 그렇게 그 두 분에
대해서야 나도 흡족했지만, 그럼에도 그것은 시도 때도 없이   785
내 신경을 긁어놓았다오. 그 소문이 은밀히, 널리 기어다녔으니까.
난 어머니 아버지 몰래 퓌토를 향해 길을 떠났소.
그런데 포이보스께서는 정작 내가 찾아온 목적에 대해서는 나를
무시하며 돌려보내면서, 참담하고 끔찍한 데다가
처절하기까지 한 것들을 예언으로 말씀하셨으니,   790
내가 어머니와 몸을 섞도록 되어 있고, 인간들이
눈 뜨고 차마 볼 수 없는 자식을 낳아 드러낼 것이며,
나를 씨 뿌린 아버지의 살해자가 될 수밖에 없다는 것이었소.
나는 이 말을 들은 다음부터 별들을 보고 측정해가며
코린토스 땅으로부터 달아나기 시작했으니,   795
내가 얻은 그 불미스러운 신탁이 이루어져 생겨날 오욕을
절대로 보지 못할 곳을 향했던 거라오.
나는 길을 가다가 바로 그 장소에 이르렀소, 당신 말마따나
그 통치자가 파멸을 맞았다던 바로 그 자리 말이오.
당신에게는, 여보, 내가 진실대로 다 털어놓으리다.   800
나는 세 갈래로 길이 난 그곳 가까이 걸어가고 있었고,
거기서 전령과, 당신이 말한 바대로 망아지들이 끄는
사륜마차를 탄 남자가 내게 다가온 거라오.
그러곤 길잡이와, 더 나이 먹은 그 사람 본인,
이렇게 두 명이 울력하여 강제로 나를 길 밖으로   805
몰아내려 했다오. 나도 격분했던 터라 나를 밀쳐내려던
그자와, 마부를 때렸소. 그러자 나이 먹은 그 사람이
마차 옆을 지나가는 나를 눈여겨보고 있다가 두 갈래 난 짐승몰이 채로

내 정수리를 내리쳤던 거요. 물론 그가 치른 값은
결코 동등한 것이 아니었소, 아니고말고. 바로 단번에   810
이 손에서 나온 지팡이에 얻어맞고는 마차 한가운데로부터
곧장 거꾸로 굴러떨어져 내렸던 거요.
나는 그자들을 모조리 다 쳐 죽였소. 그러나 만에 하나,
그 이방인이 라이오스와 어떻게든 한 핏줄로 맺어져 있다면,
과연 누가 바로 이 몸보다 더 비참할 수 있겠소?   815
과연 누가 신들에게 더한 미움을 받는 자가 될 수 있겠소?
이방인과 시민을 막론하고 그 누구도 나를 집 안으로
받아들여선 안 되고, 어떤 말도 붙여선 안 되며, 집 밖으로
밀쳐내 버려야 한단 말이오. 게다가 나 자신을 향해 이 저주들을
내린 사람은, 어떤 다른 누구도 아닌, 바로 나 자신이었소.   820
또, 나는 망자의 침대를 더럽히고 있다오, 바로 그이를 파멸시킨
이 내 두 손으로 말이오. 나는 타고난 몹쓸 자가 아니오? 이래도 내가
철저하게 더러운 자가 아니란 말이오? 내가 추방되어 나가야만 한다면,
그리고 추방된 내게, 내 사람들을 바라보는 것도, 내 조국에
발 딛는 것도 허락되지 않는다면 말이오. 그게 아니라면 난   825
어머니와 결혼으로 묶여야만 하고, 나를 낳고 길러주신
아버지 폴뤼보스마저 살해하도록 되어 있으니까.
누구든 바로 이 몸에 대해 판단을 내리면서, 이것이 어떤 흉포한 신께서
하신 일이라 한다면, 정말이지 똑바로 추론한 게 아니겠소?
제발 결코, 제발 결코, 오오, 신들의 순결한 거룩함이여,   830
제가 그날을 보지 않게 해주소서! 차라리 죽게 마련인
인간들로부터 보이지 않도록 사라지게 하소서,
그러한 참사가 가져올 오염이 제게 다가서기 전에!

코로스장 이 일들이 저희를 움츠러들게 하는 건 사실입니다만, 왕이시여,
현장에 있었던 사람에게서 알아내기 전에는, 희망을 두십시오.   835

오이디푸스	실제로 내게 있는 희망이 딱 그만큼이라오,
	그저 그 목자라는 남자를 기다려보는 것 말고는 없소.
이오카스테	그 사람이 나타나면 대체 어떻게 하실 작정인가요?
오이디푸스	나 당신에게 가르쳐주겠소. 만일 그가 당신과 같은 말을 한다는 게
	판명된다면, 적어도 나는 이 사태에서 벗어나게 될 거라오. 840
이오카스테	제게서 무슨 특별한 이야기라도 들으셨나요?
오이디푸스	도적들이라고 당신이 말했소, 그 사람 왈 그들이 그분을
	쳐 죽였다고 말이오. 그러니까, 그 사람이 여전히 똑같은 숫자를
	말한다면, 나는 그분을 쳐 죽이지 않은 거라오.
	하나가 여럿과 같아질 수야 없는 노릇이니까. 845
	반면, 그 사람이 홀로 길 가던 한 명이라고 말한다면,
	그때는 그 행위가 명백히 내게로 기울어져 내릴 거요.
이오카스테	어쨌든 그 말은 분명 그렇게 언급되었다는 걸 알아두세요.
	그 사람이 그 말을 되돌려버린다는 건 불가능하답니다.
	저뿐만 아니라, 이 도시가 그 이야기를 들었으니까요. 850
	설령 그 사람이 먼젓번 이야기에서 뭔가 다르게 말을 돌린다 해도,
	그 사람은 절대로, 왕이시여, 라이오스의 피살이 제대로
	성취되었노라고는 말 못 할 겁니다. 록시아스께서는 그이가
	내 자식에게 목숨을 잃게 되어 있다고 분명히 말씀하셨으니까요.
	그런데 정작 그 박복한 아이는 그이를 살해하기는커녕, 855
	그 자신이 일찌감치 파멸을 맞고 말았어요.
	그러니 적어도 예언에 관한 문제라면, 앞으로 저는
	이렇게도 저렇게도 눈길을 주지 않으려 해요.
오이디푸스	훌륭하게 판단하셨소. 아무리 그렇긴 해도, 그 일꾼을 부르러
	누구든 보내시고, 이 일을 무심히 내치진 말아주오. 860
이오카스테	제가 서둘러 보낼 테니, 우린 일단 집 안으로 들어요.
	저는 당신에게 달갑지 않은 일은 그 어떤 것도 하지 않을 거예요.

(오이디푸스와 이오카스테 퇴장한다)

(2정립가)

코로스(좌1) 내 모든 언행에서

경건한 정결함을 품고 있으니,

부디 운명은 나와 함께해주소서! 그 언행을 정하는 법도는 865

드높이 발 디딘 채 앞에 놓여 있으며,

천상의 아이테르[48]에서 태어났으니,

그것을 낳은 아버지는 올륌포스 단 하나로다.

그 법도는 필멸의 본성이

낳지 못하며, 망각조차도 870

그것을 결코 잠재우지 못하나니.

그것들 안에 계시는 신은 위대하시며 노쇠하지 않으시도다.

(우1) 법도를 넘은 짓이 참주(僭主)[49]를 낳으니,

법도를 넘은 짓이 적절치도 않고 득도 없는

많은 것들로 헛되이 가득 부풀게 되면 875

가장 높은 꼭대기까지 타고 올라간 다음

가파른 필연 속으로 돌진하는 법이니,

거기서는 쓸모 있는 발조차

아무 소용이 없도다. 그러나 나는 도시를 위한

훌륭한 경합은 결코 풀어 없애지 마시기를 880

---

48 지표 주변의 공기보다 더 위에 있는, 밝고 선명한 대기층을 말한다.
49 원문은 이 작품의 제목에 들어가는 tyrannos(튀란노스)이다. 중립적인 의미의 '왕'으로도 많이 쓰이지만, 이 문맥에서는 폭군을 가리키는 멸칭으로 사용된다. 희랍어에는 왕을 의미하는 단어가 여럿 있는데, 왕위를 얻는 방법에 따라 나누게 되면 tyrannos는 세습 왕(basileus 바실레우스)과 달리 자기 힘으로 권력을 얻어낸 왕을 말하기도 한다.

신께 기도하노라. 신을 수호자로 모시는 일을
나 결코 그치지 않으리라.

(좌2) 그러나 만약 누군가가 그 주먹이나 말을
주제넘게 써가며 정의도 두려워하지 않고
신들이 계신 자리도   885
경외하지 않고 길을 간다면,
그 불운한 허세의 대가로
사악한 운명이 그를 사로잡으리라,
만약 그가 이익을 정당하게 벌어들이지 않고,
불경한 것들을 삼가지도 않고   890
경솔하게 굴며 손대지 말아야 할 것에 손댄다면.
그런 상황에서라면 감히 어느 누가 신들이 쏘아 날리는
무기들로부터 제 영혼을 막아낼 수 있노라 자랑할 수 있으리오?
만에 하나 그런 짓들이 존중받는다면,   895
내가 무엇 때문에 춤추고 노래해야 하리오?

(우2) 손 닿아선 안 될 대지의 배꼽을 향해
내 더는 경외심을 품고서 가는 일 없으리라.
아바이[50]의 신전으로도,   900
올륌피아[51]로도 가는 일 없으리라,
만일 이 (예언)들이 죽게 마련인 모든 사람들에게
손가락으로 가리켜 보일 정도로 분명히 들어맞지 않는다면.
그러나, 다스리시는 제우스여, 이렇게 불리시는 것이

---

50 포오키스 북서쪽의 도시로 아폴론 신전이 있었다고 한다.
51 펠로폰네소스 중서부 지역의 도시.

옳다면, 만물을 다스리시는 분이여, 부디 그것이
임의 눈길을, 임의 쇠락을 모르는 영원한 다스림을 피하지 못하게 하소서. 905
저들은 이미 〈오래전에 그 말씀 내려〉 사라져가고 있는
라이오스에 대한 예언을 아예 없애려 하고 있나이다.
게다가 아폴론조차 그 어디에서도 명예로이 현현하지 못하시니
신들에 관한 일들이 소멸하고 있나이다. 910

(이오카스테, 제물을 들고 등장한다)

이오카스테   이 땅을 다스리는 분들이여, 신들의 성전에 가야겠다는 생각이
내게 떠오르더군요, 이 두 손에 화관과,
흠향하실 제물을 들고서요.
오이디푸스께서 온갖 고통을 겪으며 그 기백을
지나치리만큼 높이 끌어올린 나머지, 사려 깊은 사람답지 않게 915
새로운 일들을 옛 잣대로 판단하지 못하고,[52]
누가 끔찍한 말이라도 하면, 그런 말을 하는 사람에게 휘둘리고 계세요.

(아폴론에게 기도하며)

제가 드리는 조언으로 더는 아무것도 할 수 없다는 걸 알기에,
임께, 오오, 뤼케이오스 아폴론이시여, 임께서 가장 가까이 계시니,
임께서 저희에게 어떤 흠결 없는 해결책을 주십사,
제가 이 기도의 징표들을 들고 탄원자가 되어 왔나이다. 920
배의 조타수나 다름없는 그이가 충격을 받은 모습을 보며
지금 저희 모두는 움츠러들고 있나이다.

(코린토스에서 온 사자 등장한다)

사자   혹시 내가 그대들로부터, 이방인들이여, 왕이신 오이디푸스의

---

[52] 이오카스테가 보기에는 오이디푸스가 라이오스에게 내려진 '실패한' 예언을 잣대로 테이레시아스의 예언을 바라보지 못한 채 여러 가능성을 열어두고 있다는 뜻이다.

	거처가 어디인지 들어 알 수 있겠소? 아니, 그분이 어디 계시는지	925
	그대들이 알고 있고 이야기해준다면 가장 좋겠소.	
코로스장	여기가 그 지붕이고, 그분은 안에 계시오, 낯선 이여.	
	그리고 이분이 부인이시며, 그분 자녀들의 어머니시라오.[53]	
사자	이분께서는 복 받은 이들과 더불어 언제까지고 복을 누리시기를!	
	그분의 완전한 배필이시니.	930
이오카스테	그대도 마찬가지로 복을 누리시기를, 낯선 이여. 그대는 그 덕담 덕분에	
	그럴 만한 자격이 있으니까요. 그건 그렇고, 어떤 바람을 품고 이곳까지	
	오셨는지, 무엇을 알리고 싶어서인지 말씀해보시지요.	
사자	당신의 집안과 남편분께 상서로운 소식이지요, 부인.	
이오카스테	그게 어떤 것들인가요? 그리고 그대는 누가 보내서 오셨나요?	935
사자	코린토스로부터 왔습니다. 그런데 제가 곧 드릴 말씀에 한편으론 기쁘기도	
	하시겠지만, 어찌 그렇지 않겠습니까만, 동시에 심란하실 수도 있으리라 봅니다.	
이오카스테	대체 무엇이기에? 그게 무엇이기에 두 갈래로 나뉜 힘이 있나요?	
사자	이스트미아 땅[54]에 사는 백성들이 그분을 왕으로	
	추대할 것입니다. 거기선 그렇게 결론이 났습니다.	940
이오카스테	뭐라고요? 폴뤼보스 어르신께서 여전히 권력을 쥐고 계실 텐데, 아닌가요?	
사자	그렇지 않습니다. 죽음이 그분을 무덤 속에 가두고 있으니까요.	
이오카스테	그게 무슨 말씀인가요? 〈오이디푸스의 아버지께서〉 정말 돌아가셨나요, 노	
	인장?[55]	
사자	만에 하나 제가 진실을 말씀드리는 게 아니라면, 저는 죽어 마땅합니다.	
이오카스테	이보게 시종, 지금 당장 주인님께 가서	945

---

53 희랍어의 어순은 매우 자유롭다. 원문의 어순은 이렇다. '그리고 이분이 부인이시며 어머니라오, 그분 자녀들의.'

54 코린토스. 이스트미아는 코린토스 지협의 남쪽 지역으로, 희랍 본토와 펠로폰네소스 반도를 잇는 육로에 있다.

55 다른 모든 사본은 '폴뤼보스께서 돌아가셨나요, 노인장?'으로 전하고 있다.

말씀드리지 못할까? 오오, 신들의 예언들이여, 과연 너희는
어디에 있단 말이냐! 오래전에 오이디푸스가 혹시
살해하게 될까 두려워 떨며 피해 다녔던 바로 그분이, 지금 바로
운에 의해 돌아가셨구나, 그이에 의해서가 아니라!

(오이디푸스 등장한다)

오이디푸스	오오, 가장 소중한 내 부인 이오카스테의 머리여,	950
	무슨 일로 나를 여기 집 밖으로 부른 거요?	
이오카스테	이 사람 말을 들어보세요. 그리고 들으면서 잘 살펴보세요,	
	그 신의 지엄하신 예언들이 과연 어디로 다다랐는지를.	
오이디푸스	그런데 이 사람은 대체 누구며, 내게 무슨 말을 하고 있소?	
이오카스테	코린토스로부터 온 사람이고요, 당신의 아버지 폴뤼보스께서	955
	더 이상 살아 계시지 않고, 돌아가셨다는 말씀을 전하러 왔답니다.	
오이디푸스	그게 무슨 말이오, 낯선 이여? 당신이 직접 내게 그 말을 전해보시오.	
사자	제가 그 말씀을 먼저 분명히 전해드려야 한다면,	
	잘 알아두십시오, 그분은 돌아가시어 떠나가셨습니다.	
오이디푸스	음모 때문인가? 아니면 병환에 연루되셨던 거요?	960
사자	미세한 무게추에도 늙은 육신은 기울어져 눕게 마련입니다.	
오이디푸스	그 가엾은 분이 병환으로 돌아가신 모양이로군.	
사자	아닌 게 아니라 이미 기나긴 세월에 헤아려져오셨으니까요.	
오이디푸스	아아, 아아! 여보, 대체 무엇 때문에 퓌토에서 예언을 주는 화로나,	
	저 위에서 우짖는 새들 따위를 들여다봐야 한단 말이오,	965
	그것들이 이끄는 대로라면 바로 내가 내 아버지를 죽이게끔	
	되어 있었는데? 그런데 그분은 돌아가셔서 대지 아래에	
	몸을 숨기고 계시지 않소, 나는 여기서 창을 건드린 적도	
	없건만! 혹여 그분이 나를 그리워하다가 돌아가셨다면	
	나 때문에 돌아가셨다고 할 수 있겠구려.	970
	어쨌든 여기 있던 신탁들은 폴뤼보스께서 움켜쥐고	

	하데스 곁에 누워 계시는구려, 일고의 가치도 없는 것들을.	
이오카스테	아니나 다를까 제가 진작에 당신께 그 말씀 미리 드렸잖아요.	
오이디푸스	당신이 말해주었지만, 나는 두려움 탓에 길을 헤맸다오.	
이오카스테	이제라도 결코 더는 그런 것들에 마음 쓰지 마세요.	975
오이디푸스	그런데 내가 무슨 수로 어머니의 침대 앞에서 움츠러들지 않을 수 있겠소?	
이오카스테	사람이 대체 무얼 두려워해야 하지요? 우연의 힘이 다스리고 있고, 그 무엇에 대한 예견도 확실한 것 하나 없는데요? 할 수만 있다면 그저 되는대로 사는 게 최선이랍니다. 그러니 당신도 어머니와의 결혼을 두려워하지 말아요. 이미 수많은 사람이 꿈속에서도 그들 어머니 곁에 누웠으니까요. 이런 일들을 아무것도 아니라 여기는 사람이 삶도 가장 쉽게 꾸리는 법이에요.	980
오이디푸스	만일 나를 낳아주신 그녀가 마침 살아 있지 않다면, 당신이 한 말 전부가 훌륭하다고 할 수 있을 거요. 그러나 여전히 살아 계시니, 비록 그대 말이 훌륭하긴 하지만, 나는 전적으로 움츠러들 수밖에 없는 거라오.	985
이오카스테	하지만 그대 아버님의 무덤은 정말이지 커다란 눈[56]이에요.	
오이디푸스	크고말고요, 맞소이다. 그러나 내가 두려워하는 건 살아 계신 여인이라오.	
사자	대체 어떤 여인을 두고 그대는 그렇게까지 두려워하시는 겁니까?	
오이디푸스	메로페라오, 노인장, 폴뤼보스께서 함께 지내오신 그분 말이오.	990
사자	그런데 무엇 때문에 그녀가 당신들께 두려움을 불러왔습니까?	
오이디푸스	신께서 내리신 끔찍한 예언 때문이라오, 낯선 이여.	
사자	말씀해주셔도 되는 겁니까? 아니면, 남이 알면 법도에 어긋나는 것인가요?	
오이디푸스	당연히 되다마다. 예전에 록시아스께서 내게 말씀하셨다오, 내가 내 어머니와 몸을 섞게끔 되어 있고,	995

---

56 은유로 파악하여 '위안/위로', '소중한 것' 등으로 옮길 수 있으나, 여기에서는 원문 ophthalmos(옵탈 모스)를 글자 그대로 '눈'으로 옮겼다.

	내 두 손으로 아버지의 피를 움켜쥐게 되어 있노라고 말이오.
	이것 때문에 나는 내 고향 코린토스를 오래전부터
	멀리 두며 살아온 거요. 행운을 누려오긴 했다오. 그래도
	낳아주신 분들의 눈을 바라보는 것이 가장 달콤한 일이건만.
사자	그렇다면, 정말 그 일에 움츠러들어 그 도시를 떠나 떨어져 지내셨던 건가요? 1000
오이디푸스	그뿐만 아니라 아버지의 살해자가 되지 않기를 바라면서였다오, 노인장.
사자	그러면 제가 왜 바로 그 두려움으로부터 당신을 풀어드리지 못했을까요,
	왕이시여, 저는 호의를 품고 왔는데 말입니다.
오이디푸스	물론 그대는 그에 걸맞은 보답을 내게서 얻게 될 거요.
사자	물론 바로 그것이야말로 제가 이리로 온 가장 큰 까닭입지요. 1005
	당신이 집으로 돌아오시면, 저도 뭔가 덕을 보지 않을까 싶더군요.
오이디푸스	천만에, 낳아주신 분들만큼은 내 절대로 엮이지 않을 거요.
사자	오오, 내 아들, 그대가 무얼 하고 있는지조차 전혀 알지 못하는 게 너무나
	분명하군요.
오이디푸스	어떻게 그럴 수가, 노인장? 신들께 걸고 부탁하오, 내게 가르쳐주시오.
사자	만일 그분들 때문에 당신이 집으로 돌아오길 피하고 있다면 말입니다. 1010
오이디푸스	포이보스께서 내게 명백히 성취하실까 겁내고 있으니까.
사자	부모님으로 인해 오염을 붙들게 될까 두려우신 겁니까?
오이디푸스	바로 그거라오, 노인장. 그게 언제나 나를 두렵게 한다오.
사자	그런데 그대가 몸을 떨어야 마땅한 것이 정녕 아무것도 없다는 걸 아시는지요?
오이디푸스	아니, 어떻게 없을 수가! 내가 진정 그 부모님의 자식으로 태어난 이상? 1015
사자	폴뤼보스는 그대와 혈통상 무관하기 때문이지요.
오이디푸스	어떻게 그런 말을? 폴뤼보스께서 나를 낳지 않으셨다니?
사자	저보다 더함도 전혀 없고, 마찬가지지요.
오이디푸스	그러니까 어떻게 낳아주신 분이 나와 무관한 사람과 마찬가지냐는 거요!
사자	어쨌든 그분도, 저도, 그대를 낳진 않았으니까요. 1020
오이디푸스	그런데 그분은 왜 나를 아들이라고 부르셨소?

사자	알아두십시오, 예전에 그분은 바로 제 손으로부터 그대를 선물로 얻으셨답니다.
오이디푸스	그러면, 그렇게 남의 손에서 얻어놓고도 끔찍이 사랑하셨다?
사자	그 전에 자식이 없으셨으니 마음이 움직였던 겁니다.
오이디푸스	그대는 나를 샀소? 아니면 우연히 얻게 되어 그분께 드린 거요? 1025
사자	키타이론의 나무 우거진 골짜기에서 발견했지요.
오이디푸스	무슨 목적으로 그 장소를 지나고 있었소?
사자	저는 그 산에서 양 떼를 돌보고 있었답니다.
오이디푸스	그러니까 당신은 목자였고, 삯벌이를 찾아 떠돌았다는 거요?
사자	하지만, 내 아들이여, 그 당시에는 제가 그대를 구해낸 사람이었지요. 1030
오이디푸스	내가 당신 두 손에 안겨서 무슨 고통을 당하고 있었기에?
사자	당신 두 발 복사뼈 마디가 증언해드릴 겁니다.
오이디푸스	아니 이럴 수가, 이 무슨 오래 묵은 고통을 입에 담는 거요?
사자	꼬챙이로 두 발이 꿰뚫려 있던 당신을 제가 풀어드린 겁니다.
오이디푸스	난 이 끔찍한 치욕을 포대기에서부터 얻은 것이로구나. 1035
사자	그래서 그대의 이름도 그 불운으로부터 붙여진 것이랍니다.[57]
오이디푸스	오오, 신들의 이름으로 부탁하오, 말해주시오. 어머니가 그랬소, 아버지가 그랬소?
사자	저는 모릅니다. 다만 건넨 사람이 저보다야 더 잘 알고 있겠지요.
오이디푸스	그러면 당신도 나를 남에게서 얻은 거요, 어쩌다 직접 얻게 된 게 아니라?
사자	네, 다른 목자가 제게 건네준 겁니다. 1040
오이디푸스	그 사람이 누구요? 말로 분명히 드러낼 수 있을 만큼 잘 알고 있소?
사자	제가 알기론 라이오스의 부하들 중 하나로 불렸던 것 같습니다.
오이디푸스	옛날 그 시절 이 땅을 다스렸던 그분 말이오?

---

[57] 오이디푸스의 이름 유래를 '부은(oidi) + 발(pous)'로 알려주고 있다. 한편, 그의 이름은 '발(pous)'을 '알다(oida)'로 풀 수도 있는데, 그러면 스핑크스의 수수께끼에서 결정적인 역할을 하는 '발'의 개수를 알고 있는 그의 모습이 부각된다.

사자	바로 그렇습니다. 그이는 바로 그분의 목자였지요.	
오이디푸스	그러면 그이는 여전히 살아 있소? 내가 볼 수 있냔 말이오.	1045
사자	그야 이 지역에 살고 계신 그대들이 가장 잘 아실 텐데요.	
오이디푸스	여기 내 곁에 있는 그대들 중에서, 이 사람이 말하고 있는	
	그 목자를 잘 알고 있는 사람 누구 있소?	
	들판 위에서든, 아니면 이곳에서든 목격한 사람이 있소?	
	알려들 주시오, 이 일들이 알려져야 할 맞춤한 때가 왔소.	1050
코로스장	제 생각으로는 다름 아닌 들판에서 온다는 바로 그 사람,	
	진작부터 그대가 보고자 찾고 계신 그 사람인 것 같습니다만,	
	그걸 가장 잘 말씀해주실 분은 여기 계신 이오카스테일 겁니다.	
오이디푸스	여보, 좀 전에 우리가 오기를 고대하던 바로 그 사람을	
	알고 계시오? 이 사람이 말하는 그이요?	1055
이오카스테	이 사람이 누구를 말했든 그게 뭐라도 되나요. 전혀 신경 쓰지 마세요.	
	지금 나온 말들은 헛소리일 뿐이니 기억하길 바라지도 마세요.	
오이디푸스	그건 있을 수 없는 일이외다, 내가 이만한 증거까지	
	얻은 마당에, 내가 내 혈통을 밝히지 않겠다니.	
이오카스테	제발, 신들께 걸고 부탁해요, 하지 마세요. 당신 자신의 삶을	1060
	조금이라도 염려하신다면, 그걸 찾아보지 마세요. 저는 충분히 앓고 있어요.	
오이디푸스	기운을 냅시다, 당신이 비천한 여자로 드러날 일은 없을 테니까,	
	설령 내가 삼 대째 하녀 노릇 하는 이를 어미로 두었다 하더라도.	
이오카스테	아무리 그렇다 한들, 제 말을 들으세요, 빌겠어요, 그것만은 하지 마세요.	
오이디푸스	그걸 분명하게 낱낱이 알아내지 말라는 말은 내 따를 수 없소.	1065
이오카스테	하지만 저는 좋은 뜻을 품고, 당신을 위해 가장 바람직한 걸 말씀드리고 있어요.	
오이디푸스	바로 그 가장 바람직하다는 것이 한참 전부터 나를 고통스럽게 하고 있다오.	
이오카스테	오오, 불운한 몫을 받은 사람, 부디 그대가 누구인지 결코 알아내지 못하기를.	
오이디푸스	누가 가서 나를 위해 그 목자를 이리로 데려오겠는가?	
	이 여인은 부유한 혈통을 즐기라고 놔두고.	1070

이오카스테	아아, 아아, 가엾은 사람, 나 그대에게 건넬 말이 이것 말곤 없으니.
	그러나 이후에는 다른 어떤 말도 하지 않으리라.

(이오카스테 퇴장한다)

코로스장	아니, 마님은 왜 저렇게 거친 고통에 놓여
	뛰쳐나가셨을까요, 오이디푸스여? 저 침묵으로부터
	불길한 것이 터져 나오는 건 아닐지 저는 두렵습니다. 1075
오이디푸스	그녀의 바람대로 터져 나오라고 하시오. 그러나 이 몸은
	나의 혈통을, 설령 미천할지라도, 보고야 말겠소.
	그러나 그녀는, 여인이 으레 그렇듯이 자존심이 강하니,
	내 비천한 출생에 수치심을 느낄 거라오.
	그렇다 한들 나는 스스로를 좋은 것을 베푸시는 1080
	행운의[58] 자식으로 여기고 있으니, 멸시받지 않을 것이오.
	나는 그분을 어머니 삼아 태어났소. 또 나와 피를 나눈
	달들은 나를 작게도, 위대하게도 정해놓았소.
	바로 그렇게 내가 태어났으니, 내가 내 근원을 알지 못하도록
	나 아닌 다른 누구로 드러나는 일은 결코 없을 거라오. 1085

(3정립가)

코로스(좌)	만약 내가 예언자인 데다가,
	노련한 판단까지 내릴 줄 안다면,
	올륌포스에 맹세코,
	오오, 키타이론이여, 그대는 결코 모를 수 없게 되리라,
	내일 솟을 보름달이 바로 그대를 오이디푸스의 고향 친구로, 1090
	유모로, 그리고 어머니로
	드높일 것이며, 우리 왕에게

---

[58] 원문의 tukhē(튀케)는 인간의 계산 밖에 있는 우연의 힘을 가리키며 행운일 수도 있고, 불운일 수도 있다.

좋은 것을 베푸는 그대를
     우리 역시 가무로 기리리라는 것을.   1095
     이에, 이에, 포이보스시여,
     이것들이 부디 임께 흡족하기를!

(우) 누가 그대를, 아드님, 오랜 세월을
     지탱해오신 분들 중 누가 그대를 낳으셨습니까?
     산속을 거니는 판[59]을 아비 삼아 그에게 다가가셨나이까,   1100
     아니면, 록시아스와 침상을 함께하는 분들 중 하나였을까요?
     트인 초원을 내주는 모든 평원이 그분께는 사랑스러우니까.
     혹은 퀼레네를 다스리는 분[60]께서,
     아니면 산정에 거하시는   1105
     박코스 제의의 신[61]께서
     그대를 기대치 못한 선물로 받으신 걸까요,
     그분이 자주 노니시는,
     날렵한 눈길의 요정 한 분에게서?

                    (목자 등장한다)

오이디푸스 저 사람과 전에 한 번도 엮인 적 없던 나지만, 추정해야 한다면,   1110
           원로들이여, 나는 우리가 한참 전부터 찾고 있던 바로 그 목자를
           보고 있는 것 같소이다. 한참 나이 든 모습이 여기 이 남자와
           비교해볼 때 잘 어울리는 데다가,

---

59 아버지 헤르메스 신과 마찬가지로 목자와 가축을 돌보는 신으로 알려져 있으며, 인간의 상체와 염소의 하체를 하고 격렬한 가무를 즐긴다고 전해진다. 펠로폰네소스 중부 아카디아 지역의 퀼레네산에서 태어났다고 한다.
60 헤르메스.
61 디오뉘소스.

	그를 데리고 오는 사람들이 바로 내 집안 하인들임을	
	내 알아볼 수 있으니 말이오. 하지만 당신은 전에 그 목자를	1115
	본 적이 있으니, 아마 당신이 나보다 앞서 알 수 있을 것 같구려.	
사자	네, 제가 알아봅니다, 분명히 알아두십시오. 저이는 라이오스의 부하들 중	
	한 사람이었고, 목자로서 다른 누구보다도 미더운 사람이었지요.	
오이디푸스	내 코린토스에서 온 이방인인 그대에게 먼저 묻겠소, 그대가 말하는 인물이	
	저 사람이오?	
사자	지금 그대가 바라보고 계시는 바로 그 사람입니다.	1120
오이디푸스	거기 있는 당신, 노인장, 여기 나를 바라보면서 내가 묻는 말에	
	대답해주시오. 당신은 라이오스의 부하였던 적이 있소?	
목자	그랬습니다. 사들인 하인은 아니었고, 그 집안에서 길러졌지요.	
오이디푸스	어떤 일에 종사하였소? 아니면 무슨 살림에라든가?	
목자	제 평생 대부분을 가축들을 따라다녔습니다.	1125
오이디푸스	주로 머물렀던 곳이 어디 근방이오?	
목자	키타이론에 있기도 하다가 그 인근에 있기도 했습니다.	
오이디푸스	그러면, 여기 이 사람을 그곳 어딘가에서 알게 되었던 걸 기억하는가?	
목자	그가 무슨 일을 했다는 겁니까? 대체 누구를 말씀하시는 건가요?	
오이디푸스	여기 있는 이 사람 말이오. 이 사람과 정말 한 번도 엮인 적이 없소?	1130
목자	기억에서 떠오르질 않아 당장 말씀드릴 수가 없습니다.	
사자	놀라실 것 없습니다, 주군이시여. 하지만 이 사람이 모른다 해도,	
	제가 그에게 분명히 기억을 떠올리게 하겠습니다. 그가 낱낱이	
	알고 있다는 것을 제가 잘 알고 있으니까요. 그때 키타이론 지역에서	
	그는 가축 떼 두 무리와, 그리고 저는 한 무리와 함께	1135
	지냈는데, 저는 이 사람과 함께 만 삼 년 동안	
	봄철부터 아르크투로스가 솟을 때[62]까지 여섯 달씩 함께 지냈습니다.	
	겨울이 되면 저는 제 축사로 가축을 몰고 갔고,	
	이 사람은 라이오스의 외양간으로 몰고 갔지요.	

(목자에게)

	이 중에서, 내가 있던 사실을 말하고 있는 거요, 아니오?	1140
목자	당신은 진실을 말하고 있소, 오랜 세월이 흐르긴 했어도.	
사자	자, 그럼 이제 말해보시오. 그때 당신이 내게 어떤 아이를 주었던 걸 알고 있소? 내 아이 삼아 기르라고 말이오.	
목자	그게 무슨 소리요? 도대체 왜 그런 이야기를 캐묻는 거요?	
사자	바로 이분이라오, 노형, 그때 그 핏덩이가.	1145
목자	파멸 속으로 들어가지 못하겠느냐? 닥치지 못하겠느냐?	
오이디푸스	아아, 이이를 나무라지 마오, 노인장. 이 사람 말보다야 당신 말이 더더욱 비난받아 마땅하니까.	
목자	오오, 주군들 중에서도 으뜸인 분이시여, 대체 제 잘못이 무엇입니까?	
오이디푸스	이 사람이 묻고 있는 그 아이에 대해 대답하지 않고 있잖소.	1150
목자	그는 아무것도 알지 못하면서, 괜히 헛수고를 하고 있기 때문입니다.	
오이디푸스	네놈은 자발적으로는 말하지 않을 셈이구나. 곡소리를 내면 말하게 되겠지.	
목자	제발, 신들께 걸고 청하오니, 늙은 저를 괴롭히지 마십시오.	
오이디푸스	누가 당장 이자의 두 손을 뒤로 꺾어놓지 못하겠느냐?	
목자	불운하구나, 대체 무엇 때문에, 무얼 더 알고 싶어 그리 안달이십니까?	1155
오이디푸스	너는 이 사람이 묻고 있는 그 아이를 그에게 넘겨주었느냐?	
목자	제가 넘겨주었습니다. 차라리 내가 그날 파멸했더라면 좋았을 것을!	
오이디푸스	아닌 게 아니라 그 지경에 가닿을 거다, 네가 마땅히 아뢰어야 할 것을 말하지 않는다면.	
목자	만일 말씀드린다면, 저는 훨씬 더 철저히 파멸할 겁니다.	
오이디푸스	암만해도 이놈이 시간을 끌 작정이로구나.	1160
목자	제가 그럴 리가요, 넘겨주었다고 아까 말씀드리지 않았습니까.	

---

62 목동자리(Boötes 보오테스)에서 가장 밝은 별인 아르크투로스는 9월 중순부터 보이기 시작한다. 헤시오도스의 『일과 나날들』 610행에 따르면, 아르크투로스의 출현은 여름이 끝났음을 알리는 신호이다. 작중의 두 목자에게는 가축 떼를 이끌고 겨울 축사로 돌아갈 때가 되었음을 알리는 지표가 된다.

오이디푸스	어디에서 데려왔느냐? 네 집안에서? 아니면 다른 누군가의 아이였느냐?	
목자	제가 제 아이를 데려온 건 아니었고, 저도 다른 데서 받았습니다.	
오이디푸스	이 시민들 중 뉘게서, 어떤 집에서였느냐?	
목자	제발, 신들께 걸고 비오니, 제발, 주인님, 더는 묻지 마십시오.	1165
오이디푸스	네놈에게 같은 걸 또 한 번 묻게 된다면, 넌 이미 죽어 있을 것이다.	
목자	정 그러시다면, 라이오스의 집에서 태어난 어떤 아이였습니다.	
오이디푸스	종이었느냐, 아니면 그분의 혈통을 타고 태어난 아이였느냐?	
목자	이럴 수가, 입에 담기조차 끔찍한 바로 그 순간까지 와버리다니.	
오이디푸스	듣기 끔찍한 순간에 이른 건 나 역시 마찬가지. 그럼에도 불구하고 들어야만 한다.	1170
목자	그 아이는 분명 그분의 자식이라고 불렸습니다. 하지만 그게 무슨 일인지는 안에 계신 그대의 부인께서 가장 제대로 말씀해주실 수 있을 겁니다.	
오이디푸스	그러니까, 네게 건넨 사람이 그녀란 말이냐?	
목자	바로 그렇습니다, 왕이시여.	
오이디푸스	대체 어떤 이유로 그랬느냐?	
목자	저더러 그 애를 죽이라는 것이었지요.	
오이디푸스	아이를 낳아놓고 감히?	
목자	불길한 예언을 두려워했습니다.	1175
오이디푸스	어떤?	
목자	아이가 낳아주신 분들을 죽이리라는 말씀이 있었습니다.	
오이디푸스	그러면 너는 어째서 이 노인에게 건네주었느냐?	
목자	몹시도 가여웠으니까요, 주인님, 이 사람이 다른 땅으로, 자기 고향으로 데려갈 성싶었습니다. 그러나 그는 아이를 구해내었고, 최악의 참사가 되었습니다. 이 사람이 말하고 있는 그 사람이 만일 당신이라면, 불운한 몫을 타고나셨음을 알아두십시오.	1180
오이디푸스	오오, 오오! 모든 것이 분명하게 도달했도다! 아아, 빛이여, 내 너를 바라보는 것이 이것으로 마지막이기를.	

태어나지 말았어야 할 분들에게서 태어나 엮이지 말아야 할 사람들과 함께
　　지냈고,
죽이지 말았어야 할 사람들을 죽인 자라는 것이 밝혀졌으니.　　　　1185
(오이디푸스 퇴장한다)

(4정립가)

코로스(좌1)　오오, 죽게 마련인 인간의 종족이여,
너희가 살아 숨 쉬고 있어도
무(無)와 다름없음을 나 얼마나 헤아려왔는가!
도대체 뉘라서, 과연 어떤 인간이
겉으로만 행복을 누리는 듯 보이다가　　　　　　　　　　　　　1190
스러지는 것 이상의
몫을 얻는단 말인가?
나 그대의 몫을, 그대의 몫을,
그대의 운명을 본으로 삼아, 오오, 불운한 오이디푸스여,
죽게 마련인 어떤 인간도　　　　　　　　　　　　　　　　　1195
복을 누리노라 여기지 않으리라.

(우1)　다른 이들을 멀찌감치 넘어서며
화살을 쏘아 날린 그대는 모든 면에서
신들의 축복을 받아 번영을 누렸으며,
오오, 제우스시여, 발톱 구부러진,
신탁을 노래하던 그 처녀[63]를 죽인 다음,
내 땅을 위해 죽음에 맞서는 탑으로　　　　　　　　　　　　　1200
솟아올랐던 그대.

63　스핑크스.

　　　　　그 후로 그대는
　　　　　나의 왕이라고 불려왔고,
　　　　　위대한 테바이를 다스리며
　　　　　극진한 존경을 받아왔습니다.

(좌2)　하지만 이제, 내 듣기에 그대보다 비참한 이 누가 있으리오?
　　　　그 누가 그 고통들 속에, 날것 그대로의 참화 속에　　　　　　1205
　　　　깃들어 살고 있으리오, 삶의 변전을 맞아!
　　　　아아, 이름 높은 오이디푸스의 머리여,
　　　　거대한 하나의 항구가
　　　　당신을 자식으로,
　　　　또 자식들의 아비가 될 신랑으로
　　　　추락시키기에 족했군요.　　　　　　　　　　　　　　　　　1210
　　　　어떻게, 대체 어떻게 아버지의 것이었던 밭고랑이,
　　　　불운한 이여, 당신을 그리 오랫동안 침묵하며
　　　　견딜 수 있었단 말인가요?

(우2)　그럴 의도조차 없었던 당신을, 만물을 바라보는 시간은 찾아내었고,
　　　　오래전에 자식이었던 당신이 자식을 얻은,
　　　　결혼이 아니었던 결혼에 판결을 내렸나이다.　　　　　　　　1215
　　　　오오, 라이오스의 아들이여,
　　　　차라리 그대를, 차라리 그대를
　　　　나 한 번도 본 적 없었더라면!
　　　　나 내 입에서 넘치도록 곡소리를
　　　　쏟아내 가며 울부짖고 있으니까요.
　　　　그래도 바른 말씀 하나 드리자면,　　　　　　　　　　　　　1220
　　　　나 그대 덕분에 숨이라도 다시 쉴 수 있었고

　　　　　내 눈을 감고 잘 수 있었습니다.

　　　　　　　　　　　(전령 등장한다)

전령　　오오, 이 땅에서 언제나 가장 존경받던 분들이여,
　　　　그대들은 어떤 사태를 듣게 될 것이며, 어떤 것을 보게 될 것이고,
　　　　얼마만큼의 설움을 움켜쥐게 되실는지요, 그대들이 일족으로서　　1225
　　　　여전히 랍다코스의 집안에 마음 쓰고 계시다면!
　　　　제 생각에는 이스트로스도, 파시스[64]도 이 집을 정화하여
　　　　씻어낼 수는 없을 것만 같으니, 이 집이 숨기고 있는 것이
　　　　그만한 것들입니다. 고의 없다 할 수 없는, 부러 저지른 재앙들이
　　　　이제 곧 백일하에 드러낼 것입니다. 그런데 그 치명적인 것들 중에서도　　1230
　　　　가장 극심한 괴로움을 안기는 것은, 스스로 택한 것으로 보이는 것들입니다.

코로스장　우리가 이미 알고 있는 것만으로도 무겁게 짓누르는 탄식에
　　　　모자람이 없건만, 거기에 더해 무얼 더 말하려는 건가?

전령　　말하고 알아듣기에 가장 빠른 이야기를 하자면,
　　　　신과 같은 이오카스테의 머리가 목숨을 잃으셨습니다.　　1235

코로스장　아아, 더없이 비참한 여인이여, 대체 어떤 이유로?

전령　　그분 스스로 그러셨습니다. 그러나 벌어진 일들 중에서
　　　　가장 고통스러운 부분은 빠져 있지요, 그대는 곁에서 그 광경을
　　　　볼 수 없었으니까요. 그러나 제게도 기억이 남아 있는 만큼,
　　　　그녀가 겪은 참담한 일을 들어 아시게 될 겁니다.　　1240
　　　　그녀는 격정에 휩싸여 현관 안으로 들어왔고,
　　　　곧장 결혼 침대 쪽으로 내달렸답니다,
　　　　두 손끝으로 머리칼을 쥐어뜯어가면서요.

---

[64] 오늘날의 도나우강, 리오니강을 말한다. 도나우는 독일에서 발원하여 중동부 유럽을 지나 흑해 서부로 흘러가며, 리오니는 카프카스 산맥에서 발원하여 서쪽을 향해 흑해 동부로 흘러간다.

그녀는 안으로 들어가더니 두 문을 사납게 닫고선
이미 고인이 되신 지 오래인 라이오스를 부르시더군요, 1245
오래전에 뿌려진 씨앗을 떠올리면서요. 그것 때문에
그분 자신은 목숨을 잃었고, 그녀는 바로
자기 자식에게서 욕된 자녀들을 낳게끔 남겨졌지요.
남편에게서 남편을 낳고 자식에게서 자식들을 낳은, 두 노릇을 한
침대를 두고 그 불운한 여인은 통곡하기 시작했지요. 1250
그러고 나서 그녀가 어떻게 숨을 거뒀는지는 저도 알지 못합니다.
오이디푸스께서 고함을 지르며 달려 들어오던 터라, 그분 탓에
그녀의 불행을 끝까지 지켜볼 방법이 없었고,
그저 그분이 이리저리 두루 내달리는 걸 보고 있을 뿐이었지요.
그분은 저희에게 창을 달라고 요구하시면서, 부인 아니었던 부인이, 1255
그분과 그분 자녀들에게 이중으로 어머니의 밭이 되신 그녀가
어디 계시는지 물으시면서 앞뒤로 거침없이 돌아다니셨습니다.
그런데, 광기에 사로잡힌 그분께 어떤 신께서 보여주시더군요.
가까이 있던 사람들 중 아무도 그러지 않았으니까요.
그분은 무시무시할 정도로 고함을 지르며, 1260
마치 누군가의 인도를 받은 듯이, 두 문짝을 향해 솟구치더니,
걸쇠로부터 빗장을 구부려 뺀 다음 방 안으로 뛰어 들어가셨습니다.
거기서 우리는 그 부인께서 매달려 있는 걸 보고 말았지요,
꼬아 만든 올가미에 휘감긴 채로.
그분은 그녀를 보자, 불운한 분, 끔찍할 정도로 울부짖으며 1265
그녀가 매달린 올가미를 풀어내었습니다. 그리고 그 비참한 여인이
바닥에 눕자, 그다음 일은 차마 보기에도 끔찍한 것이었습니다.
그녀의 옷에 장식되어 있던, 황금으로 두들겨 만든
바늘을 뜯어내어 들어 올리더니
자신의 두 눈의 관절을 내리찍으시더군요, 1270

이런 말씀을 하시면서요, 그분이 겪은 일들이건,

저지른 사악한 일들이건 그 눈들이 보지 말길 바란다고요.

대신, 앞으로는 그분들을 어둠 속에서 보라면서요, 그분이 보지 말았어야 할

분들과, 간절히 알고 싶어 했으나 알아보지 못했던 분들을 말입니다.

이런 말들로 노래를 하며, 한 번이 아니라 여러 차례   1275

들어 올리며 두 눈을 찍어대었습니다. 그때마다 피로 물든

안구가 뺨을 적셨지요. [방울진 피를 떨구며

내보낸 게 아니라, 어두운 피의 우박이

한꺼번에 폭우가 되어 적셔버린 겁니다.]

이런 재앙이, 남편과 아내가 같이 얽혀버린 재앙이   1280

한 분이 아니라 두 분에게서 터져 나온 겁니다.

그분들이 오래전에 누리던 행복은, 비록 예전 일이긴 하지만,

참된 행복이었습니다. 그러나 지금, 오늘은

탄식, 멸망, 죽음, 수치, 그리고

이름이 붙은 모든 재앙 중에 무엇 하나 빠진 것이 없습니다.   1285

코로스장 한데 지금은 그 가련한 분의 고통이 좀 가라앉았소?

전령 그분은 고함을 지르고 계십니다. 빗장을 풀어 열고 모든 카드메이아

사람들에게 보여주라고 하시면서요, 아버지를 살해한 자를, 그리고 어머니

를…

그분은 제가 입에 담아선 안 될 이 불경한 말을 외치시면서

자신을 이 땅 밖으로 내던져서, 그분이 저주를 내린 바로 그대로   1290

더 이상 저주를 품고 집 안에 머물지 않게 해달라고 하셨습니다.

어쨌든 그분은 기력도 없고, 인도자도 필요하지요.

그분이 앓고 계신 병은 감당할 수 있는 것보다 크니까요.

그분은 당신께도 모습을 드러낼 겁니다. 저 문들의 빗장이

열리고 있으니까요. 그대도 금세 그 광경을 보시게 되겠지요,   1295

역겹다고 할 사람마저도 동정심을 갖게 할 그 광경을요.

(오이디푸스 등장한다)

(애탄가)

코로스 오오, 인간들이 보기에는 끔찍한 고통이여,
나 지금껏 맞닥뜨려온 모든 것 중
가장 끔찍한 것이여! 아아, 가련한 분,
어떤 광기가 그대에게 다가왔기에? 1300
대체 어떤 신께서 당신의 불운한 운명을 노리고
가장 먼 곳보다 더 먼 곳에서부터 뛰어올랐던가요?
이럴 수가, 이럴 수가, 불운한 분,
저는 당신을 도저히 쳐다볼 수가 없습니다, 묻고 싶은 것도
많고, 들어 알고 싶은 것도 많고, 보고 싶은 것도 많지만. 1305
당신은 그 정도로 저를 몸서리치게 하시니까요.

오이디푸스 아아, 아아, 나는 불운한 자로다.
비참한 나는 어떤 땅으로 옮겨지려나?
나의 음성은 어디로 실려 날아가고 있는가? 1310
오오, 신이시여, 그대는 어디까지 뛰어오르신 겁니까?

코로스 끔찍한 곳으로, 감히 들어서도, 보아서도 안 될 곳으로!

(좌1)오이디푸스 아아, 나의
무시무시한 먹구름이여, 차마 입에 담을 수 없이 내게 달려든,
싸워 이길 수도 없는, 과하다 싶은 순풍을 타고 온 것이여! 1315
아아, 아아,
분명 다시 떠오르는구나, 그 가시 막대기의 찔림과,
잔혹한 기억이 한꺼번에 내 안으로 파고들어 오는구나.

코로스 그만한 재앙 속에서라면 그대가 두 배로 애곡하고,
고통을 두 배로 품는 것도 전혀 놀라운 일이 아닙니다. 1320

(우1)오이디푸스 오오, 벗이여,
그대야말로 전과 다름없이 충실한, 내 동행이구려.
눈먼 나를 염려하며 여전히 내 곁에 남아주다니.
아아, 아아!
나 그대를 알아차리지 못함 없고, 어둠 속에서조차   1325
그대의 음성만큼은 분명히 알아듣고 있소.
코로스 오오, 끔찍한 일들을 저지르신 분이여, 그대의 두 눈을
꺼버리시다니, 어떻게 그러실 수가? 어떤 신께서 그대를 부추기셨습니까?

(좌2)오이디푸스 그것은 아폴론이셨다오, 벗들이여, 아폴론 그분께서
나의 이 몹쓸 고통을, 나의 몹쓸 고통을 이루어내셨소.   1330
그러나 그 손으로 나를 찌른 자는,
다른 누구도 아닌, 바로 비참한 나 자신이었다오.
내가 무얼 더 보아야 하겠소?
보아서 즐거울 것이 아무것도 없는 사람이 본다 한들?   1335
코로스 그건 당신께서 말씀하신 바 그대로입니다.
오이디푸스 대체 내가 볼 수 있는 것이, 사랑할 수 있는 것이
과연 무엇이겠으며, 어떤 인사를 받는다고
그게 전처럼 즐거이 들리겠소, 벗들이여?
나를 끌어내주시오. 이 땅 밖으로 한시바삐   1340/1
끌어내주시오, 벗들이여, 거대한 파멸을 일으킨 나를,   1342/3
최악의 저주를 받은 나를, 거기에 신들에게도,   1344/5
죽게 마련인 인간들에게도 가장 가증스러운 나를.
코로스 정신에서도, 운명에서도 똑같이 불운한 분이여,
차라리 나 그대를 알지 못했더라면 좋았을 것을!

(우2)오이디푸스	파멸할지어다, 그 사나운 족쇄를 내 발에서	
	풀어내어 나를 죽음으로부터 끌어내고 구해낸	1350
	그 떠돌이는, 그가 누구였든 간에,	
	조금도 고맙지 않은 짓을 저지른 그자는!	
	나 만일 그때 목숨을 잃었더라면, 내 사람들에게,	
	그리고 나 자신에게 이만한 고통이 되진 않았을 텐데.	1355
코로스	저 또한 그랬더라면 좋았을 거라 바라고 있습니다.	
오이디푸스	그랬더라면 나는 아버지를 쳐 죽인 자가 되지도	
	않았을 것이고, 죽게 마련인 인간들 사이에서	
	나를 낳아주신 분의 신랑이라고 불릴 일도 없었을 텐데.	
	그러나 지금 나는 신에게서 버림받은 자, 불경한 이들에게서	1360
	나온 자식, 불운한 나를 낳아주신 분들과 한 침대를 나눠 쓴 자로다.	
	재앙보다 더욱 대단한 어떤 재앙이 있다면,	1365
	그것이 바로 오이디푸스가 얻은 몫이로다.	
코로스	당신께서 훌륭한 결단을 내리셨노라 말해도 좋을지, 저는 모르겠습니다.	
	당신은, 눈먼 채로 사느니 더 이상 살지 않는 편이 나으니까요.	
오이디푸스	이렇게 한 일들이 최선이 아니라고 내게 가르치지는 마시오.	
	더 이상의 조언도 하지 마시오.	1370
	내가 하데스로 들어가게 되면, 도대체 어떤 눈을 뜨고	
	아버지를 바라보아야 할지, 또 불운한 어머니를 보아야 할지	
	도무지 알지 못하기 때문이오. 내가 목을 매단다 해도,	
	이 두 분께 내가 저지른 짓이 그보다 더 크다오.	
	또, 내 자식들의 모습이라고 해서, 그렇게 해서 태어난	1375
	아이들을 내가 보고 싶어 안달할 것 같소?	
	내 두 눈으로는 추호도 그렇지 않소.	
	도시도, 그 성탑들도, 신들의 거룩한 조각상들조차도	
	그렇소. 그것들은 테바이에서 가장 고귀한 사람으로 대접받던,	

더없이 비참한 내가 나 자신에게서   1380
앗아 간 것들이니까. 그 불경한 자를 내치라고
모두에게 고한 게 바로 나 자신이었소. 그자는 신들에 의해
정결치 못한 자로, 그리고 라이오스의 혈통으로 드러났소.
그러한 오욕이 내 것임을 나 스스로 들추어낸 마당에,
과연 내가 멀쩡한 눈으로 그들을 바라보고 싶은 마음이 들겠소?   1385
천만에! 외려 (귀로) 들리는 소리의 물줄기를
가로막을 수만 있었다면, 내 가련한 몸뚱이를
가둬버리는 것도 주저하지 않았을 거요.
그러면 눈먼 데다가 아무것도 듣지 못할 텐데,
고통이 닿지 않는 그 너머에 산다는 건 정신에게는 달콤한 일이니까.   1390
아아, 키타이론이여, 왜 나를 받아주었느냐? 왜 나를 잡자마자
바로 죽이지 않았느냐? 그랬더라면 내가 어디서 태어난 자인지
어떤 사람들에게도 보여주지 않았을 것을!
오, 폴뤼보스여, 그리고 코린토스여, 또 내 조상들의
오랜 집이라고 불리던 것이여, 그대들은 나를   1395
얼마나 근사한 것으로, 사악하게 곪아 숨겨진 것으로 길러냈는가!
이제 나는 사악한 자요, 사악한 것들로부터 나온 자임이 드러났도다.
오오, 세 길들이여, 숨겨진 숲속 골짜기여,
수풀이여, 그리고 세 갈래 길의 그 좁은 길목이여,
너희는 내 두 손에서 내 피를, 그리고 내 아버지의 피를   1400
들이켰으니, 나에 대해 여전히 기억하는 것이 있느냐,
내가 너희 앞에서 무슨 짓을 저질렀는지, 그리고 이리로 와서는
또 어떤 짓을 저질렀는지? 오오, 결혼, 결혼이여,
너희는 나를 낳았고, 나를 낳은 다음에
또다시 똑같은 씨앗을 낳아 드러내 보였구나,   1405
아버지들을, 형제들을, 자식들을, 같은 피를 나눈 자들을,

신부들을, 부인들을, 그리고 어머니들을. 그 모든 것이
인간들 중에서 가장 수치스러운 일이 되었도다.
그러나 행하기에 불미스러운 것을 입에 올리는 것도 불미스러우니,
최대한 빨리 나를, 신들의 이름으로 청하니, 바깥 어디로든 1410
묻어버리든지, 죽이든지 해주시오. 아니면, 바다에 내던지시오.
그대들이 나를 결코 다시 보지 못할 곳으로 말이오.
이리들 와주시오, 이 비참한 사내에게 손대는 것을 당치 않다 여기지 말고.
내 말을 따라들 주시오, 두려워할 것 없소. 나의 재앙은 나 말고는
죽게 마련인 인간들 중 어느 누구도 짊어질 수 없다오. 1415

(크레온 등장한다)

코로스장　그건 그렇고, 그대가 청하는 바를 숙고하고 행하기에
맞춤한 이때에 여기 크레온께서 오셨습니다.
당신 대신 이 땅의 유일한 수호자로 남겨진 분이시니까요.

오이디푸스　이럴 수가, 나는 이 사람에게 도대체 무슨 말을 해야 하나?
내게서 무슨 정당한 신뢰가 보일 수는 있을까? 이전에 1420
그이를 대하면서 내가 전적으로 비열한 자였다는 것이 드러난 마당에.

크레온　나는 비웃으러 온 사람이 아닙니다, 오이디푸스여.
또 이전에 있었던 어떤 잘못들을 성토하러 온 것도 아닙니다.

(곁에 있는 다른 사람들에게)

그건 그렇고, 그대들이 인간 종족을 더 이상 존중하지
않는다 하더라도, 최소한 만물을 먹여 기르는 헬리오스 왕의 1425
불길 앞에서는 염치가 있어야 할 것이오. 이러한 오염을
이런 식으로 숨기지도 않고 보여 드러내다니, 대지도,
신성한 폭풍도, 햇빛조차도 결코 즐겨 받아안지 않을 이런 존재를!
이럴 게 아니라, 최대한 빨리 그를 집 안으로 들이시오.
가족의 불행은 가족 안에서만 보고 듣는 것이 1430

	가장 경건한 법이니까.	
오이디푸스	신들께 걸고 부탁하오, 내 예상으로부터 나를 찢어내고
	가장 고귀한 그대가 가장 사악한 인간인 내게로 와주었으니,
	내 말대로 좀 해주시오. 나를 위해서가 아니라, 그대를 위해서 말할 테니까.
크레온	과연 무엇이 필요하기에 내게 이렇게 집요하게 요구하는 건가요?	1435
오이디푸스	가능한 한 빨리 나를 이 땅 밖으로 내쳐주시오, 인간들 중
	누구도 말 붙이지 못하고, 뵈지도 않는 곳으로 말이오.
크레온	이건 잘 알아두기 바랍니다. 일단 무엇이 먼저 이루어져야 하는지
	신께 알아보려 하지만 않았어도, 내 그건 진작 했을 겁니다.
오이디푸스	아니, 그분의 말씀은 모조리 밝혀졌소,	1440
	아버지를 살해한, 이 불경한 나를 없애버리라고 말이오.
크레온	바로 그런 말씀이 있었습니다만, 아무래도 우리가 곤란한 상황에
	처해 있으니, 무엇을 해야 하는지 알아보는 게 더 낫습니다.
오이디푸스	당신은 이 비참한 사람을 위해 그렇게 묻고 알아볼 작정이오?
크레온	그렇습니다. 당신도 이제는 그 신을 인정하게 되었을 테니까요.	1445
오이디푸스	그러면 나도 그대에게 의지하고 권한을 맡기겠소.
	집 안에 있는 저 여인의 장례는 그대가 직접 바라는 바대로 치러주시오.
	그대의 가족을 위해 그대가 이 일을 완수하는 것이 옳으니까.
	나에 관해서는, 내가 살아 있는 동안은 내 선조들의 이 도시가
	나를 주민으로 맞았다는 오명을 듣지 않게끔 해주시오.	1450
	그러지 말고 나를 산속에 살도록 해주시오. 나의 것이라고
	알려져 있는 그 키타이론에 말이오. 그곳은 어머니와 아버지
	두 분 생전에 내 무덤으로 지목한 곳이니,
	나를 죽이려 했던 두 분의 뜻에 따라 내가 죽을 수 있게 말이오.
	물론 나도 그 정도는 알고 있다오, 질병으로도 다른 무엇으로도	1455
	내가 결코 무너지지 않으리라는 것 정도는. 무시무시한 재앙을
	위해서가 아니었다면, 죽어가던 내가 결코 구조되지도 않았을 테니까.

어쨌든 그게 나의 운명이라면, 어디로 향하든 가게 놔두시오.

또, 내 사내아이들[65]에 대해서는, 크레온,

전혀 염려할 것 없다오. 사내들이니까, 어디서 지내든 1460

생계를 꾸리는 데 부족함은 없을 거요.

하지만 내 가련한, 불쌍한 처녀 딸 두 명[66]은,

내 식탁이 그 애들과 따로 차려져 나와 떨어져 먹은 적이

한 번도 없었고, 내가 손대는 것은 무엇이든

그 애들 둘이 늘 함께 나눠버릇했다오. 1465

부디 나를 보아 그 애들 둘을 신경 써주오. 또, 무엇보다도

내 이 두 손으로 그 애들을 만지고 그 고통에 목 놓아 울게 해주시오.

어서, 왕이여,

자, 고귀하게 태어난 이여, 이 손으로 만져보면

마치 전에 눈으로 볼 때처럼 그 애들을 데리고 있다고 여길 것 같구려. 1470

(사람들이 두 딸을 데려온다)

내가 지금 무슨 말을 하고 있는 건가?

내 진정, 신들께 걸고 말하니, 내 사랑하는 두 딸이

흐느끼는 소리를 듣고 있는 게 맞소? 크레온이 나를 가여워하며

내게 가장 소중한, 내 두 딸을 보낸 것이오?

내 말이 맞는 게요? 1475

크레온　그 말씀대로입니다. 그렇게 하라고 지시한 게 바로 접니다.

예전에 당신이 누렸던 그 낙을, 지금도 누릴 거라 여겨서지요.

오이디푸스　그대에게 행운이 있기를! 또 이 배웅에 대한 보답으로

신들께서 그대에게 나보다는 더 나은 보살핌을 베푸시기를!

(딸들에게)

65　폴뤼네이케스, 에테오클레스.
66　안티고네, 이스메네.

오오, 얘들아, 대체 어디 있는 거냐? 이리로 와다오, 1480
너희 오라비인 내 두 손을 향해 와다오, 너희 씨를 뿌린
이 아비의 두 손을 향해, 전에는 빛났지만 이제 이렇게
보게 되는 두 눈을 만들어버린 이 두 손을 향해.
오오, 얘들아, 나는 보지도 못하고, 알지도 못한 채
나 자신이 심긴 곳에서 아비가 되어버렸다는 게 드러났구나. 1485
나 너희 둘을 위해서도 눈물이 흐른다. 앞을 바라볼 힘은 없고,
너희 남은 삶의 쓰라린 것들을, 너희 둘이 사람들에게서
무슨 일들을 당해가며 살아내야 할지 생각해보니 말이다.
시민들의 어떤 회합에, 어떤 축제에
너희가 갈 수 있겠니? 거기서 구경은 고사하고 1490
통곡하며 집으로 돌아오지 않겠니?
그뿐이겠느냐, 결혼을 앞둔 꽃다운 나이에 이르게 되면,
얘들아, 이 정도나 되는 오욕을 데려갈, 그런 위험을
무릅쓸 사람이 있긴 하겠니, 내 자손들에게도, 동시에
너희 둘에게도 해악이 될 그런 오욕을? 1495
지금 여기 없는 재앙이 무엇이 있더냐? 너희 아비는
제 아버지를 쳐 죽였다. 낳아주신 여인의 밭을 갈아서,
거기서 자기가 씨 뿌려졌음에도, 똑같은 방법으로
너희를 얻었단다, 자신이 태어난 그곳에서.
너희에게 바로 이런 치욕이 쏟아질 것이니, 과연 누가 너희와 결혼하겠느
냐? 1500
아무도 있을 수 없지, 오오, 얘들아, 분명 너희는
아이도 낳지 못한 채, 결혼도 하지 못한 채 죽음을 맞게 될 거란다.

(크레온에게)

오오, 메노이케우스의 아들이여, 그대만이 이 두 아이들에게
유일무이한 아버지로 남겨졌다오. 이 둘을 낳은 우리 둘은

끝났으니, 부디 이 애들이 남편도 없는 걸인 신세로   1505
떠돌지 않게 해주오, 그대의 핏줄이니까.
또 이 애들이 나와 같은 불행을 겪지 않도록 해주오.
그저 이 애들을 불쌍히 여겨주오, 아직 이런 나이에
그대가 주는 몫 말고는 모든 것을 앗긴 걸 보면서 말이오.
부디 고개를 끄덕여주오, 고귀하게 태어난 이여, 그대의 손으로 어루만지시오. 1510

     (딸들에게)

오오, 얘들아, 진작 너희에게 분별력이 있었더라면 나도 많은 조언을
해줄 수 있었을 텐데. 일단 지금은 나를 봐서라도 이 기도를 바치려무나.
기회가 닿아 너희가 어디서 살게 되든 간에, 너희를 낳은 아비보다
한결 나은 삶을 만나게 해주십사 말이다.

크레온	이 정도면 당신도 충분히 울었습니다. 자, 이제 집 안으로 드시지요. 1515
오이디푸스	그 말은 따라야만 하겠지, 전혀 달갑지 않더라도.
크레온	모든 건 때가 들어맞아야 아름다운 법입니다.
오이디푸스	내가 무슨 조건으로 가는지는 알고 계시오?
크레온	말씀해보십시오. 들어보면 저도 알게 되겠지요.
오이디푸스	이 땅에서 나를 내보내어 떠돌이로 만들 방법을 찾아보시오.
크레온	그대는 신께서 내려주실 일을 제게 청하고 있군요.
오이디푸스	하지만 나는 신들께 더없이 가증스러운 자가 되었소.
크레온	그러니 그대는 곧 얻게 될 겁니다.
오이디푸스	진정 그것을 말하는 것이오?
크레온	저는 제가 염두에 두지 않는 빈말 하기를 즐기지 않습니다. 1520
오이디푸스	그러면 당장 나를 여기서 끌어내주오.
크레온	이제 가시지요. 아이들은 보내주시고요.
오이디푸스	이 애들만은 내게서 앗아 가지 마오, 절대로.
크레온	만사를 지배하려 들면 안 됩니다.
	당신이 누렸던 권력도 평생 당신을 따르진 않았으니까요.

(일행 퇴장한다)

코로스   오오, 조국 테바이에 살고 있는 이들이여, 보라, 이 사람이 오이디푸스로다.
그는 그 유명한 수수께끼를 알아내었고, 또 가장 강력한 사람이었으니,   1525
시민들 중 그의 행운을 선망으로 바라보지 않은 자 누가 있으랴.
그러던 그가 끔찍한 재난의 거대한 파도 속으로 들어왔노라.
그러므로 죽게 마련인 인간은 저 마지막 날을 바라보아야 하며,
누구도 행복하다 여겨선 안 되리니, 그 어떤 고통도 겪지 않은 채
삶의 경계를 넘어가기 전에는.   1530

해설: 오이디푸스 튀란노스　　OEDIPVS REX

오이디푸스와 스핑크스 1864 / 귀스타브 모로

광포한 역병으로 테바이가 절멸의 위기에 놓이자, 시민들은 오이디푸스에게 도움을 요청한다. 델포이에서 신탁을 받아 온 크레온은 전왕 라이오스의 살해범을 찾아 추방하거나 죽여야 한다고 전한다. 오이디푸스는 살해범에게 저주를 내린 후 사태 해결을 위해 예언자 테이레시아스에게 도움을 청하나 그는 냉소적이고 비협조적인 태도로 일관한다. 이에 오이디푸스가 분노를 터뜨리자, 예언자는 라이오스의 살해범이 바로 오이디푸스라고 폭로하며, 오이디푸스의 과거와 현재를 밝히고, 미래를 예언한다.

오이디푸스는 예언자와 크레온이 공모하여 라이오스를 죽였고, 지금은 자신의 왕위를 노리고 있다 판단하며 크레온을 몰아붙인다. 소란 속에 등장한 이오카스테는 이 다툼이 신탁 때문에 벌어진 것을 알고 오이디푸스를 진정시키기 위해 자신의 과거를 말한다. 아이가 태어나면 라이오스를 죽일 것이라는 신탁 탓에 아이를 산에 버렸으나 정작 라이오스는 삼거리에서 죽었으니 신탁을 믿을 필요가 없다는 취지였다. 그러나 삼거리에서 노인 일행을 죽인 적이 있는 오이디푸스 역시 자신의 과거를 말하며 근심에 휩싸인다. 이오카스테가 오이디푸스를 위해 기도하자, 코린토스에서 온 전령이 오이디푸스 아버지의 부음을 전하며, 오이디푸스에게 코린토스까지 통치해달라는 코린토스인들의 청원을 전한다. 그러나 오이디푸스는 어머니와의 접촉이 두려워 그곳으로 가길 거부한다. 전령은 신탁을 두려워하는 오이디푸스를 안심시키려 사실을 전한다. 오이디푸스는 코린토스 왕가의 친아들이 아니며, 자신이 아기 오이디푸스를 얻어 코린토스 왕가에 전해주었다고 말이다. 오이디푸스는 아이를 넘겨주었다는 목자를 소환하고, 이오카스테는 필사적으로 이를 만류하나 실패하고 퇴장한다. 불려온 목자는 모든 것을 부인하다가 오이디푸스의 위협에 그가 라이오스와 이오카스테의 아들임을 실토한다. 오이디푸스는 예언이 성취된 것을 깨닫고 집 안으로 뛰어든다. 전령이 나와 이오카스테가 목을 매달아 죽었으며 오이디푸스가 스스로 두 눈을 찌른 것을 보고한 후, 오이디푸스가 나와 크레온에게 자신의 추방을 요청한다. 오이디푸스는 두 딸과 인사를 나눈 후 크레온의 인도로 퇴장한다.

***

몇 번이고 주저해온 해설이었다. 이토록 대단한 작품에 한마디를 덧붙이는 게 한없이 망설여질 정도로 『오이디푸스 튀란노스』의 존재감은 어마어마하다. 자연에서 경이를 느끼던 인간은 결국 스스로를 궁금해하게 되었고, 인류 역사에서 이 질문이 가장 치열하고 수준 높게 이루어진 시기가 있었다면, 그것은 단연 기원전 5-4세기 희랍의 고전 시대이다. 그리고 그 정상에는 항상 『오이디푸스 튀란노스』가 있었다. 희랍 비극은 『오이디푸스 튀란노스』와 나머지로 나뉜다.

　이 드라마는 탄원하러 나온 한 무리의 시민들 앞에 오이디푸스가 서 있는 장면으로 시작한다. 탄원자들을 대변하는 노사제는 오이디푸스가 과거에 이루었던 성공들, 특히 스핑크스를 물리친 일을 떠올리면서 오이디푸스의 권능에 대한 확신과 희망을 담아 도움을 청한다. 그는 만인의 눈에 가장 강력한 이, 필멸의 인간들 중 가장 뛰어난 이, 구원자(40-48)이다. 오이디푸스는 연민과 선의, 그리고 헌신으로 응답한다. 그는 사제의 탄원이 있기도 전에 사태를 직접 확인하기 위해, 그리고 어떤 도움이든 기꺼이 베풀 마음가짐으로 이미 무대에 오른 상태이다(6-12). 그러나 우리는 이미 알고 있다. 바로 그가 테바이에 역병을 몰고 온 장본인이며, 결국 그는 자신의 정체를 스스로 밝혀나가게 되리라는 것을. 그렇다면 극이 전개되는 도중에 그는 자신이 몰랐던 이 두려운 진실을, 어떤 시점에는 반드시 마주해야 한다. 대체로 비평가들은 오이디푸스가 최고의 지위에 있다가, 발견과 반전을 통해 최악으로 추락한다는 입장을 공유한다. 그러나 역자는 처음부터 묻고 싶다. 우리 앞에 나선 최초의 오이디푸스는 다가올 파국과는 거리가 먼, 아직은 안전하고 흔들림 없는 상태일까? 그의 언어에서 아직 두려운 진실을 암시해주는 어떤 요소도 보이지 않는 것일까?

오이디푸스   나 정녕 숱하게 눈물을 쏟아왔고, 헤아림 속에서(phrontidos)
방황하며(planois) 수많은 길들을 걸어왔음을 너희도 알아두려무나. (66-67)

67행에서 '방황하다'로 번역된 원문 planois(플라노이스)의 첫 번째 사전적 의미는 '잘못된 길로 꾀는, 속이는'이다. 이 의미를 적용하여 다시 읽어보면, 그가 테바이의 위기를 해결하고자 헤아렸던 수많은 대책들은 오도된 것이다. 과연, 자신이 이 도시를 오염시킨 자일 수도 있다는 선택지를 철저히 배제한 채 시작한 그의 헤아림은, 본인의 의도와는 달리 잘못된 길로 들 수밖에 없다. 이후 오이디푸스와 테이레시아스 사이에 벌어지는 격렬한 설전에서, 테이레시아스의 대사는 헤아림(phronein, 316)으로 시작하여 헤아림(phronein, 462)으로 끝을 맺는다. 그런 면에서 테이레시아스의 대사는 오이디푸스의 '숙고'가 얼마나 잘못되었는지를 드러내는 일종의 고발인 셈이다. 우리는 그보다 한참을 앞서, 그의 숙고가 잘못된 방향으로 들어섰던 것임을 처음부터 보고 있다. 가시적인 방향의 전환은, 이오카스테가 등장한 이후에야 이루어진다. '누가 라이오스를 살해하였느냐?'는 질문은 그제야 '오이디푸스는 누구인가?'로 넘어가게 될 것이다.

오이디푸스가 자신의 고통과 도시 전체의 고통을 일치시키고 있는 이 진술 너머에는, 자신 안에 도사린 오염을 드러냄으로써만 도시의 질병을 치유할 수 있는 자신의 상황이 은폐되어 있다. 오이디푸스가 역병에 대한 유일한 구제책을 발견하기까지 살펴왔던 수많은 길들을 이야기할 때(67-69), 그가 테바이에 도착하기까지 가로질러왔던, 문자 그대로의 길들, 그 중에서도 특히 라이오스를 만나 살해한(801-804) 바로 그 삼거리가 준비된다. 이렇게 그는 스스로가 역병이 되어 테바이로 들어온 것이다.

* * *

다음, 극 중에서 자신과 크레온의 관계를 드러내는 최초의 진술을 보자.

> 오이디푸스 메노이케우스의 아들 크레온, 내 인척(gambros)인 그이를 퓌토에 있는 포이보스의 집으로 보냈단다. (69-70)

대부분의 역본에서는 69행의 '인척'을 '처남'으로 옮기고 있는데, 이는 원문 gambros(감브로스)의 가능한 여러 번역들 중 하나에 불과하다. '사위', '매부', '장인', '시아버지'를 가리키기도 하며, '남편'을 가리키는 용례도 적지 않다. 한편, 시가나 처가 식구들을 통칭해서 사용할 수도 있는 대단히 유연한 단어이기도 하다. 다시 말해, gambros는 결혼으로 인해 생기는 남성 인척 관계라면 모조리 지칭할 수 있는 단어이다. 따라서 이 단어는 특성상 발화자와 대상 간의 관계가 명확하지 않으면 번역 역시 명확할 수 없다. 오이디푸스와 크레온의 관계는 어떠한가? 이오카스테가 매개가 되어, 과거의 크레온은 라이오스의 gambros였으나, 이제는 오이디푸스에게 직접 그의 gambros로 불리고 있다. 그는 오이디푸스의 처남일 수도 있고, 다른 인척 관계일 수도 있고, 둘 다일 수도 있다. 이 불분명한 단어는 결국 오이디푸스가 고통스럽게 직면하게 되는 질문, 즉 '나는 누구와 결혼했는가?'로 독자와 청중을 이끌고 가는 실마리가 된다.

* * *

오이디푸스는 신탁을 얻으러 크레온을 보낸 까닭을 다음과 같이 말한다.

오이디푸스   무엇을 행해야, 또 무슨 말을 해야 이 도시를
구해낼(rhuomai) 수 있을지 묻고 알아 올 수 있게 말이다. (71-72)

'구원하다, 구제하다'라는 뜻의 원문 rhuomai(뤼오마이)는 '좌절시키다, 가로막다'라는 의미로도 사용되는 말이다. 도시에 끔찍한 역병이라는 큰 좌절을 안기고, 시민들로 하여금 정상적인 삶을 영위하지 못하도록 가로막는 존재가 자신임을 모르는 채, 그들을 구원하려는 그의 모습이 이 한 단어 속에 도사리고 있다.

전체 1530행의 5퍼센트 정도만이 진행된 이 시점에, 오이디푸스의 이 이중적 언어들이 우리에게 시사하는 바는 무엇일까? 그것은 다름 아닌 오이디푸스가 발 딛고 서 있는 세계의 균열이다. 진실을 전혀 모른 채 환영(幻影)의 세계를 지켜내려던 그의 숙고와 기만이 한 단어 planois 안에 휘감겨 있고, 아버지와 형제와 아들, 아내와 어머니 사이에 맺어진(1406) 끔찍한 인연 역시 gambros라는 한 단어 안에 숨어 있다. 그가 혼신의 힘을 다하여 달성하려던 도시의 구원과, 그에 의해 좌절을 겪고 있는 도시의 모습 역시 rhuomai라는 하나의 동사 안에 혼재되어 있다.

***

그렇다면 이 무서운 암시들은 오이디푸스의 언어에서만 발견되는가? 그렇지도 않다. 드라마의 첫 장면 무대연출을 떠올려보자. 사제가 노인, 젊은이, 어린이들을 데리고 나와 오이디푸스에게 탄원한다. 우리 눈앞에는 인생의 여러 단계가 동시에 펼쳐져 있다. 바로 이것이 오이디푸스의 첫 등장에서부터 그의 존재를 규정하게, 아니 규정하지 못하게 한다. 인간은 필연적으로 인생의 여러 단계 중 항상 하나에 소속되게 되어 있고, 아기로 태어나, 어린이, 젊은이가 되어 장년이 되고, 노인이 되어 생을 마친다. 당연한 것인데, 이 당연한 것이 오이디푸스에게는 적용되지 않는다. 그는

어디에 속하는 자인가? 어머니와 결혼함으로써 부모의 세대, 즉 그 전 세대에 속한 자이며, 자식들과는 같은 태에서 나왔으니 자식의 세대, 즉 그 다음 세대에 속한 자가 된다. 오로지 오이디푸스에게서만 '당연'한 것이 깨져버리는 패턴은 앞으로도 여러 번 반복될 것이다.

따라서 도시의 총체적인 재앙 속에서 맨 처음 드러낸 그의 모습이 아직 견고하고 안전하다는 우리의 통념은 재고될 필요가 있다. 언뜻 능력 있고 자비로운 지도자 오이디푸스의 면모를 관객들 앞에 드러내 보이고 있는 듯한 이 첫 대목은, 사실은 그의 정체를 암시하는 첫 역할을 담당하며, 따라서 비극적 아이러니를 산출하는 첫 지점이 된다. 드라마는 '라이오스의 살해자가 누구인가'라는 질문에서 '오이디푸스는 누구인가'라는 질문으로 그 양상을 바꾸며 진행된다. 그러나 이것은 다만 표면적인 흐름일 뿐 오이디푸스의 정체에 관한 질문은 이미 이 지점에서부터 숨은 흐름으로 전개되어간다. 비평가들의 통념보다도 이 작품의 밀도는 훨씬 더 높고, 독자는 이 책을 열자마자 즉시 이 드라마에서 제시하는 가장 중요한 문제 하나에 몰입하게 된다.

소포클레스에게 오이디푸스라는 인물은 인간의 본질적 역설들을 남김없이 품고 있는 사람이니, 이만한 인물을 그리기 위해서는 조금의 지연도 허락되지 않는다. 『오이디푸스 튀란노스』는 아리스토텔레스의 평가대로 공포와 연민이라는 감정의 산출, 발견과 반전이라는 극적 장치의 활용에 있어서도 최고일 뿐만 아니라, 사태의 한복판으로 곧바로 치고 들어가는 (in medias res) 구성의 측면에서도 가장 훌륭한 비극이라고 평가할 수 있다.

***

오이디푸스는 라이오스 왕을 살해한 범인뿐만 아니라, 그를 보호하는 자에게 잇달아 강력한 저주를 쏟아낸다. 그러나 이 저주에도 아이러니가 도사린다. 오이디푸스는 저주의 범위를 넓혀 테바이 아닌 '다른 땅'에서 (230) 왔을 수도 있는 범인까지 포함시키는데, 이는 결과적으로 다른 땅에서 테바이로 들어온 자기 자신을 겨냥하는 것이 된다. 이 '다른 땅'이라는 구절은 이후, 그가 다른 땅으로 옮겨져 목숨을 건지게 된 사실을 알게 되는 부분에서 반복된다(1178).

신탁에 따르면, 라이오스의 살해범은 '이 땅에서 길러져온 오염'(97)이다. 그런데 오이디푸스는 라이오스의 살해라는 오염을 피하기 위해 아무런 '길러짐'도 없이 '다른 땅으로' 내몰린 사람 아니었던가.

이 오이디푸스의 기원에 관한 문제는 예언자 테이레시아스와의 장면에서 표면의 주제로 부상하여 플롯은 급진전하게 된다. 예언자는 오이디푸스의 부친 살해라는 과거와(351-353) 수치스러운 결혼이라는 현재를 폭로하면서(366-367) 마지막으로 곧 닥칠 오이디푸스의 미래를 예언한다(452-460). 그런데 과거와 현재의 폭로에서는 '그대는, 당신이'라는 2인칭을 사용하고, 마지막 예언에서는 '그가, 그 사내가'라는 3인칭을 사용한다. 예언자가 말하는 '당신'과 '그 사내'가 서로 같다는 것을 오이디푸스는 깨닫지 못한다. 우리에게는 당연히 2와 3이 같을 수 없다. 하지만 오이디푸스의 세계에서는 이런 것들이 서로 같아지는 광경을 앞으로 여러 번 보게 될 것이다.

오이디푸스와 테이레시아스의 격렬한 설전이 끝나고, 합창단은 델포이에서 온 신탁을 되돌아보며 노래한다. 합창단은 그 신탁이 지목한 범인이 도망쳐야 할 것이며, 숲과 바위 사이로 헤매 다닐 것이라고 상상한다. 오이디푸스의 권능을 믿고 있는 합창단의 입장에서, 오이디푸스의 수사 의지가 이렇게나 강하니 이제 범인이 궁지에 몰렸다고 생각하는 것도 전혀 무리가 아니다. 그러나 이 노래에는 합창단이 알고 있는 바 이상의 것이 담겨 있다. 자기가 있던 곳에서 필사적으로 도망쳐 온 사람, 여러 길을 헤매다가 다른 나라로 간 사람이 하나 있지 않았던가. 범인의 처지를 상상한 코로스의 노래는, 코린토스의 반대 방향으로 도망쳤던 과거의 오이디푸스의 행적에 관한 사실의 진술이기도 하다.

***

크레온과의 설전이 끝난 후, 무대 위에는 이오카스테와 오이디푸스가 남아 서로의 과거를 이야기하고, 그 과정에서 두 가지 신탁이 솟아오른다.

> 이오카스테   전에 라이오스에게 한 신탁이 다가온 적이 있었어요. […]
> 나와 그이에게 태어나는 아이에게서, 그 아이가 누구든,
> 그이가 목숨을 잃게 되리라는 것이었지요. (711-714)

> 오이디푸스   내가 어머니와 몸을 섞도록 되어 있고, 인간들이
> 눈 뜨고 차마 볼 수 없는 자식을 낳아 드러낼 것이며,
> 나를 씨 뿌린 아버지의 살해자가 될 수밖에 없다는 것이었소. (791-793)

이로써 이 작품을 지배하는 세 가지 신탁이 모두 등장한 셈이다. 처음 것은 델포이에 다녀온 크레온의 보고에서 드러났다, 라이오스의 살해범을 추방하거나 죽이라고(95-101). 그리고 이 세 신탁은 오이디푸스를 쓰러뜨리고자 결심한 아폴론(377)에게서 나온 것이다. 오이디푸스는 자신이 고백한 신탁과 다른 두 신탁 사이의 연관을 전혀 보지 못한다. 다른 두 신탁에서는 근친혼에 대한 언급이 전혀 없기 때문이다. 지금 이 부부는 세 길이 만나는 한 지점에서 있었던 일을 이야기한다. 그리고 이 세 신탁도 한 지점에서 만나게 될 것이다. 그러나 아직 이를 알지 못하는 오이디푸스의 관심사는 자신이 라이오스 왕의 살해범일 수도 있다는 가능성이다. 그는 두려움을 숨기지 않는다.

> 오이디푸스   그러나 만에 하나,
> 그 이방인(xenos)이 라이오스와 어떻게든 한 핏줄로 맺어져 있다면,
> 과연 누가 바로 이 몸보다 더 비참할 수 있겠소? (813-815)

일반적인 해석은, 오이디푸스가 자신이 삼거리에서 때려죽인 그 노인을 '그 이방인'으로 지칭한다는 것이다. 그렇게 되면 라이오스를 라이오스라 차마 말할 수 없어 혈연이라고 돌려 말한 것이 되고, 자신이 라이오스의 살해범일까 두려워하는 그의 염려가 그의 흔들리는 언어 속에서 잘 드러나게 된다. 하지만 다른 해석도 가능하다. '그 이방인'이 라이오스가 아니라 오이디푸스라면? 그렇다면 그는 문자 그대로 라이오스와 한 핏줄로 맺어진 사람, 더 정확히 말하면 라이오스의 친아들이라는 사실을 토해낸 셈이다. 그리고 또 한 번 문자 그대로 가장 비참한 사람이 된다. 이렇듯 부지불식간에 진실이 발설되는 장면들이 이 작품에 가득하다. 이방인(xenos 크세노스)의 가장 기본적인 뜻은 '내가 모르는 사람'이다. 이 해석에서는 '나'와 '내가 모르는 사람'이 하나가 된다. 우리에게는 있을 수 없는 등식이지만, 오이디푸스에게만은 이 비극적인 등식이 성립한다. 그는 스핑크스의 수수께끼를 풀고 지혜로 세상을 이겨온 사람이지만, 정작 자기 자신에 대해서는 아무것도 알지 못하는 사람이다. 역설적인 것들의 등치가 오이디푸스의 정체성에는 필수적이다. '내가 모르는 사람'이 아니라 '이방인'으로 번역해도 아이러니는 사그라지지 않는다. 모든 인간은 고향에서는 토박이이고, 타향에서는 이방인이다. 오이디푸스는 코린토스에서도, 테바이에서도 이방인이다. 그럼 그의 고향은 어디인가? 태어나면서부터 요람 대신 무덤부터 정해진 그에게 고향을 묻는 것은 지나치게 가혹하다. 여기에서 우리는 이 작품의 제목을 떠올려보자. 흔히 『오이디푸스 왕』으로 번역하는 이 작품의 원제는 『오이디푸스 튀란노스』이다. 희랍어에는 왕을 뜻하는 말들이 몇몇 있는데, 튀란노스는 자기 힘으로 왕위에 오른 사람을 뜻하고, 바실레우스는 왕조의 세습 왕을 가리킨다. 예를 들자면, 고주몽과 이성계는 튀란노스지만, 광개토대왕과 세종대왕은 바실레우스인 것이다. 어떤 이도 동시에 두 지위를 점유할 수는 없다. 그러나 오로지 오이디푸스만 튀란노스이자 바실레우스이다. 자신의 실력으로 왕위에 추대된 점에서는 튀란노스이지만, 전임자와의 혈연관계를 생각하면 바실레우스이니까. 역자가 이 작품의 제목을 번역 없이 『오이디푸스 튀란노스』로 둔 것도 그런 의미에서였다. '왕'으로 번역하는 순간, 그 고유의 역리가 사라질까 두려웠다.

***

오이디푸스를 안심시키려던 말이 외려 그를 두려움에 휩싸이게 하자 이오카스테는 아폴론에게 기도를 바치고 곧바로 코린토스에서 한 남자가 도착하여 코린토스의 왕 폴뤼보스의 부음을 전한다. 그러나 오이디푸스는 어머니와 몸을 섞는다는 끔찍한 신탁의 절반이 아직 남아 있어 두려워하고, 코린토스 사람은 오이디푸스를 안심시키고자 코린토스 왕과 왕비가 오이디푸스의 친부모가 아님을 알린다. 오이디푸스는 그 저주받은 신탁 때문에 지금껏 아버지, 어머니를 피해온 사람이다. 그러나 이제는 아버지, 어머니를 찾아내야 한다. 역자는 이 가련한 이에게 다른 질문을 던지고 싶어진다, 당신에게 아버지가 있긴 있었냐고.

일단 이 드라마는 오이디푸스의 '아버지들'이 모두 사라지길 기다렸다가 시작한다. 생부는 자신이 죽였고, 양부의 부음이 자신에게로 다가오는 중이다. 당시 희랍인들에게 자기 아버지를 두고 말하라고 한다면 826행의 방식, 즉 '나를 낳고 길러주신 아버지'가 가장 자연스럽고, 그런 점에서는 오이디푸스에게 아버지가 없었다. 라이오스는 생물학적인 아버지이긴 하지만, 고의로 양육을 거부한 인물, 그를 인간 세계에서 추방시킨 인물이다. 오이디푸스의 출생과 함께 라이오스가 가장 먼저 정한 것은 그의 무덤이었고, 거기서 그를 멸하려 했으니까(1453-1454). 인간은 아침에 네 발로 걸어야 한다. 그러나 라이오스의 테러로, 그는 두 발이 뚫리고 묶인다. 삼거리에서 라이오스와 마주쳤을 때, 한낮의 인간이었던 그는 두 발로 걸어야 한다. 그러나 그는 지팡이라는 또 다른 발을 쥐고 있다. 짐승을 대하듯 가시 막대기로 내리치는 라이오스에게 그는 지팡이로 반격을 가한다. 오이디푸스의 생부는 고의로, 그리고 가장 비인간적인 방식으로 부성을 지우려던 사람이다. 반면, 코린토스 왕 폴뤼보스는 자기를 길러준 사람은 맞지만, 생명을 준 이는 아니었다. 물론 그렇다고 해서 버려진 오이디푸스를 받아들이고 왕자로 길러준 정성을 무시하는 것은 아니다. 그러나 아래의 대화는 치명적이다.

오이디푸스 그러니까 어떻게 낳아주신 분이 나와 무관한 사람(meden)과 마찬가지냐는 거요!
사자 어쨌든 그분도, 저도, 그대를 낳진 않았으니까요. (1019-1020)

자신의 출생에 대해 추적하던 오이디푸스는 드디어 폴뤼보스가 친부가 아니었다는 지식에까지 도달한다. 그리고 그때 오이디푸스는 폴뤼보스를 무관한 사람(meden 메덴)과 등치시킨다. '무관한 사람'이라고 번역한 원어 meden은 '아무것도 아닌 자, 헛것'을 의미한다. 다시 말해, 그는 아버지가 되길 거부한 자에게서 태어나, 아무것도 아닌 자에게서 길러진 것이다. 이것이 오이디푸스의 출생과 성장이다. 그는 우연(tukhē 튀케)의 아들이다(1082).

***

이제 이야기는 우연(tukhē)에까지 이르게 되었다. '우연'이라고 번역하였지만, 원문 tukhē는 인간의 계산과 제어를 넘어선 힘 그 자체를 가리키는 말이다. 그래서 신의 관점에서 보기에는 필연일지라도, 인간의 눈으로는 우연이 될 수도 있고, 운명, 행/불운이 될 수도 있다. 하나의 의미로 제한하기 어려운 이 단어를, 손쉬운 방법이긴 하지만 음차하여 '튀케'라고 부르기로 하자.

이 작품 안에서 주인공의 모든 행위와 결단은 외압 없는 자유의지로 이루어진다. 그러나 우리는 이 드라마 전반에 걸쳐 오이디푸스의 자유의지 너머에 있는 신비한 힘의 존재, 인간 지식의 한계 너머에 있는 힘의 존재도 동시에 감지한다. 그것은 곧 아폴론의 신탁, 운명, 우연이다. 아폴론의 관심사는 오이디푸스를 쓰러뜨리는 일이며(377), 결국 진실을 마주한 오이디푸스도 이를 인정한다(1329-1330). 오이디푸스의 운명은 아폴론이 제시한 세 가지 신탁으로 예언되었고, 그 실현 과정에는 수많은 우연이 개입된다. 대개 고대 희랍의 신탁이란 수수께끼처럼 모호해서 그 뜻을 알아차리기가 매우 어렵다. 그러나 이 작품에 소개되는 아폴론의 신탁들은 예외적으로 명료하다. 그리고 오이디푸스의 운명은 이 신탁들의 진술대로 완성되어 있다, 그것도 이미 이 드라마가 시작되기 한참 전에. 그는 이미 오래전에 아버지를 죽였고, 어머니와 결혼하여 네 자녀를 낳고 살고 있다.

오이디푸스의 자유의지가 빛을 발하는 것은 드라마가 시작되고 나서이다. 그는 어떻게 자신의 운명이 아폴론의 신탁대로 이루어져왔는지, 그 과정을 추적해나간다. 그 추적 과정에서 밝혀지는 것은 수많은 튀케의 개입이었다. 예를 들어보자. 라이오스의 하인은 어쩌다 아기를 살려주게 되었고, 우연히도 코린토스의 왕가에는 대를 이을 자식이 없었다. 젊은 오이디푸스는 어쩌다 자기가 주워 온 아이라는 말을 들었고, 삼거리에서는 하필 라이오스 일행과 마주쳐야 했다. 이 작품의 튀케는, 따라서 신탁만큼이나 독특하다. 이것은 오이디푸스의 운명이 아폴론의 신탁과 합치되도록 결정적인 국면마다 개입해온 신비한 힘, 또는 오이디푸스 본인의 계산으로는 인과를 알 수 없는 힘의 개입이라고 보아야 할 것이다.

역자는 이 문제를 밝히기 위해 이 드라마의 무대 위에 서는 인물 중 이름도 없는 두 작은 인물에 주목한다. 하나는 코린토스에서 왕의 부고를 전하러 온 사람이며, 다른 하나는 삼거리 살해 사건에서 유일한 생존자로 남은 라이오스의 하인이다. 역자는 이들이 튀케와 매우 밀접한 관계가 있다고, 혹은 튀케 그 자체라고 믿어왔다.

먼저 이들 배역의 설정 자체에 엄청난 우연의 일치가 있다. 아기였던 오이디푸스를 산에 유기하라는 왕명을 거부하고 코린토스 사람에게 건네주었던 하인과, 라이오스 살해 현장의 유일한 생존자가 동일 인물이다.

또, 그 아기를 건네받았던 코린토스 사람은 오늘 코린토스 왕의 부고를 전하러 온 바로 그 사자이다.

***

먼저 코린토스 사람을 보자. 이오카스테는 불안에 사로잡힌 남편을 위해 아폴론 신상 앞에 제물을 바치고 기도한다(911-923). 이때 한 코린토스 사람이 나타나 코린토스 왕 폴뤼보스의 부고를 전한다(924). 따라서 그의 등장 자체를 아폴론의 응답이라고 해석하는 학자들도 있다. 물론 아폴론과의 연결만으로도 이 인물의 등장에 인간 외적인 힘이 개입되었다고 말할 수 있다. 그러나 이것만으로는 충분치 않다.

오이디푸스의 생에서는 많은 결정적인 사태들이 튀케에 지배당하지만, 최소한 이 작품 내에서 인물들의 등장과 퇴장은 튀케에 좌우되는 법이 없다. 유일한 예외는 이 코린토스 사람의 등장이다. 모두가 저마다 인과로 맞물려 있는데, 오로지 이 인물만 자신의 이득을 바라며 돌연히 등장하는 것이다(1004-1005). 누구도 예상하거나 계산하지 못했던 이 인물의 등장 동기는 튀케가 아니고서는 설명하기 어렵다. 이 인물과 오이디푸스의 문답 중에서 1025-1039행을 보자. 불과 15행이 채 안 되는 사이에 '튀케'는 무려 세 번 언급된다. 이 지점에서 오이디푸스는 자신이 그토록 알고 싶었던 제 기억 이전의 과거를 하나씩 알게 된다. 두 발이 꼬챙이에 꿰뚫려 산에 버려졌던 그는 누군가에게 구조되어 이 사람의 손에 넘겨졌고, 결국 코린토스 왕가에 입양된 것이다. 오이디푸스는 그 결정적인 변곡의 순간마다 개입하는 튀케의 힘을 알게 되고, 그 순간마다 그 자리에 있었던 코린토스 사람에 대해 알게 된다.

<u>오이디푸스</u>　　그대는 나를 샀소? 아니면 우연히(tukhōn) 얻게 되어 그분께 드린 거요? (1025)

| 오이디푸스 | 그러면 당신도 나를 남에게서 얻은 거요, 어쩌다(tukhōn) 직접 얻게 된 게 아니라? (1039) |

그리고 이 과정에서 오이디푸스는 자기 어린 시절 운명의 향방뿐만 아니라 자신의 이름조차 튀케를 통해 얻었다는 것을 알게 된다.

| 사자 | 그래서 그대의 이름도 그 불운으로부터(tukhēs) 붙여진 것이랍니다. (1036) |

그뿐만 아니라, 이 인물은 극 중에서 오이디푸스를 자기 아들이라고 부르는 유일한 인물이다, 그것도 두 번이나(1008, 1030). 오이디푸스는 이 인물과의 대화가 끝난 후 자신을 '튀케의 아들'이라고 선언한다(1081). 이 코린토스 사람은 마치 신탁의 예언과 오이디푸스의 운명을 합치시키기 위해 튀케에 의해 움직이는 사람처럼 보인다.

***

이번에는 라이오스의 하인인 목자를 보자. 이 인물은 거의 튀케의 현현에 가깝다. 먼저, 이 사람의 행적을 시간순으로 재구성해보자. 그는 아기 오이디푸스가 살아남지 못하도록 키타이론산에 버려야 하는 임무를 맡는다(1173). 즉, 그 아이가 아비를 죽일 것이라는 신탁에 맞서, 라이오스와 이오카스테의 계획을 달성해야 하는 임무이다. 그러나 그는 왕명을 저버리고 이 아기를 코린토스의 목자에게 건네준다(1156-1157). 인간의 계획을 꺾어버리고, 신탁이 이루어질 수 있도록 그는 여기서 첫 단추를 끼운다.

이후 오이디푸스가 이오카스테와 결혼을 하고 왕위에 올랐을 때, 테바이에서 오이디푸스의 정체를 알고 있는 사람은 이 하인 말고는 없었다(755). 그러나 그는 부러 늦게 테바이로 돌아와 침묵하고, 도시로부터 가장 멀리 떨어진 곳으로 은거해버림으로써 오이디푸스의 운명의 길이 신탁의 방향과 합치하도록 방조한다(760-761). 그의 선택, 그의 행위, 혹은 부작위는 모두 일관되게 신탁의 실현을 향해 나아가고 있다.

이 목자가 튀케의 현현이라는 것은 이 드라마의 시간적, 공간적인 차원에서도 암시되어 있다. 먼저, 질문 하나를 던져보자. 오이디푸스는 라이오스 왕의 살해범에 대한 엄청난 추적 의지에도 불구하고, 이 유일한 생존자를 왜 즉시 소환하지 않았을까? 그는 크레온의 보고를 통해 이 생존자의 존재를 인지하지만(118-123), 정작 그에 대해 소환령을 내리는 것은 700행이 훨씬 지난 시점이고(859-860), 실제 그의 등장은 훨씬 더 많은 시간이 지난 시점에 이루어진다(1110). 이 작품에 등장하는 다른 인물들은 자의건 타의건 오이디푸스가 그 이름을 거론하는 순간 즉시 무대 위로 나타나는 것으로 설정된다. 크레온의 이름이 거론되자 크레온은 곧바로 등장하고(70-79), 테이레시아스의 이름이 거론되자 테이레시아스 역시 곧바로 등장한다(288-299). 이러한 다소 비합리적이지만 경제적인 설정은 오이디푸스가 사태를 장악하고 있다는 점을 시사한다. 이러한 설정은, 따라서 이 생존자의 지연된 등장에 우리가 더욱 주목하도록 만들어준다. 다시 말해, 이 생존자의 등장이 지연되는 것은, 그가 오이디푸스의 장악력을 벗어난 존재라는 점을 암시한다.

그뿐만 아니다. 이 목자가 삼거리 살해 사건에서 살아남아 테바이로 돌아온 시점은, 이미 오이디푸스가 스핑크스를 물리치고, 이오카스테와 결혼도 하고 왕위에도 오른 이후이다(757-758). 즉, 그는 살해 사건 이후 곧바로 테바이로 귀환하지 않고 상당한 시간을 지체했던 셈이다. 왜 그랬을까? 합리적인 설명을 하기 위해서는 복잡한 시나리오가 필요하다. 그러나, 인간이 기대하고 예측하는 시간과, 튀케가 개입하는 시간이 서로 무관하다는 것을 염두에 둔다면, 이 문제 역시 의외로 쉽게 풀릴 수 있다. 게다가 그는 거의 평생을 키타이론산과 그 인근에서 가축 떼를 돌보며 살아온 사람이다(1125-1127). 우리는 이 목자가 인간이 계산하고 설정한 시간의 흐름과 무관하게, 계절이 바뀌고, 아르크투로스 별이 뜨고 지는 리

듬에 따라, 즉 자연과 우주의 주기 속에서 평생을 보낸 사람이라는 것을 알게 된다(1135-1140). 그의 시간도 인간의 지배에서 한발 벗어나 있다. 그렇다면 공간은 어떠한가? 이오카스테의 말에 따르면, 삼거리 살해 현장에서 테바이로 돌아온 목자는 오이디푸스가 왕위에 오른 것을 보고 자신을 가축 떼가 있는 시골로 보내달라고, 테바이에서 눈으로 볼 수 없는 가장 먼 곳으로(762) 벗어나도록 해달라고 간청하였고, 이오카스테는 그의 청을 들어주었다고 한다(756-763). 그리고 앞서 언급한 바와 같이 그는 거의 평생 가축 떼를 돌보며 키타이론산과 그 인근에 머물렀다고 한다. 그렇다면 그는 오이디푸스의 탄생부터 지금에 이르기까지 대부분의 세월을 키타이론산 주변에서 머문 것이 된다. 이곳은 라이오스와 이오카스테의 영아 살해 계획이 튀케의 개입에 의해 좌절된 곳, 그래서 오이디푸스의 운명이 신탁과 한길을 가게 된 시발점이다. 이곳은 테바이에서는 보이지도 않는 곳(762), 즉 테바이의 왕인 오이디푸스의 지배력이 미치지 않는 먼 곳이다. 이 목자가 튀케의 현현이라면, 이 키타이론산은 그가 평생을 은거하며 몸을 맡기기에 가장 적합한 장소라 할 수 있다.

***

이제 우리는 수많은 해석자들을 괴롭혀왔던 난제들과 마주할 차례이다. 대표적으로 0과 1의 문제가 있다. 라이오스 살해 사건을 두고 오이디푸스는 일행 모두를 죽였노라고 단언하지만(813), 다른 이들은 생존자가 한 명 있으며, 그가 바로 목자라는 것을 알고 있다(118, 755). 그렇다면 생존자의 숫자는 0인가 1인가? 이것은 오이디푸스의 착오인가? 역자의 제안대로 목자를 튀케의 현현으로 보게 된다면, 우리는 이 문제를 다른 각도에서 볼 수 있게 된다. 오이디푸스는 착오를 일으킨 것이 아니다. 오이디푸스는 그를 셈할 수 없다. 목자는 인간의 계산을 넘어선 존재이기 때문이다. 인간은 튀케의 움직임을 계산하거나 통제할 수 없다. 오이디푸스가 모두의 생사를 좌우하던 그 삼거리, 즉 오이디푸스의 지배력이 절정에 달했던 그 삼거리에서 그 하인은 홀로 유유히 빠져나간다. 오이디푸스의 지배력이 가닿을 수 없는 존재, 그는 튀케의 화신이다.

이에 못지않게 어려운 문제는 하나와 여럿의 문제이다. 이 드라마에서 라이오스 살해 사건의 정보는 크레온에 의해 가장 먼저 전해진다. 그는 도적들이 범행을 저질렀다고 분명히 말하지만, 오이디푸스는 바로 다음 행에서 이를 '그 도적'이라고 단수로 말한다(122-125). 나중에 합창단장도, 이오카스테도 '길손들'(292), '도적들'(716)이 범행을 저질렀다고 말하자, 오이디푸스는 다른 모든 정황상의 증거에도 불구하고 자신은 한 사람이니까, 하나가 여럿과 같을 수 없다는 (무)모순율 하나에 자신의 무죄 가능성 모두를 건다(842-847). 오이디푸스의 운명의 향방이 이 기본적인 산수 하나에 달린 것처럼 보이는 것이다. 그는 이 문제를 직접 확인하기 위해 생존자를 소환한다. 그런데 이 인물은 범인의 숫자뿐만 아니라, 오이디푸스의 부모에 대한 진실도 동시에 말해줄 수 있는 사람이다. 그러나 오이디푸스는 그에게 자신의 혈통 문제만 심문하여 대답을 듣고, 원래 묻고자 했던 범인의 단수/복수 여부에 대해서는 정작 한마디 언급도 하지 않은 채, 모든 것이 분명해졌노라 외치며 퇴장해버린다(1182). 다른 사람도 아니고, 오이디푸스처럼 모든 것을 치밀하게 셈하고 판단하는 인물이, 왜 여기서 석연치 않게 물러나야 했을까? 비평가들의 의견 역시 이 지점에서 수없이 갈린다. 둘 중 하나가 거짓말을 했을 가능성, 단수/복수에 너무 집착하지 말라는 경고, 어쨌든 오이디푸스의 범행이 분명하니 신경 쓰지 말자는 권유 등 다양한 의견이 난무한다. 한편, 이보다 좀 더 깊이 음미해볼 만한 해석도 있다. 이들은 오이디푸스만이 지닌 여러 겹의 정체성에 주목한다. 하나와 여럿이 같을 수는 없다고 오이디푸스는 확신한다(845). 그러나 라이오스의 아들, 라이오스의 살해자, 라이오스의 후계자는 동일한 한 사람이다. 그는 자기 어머니에게 아들인 동시에 남편이며, 자녀들에게는 아비인 동시에 형제인 자다. 따라서 오이디푸스는 하나이며, 동시에 여럿이라는 것이 이들의 입장이다.

역자의 독법은 조금 다르다. 이 목자는 라이오스의 운명도, 오이디푸스의 운명도 모두 신탁과 합일되도록 이끌어가는 힘의 현현이다. 즉, 라이오스는 아들에 의해 목숨을 잃어야 하고, 오이디푸스는 아버지를 죽여야 한다. 그렇게 이 튀케의 화신은 라이오스로 하여금 오이디푸스를 공격하도록 사주하고, 오이디푸스의 반격 국면에서는 방관함으로써 신탁을 이루어냈다는 것이 역자의 입장이다. 그렇다면, 튀케의 존재를 계산할 수 없는 오이디푸스의 입장에서는 자기 혼자 힘으로 라이오스 일행을 죽였다고 생각하는 것이 당연하겠지만, 목자의 입장에서는 자신이 이 살해 사건에서 사주, 방임을 했으니 실제로 라이오스 일행을 몰살시킨 것은 하인과 오이디푸스, 즉 여러 명이 된다. 그는 오이디푸스의 공범이다. 여기서 우리는 도적들이 라이오스 일행을 살해했다는 증언의 유일한 출처가 바로 그 하인이라는 점을 잊어선 안 된다(116-119).

텍스트상의 증거는 라이오스가 사용한 무기인 짐승몰이 채이다. 삼거리에서 라이오스는 두 갈래 난 뾰족한 가시 막대기인 짐승몰이 채로 오이디푸스의 머리를 내리쳤고(kentron 켄트론, 809), 오이디푸스는 지팡이(skēptron 스켑트론, 811)로 반격하여 그를 죽인다. 지팡이로 번역한 skēptron이 왕권을 상징하는 지물임을 감안한다면, 라이오스 왕 역시 자신의 지팡이로 공격하는 것이 훨씬 더 어울린다. 하지만 그것을 쓸 수 없는 무슨 사정이 있었고, 다급한 라이오스가 짐승몰이 채를 들어 공격했다고 이해해보자. 그렇다면 이 가시 막대기는 누군가에 의해 라이오스에게 건네졌을 것이다. 가축을 몰 때나 쓰는 가시 막대기를 왕이 지니고 다닐 리 없기 때문이다. 그렇다면 이것은 원래 누구의 것이라고 보는 편이 합당할까? 짐승몰이 채는 가축을 모는 사람의 것, 즉 이 목자의 물건이었고, 그가 이를 라이오스에게 건네며 공격을 부추겼다는 것이 역자의 입장이다. 이제 우리는 라이오스의 머리 위로 튀케가 뛰어올랐다는 말과 (263), 라이오스가 튀케에 의해 목숨을 잃었다는 말(948-949)의 의미와 무게를 전과는 다르게 받아들이게 된다.

마지막으로, 흔히 억측으로 비난받는 오이디푸스의 추리를 다시 돌아볼 차례이다. 오이디푸스는 크레온에게서 라이오스 살해 사건에 대한 정보를 수집하며 이 사건이 단독 범행이 아니라 테바이 내부인으로 구성된 범인과 공범이 있을 것이라 추정한다(124-125). 이 추정은 테이레시아스와의 설전을 통해 확신으로 변해가고(380-388), 결국 오이디푸스는 이 확신에 따라 크레온을 벌하려고 하였다(532이하). 만일, 역자의 가설에 어떤 신빙성이 있다면, 오이디푸스의 이 추리 역시 재평가의 대상이 되어야 한다. 이 추리에서 잘못된 것은 혐의자들의 정체일 뿐이기 때문이다. 범인은 오이디푸스 자신이고, 공범은 목자였다. 오이디푸스는 터무니없는 음모론을 제기한 것이 아니라, 부지불식간에 진실에 가까운, 그러나 완전치는 못했던 통찰을 드러낸 것이다. 오이디푸스의 추리에서 범인은 왕실 내부 사정에 정통한 자(크레온)와 눈먼 지혜로운 자(테이레시아스)로 지목된다. 밝혀진 진실에서도 범행은 왕실 내부 사정에 정통한 자(목자)와 눈멀게 될 지혜로운 자(오이디푸스)의 것이다.

***

그렇다면 오이디푸스 자신도 이 하인을 튀케의 화신이라고 생각했을까? 물론 역자로서는 그렇게 믿고 싶다. 하지만 텍스트상에, 예를 들어, '당신이 바로 지금껏 나를 지배하던 자였구나, 내 삶을 이런 모양새로 빚어낸 자가 바로 당신이었구나. 당신은 혹시 아폴론이 보내신 자가 아니오?' 같은 대사가 전혀 없으니 더 강하게 주장하는 것은 무리이다. 그러나 간접적으로 짐작하는 것까지 불가능하지는 않다.

오이디푸스는 이 하인과의 문답에서 1182행에 이르자 더는 질문 없이 모든 것이 명백하게 밝혀졌노라 외친다. 그의 탐문이 끝나는 순간이다. 모든 것을 한 점 의혹 없이 밝히려 했던 그가 무언가에 결정적으로 수긍해 버린 모습인 것이다. 만일, 그의 탐구의 마지막 장애물이자 심문 대상인 이 하인이 바로 지금까지 자기 삶의 결정적인 순간마다 개입하여 자신의 삶을 아폴론의 신탁과 합일되도록 이끌어온 튀케의 화신이라는 사실을 오이디푸스가 이 시점에 알아차렸다면, 모든 것이 명백하다는 그의 말도, 수긍하는 그의 태도도 모두 자연스럽게 이해될 수 있다. 과연 그는 곧 자신의 두 눈을 찌르고 나온 후 자신의 불행과 고통을 모두 이룬 것은 아폴론이었다고 말한다(1329-1330). 이는 자신의 삶에 개입해온 인간 외적인 힘의 정체에 대해 분명히 깨닫지 못한 자라면 감히 할 수 없는 말이다.

여담이지만, 이 드라마를 공부할 때마다 필자에게는 언제나 석연치 않은 점이 있었다. 다들 입을 모아 오이디푸스를 인간 지성의 대표자, 지혜 하나로 왕위를 얻은 인물이라고 하는데, 겉보기에는 명백한 흠결이, 그것도 여럿 있어 보였기 때문이다. 0과 1을 착각했고, 하나와 여럿을 착각했으며, 마치 폭군처럼 크레온과 테이레시아스를 향해 터무니없는 혐의를 씌웠고, 수적 불일치에 대한 결정적인 정보를 캐내지 않은 채 서둘러 수사를 종료한 것 같은 오이디푸스가 이런 인간 지성의 대표라는 엄청난 타이틀을 얻는 것이 내심 마땅치 않았던 것이다. 그러나 그의 계산을 넘어서 아폴론의 신탁과 그의 운명을 합일시키는 튀케의 힘, 그리고 이 힘의 현현인 목자의 존재를 통해 이 의문이 풀려간다. 목자가 개입하는 한, 0과 1, 하나와 여럿은 애초에 그가 셈하고 분별할 수 있는 것이 아니었으며, 혐의자의 정체만 제외하면 완전했던 그의 추론의 마지막 퍼즐 조각은 튀케의 화신인 목자와 마주하며 맞춰진다. 이 모든 것을, 오이디푸스는 온 힘을 다해 스스로 풀어낸다. 이제 더 남은 의문은 없다. 과연 그는 모든 질문을 스스로 명백하게 밝혀낸 사람이다(1170).

***

되돌아보자. 오이디푸스가 무대 위에서 상대하는 모든 인물은, 인간의 계산을 넘어서는 힘들과 예외 없이 다소간 불가분의 관계를 맺는다. 크레온은 아폴론의 신탁을 직접 받아 온 자이고(95-98), 테이레시아스는 아폴론의 대리인이라 해도 무방하다(284-286). 이오카스테는 튀케의 가장 강력한 신봉자이며(977-983), 방금 살펴본 두 명의 작은 캐릭터들은 튀케의 뜻대로 일하는 자들, 혹은 튀케의 현현이라고 해석할 수 있다. 이들을 통해 드러나는 것은 지금까지 오이디푸스의 생을 지배해왔던 아폴론의 신탁과 튀케의 힘이며, 오이디푸스는 온갖 방해와 만류에도 불구하고 이 모든 것을 끝까지 밝혀낸다. 이 과정에서 우리는 몇 가지 오해, 그리고 난제에 대한 실마리를 찾았다. 신탁과 튀케는 오이디푸스를 매번 막다른 길로 몰고 갔고, 오이디푸스는 사력을 다해 이에 맞서왔다. 이렇게 인간을 넘어서는 힘과 인간의 힘이 극한까지 다다르며 접전을 펼친 다음, 무대 위에 남겨진 것은 무엇일까? 비참하게 추락한 가련한 오이디푸스? 아니, 마지막 한 행까지 관객을 긴장시키는 것은, 여전히 실현을 기다리고 있는 마지막 신탁 하나와 불굴의 영웅 오이디푸스이다. 지금까지 오이디푸스의 생에 개입했던 모든 우연과 신탁들은 남김없이 실현되고 해명되었다. 그러나 크레온이 들고 온 마지막 신탁에 따르면 라이오스 왕의 살해범은 살해되거나, 또는 이 땅에서 추방되어야 하고, 이는 아직 이루어지지 않았다. 자기 눈을 찌른 오이디푸스는 크레온의 만류에도 불구하고 자신을 추방하라고 거듭 요구하고 마침내 이를 관철해낸다(1436-1520). 다른 두 신탁은 이미 드라마가 시작하기도 훨씬 전에 실현된 것이었다. 소포클레스는 이 드라마의 결말 지점을 오이디푸스의 의지와 결정대로 마지막 신탁이 실현되는 순간으로 설정한다. 이것이 마지막 수수께끼까지 남김없이 풀어낸 영웅에게 작가가 바치는 결말이다. 오이디푸스는 격렬한 분투를 통해 스스로 이 아득한 높이까지 다다른 왕자(王者), 튀란노스이다.

안티고네　　ANTIGONE

등장인물

안티고네	오이디푸스의 딸. 오빠 폴뤼네이케스의 장례를 치르려다 발각된다.
이스메네	오이디푸스의 딸.
크레온	안티고네의 외삼촌. 새로 왕위에 오른 테바이의 통치자.
에우뤼디케	크레온의 아내.
하이몬	크레온의 아들. 안티고네의 약혼자.
테이레시아스	눈먼 예언자.
파수꾼	
전령	
코로스	테바이의 원로들.

| 안티고네 | 오오, 태생을 함께한, 나와 동기간인 이스메네의 머리여.[1]
너는 알고 있니, 오이디푸스에게서 나온 재앙들 중에서,
아직 숨이 붙어 있는 우리 둘에게 제우스께서 이루지 않은 일이
과연 무엇이 있는지? 고통 아닌 것, 멸망에서 동떨어진 것,
부끄럽지 않은 것, 멸시 아닌 것을 너와 나의 재앙들 속에서   5
나는 본 적이 없단다.
게다가 지금은 또 방금 그 장군이 도시 전체에 무슨 포고령을
내렸다고 사람들이 말하고 있던데?
너도 들은 게 좀 있니? 아니면, 너는 적들로부터 우리가 사랑하는
이들에게로 재앙이 다가오고 있다는 걸 알아차리지 못한 거니?   10
| 이스메네 | 사랑하는 사람들에 대해서는, 안티고네 언니, 달콤한 것이든
아픈 것이든 아무 이야기도 내게 와 닿은 게 없어,
우리 둘이 오라비 둘을 빼앗긴 이후로는.
그 둘은 한날에 목숨을 잃었지, 서로 겹쳐진 손으로.[2]
하여간 아르고스인들의 군대가 간밤에   15
사라지고 난 이후로는 행운을 주는 것이든
아픔을 주는 것이든 그 이상은 알지 못해.
| 안티고네 | 바로 그거지, 그래서 내가 너를 뜰 문밖으로
불러낸 거란다, 너 혼자 듣도록.
| 이스메네 | 그게 뭐지? 언니는 어떤 소식을 더 음침하게 만들려는 게 분명해.   20
| 안티고네 | 크레온이 우리 두 오라비 중 하나는 명예롭게 장례를 치르겠노라
했지만, 다른 하나는 그 명예마저 빼앗겠다 하지 않았니?

---

1 희랍인들은 사람을 가리킬 때 그 사람의 힘, 또는 머리라는 표현을 즐겨 사용하였다.
2 오이디푸스의 아들들인 폴뤼네이케스(형)와 에테오클레스(동생)가 동시에 서로를 죽인 일을 말한다. 오이디푸스를 추방한 후, 형제는 1년씩 번갈아 테바이를 다스리기로 하였으나 동생이 왕위에 있다가 형을 쫓아내었고, 형은 아르고스의 왕 아드라스토스의 사위가 되어 군대를 모아 테바이를 침공한다. 이 둘은 서로를 동시에 죽이게 되고, 침공군은 물러난다. 이 작품이 시작되기 직전에 벌어진 일이며, 『콜로노스의 오이디푸스』에서는 곧 벌어질 일로 예언된다.

들리는 말로는, 그가 에테오클레스 오빠는 법식을 올바로
따르는 것이 정당하다고 여겨 땅 밑에 묻었다고 해, 지하의 망자들
사이에서도 명예를 누리도록. 하지만 가련하게 목숨을 잃은　　25
폴뤼네이케스 오빠의 시신에 대해서는 시민들에게 엄포를
놓았다고들 하더구나, 무덤에 묻어서도 안 될뿐더러
아무도 애곡해선 안 된다고, 비탄받지도 못하게 하라고,
무덤조차 없이, 기쁨으로 먹이를 바라보는 새 떼를 위해
달콤한 곳간이 되도록 놔두라고!　　30
사람들 말로는 그 잘난 크레온이 그런 말을 너에게도,
나에게도 — 나에게 말이다 — 선포했다고 하는구나.
게다가 확실히 알지 못하는 사람들에게 그 말을 선포하러
이리로 온다고 하더구나. 또, 그는 이 사태를 하찮게 여기지
않아서, 그것들 중에 뭐라도 저지르는 사람은 시내에서　　35
공개 투석형을 당해 죽도록 정해놨다고 한다. 사정이 이렇다는 걸
너도 알아두렴. 그리고 너는 고귀한 혈통을 타고났는지, 아니면
고귀한 분들에게서 몹쓸 사람으로 태어났는지를 금세 보여주게 될 거야.

이스메네　아아, 딱한 언니, 이런 상황에서라면 내가 풀거나 묶는다고 해서
　　　　도대체 무얼 더 보탤 수 있을까?　　40

안티고네　네가 나와 함께 애쓰고 실행할 수 있다면야. 한번 살펴보렴.

이스메네　어떤 위험을 무릅쓰려고? 대체 무슨 생각 속에 갇힌 거야?

안티고네　네 손으로 이 시신을 함께 들어 올려준다면 말이야.

이스메네　정말 이분을 매장할 생각이야? 도시에 금지령이 내렸는데도?

안티고네　적어도 내 오라비는 내가 묻으련다, 네가 네 오라비를　　45
　　　　묻지 않겠다 해도. 나는 배신하며 비난받진 않겠어, 결단코.

이스메네　아, 고집스러운 언니, 크레온이 금령을 내렸는데도?

안티고네　그래도 그가 나를 내 사람들로부터 가로막을 수는 없지.

이스메네　이럴 수가, 생각해봐, 언니, 우리 둘의 아버지가

얼마나 심한 증오와 오욕을 안고 돌아가셨는지, 50
스스로 밝혀내신 잘못 탓에
스스로, 손수 두 눈을 찌르고서 말이야.
그다음, 그분의 어머니이자 아내라는 두 겹의 말이 붙은 분은
꼬아 만든 밧줄로 삶을 잔혹하게 끝마치셨지.³
세 번째, 가엾은 두 형제는 한날에 55
그 두 손으로 연달아 혈육을 죽임으로써
한 운명의 몫을 나눠 가지고 말았어.
이제 우리 둘만 남겨진 마당에 얼마나 흉악하게
목숨을 잃게 될지 생각해봐, 만일 우리가 법을 어겨가며
지배자들의 결정과 권력의 선을 넘어버린다면 말야. 60
자, 우리는 타고나길 여자라는 걸, 그래서 남자들과는
싸워선 안 된다는 걸 염두에 둬야만 해,
그리고 우리가 더 강력한 이들의 다스림을 받고 있다는 것도.
그러니 이런 것은 물론이고 더 고통스러운 것도 귀담아들어야지.
나는 지하에 계신 분들께 양해를 구하면서 65
— 이건 나도 억지로 하는 거니까 — 물러날 거고,
권위를 가진 분들께 복종하겠어. 과도한 행동에
사리 분별이라곤 없는 법이니까.

안티고네 네게 명령하진 않으마. 하지만 혹여 나중에 네가
이 일을 하려고 해도, 네가 함께하는 걸 나는 달가워하지 않을 거다. 70
뭐든 네가 되고 싶은 대로 되려무나. 저분은 바로 내가
묻어드릴 테니까. 이 일을 하다가 내가 죽는다면 그건 고귀한 일이지.
나는 사랑하는 사람으로서 그분 곁에 누우련다, 사랑하는 분의 곁에,

---

3   스핑크스를 물리치고 테바이에 입성한 오이디푸스는 과부였던 왕비 이오카스테와 결혼하나, 나중에 그녀가 자신의 어머니임이 밝혀지자 이오카스테는 목을 매달아 자살하고, 오이디푸스는 스스로 두 눈을 찌른다. 『오이디푸스 튀란노스』에서 묘사되는 사건이다.

	신성한 일이라는 범법을 저지르고서. 나로서는 여기에 있는 사람들보다는
	지하에 계신 분들을 기쁘게 해드려야 할 시간이 더 기니까. 75
	나는 그곳에 언제까지고 누워 있어야 하니까. 하지만 너는, 그러는 편이
	더 좋다면야, 신들이 누려야 할 명예를 업신여기며 지내려무나.
이스메네	나는 업신여기는 게 아니야, 시민들에게 힘으로 맞서
	행동하기에는 무기력하게 타고났다는 거지.
안티고네	너라면 그걸 핑곗거리로 내세울 수도 있겠구나. 하지만 나는 80
	가장 사랑하는 오라비를 위해 무덤을 쌓아 올리러 가마.
이스메네	아아, 딱하기도 하지, 난 언니가 너무나 걱정된단 말이야.
안티고네	미리 내 걱정이라니, 아서라. 넌 네 운명이나 똑바로 세우렴.
이스메네	그래도 이걸 아무에게도 미리 알리지는 마.
	몰래 숨기란 말이야, 그건 나도 함께할 테니까. 85
안티고네	아니, 차라리 공공연히 외치렴. 네가 이 일을 모두에게 선포하지 않고
	잠자코 있다면 훨씬 더 밉살맞을 거다.
이스메네	언니의 심장은 싸늘한 일들 앞에서 뜨겁구나.
안티고네	그래도 나는 내가 최선을 다해 기쁘게 해드려야 할 분들을 만족시키고 있
	다는 건 알고 있다.
이스메네	할 수 있다면야 그렇겠지만, 언니는 대책 없는 일을 열망하고 있어. 90
안티고네	그러니까 그만둘 때 그만두더라도 힘닿는 데까지는 해봐야지.
이스메네	손쓸 수도 없는 것을 사냥하는 건 당치 않은 일이야, 절대로.
안티고네	네가 그렇게 말한다면, 너는 나의 증오를 사게 될 거다,
	고인에게도 너는 마땅히 증오의 대상으로 자리매김할 테고.
	그러나 나와, 내게서 나온 이 오판은 그 끔찍한 일을 겪도록 95
	내버려두어라. 내 고귀하게 죽기를 거절한다면, 그것만큼
	끔찍한 일은 없을 테니까.
이스메네	그게 정 좋아 보인다면, 그 길로 나아가. 하지만 언니가 제정신 아닌 채로
	가고 있다는 건 알아둬. 사랑하는 이들에게야 옳게 사랑스럽겠지만.

(둘 다 퇴장한다)

(등장가)

코로스(좌1) 헬리오스[4]의 광채여,
일곱 성문 거느린 테바이에
지금껏 드러낸 것 중 가장 아름다운 빛이여,
마침내 모습을 드러내셨군요, 오, 그대
황금빛 대낮의 눈꺼풀이여.
그대 디르케[5]의 물줄기 위를 거닐며,
아르고스에서 건너온 빛나는 방패를 멘 인간을,
무장을 모조리 걸친 채로
내달려 도망치도록
더욱 날카로운 재갈로 몰아붙이셨나이다.

코로스장 폴뤼네이케스가 벌인, 논란이 이는 다툼으로
일으켜 세워진 그자는 우리의 땅을 노리고
날카롭게 부르짖었도다,
마치 뽀얀 눈과 같은 날개로 뒤덮으며
땅을 향해 날아드는 독수리처럼,
수많은 무구와
말총으로 장식된 투구를 갖추고서.

코로스(우1) 그는 지붕 위에 서서 부리를 활짝 벌리고
피에 목마른 창 머리로

---

4 태양, 혹은 태양신.
5 테바이 서쪽을 흐르는 강. 동쪽에는 이스메노스강이 있다.

일곱 성문을 둘러 포위하다가
떠나갔다네, 우리의 피를 그 턱에   120
가득 채워보기도 전에,
관솔의 헤파이스토스[6]로 성탑들의 왕관을
차지하기도 전에. 그 정도로 아레스[7]의 굉음이
그의 등을 에워싸고 뻗어 나가고 있었고,
그와 맞붙은 용은   125
어렵사리 승리를 거두었네.[8]

코로스장 제우스께서는 시끄럽게 자랑을 늘어놓는 혀를
더없이 증오하시는 까닭에,
그자들이 주제넘게 황금으로 무장하고 요란한 소리를 울리며
커다란 흐름을 이루어 다가오는 것을 보시고는,   130
그가 가장 높은 결승점에 이미 다다라
승리의 함성을 내지르려 할 때
불을 휘두르며 던져 맞히셨도다.

코로스(좌2) 그러자 불을 나르던 그자는 휘청거리며
단단한 땅 위로 굴러떨어졌도다,   135
박코스[9]에게 사로잡힌 듯 광란으로 폭주하며
역겹기 그지없는 숨을 휘몰아 쉬던 그자는.

---

6 불 대신 쓰인 환유.
7 전쟁의 신. 전쟁/전투 그 자체를 뜻하기도 한다.
8 용은 테바이를 상징한다. 테바이의 시조인 카드모스가 용이 지키는 샘터에서 용을 죽이고 아테네 여신의 지시에 따라 용의 이빨을 땅에 뿌리자 전사들이 솟아났다고 한다. 이들은 서로를 죽이다가 다섯 명이 남았고, 카드모스가 이들을 데리고 테바이를 세웠다고 전해진다. 이로 인해 테바이는 카드메이아라는 이름으로 불리고, 테바이 사람들은 용의 이빨에서 나온 후손들, 카드모스의 후손들이라 불린다.
9 디오뉘소스. 박키오스라는 이름으로 불리기도 한다.

사태는 그의 바람과는 달리 흘러갔고,
위대하신 아레스께서
오른편 경주마와 같은 기세로 이들을 내려찍어
저런 몫은 저들에게, 그런 몫은 그들에게 나누어주셨노라.   140

코로스장   일곱 두목들[10]이 일곱 성문 앞에서
같은 수에 맞서 같은 수로 진을 치다가,
전세를 뒤집는 제우스께 온통 청동으로 된
기념물들을 남기고 갔다네, 미움을 산
저 둘만 빼고선. 그 둘은 한 아버지 한 어머니에게서 태어났지만   145
양편을 지배하는 창끝을 세워 서로에게 꽂으며
둘이서 죽음의 몫을 나누었다네.

코로스(우2)   그러나 그 이름도 위대하신 니케[11]께서
많은 전차를 거느린 테바이와 마주 인사하며
이번 전쟁이 끝나자마자   150
망각을 베풀고자 오셨으니,
신들의 성전이란 성전들은 빠짐없이
밤새도록 춤사위를 벌이며 찾아가보세.
테바이에서 나신, 대지를 뒤흔드시는

---

10 폴뤼네이케스가 아르고스에서 이끌고 온 테바이 침공부대의 지휘관 일곱 명을 가리킨다. 테바이에는 일곱 성문이 있었고, 각각 성문 하나씩을 맡아 공격했다고 전해지는데, 명단은 전승마다 다르다. 아폴로도로스의 『신화집』에 따르면, 아드라스토스, 카파네우스, 암피아라오스, 힙포메돈, 파르테노파이오스, 튀데우스, 그리고 폴뤼네이케스이며, 『콜로노스의 오이디푸스』에서는 폴뤼네이케스의 장인 아드라스토스 대신 에테오클레스(동생과는 동명이인)가 들어간다. 실패로 돌아간 이 원정을 1차 테바이 전쟁이라 칭하고, 10년 뒤 일곱 지휘관의 아들들이 주축이 되어 재침공한 사건을 2차 테바이 전쟁이라 부른다. 후예들(에피고노이)이라 불리는 이 아들들은 테바이를 함락하였고, 이 중 튀데우스의 아들 디오메데스, 카파네우스의 아들 스테넬로스 등은 이후 트로이아 전쟁에도 참전하게 된다.

11 '승리(Nike)'의 여신으로, 티탄족 팔라스와 오케아노스의 딸 스튁스 사이에서 태어났다고 전해진다.

박키오스께서 앞장서주소서.

코로스장   그런데 정말 이리로 왕이 오시는구나, 155
신들에게서 비롯된 새로운 사태로
이 땅의 새로운 통치자가 된
메노이케우스의 아드님 크레온께서
과연 어떤 지혜를 품고 노 저어 오시는가?
저분은 공통된 전갈을 보내어 160
원로들의 특별 회의를 소집하였으니.

(크레온 등장한다)

크레온   여러분, 이 도시의 일들은 신들께서 큰 파도로
뒤흔드신 다음, 다시 흔들림 없이 바로 세워주셨소.
나 그대들에게 전령들을 보내어, 다른 모든 사람들과는 따로
떨어져 이리 오라 하였소. 일단 라이오스[12]가 차지했던 왕좌의 165
권력을 여러분이 늘 경외하였다는 걸 내가 잘 알고 있고,
또 오이디푸스가 이 도시를 바로 세웠을 적에도 그리하였으며,
그가 파멸하던 때에도 여전히 든든한 사리 분별로 그이들의
자식들 곁에 남아주었다는 걸 잘 알기 때문이오.
그리고 저들이, 겹쳐진 운명을 따라 한날에 170
피붙이의 손으로 인한 오염으로써
치고 맞으며 파멸하였으니,

---

12   테바이의 시조 카드모스의 증손자이자 랍다코스의 아들. 이오카스테를 왕비로 맞았으나 아이를 낳으면 그 아이의 손에 죽게 되리라는 신탁에도 불구하고 아이를 낳는다. 아이는 두 발목이 쇠꼬챙이로 뚫려 키타이론산에 유기될 처지에 놓이지만, 명령을 받은 하인은 아이를 살려 코린토스로 보낸다. 아이는 발의 상처 때문에 '부어오른 발'이라는 뜻의 '오이디푸스'라는 이름을 얻게 되고, 후일 서로를 알지 못하는 상황에서 오이디푸스는 자신을 공격하는 라이오스의 목숨을 빼앗게 된다. 자세한 내용은 『오이디푸스 튀란노스』 참고.

파멸한 이들과 혈연으로 가장 가까운 바로 이 몸이
모든 권력과 왕좌를 차지하고 있소.
그런데, 한 사람 전체의 영혼과, 사리 분별과, 175
판단력은, 통치와 법률에 부대껴가며
드러나기 전에는 속속들이 알아낼 방도가 없소.
나에게는 이러하오, 온 도시의 방향을 결정하는 이가
최상의 조언에 동참하지 않고 두려움 때문에
혀를 걸어 잠근다면, 그런 사람이야말로 180
예나 지금이나 최악으로 보이오.
그뿐이겠소, 누구든 자신의 조국보다 제 사람을
더 중요하게 여기는 사람이 있다면,
나는 그자를 아예 없는 사람으로 취급할 거요.
이 몸은 말이오, 언제나 만물을 굽어보시는 제우스께서
알아주소서, 이 도시에 구원 대신 멸망이 다가오는 것을 185
보면서도 입 다물고 있진 않을 것이며, 이 땅에
적의를 품은 사람을 나를 위한 친구로 삼을 일도
절대로 없기 때문이오. 일단 이 배가
안전한 상태에서 우리가 똑바로 항해해야
친구들도 사귈 수 있다는 것을 알고 있으니까. 190
바로 이러한 원칙들로 나는 이 도시를 키워나가려 하오.
그리고 지금, 나는 오이디푸스의 자식들과 관련하여
이 원칙들의 형제에 해당하는 것을 시민들에게 선포하는 것이오.
일단 에테오클레스는, 이 도시를 위해 싸우며
창으로 엄청난 수훈을 거두고 죽었으니, 195
장례를 거행하여 묻어주고, 가장 위대한 망자들에게
가닿게 될 모든 것을 성스럽게 바쳐줘야만 하오.
그러나 이 사람과 피를 나눈 그자는, 폴뤼네이케스 말이오,

　　　　　도망자 주제에 기어들어 와, 조국의 땅과
　　　　　고향의 신들을 바닥부터 꼭대기까지　　　　　　　　　　　200
　　　　　불로 태워버릴 작정이었고, 혈육의 피를 맛본 다음
　　　　　나머지는 노예로 끌고 갈 작정이었으니,
　　　　　그자를 장례로 기리는 것도 아니 되며
　　　　　어떠한 애곡도 아니 된다고 이 도시에 선포되었소,
　　　　　무덤조차 없이 그 몸뚱어리가 새 떼와 개 떼에게　　　　205
　　　　　먹히고 망가지는 걸 볼 수 있게끔 말이오. 이러한 것이
　　　　　바로 나의 뜻이오. 비열한 자들이 정의로운 이들에 앞서
　　　　　명예를 쥐는 일은, 적어도 내게서는 결코 없을 것이오.
　　　　　반면, 이 도시에 선의를 품은 자는 누구라도, 죽어서건
　　　　　살아서건, 내게서 똑같이 존중받게 될 거요.　　　　　　210
코로스장　메노이케우스의 아드님 크레온이여, 이 도시에 악의를 품은 자와
　　　　　선의를 품은 자에게 그렇게 하는 것이 당신의 마음에 들었군요.
　　　　　당신은 분명 어떤 법이든 시행하실 수 있지요,
　　　　　망자들에게도, 살아 있는 저희들에게도요.
크레온　　그러면 이제 여러분이 내가 명한 바를 감독하는 이들이 되어주면 좋겠소.　215
코로스장　더 젊은 사람에게 이 짐을 지라고 정해주시지요.
크레온　　물론 그 송장을 감시할 자들은 마련해두었소.
코로스장　그러면 대체 다른 무엇을 여전히 또 명하시는 겁니까?
크레온　　이에 불복하는 자들에게 굴복하지 말라는 거요.
코로스장　죽음을 갈구할 정도로 어리석은 자는 없습니다.　　　　　　220
크레온　　다름 아닌 바로 그것이 대가요. 그러나 사람은
　　　　　툭하면 이익을 바라다가 무너져 내리고 만다오.
　　　　　　　　　　　　　(파수꾼 등장한다)
파수꾼　　왕이시여, 제가 엄청나게 빨리, 숨도 쉬지 않고
　　　　　사뿐하게 발을 들어 올리며 도달했노라곤 말씀드릴 수 없답니다.

고민을 하느라 수도 없이 멈춰 섰고 225
되돌아가려고 길 위에서 맴돌고 있었으니까요.
제 영혼이 저더러 누차 말하더군요.
"딱한 것, 어쩌자고 제 발로 벌을 받으러 가는 게냐?"
"불쌍한 것, 또 멈춰 선 게냐? 그러다 혹여 크레온께서 다른 사람을 통해
이걸 알게 되면 어쩌려고? 네가 정말 고생을 면할 것 같으냐?" 230
이런 것들을 굴려가며 느릿느릿 한가로이 이 길을 마쳤습지요.
그러다 보니 짧은 길이 먼 길이 되었고요.
결국에야 이리로, 당신께로 오자는 쪽이 이기긴 했습니다.
제가 말씀드리는 것이 아무것도 아닐지언정, 그래도 고해야지요.
이런 희망은 움켜쥐면서 왔으니까요, 235
운명의 몫 말고 다른 것은 당하지 않으리라고요.

크레온 그렇다면 네가 이렇게 풀이 죽어 있는 이유는 대체 무어냐?

파수꾼 일단은 저 자신에 대해서 먼저 말씀드리고 싶습니다. 저야
그 짓을 저지르지도 않았거니와, 그 짓을 저지른 자를 본 적도 없으니,
제가 무슨 재앙으로 굴러떨어진다면 그건 부당하니까요. 240

크레온 너는 내 속을 제대로 떠보는 데다가, 사태를 미연에 방지하기 위해
방벽까지 둘러치는구나. 예상치 못한 뭔가를 꺼내려는 게 틀림없지.

파수꾼 아시다시피 끔찍한 일은 많은 망설임을 앞세우니까요.

크레온 그러니 어서 실토하고 썩 꺼지지 못하겠느냐?

파수꾼 당신께 말씀드리다마다요. 누군가가 방금 그 시신에 245
장례를 치르고 떠났습니다. 살갗에는 메마른 흙먼지를
흩뿌리고, 필요한 장례 의식을 치른 거지요.

크레온 뭐라는 게냐? 감히 그 짓을 한 놈이 도대체 어떤 사내란 말이냐?

파수꾼 저야 알 수가 없지요. 거기엔 곡괭이질한 흔적도 없고,
쇠스랑으로 파낸 것도 없으니까요. 땅은 메마른 데다가 250
단단하기까지 하고 갈라지지도 않았어요. 마차 바퀴 자국조차

없고요. 누군진 몰라도 자취도 남기지 않고 그 짓을 저지른 겁니다.
낮에 감시하는 첫 파수꾼이 저희에게 이걸 보여주었을 때
모두 경악에 휩싸여 두 손 놓고 있었지요.
일단 시신이 눈에 띄질 않았습니다. 무덤에 묻힌 것까진 아니고   255
마치 저주를 피하려는 듯이 흙먼지로 얇게 입혀진 거죠.
들짐승이나 개 떼가 왔던 흔적도,
뜯고 찢은 흔적도 보이질 않았습니다.
그러자 저희 사이에서 험악한 말들이 요란하게 일기 시작했지요.
파수꾼이 파수꾼을 욕하다가 급기야는 주먹다짐이   260
벌어졌는데, 그걸 말릴 사람도 없었답니다.
각자가 그 짓을 저지른 사람 같았지만,
아무도 확실치가 않았고, 모른다며 발을 뺐으니까요.
저희야 달군 쇳덩이를 두 손으로 들어 올려 불 속을
기어 나가고 신들께 맹세를 바칠 준비가 되어 있었습니다,   265
그 짓을 한 적도 없고, 누가 그 일을 꾀했는지도
실행했는지도 알지 못한다고 말입니다.
그렇게 결국 찾고 찾다가 더 나은 수가 나오지 않자
누군가가 무슨 말을 했는데, 저희 모두는 두려워
고개를 땅으로 떨구고 말았습니다. 반박할 거리도,   270
상황을 호전시킬 무슨 수도 저희에겐 없었으니까요.
그 이야기인즉슨, 이 일을 당신께 고해바쳐야 하고
숨겨서는 안 된다는 것이었지요.
그 주장이 득세했고, 이 좋은 일을 맡으라고
뽑은 제비가 운수 사나운 저를 낙점한 겁니다.   275
저는 원치 않는 분들에게 마지못해 와 있는 겁니다, 아시다시피요.
흉한 말을 전하는 전령을 달가워할 사람은 없잖습니까.

코로스장 왕이시여, 실은 한참 전부터 제 소견이 제게 조언하기를

이 일은 신께서 일으키신 것이라고 합니다.

크레온   그만두지 못할까, 네 말이 나를 분노로 가득 차오르게 하기 전에!   280
안 그러면 너는 늙은 것만으로는 모자라 정신 나간 자로 뵐 테니까.
네놈 왈, 신들께서 이 송장을 특별히 배려해주신다는데
그 말은 도저히 참아줄 수가 없구나. 그놈이 뭐 좋은 일 한 게
있다고 신들께서 특별하게 대접해가며 덮어주셨겠나?
기둥으로 둘러쳐진 신전들과 제물들을   285
불사르러 온 자를, 저들의 땅과 법률들을
흩날려버리려고 온 자를!
그래 너는 신들께서 비열한 자들을 존중한다고 보는 거냐?
당치 않은 소리. 그런데 한참 전부터 이 도시 사람들은
이걸 기꺼이 받아들이지 못하고 내게 웅성거리고 있지,   290
몰래 고개를 흔들어가며 말이야. 나를 사랑하며
마땅히 멍에 밑에 목덜미를 내밀진 못할지언정!
바로 그들에게 파수꾼들이 돈으로 매수되어
이 짓을 저질렀다는 것은 내 훤히, 속속들이 알고 있다.
인간이 만들어놓은 것 중에 은화보다 더 사악한 것은   295
아무것도 없으니까. 그것이 도시들을 무너뜨리고,
그것이 사람들을 집 밖으로 쫓아내기 마련이지.
그것은 사람들의 쓸모 있는 마음가짐을 지독하게 가르쳐서
낯 뜨거운 일들 앞에 서도록 뒤집어놓지.
또 인간들에게 어떤 짓도 거리낌 없이 범할 길을 보여주고   300
불경스러운 온갖 것들을 배우도록 길을 보여준단 말이다.
그러나 그렇게 매수되어 이런 짓을 저지르는 자는
누구든 결국 시간이 지나면 그 죗값을 치르게 되어 있다.

(파수꾼에게)

각설하고, 만약 제우스께서 여전히 내게 경배받으신다면,

이걸 명심하거라, 내가 맹세를 걸며 너에게 이르노라. 305
만일 제 손을 놀려 이 장례를 치른 그자를
너희가 찾아내어 내 두 눈 앞에 내놓지 못하는 날에는
네놈들에게 하데스[13] 하나로는 부족할 것이다. 그 전에
숨이 붙은 채로 매달려 그 주제넘음을 훤히 드러내게 되리니,
앞으로는 너희가 어디서 이익을 취해야 마땅한지 310
알고서나 훔칠 수 있도록, 또 아무 데서나 이익을 탐하면
안 된다는 것을 배울 수 있도록 말이다.
그러면 낯 뜨겁게 번 돈으로는 구원을 얻는 자들보다
고통받는 자들이 더 많다는 걸 너도 알게 될 거다.

파수꾼　제가 무슨 말씀을 드려도 될는지요, 아니면 이대로 돌아서서 갈까요? 315
크레온　네가 지금도 성가시게 지껄이고 있다는 걸 모르겠느냐?
파수꾼　그게 그대의 귀를 물어뜯나요, 아니면 영혼을 물어뜯나요?
크레온　내 고통이 어디에 있는지 왜 네놈이 정하려 드느냐?
파수꾼　그 짓을 한 자는 그대의 속을 쓰리게 하고, 저야 귀를 괴롭히죠.
크레온　맙소사, 네놈은 천생 떠버리로 태어난 게 분명하구나. 320
파수꾼　그래도 전 그 짓만큼은 절대로 저지른 적 없습니다.
크레온　저질렀지, 그것도 은화에 네 목숨을 포기하고서.
파수꾼　야단났군, 넘겨짚는 사람이 잘못 넘겨짚는 건 정말로 끔찍하구나.
크레온　그 '넘겨짚기'를 두고 영리하게 굴어라. 그러나 네놈들이
이 짓을 저지른 놈들을 내 앞에 보여주지 못한다면, 네놈들은 325
비열한 이익이 재앙을 일으킨다고 소리 지르게 될 거다.

(크레온 퇴장한다)

파수꾼　그나저나 어떻게든 그자가 발각되어야 할 텐데! 그렇지만

13　저승, 또는 저승의 지배자를 가리킨다. 저승의 지배자 하데스는 크로노스와 레아의 아들로, 제우스, 포세이돈과 동기간이다. 이 3형제가 세계를 삼분하여 다스리게 되었을 때 하데스는 지하 세계의 몫을 얻었다고 한다.

그자가 붙들리든 아니든, 그거야 운명이 정할 일이고,
그대는 제가 이리로 오는 것을 보실 수 없을 겁니다.
당장 지금만 해도 제 기대와 판단을 넘어선 구원을 받았고   330
신들께 큰 신세를 지고 있으니까요.

(1정립가)

코로스(좌1) 끔찍한 것 많다 해도
인간보다 더 끔찍한 것 없도다.
그는 잿빛 난바다 너머까지
거세게 몰아치는 노토스(남풍)를 받고   335
전진하는구나, 부풀어 오른 채 휘감아 도는
파도 아래를 뚫고 지나며.
신들 중에서도 지극히 높으신 가이아[14]를,
쇠하지 않을, 지칠 줄 모르는 그분을
한 해, 또 한 해 쟁기로 갈아엎어 마멸케 하도다,   340
말에게서 나온 종자를 앞뒤로 부려가며.

(우1) 생각조차 가벼운 새들의 무리도,
들짐승의 무리며
바다의 소금물 속에서
생겨난 것들도   345
얽어 만든 그물을 던져 에워싸 끌고 가는구나,
재주에 두루 밝은 인간은.

---

14 대지의 여신. 헤시오도스의 『신들의 계보』 116행 이하에서는 태초에 카오스(큰 틈)가 생겼고, 그다음에 가이아와 에로스가 생겨났다고 전한다. 가이아는 우라노스(하늘), 우레아(산), 폰토스(바다)를 낳았고, 우라노스와 결합하여 티탄들과 퀴클롭스들, 그리고 헤카톤케이르들을 낳았다고 한다. 제우스의 아버지 크로노스는 이 티탄 중 하나이다.

들판에 살며 산을 배회하는 짐승을
수단과 방법을 써서 다스리나니, 갈기가 텁수룩한 350
말과, 산에 사는 지칠 줄 모르는 황소의
목덜미도 멍에에 붙들어 매도다.

(좌2) 목소리도, 바람과도 같은 헤아림도, 도시의 법을 지키려는 355
심성도 그는 스스로 배웠으며,
또 대기 아래 깔린 쾌적하지 못한 서리와,
쏟아져 내리는 폭풍우를 피하는 방법도
그리했노라, 모든 수완을 갖춘 그는. 대책 없이는, 360
다가올 어떤 것도 마주하지 않는구나.
그가 대피처를 마련하지 못한 유일한 것은
하데스이나, 속수무책의 질병으로부터도
도망칠 수 있는 길을 고안하였도다.

(우2) 기술을 부리는 재주로는 예상을 뛰어넘는 지혜를 품었으나 365
때로는 사악한 쪽으로, 때로는 좋은 쪽으로 나아가도다.
그가 대지의 법들과
신들께 맹세 바친 정의를 엮어간다면
도시에서 우뚝 서리라. 그러나 어떤 도시도 얻지 못하리라, 370
상서롭지 못한 것과 감히 더불어 지내는 자는.
그런 짓을 저지르는 자,
부디 나와 화롯가[15]에 함께하지 않기를,
나와 한뜻을 품지 말기를! 375

(파수꾼, 안티고네를 이끌고 등장한다)

---

15 화로/화덕(hestia)은 집 안의 중심에 놓여 있어 가정을 상징한다.

| 코로스장 | 신들께서 보내신 이 징조 앞에서 내 판단도
둘로 갈리는구나. 이 소녀가 안티고네라는 걸
내가 알면서도 어찌 아니라고 반박할 수 있으랴.
오오, 불운한 아비 오이디푸스에게서 나온
불운한 자여, 380
이게 대체 무슨 일이오? 정말로 그대는
왕이 내린 법에 불복하여 저들이 끌고 온 것이오,
지각없이 굴다가 붙들려서? |
|---|---|
| 파수꾼 | 여기 있는 저 여인이 그 짓을 감행했습니다. 장례를 치르려던
그녀를 저희가 붙잡았지요. 그건 그렇고, 크레온 님은 어디 계십니까? 385 |

(크레온 등장한다)

코로스장	그분은 때마침 집 밖으로 다시 나오고 계시오.
크레온	무슨 일인가? 내가 무슨 우연에 때맞추어 나온다는 말인가?
파수꾼	왕이시여, 인간은 모름지기 무슨 일이든 불가능하다고 맹세해선
안 될 일입니다. 나중에 든 생각이 애초의 판단을 거짓으로 만드니까요.
저는 어지간해서는 이리로 올 일이 없겠노라고 장담했습지요, 390
아까 당신의 폭풍 같은 위협에 시달렸으니까요.
그러나 기대를 뛰어넘는, 기대를 빗나간 기쁨은
다른 쾌락과는 그 크기가 전혀 같을 수 없어
오게 된 거지요. 절대 그러지 않겠노라 맹세까지 바쳤지만요..
장례 의식을 치르다가 붙들린 이 소녀를 끌고서 말입니다. 395
이번엔 제비를 뽑은 것도 아니고,
다른 누구도 아닌 바로 제가 헤르메스의 선물을 얻은 것입죠.
그러니 이제 왕이시여, 원하시는 대로 이 소녀를 붙들어
취조하고 판결하시지요. 저는 이 몹쓸 일들로부터 풀려나
당당하게 자유의 몸이 되렵니다. 400

크레온	그런데 너는 이 여자를 어디에서 어떻게 잡아 데려왔느냐?
파수꾼	그녀가 직접 그 사람을 묻으려 했습니다. 그대는 이제 모든 걸 아셨습니다.
크레온	정녕 너는 네가 무슨 말을 하고 있는지는 알면서 똑바로 말하는 거냐?
파수꾼	바로 이 여인이, 그대가 금령을 내린 그 시신을 묻는 걸

제가 보았답니다. 제 말이 명명백백하지 않습니까?   405

| 크레온 | 그러면 어쩌다가 발각되어 붙들리게 되었지? |
| 파수꾼 | 사태는 이러했습니다. 저희가 당신께 |

저 끔찍한 위협을 받고 돌아갔을 때, 그 시신에
달라붙어 있던 흙먼지를 죄다 치우고 나서,
축축해진 시신을 말끔하게 벗겨놓고는   410
바람을 피해 언덕 꼭대기에 앉아 있었습니다.
그 시체에서 냄새가 날아올까 피해 있던 거죠.
이놈이 저놈에게 걸진 욕설을 퍼부어가며 부지런히
서로를 깨웠고요, 혹시 누가 이 노고를 게을리할까 해서요.
이렇게 이 짓을 한참 동안 했습니다, 창공 한가운데에   415
헬리오스의 빛나는 원이 자리 잡고, 타오르는 열기가
달아오를 때까지요. 그런데 그때 느닷없이 땅에서 돌개바람이
하늘에서 내리는 고통인 천둥 번개를 일으키며
들판을 가득 메워버리더니 평지 숲의 머리칼들을
죄다 망쳐놓더군요, 거대한 창공까지 온통 메워버리면서요.   420
저희야 그 신적인 질병을 눈 질끈 감고 버텼지요.
그러면서 시간이 한참 지나자 이것들이 잠잠해졌고,
이 소녀가 눈에 들어오더군요. 목청 높여 비통하게 울부짖고
있었지요. 마치 둥지는 텅 비고 새끼들은 부모를 잃게 된 걸
보게 된 맹금이 날카롭게 짖는 것처럼요.   425
꼭 그처럼 이 소녀도 이 시신이 알몸으로 드러난 걸 보자
애곡하며 소리 높여 울부짖었고, 그 일을 저지른 자들을 향해

흉악한 저주의 기도를 바치기 시작했답니다.
그러더니 곧장 마른 흙먼지를 두 손으로 날라 왔고
제대로 두드려 만든 청동 주전자를 높직이 들더니 430
그 시신을 둘러가며 헌주 붓기를 세 번 하더군요.
그리고 그걸 본 저희가 뛰쳐나가 그녀를 즉시
붙잡은 겁니다, 놀라는 기색조차 없는 그녀를요.
그리고 저희는 먼젓번 일과 지금 일에 대해 심문했는데,
그녀는 아무것도 부인하지 않는 입장을 고수했습니다. 435
저로서는 그게 기쁘기도 하고, 동시에 아프기도 했지요.
스스로 재난에서 도망쳐 나오는 것만큼 기쁜 일이 또
어디 있겠습니까만, 벗들을 재난 속으로 이끄는 건
고통스러우니까요. 하지만 뭐니 뭐니 해도 제가 택해야 한다면
이 모든 게 제가 살아남는 것보다는 사소한 것들이죠. 440

크레온 *(안티고네에게)*
너, 바닥을 향해 고개를 떨구고 있는 너 말이다.
이것을 시인하느냐, 아니면 절대 그런 일 한 적 없노라고 부인하느냐?

안티고네 내가 했노라고 시인합니다. 절대로 부인하지 않으렵니다.

크레온 *(파수꾼에게)*
그렇다면 너는 네가 원하는 바대로 떠나도 좋다,
무거운 혐의에서 벗어났으니까. 445

(안티고네에게)
그건 그렇고, 너는 내게 고하거라, 길게 늘이지 말고 간결하게.
이 일을 하면 안 된다고 선포된 것을 알고 있었느냐?

안티고네 알고 있었지요. 어찌 모를 수 있었을까요? 명백했으니까요.

크레온 그런데도 네가 감히 이 법들을 밟고 넘어서?

안티고네 나에게 그걸 선포한 이는 제우스가 아니었고, 450
하계의 신들과 함께 거하시는 디케[16]께서도

인간들에게 그런 걸 정해주신 적이 없으니까요.
당신의 선포가 그렇게 강력하다고 여기지도 않았던 것이,
글로 기록되진 않았으나 흔들림 없는 신들의 법을
죽어야 할 인간인 당신이 뛰어넘는 건 불가능하니까요. 455
그 법은 어제오늘만이 아니라, 그것이 언제 모습을
드러냈는지조차 아는 사람이 없을 만큼 영원히 살아 있답니다.
그래서 나는 한 남자의 판단이 두려워 신들 사이에서
대가를 치르는 일은 없어야겠다고 결심한 겁니다. 내가 죽음을
당하리라는 것 정도는 잘 알고 있으니까요. 왜 아니겠습니까? 460
혹 당신이 선포하지 않았다 해도 말이지요. 만일 내가 때 이른
죽음을 맞더라도 나는 그게 이득이라고 봅니다.
누구라도 나처럼 이 숱한 불행 속에 살아간다면,
어떻게 죽음이 이득을 가져다주지 않을 수 있을까요?
그러니 내가 이 운명의 몫을 마주하는 것은 465
고통이라 할 수도 없어요. 그러나 내 어머니에게서 나온
그분의 시신이 죽어 장례조차 받지 못하는 걸 참고 견뎌야 한다면,
그게 나를 고통스럽게 했겠지요. 이런 걸로는 아픔도 못 느낍니다.
그런데 지금 내가 어리석은 짓을 한 것으로 당신에게 보인다면,
그건 어리석은 자에게 어리석게 보이는 격이라고 해두렵니다. 470

코로스장　이 사나운 아이는 사나운 아비에게서 난 딸임이 분명하구나.
재앙에도 굽힐 줄을 모르다니.

크레온　하지만 지나치게 굳은 의지가 추락하기도
가장 쉽다는 걸 알아두어라. 가장 강한 무쇠도
더없이 단단하게 하려고 불로 달구다가 그만 475
부서져 산산조각 나는 걸 보는 건 흔하디흔한 일이니까.

16　정의(正義), 혹은 정의의 여신.

　　　　　사나워진 말들도 조그만 재갈로 길들여진다는 건
　　　　　나도 안다. 남들의 종놈 따위가 기고만장해지는 건
　　　　　가당치도 않은 일이지.
　　　　　우선, 이 계집은 선포된 법률을 밟고 넘어서며　　　　　　　480
　　　　　주제넘은 짓을 저지르는 법을 아주 잘 알고 있었다.
　　　　　그런 짓을 저지른 다음 두 번째로 저지른 주제넘은 짓은,
　　　　　이런 짓거리에 기뻐 날뛰며 자기가 저지른 짓을 보고 웃었다는 것이지.
　　　　　만일 이만한 힘이 이년에게 주어지고 아무런 벌도 받지 않는다면
　　　　　이제 내가 사내가 아니라, 분명 이 계집이 사내이리라.　　　　485
　　　　　설령 내 누이의 자식이라 해도, 울타리를 지켜주시는 제우스께
　　　　　속한 모든 사람 중에서 가장 가까운 핏줄이라고 해도,
　　　　　이 계집과, 또 이것과 피를 나눈 계집은 가장 흉악한
　　　　　운명에서 벗어날 수 없도다. 그 계집에게도 이 장례를
　　　　　획책한 것에 대해 똑같이 추궁해주마.　　　　　　　　　　490

　　　　　　　　　　　　(시종들에게)

　　　　　그년도 불러오너라. 나는 방금 저 안에서 그 계집이
　　　　　정신이 나간 채 광분하고 있는 걸 보았다.
　　　　　어둠 속에서 옳지 못한 짓을 꾸며내는 혈기는
　　　　　마치 도둑처럼 먼저 붙잡히게끔 되어 있지.
　　　　　누군가가 비열한 짓을 하다가 붙잡히고 나서　　　　　　　495
　　　　　그 짓을 미화하려 들 때면, 증오스럽기 짝이 없지.
안티고네　나를 사로잡은 마당에, 나를 쳐 죽이는 것 말고 더 큰 뭔가를 바라십니까?
크레온　　아니다. 그걸 가졌다면 나로선 모든 걸 가진 셈이니까.
안티고네　그럼 대체 무얼 망설이는 겁니까? 나로서는 당신의 그 어떤 말도
　　　　　받아들일 수가 없고, 앞으로도 받아들일 일이 없을 텐데요.　　500
　　　　　마찬가지로 당신에게도 내 천성이 거슬리겠고요.
　　　　　게다가, 내가 또 어디에서 이보다 더 자자한 명성을

얻겠습니까, 나와 태생을 함께한 분을 무덤에 모셨는데요.
여기 계신 모든 분들도 그게 흡족하다고 말씀하셨을 겁니다,
만일 공포가 혀를 걸어 잠그지만 않았더라도.   505
물론 참주(僭主)[17]야 다른 많은 복도 누리겠지만
자기 마음먹는 바대로 행동하고 말할 수 있지요.

크레온 　카드메이아 사람들 중에 이걸 그렇게 바라보는 자는 너 말곤 없다.
안티고네 　이분들도 그렇게 봅니다. 다만 당신 때문에 입을 억지로 닫는 것일 뿐.
크레온 　너는 부끄러움조차 없느냐, 이 사람들과 동떨어진 생각을 하면서도?   510
안티고네 　같은 모태에서 나온 이들을 존중하는 건 부끄러운 일이 아니올시다.
크레온 　그자와 맞서다 죽은 사람도 분명 같은 핏줄일진대?
안티고네 　같은 핏줄이지요, 한 분의 어머니와 같은 아버지에게서 태어난.
크레온 　대체 어쩌자고 호의를 보이며 기리느냐, 저이에게는 불경스러운 일인데.
안티고네 　숨진 시신이 그런 진술을 할 리 없습니다.   515
크레온 　네가 그이를 불경스러운 자와 동등하게 기리는데도?
안티고네 　그분은 노예가 아니라 형제로서 돌아가셨어요.
크레온 　이 땅을 유린하다가 그랬지. 다른 사람은 거기에 맞서다가 그랬고.
안티고네 　그럼에도 불구하고 하데스는 이 법을 간절히 바라고 있습니다.
크레온 　천만에, 쓸모 있는 자가 몹쓸 자와 같은 몫을 받을 수야 없지.   520
안티고네 　지하에서는 이게 흠 없는 일이 될지 누가 알겠습니까?
크레온 　모름지기 원수는 죽어서도 친구가 될 수는 없는 법.
안티고네 　모름지기 나는 서로 증오하지 않고 서로 사랑하도록 타고났습니다.
크레온 　그 사랑 꼭 해야겠다면, 당장 지하로 내려가서 그들을 사랑하려무나.
내게 목숨이 붙어 있는 한, 여자가 나를 다스릴 수 없다.   525

(시종들이 이스메네를 끌고 나온다)

17　원문은 tyrannos(튀란노스)이다. 중립적인 의미의 '왕'으로도 많이 쓰이지만, 여기서는 왕을 참칭하는 자, 폭군을 가리키는 멸칭으로 해석하였다.

코로스	문 앞에 이스메네까지 와 있구나,
	언니를 사랑하다 보니 눈물까지 떨궈가면서.
	눈썹 위로 덮인 구름이 핏빛으로 물든 얼굴을
	망치고 있구나,
	아름다운 얼굴, 그 볼을 적셔가면서. 530
크레온	*(이스메네에게)*
	네가, 웅크린 독사처럼 집 안에 도사리며 몰래 내 피를
	온통 빨아먹고 있는데, 왕좌에 맞서 반역을 도모하는
	이 두 파멸을 기르면서 나는 알지도 못했구나.
	자, 내게 고해라. 너도 이 매장에 동참했노라고 말할 테냐,
	아니면 전혀 모르는 일이라고 맹세할 테냐? 535
이스메네	저도 그 일을 했어요, 언니가 동의해준다면요.
	저도 동참했으니 책임도 나눠 가질 겁니다.
안티고네	아니, 이건 정의가 허락지 않을 거다. 너도
	바란 적 없고, 나도 너와 함께한 적 없으니까.
이스메네	언니의 재난 속에서 언니가 겪는 고통을 나누며 540
	내가 함께 항해하는 걸 난 부끄러워하지 않아.
안티고네	그게 누가 한 일인지는 하데스와 하계에 계신 분들이 함께
	알고 계신다. 말로만 사랑하는 사랑은, 내가 사랑하지 않는다.
이스메네	제발, 언니, 내가 돌아가신 분을 정화하고 언니와 함께
	죽는 걸 막으면서까지 나를 깎아내리지 마. 545
안티고네	너는 나를 위해 죽지도 말고, 네가 건드린 적도 없는 일을
	네 일로 여기지도 마라. 내가 죽는 걸로 충분하다.
이스메네	언니를 떠나보내면 내게 과연 어떤 삶이 달가울까?
안티고네	크레온에게 물어보렴. 네가 마음 쓰는 건 그 사람이니까.
이스메네	어쩌자고 나를 이렇게 괴롭히는 거야, 득 될 것도 하나 없으면서? 550

안티고네	내가 비웃는 거라면, 난 너를 비웃으며 정말이지 고통스럽구나.
이스메네	이제 와서 내가 아직도 언니를 도울 수 있다면 뭘 어떻게 해야 할까?
안티고네	너 자신을 살리렴. 난 네가 달아난 걸 시샘하지 않는다.
이스메네	이럴 수가, 참담하구나, 언니의 운명에 내가 가닿지 못하는 걸까?
안티고네	살기를 택한 건 너고, 죽기를 택한 건 바로 나니까. 555
이스메네	하지만 내가 이 말들조차 하지 않은 건 아니잖아.
안티고네	너는 이들에게 아름답게 사려하는 것으로 보였고, 나는 다른 분들에게 그리 보였다.
이스메네	그래도 우리 둘에게 잘못은 마찬가지야.
안티고네	기운을 내렴. 너야 아직 살아 있지만, 내 목숨은 떠난 지 이미 오래야, 고인들을 돌보다 보니. 560
크레온	내 이르건대 이 두 아이 중 하나는 이제 막 정신 나간 것이 드러났고, 다른 아이는 원체 타고나길 그렇구나.
이스메네	그렇습니다, 왕이시여. 불행을 겪는 사람들에게는 원래 심긴 정신도 머무르지 못하고 빠져나가게 마련이니까요.
크레온	그렇다면 네 정신은 불행 속에서 비열한 짓들을 하기로 결심했을 때 565 빠져나갔으렷다.
이스메네	언니 없이 저 혼자서 무슨 수로 살아낼 수 있을까요?
크레온	됐고, 언니라고 불러서는 안 된다. 이제 더는 있지 않으니까.
이스메네	아니, 당신 아드님[18]의 신부를 살해하려는 건가요?
크레온	다른 여자들에게도 쟁기질할 만한 밭이 있단다.
이스메네	그래도 그분에게 언니만큼 잘 어울리는 사람은 없어요. 570
크레온	나는 내 아들들이 못된 여자들과 지내는 게 증오스럽다.
안티고네	오, 더없이 소중한 하이몬, 아버지가 당신을 얼마나 무시하는지요!
크레온	너는 나를 어지간히도 성가시게 하는구나, 너도, 그리고 네 결혼 침대도.

---

18 크레온의 아들 하이몬. 안티고네와 약혼한 사이이며 이름에 '피, 혈연'이라는 뜻을 담고 있다.

이스메네	정말로 당신은 이 여인에게서 당신 자식을 빼앗으렵니까?
크레온	이 결혼을 멈추도록 되어 있는 자는 하데스다.
이스메네	보아하니 그녀가 죽는 것은 이미 결정 난 것 같군요.
크레온	네게도, 내게도 그렇게 보이지. 더 꾸물거릴 것 없이

575

저것을 안으로 들여라, 노예들아. 저것들은 이제부터

여자답게 되어야 할 필요가 있다, 밖으로 나돌지 말고.

하데스가 제 삶에 이미 가까이 다가온 걸 들여다보게 되면   580

무모한 자들이라 할지라도 도망치게 되어 있으니까.

(시종들이 두 자매를 끌고 나간다)

(2정립가)

코로스(좌1) 행복하도다, 삶에서 몹쓸 일을 맛보지 않은 이들은.

신에 의해 그 집이 흔들린 사람들에게는, 멸망이 무엇 하나

빠뜨리지 않고 그 가문의 많은 이들에게로 기어든다네.   585

마치 트라키아[19] 바다에서 불어닥치는

역풍을 받은 너울이

심연의 어둠 위로 달려들 때면

밑바닥에서부터 어두운 진흙을 휘감아 돌리고,   590

파도치는 곶들은 된바람에 맞아

울부짖으며 신음하듯이.

(우1) 그 옛적부터 랍다코스 가문에서 망자들의 재앙 위에

재앙이 떨어져 내려온 걸 나는 보아왔다네.[20]   595

한 세대가 전 세대의 것을 해소해주지 못하고,

---

[19] 오늘날의 희랍 북동부, 불가리아 남부, 그리고 이스탄불까지 걸친 지역이며, 에게해 북부, 마르마라해, 혹해 남서부에 면해 있다.

어떤 신이 그들에게 내리 덮쳐

풀려날 길이 없다네.

이제는 오이디푸스의 집안에 남은　　　　　　　　　　　　600

마지막 뿌리들 위로 뻗은 그 빛이,

또다시 하계 신들의 피맺힌 흙먼지와, 어리석은 말과,

복수심에 의해 베여 넘어가고 있다네.

(좌2)　제우스시여, 임의 위력을

인간들이 무슨 수로 침범하여　　　　　　　　　　　　　605

막아낼 수 있겠나이까?

만인을 사냥하는 휘프노스[21]조차도 그것을 거머쥘 수 없고

신들의 쇠할 줄 모르는 달들조차 그러하나이다.

노쇠하지 않는 세월 동안 임은 다스리시는 분으로서

올륌포스의 눈부신 광채를 쥐고 계시나이다.　　　　　610

바로 다음에도, 그 후로도,

이전과 같이 이 법은 강력하리니,

어마어마한 그 어떤 것도 재앙 없이는

인간들의 삶으로 들어오지 않는다네.

(우2)　숱하게 떠도는 희망은 진정　　　　　　　　　　　　615

많은 사람에게는 도움이지만,

다른 많은 이에게는 경솔한 욕망의 속임수이기 때문이리라.

그것은 뜨거운 불에 발을 데기 전에는

20　랍다코스의 아들 라이오스부터 오이디푸스, 그리고 그의 자식들에게까지 몇 대에 걸쳐 내려가는 비극을 말하고 있다. 일설에는 랍다코스 본인도 디오뉘소스 숭배를 배척하다가 여신도들(박카이)에게 살해당했다고 한다.

21　잠의 신.

아무것도 깨닫지 못하는 자에게로 기어 온다네.
어떤 이가 지혜롭게도   620
이 유명한 말을 선보였지,
신께서 그 헤아림을
아테[22]로 이끄시는 자에게는
사악한 것도 훌륭하게 보이노라,
그러나 그가 재앙 없이 지내는 것은 찰나일 뿐이라고.   625

(하이몬 등장한다)

코로스 여기 하이몬이 왔나이다. 그대의 자녀들 중
마지막 아이이지요. [결혼을 약속한 소녀]
안티고네의 운명에 괴로워하며,
결혼 침대를 빌미로 속은 것이
고통스러워 온 것일까요?   630

크레온 우리는 금세 예언자보다도 잘 알게 될 거다.

(하이몬에게)

얘야, 너와 결혼하게 될 여자에 대한 최종 결정을 듣고
이 아비에게 악을 쓰려고 나온 게냐? 아니면,
우리가 무슨 일을 행하든 우리는 네게 살가운 사람들이냐?

하이몬 아버지, 저는 아버지의 사람입니다. 게다가 아버지는 저를 위해   635
유용한 판단들을 품고 똑바로 지도해주시니, 저는 거기에 따르렵니다.
아버지께서 훌륭하게 인도하시는 것보다 더 큰 값어치를
지닌 결혼이란 건, 제게는 있을 수 없습니다.

크레온 옳거니 내 새끼, 가슴속에 바로 그런 것을 품어야 마땅하지,
매사에 아버지의 판단을 지지하면서 말이야.   640

---

22 원문 ate는 문맥에 따라 '맹목', '재앙', '멸망'으로 번역할 수도 있다.

이것 때문에 사람들은 집안에 말 잘 듣는 아이들을
얻게 해달라고 기도를 하는 거란다. 그래서
적들에게는 사악한 것들로 응수하고
친구에게는 아버지에게 대하는 것과 똑같이 대접해주도록 말이다.
반면, 누구든 득이 되지 않는 자식들을 낳은 사람은　　　　　　　　　645
스스로에게 고생거리 말고 달리 무엇을 낳았다고 말할 수 있겠니,
적들에게는 수많은 웃음거리를 안겨준 셈이고.
그러니 얘야, 여자 때문에 네 분별을 쾌락 아래로
던져버려선 절대로 안 된다. 몹쓸 여자가 아내가 되어
집 안으로 들어오면, 품어 안기에도 싸늘하게 된다는 걸　　　　　650
알아두어야 한다. 내 사람이 사악한 것보다
더 큰 상처가 또 어디 있겠니? 이러쿵저러쿵 말고
그 계집을 적으로 삼아 내뱉어버려라. 누군가와
결혼하려거든 하데스에서 하라고 보내주거라.
나는 온 도시를 통틀어 그년 혼자 드러내놓고　　　　　　　　　655
거역하는 것을 붙잡았다. 내가 이 도시에 나 스스로를
거짓말쟁이로 내세울 일은 없을 테니, 그년을 죽여버릴 테다.
이런 상황에 직면했으니, 혈연을 지키는 제우스께 노래나
바치라고 하여라. 진정 내가 혈육을 무도한 자로 키워낸다면,
피를 나누지 않은 사람들이야 말할 것도 없으니까.　　　　　　660
누구든 집안에서 쓸모 있는 사람이라면
도시에서도 정의로운 존재로 드러나는 법이지.
누구든 법률을 밟고 넘어 횡포를 부리는 자나,
권력자들에게 명령을 내리려고 작정한 자는
내게서 승인을 얻을 방법이 없단다.　　　　　　　　　　　　　665
[좌우간, 도시가 추대한 사람이라면 그이의 말을 들어야 마땅하지,
그게 사소한 일이건, 정의로운 일이건 그렇지 않은 일이건 간에.]

나는 확신한단다, 무릇 그런 사나이라면
다스리기도 훌륭히 할 테고, 다스림도 잘 받고자 원할 테며,
창의 폭풍 속에서도 정해진 바대로 정의롭고 670
어엿한 전우로 남아 있으리라고 말이야.
통치가 사라지는 것보다 더 나쁜 일은 있을 수 없다.
그것은 도시들을 무너뜨리고,
가문들의 붕괴를 일으키며, 동맹군의 창을
패주로 바꾸어버리지. 반면, 똑바로 선 자들의 675
많은 목숨을 구해내는 것이 바로 복종이란다.
그러니까, 수립된 질서를 지켜내야만 하느니라.
계집에게 져서는 안 되고말고.
정 그래야 한다면 차라리 사내에게 쫓겨나는 게 낫지,
우리가 계집들보다 못난 자들이라고 불려서는 절대 안 된다. 680

코로스 만일 우리가 세월에 속아 지낸 게 아니라면,
말씀하신 바에 대해 당신은 현명하게 말씀하셨다고 보입니다.

하이몬 아버지, 신들께서는 인간들에게 헤아림을 심어주셨고,
모든 재산 중에서도 그것은 가장 드높은 것입니다.
저는 아버지 말씀 중 어디가 어떻게 옳지 않은지 685
말할 수도 없거니와, 앞으로도 말할 수 없기를 바라고 있습니다.
[그렇긴 하지만, 상대방에게도 충분히 훌륭한 것이 있을 수 있지요.]
저는 아버지 편에 서서 만사를 미리 살피기 위해 태어났습니다,[23]
누가 무슨 말을 하는지, 누가 무슨 일을 하는지, 혹은 누가 무슨
비난을 하는지를요. 아버지께서 들으시면 달갑지 않을 그런 말들로 인해, 690
보통 사람들에게 아버지의 두 눈은 끔찍하게 보이기 때문이지요.

---

[23] 대본은 '아버지는 ~ 위해 태어나지 않았습니다'라고 보았으나, 역자는 전해진 전승을 따라 '저는 ~ 위해 태어났습니다'라고 읽었다.

저는 이런 말을 어둠 속에서도 들을 수 있었답니다,
바로 그 소녀를 두고 이 도시가 얼마나 비탄에 젖어 있는지를요.
모든 여인 중에서 가장 고귀한 그녀가
가장 명예로운 행동으로 인해 가장 비참하게 스러진다고요. 695
즉, 자신과 태생을 함께한 오라비가 피 칠갑을 하고
쓰러졌는데, 무덤에 묻히지도 못한 채 날고기를 뜯는 개 떼와
새 떼에게 끝장나도록 그녀가 내버려두지 않았으니,
그녀가 황금의 명예를 얻을 자격이 있지 않냐는 것입니다.
이런 이야기가 어두운 소문[24]이 되어 소리 없이 다가오고 있습니다. 700
그러나 아버지, 아버지께서 복을 누리며 지내시는 것 말고
더 큰 가치를 두는 재산이란 건, 제게는 있을 수가 없습니다.
자식들 입장에서 아버지의 만개한 명성보다 더 큰 영광이
뭐가 있겠습니까, 또 아버지께도 자식들의 일보다 더 큰 것이 없겠지요.
그러니 지금이라도 속으로 오로지 한 가지 마음가짐만 품진 마시지요, 705
오로지 옳은 것은, 다른 무엇도 아닌, 그저 아버지 말씀이라는 식으로요.
누구든 남들이 가지지 못한 헤아림이나 혀, 혹은 영혼을
자기 혼자 가지고 있다고 여기는 사람은,
막상 열어보고 나면 텅 빈 사람으로 보이는 법이니까요.
반대로, 지혜로운 사람이라 할지라도 많이 배우려 하고 710
자신을 과하게 앞세우려 하지 않는 것은 부끄러운 일이 아닙니다.
눈석임에 불어난 급류에 얼마나 많은 나무가
몸을 숙여 그 가지들까지 살려내는지 보시지요.
그러나 반대로 몸을 뻗는 나무들은 뿌리째 당하고 말지요.
마찬가지로, 배를 조종하는 돛줄을 잡아당기기만 하고 715
풀지 않으려는 사람은, 그가 누구든, 배가 거꾸로 뒤집혀

---

24 원문 phatis(파티스)는 '소문' 대신 '신탁'으로 읽을 수도 있다.

	남은 항로를 뒤집힌 자리에서 항해하게 된답니다.	
	그러니 노여움은 거두시고, 마음을 돌려보시지요.	
	나이 어린 저에게도 무슨 판단이라는 것이 있다면,	
	저야 애초에 태어날 때부터 앎으로	720
	가득 차 있는 것을 최고라고 치겠지만요,	
	그게 안 된다면, 워낙 이게 그렇게 되게끔 되어 있질 않으니까요,	
	좋은 조언을 해주는 사람들에게서 배우는 것도 훌륭한 일입니다.	
코로스	왕이시여, 그가 뭔가 합당하게 말하는 거라면, 그대도 배우는 것이	
	맞을 겁니다. *(하이몬을 향하여)* 그대도 그렇게 해주세요. 양쪽 말씀 모두 좋으	
	니까요.	725
크레온	우리 연배가 이만큼이나 되는데, 태어난 지 고작 저 정도밖에	
	안 되는 녀석에게 지혜에 대해 가르침을 받아야 한다고, 진심인가?	
하이몬	정당치 못한 것은 아무것도 배우지 마세요. 제가 비록 젊습니다만	
	더 비중 있게 살펴야 할 것은 세월이 아니라 행위입니다.	
크레온	질서를 무너뜨리는 자들을 섬기는 그 행위 말이냐?	730
하이몬	제가 그런 몹쓸 자들을 경외하라고 주장할 리가 있겠습니까?	
크레온	저년이 그런 질병에 사로잡힌 게 아니라고?	
하이몬	테바이라는 하나의 도시를 이루는 백성들은 그렇지 않다고 말합니다.	
크레온	내가 어떻게 명령을 내려야 마땅한지를 도시가 요구한다고?	
하이몬	그 말씀 너무나도 어린아이처럼 하셨다는 걸 아십니까?	735
크레온	내가 이 땅을 다스리는데 내가 아닌 남을 위해서 해야 한다는 게냐?	
하이몬	한 사람만을 위한 도시라는 건 있을 수 없으니까요.	
크레온	도시는 통치자의 것으로 여겨지지 않더냐?	
하이몬	버려진 땅이라면 아버지 혼자서도 근사하게 다스릴 텐데요.	
크레온	내가 보기엔 이 녀석이 그 여자와 한 패거리인 것 같구나.	740
하이몬	아버지가 그 여자라면 그렇겠죠. 저는 정말로 아버지를 위해 마음 쓰고 있어요.	
크레온	이 흉악하기 그지없는 놈, 아비에게 맞서 송사를 벌이면서까지?	

하이몬	아버지가 정당치 못한 실책을 범하고 계신 걸 제가 보고 있으니까요.	
크레온	내가 경건하게 통치에 임하는 것이 실책이라고?	
하이몬	신들의 명예를 밟아 누르는 건 경건이 아닙니다.	745
크레온	계집 꽁무니나 따르더니 네놈 성질머리도 오염되었구나.	
하이몬	그래도 제가 낯부끄러운 쪽에 굴복했다고는 주장하시지 못할 텐데요.	
크레온	어쨌거나 네 말이 모조리 다 저년을 위해 나온 게 아니냐.	
하이몬	그뿐일까요, 아버지와, 저와, 하계에 계신 신들을 위한 것이기도 합니다.	
크레온	그것에게 목숨이 붙어 있는 동안에는 너는 절대로 그것과 결혼할 수 없다.	750
하이몬	그러면 그녀는 죽겠지요. 그리고 그 죽음으로 다른 누군가를 파멸시킬 겁니다.	
크레온	정말이지 너 이렇게 무모함이 극으로 치닫도록 협박해야겠느냐?	
하이몬	텅 빈 판단에 맞서 말하는 것이 무슨 협박일 수가 있습니까?	
크레온	네놈 스스로 텅 빈 주제에 가르치려 들다니, 너는 곡소리를 내며 가르치게 될 거다.	
하이몬	제 아버지만 아니었어도 저는 당신을 정신 못 차리는 자라고 불렀을 겁니다.	755
크레온	계집의 종놈 주제에 나를 구슬리려 들다니, 아서라.	
하이몬	아버지는 뭔가 말씀만 하려 하시고 말씀 다음엔 전혀 들으려 하질 않으시는군요.	
크레온	진심이냐? 그렇다면 올륌포스에 맹세하마, 네가 나를 탓해가며 모욕하면서도 기뻐하진 못하리라는 걸 알아두어라. (시종들에게) 그 밉살맞은 것을 끌어오너라, 당장 눈앞에서, 제 신랑이 있는 자리에서 목숨을 잃도록!	760
하이몬	그런 일은 상상도 마십시오, 절대로! 그녀는 제 곁에서 파멸을 맞지 않을 거예요. 아버지는 친구들 중에서 원하는 자들과 함께 이 광란을 벌이되, 그 두 눈으로 제 머리는 결코 다시 보지 못할 겁니다.	765

(하이몬 뛰쳐나간다)

코로스장	왕이시여, 저이가 화를 내며 서둘러 가버렸습니다.

크레온	저 또래의 마음이라는 건 고통을 당하면 무거워지게 마련이지요.
크레온	그렇게 하라고 해라. 인간의 한계 너머로 치달으며 궁리하도록 놔두어라. 그래도 저 두 계집을 운명에서 풀어주진 못할 테니까.
코로스	정말 그 둘을 다 죽일 작정이십니까? 770
크레온	그 일에 손대지 않은 계집은 아니지. 네가 잘 말해주었구나.
코로스	그러면 다른 소녀는 어떤 죽음으로 처형하실 계획입니까?
크레온	사람들이 다니지 않는 황무지로 끌고 가 바위 동굴 속에 산 채로 봉인해버릴 테다. 음식이야 저주를 면할 만큼만 넣어주고, 775 그래야 도시 전체가 오염에서 벗어날 테니까. 그러면 그곳에서 저것이 신들 중 유일하게 섬기는 하데스에게 빌어서 죽지 않을 대책을 어찌어찌 얻게 되든지, 그게 안 된다면 하데스에 있는 자들을 섬기는 일이 헛수고라는 걸 적어도 그때 가서는 깨닫게 되겠지. 780

(시종들이 안티고네를 끌고 나온다)

(3정립가)

코로스(좌)	에로스[25]여, 도저히 싸워 꺾을 도리 없는 이여, 에로스여, 그대는 재산에도 떨어져 내리고 소녀의 보드라운 두 뺨 위에서 잠들다가 난바다 위로도, 초원의 헛간으로도 오가도다. 785 죽음을 모르는 분들조차 그대를 피할 수 있는 이 없으며 한나절을 사는 인간들 중에서도

---

25 사랑의 신. 헤시오도스의 『신들의 계보』 116행 이하에서는 태초에 카오스(큰 틈)가 생겼고, 그다음에 가이아와 에로스가 생겨났다고 전한다.

그대를 피할 자 없도다.

허나 그대를 품은 자 미쳐 날뛰노라. 790

(우) 그대는 정의로운 이들의 헤아림도

불의하게 비틀어 꺾어 패악으로 이끄는도다.

그대는 피를 나눈 사람들에게서도

다툼이 일도록 휘젓는도다.

그러나 승리하는 것은 결혼의 행복을 가져올 795

신부의 눈꺼풀에서 밝히 뵈는 갈망이니,

위대한 법들이 다스리는 자리에 함께 앉아.

이는 싸워낼 도리 없는 여신 아프로디테께서

유희를 즐기시기 때문이로다. 800

코로스장 그러나 지금은 나 스스로도 이 모습을 보면서

법의 한계 바깥으로 밀려나는도다.

눈물이 쏟아져 내리는 걸 나도 더는 억누를 힘이 없구나,

누구라도 잠재우는 그 침실을 향해

안티고네가 떠나가는 걸 내 보노라니. 805

(애탄가)

안티고네(좌1) 나를 보세요, 조국 땅의 시민 여러분,

끝사탁 길을 떠나는 나들,

다시는 보지 못할 헬리오스의

마지막 빛을 보고 있는 나를.

나 아직 숨이 붙어 있는데도, 810

누구라도 잠재우는 하데스가

나를 데려가는군요,

아케론[26]의 강둑으로.

	내 몫의 결혼도 하지 못한 채로,	
	나를 위한 결혼 축가도 불리지 않은 채로,	815
	나는 아케론과 결혼하게 되었군요.	
코로스	아니 그대는 이름을 드높이며, 칭송받으며	
	망자들의 깊숙한 곳으로 떠나가고 있지 않소!	
	쇠잔케 하는 질병의 타격을 입어서도 아니고,	
	칼로 내리친 대가를 몫으로 얻어서도 아니고,	820
	다만 스스로 정한 법에 따라, 죽어야 할 인간들 중에서	
	유일하게 숨이 붙은 채로 하데스로 내려갈 거라오.	
안티고네(우1)	나 예전에 프뤼기아[27]의 이방인 손님인	
	탄탈로스의 딸[28]이 시퓔로스의 산마루에서	
	더없이 비참하게 파멸했다는 말을	825
	들었어요. 마치 담쟁이처럼 뻗어나는 바위가 자라나	
	그녀를 제압했다고요.	
	사람들 말로 그녀는	
	그칠 줄 모르는 폭풍우와 눈보라에 녹아내려	
	눈썹 아래 가득한 눈물들로	830
	산등성이들을 적신다고 합니다.	
	그녀와 조금도 다르지 않게,	
	신들이 나를 재우시는군요.	

---

26 저승으로 흐르는 강. 이 강에서 뱃사공 카론이 망자의 영혼을 건네준다고 한다.
27 트로이아 동쪽 지방.
28 니오베. 테바이의 성벽을 건설한 암피온의 아내로 아들 일곱, 딸 일곱을 두었으나(전승에 따라 자녀의 숫자는 다르다) 자식들에 대한 자부심이 지나쳐 아폴론과 아르테미스만을 낳은 레토 여신보다 자신이 우월하다고 자랑하였고, 이에 아폴론이 아들들을, 아르테미스가 딸들을 화살로 쏘아 죽였다고 한다. 『일리아스』 24권 602-617행에는 니오베가 시퓔로스의 산속에서 돌로 변하였다고 전한다. 시퓔로스는 오늘날 튀르키예 서부의 이즈미르 동쪽이다.

코로스	그래도 그녀는 신이요, 신의 자식이잖소,	
	우리야 인간들이요, 죽어야 할 인간들에게서 태어난 것이고.	835
	그러나 분명 소멸된 여자가 신들과 맞먹는 몫을 얻었다는	
	말을 듣는 것만으로도 엄청난 일이라오,	
	살아서 듣든, 죽고 나서 듣든.	

안티고네(좌2)	아아, 나는 조롱당하고 있구나.	
	선조들의 신들께 걸고 말하노니, 왜 당신은	
	아직 떠나지도 않은 내게 횡포를 부리나요,	840
	나 여전히 빛을 받고 있는데?	
	오, 도시여, 오, 많은 부를 지닌	
	이 도시의 사람들이여,	
	오오, 디르케의 샘물들이여,	
	훌륭한 마차를 거느린 테바이의 성스러운 숲이여,	845
	그럼에도 나 그대들을 증인들로 얻으리라,	
	과연 어떻게 내가 벗들의 애곡도 없이, 어떠한 법을 통해	
	높이 쌓아 올린 난데없는 무덤의 울타리로	
	들어가는지를 함께 살펴보는 증인들로.	
	오오, 비참하도다, 인간들과도 시신들과도	850
	어울려 살지 못하게 된 나는,	
	산 사람들과도 죽은 사람들과도.	

코로스	그대는 무모함의 끝 간 데마저 밟고 넘어서다가	
	디케의 높은 보좌에 걸려	
	심하게 굴러떨어져 내린 것이오, 내 딸이여.	855
	그대는 아버지로부터 온 투쟁의 대가를 어떻게든 갚고 있는 거라오.

안티고네(우2) 당신은 내 근심 중에서도
　　　　　가장 아픈 곳을 건드리는군요,
　　　　　몇 번이고 거듭되는
　　　　　아버지에 대한 연민을,　　　　　　　　　　860
　　　　　그리고 이름 높은 우리
　　　　　랍다코스의 자손들
　　　　　모두에 대한 연민을.
　　　　　아아, 어머니의 침상에서 이루어진
　　　　　멸망이여, 불운한 어머니가　　　　　　　865
　　　　　제 자식인 내 아버지와 나눈 잠자리여.
　　　　　이런 분들에게서 비참한 내가 태어났구나.
　　　　　그분들께로 나는 갑니다, 보세요, 저주받은 채로,
　　　　　결혼도 하지 못한 채, 그분들과 함께 지내기 위해서.
　　　　　아아, 불길한 결혼을 했던 오라버니,　　870
　　　　　죽어 있는 그대가 살아 있는 내 목숨을 앗아 가는군요.

코로스　　기리는 일이야 물론 경건이긴 하나,
　　　　　권력에 마음 쏟는 자에게 권력은
　　　　　절대로 침범되어선 안 되는 것이니,
　　　　　스스로 결정해버리는 그 성미가 그대를 무너뜨린 것이오.　　875

안티고네(종가) 누구의 애도도 없이, 벗도 없이,
　　　　　결혼 축가도 없이 참담한 나는
　　　　　마지막 길로 끌려가는구나.
　　　　　저 불덩어리의 신성한 눈을 바라보는 것도
　　　　　불운한 나에게는 더 이상 있을 수 없는 일이다.　　880

그러나 벗들 중 그 누구도 내 운명을 두고
눈물 흘리지 않고 탄식해주지 않는구나.

크레온 죽기 전에 노래 부르며 곡소리 내는 게 꼭 필요한 것이라면,
아무도 눈물 쏟기를 멈추지 않으리라는 것을 너희는 알지 못하느냐?
지금 당장 끌어내지 못하겠느냐? 그리고 내가 명한 바대로   885
지붕 덮인 무덤에 가둬놓아 혼자 버려진 채로
내버려두어라. 죽음을 바라든지, 아니면 산 채로 그렇게
묻혀 지내기를 바라든지 상관 말고.
우리야 이 계집에 대해 흠이 없으니까.
그러나 이년은 지상에서 살 권리를 빼앗기리라.   890

안티고네 오, 무덤이여, 신방이여, 언제까지나 감시받을,
파 내려간 거처여, 나 그리로 가나이다,
나의 가족들에게로. 그들 중 대부분을 페르세팟사[29]께서
죽은 시신들의 일원으로 받아주셨어요.
나는 그들 중 마지막 사람이 되어, 실로 가장 비참하게   895
내려갑니다, 이 생에서 운명의 몫이 아직 내게 이르기도 전에.
하지만 나 강렬한 기대를 품고 나아가니, 사랑스러운 이가 되어
아버지께 가닿고, 또 어머니, 당신께도 사랑스러운 이가 되어,
그리고 오라버니의 머리여, 그대에게도 사랑스러운 이가 되어
가닿겠어요. 나는 생을 다한 당신들의 몸을 내 손으로   900
씻기며 정돈해드렸고, 무덤 위로 제주를 따라 바쳤으니까요.
그러나 폴뤼네이케스, 나 지금 그대의 몸을 덮어드리고 나서
이런 결과를 얻게 되었어요. 그러나 분별 있는 사람들이
보기에는 내가 그대를 제대로 기린 것이지요.

---

29 페르세포네. 하데스의 아내.

만일 내가 죽은 아이들의 어미였더라도 결코 이렇게는 하지 905
않았을 테고, 내 남편이 죽어서 문드러진다 해도 시민들에게
힘으로 맞서면서 이런 노고를 감수하진 않았을 거예요.
내가 도대체 어떤 법을 옹호하며 이런 말을 하냐고요?
남편이야 죽더라도 내게 다른 남자가 생길 수 있고,
아이를 잃게 되더라도 다른 사람에게 또 낳을 수 있어요. 910
그러나 어머니도 아버지도 하데스에 숨겨져 계시니
어떤 형제도 절대로 다시 태어날 수가 없지요.
나는 이런 법을 따라 당신을 누구보다 높이 기렸지만,
그것이 크레온에게는 잘못한 것으로, 끔찍이도
무모한 것으로 보였던 거예요, 오, 내 오라비의 머리여. 915
그리고 이제 그는 두 손으로 나를 붙들고 이렇게 끌고 간답니다,
결혼 침대도 없이, 결혼 축가도 받지 못한, 결혼의
어떤 몫도 얻지 못한, 아이도 키워보지 못한 나를요.
불운한 몫을 쥔 나는 가장 가까운 사람들에게조차 버림받고
산 채로 망자들의 무덤 속으로 들어갑니다. 920
내가 신들의 어떤 정의를 비켜 넘어섰던가요?
비참한 내가 신들을 더 이상 바라볼 필요가 있나요? 그분들 중
누군가에게 함께 싸워달라고 소리 내어 부를 필요가 있나요?
나는 경건하게 행하면서 불경죄를 얻었으니까요.
그러나 진실로 이 사태가 신들 보시기에 훌륭한 것이라면 925
나는 고통을 겪으면서 내가 잘못했다는 것을 깨닫겠지요.
그러나 만일 이 사람들이 잘못하고 있는 거라면, 내게 부당하게
저지르고 있는 것보다 그들이 더 극악한 것을 겪지는 말기를.

코로스   똑같은 바람에서 나온 똑같은 영혼의 돌진이
        여전히 이 소녀를 움켜쥐고 있구나. 930

크레온	그러니 이 애를 끌고 가면서 꾸물거리는 자들에게는
	그 일들로부터 통곡이 시작되리니.
안티고네	이럴 수가, 이 말은 내 죽음에 더없이 가까이 다가오는구나.
크레온	나는 이 일들이 이렇게 확정되지 않을 거라며 935
	용기를 주면서 격려해줄 도리가 없구나, 전혀.
안티고네	오오, 테바이의 땅, 조상들의 도시여,
	그리고 선조들의 신들이시여,
	나는 끌려가고 있고, 이제 더는 살아 있지 못할 겁니다.
	보세요, 테바이 왕가의 가족들이여, 940
	왕실에서 유일하게 남겨진 여자인 내가
	경건함을 두고 경건하게 행했다고 하여
	어떠한 사내들에게 어떠한 일을 겪고 있는지를!

(시종들이 안티고네를 끌고 나간다)

(4정립가)

코로스(좌1)	다나에의 육신도, 청동으로 짜놓은 방 안에서
	천상의 빛을 내주고도 견뎌냈으니, 945
	무덤 같은 내실에 감춰진 채로
	멍에 지워졌도다.
	그러나 소녀여, 소녀여, 값진 혈통의 그대는
	황금으로 흐르는 제우스의 자식을 품어주었소 [30] 950
	그러나 운명의 위력은 두려운 것이라,
	부귀도, 아레스도, 성탑도,
	바다에서 두들겨 맞는

---

30 다나에는 아르고스 왕 아크리시오스의 딸이며 페르세우스의 어머니이다. 다나에의 아이에게 살해될 것이라는 신탁을 받은 아크리시오스는 딸을 청동 탑에 가두지만 제우스가 황금의 비로 변해 그녀에게 내렸고, 페르세우스를 낳는다.

	검은 배들도 이를 피해 갈 도리 없다네.	
(우1)	멍에를 지기로는 에돈 사람들의 왕,	955
	드뤼아스의 성마른 자식도 있었도다.³¹	
	그는 심장을 찢어놓는 충동을 발하다가	
	디오뉘소스에 의해 바위로 된 감옥에 갇혔지.	
	그렇게 그는 광란의 끔찍하고 왕성한 기운을	
	떨구어냈다네. 그는 그 신을 알아보게 되었다네,	960
	광란 속에서 심장을 찢어놓는 혀로 그 신을 공격하다가.	
	그는 신들린 여인들과 '에우오이'³² 부르짖는 횃불을	
	몇 번이고 막으려 들었고, 아울로스(피리)를 사랑하는	
	무사 여신들³³에게 싸움을 걸었으니.	965
(좌2)	퀴아네아이 바위들 곁에는 두 바다에 걸친	
	보스포로스곶이 있고, 손님을 박대하는 트라키아의	
	살뮈뎃소스가 있도다.	970
	그 도시 가까이에 있던 아레스가	
	보았다네, 피네우스의 두 아들을	
	눈멀게 한 저주의 상처를,	
	사나운 아내의 피 묻은 손과	
	북 꼬챙이 끝에 맞아 눈멀게 된 상처를,	975
	복수를 부르짖는 눈구멍들을.³⁴	

---

31 트라키아의 왕 뤼쿠르고스. 『일리아스』 6권 132-140행에 따르면 그는 디오뉘소스의 유모들을 학대하며 쫓아냈고, 이에 겁에 질린 디오뉘소스도 바닷속으로 피신하여 테티스의 보호를 받았다고 한다. 이로 인해 분노한 제우스는 뤼쿠르고스의 눈을 멀게 하고 일찍 죽게 만들었다고 한다.
32 디오뉘소스 제의에서 올리는 환호성.
33 제우스와 므네모쉬네의 딸들이며 시와 음악을 관장하는 여신들이다. 헤시오도스는 이들이 모두 아홉 명이라고 전한다(『신들의 계보』 54, 76).

| (우2) | 잘못된 결혼을 한 어머니에게서 자식으로 태어나
| | 쓸모조차 잃은 그들은 그 비참한 형편을 두고   980
| | 녹아내리며 울부짖고 있었소.
| | 한데 그녀는 에레크테우스 집안이라는
| | 유서 깊은 가문까지 가닿는 씨앗이었다오.
| | 보레아스(북풍)의 딸인 그녀는 머나먼 곳 외딴 동굴 속에서 자라났소.
| | 깎아지른 바위 너머로 아버지의 폭풍 속에서   985
| | 말처럼 날렵한, 신들의 자식으로.³⁵ 그러나 그런 그녀에게도
| | 오래도록 사시는 운명의 여신들이 들이닥쳤다오, 소녀여.

(테이레시아스가 길잡이 소년에 이끌려 등장한다)

테이레시아스   테바이의 군주들이여, 우리가 길을 함께 나누며 왔다오,
    둘이서 한 사람을 통해 바라보면서. 눈먼 이들에게
    길이란 이렇게 길잡이를 통해서야 생겨나니까.   990
크레온   새로운 일이라도 생긴 겁니까, 연로하신 테이레시아스여?
테이레시아스   내가 가르쳐줄 테니, 그대는 이 예언자의 말을 따라주시오.
크레온   물론 전에도 저는 당신의 뜻을 멀리해본 적이 없지요.
테이레시아스   그래서 그대는 그 바른길을 따라 이 도시라는 배의 선주 노릇을 하고 있소.
크레온   저도 경험해보았으니 그 혜택을 증언할 수 있습니다.   995
테이레시아스   지금은 그대가 또다시 운명의 면도날 위를 걷고 있다고 여기시오.
크레온   그게 무슨 말씀입니까? 당신 말씀을 들으니 제게 몸서리가 다 이는군요.

---

34   트라키아의 왕 피네우스는 보레아스(북풍)의 딸 클레오파트라와 결혼하여 플렉시포스와 판디온을 낳았으나, 처를 버리고 다르다노스의 딸 이다이아와 재혼하였다. 그러나 이다이아는 전처의 자식들이 자신을 욕보이려 했다고 모함하여 이들의 눈을 멀게 하였다는 전승이 있다.

35   아테나이의 왕 에레크테우스의 손녀 오레이튀이아는 보레아스(북풍)에게 납치되어 트라키아로 오게 되었다고 한다.

| 테이레시아스 | 나의 기술이 보이는 조짐을 듣게 되면, 그대도 깨닫게 될 거요. |

    나는 새들을 살펴보는 그 오래된 자리에 앉았는데,[36] 그곳은
    모든 맹금이 모여드는, 내겐 항구 같은 곳이오.   1000
    그러다 새들의 알 수 없는 소리를 들었다오, 불길한
    광기로, 알아들을 수조차 없게 울부짖는 소리를.
    게다가 서로를 죽일 기세로 발톱으로 잡아 뜯고 있는 것도
    알게 되었소. 격렬히 날개 치는 소음이 그 증거가 아닐 수 없었다오.
    나는 겁에 질려 온통 타오르는 제단에서   1005
    곧장 번제물의 상태를 살펴보았는데, 헤파이스토스께서
    희생 제물로부터 빛을 내려 하지 않았소.
    대신 잉걸불 위로 사태 부위의 기름이 녹아 쏟아져 내려
    연기를 일으키며 터지고 있었고, 쓸개들은 터져 조각난 채로
    하늘로 솟구쳐 올랐다오. 또, 녹아내리는 사태 부위는   1010
    덮여 있던 기름이 벗겨진 채로 드러나 있었소.[37]
    이러한 것들을 이 아이에게서 알게 되었다오,
    신탁을 주지 못하는 제사에서 조짐들이 사라져가는 것을 말이오.
    이 녀석이 내게는 인도자니까, 다른 이들에게야 내가 인도자지만.
    그리고 도시는 당신의 판단 때문에 이 질병을 앓고 있는 거요.   1015
    우리의 제단들이며 화로들이 죄다,
    불운한 몫을 얻어 쓰러지고 만 오이디푸스의 자식에게서
    새 떼와 개 떼가 가져온 먹이들로 가득 차 있으니 말이오.
    그래서 희생 제물과 함께 올린 탄원들도,
    사태 부위에서 타오르는 불꽃도,
    신들께서는 우리에게서 받아주시려 하지 않는 거요.   1020

---

36 고대 희랍에서는 새들의 움직임을 보며 점을 쳤다.
37 신들에게 제사를 바칠 때, 제물의 사태를 잘라내어 두 겹으로 접고 비계로 감아 불에 올리는 것이 관례였다.

새조차 비명을 질러가며 상서로운 조짐을 주지 않는다오,
망자의 피와 기름을 먹어대었으니.
그러니 아들이여, 이 일들을 헤아려보오.
잘못을 저지르는 거야 모든 인간이 마찬가지라오.
하지만 잘못을 저지를 때에도, 그가 곤경에 빠져들었어도 　　1025
고쳐보려 하고, 꿈쩍 않고 있겠다며 고집부리지 않는다면,
그런 사람은 아직 경솔하다거나 불행하다고 볼 수 없소.
그대도 알잖소, 완고함은 졸렬하다는 평판이나 불러온다는 걸.
두말할 것 없소, 망자에게 양보하고 죽은 그이를 찌르지 마시오.
무슨 무용(武勇)이라도 되오, 죽은 이를 또 죽이는 게?　　1030
나 그대를 위해 좋은 뜻을 품고 좋게 말하는 거라오. 누가 좋은 말을
해주고, 그게 이로운 말이라면, 그걸 깨닫는 게 가장 달콤한 일이라오.

크레온　아아, 노인장, 마치 궁수들이 과녁을 노리듯이 그대들 모두가
과인을 노리고 화살을 쏘고 있구려. 그대들의 예언술 앞에서도
나는 비난을 면할 수가 없게 되었고. 당신 족속들에게　　1035
나는 이미 오래전에 거래되고 뱃짐으로 실렸으니,
한몫 잡아보시구려. 사르데이스의 엘렉트론[38]과 맞바꾸지 그러오.
당신들 마음이 동한다면 인디아의 황금과도 바꿔보오.
그래도 당신들은 저자를 결코 무덤에 묻지 못하리라.
설령 제우스의 독수리 떼가 저자를 먹이로 낚아채어　　1040
제우스의 보좌까지 데려가길 바란다 해도,
오염이 두려워 내가 저자에게 장례를 허락할 일은
결코 없소. 인간들 중 어느 누구도 신들을 더럽힐
힘 같은 건 없다는 걸, 내가 잘 알고 있으니 말이오.
그러나 늙은 테이레시아스여, 엄청나게 뛰어난 인간일지라도　　1045

---

38 사르데이스는 고대 소아시아 지역 뤼디아 왕국의 수도였고, 엘렉트론은 여기서 쓰이던 금/은 합금 주화였다.

	이득을 노리고 낯부끄러운 것들을 근사한 말로 꾸며	
	말할 때에는 낯부끄럽게 추락하는 법이오.	
테이레시아스	아아, 인간들 중에서 알고 있는 자, 헤아리는 자 누가 있을까?	
크레온	무얼 말이오? 그 보편이라는 게 도대체 어디까지를 말하는 거요?	
테이레시아스	좋은 판단이라는 건 얼마나 강력하기 그지없는 재산이던가?	1050
크레온	사리 분별을 못 하는 것이 커다란 해악이 되는 만큼이라고 보오.	
테이레시아스	그대는 바로 그 병으로 온통 가득 차 있구려.	
크레온	나는 예언자를 험악하게 꾸짖고 싶지는 않소만.	
테이레시아스	당신이 분명 그렇게 말하고 있잖소, 내가 거짓으로 예언한다면서.	
크레온	예언자라는 게 죄다 돈을 탐하는 종자들이니까.	1055
테이레시아스	참주들에게서 난 종자는 낯 뜨거운 이익을 탐하고.	
크레온	지금 당신이 입에 담고 있는 것들이, 명령권자를 향한 말이라는 걸 아오?	
테이레시아스	알다마다. 그대는 내 덕에 이 도시를 구하고 손에 넣었으니까.	
크레온	그대는 지혜로운 예언자로군, 다만 부당한 걸 탐할 뿐.	
테이레시아스	내 지각 속에서 미동도 없이 도사리던 것을 기어이 말하도록 도발하고 싶소?	1060
크레온	그거 한번 부추겨보오. 단, 이득을 볼 작정으로 말하는 것만은 말고.	
테이레시아스	당신 입장에서는 내가 이제껏 그럴 작정이었던 걸로 보이오?	
크레온	내 분별력을 다른 것과 맞바꿔 거래할 수 없다는 걸 알아두시오.	
테이레시아스	그만하고 이거나 똑바로 알아두오. 헬리오스가	
	질주하며 주로를 돌기를 채 몇 번 마치기도 전에,	1065
	그대의 배에서 나온 이들 중 한 명이 시신이 되어	
	시신들과 맞바꾸는 값을 치르게 될 거요.	
	당신은 지상에 속한 자 하나를 지하로 내던져서	
	살아 있는 목숨을 능멸하며 무덤 속에 자리 잡게 하는가 하면,	
	지하에 속한 시신 하나는 신들과 무관한데도 장례도 치르지	1070
	않은 채 불경하게 이곳에 붙잡아두었으니, 바로 그 대가로 말이오.	
	이들에 대해서는 당신에게도, 지상의 신들에게도 권한이 없소.	

이들은 이 점에서 당신에게 폭력을 당하고 있는 거요.
이 일들로부터, 뒤늦게 파멸을 안기는 파괴자들, 즉 하데스와,
신들 중에서는 에리뉘스[39]들이 매복하여 1075
그대를 노리고 있소, 그대 역시 똑같은 재앙 속에 붙들리도록.
또 있으니, 이것도 잘 살펴보오, 내가 은으로 뇌물을 받고
말하는지 아닌지를. 시간이 오래 지체될 것도 없이
그대 집 안에서 남녀에게 곡소리가 모습을 드러낼 거요.
한편, 모든 도시들이 적개심으로 함께 끓어오르고 있소. 1080
그들의 것이었던 시신을 개 떼가, 짐승들이,
혹은 어떤 날개 달린 새가 찢어놓으며 장례 지낸 다음
도시의 화덕으로 불길한 냄새를 몰고 왔기 때문이오.
당신이 나를 괴롭히니, 나는 마치 궁수처럼 그대의 심장을 향해
분노를 실어 단단한 화살을 쏘아 날렸고, 1085
그대는 그 작열하는 고통에서 벗어나지 못할 거요.

(길잡이 소년에게)

자, 애야, 너는 집으로 우리를 이끌어다오, 이 사람이
제 분노를 더 젊은 사람들에게나 쏘아 날리도록,
그리고 한결 더 조용한 혀와, 지금 있는 것보다는 더 나은
정신을 헤아림 속에서 기르는 법을 깨닫도록 말이야. 1090

(테이레시아스와 길잡이 소년 퇴장한다)

코로스 왕이시여, 저분이 끔찍한 일들을 예언하고 떠나갔습니다.
저는 알고 있습니다, 지금이야 세어버렸지만 인래는 검었던
이 머리칼을 제가 두르기 시작한 그때부터, 저분은 이 도시에
단 한 번도 거짓을 외치신 적이 없다는 것을.

---

[39] 복수의 여신으로 대개 여럿이 함께 있는 것으로 되어 있다. 근본적인 질서와 위계가 흔들릴 때 개입하여 보복하는 신으로 알려져 있다.

크레온	그거야 나 역시 알고 있고, 그래서 이 속내가 어수선하구나.	1095
	굴복하는 건 끔찍한 일이지. 그러나 맞서 버티다가 아테[40]가	
	내 기백을 가격한다면 그 또한 끔찍한 일이니까.	
코로스	메노이케우스의 아드님, 필히 좋은 조언을 취하셔야 합니다.	
크레온	도대체 어떻게 해야 좋겠나? 숙고해보아라, 내 따르니.	
코로스	가서 지하의 동굴집으로부터 그 소녀를 끌어 올리십시오.	1100
	그리고 널브러져 있는 이를 위해서는 무덤을 세워주십시오.	
크레온	너 역시 그걸 찬동하고 내가 굴복하는 게 좋다는 거냐?	
코로스	그것도 가급적 빨리 해주십시오, 왕이시여. 신들에게서 오는	
	해악은 악의를 품은 자들을 발 빠르게 베어버리니까요.	
크레온	빌어먹을! 그렇다면 내 심장이 행하라는 바에서	1105
	깨끗이 물러나주마. 필연과는 싸울 수 없는 법이니까.	
코로스	당장 가서 그 일들을 실행하시되, 남들에게 떠넘기시면 안 됩니다.	
크레온	그러면 그냥 이대로 바로 가마. 가라, 가거라, 시종들아.	
	여기 있는 사람들도, 없는 사람들도 손에 도끼를 쥐고	
	잘 보이는 그 장소로 달려들어라.	1110
	나는, 내 뜻이 이쪽으로 돌아선 마당에,	
	내 스스로 묶어놓았으니 이제 가서 풀어주기도 해야겠구나.	
	나로서는 전해 내려온 법들을 지켜가며	
	삶을 마치는 것이 상책이 아닌가 싶구나.	

(크레온 퇴장한다)

(5정립가)

코로스(좌1)	이름도 많으신 임이여,	1115
	카드메이아에서 난 신부의 영광이요,	

---

[40] 원문 ate는 문맥에 따라 '맹목', '재앙', '멸망'으로 번역할 수도 있다.

묵직한 벼락을 내리시는 제우스의 핏줄이여,[41]
이름난 이탈리아를 보살피는 분이여,
임은 모두를 품어주시는
엘레우시스[42]의 데오[43]의 품 안에서,   1120
박코스시여, 박코스를 따르는 무리들의
어머니 도시인
테바이를 다스리시나이다,
이스메노스강의 물줄기 곁에,
사나운 용이 씨 뿌려진 자리에 거하시며.   1125

(우-1) 봉우리가 둘 솟은 바위산[44] 너머로,
연기에 휘감긴 번쩍이는 불길이
임을 보았나이다.
박코스를 모시는 코뤼키온[45]의 요정들이 오가는 그곳에서,
또 카스탈리아의 물줄기[46]가 임을 보았나이다.   1130
그리고 담쟁이 덮인 뉘사산[47]의 언덕들과
포도 덩굴 우거진 푸릇누릇한 곳이
임을 모시고 갑니다.

---

41 디오뉘소스. 어머니 세멜레는 카드모스와 하르모니아의 딸로 카드메이아(테바이)에서 난 제우스의 신부로 묘사되고 있다. 제우스는 자신의 아이를 잉태한 세멜레에게 무슨 소원이든 들어주겠노라 약속하였고, 헤라의 계략에 넘어가 세멜레는 제우스의 본모습을 보고 싶다고 조른다. 결국 세멜레는 모습을 드러낸 제우스 앞에서 타 죽게 되고, 태중에 있던 아이는 제우스의 허벅지에 들어가 나중에 디오뉘소스로 태어난다.
42 아티카 지역의 도시로, 데메테르, 페르세포네를 숭배하는 신비 의식으로 잘 알려진 곳이다.
43 데메테르의 또 다른 이름. 대지모(大地母) 여신.
44 희랍 중부 지역의 파르낫소스산.
45 파르낫소스산에 있는 동굴.
46 파르낫소스산 근처의 샘물.
47 디오-뉘소스(Nysos)의 이름과 관련된 산이며, 같은 이름의 산이 여럿 있으나 여기에서는 에우보이아 섬 북서쪽 해안의 산을 가리키는 것으로 보인다.

	테바이의 거리를 굽어보시는 임을 위하여	
	쇠락을 모르는 노래가	1135
	'에우오이'라는 외침을 울리며.	

(좌2)　임도, 벼락을 맞으신 어머니께서도
　　　　모든 도시들 중에서
　　　　테바이를 가장 높이 쳐주십니다.
　　　　그러니 지금도, 도시가 송두리째　　　　　　　　　　　1140
　　　　흉포한 질병에 붙들렸으니
　　　　정화하는 발걸음으로 와주소서, 파르낫소스산의 비탈을 넘어,
　　　　아니면 한숨짓게 하는 해협을 넘어.　　　　　　　　　1145

(우2)　이오,⁴⁸ 화염을 내쉬는
　　　　별들의 가무를 이끄시는 분이여,
　　　　한밤의 소리들을 주시하시는 분이여,
　　　　제우스께 태어나신 아드님, 모습을 드러내소서,
　　　　오, 왕이시여, 임을 수행하는 튀이아이들⁴⁹과 함께,　　1150
　　　　베푸시는 임, 이악코스⁵⁰를 위해 광란에 젖어
　　　　밤새도록 춤사위를 벌이는 그녀들과 함께.

　　　　　　　　　　　　(전령 등장한다)

전령　　카드모스와 암피온⁵¹의 집에 이웃해 살고 있는 분들이여,　1155

48　희랍어의 감탄사.
49　디오뉘소스(박코스)의 여신도들. 박카이, 레나이, 튀이아이, 마이나데스라고 불리기도 한다. 음악과 노래, 춤으로 황홀경에 들어가 광란에 가깝게 디오뉘소스를 숭배하는 것으로 알려져 있다.
50　디오뉘소스의 또 다른 이름.
51　암피온은 안티오페의 아들로 형제 제토스와 함께 테바이의 성벽을 쌓은 인물로 알려져 있다.

어떤 상황에 서 있든 간에 내가 칭송하거나
비난할 수 있는 인간의 삶이란 없군요.
행운을 누리는 자도, 불운을 겪는 자도, 운수가 그를
바로 세우기도 하고 가라앉히기도 하니까요, 언제나.
인간들에게 내려진 상황에 대해서도 말해줄 예언자 하나 없습니다. 1160
한때는 크레온 님도 제게는 부러운 분이었으니까요.
그분은 적들로부터 카드메이아 땅을 구해냈고
이 땅을 홀로 다스릴 완전한 권한을 거머쥐어 똑바로 이끌어갔지요.
혈통 좋은 자식들의 씨를 뿌려 길러냈고요.
그리고 이제 이 모든 것이 떠나갔습니다. 사람들이 낙을 잃게 되면, 1165
나는 그를 산 사람으로 보지 않고
그저 목숨 붙은 송장으로 여기니까요.
그대도 원한다면 집 안 곳곳에 엄청난 재물을 쌓아둔 채
참주의 모습을 하고 살아보시구려. 그래도 그런 것들을 누리는 기쁨이
없다면, 나는 그 남겨진 것들을 사려고 누구에게 연기의 그림자만큼의 1170
값도 치르지 않으렵니다, 즐거움과 견준다면 말입니다.

코로스장	당신이 가져온 왕가의 고통은 또 무엇이오?
전령	그들이 죽었습니다. 그 죽음의 탓은 산 사람들에게 있지요.
코로스장	그러니까 누가 죽였단 말이오, 또 죽어 뉘어진 사람은 누구요? 말해보시오!
전령	하이몬이 파멸했습니다. 자신과 피를 나눈 자의 손으로[52] 피를 보았습니다. 1175
코로스싱	아, 죽이오, 아버지의 손이오, 아니면 본인의 손이오?
전령	자신이 자신을 향해서지요, 아버지가 저지른 살인에 격분해'서.
코로스장	오, 예언자여, 그대는 얼마나 바르게 말씀을 성취하신 건가요!
전령	사정이 이러하니, 남은 일들을 두고 숙고해야 합니다.

(에우뤼디케 등장한다)

---

52 '자기 손으로'라고 읽을 수도 있다.

코로스장	게다가 불운한 에우뤼디케, 크레온의 아내가	1180
	가까이에 보이오. 분명 자식의 이야기를 듣고	
	집 밖으로 나왔거나, 아니면 우연이거나.	
에우뤼디케	오, 모든 시민 여러분, 나는 팔라스[53] 여신께	
	기도를 바치는 자로서 간청을 드리고자	
	문밖으로 나오다가 이 이야기를 알아듣고 말았답니다.	1185
	그것도 문을 안에서 열어 당기려고 빗장을 막 풀던 참이었지요.	
	그리고 내 식구의 변고를 알리는 음성이	
	내 두 귀에 날아와 부딪치더군요. 나는 그만 겁에 질려	
	몸이 기울며 시녀들을 향해 뒤로 넘겨졌고 정신을 잃었어요.	
	하지만 그게 무슨 이야기든 상관없으니 다시 한번 말해주구려.	1190
	나 재앙을 못 겪어본 사람 아니니, 들어보렵니다.	
전령	귀한 여주인이시여, 제가 그 자리에 있었으니	
	말씀드리렵니다. 진실한 말을 빼놓지 않고 전해드리지요.	
	제가 누그러뜨려 말씀드릴 이유가 어디 있겠습니까, 나중에	
	저희가 거짓말쟁이로 드러날 텐데요. 언제나 진실이 옳다마다요.	1195
	저는 그대의 남편분에게 길잡이가 되어	
	벌판의 높은 곳으로 따라나섰습니다. 그리고 그 자리에	
	폴뤼네이케스의 육신이 여전히 개 떼에게 찢긴 채	
	무참히 널브러져 있었고요. 그래서 저희는	
	갈림길의 여신[54]과 플루톤[55]께 자비롭게 분노를 거두십사	1200
	청한 다음, 정한 물로 그를 씻기고, 남아 있는 부분이나마	
	갓 꺾어낸 어린 나뭇가지들 속에 모아 함께 불살랐답니다.	

---

53 아테네의 또 다른 이름.
54 헤카테 여신.
55 '부자(富者)'라는 뜻으로 하데스를 가리키는 완곡 표현이다.

그리고 고향의 흙으로 머리가 우뚝 솟은 무덤을
쌓아 올린 다음, 이번엔 돌로 덮인, 하데스가 얻은 소녀의
우묵 파인 신방 안으로 들어가고 있었지요. 1205
그런데 누군가가 멀리서 날카로이 울리는 곡소리를
들었습니다, 아직 장례조차 치르지 않은 그 신방 근처에서요.
그래서 주인이신 크레온 님께 가서 이를 알려드렸지요.
그분이 아주 가까이 기어들어 가자, 도저히 알아들을 수 없는
참담한 외침이 그분을 에워싸며 다가오더군요. 그러자 그분은
목 놓아 통곡하며 더없이 비통한 말씀을 던지셨지요. 1210
"아아, 내 신세여, 내가 혹시 예언자가 된 것일까?
내가 거닐어온 모든 길들 중에서 가장 불행한 길을
기어가고 있는 것인가? 내게 꼬리를 흔들며 반기는
저 음성이 내 아이의 것이렷다. 자, 시종들아,
어서 가까이 가서 무덤 둘레에 서서 살펴보아라, 1215
솟은 무덤 입구의 돌들이 갈라져 있는 틈새로,
그 아가리를 향해 들어가서 내가 하이몬의 목소리를
들은 것인지, 아니면 신들에게 속은 것인지 알아보아라."
낙담한 주인님이 내린 이 명령에 저희도
살펴보았지요. 그리고 무덤 맨 끝자락에서 1220
목을 맨 그녀를 보았답니다, 고운 천을 가닥처럼 써서 동여맨
올가미에 말입니다. 그리고 그녀의 허리를 감싼 채 기대어
무너져 내린 그이를 보았지요. 그이는 끝장나버린,
지하를 향한 결혼 침대를 두고, 아버지가 저지른 짓을 두고,
참담한 운명[56]을 두고 목 놓아 울부짖고 있었답니다. 1225

---

56 다른 사본들에는 '결혼 침대(lechos 레코스)'로 적혀 있으나, 역자는 베르크(Bergk)의 제안을 따라 '운명(lachos 라코스)'으로 읽는 편이 더 자연스럽다고 판단하였다.

그런데 그분이 그 둘[57]을 보자 소름 끼치도록 통곡하며
안으로 들어가더니 그이를 향해 소리 높여 외쳤습니다.
"아아, 딱한 것, 이게 다 무슨 짓이냐, 대체 무슨 정신으로?
무슨 재앙 속에서 네가 무너져버린 거냐?
밖으로 나오너라, 얘야, 내가 탄원자로서 네게 간청하마." 1230
하지만 아드님은 사나운 눈길로 노려보더니
얼굴에 침을 뱉으며 아무런 대꾸조차 없이 양날 검을
뽑더군요. 그러나 아버지가 내달려 도망치는 바람에
제대로 치지 못하자, 그 불운한 이는 스스로에게
분개한 나머지 곧장 제 몸을 뻗어 그 칼이 절반이나 1235
옆구리에 박히도록 눌러 넣었습니다. 아직 정신이 있는 동안
그이는 힘 풀린 두 팔로 그 처녀를 끌어안더군요.
그러더니 숨을 헐떡이며 순식간에 솟구치는 핏방울의 줄기를
그녀의 뽀얀 뺨에 내뿜었답니다.
불운하게도 시신이 된 그이는 시신을 감싸며 누워 있고, 그렇게 1240
결혼식을 치르게 된 것이지요, 적어도 하데스의 집에서나마.
지각없음이야말로 인간에게 들러붙은 최악의 재앙이라는 걸
인간들 가운데에서 보여주며 말입니다.

(에우뤼디케 퇴장한다)

코로스장 자네는 이걸 무엇에 빗대려는가? 마님께서 도로
떠나셨다네, 좋다 나쁘다는 말씀도 남기시기 전에 말일세. 1245

전령 실은 저도 충격을 받았습니다만 희망을 품어보고는
있습니다. 비록 아드님이 당하신 고통을 들으셨지만, 도시를 향하여
통곡하는 것이 가당치 않다 여기고, 그저 집 안 지붕 아래에서

---

[57] 다른 모든 사본은 '그 남자'(=하이몬)로 전하고 있으나 역자는 브로드헤드(Broadhead)의 제안을 따라 안티고네를 포함한 '그 둘'로 읽는 쪽을 택하였다. 사본들의 전승대로 읽게 되면 크레온이 하이몬만을 보게 되므로 안티고네에게는 일체의 관심을 보이지 않는 셈이다.

|||시녀들에게 집안의 슬픔을 애곡하라고 정해주실 거라고요.
저분은 과오를 저지를 만큼 판단이 없으신 분은 아닙니다. 1250
|코로스장|난 모르겠네. 내 보기에는 분명 과도한 침묵도
괜한 잦은 비명만큼 심각한 건 마찬가지니까.
|전령|어쨌든 일단 집 안으로 들어가보면 우리도 알게 되겠죠,
저분이 뭔가를 억누르며 북받쳐 오른 심장 속에
남몰래 감춰두었는지. 실은 당신 말씀마따나 1255
어딘지 모를 지나친 침묵의 무게가 있긴 하니까요.

(크레온, 하이몬의 시신을 들고 등장한다)

(애탄가)

|코로스|그리고 여기에 왕이 몸소 오셨구나,
뚜렷한 기념물을 손에 들고서. 이렇게 말해도
도리에 맞는다면, 그 아테는 다른 누구의
것도 아닌, 그가 스스로 저지른 잘못 때문이로다. 1260

|크레온(좌1)|아아,
지각없는 판단이 부른 실패여,
죽음을 안기는 완고함이여,
오, 죽인 자들도 죽은 자들도 한 핏줄임을
보고 있는 이들이여,
이럴 수가, 나의 계획들 중에서도 불운한 것이여. 1265
아아, 내 새끼, 젊어서 난데없는 운명의 몫이라니,
아이아이, 아이아이,[58]
네가 죽다니, 떠나가다니,

---

58 비통함, 슬픔을 드러내는 희랍어의 감탄사.

	너 아닌 나의 오판 때문에.	
코로스	뒤늦게나마 정의를 보게 되신 것 같군요.	1270
크레온(좌2)	빌어먹을,	
	비참하게 되고 나서야 배우게 되다니. 어떤 신이 그때,	
	바로 그때 나를 붙들고 엄청난 무게를 실어 내 머리를	
	내리쳤도다, 황야의 길로 내던졌도다.	
	빌어먹을, 기쁨을 뒤집어놓아 짓밟아버렸구나.	1275
	아아, 아아, 인간들의 수고는 부질없는 것.	
전령	주인님, 그대는 그 두 손으로 들고 온 것을 갖고 계시고,	
	또 자초하신 거지만, 집 안에 드신다면 재앙을	
	금방 보실 수 있겠다 싶습니다.	1280
크레온	아니, 이 재앙들 말고 무슨 재앙이 아직 더 있다는 거냐?	
전령	마님께서 숨을 거두셨습니다. 이 숨진 이의 참된 어머니인	
	그 불운한 분이 이제 막 입은 타격 때문에 말입니다.	
크레온(우1)	아아,	
	아아, 정화할 수 없는 하데스의 항구여,	
	왜 나를, 왜 나를 무너뜨리시나이까?	1285
	(전령에게)	
	오오, 너는 궂긴 소식이 주는 고통을	
	내게 가져와서 뭐라고 외쳐대는 거냐?	
	아이아이! 너는 파멸한 사람을 또 한 번 죽이는구나.	
	뭐라는 게냐, 얘야? 이번엔 무슨 새로운 걸 내게 말하는 게냐,	
	아이아이, 아이아이!	1290
	이 파멸 위에 아내의 죽음이라는 운명의 몫이 더해져	

	나를 에우며 쌓여간단 말이냐?
코로스	보실 수 있습니다. 시신은 더 이상 집 안 깊숙이 있지 않으니까요.
크레온(우2)	이럴 수가,
	비참한 나는 또 다른 두 번째 재앙을 보는구나. 1295
	대체 어떤, 어떤 운명이 아직도 나를 기다린단 말이냐?
	내 자식을 두 손으로 안게 된 게 조금 전이었는데,
	참담하구나, 이 시신을 마주 보게 되다니.
	아아, 아아, 가련한 어미여, 아아, 내 아들아. 1300
전령	그분은 제단 주변에서 날카롭게 벼려낸 칼을 들어
	눈꺼풀을 덮으며 어둠 속으로 가셨습니다. 먼저는 예전에
	목숨을 잃은 메가레우스[59]의 텅 빈 침대를 두고, 다음에는
	바로 이분의 침대를 두고 애곡하신 다음, 끝내는 자식들을 살해한
	당신을 겨누어 몹쓸 일들을 노래하시고 나서요. 1305
크레온(좌3)	아이아이, 아이아이!
	나는 두려움으로 날갯짓하노라. 왜 누구라도 나와 맞서
	양날 검으로 치지 않는 게냐?
	처참하구나, 내 신세여, 아이아이. 1310
	나 비참함 속으로 섞여 드는구나.
전령	여기 돌아가신 마님은 저 죽음도, 그 죽음도
	다름 아닌 당신 탓이라고 고발하셨습니다.
크레온	그런데 그녀는 대체 어떻게 그 낭자한 유혈 속에서 떠나갔느냐?
전령	자기 손으로 자기 간을 칼로 찔렀습니다. 아드님이 겪으신 1315
	그 목 놓아 애곡되던 일을 알아차리셨을 때였지요.

---

[59] 크레온과 에우뤼디케의 아들로 1차 테바이 침공에서 전사하였다.

| 크레온(좌4) | 이럴 수가, 이럴 수가, 이 일들은 내 책임을 벗어날 수 없고,
| | 인간들 중 다른 어떤 누구에게도 들어맞지 않는다.
| | 내가, 바로 내가 당신을 죽였으니까. 나는 쓸모없는 자로구나!
| | 나는 진실을 말하고 있노라. 이오, 시종들아, 1320
| | 나를 끌고 가다오, 최대한 빨리! 발에 치이지 않게 나를 끌고 가다오,
| | 있지도 않은 자보다 조금도 더 나을 게 없는 나를! 1325
| 코로스장 | 유익한 조언을 주시는군요, 재앙 속에서도 무슨 이익이라는 게 있다면요.
| | 발치에 놓인 재앙은 가장 짧은 것이 가장 좋은 법이지요.

| 크레온(우3) | 오게 해다오, 오게 해다오.
| | 그 모습 드러내게 해다오, 운명 중 가장 아름다운 것이,
| | 나를 위해 마지막 날을 이끌고서, 가장 드높은 그것이 1330
| | 오게 해다오, 오게 해다오,
| | 내 더는 다른 날을 보지 않도록.
| 코로스장 | 그것은 나중에 이루어질 일입니다. 어떤 일을 꼭 해야 한다면
| | 당면한 것을 해야지요. 그 일들이라면 응당 돌봐야 하는 이들이 1335
| | 돌보고 있으니까요.
| 크레온 | 하지만 나의 갈망은 방금 바친 기도 중에 이미 추려져 있다.
| 코로스장 | 지금은 어떤 기도도 바쳐선 안 됩니다. 죽게 마련인 인간들에게
| | 내려진 불행을 면할 길은 없으니까요.

| 크레온(우4) | 제발 이 텅 빈 인간을 발에 치이지 않게 끌고 가다오,
| | 애야, 그럴 의도가 아니었건만 나 너를 죽였고, 1340
| | 여보, 이번엔 당신도 내가 죽였소. 아아, 나는 쓸모없는 자로다.
| | 나 어디를 향해 기대야 할지 도무지 모르겠구나. 두 손에 쥐었던
| | 모든 것이 기울어지고, 다른 쪽에서는 내 머리 위로 1345

감당할 수 없는 운명이 내리 덮치는구나.

코로스   단연코, 현명함이야말로 행복의
첫 번째 근간이로다. 신들에 대해서는 그 어떤 것도
불경스럽게 굴지 말지어다. 자만이 지나친 자들의
기세 좋은 말들은 엄청난 타격으로 값을 치른 다음
노령에야 현명함을 가르치는 법이니.

1350

해설: 안티고네　　ANTIGONE

안티고네와 이스메네 1892 / 에밀 테셴도르프

이 작품은, 비록 서로 독립적인 작품이긴 해도, 이야기의 흐름으로는 『오이디푸스 튀란노스』, 『콜로노스의 오이디푸스』에 이어지는 드라마이다. 오이디푸스가 테바이를 떠난 후, 그의 두 아들 폴뤼네이케스와 에테오클레스는 한 해씩 번갈아 통치하기로 하였으나, 에테오클레스는 약속과 달리 왕권을 독차지하였고 권력투쟁에서 밀려난 폴뤼네이케스는 아르고스로 도피한다. 그곳에서 왕의 사위가 된 그는 군사를 모아 여섯 장군들과 함께 테바이를 침공한다. 격전 중에 형제는 서로의 손에 동시에 죽음을 맞게 되고, 침공군은 물러난다. 작품은 이튿날 동틀 무렵을 배경으로 안티고네와 이스메네의 대화로 시작된다.

테바이의 새 통치자가 된 크레온은 에테오클레스의 장례는 성대히 치르되, 폴뤼네이케스는 조국의 배신자이므로 애곡과 장례를 금지한다는 포고령을 내렸고, 이를 어긴 자는 투석형에 처하겠노라고 공포한 상태이다. 그럼에도 폴뤼네이케스의 장례를 치르려는 안티고네는 동생 이스메네에게 도움을 청하나 거절당하고, 혼자 장례를 치를 결심을 굳힌다. 이어 등장한 크레온이 통치자로서 첫 연설을 하며 포고령을 재확인한다. 그러나 곧 파수꾼이 나와 누군가가 폴뤼네이케스의 장례를 치렀다고 보고하자 크레온은 포고령을 어긴 자를 잡아오라고 파수꾼을 협박하며 돌려보낸다. 잠시 후 안티고네가 폴뤼네이케스를 다시 매장하려다 파수꾼에게 붙잡혀 끌려온다. 그녀는 포고령의 정당성을 부정하고 하계(下界) 신들의 법을 존중하는 자신의 입장을 밝히며 크레온과 논쟁을 벌인다. 뒤늦게 이스메네도 자신이 공범이라고 나서지만 안티고네는 이를 부인하며, 크레온은 두 자매 모두에게 사형을 선고한다. 이때 크레온의 아들이자 안티고네의 약혼자인 하이몬이 등장하여 크레온에게 민심을 전하고 생각을 돌릴 것을 신중하게 권유하나, 크레온은 조롱과 분노로 응수하며 안티고네를 하이몬이 보는 앞에서 처형하려고 한다. 이에 하이몬이 퇴장하고, 크레온은 이스메네를 용서하되 안티고네는 산 채로 바위 동굴에 가두어버리라고 명령한다. 운명을 한탄하며 안티고네가 끌려 나가자, 예언자 테이레시아스가 무대 위로 올라 크레온의 잘못으로 인한 불길한 징조를 전하며 폴뤼네이케스의 장례를 촉구한다. 그러나 크레온의 도발에 부딪힌 예언자는 그에게 저주의 예언을 내리고 퇴장한다. 원로들은 겁에 질린 크레온에게 안티고네를 동굴에서 풀어주고 폴뤼네이케스의 장례를 치르라고 권하지만, 크레온은 장례를 먼저 치르고 안티고네에게로 간다. 그러나 안티고네는 이미 목을 매어 스스로 목숨을 끊은 다음이었고, 그 자리에 있던 하이몬은 크레온에게 칼을 겨누지만 빗나간다. 하이몬은 크레온의 얼굴에 침을 뱉고 칼로 자결한다. 아들의 죽음을 알게 된 왕비 에우뤼디케는 크레온을 저주하며 스스로 목숨을 끊는다. 모든 참사가 자기 탓에 벌어진 것을 알게 된 크레온은 넋이 나간 채로 절규하고, 호위병들이 그를 궁전에서 끌어내며 작품은 끝난다.

***

『안티고네』는 소포클레스의 비극 중 『오이디푸스 튀란노스』 다음으로 많은 사랑을 받아온 작품이다. 오늘날의 연극무대에도 여전히 자주 오르는 것은 물론, 베르톨트 브레히트, 장 아누이, 장 콕토 등 여러 작가들에 의해 재창작되기도 하였다. 그러다 보니 이 작품에 대한 해석도 다양하게 이루어져왔는데, 해석은 반드시 평가를 낳는다. 대표적인 예가 19세기 독일 철학자 헤겔이다. 이 드라마를 최고로 평가했던 헤겔의 취지는 이렇다.

즉, 이 작품은 서구의 의식 발전 과정에서 이정표가 되는데, 그 초기 단계가 이 작품에서 국가와 개인 간의 투쟁으로 전형적으로 드러난다는 것이다. 더 자세하게 말하면 크레온으로 대표되는 국가의 공적인 법률과, 안티고네가 대변하는 본능적인 가족애 사이의 대립이고, 헤겔은 양자 모두에게 어느 정도의 정당성과 권리가 있다고 보았다.

그러나 이런 해석이 얼마나 이 작품에 잘 어울리는지는 의문이다. 일단 가장 큰 문제점은 헤겔이 조악할 정도로 단순하게 크레온을 국법의 대변자로, 안티고네를 개인으로 설정한다는 점이다. 안티고네가 거부하는 것은 국가의 법률 전체가 아니다. 그녀가 거부하는 것은 크레온이 내린 특정한 포고령, 즉 그녀 오라비의 시신을 매장하면 안 된다는 포고이다. 그녀는 국가에 맞서는 개인으로서 싸우는 것이 아니다. 외려 도시 전체가 안티고네를 두고 모든 여인 중에서 가장 고귀한 그녀가 가장 명예로운 행동을 했다고, '황금의 명예를 얻을 자격이 있노라'고 입을 모아 말하고 있지 않는가(694-699). 실제로 국가를 대변할 권리가 크레온에게 있다고 강변하는 사람은 크레온 본인과 헤겔, 이 둘뿐이다. 이 갈등은 헤겔이 상상한 것처럼 국가와 개인 사이의 갈등이 아니라 크레온에게 구현된 폭력적인 권위주의와 소녀 안티고네에게 투영된 이상적인 직관 사이의 갈등이라고 보는 편이 더 나아 보인다.

* * *

안티고네와 이스메네의 대화가 소득 없이 끝나고, 합창단이 등장가를 마치자 크레온이 등장한다. 전멸의 위기에서 겨우 살아남은 도시 테바이에 새 통치자가 나서는 시점이다. 그는 폴뤼네이케스를 조국의 배신자로 규정하고 격렬하게 성토하며, 그에 대한 장례 금지 포고령을 재확인한다. 오늘날의 많은 정치인들처럼, 크레온도 법치를 강조한다. 희랍인들에게 법률(nomos)은 현행법, 관습, 불문율 등을 모두 포괄하는 넓은 의미로 사용되었고, 이런 의미에서 안티고네 역시 망자의 장례라는 불문율을 자신이 의지하는 법으로 주장한다. 이 작품에서는 안티고네도, 크레온도 모두 신들이 자신의 법적 근거가 되어준다고 믿고 있다. 그러나 문제는 크레온이 말하는 법의 개념이 지나치게 자의적이라는 데에 있다. 그는 통치자로서의 자기 권위가 확장되어 국가의 법률이 된다고 믿는다. 그리고 어리석게도 자신이 국가의 질서라고 여기는 것과 신들의 질서가 일치한다고 믿는다. 반면, 안티고네는 신들의 불문율에 기대어 크레온의 법에 저항한다. 친구와 적을 정치적으로 계산하여 구분하는 크레온에 맞서, 그녀는 자기 오라비들 두 명 모두 하데스의 법에 따라 장례받아 마땅한 동등한 권리가 있다고 주장한다. 이 관습법은 모든 도시에 있던 법이었다. 실제로 국가는 망자들과 하계의 신들에 대한 의무가 있으며, 산 이와 죽은 이를 분리하여 망자가 저승으로 자리를 옮기도록 제의를 수행해야 한다. 그러나 좁디좁은 자기 관념에 갇힌 크레온은 이를 가혹하게 거부한다.

안티고네도, 크레온도 굽힐 줄을 모른다. 그러나 그 동기와 깊이는 전혀 다르다. 라이오스 왕 때부터 권력의 주변부에 오래 머물던 그는 어젯밤 막 정권을 잡았다. 이제 갓 잡은 권력을 휘두르고 싶어 안달인 그는 어명에 도전하는 첫 인물을 보아 넘길 수가 없는 것이다. 게다가 한 명의 소녀에게, 그것도 공개적으로 도전을 받는 것은 크레온에게는 엄청난 모멸이었으리라. 우리는 기원전 5세기의 아테나이에서 정치적인 영역은 오로지 남성들의 전유물이라는 사실을 기억해야만 한다. 뿐만 아니라 여성은 계약도 할 수 없고, 재산도 관리하지 못하며, 법정에서도 스스로를 변호하지 못했다. 이렇듯 크레온의 눈에 안티고네는 통치자의 어명을 거역하는 연약한 한 명의 여인이지만, 그녀는 정의의 여신이 하계의 신들과 함께한다는 사실을 일깨운다(450-455). 이로써 안티고네 쪽에 종교적 전통의 무게가, 망자의 매장이라는 보편적인 권리의 무게가, 그리고 여인들에게 전통적으로 속한 망자들을 위한 애도라는 권리의 무게가 실린다.

***

우리는 안티고네와 크레온의 대립에서 가장 날카로운 상극을 본다. 앞서 말한 헤겔식의 대립 구도가 아니라, 안티고네가 존중하는 망자들의 보이지 않는 세계와, 크레온이 가치를 두는 물질의 세계의 대립이다. 앞서 크레온은 폴뤼네이케스의 시신이 흙으로 덮였다는 파수꾼의 보고를 듣고, 파수꾼이 매수되어 저지른 짓이라고 넘겨짚는다. 나중에 예언자 테이레시아스의 조언을 듣고도, 그는 예언자들이 원래 돈을 밝히는 족속이라고 단정해버린다. 이 작품에서 크레온이 특히 즐겨 쓰는 용어가 재산, 이득, 거래 같은 말이다. 크레온은 자신의 계산 밖에 있는 일을 모두 거래와 이득의 관점에서 판단한다. 그는 뒤늦게 언니의 편에 서려는 이스메네마저도 자신의 재산을 탈취하는 도둑으로 몰아붙인다.

물론 안티고네도, 하이몬도 이득과 재산을 말한다. 그러나 그것은 크레온의 거래나 매수와는 전혀 다른 문맥에서 발설된다. 안티고네에게는 신들의 영원한 법을 따르는 것이 이득이다(461-464). 안티고네는 사적인 이득과 관련된 모든 셈법을 거부해버린다, 심지어는 삶 자체까지도. 이로써 안티고네는 크레온의 셈으로는 이해할 수 없는 존재가 된다. 하이몬은 재산을 두 번이나 언급하지만, 그건 크레온의 사람됨을 잘 알고 있는 하이몬이 아버지에게 친근한 개념을 통해 설득하려는 전략의 일환이고, 그 재산의 내용도 크레온이 염두에 두는 물질이 아닌, 지혜, 행복, 명예 같은 개념이다(683-684, 701-704). 테이레시아스 역시 재산을 말하되, 그 의미는 좋은 판단력이다(1050). 예언자는 자신의 능력이, 크레온의 기대와는 달리 거래의 대상이 아니라는 점을 밝히며, 크레온이 헤아리지 못하는 다른 힘이 존재한다는 것을 알린다(1063). 그는 역으로 크레온이 치러야 할 값을 예언한다. 이제 크레온은 장례를 금지하고 안티고네를 투옥한 대가로, 아들 한 명이 시신이 되어 시신과 맞바꾸는 값을 치를 것이다(1064-1071). 결국 크레온이 무너져 내리자, 전령은 그의 재산을 두고 이렇게 말한다.

전령   그대도 원한다면 집 안 곳곳에 엄청난 재물을 쌓아둔 채

참주의 모습을 하고 살아보시구려. 그래도 그런 것들을 누리는 기쁨이 없다면, 나는 그 남겨진 것들을 사려고 누구에게 연기의 그림자만큼의 값도 치르지 않으렵니다, 즐거움과 견준다면 말입니다. (1168-1171)

***

크레온과 안티고네의 대립이 선명하다고 해서 그들의 모든 발언이 전부 쉽게 이해되는 것은 아니다. 비평가들에게도 논쟁적인 대목으로 손꼽히는 것은 899행 이하 안티고네의 대사이다. 여기서 안티고네는 오빠의 장례를 치른 행위를 두고 그게 만일 자기 자식들이나 남편의 일이었다면 그렇게까진 안 했을 거라고 말하며, 그 이유도 댄다. 자식이나 남편은 다시 얻을 수도 있지만, 부모님이 돌아가신 이상 형제는 다시 얻을 수 없기 때문이라는 것이다(905-912). 하지만 독자들에게 이 논증은 쉽게 납득되지 않는다. 남편, 그리고 장성한 아들에게 사회적인 생명을 의존해야 하는 가부장적 질서에 놓인 당시 여성들의 처지를 생각해보면 당시의 청중들에게도 쉽게 납득되지 않았을 것 같은 구절이다. 남편과 자식보다도 안티고네가 오빠 폴뤼네이케스를 그렇게 중요하게 여긴 이유는 무엇일까? 실마리는 이어지는 안티고네 본인의 설명을 통해 찾아볼 수 있다.

<u>안티고네</u>   결혼 침대도 없이, 결혼 축가도 받지 못한, 결혼의
어떤 몫도 얻지 못한, 아이도 키워보지 못한 나를요. (917-918)

그녀는 결혼과 출산이라는, 당시 여성들의 일반적인 상황에서 벗어나 있는, 혹은 아직 진입하지 않은 단계에 서 있기 때문에 남편과 자식의 장례라는 상상의 사태보다 오빠의 장례라는 현실이 훨씬 더 민감하게 다가올 수 있을 터였다. 또한 안티고네의 특수한 비극적 가족관계가 이에 대한 설명이 될 수 있을 것이다. 그녀의 부모로는 오이디푸스와 이오카스테가 있었고, 이들에게서 난 자신과 이스메네, 에테오클레스와 폴뤼네이케스가 있었다. 그러나 이 가족 안에서는 아들과 남편, 오라비와 아들, 누이와 딸이 끔찍하게 일치하고, 이 중 이오카스테를 제외한 나머지 모두가 동기간으로 묶인다. 그렇다면 안티고네가 경험했던 가족애는 사실은 대부분 형제애로 환원이 된다. 오이디푸스가 긴 세월 방랑을 하며 마침내 콜로노스에서 사라질 때까지 그를 시종일관 돌본 것도 안티고네이지 않던가.

***

소포클레스의 장면 배치는 대담하고 강렬하다. 크레온은 취임 일성 직후, 갑자기 일개 파수꾼의 말 상대가 되어야 하고, 그 과정에서 간족거리는, 필부만도 못한 그의 말 상대로도 부족한 크레온의 사람됨이 드러난다. 그는 통치자로서의 합당한 자질을 보여주긴커녕, 그저 넘겨짚으며 제멋대로 판단하는 인물임이 드러난다. 『오이디푸스 튀란노스』에서도 오이디푸스가 신분이 낮은 목자나 사자와 대화하며 자신의 정체가 밝혀지지만, 그것은 비극을 빚어내는 불가피한 장치인 반면, 이 대화는 크레온의 밑바닥을 드러낼 뿐이다.

이 대화가 끝나자마자 시인은 합창단의 첫 번째 정립가를 배치하여 크레온에게 어두운 그늘을 드리운다. 이 노래는 '인간 찬양'이라는 부제가 붙은, 희랍 문학 전체에서 가장 유명한 대목 중 하나이다(332-375). 여기에는 인간이 문명으로 달성한 승리의 목록이 나열되는데, 이것은 종종 당시 페리클레스 시대의 인본주의, 자신감, 그리고 합리주의에 대한 찬양으로 읽혀왔다. 인간의 지성과 기술이 자연을 거침없이 정복하고 있는 내용인 데다가, 실제로 학문과 예술이 이 시기에 급격한 발전을 거둔 것이 사실이기 때문이다. 아낙사고라스, 파르메니데스, 레우키포스, 히포크라테스를 비롯하여, 프로타고라스와 히피아스 같은 소피스트들까지, 모두 열거하려면 지면이 허락지 않을 것이다. 그러나 많은 비평가들이 읽어온 바대로 이러한 합리적인 정신을 크레온과 연결하는 것은 지나친 단순화일 것이다. 만일 그렇게 읽을 경우, 이 정립가는 작품의 진행과 무관해진다.

다른 다섯 개의 정립가가 모두 플롯과 긴밀하게 연결되는 점을 생각해보면, 그건 이상한 일이다. 더 큰 문제는 따로 있다. 크레온을 합리성의 대표자로 여기는 것은, 안티고네와 크레온을 서로 다른 가치를 옹호하는 대등한 라이벌로 상정하는 데에서 오는 인식이다. 그렇다면 어렵게 시작한 우리의 독서가 도로 헤겔에게로 돌아가게 된다.

일단 이 노래의 첫 행부터 수수께끼이다. 역자가 '끔찍하다'라고 번역한 희랍어 데이노스(deinos)라는 말은 놀랍기도 한 것이고, 무섭고 끔찍한 것이기도 하다. 찬탄일 수도, 공포일 수도 있는 말이다. 굳이 우리말에서 짝을 찾는다면, '그의 능력은 무시무시할 정도로 뛰어나다', '나는 무시무시한 광경을 보았다'에서 서로 전혀 다른 뜻을 한 단어가 표현하는 경우를 들 수 있을 것이다. 뿐만 아니라, 맨 처음 안티고네와 이스메네의 대화에 나오던 오이디푸스와 이오카스테의 끔찍한 운명도 이 노래를 듣고 나면 다시 돌아볼 수밖에 없다. 거기에서 지혜로 자신의 정체를 밝혀낸 인간 오이디푸스는 두 눈을 찔렀고, 기술을 적용하여 '꼬아 만든 밧줄'로 이오카스테는 스스로 목숨을 끊지 않던가(51-54). 도대체 이 노래는 무엇일까? 본인은 이 노래가 크레온을 겨누고 있노라고 읽는다. 다시 말해, 인간이 이룩했다고 자랑스레 읊어 내리는 이 정복의 의미가 결국 크레온에게 전도된 채로 돌아온다는 것이다.

이 노래에는 잿빛 난바다, 파도, 서리, 폭풍우, 바람, 대지 같은 자연과, 황소, 말, 날짐승, 들짐승, 물고기 같은 동물들이 인간 기술의 정복 대상으로 나온다. 합창단은 항해술, 농업, 쟁기, 그물, 멍에, 의술 같은 구체적인 수단으로 이를 정복하고 길들이는 인간에게 지혜와 법률과 기술과 모든 수완과 대책이 있다고 노래한다.

크레온이 등장할 때, 지혜를 품고 노 저어 온다는 설명이 붙는다(159). 아무래도 새 통치자의 첫 공식 등장이니만큼, 마치 인간 찬양의 노래에서처럼 잿빛 난바다의 파도를 뚫고 항해해 나가는, 헤아림과 기술을 갖춘 대단한 사람이 아닐까 기대도 든다. 아닌 게 아니라 크레온은 도시의 위기와 그 극복을 큰 파도에 비유하고(162-163), 도시의 향방을 배의 항해에 비유한다(188-190). 그리고 인간을 총체적으로 판단하는 기준을, 통치와 법률로 정한다(175-177). 여기까진 그렇다 치자. 그러나 통치와 법률의 기준은 믿고 기댈 만한 다른 무엇이 아니라, 크레온의 주관적 판단에 달려 있다. 크레온이 진정으로 원하는 것은 안티고네를 비롯한 시민들을 굴복시키고 길들이는 일이다.

인간 찬양에서 노래하던 말을 길들이는 멍에는, 크레온이 백성들에게 휘두르는 권력의 은유로 사용된다(291-292). 안티고네의 저항에 그가 대답하는 첫마디도 불로 쇠를 다스리는 것, 그리고 채찍으로 말들을 길들이는 것(473-479)이다. 나중에 하이몬이 겨울철 급류를 맞아 몸을 굽히는 나무들과 버티는 나무들의 예를 들어가며, 돛줄을 잡아당길 줄만 아는 사람과 늦출 줄 아는 사람의 예를 들어가며 조언을 해보지만(710-717), 크레온은 모욕과 분노로 응수할 뿐이다. 크레온에게는 기술(특히 통치술)도 합리성도 없다. 아무것도 알아듣지 못하는 그를 두고, 하이몬은 어린애같이 말하는 사람이라고 부를 정도이다(735).

인간 찬양에서 인간의 포획/사냥의 대상이 되던 날짐승과 들짐승들은 이제 폴뤼네이케스의 시신으로 잔치를 벌이기에 이르렀다(1016-1018). 이 노래는 질병의 정복을 노래하나, 결국 크레온은 도시에 오염이라는 질병을 끼얹어버리는 재앙을 일으킨 셈이다. 인간 찬양은 인류가 정복하지 못한 유일한 대상으로 죽음을 든다(361-362). 그리고 이것은 결국 가족들의 연쇄적인 죽음 앞에서 무너져 내리는 크레온의 운명에서 양보 없이 실현된다.

반면 안티고네가 폴뤼네이케스를 장례 지낸 자리에는, 쟁기나 곡괭이의 흔적도 없다. 또 다른 인간의 수완과 기술인 바퀴의 흔적도 없다(249-252). 파수병들 중 누구도 이를 알아채지 못했다. 인간의 재주와 기술을 멀찌감치 벗어난 이 일을 두고 합창단은 신이 한 일이라고 말하지만(278-279), 자신의 통치를 경건이라고 믿는 크레온은 미동도 하지 않는다.

이 노래에서 대지는 신들 중에서도 가장 성스럽고 다함없고 지칠 줄 모르는 존재로 그려지고(338-339), 이 대지의 법과 신들에게 맹세 바친 정의는 존중의 대상으로 노래된다(367-369). 따라서 만일 이것을 지키기 위해 불가피하게 범법을 저지를 수밖에 없다면, 그것은 신성한 것이 되고, 이 영예는 시작부터 안티고네 한 명의 몫이다(74-77). 동시에 그 신성한 행위를 범법으로 규정하는 크레온의 캐릭터 역시 처음부터 윤곽을 드러내기 시작한다. 인간 찬양에서 인간은 지혜로 모든 수완과 대책을 마련하였지만, 마지막에 가서 크레온은 아무런 수완도 대책도 찾지 못하는 산송장의 신세로 전락하게 된다.

***

합창단의 두 번째 정립가는 바닷속 심연에서 맹렬한 폭풍에 의해 휘몰아쳐 올려진 검은 진흙의 이미지를 오이디푸스 가문의 운명과 함께 노래하며 시작한다. 그리고 이 바닷속의 광란은 올륌포스 위에서 제우스가 내리는 찬란한 광채와 대조된다(604-610). 위와 아래가 뒤집히는 이 이미지, 이것은 지하에 속해야 할 시신과 지상에 속해야 할 안티고네의 자리를 거꾸로 뒤집어놓은 크레온의 결정에서 보이는 불경한 역전을 떠올리게 한다. 이 일이 어떤 결과를 초래하는지 우리는 잘 알고 있다.

사실, 이 두 번째 정립가의 분위기는 첫 번째 정립가의 분위기를 뒤집어놓은 것이다. 인간 찬양은 바다의 정복으로 시작한다. 그러나 이 두 번째 곡에서는 정반대 이미지의 바다가 등장한다. 그것도, 어둡고 폭풍우 치는, 도저히 걷잡을 수 없는 트라키아의 바다다.

***

크레온이 아들 하이몬과 대치하는 장면도 눈여겨보면 좋겠다. 하이몬은 자기 약혼녀 안티고네가 어떤 위기에 처했는지 잘 알고 있다. 그러나 그는 아버지 크레온에게 처음부터 노골적으로 맞서지 않는다. 하이몬은 자기 아버지가 어떤 사람인지 안다. 그래서 영리하게도 충성조로, 복종의 어조로 말을 시작한다. 아들의 첫마디에 크레온은 기뻐하고 안도한다 (635-640). 기분이 좋아진 크레온은 많은 말을 늘어놓는다. 실제로 옳은 것들이 아닌, 자기 마음에 드는 것들을 덕목으로 포장하여 필요 이상의 긴말을 늘이는 것이다. 첫 등장에서 보여준 연설의 방식 그대로이다. 크레온에게 가정의 합당한 질서란 도시의 합당한 질서와 맞아떨어져야만 한다. 크레온을 정점으로 한 수직적인 체계와 절대 복종의 질서가 가정에서도, 도시에서도 일언반구 없이 구현되어야 하는 것이다.

그러나 하이몬의 등장으로 국면이 조금 달라진다. 하이몬은 크레온에게 다른 의견들을 경청해야 한다는 점을 처음 말하는 사람이기 때문이다. 그는 안티고네의 명예를 기리며 슬퍼하는 시민들의 입장을 전한다.

> 하이몬 저는 이런 말을 어둠 속에서도 들을 수 있었답니다,
> 　　　바로 그 소녀를 두고 이 도시가 얼마나 비탄에 젖어 있는지를요.
> 　　　모든 여인 중에서 가장 고귀한 그녀가
> 　　　가장 명예로운 행동으로 인해 가장 비참하게 스러진다고요.
> 　　　즉, 자신과 태생을 함께한 오라비가 피 칠갑을 하고
> 　　　쓰러졌는데, 무덤에 묻히지도 못한 채 날고기를 뜯는 개 떼와
> 　　　새 떼에게 끝장나도록 그녀가 내버려두지 않았으니,
> 　　　그녀가 황금의 명예를 얻을 자격이 있지 않냐는 것입니다.
> 　　　이런 이야기가 어두운 소문이 되어 소리 없이 다가오고 있습니다. (692-700)

이제껏 이런 움직임은 없었다. 도시의 원로들로 구성된 합창단은, 비록 안티고네의 처지를 불쌍히 여기긴 했지만, 크레온에 대한 두려움 때문에 입을 쉽게 열지 않았다. 하이몬은 원로들의 노회함과는 거리가 멀다. 하이몬은 안티고네의 입장에 힘을 실어가며, 안티고네의 말들을 되울려가

며 해야 할 말을 전한다. 그리고 그 뒤에는 시민들의 목소리가, 신들의 목소리가 배경에 놓인다. 700행에서 역자가 '소문'으로 번역한 단어 파티스(phatis)는 소문이기도 하고, 동시에 신탁이기도 하다. 이로써 안티고네는 인간의 눈에도, 신들의 눈에도 황금의 명예를 얻을 만한 가치가 있는 영웅으로 솟아오른다.

그러나 크레온은 요지부동이다. 크레온은 도시가 자신의 소유물이고, 시민들은 자신에게 복종해야 하는 존재로 생각할 뿐이다(736-738). 그리고 그는 그 생각대로 행동한다. 그는 젊은이들인 하이몬, 이스메네, 안티고네에게는 무자비할 정도로 잔인하고, 원로들에게는 거만하며, 자신의 포고령이 시민들에게 환영받지 못한다는 정황 앞에서도 오만한 자세를 거두지 않는다. 그렇다면 크레온의 권력은 스스로 생각하는 것만큼 튼튼한 것일까? 이건 의문의 여지가 있다. 예언자 테이레시아스가 등장하며 꺼낸 첫마디는 '테바이의 주군들이여'이다. 희랍어에서 단수와 복수가 철저히 구별된다는 점을 생각해보면, 자기 한 사람만을 군주라고 생각하는 건 크레온의 착각일지도 모른다. 얼마 전까지만 해도 이 도시는 에테오클레스와 폴뤼네이케스가 번갈아 다스리지 않았던가.

한편, 크레온은 하이몬과의 대화에서 자신의 정체를 여지없이 드러낸다. 지금껏 그는 자신의 판단을 제우스를 향한 경건이라고 믿어왔다. 그리고 이제는 자신의 폭주를 굳히기 위해 신들의 거처인 올륌포스에 맹세까지 걸고, 급기야는 하데스까지 가차 없는 조롱의 대상으로 삼는다. 그는 안티고네를 하이몬이 보는 앞에서 처형하려고 한다. 하이몬은 아버지의 행태를 광란으로 규정하고 뛰쳐나간다.

크레온을 향한 안티고네의 저항은 이제 하이몬에게서 한 단계 심화된다. 하이몬의 저항은 크레온의 권위를 무력화하는 것이다. 크레온은 자신이 올바른 상식을 갖고 있으며, 삶에 대해 합리적으로 접근하고 있으며, 여성들에게 우위를 점하고 있다고 믿어왔다. 그는 그 가부장적인 권위에서 자부심을 누리던 자였다. 하이몬은 이 모든 '원칙'들을 뒤집어놓는다.

그는 아버지를 거부한다. 그는 아버지를 이어야 할 왕궁의 세계를 버리고 약혼녀가 갇힌 동굴 감옥을 선택한다. 이로써 크레온은 자신의 대에서 모든 계승이 끊어진다. 가부장적 질서에서 살아가는 자에게 이는 사형 선고나 다름없는 일이다.

***

이제 남은 것은 예언자 테이레시아스와 크레온의 대치이다. 예언자는 새들의 심상치 않은 움직임과 지저귐 속에서, 그리고 제단에 놓인 희생 제물들 주위에 피어오르는 평소와 다른 연기 속에서 신들의 뜻을 읽어낸다. 새들은 망자의 피와 기름을 먹고 불길한 조짐을 보이고 있다. 테이레시아스는 크레온에게 잘못을 되돌릴 기회를, 그것도 좋은 말로 준다.

그러나 크레온은 자신의 판단을 되돌리고 바로잡을 좋은 기회가 왔음에도 불구하고 어리석은 자의 전형답게 자기방어에 나선다. 크레온은 예언자의 경고를 장삿속에서 나온 허튼 말이라고 일축한다. 크레온이 보기에 예언자는 죄다 돈만 탐하는 족속일 뿐이다(1055). 크레온의 도발은 도화선이 되어 테이레시아스의 저주를 이끌어낸다. 예언자는 크레온이 망자의 장례를 고의로 무시해버린 결과를 눈앞에 드러낸다. 예언자는 그 대가로 '그대의 배에서 나온 이들 중 한 명이 시신이 될 것'이라고 말한다. 이는 크레온의 자녀들 중 한 명이라고 읽히지만, 실제로는 하이몬을 특정한다. 크레온에게는 아들이 둘 있었는데, 메가레우스라는 아들은 이미 죽었고, 하이몬 하나가 남았기 때문이다. 예언의 성취에는 많은 시간이 필요치 않으며, 일단 예언된 것은 다시 물리지 못한다.

크레온은 지상에 속한 안티고네를 지하로 내던졌고, 지하에 속한 폴뤼네이케스를 지상에 붙들어놓은 자다. 이미 하데스, 에리뉘스 같은 하계의 신들이 그런 크레온을 노리며 매복하고 있다. 이게 끝이 아니다. 테이레시아스는 모든 도시들이 적개심으로 끓어오르고 있다고 전한다. 이제 막 전쟁이 끝났는데 이건 또 무슨 말일까? 방금 끝난 전쟁은 1차 테바이 침공이고, 머지않아 2차 테바이 침공이 닥칠 것이다. 그리고 거기에서 테바이는 잿더미로 변하게 될 것이다.

테이레시아스의 저주 서린 예언에는 멀어 보이는 것과 가까운 것이 마치 연결되어 있는 듯한 느낌이 든다. 태양이 질주하는 궤도와 자식의 죽음, 하계의 신들과 집 안의 곡소리, 왕궁의 재난과 모든 도시들의 적개심이 대담하게 병치되고 있기 때문이다. 지상의 세계와 지하의 세계, 그리고 궁전과 성벽 밖 세계의 구분은, 크레온의 세계관의 토대가 되는 판가름이었고, 그는 그 사이에서 아주 협소하고 분명하게 선을 그으며 위태롭게 서 있었다. 하지만 테이레시아스는 그 구분을 아예 흐려버린다. 하이몬의 거부로 크레온의 가치 체계가 무너졌다면, 테이레시아스는 크레온이 발 딛고 선 근본의 구획을 무너뜨리는 셈이다. 독기 서린 저주 앞에서 겁에 질려 허둥지둥대며 디딜 곳을 잃어버린 크레온을 남겨두고 예언자는 퇴장한다.

***

이 드라마에는 안티고네의 경험을 크레온 역시 나눠 갖는 대목이 여럿 있다. 먼저, 크레온도 안티고네와 마찬가지로 산 채로 동굴 무덤 속으로 들어가는 경험을 한다. 안티고네는 그곳에서 스스로 목숨을 끊지만, 남겨진 크레온은 산송장이나 다름없는 채로 버려진다.

또, 크레온이 하이몬의 시신을 안고 들어오는 장면 역시 놓칠 수 없다. 장황한 취임 일성이 담긴 그의 첫 등장과 이 장면의 대조는 충격적이다. 승리를 만끽하는 통치자의 연설 대신, 우리는 칼로 목숨을 끊은 아들을 두고 울부짖는 그를 본다. 희랍인들에게 애곡은 전통적으로 여성들의 몫이요 임무이다. 안티고네 역시 칼에 목숨을 잃은 핏줄을 두고 애곡하던 여인이었다.

죽음은 이 한 번으로 끝나지 않는다. 안티고네와 마찬가지로, 크레온도 가장 가까운 가족의 연쇄적인 죽음을 겪는다. 두 오라비를 한날에 잃은 안티고네처럼, 아내와 아들이 한날 스스로 목숨을 끊는다. 다른 점이 있다면, 하이몬도, 에우뤼디케도 크레온을 저주하며 죽었다는 것이다.

사실, 안티고네와 크레온의 공통적인 경험은 이미 합창단의 노래에서 예고된 바 있다.

네 번째 정립가를 보자. 합창단은 세 가지 신화를 노래한다. 이 세 신화 모두가 투옥/감금을 주제로 하니, 이를 안티고네와 연결하는 것은 어렵지 않다. 동시에 이는 모두 크레온과도 연결이 된다. 먼저는 청동 탑에 갇힌 다나에의 이야기이다(944-954). 다나에는 아르고스 왕 아크리시오스의 딸이며 페르세우스의 어머니이다. 아크리시오스는 다나에의 자식에게 살해될 것이라는 신탁을 받고 딸을 청동 탑에 가두지만 제우스가 황금의 비로 변해 그녀에게 내렸고, 그녀는 페르세우스를 낳는다. 결국 신탁대로 아크리시오스는 페르세우스에게 목숨을 잃게 된다. 청동 탑에 갇힌 다나에는 바위 동굴에 갇힌 안티고네와 일대일로 대응이 되고, 권력을 쥔 늙은 왕이 젊은 여인을 가두고 결국 왕은 파멸한다는 점에서 크레온의 모습이 겹쳐진다.

다음은 트라키아 왕 뤼쿠르고스의 이야기이다. 이는 『일리아스』 6권 132-140행에도 나오는 유명한 이야기이다. 디오뉘소스와 그 유모들을 박해하던 뤼쿠르고스는 제우스의 분노를 사 눈이 멀고 일찍 죽었다고 전해진다. 이 노래에서는 디오뉘소스가 그를 직접 벌주어 바위 감옥에 가두었다고 한다. 다른 전승에 따르면, 뤼쿠르고스가 광기에 사로잡혀 자기 친아들을 죽였다고도 하는데, 만일 소포클레스가 이 전승까지 염두에 두고 있었다면, 그 지점에서 뤼쿠르고스와 크레온이 연결된다. 크레온의 어리석음이 하이몬의 죽음을 부르니 말이다. 또 디오뉘소스 제의를 무시한 뤼쿠르고스의 불경은, 신들의 법을 무시하는 크레온의 입장과도 상응한다.

이 합창에서 들려주는 세 번째 신화는 좀 덜 알려진 이야기이다. 트라키아의 왕 피네우스는 보레아스(북풍)의 딸 클레오파트라와 결혼하여 플렉시포스와 판디온을 낳았으나, 처를 버리고 다르다노스의 딸 이다이아와 재혼하였다. 그러나 이다이아는 전처의 자식들이 자신을 욕보이려 했다고 모함하여 이들의 눈을 멀게 하였다는 전승이 있다. 두 아들이 피범벅이 된 채 눈을 잃는 이야기는 오이디푸스의 고통을 연상시킨다. 그러나 이는 크레온의 집을 덮쳐버릴 운명의 암시이기도 하다. 복수심에 가득 찬 아내 에우뤼디케가 피 묻은 도구로 스스로를 파멸시킬 것이기 때문이다. 물론, 당연히 합창단은 무슨 일이 벌어질지 알지 못하고, 자신들이 노래하는 신화가 총체적으로 무엇을 의미하는지 이해하지 못한다. 소포클레스의 다른 작품들에서도 자주 그러듯이, 합창단은 자신들이 아는 것 이상을 말한다. 그리고 그 완전한 의미는 나중에서야, 회고의 시선으로 볼 때에야 드러나게 마련이다.

또 이 정립가에서 '멍에'라는 말이 계속 나오는 점에도 유의해보자. 합창단은 '멍에'를 진 다나에가 제우스의 자식을 낳은 것을 노래하고, '멍에를 진' 뤼쿠르고스가 '광란'을 벌이며 디오뉘소스를 '바위 감옥'에 가둔 일을 노래한다. 마치 인간 찬양의 메아리처럼 들리기도 한다.

***

이제 비극의 결말이 남는다. 무대를 떠올려보면 이제 우리 눈앞에 남은 배우는 크레온 하나다. 시인은 온 힘을 기울여 크레온의 몰락을 그려내고, 그는 하릴없는 존재가 되어 허무 속에 갇힌다. 이 드라마는 아이스퀼로스의 오레스테이아 삼부작처럼 법정의 판결로 끝나지도 않고, 크레온의 속죄로 끝나지도 않는다. 외려, 무익하고 쓸모없이 살아남은 어리석은 자 하나를 덩그러니 남겨놓고 막을 내린다. 크레온이 어떤 특정한 범죄 때문에 무너졌다기보다는, 오히려 그의 존재 방식 자체가 그를 벼랑 끝으로 몰고 가 꺾어버리고 바수어놓았다고 보는 편이 나아 보인다.

그 삶은 죽음보다 전혀 나을 것이 없다. 크레온은 현재 산송장의 상태이다.

전령　나는 그를 산 사람으로 보지 않고

> 그저 목숨 붙은 송장으로 여기니까요. (1166-1167)

목숨 붙은 송장이라니, 폴뤼네이케스와 안티고네를 두고 삶과 죽음의 관계를 고의로 역전시키려 했던 자에게 더없이 잘 어울리는 형벌이다 (1068-1071).

이것은 『오이디푸스 튀란노스』에서 오이디푸스가 끝내 삶을 선택한 것과는 전혀 다르다. 비극이 절정에 다다른 순간, 오이디푸스도 비슷하게 절망과 비통의 절규를 내지른다. 그러나 이게 끝이 아니다. 크레온의 것과 다르게 오이디푸스의 드라마는 300행을 더 전진한다. 거기서 오이디푸스는 마침내 신탁의 실현을 좌우지하는 높이까지 다다른다. 그러나 그러한 무게와 깊이가 크레온에게는 전혀 없다. 오이디푸스는 계속 숙고하며 전진하는 사람이다. 그러나 크레온은 자신의 폐쇄적인 순환원, 그 악순환원에 갇혀 남겨진다. 그의 모습은, 죽은 바나 진배없지만 하계로 내려가지 못하고 있는 상태로, 지상에도 지하에도 속하지 못하여 모든 곳을 오염시키고 있는 존재이다. 이 모습은 땅 위에 널브러져 장례를 받지 못한 채 썩기 직전이었던 폴뤼네이케스의 모습과 비극적으로 겹친다. 이 중첩은 여기서 끝나지 않는다. 크레온도 언젠가는 죽음을 맞이할 것이기 때문이다. 그러나 그에게는 자신의 장례를 돌봐줄 사람이 하나도 남지 않았다. 장례도 받지 못하고 새 떼와 개 떼의 먹이가 되는 모습이라니, 이것이 그가 폴뤼네이케스에게 내린 무도한 형벌 그 자체였고, 이제 그가 고스란히 되돌려받을 차례이다. 대지의 법과 망자들의 명예를 짓밟은 그가 하데스에서 온전히 지낼 리도 만무하다. 예언자의 저주대로, 하데스와 에리뉘스는 그를 무섭게 노리고 있다. 지상에도, 지하에도 그의 자리는 없다. 그는 모든 곳에서 쫓겨난 자, 몸 둘 곳 없는 자(apolis 아폴리스)일 뿐이다. 안티고네의 노래를 비통한 마음으로 읊어야 할 자는 사실, 크레온이다.

> 안티고네   오오, 비참하도다, 인간들과도 시신들과도

어울려 살지 못하게 된 나는,

산 사람들과도 죽은 사람들과도. (850-852)

이 드라마는 삶의 근본적인 용어들이 충돌하는 현장을 보여준다, 친구와 원수, 시민과 통치자, 아버지와 아들, 남성과 여성, 정의와 불의, 경건과 불경, 순결과 오염, 명예와 수치. 심지어 인간 찬양에서는 인간 그 자체에 대해서도 서로 충돌하는 판단을 보여준다. 강력하기도 하나 무력하고, 대단할 수도 있지만 끔찍하기까지 한 것이 인간이다. 인간이 만일 그렇다면, 대체 신들은 어디에 있는 걸까? 『오이디푸스 튀란노스』에서도, 그리고 이 작품에서도 신들의 대리인인 테이레시아스가 등장하고, 그의 발언대로 신들의 예언은 성취된다. 하지만 역자는 신들의 지식도 구체적이지는 않다고 생각하는 쪽이다. 신들이 미리 알고 있는 것은 그저 사태의 진행 과정과 결과라는 큰 틀일 뿐이다. 음악회에 비유하자면, 신들이 미리 손에 넣은 것은 프로그램이고, 연주를 직접 하는 것은 인간이다. 어떤 연주가 이루어질지는 신들도 알 수 없다. 신들은 오이디푸스의 선택과 자유의지에 대해서 얼마나 알고 있었을까? 안티고네의 불굴을 예언자 테이레시아스는 내다보았을까? 텍스트에는 그런 증거가 없다. 신들이 알고 있었던 것은, 결국 사태의 미끄덩한 껍데기일 뿐이다. 그렇게 본다면, 운명의 주체는 신들이 아니라 오히려 인간들, 영웅들이 아닌가 하는 생각까지 들 정도이다. 우리의 속된 바람과는 달리, 신이 곤경에 처한 인간에게 다가와 말끔히 구해내는 것이 아니라, 안티고네라는 영웅이 자신의 목숨을 내던지면서 신들의 세계로 직접 건너가는 것이다. 반면, 경건을 입에 달고 살던 크레온은 이 세상 어디에도 설 자리가 없다. 소포클레스는 우리에게 이런 작품을 남겨주었다.

엘렉트라　　　　ELECTRA

등장인물

시종	아가멤논의 시종. 오레스테스를 양육한 사람.
엘렉트라	아가멤논의 딸.
오레스테스	아가멤논의 아들.
크뤼소테미스	아가멤논의 딸.
클뤼타임네스트라	아가멤논의 전(前) 부인. 아이기스토스의 부인.
아이기스토스	클뤼타임네스트라의 현재 남편. 뮈케나이의 통치자.
퓔라데스	오레스테스의 친구.
코로스	뮈케나이의 여인들.

| 시종 | 오오, 예전에 트로이아에서 군대를 지휘하던
| | 아가멤논의 아드님, 이제야 그대는 때마다
| | 간절히 바라던 것을 몸소 보실 수 있게 되었군요.
| | 여기가 바로 그 오랜 아르고스, 그대가 그려오던 곳,
| | 이나코스의 따님이 쇠파리에 쏘인 숲이 있는 곳입니다.[1]   5
| | 한편 이곳은, 오레스테스 님, 늑대를 잡아 죽이는 신[2]의
| | 뤼카이오스 장터이지요. 그 왼편에 있는 것은
| | 헤라의 이름난 신전입니다. 우리가 다다른 이곳에서
| | 그대는 황금이 넘쳐나는 뮈케나이를 보고 있노라고, 더불어
| | 펠롭스 자손들의 죽음이 넘쳐나는 집을 보고 있노라 말씀하십시오.[3]   10
| | 아버님께서 살해되던 때에, 저는
| | 그대와 한 피를 나눈 누이[4]에게서 그대를 받아
| | 그곳으로부터 데리고 나와 구해드렸고, 그대가 이 나이에
| | 이르기까지 길러드렸습니다, 피살된 아버지를 위한 복수자가 되도록.
| | 그러니 이제는, 오레스테스 님, 그리고 가장 소중하신 손님   15
| | 퓔라데스[5] 님, 어떤 행동을 취해야 할지 서둘러 결정하셔야 합니다.

---

1 제우스는 이나코스의 딸 이오를 사랑하였으나 헤라에게 발각되는 걸 막기 위해 그녀를 흰 소로 둔갑시켰고, 헤라는 눈이 100개 달린 아르고스에게 이오를 지키게 한다. 제우스는 헤르메스를 시켜 아르고스를 잠들게 한 후 죽였다. 헤르메스에게 '아르고스의 살해자'라는 별명이 붙는 이유이다. 그러자 헤라는 등에(쇠파리)를 보내어 이오를 공격하였고, 미쳐 날뛰던 이오는 온 희랍을 가로질러 아시아까지 건너간다. 그녀가 건너간 곳은 오늘날의 보스포루스 해협이며, '소가(bos) + 건너간(phorus) 곳'이라는 뜻이다. 이를 영어로 옮긴 것이 옥스퍼드(Oxford)이다.
2 아폴론은 종종 늑대(lykos)에서 파생된 뤼케이오스(lykeios)라는 수식어를 받는데, 신화에서 아폴론과 늑대 사이의 뚜렷한 연관성은 보이지 않는다.
3 펠롭스의 아들 아트레우스와 튀에스테스는 왕권을 놓고 심한 대립을 벌인다. 동생 튀에스테스는 형수와 정을 통하여 왕권을 얻었고, 분노한 형 아트레우스는 동생의 자식들을 죽여 튀에스테스에게 식사로 대접한다. 다음 세대에서 튀에스테스의 아들 아이기스토스는 아트레우스의 아들 아가멤논의 아내인 클뤼타임네스트라와 정을 통하고, 트로이아 전쟁에서 귀향하는 아가멤논을 죽인다. 이 작품의 배경이 되는 사건이다.
4 엘렉트라.

우리에겐 이미 헬리오스[6]의 눈부신 광채가

새벽녘 새들을 또렷이 지저귀게 하고 있고,

별들의 어두운, 다정한 시간은 다 지나가버렸으니까요.

그러니 집 밖으로 누가 나오기 전에 두 분은 머리를 맞대고 20

말씀을 나누셔야 합니다. 우리는 더 이상 머뭇거려선 안 되는

최적의 시점에 와 있습니다. 행동에 옮겨야 할 때가 왔습니다.

오레스테스 오오, 가장 소중한 내 시종이여, 그대가 내게 고귀한 존재라는

분명한 표징을 얼마나 잘 보여주고 있는지!

마치 좋은 혈통을 타고난 말은 늙어서도 25

두려운 상황에서 기백을 잃는 법 없이

귀를 똑바로 세우듯이, 그대 역시 바로 그런 모습으로

우리를 북돋아주며 몸소 선두 대열에서 따라와주었소.

그래서 내 판단한 바를 털어놓을 테니,

그대는 내 말에 날카롭게 귀를 기울이고 있다가 30

만일 내가 정곡을 짚어내지 못한다면 바로잡아주오.

전에 내가 아버지를 살해한 자들에게

과연 무슨 방법으로 보복을 내릴 수 있을지 알아보고자

퓌토[7]의 예언을 구하러 갔을 때, 그대도 곧 들어 알게 되겠지만,

포이보스[8]께서 내게 바로 이런 예언을 내리셨다오, 35

방패도, 군사들도 마련하지 말고 나 혼자서

계략으로 호려 이 손으로 정정당당한 살육을 벌이라고요.

우리가 바로 이런 신탁을 들었으니,

---

5 아가멤논의 매형인 스트로피오스의 아들로, 사촌 오레스테스가 스트로피오스에게 맡겨진 후 함께 자라났다고 전해진다. 이 작품에서는 대사가 없다.
6 태양, 혹은 태양의 신.
7 아테나이 인근 지역으로 아폴론의 신전이 있으며 델포이라는 이름으로도 불린다. 아폴론의 신탁으로 이름난 곳이었다.
8 아폴론의 또 다른 이름.

그대는 기회가 그대를 이끌어줄 때에 맞추어
저 집 안으로 들어가서 벌어지고 있는 모든 일을 알아내주오, 40
그대가 분명히 알고 우리에게 전해줄 수 있도록 말이오.
노령으로, 또 오랜 세월로 인해 그자들은 당신을 알아보지
못할 테고, 이렇게 색 바랜 머리칼을 의심하지도 못할 거요.
그리고 이런 이야기를 써먹는 거요. 즉, 당신은 포오키스[9] 사람
파노테우스[10]에게서 온 나그네라고 말이오. 저들과 창으로 맺어진 45
전우들 중 그자가 가장 유력한 인물이라서 그렇소.
그런 다음 그대는 맹세를 바치며 이렇게 전하시오,
피할 수 없는 운명을 맞아 오레스테스가 죽었노라고,
퓌토에서 열린 경기[11] 중에 바퀴 달고 달리던 전차에서
그만 굴러떨어져 내렸다고. 이야기가 그렇게 되게 해주시오. 50
우리는 신의 분부대로 아버지의 무덤을
일단 헌주와 풍성히 잘라낸 머리칼로
장식해드리고 난 다음 다시 이리로 돌아올 텐데,
그대도 분명 알다시피, 덤불 속에 숨겨둔,
옆구리를 청동으로 둘러 빚은 단지 하나를 두 손에 들고 있을 거요. 55
저들에게 달콤한 소식을 전하면서
이야기로 속일 작정이라오, 내 육신이 소멸했고,
불살라져 이미 재가 되어버렸다고 말이오.
말로만 죽는 셈이니, 그런 게 내게 무슨 고통을 안기겠소?
실제로는 무탈한 데다가 명성까지 주어지게 될 텐데. 60
내 보기에는, 이익을 얻는다면 어떤 말도 나쁘지 않소.

---

9 희랍 중부 지역. 코린토스만 북쪽이며 파르낫소스산 서부에 있다.
10 전승에 따르면 파노테우스는 스트로피오스 아버지의 쌍둥이 형제이자, 스트로피오스의 원수였다고 한다.
11 퓌토, 즉 델포이에서 열린 퓌티아 경기를 말한다. 4년마다 한 번씩 열린 이 경기는 아폴론이 제정하였
   다고 하며, 헤라클레스, 펠레우스 같은 인물들이 우승을 거두었다는 전설이 있다.

지혜로운 이들이라 할지라도 헛소문으로만 죽은 것을
난 이미 몇 번이나 봐왔으니까. 그러다가 그들이 집으로
다시 돌아오면, 그들은 더더욱 존경을 받습디다.
그처럼 나 역시 이 소문으로부터 눈을 부릅뜨며 돌아와 65
별이 되어 원수들에게 빛을 발하리라고 자부하오.
오오, 내 아버지의 땅이여, 그리고 이 나라의 신들이시여,
이 길 위에서 부디 저를 행운을 입은 자로 받아주시기를!
그리고 그대, 내 아버지의 집이여, 신들께 힘입은 제가
정의롭게 그대를 정화하러 왔나이다. 70
그러니 부디 저를 아무 명예도 없이 이 땅에서 내치지 마시고,
다만 이 재산을 건사하며 집안을 일으키는 자 되게 해주소서.
이제 나도 이만큼 말했으니, 노인장, 당신은 가서
그대가 해야 할 일들을 직시해야 한다는 걸 염두에 두시오.
우리 둘은 떠날 거요. 맞춤한 기회가 왔으니, 그것이야말로 75
사람들이 행하는 모든 일의 가장 위대한 지배자라오.

(엘렉트라의 목소리가 들린다)

엘렉트라 아아, 불운한 내 신세!

시종 아니, 문 안쪽에서 어떤 시녀가 나직이 신음하는 게
들리는 것 같습니다, 아드님.

오레스테스 혹시 불운한 엘렉트라 아니오? 우리가 80
여기 머무르면서 저 애곡을 듣기를 바라시오?

시종 천만에요. 우리는 무엇보다도 먼저 록시아스[12]의 분부를 완수하도록
애써야 하니, 일단 아버님께 제주를 부어드리는 것부터
시작하도록 하지요. 그것이 우리에게 승리를 가져다줄 것이며
우리가 해야 할 일에 힘을 실어줄 겁니다. 85

---

12 아폴론의 또 다른 이름.

(오레스테스 일행 퇴장하고 엘렉트라 등장한다)

엘렉트라   오오, 순결한 빛이여,
대지와 같은 몫을 지닌 대기여,
그대들은 내 상엿소리의 곡조를 얼마나 많이,
내 가슴을 겨누어 피투성이로 만드는 타격을
얼마나 많이 들어왔던가?　　　　　　　　　　　　　90
저 어두운 밤이 뒤로 남겨질 때마다
뜬눈으로 지새운 밤의 설움이야
괴로움을 겪은 이 집의 가증스러운 침대가 잘 알고 있노라,
내 불운한 아버지를 두고 얼마나 많이 통곡하는지를.
피에 물든 아레스가 낯선 땅에서 그분을　　　　　　95
손님으로 맞은 것도 아니고,
내 어머니, 그리고 그녀와 한 침대를 나누는
아이기스토스가, 마치 나무꾼이 참나무에다 하듯이
피에 젖은 양날 도끼로 그분의 머리를 쪼개놓았으니까.
이에 대한 연민은 나 말고는 다른 누구에게서도　　　100
전해진 적 없구나, 당신이, 아버지, 그렇게
수치스럽고 가련하게 목숨을 잃으셨는데도.
어쨌든 나는 이 가증스러운 상엿소리도, 통곡도
결코 멈추지 않으리라, 두루 빛을 발하는
저 별들의 떨림과, 한낮(의 빛)을　　　　　　　　　105
내가 보고 있는 동안에는.
천만에, 제 새끼들을 죽인 밤꾀꼬리[13]처럼

---

13 아테나이 왕 판디온은 전쟁에서 도움을 준 트라키아의 테레우스에게 딸 프로크네를 주었고, 이 둘 사이에서 아들 이튀스가 태어난다. 그러나 테레우스는 처제 필로멜라를 겁탈하여 혀를 자른 후 시골에 유폐했고, 필로멜라는 자신이 당한 일을 옷감에 무늬로 새겨 언니 프로크네에게 전달한다. 프로크네는 동생을 구해낸 뒤 아들 이튀스를 죽여 요리한 후 테레우스에게 대접하고, 사실을 알게 된 테레우스는 두 자매를 추격하는데, 프로크네는 밤꾀꼬리로, 필로멜라는 제비로 변했다고 전해진다.

내 아버지 집의 문 앞에서 모두를 향해
　　　비명을 지르며 통곡하리라.
　　　오오, 하데스와 페르세포네의 집이여,[14]
　　　오오, 지하에 계신 헤르메스여,[15] 공경하올 저주의 여신이시여,
　　　신들의 따님들이신 신성한 에리뉘스[16]들이여,
　　　당치 않게 목숨을 잃은 이들을,
　　　도둑맞은 결혼 침대를 주시하시는 분들이여,
　　　오소서, 부디 도우소서, 되갚아주소서,
　　　제 아버지의 죽음을.
　　　그리고 저를 위해 제 오라비를 보내주소서.
　　　저를 내리누르는 이 설움의 짐을
　　　혼자서는 감당할 힘이 더는 없나이다.

　　　　　　　　　(등장가)

코로스(좌1)　아아, 따님, 더없이 잔혹한 어머니가 낳은 따님,
　　　엘렉트라여, 어쩌자고 아가멤논을 위한
　　　그 채울 길 없는 비탄을 끊임없이 토해내시나요?
　　　이미 오래전에 그분은 속임수를 쓰는 당신 어머니에게
　　　신들을 가장 끔찍이 욕보이는 방법으로 붙들렸고, 그 비열한 손에
　　　배신당했는데도요. 내 이런 말을 해도 법도에 어긋나지 않는다면,
　　　그 짓을 저지른 자에게 파멸 있으라!
엘렉트라　오오, 고귀한 혈통을 타고난 여인들아,
　　　내 괴로움을 달래주러들 왔구나.

14　하데스는 저승, 혹은 저승을 다스리는 신이고, 페르세포네는 그의 아내이다.
15　헤르메스는 망자의 영혼을 저승으로 인도하는 역할을 하였다.
16　복수의 여신으로 대개 여럿이 함께 있는 것으로 되어 있다. 근본적인 질서와 위계가 흔들릴 때 개입하여 보복하는 신으로 알려져 있다.

　　　　　내 알다마다, 잘 알다마다. 내 그걸

　　　　　모를 리 없다. 하지만 불운한 내 아버지를 위한 애곡은

　　　　　나 도저히 그만두고 싶지 않구나.

　　　　　너희가 나와 온갖 우정으로 호의를 주고받는 사이라 하여도

　　　　　나를 이렇게 정신 나간 채로 놔두려무나,　　　　　　　　　135

　　　　　아아, 내 애원하마.

코로스(우1)　하지만 그대가 통곡을 하고 기도를 바친들

　　　　　모든 이에게 공통된 하데스의 호수 밖으로

　　　　　아버지를 일으켜 세울 수는 없답니다.

　　　　　그런데도 그대는 늘 적절한 정도를 넘어 탄식해가며　　　140

　　　　　손쓸 도리 없는 설움 앞에

　　　　　자신을 송두리째 무너뜨리고 있으니!

　　　　　왜 그대는 감당할 수 없는 걸 바라마지않는 건가요?

엘렉트라　어리석은 자로다,　　　　　　　　　　　　　　　　　145

　　　　　가엾게 떠나가신 부모님을 잊는 자.

　　　　　차라리 내 심정에는 탄식하는 그 새가 잘 들어맞는구나.

　　　　　이튀스를, 언제까지고 이튀스를 애곡하며

　　　　　심사가 어지러운 그 새,[17] 제우스의 전령 말이다.

　　　　　오오, 온통 비참하기만 하던 니오베여,[18]　　　　　　　150

　　　　　바위 무덤 속에서 눈물 흘리던 그대를,

　　　　　아아, 그래도 나는 여신처럼 여긴다오.

17　밤꾀꼬리. 각주 13번 참고.
18　니오베는 테바이의 성벽을 건설한 암피온의 아내로 아들 일곱, 딸 일곱을 두었으나(전승에 따라 자녀의 숫자는 다르다) 자식들에 대한 자부심이 지나쳐 아폴론과 아르테미스만을 낳은 레토 여신보다 자신이 우월하다고 자랑하였고, 이에 아폴론이 아들들을, 아르테미스가 딸들을 화살로 쏘아 죽였다고 한다. 『일리아스』 24권 602-617행에는 니오베가 시퓔로스의 산속에서 돌로 변하였다고 전한다.

|코로스(좌2)| 인간들 중에서 오로지 당신에게만

고통이 모습을 드러낸 건 아니랍니다, 따님.

그 고통으로 말하자면, 당신은 저 안에 살고 계신   155

크뤼소테미스,[19] 그리고 이피아낫사와

같은 뿌리에서 나와 피로 맺어진 사이지만,

그분들보다 훨씬 심하게 겪고 계시지요.

고통으로부터 감춰진 채 젊음을 누리는 그분은   160

복을 누리고 있고요. 고귀한 아버지에게서 나온 그분이

언젠가 제우스의 다정한 인도를 받아가며

이 땅에 오게 되는 날, 이름난 뮈케나이인들의 땅이

그분을 받아들이게 되겠지요, 오레스테스를요.

|엘렉트라| 그 애만큼은 내가 지칠 줄 모르고 기다리고 있지,

아이도 낳지 않고, 결혼도 하지 않은 채 언제까지고   165

기구하게 목숨을 이어가면서, 눈물 젖은 채로,

끝 모를 사악한 운명을 떠안고서. 하지만 그 애는

자기가 겪은 것도, 배운 것도 전부 잊은 모양이다.

그 애가 보낸 전갈 중에서 나를 속이지 않은 것이 있긴 하던가?   170

그 애도 (오고 싶어) 늘 애는 태운다만, 애만 태울 뿐,

정작 모습을 드러낼 것까진 없다고 여기는 게지.

|코로스(우2)| 부디 용기를 내세요, 저를 봐서라도, 용기를 내세요,

따님. 하늘에 계신 제우스는 여전히

위대하시고, 만사를 굽어살피며 다스리십니다.   175

극심한 고통을 안기는 분노는 그분께 맡기시고,

---

19 '황금(chryso) + 법(themis)'이라는 뜻이다.

	그대가 미워하는 자들로 인해 지나친 고통은 당하지 말되,
	잊지는 마세요. 세월이야말로 상냥한 신이니까요.
	소들을 먹이는 크리사[20]의 곶을 차지한
	아가멤논의 아드님도,
	아케론강을 따라 다스리시는 신[21]께서도
	결코 무관심하지 않으니까요.
엘렉트라	하지만 이미 내 삶의 대부분은 나를 절망 속에
	버려둔 채 떠났고, 이젠 기력조차 남지 않았어.
	난 자식들도 얻지 못하고 녹아내리고 있지,
	정다운 남편이 있어 나를 지키며 서 있는 것도 아니고.
	그저 아무 쓸모없는 뜨내기처럼,
	가당치도 않은 입성을 두르고
	아버지의 방들에서 시중을 들며
	텅 빈 식탁 가에 서 있노라.
코로스(좌3)	가련하도다, 집으로 돌아오시던 날의 그 절규란.
	가련하도다, 아버님의 결혼 침대에서
	온통 청동으로 벼린 도끼날이
	정면으로 달려들어 내리꽂히던 그날.
	계략이 꾸며내고 욕망이 살해한 일이니,
	끔찍하게도 이들은 끔찍한 모양새를 빚어냈도다,
	이 짓을 저지른 이가 신이든,
	혹은 죽게 마련인 인간 중 하나이든.
엘렉트라	아아, 내게로 다가온 그 어떤 날들보다도

180

185

190

195

200

---

20 포오키스 지역의 도시로 델포이와 멀지 않다.
21 하데스. 아케론은 저승으로 흐르는 강이며, 여기에서 뱃사공 카론이 망자의 영혼을 건네준다고 한다.

　　　　　아득히 가증스러운 그날이여!
　　　　　아아, 그 밤이여, 차마 입에 담을 수 없는 만찬의
　　　　　무시무시한 고통이여!
　　　　　그때 내 아버지는 쌍으로 겹친 그자들의 두 손으로　　　　205
　　　　　저질러진 수치스러운 죽음을 목도하셨지.
　　　　　그 손들은 배반당한 내 삶을 앗아 갔고,
　　　　　나를 남김없이 무너뜨리고 말았다.
　　　　　올륌포스에 계시는 위대한 신[22]께서는 부디
　　　　　겪어 마땅한 고통을 그자들에게 벌로 내리소서.　　　　210
　　　　　그런 짓들을 감행한 그자들이 다시는
　　　　　흥청대며 낙을 누리지 못하게 하소서.

코로스(우3)　조심하세요, 이제 더 말씀하지 마시고요.
　　　　　지금 상황이 과연 어떤 일들에서 비롯된 것인지
　　　　　정말 모르시겠어요? 손수 자아낸 불행 속으로　　　　215
　　　　　이렇게 수치스럽게 추락하실 셈인가요?
　　　　　그대는 지나칠 정도로 많은 고통을 얻고 있어요,
　　　　　심사 뒤틀린 그대의 영혼에서 때마다
　　　　　전쟁을 낳고 있으니까요. 하지만 힘을 가진 자들과
　　　　　그런 것으론 다툴 수 없는 노릇이니, 참으셔야지요.　　　220

엘렉트라　난 끔찍한 상황 속에서 끔찍한 짓을 하도록 강요당했다.
　　　　　나도 똑똑히 알고 있지, 내 격정 내가 모르는 바 아니니.
　　　　　하지만 난 이 끔찍함 속에서도
　　　　　이 재앙을 멈추지 않으련다,
　　　　　삶이 나를 붙들고 있는 한.　　　　　　　　　　　　225

22　제우스.

　　　　　내가 누구에게서, 오오, 고귀한 소녀들아,
　　　　　쓸 만한 말 한마디 들을 수 있으려나,
　　　　　알맞게 헤아리는 사람에게서?
　　　　　나를 내버려다오, 위로하는 너희들아, 내버려다오.
　　　　　이건 해결되지 않을 일이라 불릴 테니까.　　　　　　　　230
　　　　　나 결코 이 수고를 멈추지 않을 테니까,
　　　　　곡소리를 무한히 울리면서.

코로스　　　　　　　　　　（종가）
　　　　　그래도 저는 좋은 뜻에서 말씀드리는 겁니다,
　　　　　미더운 엄마처럼요,
　　　　　재앙 위에 또 재앙을 낳진 마시라고요.　　　　　　　　235
엘렉트라　무엇이 불행을 재단하는 척도를 낳았단 말이냐? 자, 보아라.
　　　　　돌아가신 분들을 신경 쓰지 않는 것이 어떻게 훌륭한 일이 될 수 있지?
　　　　　대체 어떤 인간이 그런 본능을 타고났더냐?
　　　　　나 부디 그런 자들에게서 명예를 누리는 일 없기를!
　　　　　나 만에 하나 좋다는 것들을 가까이 둔다 하더라도,　　　　240
　　　　　날카로운 통곡의 날개를 접어가면서까지
　　　　　낳아주신 분을 멸시하면서
　　　　　태평하게 지내진 않으리라, 결코.
　　　　　돌아가신 그분은 흙먼지가 되어,　　　　　　　　　　　245
　　　　　허무가 되어 비참하게 누워 있는데,
　　　　　정작 저들이 살해에 대한 대가를
　　　　　되치르지 않는다면,
　　　　　염치고 경건이고 모든 사람에게서
　　　　　사라지고 말겠지.　　　　　　　　　　　　　　　　　　250

코로스장	저는 말입니다, 따님, 그대의 문제, 그리고 동시에 저 자신의 문제를
	다급히 여기며 이리로 온 거랍니다. 혹시 제가 불미스러운
	말을 하고 있다면, 그대가 저를 이기세요. 저희는 그대 뜻을 따르렵니다.
엘렉트라	면목이 없구나, 여인들아, 잦은 상엿소리로
	내 모습이 지나치게 성말라 보였다면 말이야. 255
	하지만 내가 이렇게 행동하게끔 폭력이 강요하고 있으니,
	용서들 하시게. 누구든 고귀하게 타고난 여인이라면
	아버지께서 당한 재앙을 보고 이렇게 행동하지 않을 도리가 있겠는가?
	그 재앙이 죽어 없어지긴커녕 외려 더더욱 번성하는 걸
	낮에도, 다정한 시간[23]에도 내가 늘 봐야 하는데도? 260
	왜 그런가 하니, 먼저는 나를 낳은 어미와의 관계가
	최악의 원수지간으로 치달았고, 다음으론
	내가 내 집에서 아버지를 살해한 자들과 같이 지내는 데다가
	그자들에게 다스림까지 받는다는 거지. 내가 뭔가를 얻게 되든
	없이 지내든 그건 그자들에게 달려 있단 말이네. 265
	말이 나왔으니, 자네들은 내가 과연 어떤 하루하루를
	보내고 있다고 여기는가? 아버지의 왕좌에 아이기스토스가
	자리 잡고 앉은 걸 내가 볼 때마다, 그분이 입으시던
	바로 그 옷들을 그자가 걸친 걸 바라볼 때마다,
	그분을 쳐 죽인 그 화롯가에서 그자가 헌주를 바칠 때마다, 270
	그리고 이 모든 것 중에서도 최악으로 주제넘은 짓,
	바로 그 살인자가 저주받은 내 어미를 옆에 끼고
	아버지의 침대 위에 눕는 그 짓을 볼 때마다, 그자와
	잠자리를 함께하는 그 여자를 '어미'라고 불러야만 한다면!
	그 여자는 에뤼니스를 삼가 두려워하긴커녕 275

---

23 밤을 대신해 쓰인 완곡어법. 19행 참고.

오염을 일으킨 자와 함께 살 정도로 뻔뻔하지.
그뿐인가, 자신이 저지른 짓들에 웃음이라도 터뜨릴 요량인지
하필이면 전에 내 아버지께서
계략으로 살해되신 바로 그날을 짚어내어
춤판을 벌이고 양들을 잡아   280
자기를 구해준 신들께 매달 제사를 바치고 있어.
박복한 나는 집 안에서 이걸 바라보며
통곡을 하면서 녹아내리지, 아버지의 이름을 딴
그 참혹한 잔치를 두고 나 홀로 나 자신에게
애곡하면서. 내 기백이 낙을 누릴 만큼   285
울부짖을 수도 없으니까.
말로만 고귀하신 그 여자가 이렇게 소리를 드높이며
험한 말로 이빨을 드러내니 말이야.
"신에게 버림받은 이 밉살맞은 것, 아버지가 죽은 애가
세상에 너 하나냐? 다른 사람은 아무도 슬퍼하지 않는다더냐?   290
몹쓸 지경으로 뒈져버려라. 지하에 계신 신들도
너를 그 통곡에서 풀어주시지 않기만을!"
그 여자는 이런 말로 무도하게 군다네. 예외가 있다면
누군가에게 오레스테스가 올 거라는 말을 들을 땐데, 곧장 광분한 채
내 곁에 서서 악을 쓰지. "이건 바로 네 탓이 아니냐?   295
네가 저지른 짓 아니냐? 내 손에서 오레스테스를
훔쳐내어 빼돌린 게 너 아니냔 말이다!
알아두어라, 너는 분명 그에 걸맞은 대가를 치르게 될 거다."
그 여자는 이런 말로 짖어대고, 그러면 곁에 붙어 있는
명성도 자자하신, 그 여자의 남편이 합세하며 들쑤시지.   300
어느 모로나 쓸모없는 그자, 철저한 해악인 그자는
싸움조차도 여자가 도와줘야만 치러낼 수 있어.

이 몸은 오레스테스가 이 사태를 잠재울 이가 되어
오기만을 언제까지고 기다리며 처참하게 무너져 내리고 있는데,
그 애는 늘 뭔가를 해내겠노라고 작정만 할 뿐이라 내게
있는 희망도 없는 희망도 모조리 짓바수고 말았어.
이러한 형편에서는, 벗들이여, 분별도 경건도
될 말이 아니지. 천만에, 이 가혹한 상황에서는
몹시 불가피하게도 사악한 것을 추구할 수밖에.

|코로스장| 자, 그럼 말씀해주세요. 당신이 우리에게 이 이야기를 하는 동안
아이기스토스는 가까이에 있나요, 아니면 집 밖에 나가 있나요?

|엘렉트라| 당연히 나가 있고말고. 그자가 가까이 있는데도 내가 문밖으로
나올 수 있을 거라 여기지 말게. 그자는 마침 들판에 나가 있다네.

|코로스장| 상황이 그렇다면 분명 저도 더 대담하게
당신과 이야기 나눌 수 있겠군요.

|엘렉트라| 그자가 지금 여기 없으니 물어보게나. 무엇이 좋겠나?

|코로스장| 좋아요, 그러면 당신께 묻죠. 그대의 오라비에 대해 어떻게 보시나요,
올까요, 아니면 지체하고 있나요? 그걸 알고 싶군요.

|엘렉트라| 온다고 말은 했지. 말은 그렇게 해도, 그 말을 행동으로 옮기질 않아.

|코로스장| 사람이 큰일을 할 때에는 머뭇거리게 마련이지요.

|엘렉트라| 그래도 나는 그 애를 주저 없이 구해냈는데!

|코로스장| 기운 내세요. 그분은 고귀하게 타고나셨으니 사랑하는 분들을 도우실 겁니다.

|엘렉트라| 나도 그리 믿네. 안 그랬다면 내가 이리 오래 살아 있지도 않았겠지.

(크뤼소테미스 등장한다)

|코로스장| 이제 더는 아무 말씀도 하지 마세요. 집 밖으로 그대의 자매가,
같은 아버지에게서 태어난 분이 나오는 게 보입니다,
크뤼소테미스가요. 같은 어머니에게서 나오기도 했지요. 두 손에는
무덤에 놓을 제물을 들고 오는데, 지하에 계신 분들께 드리는 것들이지요.

|크뤼소테미스| 언니는 문 앞까지 나와서

무슨 이야기를 그렇게 되풀이하는 거야?
많은 세월이 지났는데도 그 어리석은 분노에 330
헛되이 몰두하지 않는 법을 배우려 들지 않겠다는 거야?
그래도 나는 나 자신에 대해서 그 정도는 알고 있어,
나도 지금 상황에서 시달리고 있다는 것 정도는. 그러니
나도 힘만 얻는다면, 저들에 대한 내 생각도 밝힐 수 있겠지.
하지만 지금은 곤란한 형편이니 돛을 내리고 항해하면서 335
아무 일도 저지르지 않을 것처럼, 어떤 해도 끼치지 않을 것처럼 뵈는 게
상책인 것 같아. 언니도 여러 말 말고 그렇게만 처신하라고 권할게.
물론 옳은 건 내가 고른 쪽이 아니라,
언니가 판단한 쪽이지. 하지만 내가 자유로운 삶을 누려야 한다면,
매사에 다스리는 자들의 말을 들을 수밖에 없지. 340

엘렉트라 정말이지 끔찍하구나, 네가 아버지의 자식으로 태어났음에도
그분을 잊고, 낳아준 여자만 신경 쓰다니.
네가 내게 주는 경고라는 게 죄다
그 여자가 가르쳐준 것이고, 너 스스로 말하는 건 전혀 없구나.
그러면 너도 둘 중 하나를 택거라, 무모하게 생각할지, 아니면 345
잘 생각하되 네 사람들을 기억에 담지 않을지.
방금 네가 말했지, 힘만 얻을 수 있다면
저들에 대한 증오를 드러낼 거라고.
그런데, 아버지의 원수를 갚으려고 내가 무슨 일이든 하려 들면
너는 함께 행동하기는커녕 외려 애쓰는 나를 막아 세우더구나. 350
안 그래도 곤란한 와중에, 이건 비겁함까지 더한 게 아니냐?
그러니 내게 가르쳐다오, 아니면 내게서 배우든지, 이 통곡을
단념한다고 해서 대체 내게 무슨 이득이 생기는지!
나는 산 사람이 아니더냐? 비참하다는 건 나도 안다. 하지만 내겐 그걸로
  충분해.

그들을 괴롭힘으로써 나는 돌아가신 분들께   355
명예를 드리는 거야, 그곳에도 무슨 기쁨이라는 게 있다면.
하지만 너는 미워하는 사람으로 내게 비치려고
말로는 미워한다고 하지만, 실은 아버지를 살해한 자들과 한패지.
그러니 네가 지금 흥청대고 있는 것들을
누가 내게 선물로 준다고 할지라도, 난 절대로 그들에게   360
굴복하지 않으련다. 너를 위해선 잔뜩 차린
식탁이며 두루 넘쳐나는 삶이 마련되라지.
나를 위해선, 나 자신을 괴롭히지 않는 것이 내 유일한 양식이
되라 하고. 네가 누리는 명예는 내 전혀 얻고 싶지 않구나.
그리고 너도, 지혜롭다면 그렇지 않겠지. 지금이라도 너는   365
누구보다 더 훌륭한 아버지의 딸이라 불릴 수 있지만, 네 어미의 딸로
불리려무나. 그렇게 너는 돌아가신 아버지도 네 사람들도 배신한
사악한 여자로 많고 많은 이들 앞에 모습을 드러낼 테고.

코로스장 신들의 이름으로 부탁드리오니 분노를 거두세요. 두 분 말씀에
유익한 것들이 있어요. 그대가 저분의 것을 활용하고자 배우고,   370
또 역으로 저분이 그대의 것을 그리해준다면 말이지요.

크뤼소테미스 여인들아, 나야 언니의 이야기에 어떻게든 적응이 되어 있다.
언니의 기나긴 통곡을 멈추게 될 최악의 재앙이
언니에게로 다가오고 있다는 말을 듣지만 않았어도,
내 결코 이런 말들을 떠올리지 않았겠지.   375

엘렉트라 그러면 그 끔찍하다는 걸 말해보렴. 네가 만일 지금 내 형편보다
더 심한 걸 이야기한다면, 그땐 나도 더 이상 토를 달지 않으마.

크뤼소테미스 여하튼 난 내가 아는 모든 걸 언니에게 털어놓겠어.
언니가 통곡을 그치지 않으면,
저들은 언니를 햇빛을 절대로 볼 수 없는 곳으로   380
보내버릴 작정이야. 이 나라 밖에 있는, 지붕 덮인 그곳에서

	언니는 그 사악한 노래를 부르며 살게 되겠지.	
	그걸 염두에 두고 잘 생각해봐. 나중에 고통을 겪게 되더라도	
	날 원망하진 말고. 지금이야말로 제대로 헤아려봐야 할 때니까.	
엘렉트라	정녕 그자들이 내게 그런 짓을 저지르기로 작정했단 말이지?	385
크뤼소테미스	확실해! 아이기스토스가 집에 오는 대로 말이야.	
엘렉트라	그런 일이라면 그자는 서둘러 올지어다!	
크뤼소테미스	뭐라고? 이 불쌍한 사람, 스스로에게 저주를 걸다니!	
엘렉트라	그자가 뭔가 저지를 작정이라면 와야 한단 말이다.	
크뤼소테미스	그래서 언니가 무슨 꼴을 당하려고? 정신을 어디 두고 있는 거야?	390
엘렉트라	너희들에게서 되도록 멀리 가버릴 작정이다.	
크뤼소테미스	붙은 목숨에 대한 생각이라곤 전혀 없어?	
엘렉트라	내 인생이라면 탄복할 지경으로 아름답지.	
크뤼소테미스	그럴 수도 있겠지, 언니가 지각있게 구는 법을 배운다면야.	
엘렉트라	내 사람들에게 비열해지라고 가르치려 들지 말거라.	395
크뤼소테미스	아니, 난 그걸 가르치자는 게 아니야. 힘 있는 사람들에게 굽히자는 거지.	
엘렉트라	그런 아첨은 너나 하려무나. 네가 운운하는 방법은 내 것이 아니란다.	
크뤼소테미스	그렇다 해도 경솔하게 굴다가 쓰러지지 않는 편이 낫고말고.	
엘렉트라	쓰러져야 한다면 쓰러지마, 아버지를 위해 복수하면서.	
크뤼소테미스	아버지는 이 상황을 용서하실 거야, 난 알고 있어.	400
엘렉트라	그런 건 졸렬한 자들이나 칭찬할 말이다.	
크뤼소테미스	아무튼 언니는 내 말대로 하지 않고 날 따라주지 않겠다는 거지?	
엘렉트라	당연히 그렇게는 못 하지. 그토록 지각없이 굴고 싶진 않구나.	
크뤼소테미스	그렇다면 난 내가 가게 되어 있는 길을 가겠어.	
엘렉트라	어디로 떠나는 거니? 이 제물은 누굴 위해 가져가는 거고?	405
크뤼소테미스	아버지를 위해 무덤에 술을 따르라고 어머니가 날 보냈지.	
엘렉트라	그게 무슨 소리냐? 죽게 마련인 인간들 중 최악의 원수를 위하다니?	
크뤼소테미스	그녀가 직접 죽인 거라고, 언니는 그걸 말하고 싶은 게지?	

엘렉트라	그 여자의 친구들 중 누구의 말에 설득된 거지? 이게 누구 마음에 들었던 걸까?	
크뤼소테미스	간밤의 악몽 때문이지 싶어.	410
엘렉트라	오오, 아버지의 신들이시여, 이제는 제 곁에 계시기만을!	
크뤼소테미스	언니는 이런 섬뜩한 것에서 어떻게 용기를 얻을 수 있지?	
엘렉트라	그 장면을 내게 말해준다면, 나도 네게 말해주마.	
크뤼소테미스	하지만 나도 속속들이는 모르고, 이야기할 수 있는 건 조금뿐이야.	
엘렉트라	아무튼 그거라도 말해봐라. 미미한 말이라도 허다한 사람을 쓰러뜨렸고, 똑바로 일으켜 세우기도 했으니까.	415
크뤼소테미스	이야기인즉슨, 그녀가 보니까 언니와 나의 아버지가 이 빛 속으로 되돌아와 재결합을 했다는 거야. 그러더니 그분이 전에 손수 지니고 다니던, 그리고 지금은 아이기스토스가 지닌 그 지휘봉을 화로[24] 위에 꽂았는데, 거기서부터 어린 가지들이 풍성하게 솟아나더니 온 뮈케나이 땅을 그늘로 뒤덮을 정도로 자라났다는 거야. 이건 그녀가 헬리오스께 이 꿈을 보여드릴 때에, 그 자리에 있던 누군가가 말해주는 걸 내가 들은 거야. 나도 더 아는 건 없어, 그녀가 그 무서운 꿈 때문에 나를 보냈다는 것 말고는. [우리 가문의 신들을 걸고 언니에게 애원할게. 제발 내 말대로 해, 어리석게 쓰러지지 말란 말이야! 언니가 나를 밀쳐낸다면, 언니는 재앙을 안고 돌아오게 될 테니까.]	420 425 430
엘렉트라	그래, 그건 그렇고, 사랑하는 아이야, 네가 두 손에 들고 있는 것들 중 그 어떤 것도 무덤에 가져다 놓아선 안 된다.	

---

24 화로/화덕(hestia)은 집 안의 중심에 놓여 있어 가정을 상징한다.

아버지를 위한 장례 제물과 헌주를 원수인 여자에게서 받아 가져가다니
그건 법도에도 어긋나고, 신성하지도 못한 일이야.
안 되고말고. 차라리 바람에 실어 보내든가, 먼지 구덩이 속에   435
깊이 감춰버리거라. 그런 곳에서라면 그중 어떤 것도
아버지 누워 계시는 곳까지 가닿지 않을 테니까. 그러다 그 여자가 죽거든,
안전하게 쌓아둔 그것들이 그 여자에게 보물이 되게 하자꾸나.
다른 건 몰라도 그 여자가 세상에서 가장 파렴치하게
태어난 게 아니라면, 자기가 쳐 죽인 사람을 위한답시고   440
이 가증스러운 헌주를 바치려 들진 못했을 거다.
곰곰이 살펴보렴, 과연 무덤 속에 계신 고인이
그 여자에게 호감을 품고 이 선물들을 받을 성싶니?
바로 그 여자에게 치욕스럽게 살해당했고, 마치 원수처럼
그 시신마저 훼손당한 걸로도 모자라, 그 여자는 자기 죄를   445
정화한답시고 핏자국을 그분 머리에 문질러 닦았다.
그런데도 이 제물들이 그 여자에게 살인죄를 면하게 할 것 같아?
천만에! 그러니 그것들일랑 내버리거라. 대신, 네 머리에서
땋은 머리칼 끝을 잘라내렴, 그리고 비참한 내 것도.
이건 변변치 않지만, 그래도 내가 가진 전부란다.   450
윤기 없는[25] 내 머리칼과 수수하기 짝이 없는
이 허리띠라도 그분께 드리려무나.
그러곤 엎드려 빌거라, 부디 자비로이 우리의 조력자가 되시어
대지로부터 원수들에게로 가주십사고,
그리고 아들 오레스테스가 살아 돌아와 월등한 위력으로   455
원수들을 그 발로 밟고 올라서게 해주십사고,
그러면 훗날에는 지금 우리가 바치는 것보다

---

[25] 원문의 단어 alipares(알리파레스)의 의미는 불명확하며, '윤기 없는'은 전통적인 추정 중 하나이다.

훨씬 풍성한 손길로 당신께 영예를 드리겠노라고 말이야.
내가 보기엔 분명, 그 여자에게 그 불길한 꿈을 보낸 일에
그분의 의도도 어느 정도 있지 않았나 싶구나. 460
그래도 너는, 아우야, 이 일을 맡아 해내면서 너와 나를 돕고,
또 죽게 마련인 모든 인간 중에서 가장 소중한,
지금은 하데스에 누워 계신 우리 아버지를 도와주렴.

코로스장 　　　　　　　　*(크뤼소테미스에게)*
아가씨의 말씀은 경건한 마음에서 우러나온 것입니다. 그러니 그대도,
내 아끼는 분이여, 지혜로우시다면 그 말씀대로 행하실 겁니다. 465

크뤼소테미스 내 하겠네. 옳은 것이 무언지 우리 둘이 드잡이해봐야
무의미한 일이고, 서둘러 행동에 나서야겠지.
하지만 내가 이 일을 하려고 들 때, 신들께 걸고 부탁하니
아무 말도 하지 말아다오, 내 아끼는 이들아.
만에 하나 나를 낳아준 여인이 이걸 듣고 알게 되는 날에는 470
내가 감행하려는 이 시도가 쓰라린 것이 될 것 같으니까.

　　　　　　　　　　　(1정립가)

코로스(좌) 만일 제가 정신 나간 예언자로, 현명한 판단을
앗긴 자로 태어난 게 아닌 이상,
앞일을 예언하시는 디케[26]께서는 475
두 손에 정의로운 승리를 들고 오실 겁니다.
오래지 않아 그분이 따라붙으실 테지요, 따님.
방금 달콤한 숨결 내쉬는
꿈 이야기를 들어보니, 480
용기가 저를 떠받쳐주는군요.

26　정의, 혹은 정의의 여신.

그대의 씨앗을 뿌린 분, 희랍인들의 왕이었던
그분은 결코 잊지 않고 계시답니다.
또한 그분을 그 광란 속에서 가장 파렴치하게 쳐 죽인,
청동으로 벼려 만든   485
그 오래된 양날 도끼 역시 잊지 않고 있어요.

(우) 많은 발을 달고, 또 많은 손을 달고 그분은 오실 겁니다,
무시무시한 매복처에서 모습을 감추고 계신,   490
청동의 발 에리뉘스께서요.
당치 않은 결혼 침대, 당치 않은 혼인이 결혼을 피로 물들이길 갈구했고,
그분은 이에 맞서 다가오시니, 그들의 갈구가 법도에 어긋나는 까닭이지요.
이런 일들 덕에 내겐 확신이 있지요,   495
범인들에게, 그리고 공범들에게
그 징조는 절대로, 절대로
아무 해도 없이 다가오진 않을 거라고요.
간밤의 그 환영이
제대로 제 일을 완수하지 못한다면,
무시무시한 꿈속에서도, 신탁에서도   500
인간들에게 예언이란 건 있을 수가 없겠지요.

(종가)

오오, 숱한 고통을 일으킨 오래전
펠롭스의 말 몰던 솜씨여,   505
어찌 너는 그 끝을 모르고
이 땅에
와 있단 말이냐!
그때 뮈르틸로스가

비운의 참사를 당해 510
순금의 마차에서
뿌리째 뽑혀 나가 바다에 잠겨
잠든 이래로, 숱한 고통을 부르는
참화가 단 한 번도 이 집을
떠난 적이 없노라.[27] 515

(클뤼타임네스트라, 시녀를 데리고 등장한다)

클뤼타임네스트라 보아하니 너는 또 밖으로 나와 거침없이 활보하고 있구나.
아이기스토스가 여기 없는 틈을 타서 말이야. 그이는 네가 식구들을
욕보이는 걸 늘 막아주곤 했지, 적어도 대문 밖에서만큼은.
그런데 지금 그이가 없다고 해서 너는 나를 아랑곳조차 하지 않는구나.
말이야 바른말이지 너는 많은 사람들에게 많이도 떠들어댔다. 520
내가 뻔뻔한 데다가 도를 넘어 다스린다고,
또 너와 네 것들을 두고 주제넘게 군다고 말이다.
나로 말하자면, 주제넘은 짓이라곤 전혀 모르는 사람이다.
그런데 네게서 시도 때도 없이 몹쓸 말을 들으니
내가 너를 나무라는 것뿐이고.
네 아비를, 다른 누구도 아닌 그자를, 너는 늘 핑계로 내세우지, 525
내게 목숨을 잃었다고 말이야. 나도 그건
잘 알고 있고, 부인할 수도 없다.
디케께서 그자를 잡아내신 것이지, 나 혼자선 아니었으니까.

---

[27] 펠롭스는 피사의 왕 오이노마오스의 딸 힙포다메이아에게 구혼하는데, 왕은 구혼자들에게 전차 경주의 승리를 조건으로 내걸고 매번 패배한 구혼자들을 죽였다. 그러나 펠롭스는 왕의 마부 뮈르틸로스를 매수하여 차축을 밀랍으로 바꾸었고, 전차가 부서져 오이노마오스가 죽게 된다. 그러나 펠롭스는 뮈르틸로스에게 약속한 대가를 주지 않고 바다에 던져 죽이는데, 뮈르틸로스는 죽어가며 펠롭스에게 저주를 퍼붓는다. 펠롭스 본인은 큰 문제 없이 생을 마치지만, 그 아들인 아트레우스와 튀에스테스 때부터 집안의 저주가 본격적으로 진행된다. 각주 3번 참고.

너도 지각머리라는 게 있었다면, 여신을 도와야 마땅했다.

네가 늘 곡소리를 내고 있는 그 아비라는 작자는, 530

희랍 사람들 중에서 유일하게 네 언니를 신들께

제물로 바치는 짓을 감행했단 말이다.[28] 그자가 그 애의 씨를 뿌렸을 때,

내가 그 애를 낳았을 때 당한 만큼의 고통이 없었는데도.

그건 그렇다 치고, 〈이걸〉 내게 알려주렴. 그자는 대체 누구 좋자고

그 애를 제물로 바쳤지? 넌 아르고스인들[29]을 위해서였다고 말할 테냐? 535

그러나 그자들에겐 내 딸을 죽일 권리가 없단 말이다.

그게 아니라 그 동생 메넬라오스를 위해 내 딸을 죽인 거라면,

내 새끼가 아니라 그 녀석의 자식들이 그 대가를 치러야

마땅하지 않았니? 그놈에게도 자식이 둘이나 있지 않았더냐?

내 딸이 아니라, 아니고말고, 한 아비 한 어미에게서 난 그 애들이 540

죽었어야 마땅하지. 바로 그들 좋자고 원정이 이루어진 거니까.

그것도 아니라면, 하데스가 그 여자 자식들보다 내 새끼들을 놓고

잔치를 벌이려는 욕망이 더했단 말이냐?

아니면, 지독히도 파괴적인, 아버지라는 작자가 내 새끼들에 대한

사랑은 포기하고, 메넬라오스의 것들에게는 여전했단 말이냐? 545

이건 사악한 결심을 내린, 아무 생각 없는 아비의 짓이 아니었느냐?

내 생각은 그렇다, 내 말이 네 판단과 다르다 할지라도.

아마 죽은 그 애도 목소리를 되찾을 수만 있다면 분명 그렇게 말했을 거다.

그러니까 나는 벌어진 그 일에는 유감이 없어.

그래도 만일 네 눈에 내가 사악한 생각을 품고 있는 것 같다면, 550

일단은 올바른 판단을 얻은 다음 네 주변 사람들을 탓하려무나.

---

28 트로이아로 진격하던 희랍군의 함대는 아울리스라는 곳에 모이는데, 이때 아가멤논이 아르테미스의 성지에서 사슴을 사냥하여 여신의 분노를 산 탓에 바람이 불지 않아 함대가 출항하지 못하게 된다. 이에 아가멤논의 딸 이피게네이아를 제물로 바쳐 여신의 노여움을 누그러뜨린 후 출항하였다고 한다.

29 희랍인들을 통칭하는 말. 때에 따라 아르고스 대신 다나오스, 아카이아 같은 명칭이 쓰인다.

| 엘렉트라 | 이번만큼은 내가 고통을 안기는 말들을 듣기도 전에
| | 먼저 그런 말들을 시작했다고 할 수 없겠지요.
| | 하지만 허락만 하신다면, 돌아가신 그분과
| | 내 언니를 위해 올바르게 말하고 싶습니다. 555
| 클뤼타임네스트라 | 그래, 허락하마. 네가 내게 매번 이렇게 이야기를
| | 꺼냈더라면, 네 말을 듣는 게 고통스럽지 않았을 텐데.
| 엘렉트라 | 그렇다면 당신에게 말하지요. 아버지를 죽였노라고 하시던데,
| | 실제로 그것을 정당하게 했든 아니든 간에, 대체 그것보다
| | 더 파렴치한 말이 있을 수나 있을까요? 또 내가 당신에게 말하려는 건, 560
| | 그분을 죽인 이유가 정의 따위가 아니라는 거죠. 천만에, 저 졸렬한
| | 사내의 꼬드김에 넘어가서지요, 지금 같이 살고 있는 그자 말입니다.
| | 사냥개들을 이끄시는 아르테미스께 여쭤보시지요, 대체 무엇에 대한
| | 처벌이었기에 그분이 아울리스에서 그 많은 바람을 붙들고 계셨는지를요.
| | 아니, 내가 말하지요. (이걸) 그분께 물어 아는 건 법도가 아니니까요. 565
| | 내 아버지께서 한번은 여신께 바쳐진 원림에서 노니는데,
| | 그만 그 발걸음에 뛰쳐나온 얼룩 뿔 사슴
| | 한 마리를 쏘아 맞힌 다음, 그것을 죽였노라고
| | 자랑스레 한 말씀 어쩌다 흘리셨다고 들었어요.
| | 그러자 노여움에 휩싸인 레토의 따님[30]께서는 아버지더러 570
| | 그 짐승에 대한 보상으로 친딸을 제물로 바치라며
| | 그때까지 아카이아인들을 붙들어놓으신 거지요.
| | 이게 언니가 제물로 바쳐지게 된 경위예요. 집으로도, 일리온[31]으로도
| | 갈 수 없었던 군대 입장에서는 이것 말고는 다른 해결책이 전혀 없었어요.
| | 그것 때문에 아버지가 심한 강요 속에서 저항도 해보다가 끝내는 575

---

30 아르테미스.
31 트로이아의 또 다른 이름.

마지못해 언니를 바친 거지, 메넬라오스 좋자고 한 게 아니라고요.
만에 하나, 당신 말을 읊어보자면 아버지께서 그 사람 도와주려는
바람에서 이 일을 저지른 격인데, 그렇다고 해서 그분이 꼭 당신에게
죽어야만 하는 이유라도 있나요? 그건 무슨 법에 따라서지요?
당신이 사람들에게 그런 법을 지어준다면, 그게 당신 자신에게   580
재앙을, 후횟거리를 짓는 게 아닌지 보란 말입니다.
우리가 누군가를 위해 다른 이를 죽이게 된다면, 정녕 당신은
맨 먼저 목숨을 잃게 될 겁니다, 당신이 정의와 맞닥뜨린다면.
당신이 되지도 않는 변명을 늘어놓고 있는 건 아닌지 잘 살펴보세요.
그럴 마음이 있다면 한번 설명해보시지요, 지금 당신이 도대체   585
무슨 이유로 그 어떤 것보다도 더 파렴치한 짓을 저지르고 있는지를요.
당신은 그 살해범과 잠자리를 하고 있지요, 전에 그자와 함께
당신은 내 아버지를 철저하게 파멸시켰고요.
그리고 자식까지 낳아주었어요, 전에 경건한 관계에서 낳은
경건한 자식들은 내던져버리고서.   590
이런 것들을 내가 무슨 수로 좋게 말할 수 있겠어요? 아니면, 당신은
이것도 그 딸을 위한 복수라고 말할 겁니까?
만일 당신이 그렇게 말한다면, 파렴치한 겁니다. 딸을 구실 삼아
원수와 결혼한다는 건 불미스러운 일이니까요.
그럼에도, 당신에게 경고한다는 건 불가능한 일이지요.   595
내가 어미의 흉을 본다며 당신은 그 목청을 있는 대로
돋우니까요. 그러니 내 입장에서 당신은 어머니라기보다는
차라리 주인마님으로 보이는 겁니다.
나는 기구한 삶을 살아내고 있지요, 당신과
당신 짝이 저지르는 숱한 악행과 더불어 살아가면서요.   600
그런데 다른 아이는 당신의 손아귀를 간신히 피한 채 멀리 밖에서
그 불운한 삶이 마멸되고 있어요, 불쌍한 오레스테스가요!

내가 그 애를 당신을 노리는 복수자로 키우고 있다며
당신은 내게 많이도 혐의를 씌웠죠. 내가 그럴 힘만 있었더라면
분명히 나는 그렇게 하고도 남았을 겁니다, 똑똑히 알아두세요. 605
그 일이라면, 정 그러고 싶다면 만인에게 공표하시죠, 빌어먹을 딸이라고,
시끄러운 입이라고, 온통 뻔뻔함을 뒤집어쓴 년이라고요.
내가 타고나기를 그런 짓들에 정통하게끔 되어 있다면,
아마도 그건 당신의 본성에 욕되지 않은 일일 테니까요.

코로스장 그녀가 거친 숨을 몰아쉬는 게 보입니다. 하지만 그녀가 정의의 편에 610
서 있는지 아닌지는, 그녀도 더 이상 괘념치 않는 것으로 보입니다.

클뤼타임네스트라   *(코로스장에게)*
대체 내가 저 애를 두고 무슨 사려를 품어야 마땅하단 말이냐?
낳아준 어미에게, 저 나이에 벌써 저렇게까지 망발을 부리다니!
저러다간 부끄러움이라곤 전혀 모른 채
무슨 짓거리라도 다 저지를 것처럼 보이지 않는가? 615

엘렉트라 지금이라도 이걸 잘 알아두세요, 이런 일들을 내가 부끄러워한다는 걸요,
당신에겐 그리 뵈지 않을지라도요. 내가 부적절하게 행동하고 있고,
내 성정에 어울리지 않게 군다는 것도 난 알고 있어요.
하지만 그건 당신의 적개심과 당신의 행위가 나더러
이렇게 하도록 폭력적으로 몰아붙이기 때문이에요. 620
수치스러운 짓들이 수치스러운 짓들을 가르치게 마련이니까요.

클뤼타임네스트라 오오, 이 파렴치한 것! 네가 그렇게 심하게 많이 떠벌리는 게
다 내 탓이고, 내 말과 내 행동 탓이라는 게냐?

엘렉트라 지금 그렇게 말하는 건 당신이잖아요, 내가 아니라! 당신이
무슨 행동을 하면, 그 행동이 말할 거리를 찾아내는 거죠. 625

클뤼타임네스트라 여주인이신 아르테미스께 맹세하마. 아이기스토스가 돌아오는 날에는
너도 이 대담한 행각을 벌이고서 유유히 빠져나가진 못할 거다.

엘렉트라 보고 있나요? 나더러는 하고 싶은 말을 하라고 해놓고, 정작 당신은

노여움을 향해 이끌려가고 있어요. 당신은 들을 줄 모르는 사람입니다.

클뤼타임네스트라 그렇다면 이제 그런 불길한 절규 없이 내가 제물을 바치게 630
해주지 않겠니? 네가 무엇이든 말할 수 있게 해주었으니까.

엘렉트라 그렇게 하세요, 제발 부탁이니 내 입을 탓하지 말고
제물을 바치시라고요. 난 더 이상 아무 말도 하지 않을 테니까요.

클뤼타임네스트라 (시녀에게)
그렇다면, 내 옆에 선 너는 갖은 열매가 담긴 이 제물을 나를 위해
들어 올리거라. 지금 내가 놓지 못하고 있는 이 두려움으로부터 635
어떻게든 나를 풀어주십사 왕께 기도를 바칠 수 있도록 말이다.

(아폴론에게 기도하며)
포이보스여, 보호자시여, 감춰둔 제 말씀을 이제 들어주소서.
친구들 사이에서도 아니고, 저 계집도 제 곁에
붙어 있기 때문에, 이 이야기는 백일하에
모조리 꺼내놓기가 적당치 않기 때문입니다. 640
안 그러면 억하심정 품은 저 계집이 혓바닥도 많이 달린 괴성을
질러대며 온 도시에 헛소문을 뿌리고 다닐 테니까요.
그러니 이렇게라도 제 말씀 들어주소서, 제가 아뢰나이다.
간밤에 제가 본 미심쩍은 꿈속의 환영들 말입니다만,
뤼케이오스 왕[32]이시여, 그것이 길조로 나타난 것이라면 645
저를 위해 그것을 이루어주시고, 흉한 것이라면
제 원수들에게 되돌려 보내주소서.
만일 어떤 자들이 계략을 세워, 지금 제가 누리는 풍요로부터
저를 쫓아내려 든다면, 허락하지 마시고
그저 제가 언제까지나 해를 입지 않고 살면서 650
아트레우스의 아들들의 집과 지휘봉을 돌보게 하소서.

---

32 아폴론. 각주 2번 참고.

지금 제가 즐거운 나날을 함께 나누는 제 사람들과 더불어,
제게 악의를 품지 않는 자식들과 더불어 지내게 하소서.
쓰라린 고통도 발붙이지 못하게 하소서.
이것들을, 오오, 뤼케이오스 아폴론이시여, 부디 자비로이 들어주시고, 655
간청드린 바와 같이 저희 모두에게 내려주소서.
그 밖에 다른 모든 것이야, 제가 굳이 말씀드리지 않아도
신이신 임께서 낱낱이 알고 계시리라 믿나이다.
제우스께 나신 분들이 만사를 굽어본다는 것은 당연한 일이니까요.

(시종 등장한다)

시종 　　　　　　　　(코로스를 향하여)

이방의 여인들이여, 여기가 통치자 아이기스토스의 집인지 660
어떻게 하면 확실히 알아볼 수 있을까요?

코로스장 여기가 바로 그 집입니다, 손님. 당신이 제대로 추측하셨습니다.

시종 그렇다면 이분이 그의 배우자라는 제 짐작도 맞습니까?
보기에도 통치자다우시니까요.

코로스장 그렇다마다요. 당신 곁에 계신 바로 그분이지요. 665

시종 　　　　　　　(클뤼타임네스트라를 향하여)

오오, 평안하소서, 왕비님. 저는 제 벗에게서
당신에게도 아이기스토스에게도 달콤한 소식을 품고 왔나이다.

클뤼타임네스트라 그 말씀 기꺼이 받겠어요. 하지만 무엇보다도 먼저, 인간들 중에서
누가 당신을 보냈는지 그걸 알아야겠군요.

시종 포오키스 사람 파노테우스올시다. 중차대한 일을 전해드리라고요. 670

클뤼타임네스트라 그게 무입니까, 손님? 말씀해보시지요. 당신은 친구에게서 왔으니
사랑스러운 말씀을 하시리라는 확신이 드는군요.

시종 오레스테스가 죽었습니다. 짧게 요약하자면 그렇습니다.

엘렉트라 아아, 난 비참한 자로다! 오늘 나는 파멸을 맞았구나!

클뤼타임네스트라 그게 무슨 말씀인가요, 뭐라 하셨소, 손님? 이 계집 말은 듣지 마시고. 675

시종	오레스테스가 목숨을 잃었다고 아까도, 지금도 말씀드리고 있습니다.
엘렉트라	불운한 나는 멸망했구나! 난 더 이상 아무것도 아니야.
클뤼타임네스트라	너는 네 일이나 신경 쓰거라. 아무튼 당신은 내게 사실대로 말씀해보세요, 손님, 그 애가 어떻게 죽었던가요?
시종	바로 그것 때문에 제가 파견되었으니, 모든 걸 아뢰겠습니다. 680

        그는 희랍의 이름난 행사인
        델포이 시합에서 겨루기 위해 왔지요.
        목청 높여 첫 번째 경기의 경주를 선언하는
        어떤 남자의 소리를 듣더니, 그가 눈부신 자태로
        입장하더군요, 거기 있던 모든 사람의 경탄을 자아내면서요. 685
        그 경주에서 그는 출발과 마찬가지의 끝맺음으로
        몹시 영광스러운 승리의 상과 함께 주로에서 나왔지요.
        당신께 짧은 말로 많은 걸[33] 말씀드리자면,
        그만한 위업과 위력을 보인 다른 어떤 누구도 저는 알지 못합니다.
        한 가지만 알아두십시오. 심판들이 선포한 모든 경기에서 690
        [경주, 두 배 경주, 그리고 오종 경기라고 불리는 경기에서]
        그가 승리란 승리는 모조리 거머쥐게 되자, 행운을 누리는 이로
        여겨지게 되었고, 아르고스에서 온 오레스테스라는 이름으로
        호명되었지요. 한때 그 유명했던 희랍의 군대를 모아 이끌던
        아가멤논의 아들로 말입니다. 695
        상황은 그렇게 진행되고 있었습니다. 그러나 신들 중 어떤 분께서
        해를 입히시면, 제아무리 강력한 자라도 벗어날 길이 없지요.
        다음 날이 되어 헬리오스가 솟아오르자, 그는
        전차 경주에서 경합을 벌이기 위해 다른 많은
        전차수들과 함께 입장했습니다. 700

---

[33] 다른 모든 사본은 '많은 말을 짧게'로 전하고 있다.

한 사람은 아카이아인, 또 한 사람은 스파르타 출신이었고,
리뷔아 사람[34]이 둘이었는데 멍에 달린 전차의 달인들이었지요.
그리고 그는 텟살리아[35]의 말들을 데리고 그들 중에서
다섯 번째로 입장했답니다. 여섯 번째는 어린 황고라말을 몰고 온
아이톨리아 사람이었고요. 일곱 번째는 마그네시아[36] 사람,   705
그리고 여덟 번째는 백마를 모는 아이니아[37] 사람이었습니다.
아홉 번째는 신께서 지으신 아테나이에서 온 사람이었고,
나머지는 보이오티아[38] 사람이었는데, 그가 와서 열 대의 전차가 채워졌지요.
그들은 배치된 심판들이 제비를 뽑아 정해준 자리에 서서
전차들을 도열하더니   710
청동 나팔 소리에 맞추어 달려 나가더군요. 그들이 일제히
말들에게 고함을 치며 두 손으로 고삐를 흔드니
덜컹이는 전차들의 굉음으로 온 주로가 채워지고, 흙먼지가
솟구쳐 올랐지요. 그러자 모두가 한꺼번에 뒤섞여서는   715
서로의 바퀴 중심을, 다른 말들이 뿜는 콧김을 앞지르기 위해
가시 막대기를 아끼지 않았답니다.
말들은 한 무리가 되어 전차수들의 등이며 구르는 바퀴들에
거품을 일으킬 정도로 날숨을 내질렀으니까요.
그는 오른쪽 말은 고삐를 풀어가면서,   720
안쪽 말은 조여가면서 매번 반환점 가장자리까지

---

34 북아프리카 리뷔아 지역에는 희랍인들이 이주하여 살던 퀴레네라는 도시가 있었는데, 이 지역 출신들로 추정된다.
35 희랍 반도의 중동부 지역.
36 에게해 북서해안 지역으로 텟살리아의 일부이다.
37 실제로 아이니아라는 지명이 있었는지는 불확실하다. 그러나 『일리아스』 2권 749-750행에 아이니아 사람들이 도도네 지역에 살고 있다는 언급이 있다. 도도네는 희랍 반도의 북서부 에피로스 지역에 위치한, 신탁으로 이름난 곳이다.
38 코린토스만 동북쪽 지역. 서쪽으로는 파르낫소스산, 남서쪽으로는 헬리콘산이 있다.

바퀴 축대가 가닿을 정도로 붙이며 몰아갔답니다.
그때까진 모두가 전차 위에 곧게 서 있었고요.
그런데, 재갈 물리기조차 힘든 아이니아 사람의 그 망아지들이
난폭하게 치달으며 반환점을 돌아 나온 것이 이미 여섯 번이었고   725
일곱 번째 주로를 돌려고 할 때, 그만 이마로
바르케에서 온 전차[39]를 들이받고 말았지요.
그러자 그 하나의 사고로 인해 이 전차가 저 전차와 (부딪쳐)
박살이 났고, 전차수는 곤두박질치니
크리사의 벌판이 죄다 난파된 전차들의 잔해로 차오른 겁니다.   730
아테나이에서 온 무시무시한 전차수는 이걸 알아차리더니
말들을 바깥으로 밀어붙이면서 제동을 걸었고
전차들로 어지러운 그 너울 한가운데를 비켜 나갔습니다.
한편 맨 뒤에서 몰아오던 오레스테스는 망아지들이 앞으로 못 나가게
붙들면서 마지막 역주를 확신하고 있었지요.   735
그런데 그 (아테나이) 사람 혼자 남아 있는 걸 보더니
빠른 망아지들의 귀를 뚫고 지나가는 날카로운 함성을 내지르며
추격에 나서더군요. 그러자 그 둘이 멍에를 나란히 한 채
전차를 몰아가니, 이번에는 이쪽이, 그러다 다음엔 저쪽이
서로 전차 말 머리를 앞으로 내미는 형국이었습니다.   740
그러면서도 그는 똑바로 선 전차 위에 똑바로 선 채
남은 모든 주로를 일말의 흔들림도 없이
치고 나갔습니다. 그런 다음 그 불운한 사람은
선회하던 중에 왼쪽 말의 고삐를 풀다가
그만 반환점 끄트머리를 보지 못하고 들이받고 말았습니다.   745
그는 바퀴 차축 한가운데를 산산조각 내더니

---

39 바르케는 퀴레네 인근의 도시이며, 702행에서 언급된 리뷔아 사람 둘 중 하나의 전차를 가리킨다.

전차 난간 밖으로 미끄러져 내렸고
잘 잘라둔 채찍에 그만 휘감겨 땅바닥으로 추락했답니다.
그러자 망아지들은 주로 한복판으로 뿔뿔이 흩어져버렸고요.
그가 전차에서 곤두박질치는 걸 본 관중들은
그 젊은이를 두고 울음을 터뜨리며 통곡하더군요, 750
그만한 성취를 거뒀건만, 그렇게도 불운한 운명을 맞았다며 말입니다.
땅바닥에 내동댕이쳐지는가 했는데, 또 어느새
공중을 향해 다리를 뻗기도 하다가 결국은 전차수들이
내달리는 말들을 가까스로 멈춰 세운 다음에야 피투성이가 된 그를
빼내 올 수 있었고, 그 처참한 몸뚱이는 친구들조차 755
눈으로 보면서도 도저히 알아보지 못할 지경이었답니다.
그리고 그들은 곧바로 화장 제단에서 그를 불살랐고,
그가 아버지의 땅에서 무덤에 묻힐 수 있도록 이 일을 위임받은
포오키스 사람들이, 그 어마어마했던 육신이 남긴
비참한 잿가루를 이 작은 청동 단지에 담아 가져온 겁니다. 760
이것이 당신을 위한 이야기였습니다. 말로만 들어도
고통스러울 지경이지요. 하지만 저처럼 직접 목격한 사람들에게는,
눈으로 본 모든 불행 중 최악이었습니다.

코로스장　이럴 수가, 이럴 수가! 유서 깊은 우리 주인님들의 가문 전체가,
　　　　　뿌리며 가지까지 송두리째 무너져 내린 게 아닌가 싶습니다. 765

클뤼타임네스트라　오오, 제우스시여, 이게 무슨 일입니까? 이걸 행운이라 불러야 할까요?
　　　　　아니면 끔찍하지만 득이 되는 것이라 부를까요? 나 자신의 불행으로
　　　　　내 목숨을 구해내는 건 고통스럽지요.

시종　지금 이 이야기를 듣고도 왜 그리 기운이 없으신가요, 마님?

클뤼타임네스트라　낳은 정이란 건 여간 대단한 게 아니니까요. 심지어 자신이 770
　　　　　몹쓸 짓을 당한다 해도, 자기가 낳은 애들을 미워할 순 없는 노릇이지요.

시종　그렇다면 제가 공연히 온 게 아닌가 싶습니다만.

| 클뤼타임네스트라 | 공연히 왔다니요, 그럴 리가요! 어떻게 '공연히'라고 말씀하십니까?
그대는 그 애가 죽었다는 믿을 만한 증거를 내게 가져오셨는데요.
그 애는 내 목숨에서 태어났으면서도, 내 젖가슴과 내 보살핌으로부터 775
떨어져 나가더니 집에서 멀리 떨어진 채 도망자 신세가 되었지요.
그렇게 이 땅에서 떠나간 후로는 그 애는 두 번 다시
나를 보지도 않았을뿐더러, 나더러 아버지를 죽인 사람이라며
욕을 하질 않나, 끔찍한 짓을 저지르겠노라 협박을 해댔지요.
그러니 밤에는 물론이고, 낮에도 달콤한 잠이 한숨도 나를 780
감싸준 적 없답니다. 그저 시간이 내 앞에 우뚝 선 채
나를 마치 운명에 이른 여인처럼 이끌고 온 거죠.
하지만 이제, 바로 오늘에서야 이 계집에게서, 그리고 그 애에게서
오는 두려움으로부터 난 풀려났어요. 물론 이 계집이 더 심한 해악이죠.
내게 빌붙어 살면서 내 목숨 달린 피를, 섞지 않은 포도주처럼 785
끊임없이, 퍼마셔댔으니까요. 하지만 이제 우리는,
이 계집의 위협에 절대 노심초사하지 않고, 우리의 나날을 보낼 거랍니다.

| 엘렉트라 | 아아, 가련한 내 신세! 이제 네 불운을 두고
목 놓아 울부짖어야겠구나, 오레스테스야, 네 형편이 그러한데
어미라는 자는 주제넘게 굴고 있으니. 내가 잘하고 있는 거지? 790

| 클뤼타임네스트라 | 당연히 너는 아니지. 하지만 저 애는, 상황이 그러하니, 잘된 거다.

| 엘렉트라 | 들어주소서, 이제 막 목숨 잃은 이를 위한 네메시스[40] 여신이여!

| 클뤼타임네스트라 | 그분은 들어 마땅한 것을 들으셨고, 제대로 확인해주셨다.

| 엘렉트라 | 그래, 주제넘게 구세요. 지금이야 당신이 행운을 맞았으니까.

| 클뤼타임네스트라 | 그걸 오레스테스와 네가 끝내지는 않으렷다? 795

| 엘렉트라 | 끝난 건 우리인데, 어떻게 당신을 멈출 수 있겠어요?

| 클뤼타임네스트라 | 손님, 당신이 혓바닥도 많이 달린 저 괴성을 틀어막게 된다면,

---

[40] 보복의 여신으로, 과도한 행위를 저지른 인간을 벌주는 역할을 한다.

|시종| 당신은 많은 보답을 얻을 만한 벗으로 온 겁니다.
이 일들이 다 잘된 거라면, 저는 되돌아가겠습니다.
|클뤼타임네스트라| 무슨 말씀을! 그건 내게도, 그리고 당신을 보낸 그 친구에게도   800
당신이 맞갖게 행동하는 게 아닐 테지요.
그러지 말고 안으로 드세요. 저년이야 자신과 제 사람들의
불행을 두고 밖에서 고함을 지르게 놔두고요.

(클뤼타임네스트라 일행과 시종, 퇴장한다)

|엘렉트라| 자네들 보기엔 어떠한가, 과연 저 여자가 고통에 눌려 괴로워하면서
끔찍하게 눈물 흘려가며, 그런 식으로 목숨을 잃은 아들을 두고   805
불운에 젖어 통곡하는 것으로 보이느냐?
천만에, 웃어젖히며 떠나가더구나. 아아, 기구한 내 신세!
더없이 소중한 오레스테스야, 네가 죽어 내게 파멸을 안기다니!
너는 떠나갔지, 내가 여전히 붙들고 있던
유일한 희망, 언젠가는 네가 살아 돌아와 아버지를 위해,   810
또 이 비참한 나를 위해 복수할 거란 희망마저
내 마음속으로부터 찢어놓고서. 이제 난 어디로 가야 좋겠니?
너도, 그리고 아버지도 빼앗긴 나는 혼자니까.
그러면 모든 인간 중 내게 가장 혐오스러운
저자들을 위해 난 다시 종살이를 해야만 하는가,   815
아버지를 쳐 죽인 자들을 위해? 그게 내겐 잘된 일 아닐까?
아니, 남은 세월 동안 난 결코 그들과 더불어 살지
않으리라. 차라리 나 이 문 앞에서 스스로를
넘어뜨리고, 친구도 없이 내 생을 메마르게 할 테니,
저 안에서 지내는 자들 중 누군가가 이를 성가시게 여기거든   820
나를 죽이거라. 누가 나를 죽인다면 그게 바로 호의고,
내게 목숨이 붙어 있다면 그게 고통이니까. 나는 삶에 대한 갈망이 전혀 없어.

〈애탄가〉

코로스(좌1)	대체 제우스의 번개는 어디에 있고,
	빛을 뿜는 헬리오스는 어디에 있는가,
	이런 것들을 보면서도 속 편히 덮어둔다면? 825
엘렉트라	아아, 아아악!
코로스	따님, 어찌 그리 눈물 흘리시나요?
엘렉트라	빌어먹을!
코로스	너무 심한 말씀은 마세요.
엘렉트라	자네가 나를 죽이고 있어.
코로스	어떻게요? 830
엘렉트라	명백하게 하데스로 가버린 이들을 두고
	자네가 희망을 붙들라고 한다면,
	가뜩이나 녹아내리는 나를 835
	아예 짓밟는 셈이니까.

코로스(우1)	제가 알기론 암피아라오스 왕도 여인의
	황금 그물에 갇혀버렸지만,⁴¹
	지금은 지하에서…
엘렉트라	아아, 아아! 840
코로스	…온전한 목숨으로 다스리고 있다 합니다.
엘렉트라	아아!
코로스	아아, 분명 그를 죽인 여인이…

---

41 폴뤼네이케스가 주도한 1차 테바이 전쟁의 주요 지휘관 중에는 암피아라오스라는 예언자가 있었다. 그는 테바이 침공이 실패하고 지휘관들도 모두 죽을 것을 알고 원정에 반대하였으나, 폴뤼네이케스가 그의 아내 에리퓔레에게 황금 목걸이를 뇌물로 주었고 그는 아내의 지시에 따르겠노라 맹세한 바 있기 때문에 어쩔 수 없이 테바이 침공에 참여하게 된다. 그는 원정을 떠나기 전 아들 알크마이온에게 에리퓔레를 죽일 것과 2차 테바이 전쟁에 참전할 것을 당부한다. 테바이에서 그는 제우스가 땅을 갈라놓아 전차와 함께 땅속으로 들어갔다고 전해진다.

엘렉트라	그의 아내였지.
코로스	그렇지요.
엘렉트라	알고 있다, 나도 알고말고. 슬픔에 잠긴
	그를 위해 마음 써줄 이가 나타난 거지. 하지만 내겐 더 이상 아무도 없네.
	있었지만, 붙들린 채 아예 가버리고 말았어.
코로스(좌2)	불운한 당신은 불운을 맞닥뜨렸군요.
엘렉트라	나도 알고 있지, 너무나도 잘 알고 있지.
	그 숱한, 끔찍하고 가증스러운 것들이 어느 한 달 빠짐없이
	사방에서 휩쓸려 들어오는 이 삶 속에서 말일세.
코로스	무슨 말씀이신지 저희도 압니다.
엘렉트라	그러니 이제 더는 내 방향을 돌리려 하지
	말게나, 그쪽을 향해…
코로스	무슨 말씀이신가요?
엘렉트라	…동기간 중 고귀하게 태어난 이에게 품었던 희망이
	더는 아무런 도움이 되지 못하는 쪽을 향하지 말아주게.
코로스(우2)	모든 인간에게는 죽음의 몫이 있답니다.
엘렉트라	날랜 말발굽 경주에서도 과연 그러한가,
	잘라낸 가죽 고삐에 감긴 그 기구한 남자처럼?
코로스	그 잔혹함은 도저히 상상할 수 없어요.
엘렉트라	어찌 그렇지 않을 수 있겠나. 내 손길도
	닿지 않는 곳에서 객이 되어…
코로스	아아, 아아!
엘렉트라	…묻혔으니, 내게서 장례도,
	상엿소리도 받지 못한 채로.

845

850

855

860

865

870

(크뤼소테미스 등장한다)

크뤼소테미스	난 말이야, 가장 소중한 언니, 기쁨에 겨워 왔어,
	서둘러 오느라 격식 같은 건 제쳐두고서.
	내가 가져온 건 기쁨이라고, 예전에 언니가
	떠안고 한숨짓던 불행에서 벗어나 쉴 수 있게 해주는 거란 말이야.
엘렉트라	이제 더는 고칠 길 없는 내 재앙을 두고 875
	넌 어디서 도움을 찾아낸 거니?
크뤼소테미스	오레스테스가 우리 곁에 와 있단 말이야, 내 말을 듣고 알아둬,
	언니가 나를 쳐다보는 것처럼 분명하게!
엘렉트라	아서라, 네가 미쳤구나, 딱한 것.
	너는 너와 나의 불행을 비웃는 게지? 880
크뤼소테미스	그럴 리가, 조상님들의 화로에 걸고 맹세하지. 내가 이런 말을 하는 건
	주제넘어서가 아니야. 그저 그 애가 우리 둘 곁에 와 있다는 거야.
엘렉트라	이런 이런, 딱한 것. 넌 도대체 어떤 사람에게서
	그런 말을 들었기에 그리 덥석 믿어버리는 거냐?
크뤼소테미스	아니, 난 말이지, 다른 사람에게서가 아니라 바로 나 스스로 885
	명백한 징표를 보았으니 이 이야기를 믿는 거야.
엘렉트라	딱한 것, 어떤 증거를 보았다는 거냐? 말해보렴, 네가 대체 뭘 보았기에
	헤파이스토스께서 지핀 적 없는 이 불길에 타오르고 있는 거냐?
크뤼소테미스	신들께 걸고 부탁할게, 일단 좀 들어봐, 그래야 언니도 알게 될 테니,
	나중에 나를 제정신이라고 부르든 바보라고 부르든 간에. 890
엘렉트라	좋다, 네가 말해보아라, 그 이야기가 네게 무슨 낙이라도 된다면야.
크뤼소테미스	그래, 그러면 내가 본 바대로 모두 언니에게 말해줄게.
	아버지의 오래된 무덤에 가니까
	봉분 꼭대기에서부터 우유가 갓 흘러내린 게
	보였어. 게다가 아버지의 무덤에 사방을 둘러 895
	온갖 꽃으로 화환이 씌워진 걸 보았지.

　　　　　나는 보자마자 놀란 나머지 주변을 둘러 살폈어,
　　　　　혹시 어떤 사람이 내게 가까이 다가오나 싶어서.
　　　　　그래 난 그 자리 전체가 고요한 걸 본 다음
　　　　　무덤에 좀 더 가까이 나아갔어. 그런데 무덤 가장자리에서　　900
　　　　　갓 잘라낸 머리카락 한 타래를 보았지.
　　　　　불운한 내가 그걸 본 순간 어떤 친숙한 인상이
　　　　　내 영혼을 타격하는데, 내가 세상 누구보다 더 아끼는
　　　　　사람의 징표를 난 본 거라고, 오레스테스 말이야.
　　　　　난 그걸 두 손으로 들어 올렸고, 불미스러운 말은 아예 꺼내지도 않았어.　905
　　　　　이 두 눈은 기뻐서 곧장 눈물로 차올랐고.
　　　　　그때도, 그리고 지금도 여전히 난 굳게 믿고 있어,
　　　　　그 즐거운 선물은 다른 누구도 아닌 바로 그 애에게서 왔다고 말야.
　　　　　그게 나와 언니 말고 과연 누구를 위한 것일까?
　　　　　나는 그걸 한 적이 없어. 그리고 언니도 그러지 않았다는 걸　　910
　　　　　난 알아. 언니가 어떻게 할 수 있었겠어? 신들께 걸고 말하지만,
　　　　　눈물 나는 처벌 없이 언니는 이 집 밖으로 나갈 수도 없잖아.
　　　　　그렇다고 어머니가 한 일도 아니야. 그 마음가짐이 이런 일 하는 걸
　　　　　좋아하지 않으니까. 아무도 모르게 한 것도 아닐 테고.
　　　　　아니야, 무덤의 그 제물은 오레스테스의 것이야.　　915
　　　　　사랑하는 언니, 그러니 기운을 차려.
　　　　　같은 사람들에게 늘 같은 운명이 마련되는 건 아니란 말이야.
　　　　　우리 둘의 운명도 전에야 가증스러운 것이었지만, 아마도
　　　　　오늘이 많은 좋은 것들이 시작되는 확증이 되어주지 않을까 싶어.

엘렉트라　　이런 이런, 아무 생각이 없는 널 두고 난 한참 전부터 불쌍히 여겨왔다.　920
크뤼소테미스　뭐가 문젠데? 내 말이 기쁨으로 와닿지 않는다는 거야?
엘렉트라　　대체 세상 어디로, 네 생각 속 어디로 네가 끌려다니는지 넌 모르고 있어.
크뤼소테미스　내가 똑똑히 봤는데, 어떻게 아무것도 모를 수 있다는 거야?

엘렉트라	그 애는 죽었어, 이 딱한 것아. 그 애가 구원자가 되어줄 방법은
	사라졌어. 그 애 쪽으로는 눈길도 주지 말려무나. 925
크뤼소테미스	이럴 수가, 비참한 내 신세! 언니는 어떤 사람에게서 그 말을 들은 거야?
엘렉트라	그 애가 파멸을 맞았을 때 가까이 있던 사람에게서.
크뤼소테미스	그 사람 어디 있지? 경악이 나를 사로잡는구나!
엘렉트라	집 안에. 어미에게는 달갑기만 할 뿐 전혀 불쾌한 사람이 아니니까.
크뤼소테미스	이럴 수가, 비참한 내 신세! 그렇다면 아버지의 무덤 앞 930
	그 많은 장례 선물은 대체 어떤 사람이 놓은 걸까?
엘렉트라	내가 보기엔, 모르긴 몰라도 누군가가 죽은 오레스테스를 위한
	기념으로 그것들을 놓은 것 같구나.
크뤼소테미스	불쌍한 녀석, 나는 그런 이야기들을 품고 기쁨에 젖어
	서둘러 왔건만, 우리가 어떤 재앙을 맞닥뜨렸는지 935
	알지도 못하고서! 하지만 이제 와서 보니
	이전의 것들에 더해 또 다른 재앙마저 알게 되었구나!
엘렉트라	그래, 네 상황이 바로 그렇다. 하지만 네가 내 말을 따르겠다면,
	지금 우리에게 닥친 이 참사의 짐을 벗을 수 있을 거다.
크뤼소테미스	아니, 나더러 죽은 사람들을 다시 살려놓기라도 하라는 거야? 940
엘렉트라	그런 말이 아니란다. 내가 그렇게 분별없이 태어나진 않았어.
크뤼소테미스	아니, 그러면, 내가 감당할 수 있는 일 중에 무얼 하라고 하는 건데?
엘렉트라	내 너에게 무슨 일을 권하든 일단 감행해보는 거야.
크뤼소테미스	그게 도움이 된다면야 나도 내치진 않을게.
엘렉트라	알잖니, 수고 없이 성공할 수 있는 일은 전혀 없어. 945
크뤼소테미스	나도 알아. 무슨 일이든 내 힘이 닿는 만큼 도움을 보낼게.
엘렉트라	그럼 이제 들어봐, 내가 어떻게 완수해내려고 계획을 세워놓았는지.
	너도 알다시피, 이젠 우리 곁에는 친구라고 할 만한
	사람들이 없다. 하데스가 그들을 붙잡고선
	빼앗아 가버렸고, 오로지 우리 둘만 남겨졌으니까. 950

나도 내 오라비가 번영을 누리며 살고 있다는 말을
듣던 동안에는, 언젠가 그 애가 살해당한 아버지를 위해
복수자로 돌아올 거란 소망을 품고 있었지.
하지만 이젠 그 애가 없으니, 내가 바라보는 건 너야,
제 손으로 직접 우리 아버지를 살해한 그자, 아이기스토스를   955
이 언니와 합세하여 쳐 죽이는 일에 네가 몸을 사리지
않았으면 해서. 난 더 이상 네게 아무것도 숨겨선 안 되니까.
넌 무얼 그리 한가로이 기다리는 거냐? 굳게 세워진 희망이 이제
어디 있다고 그리 쳐다보고 있는 거냐? 아버지의 재산을 얻을 기회도
빼앗긴 마당에, 네가 할 수 있는 건 탄식 말곤 없어.   960
너도 이제껏 그 오랜 세월 동안 결혼 침대도 얻지 못하고, 결혼 축가도
듣지 못한 채 나이만 먹어가며 욕보고 있잖니. 지금 말한 것들을 두고
어떻게든 얻게 되지 않겠냐는 희망 따위 더는 품어선 안 된다,
안 되고말고. 그 아이기스토스라는 자는 너나 내 자식이
자라나게 내버려둘 정도로 아둔한 인간이 아니란 말이야.   965
그게 그놈에게는 분명 참사가 될 테니까.
하지만 네가 내 계획대로 따라와준다면,
일단은 지하에 계신, 돌아가신 아버지로부터
그리고 오라비로부터도 한꺼번에 경건하다고 인정받게 될 거야.
그러고 나면, 너의 태생 그대로, 앞으로는 자유로운 자라고   970
불리게 될 거다. 게다가 맞갖은 결혼도 하게 될 거고.
그럴 가치가 있는 여인이라면 누구든지 바라보게 마련이니까.
네가 내 말을 따라주기만 하면, 너 자신을 위해, 그리고 나를 위해서도
그 얼마나 이름 높은 평판을 얻어낼는지 보이지 않아?
시민들 중 과연 누가, 아니 이방인조차도 우리를 보고서는   975
이런 칭찬을 하며 환대해주지 않을까?
"이 두 자매를 보시오, 벗들이여,

｜　　　　　　아버지의 가문을 구해낸 분들이며,

　　　　　　순탄히 뻗어 나가던 원수들에게

　　　　　　살육을 안긴 두 분이라오, 목숨조차 내놓고서!　　　　　980

　　　　　　우리 모두 이 두 분을 사랑해야 마땅하오, 기려야 마땅하오.

　　　　　　축제에서도, 이 도시 백성들의 어떤 회합에서도

　　　　　　모든 이가 그 용맹함으로 인해 이분들께 존경을 바쳐야 한다오."

　　　　　　우리가 살아서도 죽어서도 그 영광이 떠나가지 않도록

　　　　　　분명 모든 사람이 우리 두 사람에게 이런 이야기를 할 거란 말이다.　　985

　　　　　　그러니 내 사랑하는 아이야, 내 말대로 하자꾸나. 아버지를 위해 힘을 보태렴.

　　　　　　오라비를 위해 애써주렴. 이 재앙에서 부디 나를 놓아주고,

　　　　　　너 스스로도 놓아다오, 고귀하게 태어난 이들에게는 수치스러운 삶이

　　　　　　수치스럽다는 걸 염두에 두고.

코로스장　　이런 상황에서는 미리 숙고하는 것이　　　　　　　　　　　　　　　990

　　　　　　말하는 이에게도, 듣는 이에게도 전우가 되어주지요.

크뤼소테미스　그래, 여인들아, 저 말을 하기 전에 언니에게

　　　　　　나쁘지 않은 분별력이 있었더라면, 언니도 조심성을 지켰겠지.

　　　　　　하지만 그러지 않았어. 언니는 도대체 무얼 바라보면서

　　　　　　그 대단하신 담력으로 무장한 채　　　　　　　　　　　　　　　　995

　　　　　　나더러 같이 노를 젓자고[42] 부르는 거지?

　　　　　　보질 못하는 거야? 언니는 여자로 태어났어, 남자가 아니라고!

　　　　　　주먹의 힘도 상대보다 약하지.

　　　　　　저들에게는 운명도 매일같이 순조롭지만,

　　　　　　우리에겐 흘러 나가서 아예 없어져버린다고.　　　　　　　　　　1000

　　　　　　과연 뉘라서 저만한 남자를 잡아 죽이려고 모의한 다음

---

[42] '봉사하다', '명령을 실행하다'라고 의역하기도 하나, 여기서는 원문 hypereteō(휘페레테오)의 뜻을 살려 '노를 젓다'라고 옮겼다.

재앙에 아무런 타격도 받지 않은 채 유유히 빠져나올 수 있을까?
명심해, 안 그래도 우리 둘은 형편이 좋지 않은데 더 커다란 재앙을
벌어들이지 않도록 말이야. 행여 누가 이런 이야기를 듣기라도 하면 어쩌려고!
우리 둘이 근사한 평판을 얻는다 해도 명예롭지 못하게 죽는다면   1005
그건 해결책도 도움도 되지 못해.
[죽는 게 가장 가증스러운 일이 아니야. 죽어야겠다고 마음먹었을 때
그렇게 할 수조차 없는 게 가증스럽지.]
그러지 말고, 내가 빌게, 우리가 송두리째 파멸당하고
우리 가문을 폐허로 만들어놓기 전에,   1010
그 분노를 붙들어줘. 나도 언니가 한 말을
발설하지 않은 것으로, 실행에 옮기지 않을 것으로 간직할게, 언니를 위해서.
다만 언니 스스로도, 오래도 걸린 셈이지만, 힘이 없으니까
통치자들에게 양보하는 마음가짐을 해야 해.

코로스장   (엘렉트라에게)
그 말씀대로 하시지요. 선견지명과 지혜보다 인간들이   1015
더 큰 이익을 얻을 수 있는 건 없으니까요.

엘렉트라   네 말이 예상을 벗어난 건 아니다. 내가 전한 바를
네가 내던지리라는 걸 난 잘 알고 있었어.
그렇다면 이 일은 나 혼자서 내 손으로 처리해야만 하겠지.
아무것도 안 한 채로 포기하진 못하겠구나.   1020

크뤼소테미스   아이고, 아버지가 목숨을 잃던 때에 언니가 이런 결심을 했더라면,
언니가 이뤄내지 못할 일이 없었을 텐데.

엘렉트라   그때도 천성 자체는 똑같았어, 다만 판단력이 못 미쳤을 뿐.

크뤼소테미스   그러면 그런 판단력을 사는 동안 내내 유지하도록 연습해보지 그래?

엘렉트라   네가 그런 조언을 하는 건 행동을 함께하지 않겠다는 게지.   1025

크뤼소테미스   그런 일에 손댔다가는 험한 꼴을 당할 게 분명하잖아.

엘렉트라   네 판단력은 부럽지만, 그 비겁함은 가증스럽구나.

크뤼소테미스	그런 말은 내가 참고 들을 수 있어, 언니가 나를 칭찬할 때도 그렇고.
엘렉트라	아니, 그건 네가 내게서 절대로 경험하지 못할 거다.
크뤼소테미스	그걸 결정할 수 있는 세월은 앞으로도 많이 남아 있거든. 1030
엘렉트라	가버려라. 네게선 도움이란 게 있을 수 없으니.
크뤼소테미스	있지 왜 없겠어, 다만 언니가 그걸 배울 능력이 없는 거지.
엘렉트라	가서 네 어미에게 이 모든 걸 일러바치려무나.
크뤼소테미스	내가 언니를 미워하긴 하지만, 그 정도까진 아니야.
엘렉트라	각설하고, 네가 나를 얼마나 능멸하고 있는지만 알아두어라. 1035
크뤼소테미스	능멸이라니, 그럴 리가. 난 언니를 염려하는 거야.
엘렉트라	네가 옳다고 보는 걸 내가 좇아가기라도 해야 한단 말이냐?
크뤼소테미스	제대로 헤아리기만 한다면, 언니가 우리 둘 다 이끌 수도 있어.
엘렉트라	헛짚는 달변이란 끔찍한 것이구나.
크뤼소테미스	제대로 말했어, 언니가 처한 악에 대해서. 1040
엘렉트라	뭐라고? 네 눈엔 내 말이 정당치 않다고 뵈는 거냐?
크뤼소테미스	글쎄, 그 정당함이라는 게 해악을 끼칠 때도 있지.
엘렉트라	난 그런 법에 기대면서까지 살고 싶진 않아.
크뤼소테미스	하지만 언니가 그 일에 나선다면, 그땐 나를 칭찬하게 될 거야. 1045
엘렉트라	당연히 하고말고! 네게 겁먹고 놀라거나 하진 않으마.
크뤼소테미스	그 말 진심이야? 되돌이켜 생각해볼 순 없어?
엘렉트라	비열한 조언보다 더 가증스러운 건 없어.
크뤼소테미스	내 말은 안중에도 없는 것 같아.
엘렉트라	이 결심은 내 오래전에 이미 내린 거야, 새삼 이제 와서가 아니라.
크뤼소테미스	[그러면 난 갈게. 언니는 차마 내 말에, 1050
	나도 언니의 방식에 찬성하지 못할 테니까.
엘렉트라	안으로 들어가거라. 내가 너를 따를 일 따윈 없다,
	설령 그러길 네가 애걸복걸하며 갈망한다고 하더라도.
	허무를 좇아다니는 건 지독히 어리석은 일이니까.]

크뤼소테미스 그만하고, 언니가 뭔가 잘 판난하고 있는 것 같다면 1055
　　　　　계속 그렇게 판단해. 그러다가 불행 속으로 들어가는 순간,
　　　　　언니는 내 말을 찬탄하게 될 테니까.

　　　　　　　　　(크뤼소테미스 퇴장한다)

　　　　　　　　　　(2정립가)

코로스(좌1) 지극히 지혜로운 저 위의 새들이
　　　　　자기들을 낳아주고 베풀어준 것들을
　　　　　먹여 살리느라 신경을 쏟는 것을 1060
　　　　　보면서도, 어째서 우리는
　　　　　똑같이 이를 해내지 않는 것인가?
　　　　　그러나 제우스의 번개와
　　　　　천상의 테미스[43]로 인해
　　　　　고생 모른 채 오래 지내진 못하리라. 1065
　　　　　오오, 죽게 마련인 인간들을 위해 지하로 내리는
　　　　　소문이여, 부디 나를 보아 저 아래 계신 아트레우스의
　　　　　아드님들[44]께 애처로운 외침을 보내어
　　　　　기쁨이라곤 없는 오욕을 전해다오.

(우1)　　그들의 집에서 비롯된 것들은 이미 병들어 있는 데다가 1070
　　　　　자식들에게서 겹으로 솟는 전쟁의 함성도
　　　　　더 이상 우애로 산다 한들
　　　　　공평히 해결되지 않는다고 전해다오.
　　　　　배신당한 그 따님[45] 혼자 파도에 휩쓸리고 있으니,

---

43 우라노스와 가이아의 딸로 제우스의 아내 중 하나이다. 테미스가 일반명사로 쓰일 경우 '관습, 관행', 또는 '법도, 사람이 마땅히 해야 하는 바' 등으로 풀이된다.
44 아가멤논과 메넬라오스.

	비참한 그녀는 아버지의 불운한 운명을 두고	1075
	마치 온통 비탄뿐인 밤꾀꼬리처럼	
	늘 탄식하는구나.	
	그 에리뉘스 한 쌍[46]을 잡아낼 수만 있다면	
	그녀는 죽음 따위 신경조차 쓰지 않고	
	(빛을) 보지 않을 각오가 되어 있다네.	1080
	뉘라서 이토록 고귀하게 태어날 수 있으랴.	

(좌2) 고귀한 사람이라면 어느 누구도
비열하게 살면서 제 명성에 먹칠하여
이름 없는 자가 되길 원치 않는답니다, 따님, 내 따님.
그래서 당신도 오롯이 통곡으로 가득한   1085
이름 높은 삶을 택하신 거지요.
훌륭한 치료책으로 철저히 무장하여
단 한마디 말로 둘을 얻으셨으니,
지혜롭고 으뜸가는 딸이라고 불리니까요.

(우2) 제 원이니 그대는 이렇게 살아가소서,   1090
수완으로나 재산으로나 그대의 원수들을 능가하되
지금 그자들의 손아귀 아래에서 살아가는 그만큼으로!
그대는 결코 좋지 못한 운명의 몫을 얻어
걷고 있지만, 세상에 태어난
가장 위대한 법을 두고 말하자면,   1095
제우스를 향한 경건으로 그대가 최고의 상을

---

45 다른 모든 사본은 '엘렉트라'로 전하고 있다.
46 아이기스토스와 클뤼타임네스트라를 가리킨다.

	얻어 가시는 깃을 저는 보았습니다, 그 법 딕으로요.
	(오레스테스가 단지를 들고 퓔라데스와 함께 등장한다)

오레스테스	여인들이여, 우리가 옳게 알아들었고, 가야 할 곳을 향해
	옳게 나아가고 있는 게 맞습니까?
코로스장	무엇을 찾고 있는지요? 여기서 무얼 하시려고요? 1100
오레스테스	나는 아이기스토스가 어디서 자리 잡고 살고 있는지 오래전부터 묻고 있다오.
코로스장	그렇다면 제대로 찾아온 것이니, 그대에게 길 알려준 이를 나무랄 것 없습
	니다.
오레스테스	그렇다면 그대들 중 누군가가 안에 계신 분들께 말씀해주시겠소?
	우리가 고대하며 함께 걸어온 끝에 당도했노라고요.
코로스장	이 여인이 있어요, 가장 가까운 사람이 전해야 한다면. 1105
오레스테스	여인이여, 안으로 들어가서 알려주시오, 포오키스에서 온
	어떤 사람들이 아이기스토스를 찾고 있노라 말이오.
엘렉트라	이럴 수가, 비참한 내 신세! 당신들은 설마 우리가 들은
	그 소문에 대한 구체적인 증거를 가져오는 길은 아니겠지요?
오레스테스	당신이 말하는 그 소문에 대해선 아는 바가 없소. 다만 1110
	스트로피오스 노인께서 오레스테스의 소식을 전하라고 내게 당부하셨다오.
엘렉트라	어떤 소식인가요, 손님? 공포가 이렇게까지 내게 엄습하다니!
오레스테스	우리는 돌아가신 그분의 얼마 안 되는 유골을 단지에 담아,
	그대도 보다시피, 들고 오는 길이오.
엘렉트라	아아, 비참한 내 신세여! 그렇게 되었나요, 이미 나는 1115
	내가 짊어질 짐을 바로 앞에서 분명히 보고 있는 것만 같군요.
오레스테스	그대가 진정 오레스테스가 당한 불운 중 무언가를 두고 우는 거라면,
	알아두시오, 이 단지가 그의 육신을 담고 있다는 걸.
엘렉트라	손님, 신들께 걸고 빕니다. 정말 이 단지가
	그 애를 담고 있다면 내가 여기 이 잿가루로 1120

나 자신과 내 가족 모두를 두고 쓰라리게 통곡할 수 있도록
부디 내 손으로 쥐게 해주세요.

오레스테스 그녀가 누구든 간에 이걸 가져다주시오.
그녀가 적의를 품고 그런 요구를 하는 게 아니라,
그의 친구들, 아니면 혈연으로 태어난 사람 중 하나인 것 같으니까요. 1125

엘렉트라 오오, 내게 더없이 소중한 사람의 기념물이여,
오레스테스의 목숨의 흔적이여, 내 너를 떠나보낼 때
품었던 희망과는 얼마나 다른 모습으로 너를 받아 안는 것이냐!
나 이제는 너를 아무것도 아닌 존재로 두 손에 쥐고 있구나,
내 너를, 얘야, 찬란한 자로 집에서 내보냈거늘. 1130
나도 진작 삶을 등졌더라면 좋았을 것을,
이 두 손으로 너를 빼돌려 살육에서 구해내고
낯선 땅으로 보내기 전에 말이야. 그러면 너도
바로 그날 목숨을 잃고 쓰러져
아버지의 무덤에서 같은 운명을 나눌 수 있었겠지. 1135
하지만 지금, 넌 집을 떠나 망명자로 객지에서 지내다가
참혹하게 파멸했구나, 네 누이와도 떨어진 채로.
기구한 나는 이 손으로 너를 씻겨주지도,
단장해주지도 못했는데! 만물을 불사르는 불길로부터
그 가여운 짐을 들어 올리지도 못했는데, 그렇게 했어야 마땅한데도! 1140
그러긴커녕 이방인들의 손길에 묻힌 박복한 너는
조그만 단지에 담긴 조그만 한 줌이 되어 내게로 왔구나.
아아, 기구한 내 신세, 그 옛날 내가 너를 키운 게
아무 소용 없어지다니. 내가 네게 들인 고생조차도
때로는 달콤하기까지 했지. 정말이지 너는 1145
어미의 사랑 아닌 내 사랑을 훨씬 더 많이 받았어.
집 안에 있던 하인들이 아니라, 바로 내가 너를 길렀고.

난 너에게 매번 '누나'라고 불렸지.

그러나 지금, 너의 죽음과 함께 단 하루 만에

그 모든 게 끝나버렸다. 마치 폭풍처럼, 넌 모든 걸 낚아채어   1150

떠나가버렸구나. 아버지도 가셨지.

너로 인해 나도 죽은 거다. 너 자신도 목숨 잃어 떠나갔고.

원수들이 웃어젖히는구나. 어미 아닌 어미가 쾌락에 휩싸여

광란하는구나. 너는 그 여자 모르게 내게

몇 번이고 소식을 전해 왔지, 네가 복수자가 되어   1155

몸소 나타나겠노라고. 그러나 이 모든 것을

너와 나의 불운한 운명이 송두리째 앗아 가고는

너를 내게 이렇게 보냈구나, 더없이 사랑스럽던 그 모습 대신,

아무 소용도 없는 잿가루와 그림자로.

박복한 내 신세여!   1160

오오, 가련한 이 내 몸, 아악, 아악!

오오, 박복한 내 신세여! 끔찍하기 그지없는 그 길을 따라

보내진 네가, 가장 소중한 녀석아, 나를 이렇게까지 파멸시키다니!

파멸시켰단 말이다, 오오, 오라비의 머리여!

그러니 너는 나를 너의 이 덮개 안으로 받아들여다오,   1165

아무것도 아닌 나를 아무것도 아닌 것 속으로, 그래서 앞으로는

저 아래에서 너와 더불어 지낼 수 있도록 말이야. 네가 이 위에

있을 때조차도 나는 뭐든 너와 똑같은 몫을 나누곤 했으니까.

그러니 이제 나는 죽어서 네 무덤에서 내쳐지지 않기만을 염원한단다.

목숨을 잃은 이들은 고통을 겪지 않는다는 걸 난 아니까.   1170

코로스장　당신도 죽게 마련인 아버지께 태어났어요, 엘렉트라 님, 부디 숙고하시기를.

오레스테스 역시 죽게 마련이었으니, 부디 너무 심한 탄식은 마세요.

우리 모두는 그걸 겪게끔 되어 있으니까요.

오레스테스　　　　　　　　　　　*(혼잣말로)*

　　　　　이럴 수가, 이럴 수가! 무슨 말을 하나? 난 도대체 어떤 말들 앞에
　　　　　다다른 걸까, 더 이상 말할 방도가 없는데! 내 혀를 다스릴 힘이 더는 없
　　　　　　구나.　　　　　　　　　　　　　　　　　　　　　　　　　　1175

엘렉트라　무슨 괴로움이 있기에 그러시나요? 어쩌다 그런 말씀까지 하시게 되었는지요?

오레스테스　정녕 그대의 이 모습이 바로 그 이름난 엘렉트라의 것입니까?

엘렉트라　이게 바로 그 모습입니다, 몹시 비참한 처지이긴 해도요.

오레스테스　빌어먹을, 이토록 참담한 곤경이라니!

엘렉트라　손님, 아무렴 나를 위해 그렇게 탄식하는 건 아니겠지요?　　　　1180

오레스테스　모멸을 겪으며 신들에게도 버림받아 폐허가 된 저 육신이여!

엘렉트라　분명 당신은 다른 누구 아닌 내게 악담을 하고 있군요, 손님.

오레스테스　아아, 결혼도 못 한 채 불운한 삶을 짊어진 그대는!

엘렉트라　도대체 어쩌려고, 손님, 그렇게 빤히 쳐다보며 탄식하는 겁니까?

오레스테스　내 재앙에 내가 이다지도 무지했다니!　　　　　　　　　　　1185

엘렉트라　내가 무슨 말을 했기에 당신은 그걸 알아본 거죠?

오레스테스　당신이 숱한 고통으로 눈에 띄는 걸 보아서지요.

엘렉트라　당신이 실제로 보고 있는 건 내 재앙의 일부분에 지나지 않아요.

오레스테스　아니, 이보다 더 가증스러운 것을 어떻게 볼 수 있단 말입니까?

엘렉트라　나는 살해자들과 함께 살아가고 있으니까요.　　　　　　　　　1190

오레스테스　누구를 살해한 자들과요? 그대가 내비치는 그 불행은 어디서 비롯된 거지요?

엘렉트라　내 아버지를 죽인 자들과요. 그리고 나는 그자들에게 억지로 종노릇하고
　　　　　있어요.

오레스테스　어떤 인간이 당신에게 그런 강제를 부과하는 겁니까?

엘렉트라　어미라고 불리는 자, 그러나 전혀 어미 같지 않은 자올시다.

오레스테스　그 여자가 무슨 짓을 하기에? 손찌검을? 아니면 일상의 학대인가요?　1195

엘렉트라　손찌검에, 학대에, 그리고 온갖 비열함을 동원해서지요.

오레스테스　당신을 도와주거나 곁에서 막아줄 사람도 없습니까?

엘렉트라　전혀, 단 한 명도. 하나 있던 그 애를, 당신이 내 앞에 잿가루로 가져다 놓았

	답니다.	
오레스테스	아아, 불운한 분! 나는 한참 전부터 그대를 보며 가여워하고 있답니다.	
엘렉트라	그렇다면 이제 알아두세요, 이제껏 나를 가여워해준 사람은 당신이 유일하다는 걸.	1200
오레스테스	나야 당신의 재앙을 고통스러워하는 유일한 사람으로 왔으니까요.	
엘렉트라	혹시 당신이 어디선가 우리 혈연으로 온 건 아니겠지요, 그렇지요?	
오레스테스	곁에 있는 분들이 호의적이라면, 나도 말해줄 수 있습니다.	
엘렉트라	호의적이고말고요. 당신은 미더운 사람들에게 말하고 있어요.	
오레스테스	그럼 이 단지를 이제 치워주세요, 그대가 모든 걸 알 수 있도록.	1205
엘렉트라	절대 안 돼요, 신들께 걸고 부탁드리니 제발 내게 그건 하지 마세요, 손님!	
오레스테스	내 말대로 해주세요. 그러면 당신도 결코 헛짚을 리 없어요.	
엘렉트라	제발! 그대의 뺨 앞에서 빌게요. 내 가장 소중한 것을 빼앗지 마세요.	
오레스테스	내 말해두지요, 그러도록 놔둘 순 없습니다.	
엘렉트라	오오, 너로 인해 비참한 내 신세! 오레스테스야, 나 너를 묻을 기회조차 빼앗기고 있단다!	1210
오레스테스	삼가며 말하시지요. 당신의 탄식은 옳지 않아요.	
엘렉트라	목숨을 잃은 아우를 두고 탄식하는 게 어째서 옳지 않다는 겁니까?	
오레스테스	그이를 두고 그렇게 말하는 게 당신에게 가당치 않다는 말입니다.	
엘렉트라	내가 망자에게서 그렇게나 모멸받아야 할 사람인가요?	
오레스테스	당신은 누구에게서도 모멸받을 사람이 아니에요. 다만 이건 당신의 일이 아닐 뿐.	1215
엘렉트라	아니, 당연히 내 일이에요, 내가 들어 올린 이 시신이 오레스테스의 것인 이상!	
오레스테스	아니, 오레스테스의 것이 아니외다, 말로 꾸며진 것 빼고는.	
엘렉트라	그러면 그 불쌍한 애의 무덤은 어디 있단 말인가요?	
오레스테스	그런 게 있을 리가요. 산 사람에게는 무덤이 없으니까요.	
엘렉트라	그게 무슨 말이오, 소년?	1220
오레스테스	내 말에는 한 점 거짓도 없습니다.	

엘렉트라	정말로 그 남자가 살아 있다고?
오레스테스	내 목숨이 붙어 있는 한.
엘렉트라	그렇다면 정말 네가 그 아이냐?
오레스테스	내 아버지의 인장 반지를 본다면
	내가 확실히 말하고 있는지 아닌지 고스란히 알게 될 겁니다.
엘렉트라	아아, 더없이 사랑스러운 빛이여!
오레스테스	더없이 사랑스럽지요. 나도 그리 증언하렵니다.
엘렉트라	오오, 이 목소리, 네가 온 거로구나!
오레스테스	이제는 다른 어디에서도 수소문하지 마세요. 1225
엘렉트라	내 너를 이 두 손으로 안아보다니!
오레스테스	앞으로는 어느 때든 나를 안아도 괜찮아요.

엘렉트라　　　　　　　　(코로스에게)

오오, 가장 사랑스러운 여인들아, 이 도시의 여인들아,
이 오레스테스를 보거라, 술책으로 목숨을 잃었다가
이제 술책으로 구원받은 이를!

코로스장	저희도 보고 있습니다, 따님. 이 경사에 1230
	저희 눈에서도 기쁨의 눈물이 흘러내리고 있어요.

엘렉트라(좌)	오오, 아이야,
	내게 가장 소중했던 육신에서 나온 아이야,
	이렇게 맞춤하게 와주다니!
	네가 애태워 그리던 사람을 너는 찾아냈고, 그 앞에 왔고, 바라보았어. 1235
오레스테스	나 여기 와 있으니, 이제 그만 조용히 기다려주세요.
엘렉트라	아니, 어째서?
오레스테스	저 안에서 누군가가 듣지 못하게 하려면, 침묵하는 쪽이 나아요.
엘렉트라	아니야, 영원토록 동정을 지키시는 아르테미스께 걸고 말하마.
	언제까지고 저 안에만 있는 여자들이 안기는 1240

	불필요한 짐 따위는	
	결코 두려워할 가치조차 없다고 말이야.	
오레스테스	그렇긴 해도, 보세요, 여인들에게도 아레스가 도사릴 수 있다고요.	
	분명 경험해봐서 잘 알고 있을 텐데요.	
엘렉트라	아아아악, 〈아아아악,〉	1245
	너는 내 불행이 어떻게 생겨났는지를	
	내게 일깨우는구나, 구름으로도 덮을 수 없는 것,	
	끝내 해결할 수 없는, 무슨 수로도 잊히지 않는 그것을!	1250
오레스테스	그것도 역시 속속들이 알고 있어요. 하지만 지금은	
	기회가 와 있으니, 그 일들은 나중에 떠올릴 시간이 있을 거예요.	

엘렉트라(우)	언제든, 이것을 말하기에는	
	그 어느 때든 내게 응당	
	잘 맞아떨어지는 시간일 수밖에 없단다.	1255
	내 입은 이제야 간신히 자유를 얻었으니까.	
오레스테스	나도 동감이에요. 그러니 더더욱 그것을 지켜야지요.	
엘렉트라	어쩌란 말이니?	
오레스테스	맞춤한 때가 아닌 이상, 장황한 말을 바라지 말라는 거지요.	
엘렉트라	네가 모습을 드러냈는데, 대체 누가 그렇게 말을 침묵으로	1260
	선뜻 바꿀 수 있겠니, 그게 가당키는 한 거냐?	
	감히 생각해볼 수도, 차마 기대를 품을 수도 없었는데	
	내 너를 지금 보고 있지 않니!	
오레스테스	신들께서 나더러 오라며 울력하셨을 때, 누님도 나를 보게 된 거죠.	
	⋯⋯⋯⋯[47]	
엘렉트라	너는 조금 전 것보다 훨씬 더한 기쁨을	1265

---

[47] 오레스테스의 대사 한 행이 사라진 것으로 추측된다.

	내게 전하는구나, 신께서 너를 우리 집으로
	데려오신 거라면 말이야!
	신께서 이루신 일이라 여기련다! 1270
오레스테스	나도 누님의 기쁨을 억누르는 게 주저됩니다만
	그 낙에 지나치게 겨운 게 아닌지 걱정이에요.

엘렉트라(종가) 오오, 이토록 오랜 세월이 흐른 후에,
가장 사랑스러운 길을 따라
내게 이렇게 모습을 드러내는 것이 네겐 좋아 보였나 보다.
숱한 고생을 겪는 나를 보면서 제발 그러진 말아다오.   1275

오레스테스 내가 무얼 하면 안 된다는 건가요?

엘렉트라 네 얼굴을 바라보는 이 즐거움을 내게서 앗아 가지 말아다오,
내 그 즐거움 놓아버리는 일 없도록.

오레스테스 다른 사람들이 그런 짓을 하는 걸 보게 되면 내가 분노할 겁니다.

엘렉트라 약속하는 거니?

오레스테스 어찌 안 할 수 있겠어요?   1280

엘렉트라 오오, 소중한 사람아, 내 차마 품을 수조차 없었던
희망의 음성을 들었단다. 그래도 비참한 나는
숨죽여가며 내 격정을 억눌렀고,
외침도 삼가면서 듣고만 있었지.
그런데 이젠 내게 네가 있구나.   1285
넌 가장 사랑스러운 자태로 그 모습 드러내었지,
불행 중에도 나 결코 잊을 수 없던 그 자태로.

오레스테스 너무 많은 말씀은 삼가세요.
그리고 어미가 비열하다든가, 아이기스토스가
집에 있는 아버지의 재산을 탕진하고, 쏟아붓고,   1290

헛되이 뿌려댄다는 그런 것들은 알려주지 마세요.
그런 설명을 하다가 최적의 시점을 가로막을 수 있으니까요.
그럴 게 아니라 지금 이 순간에 잘 어울리는 것들을 내게 보여주세요.
우리가 가는 길 어디에서 모습을 드러내든, 아니면 숨어서든
저 원수들이 웃어젖히는 걸 멈추게 할 수 있을지 말이에요. 1295
그리고 저희 두 사람이[48] 집 안으로 들어갈 때, 어머니라는 자가
누님의 밝은 표정을 보고 낌새를 알아차리지 못하게 해주시고요.
대신 거짓으로 꾸며져 전해진 나의 재앙 때문인 척
탄식을 하세요. 우리에게 행운이 따라준다면, 그때는
기뻐할 수 있을 테고, 구애받지 않고 웃을 수도 있을 테니까요. 1300

엘렉트라 그러자꾸나, 내 아우야. 너에게만 좋다면야
내게도 역시 그렇단다. 내가 누리는 낙은
다 네게서 얻은 것이지 원래 내가 얻은 게 아니었으니까.
내가 엄청난 이득을 얻을 수 있다고 해도 그게 너를 조금이라도
성가시게 한다면, 아예 받지도 않으련다. 그건 지금 우리 곁에 계신 1305
신을 제대로 섬기는 격이 되지 않을 테니까.
여하간, 다음 일들은 너도 알고 있겠지. 아닐 수 없을 거야.
지금 아이기스토스는 저 지붕 아래 있지 않고,
어미는 집 안에 있다는 걸 너도 들었으니까. 웃음으로 빛날 내 머리를
행여 그 여자가 보게 될까 두려워하진 말아라. 1310
그 오래 묵은 증오가 내 안에 침잠해 있고,
내 너를 본 이상 기쁨의 눈물을 멈추지 않으련다, 절대로.
내가 어떻게 멈출 수 있겠니,
단 한 번의 도착으로 네가 죽은 것도, 살아 있는 것도
내가 봐버린 마당에. 너는 내게 상상조차 할 수 없는 일을 해주었단다. 1315

---

48 오레스테스와 필라데스를 말한다.

그러니 나는 설령 아버지께서 내게 살아 돌아오신다 해도
그걸 기적이라 여기지 않고 나 그분을 보았노라 믿을 테야.
과연 네가 그러한 길을 따라 내게 와주었으니,
네 기백이 네게 하자는 대로 명하려무나. 나 혼자서였다면
둘 다 놓치진 않았을 거야. 나 자신을 아름답게 1320
구해내든가, 아니면 아름답게 파멸했겠지.

오레스테스 이제 침묵하셨으면 합니다. 저 안에 있는 사람들 중
누군가가 밖으로 나오는 소리가 들려요.

(시종 등장한다)

엘렉트라 안으로 드시지요, 손님들. 무엇보다도 그대들은
이 집의 그 누구도 거절할 수 없는 것을, 누구도 기뻐하며
받아들일 수 없는 것을 가져오는 길이니까요. 1325

시종 어리석기 짝이 없는 분들, 분별이라곤 없는 분들이여,
그대들은 더 이상 목숨에 신경 쓰지 않으시는 겁니까?
아니면, 그대들에게 타고난 지각이라는 게 아예 없는 건가요?
그대들이 가장 심각한 위험의 가장자리가 아니라,
그 한복판에 있다는 걸 깨닫지 못할 정도로요? 1330
제가 이 문가에서 오랫동안 망을 봐오지 않았더라면
우리에게 불미스럽게도 그대들의 계획이 육신보다 먼저
이 집 안으로 들어가고 말았을 겁니다.
그러나 상황이 그러하니, 저는 미리 그런 것들을 염려하고 있었지요.
그러니 그 긴 이야기들이며 족할 줄 모르는 1335
기쁨의 함성은 이제 그만하시고
안으로 드시지요. 이런 상황에서 주저하는 건
악입니다. 끝장내야 할 순간입니다.

오레스테스 내가 안으로 들어가면, 그다음에 무슨 일이 벌어지겠소?

시종 좋습니다. 분명 누구도 그대를 알아보지 못할 겁니다. 1340

오레스테스	그대는 내가 목숨을 잃었다고 전한 모양이구려.
시종	저 안에서는 그대가 하데스에 있는 이들 중 한 사람이라는 걸 알아두십시오.
오레스테스	그 소식을 듣고 좋아들 하던가? 아니면 무어라 하던가?
시종	다 끝나고 나서 말씀드리지요. 지금으로서는 그자들 쪽의 모든 일이 (우리에게) 유리합니다, 옳지 않은 것까지도요. 1345
엘렉트라	이 사람은 누구냐, 아우야? 신들께 걸고 부탁하니 말해다오.
오레스테스	모르시겠어요?
엘렉트라	전혀 마음속에 떠올릴 수 없구나.
오레스테스	전에 나를 누구 손에 넘겨주었는지 모르겠다는 건가요?
엘렉트라	누구에게냐고? 그게 무슨 말이지?
오레스테스	누님의 계획에 따라 난 이 사람의 두 손에 의해 포오키스 사람들의 땅으로 몰래 보내졌어요. 1350
엘렉트라	정말 이 사람이 바로 그 사람이냐? 아버지께서 살해당하실 때 그 많은 자 중에서 내가 유일하게 미더운 이로 찾아내었던 바로 그 사람?
오레스테스	바로 그 사람이에요. 더 많은 말로 묻지 마세요.
엘렉트라	오오, 가장 사랑스러운 빛이여! 아가멤논 집안의 유일무이한 구원자여! 어떻게 여기까지 오셨소? 정녕 당신이 1355 이 애와 나를 숱한 고생에서 구해낸 바로 그분이오? 오오, 가장 사랑스러운 두 손이여! 가장 달콤하게 임무를 해낸 그대의 두 발은 또 어떻고! 어쩌자고 이렇게 오래도록 나와 함께 있으면서도 내가 알아차리지도 못하게 모습을 감추고 계셨소? 아니, 당신은 나를 말로 죽였잖소, 실제로는 나를 위해 가장 달콤한 것을 품은 채. 1360 오오, 아버지, 부디 평안하시길! 그대가 내 눈엔 마치 아버지처럼 뵈는구려. 평안하시길! 알아두시오, 단 하루 동안 나 그대를 세상 누구보다도 더 극심하게 미워하다가 극진히 아끼게 되었다는 걸!
시종	이만하면 충분한 것 같습니다. 그간 있었던 일들을

당신께 분명히 보여드리려면, 숱한 밤들과
그만큼의 낮들이 돌고 돌아야 할 겁니다, 엘렉트라 님.

(오레스테스와 퓔라데스를 향하여)

일단 여기 서 계신 그대들 두 분께 제가 말씀드리지요,
지금이야말로 실행에 나설 최적의 시점입니다. 클뤼타임네스트라는
지금 혼자고, 저 안에 남자는 아무도 없습니다. 망설이다가는
저자들뿐만 아니라 그들보다 더 영리한, 더 많은 자들과도
싸워야 한다는 걸 유념하십시오.

오레스테스 (퓔라데스에게)

우리에게 더 많은 말은 필요치 않다,
퓔라데스. 우리가 해야 할 일은 이 문 앞에 거하시는
아버지의 신들의 조각상에 경의를 표하고 난 다음,
재빨리 안으로 들어가는 거야.

엘렉트라 왕이신 아폴론이여, 저 두 사람에게 너그러이 귀 기울여주시고,
그에 더해 제 말씀도 들어주소서. 제 수중의 것이나마 바쳐가면서
종종 저는 임께 간청하며 손을 뻗어왔나이다.
하지만 지금은, 오오, 뤼케이오스 아폴론이시여, 있는 그대로
간구하나이다, 임께 쓰러져 내리나이다, 애원하나이다.
저희의 계획을 염두에 두시고 흔쾌히 도우소서.
그리고 신들께서 불경에 대한 대가를
어떻게 내리시는지, 인간들에게 보여주소서.

(모두 퇴장한다)

(3정립가)

코로스(좌) 그대들은 볼지어다, 감당치 못할 투쟁의 피로
헐떡이는 아레스가 어디로 전진하고 있는지를.
이제 막 그 집의 지붕 아래 발을 디딘 그들은

　　　　　사악한 만행을 좇고 있는,
　　　　　도저히 피해 달아날 수 없는 개들이로다.
　　　　　그러니 내 마음속 꿈도 더 오래는
　　　　　애태우며 떠다니지 않으리라.　　　　　　　　　　　　1390

　(우)　지하에 계신 이들을 도우실 분이 계략을 품은 발을 디디며
　　　　　새로이 벼려낸 피를 두 손에 쥐고
　　　　　집 안으로, 오랜 세월 걸쳐 풍요로운
　　　　　아버지의 보좌로 이끌려 오셨기 때문이로다.
　　　　　마이아의 아드님 헤르메스께서　　　　　　　　　　1395
　　　　　그 계략을 어둠으로 덮어주시며,
　　　　　목표를 향해 그분을 이끄시니 더 이상 지체는 없도다.
　　　　　　　　　(엘렉트라 등장한다)

　　　　　　　　　　　　(애탄가)

엘렉트라(좌)　오오, 가장 사랑스러운 여인들아, 사람들이 금세
　　　　　이 일을 끝낼 테니 그저 말없이 기다리려무나.
코로스장　어떻게 되어가는 거지요? 그분들이 무얼 하고 계시기에?　1400
엘렉트라　그 애는 유골 단지를 정돈하고 있고, 두 남자는 그 애 곁에 서 있단다.
코로스장　그건 그렇고, 당신은 왜 그렇게 밖으로 뛰쳐나온 건가요?
엘렉트라　아이기스토스가 행여 〈우리〉 눈길을 피해 안으로 들어오지 않나 지켜보기
　　　　　위해서지.

클뤼타임네스트라　　　　　(집 안에서 목소리로만 들린다)
　　　　　아아, 이럴 수가! 이 집이
　　　　　친구들은 빠져나가고 살인자들로 채워지다니!　　　　1405
엘렉트라　누가 안에서 고함을 지르고 있군. 벗들이여, 자네들도 듣고 있나?
코로스장　불행히도 듣지 말아야 할 것을 듣고 말았어요. 그래서 몸이 다 떨립니다.

클뤼타임네스트라	빌어먹을 내 신세, 아이기스토스, 당신 대체 어디 있는 건가요?
엘렉트라	봐라, 누가 또 대단히 목청을 높이고 있구나.
클뤼타임네스트라	애야, 애야, 낳아준 나를 불쌍히 여겨다오. 1410
엘렉트라	아니, 그 애도, 그 애를 낳아준 아버지도
	당신에게 동정받지 못했지.
코로스	오오, 도시여, 기구한 종족이여, 나날이 이어지던
	네 운명도 이젠 소멸하는구나, 소멸하는구나.
클뤼타임네스트라	빌어먹을, 얻어맞다니!
엘렉트라	쳐라! 네게 힘이 있다면 두 배로! 1415
클뤼타임네스트라	아악, 또다시!
엘렉트라	아이기스토스도 같이 당했어야 하는 건데!
코로스	저주들이 이루어지고 있도다. 살아 있는 쪽은
	지하에 누워 있는 이들이로다.
	오래전에 목숨을 잃은 이들이
	아무도 모르게 살해자들에게서 빼낸 피가 1420
	역류하고 있나니.

(오레스테스와 퓔라데스 등장한다)

(우)코로스장	여기 그분들이 나오셨어요, 정말입니다!
	피 칠갑된 손에서 아레스에게 바친 제물을 흘려가며…
	도무지 흠잡을 데가 없습니다.
엘렉트라	오레스테스, 일은 어떻게 되었니?
오레스테스	집 안쪽 사정은 훌륭해요, 아폴론께서 훌륭하게 예언하신 거라면. 1425
엘렉트라	그 빌어먹을 여자는 숨이 끊어졌고?
오레스테스	어미의 그 막돼먹음이 누님을 또 모욕하지 않을까
	다시는 두려워하지 마세요.[49]
코로스장	멈추세요! 저기 뵈는 것이

	아이기스토스가 분명합니다.[48]	
엘렉트라	얘들아, 되돌아가지 않으련!	1430
오레스테스	어디 그자가 보인다는 거지요?	
엘렉트라	그 녀석이 교외로부터 우리 쪽으로 신이 나서 다가오고 있구나.	
코로스장	현관을 따라 최대한 빨리 들어들 가세요. 먼젓번 일도 근사하게 해내셨으니, 이번 것도 역시!	
오레스테스	기운을 내세요. 우리가 해냅니다.	
엘렉트라	가려고 마음먹은 곳으로 당장 서둘러라!	1435
오레스테스	그러고말고요, 나는 가고 있습니다.	

(오레스테스와 퓔라데스 퇴장한다)

엘렉트라	여기 일은 내가 신경 쓰마.	
코로스장	저 사람의 귀에 대고 다만 몇 마디라도 상냥하게 건네는 게 효과적일 거예요. 그래야 저자도 아무도 모르게 디케와의 싸움 속으로 덤벼들 테니까요.	1440

(아이기스토스 등장한다)

아이기스토스	포오키스에서 온 손님들이 어디 있는지, 너희 중에 누구 아는 자 있느냐? 마차가 부서지는 통에 오레스테스가 목숨을 잃었다고 우리에게 전해준 그이들 말이다.	

(엘렉트라에게)

	거기 너, 네게 묻겠다. 그래, 예전에 그렇게 건방지던 너 말이다. 난 이게 너와 가장 관계 깊은 일일 거라 본다. 그러니 네가 제일 잘 알고서 말해줄 수 있겠지.	1445

---

49 이후 엘렉트라의 대사 두 행, 그리고 오레스테스의 대사 한 행이 사라진 것으로 추측된다.
50 이후 오레스테스의 대사 한 행이 사라진 것으로 추측된다.

| 엘렉트라 | 잘 알다마다요. 어찌 안 그럴 수 있겠습니까? 그렇지 않았다면 저는
제가 가장 사랑하는 이들의 불운에서 물러나 있었겠지요. |
|---|---|
| 아이기스토스 | 그 손님들은 대체 어디 있느냐? 내게 고하거라. 1450 |
| 엘렉트라 | 안에 계십니다. 그분들은 다정하신 여주인께 왔으니까요. |
| 아이기스토스 | 진정 그이들이 정말로 그 녀석이 죽었다고 전하더냐? |
| 엘렉트라 | 말로만 그런 게 아니라, 아예 보여주기까지 하더군요. |
| 아이기스토스 | 그러면 나도 눈으로 보고 알 수 있단 말이냐? |
| 엘렉트라 | 당연히 하실 수 있지요, 그다지 부러운 광경은 아닙니다만. 1455 |
| 아이기스토스 | 정말이지 너는 내게 큰 기쁨을 주는 말들을 하는구나, 평소와는 다르게. |
| 엘렉트라 | 그렇다면 기쁨을 누리시길, 정녕 이것이 당신께 기쁨이 된다면. |
| 아이기스토스 | 문이나 열어라, 명령이다. 모든 뮈케나이 사람들, 아르고스 사람들이
공공연하게 볼 수 있도록 말이다.

(궁전 문이 열리고 오레스테스와 퓔라데스의 모습이 드러난다. 시신이 천에 덮여 있다)

그래야 저들 중 예전에 이 녀석에게 헛된 희망을 품으며 1460
들떠 오른 자가 있다면 이제 저 송장을 쳐다보면서
내가 내리는 재갈을 받아들일 테고, 처벌을 내리는 자로 나를 만나
폭력을 통해 현명해지는 일도 없으렷다. |
| 엘렉트라 | 그렇고말고요, 명하신 그 일은 제가 완수했습니다. 세월이 흐르니
더 강력하신 분들께 호응할 정도의 사리 분별은 저도 얻었으니까요. 1465 |
| 아이기스토스 | 제우스시여! 저는 신들의 질시 없인 쓰러지지 않았을 자의 모습을 보나이다.
행여 제 말이 분개를 불러일으킨다면, 침묵하겠나이다.
너희는 그 얼굴에서 덮개를 모조리 벗기거라. 이 녀석도
내 혈육인 만큼 내게서도 애곡은 받아야지. |
| 오레스테스 | 당신이 손수 들어 올리시지요. 이(시신)를 보며 애정 어린 1470
말을 거는 건 제가 할 일이 아니라, 그대의 일입니다. |
| 아이기스토스 | 좋은 조언을 해주었으니 내 따르지.
클뤼타임네스트라가 집 안 어딘가에 있으면 불러오너라. |

오레스테스	그분은 당신 곁에 계십니다. 더는 엉뚱한 곳에서 찾지 마시지요.
아이기스토스	(시신을 덮은 천을 벗기며)
	아악, 내가 뭘 본 게냐? 1475
오레스테스	무얼 그리 두려워하십니까? 알아볼 수 없는 사람인가요?
아이기스토스	내가 어떤 놈들이 쳐둔 그물 한복판에 굴러떨어진 거지? 비참하도다!
오레스테스	네가 아까부터 죽은 사람에게나 할 말로 고스란히
	산 사람에게 대꾸하고 있다는 걸 알아채지 못했느냐?
아이기스토스	빌어먹을, 이제 그 말이 이해되는구나. 내게 말하고 있는
	이 녀석이 오레스테스가 아닐 수 없으니까! 1480
오레스테스	네놈은 첫째가는 예언자이기도 한데, 그리 한참 동안 속은 게냐?
아이기스토스	불운한 나는 끝장났구나. 그래도 내가 한마디만 하게 해다오.
엘렉트라	그자가 더는 아무 말도 못 하게 해다오,
	신들께 걸고 부탁하마, 아우야, 그 말을 늘이게 해서는 안 된다!
	[인간들은 불행 속에 얽혀 있게 마련인데, 곧 죽게 되어 있는 자가 1485
	시간을 벌면서 무슨 이득을 얻는단 말이냐?]
	그러지 말고 최대한 빨리 쳐 죽여라. 죽이고 난 다음에는
	그자에게 어울릴 법한 장례 일꾼들[51] 앞에 그자를 놓아다오,
	우리 눈길이 닿지 않는 곳에다가. 오로지 그것만이 나를
	해묵은 고통으로부터 풀어줄 수 있을 것 같구나! 1490
오레스테스	서둘러 안으로 들어가실까? 이제 이 싸움은 말로 벌이는 게 아니라,
	당신 목숨을 걸고 벌어질 테니까.
아이기스토스	어쩌자고 나를 집 안으로 끌고 가는 게냐? 이게 제대로 된 일이라면,
	어째서 어둠이 필요한 것이고, 왜 나를 죽일 준비가 되지 않은 거냐?
오레스테스	훈수 따위 집어치우고 들어가거나 해라, 네놈이 내 아버지를 살해한 1495
	바로 그곳으로. 그래야 네놈이 그 자리에서 죽게 되리라.

---

51 문맥상 개 떼와 새 떼를 의미한다.

아이기스토스	정녕 이 집은 펠롭스의 자손들의 모든 재앙을,
	지금 닥친 것도, 앞으로 다가올 것들도 볼 수밖에 없는가?
오레스테스	적어도 네놈 것은. 나는 이것을 네놈에게 최고의 예언자로서 말해주는 거다.
아이기스토스	아니, 네가 빼기고 있는 그 기술은 네 아비에게 받은 게 아니잖으냐! 1500
오레스테스	말대꾸가 길구나, 길은 지체되고 있는데.
	그만하고 가거라.
아이기스토스	앞장서라.
오레스테스	네놈이 먼저 가야 한다.
아이기스토스	내가 네게서 도망치지 못하도록?
오레스테스	그럴 리가, 네놈 좋은 대로 죽진 못하게 하는 거지. 난 그것이
	네게 쓰디쓴 것이 되도록 반드시 지켜내야만 한다. 법도를 넘어서 1505
	행하길 바라는 자 누구에게나 그 자리에서 이런 처벌이 내려져야
	마땅하지, 살육이! 그러면 무도한 짓도 기승을 부리지 못할 테니까.

(오레스테스와 퓔라데스, 아이기스토스를 앞세우고 퇴장한다)

코로스	오오, 아트레우스의 씨앗이여! 그대는 얼마나 많은 고통을 겪어가며
	자유를 통해 힘겹게 끝까지 도달하였고,
	이제야 치달아가며 완성해냈던가! 1510

해설: 엘렉트라　　ELECTRA

아가멤논의 무덤가에 있는 엘렉트라 1869
/ 프레더릭 레이턴

클뤼타임네스트라 1882 / 존 콜리어

오레스테스, 퓔라데스, 그리고 시종이 새벽에 뮈케나이에 도착한다. 이들은 아폴론의 명령에 따라 복수 계획을 수립하는 중에 엘렉트라의 탄식을 듣는다. 오레스테스는 그녀의 목소리를 알아듣지만, 시종은 임무 수행을 위해 그를 이끌고 아가멤논의 무덤에 제물을 바치러 간다. 엘렉트라는 궁전 밖으로 나와 통곡하며 복수와 오레스테스의 귀환을 위해 기도한다. 이어 뮈케나이의 여인들로 구성된 합창단과 엘렉트라의 대화에서 엘렉트라가 처한 극한의 상황이 드러난다. 이때 엘렉트라의 여동생 크뤼소테미스가 제물을 들고 궁전에서 나온다. 그녀는 클뤼타임네스트라와 아이기스토스가 엘렉트라를 추방하여 동굴에 가둘 계획임을 알리고, 자신이 아가멤논의 무덤에 제물을 바치러 가는 까닭이 클뤼타임네스트라의 악몽 때문이라는 것도 알려준다. 꿈속에서 아가멤논이 살아 돌아와 화로에 지휘봉을 꽂자, 거기서 나무가 솟아나 뮈케나이 땅을 뒤덮을 정도로 자라났다는 것이다. 엘렉트라는 동생으로 하여금 어머니의 제물을 버리고 대신 본인의 제물을 바치도록 설득하여 아버지의 무덤으로 보낸다. 이어 클뤼타임네스트라가 등장하여 엘렉트라와 설전을 벌인다. 클뤼타임네스트라는 아가멤논이 자신의 딸 이피게네이아를 희생시킨 것에 대한 복수로 그를 죽였으니 그것이 정당한 살인이라고 주장하고, 엘렉트라는 이를 반박한다. 논쟁이 끝난 후, 클뤼타임네스트라는 아폴론에게 자신의 번영을 기원하고 오레스테스가 돌아와 자신의 삶을 방해하지 않게 해달라는 취지로 기도한다. 기도가 끝나자마자 시종은 포오키스 사람의 모습으로 등장해 오레스테스가 퓌티아 경기에서 최후를 맞았다는 보고를 건넨다. 클뤼타임네스트라는 광란에 가까운 기쁨을 누리고, 엘렉트라는 슬픔에 휩싸인다.

아가멤논의 무덤에서 돌아온 크뤼소테미스는 아버지의 무덤에서 꽃과 머리카락 다발을 발견하고 오레스테스가 돌아왔음을 확신한다. 엘렉트라는 동생에게 오레스테스가 죽었으며, 복수를 위해 자매가 직접 나서야 한다고 주장하지만, 크뤼소테미스는 이를 거절한다. 이때 오레스테스가 유골함을 들고 등장하자 엘렉트라는 절망에 빠진다. 그러자 누이의 고통에 충격을 받은 오레스테스가 아버지의 인장 반지를 보여주며 자신의 정체를 드러내고 엘렉트라의 절망은 환희로 바뀐다. 이때 시종이 궁전 안에서 나타나 신속한 행동을 촉구한다. 엘렉트라는 밖에서 망을 보고, 오레스테스와 퓔라데스는 안에서 클뤼타임네스트라를 죽인다. 이어 아이기스토스가 등장하여 오레스테스의 시신을 확인하려 했으나, 덮개에 감싸인 것이 클뤼타임네스트라의 시신임을 알고 자신이 계략에 빠졌음을 깨닫는다. 오레스테스는 아가멤논이 살해당한 장소에서 아이기스토스를 처형하고자 궁전 안으로 끌고 가고, 합창단은 엘렉트라와 오레스테스가 마침내 얻은 자유의 성취를 노래하며 작품이 끝난다.

***

이 아름다운 작품을 연구해온 비평가들의 독법이 늘 아름답기만 한 것은 아니었다. 크게 두 가지 흐름이 있는데, 하나는 이 작품을 지나치게 밝게만 보는 부류이다. 서광이 비치는 때, 새들의 맑은 노래로 시작되어(17-19), 마침내 복수가 이루어지는 결말까지 시종 밝고 긍정적인 분위기로 이 작품을 읽는 사람들이다. 하지만 지난 수십 년 사이, 이와 반대 입장의 독법이 인기를 얻고 있다. 이들은 엘렉트라와 오레스테스의 입장이 그다지 정당한 것이 아니며, 심지어는 비난받아야 한다고 여기기까지 한다. 물론 해석의 자유는 누구에게나 있지만, 이 정도나 되는 작품을 이분법으로 읽는 것 자체가 문제이다. 역자는 이 작품이 큰 틀에서 정의로운 복수극이라는 점에는 동의하지만, 그렇다고 해서 시종일관 밝은 작품만은 아니라는 것을 말하고 싶다. 그 분위기를 만들어내는 것은 주인공 엘렉트라의 격렬한 감정이다.

소포클레스의 모든 작품 중 『엘렉트라』에서만 유일하게 여성 주인공 한 명이 극 전체를 지배한다. 물론 안티고네와 데이아네이라도 있지만, 이들은 중간에 퇴장하고 죽음을 맞는다. 우리는 엘렉트라에게 내내 시선을 고정한 채 자연스럽게 그 감정의 진폭을 읽게 된다.

그녀는 클뤼타임네스트라와 아이기스토스의 악행으로 인해 증오에 가득 찬 나날을 보낸다. 동생 크뤼소테미스가 있지만, 그녀는 이들과 영합한 존재, 그래서 엘렉트라의 경멸을 산 존재이다. 엘렉트라를 지탱하는 힘은 언젠가 오레스테스가 돌아와 복수할 거라는 실낱같은 희망이다. 온전한 희망이라고 말하지 못하는 이유는, 그가 말로만 돌아오겠다 할 뿐이라 매번 실망을 안기기 때문이다. 그러나 그가 죽었다는 소식 앞에 희망은 절망으로 변하고, 그녀는 혼자서 복수에 나서기로 결심한다. 행동에 나섰더라면, 그녀는 아름답게 스스로를 구해내든가 아니면 아름답게 파멸했을 것이다(1320-1321). 살아서든 죽어서든 아름답고 명예로운 것, 이것은 『일리아스』에서부터 『아이아스』까지 내려오던 전통적인 희랍의 영웅관이다.

그러나 시인은 엘렉트라를 한 걸음 더 밀어붙인다. 유골 단지를 손에 쥐자 완전히 무너져 내린 그녀는 복수에 대한 의지도 놓아버리고 오로지 죽음만을 갈구한다. 그러나 유골이 거짓이고 제 앞에 선 남자가 실제로 오레스테스라는 것을 확인하는 순간 그녀는 기쁨의 눈물을 절대로 멈추지 않겠노라고 선언한다(1312-1313). 증오와 설움으로 가득 차올라 가증스러운 상엿소리와 통곡을 결코 멈추지 않겠노라던(103-104) 그녀다. 죽은 줄만 알았던 오레스테스가 살아나듯이, 삶의 마지막 끈을 놓아버린 엘렉트라가 되살아나는 순간이다. 기쁨으로 가득 차오른 엘렉트라의 폭발적인 에너지는 오레스테스가 '그 낙에 지나치게 겨운 게 아니냐'며 걱정하고(1271-1272), 시종에게 꾸지람을 들어야 할 정도로(1326-1338) 거대하여 자칫하면 오레스테스의 계획이 발각되어 실패할 위험까지 감수해야할 정도에 이른다. 관객과 독자도 긴장을 늦출 수 없는 대목이다. 환희의 힘은 가차 없는 복수로 이어지고, 마침내 그녀가 자유와 해방을 얻어내는 순간에 작품은 끝난다.

그러다 보니, 보기에 따라서는 엘렉트라가 광기에 사로잡힌 것이 아니냐는 해석이 나오기도 한다. 이 드라마를 어둡게 읽는 사람들의 목소리다. 그러나 주인공이 감정의 극단을 오가는 극이 이것 하나는 아니다. 애정과 진노를 동시에 분출하는 『콜로노스의 오이디푸스』의 오이디푸스, 그리고 『필로크테테스』의 필로크테테스가 그렇다. 여기에 엘렉트라까지, 그들은 소포클레스의 초기 비극에는 등장하지 않는 인물형으로 하나같이 버려진 삶, 벼랑 끝에 몰린 삶을 기적처럼 지탱해온 존재들이다. 따라서 그녀가 발산하는 분노와 저주, 그리고 그와 동등한 위력을 지닌 환희와 애정 사이의 진동을 단순한 광기 정도로 치부하는 것은 과하다.

엘렉트라는 악이 지배하는 세계에서 박해받는, 순수한 직관을 지닌 여인이라는 점에서 안티고네와 비슷한 점이 있다. 두 여인 모두 격렬한 감정으로 가득하지만, 엘렉트라에게서 보이는 상극의 감정의 폭과 깊이는 훨씬 더 커서 그 증오와 사랑이 스스로를 집어삼킬 정도이다. 그녀는 고통스럽고, 그래서 바라보는 관객과 독자를 더욱 고통스럽게 만든다. 그 감정의 극단은 아이기스토스의 시체를 개 떼와 새 떼에게 먹이려는, 인간의 한계를 벗어난 발언까지 치닫는다(1487-1488). 그러나 이 극이 복수극의 외피에 담긴, 엘렉트라의 감정의 진폭을 보여주는 드라마라면, 이는 그 극단의 감정의 한 사례일 뿐이다. 진노와 연민이라는 감정의 진폭 하나로『일리아스』전체의 틀을 만들어낸 아킬레우스를 떠올려보자. 희랍 비극에서 가까운 예를 찾는다면, 그것은 단연 엘렉트라이다. 그녀는 '가장 거대하고 숭고한 심장'(한강,『소년이 온다』, 114쪽)이다.

***

아가멤논의 피살에서 시작되어 오레스테스의 복수에 이르는 이야기는 희랍의 3대 비극 작가들이 모두 다루었을 뿐 아니라, 다행히 모두 온전히 전승되고 있다. 그러나 아이스퀼로스와 에우리피데스가 클뤼타임네스트라를 다루는 방식은 소포클레스와 전혀 결이 다르다. 아이스퀼로스를 먼저 보자. 『아가멤논』에서 그녀는 아가멤논에 의해 희생된 딸 이피게네이아를 두고 슬퍼하며 관객의 동정을 얻고(1414-1418, 1552-1559), 『제주를 바치는 여인들』에서는 오레스테스 앞에서 가슴을 드러내며 잠시나마 오레스테스를 주저하게 만든다(896-899). 에우리피데스의 『엘렉트라』에서 클뤼타임네스트라는 자신이 아가멤논을 살해한 일을 후회하는 듯한 뉘앙스를 보이며, 엘렉트라의 산후조리를 걱정해주는 면모를 보일 정도이다(1102-1110, 1123-1135).

그러나 소포클레스는 클뤼타임네스트라의 '인간적'인 요소들을 철저하게 제거한다. 그녀는 엘렉트라와의 논쟁에서 자신이 아가멤논을 죽인 이유를 당당히 말하는 것만으로도 모자라 그 가치까지 자평한다. 이유는 그가 딸 이피게네이아를 희생 제물로 바쳤기 때문이고, 자신의 행동은 정의의 여신(디케)과 함께 수행했다는 것이다(528-532). 만일 사정이 그렇다면, 같은 논리로 클뤼타임네스트라는 쉽게 반박당할 수 있다. 그녀는 딸 엘렉트라가 신들에게 버림받고 몹쓸 죽음을 맞도록 저주해온 자이며(289-292), 아들 오레스테스가 돌아온다는 말만 들어도 광분하며 악을 쓰는 자이기 때문이다(294-298). 그녀는 엘렉트라를 구타하고 학대하며 노예로 전락시킨 것으로도 모자라, 이제는 투옥할 계획까지 세워두었다(379-382). 엘렉트라가 오레스테스를 빼돌리지 않았더라면, 그는 어미의 손에 죽음을 맞았을 것이다(1132-1133). 외국으로 피신한 오레스테스의 삶은 클뤼타임네스트라의 손아귀를 간신히 피한 채 타지에서 불운하게 살아가고 있는 것으로 묘사된다(601-602). 그녀는 아들의 복수를 두려워한다(603). 그녀가 아폴론에게 그의 죽음을 비는 이유이다(655-659). 클뤼타임네스트라는 오로지 자신의 풍요와 권력, 쾌락을 위해서만 기도한다. 자식을 포함해야 한다면 자신에게 악의를 품지 않는 크뤼소테미스 정도일 뿐, 이미 엘렉트라와 오레스테스는 배제되어 있다(634-659).

전차 경주에서 일어난 참사를 보고하던 시종은, 피가 섞이지 않은 제삼자임에도 불구하고 오레스테스의 죽음이 제 눈으로 본 모든 불행 중 최악이었다고 전하며(762-763), 이에 합창단장도, 크뤼소테미스도 비탄을 숨기지 못한다(764-765, 926). 엘렉트라는 이를 본인의 파멸로 인식할 정도이다(808). 그러나 오레스테스의 죽음을 전해 들은 사람들 중 유일하게 클뤼타임네스트라의 반응만 다르다. 그녀의 첫 반응은, 오레스테스의 죽음을 행운으로 봐야 할지, 이득으로 봐야 할지 모르겠다는 저울질이다(766-768). 낳은 정이 있고, 자식을 미워할 수는 없다는 말을 덧붙였으니 이를 모정으로 해석하는 사람들도 있지만, 이는 지금까지 클뤼타임네스트라가 일관되게 보여온 태도와 전면적으로 배치되는 것이다. 이는 모정이 아니라, 위선이다(770-771). 이는 아이기스토스가 오레스테스의 위장된 시신 앞에서 '이 녀석도 내 혈육인 만큼 내게서도 애곡은 받아야지'(1469)라며 뱉는 말과 그다지 다르지 않은 수준의 언사일 뿐이다. 그나마 그 위선도 잠시, 클뤼타임네스트라는 본심을 여과 없이 드러낸다. 그녀는 방금 자식의 죽음을 듣고서도, 자신이 두려움에서 벗어난 것과 앞으로 오레스테스의 위협에서 벗어나 아이기스토스와 즐거운 나날을 보낼 생각에 기뻐하면서(783-787) 웃음을 터뜨리며 잘된 일이라고까지 말한다(791, 804-807). 이에 엘렉트라는 클뤼타임네스트라의 행태를 거듭 무도한 짓(hubris 휘브리스)이라 규정하고(790, 794) 보복의 여신(Nemesis 네메시스)을 부르기에 이른다(792). 과연 클뤼타임네스트라는 어미 아닌 어미일 뿐이다(1153). 오히려 오레스테스의 죽음을 두고 진정한 어머니처럼 묘사되는 인물은 엘렉트라이다. 유골 단지 앞에서 부르짖는 그녀의 통곡은 누이의 것이 아닌, 차라리 어머니의 것이다.

> 엘렉트라　아아, 기구한 내 신세, 그 옛날 내가 너를 키운 게
> 　　　　　아무 소용 없어지다니. 내가 네게 들인 고생조차도
> 　　　　　때로는 달콤하기까지 했지. 정말이지 너는
> 　　　　　어미의 사랑 아닌 내 사랑을 훨씬 더 많이 받았어. (1143-1146)

이 절규로 인해, 오레스테스의 죽음 앞에서 쾌락에 휩싸여 광란하는 클뤼타임네스트라의 태도는(1153-1154) 더욱 혐오스럽게 느껴진다. 자식의 죽음에 슬퍼하는 불행한 프로크네와 니오베에게 연결되는 쪽도 클뤼타임네스트라가 아닌 엘렉트라라는 점도 잊을 수 없다(148-149, 1076).

따라서 이 작품에서 오레스테스가 클뤼타임네스트라를 죽이는 일은, 모친 살해라기보다는 범죄자를 처형하는 구도로 굳어지며, 친구를 돕고, 적을 해하라는 희랍인들의 유구한 신념에 부합하는 행동이 된다.

***

클뤼타임네스트라는 이상한 꿈을 꾼다. 죽은 아가멤논이 살아 돌아와 지휘봉을 화로에 꽂자, 거기서 어마어마하게 큰 나무가 자라나 온 뮈케나이 땅을 그늘로 덮을 정도가 된 것이다(417-423). 클뤼타임네스트라가 이를 악몽으로 여기고 아폴론에게 기도까지 바칠 정도로 불안해진 이유는 여럿이 있다. 자기가 죽인 남편이 살아 돌아온 역전 자체가 일단 끔찍할 것이다. 역전은 여기에서 그치지 않는다. 이것은 나무가 땔감이 되어 타 들어 가야 하는 화로에서, 나무가 불가사의하게 번성하는 꿈 아니었던가. 그리고 햇빛을 받아야 할 땅은 어두워져 그림자 속에 갇힌다. 그렇다면 이 중첩되는 역전의 조짐 속에서 클뤼타임네스트라는 자신이 누리는 권력과 영화가 언제라도 뒤집힐 수 있다는 불안을 직감했을 것이고, 그래서 자신의 안위를 어떻게든 지켜달라고 기도한다(648-651). 그녀의 불안이 가중되는 또 다른 요소가 있다. 지휘봉과 화로의 결합이라는 성적인 뉘앙스에서 짐작할 수 있듯이 이 꿈은 아가멤논의 자식이 엄청난 존재로 군림

한다는 것으로, 또 아이기스토스에게 찬탈된 왕권을 아가멤논의 자식이 다시 가져온다는 것으로 읽을 수 있다. 게다가 클뤼타임네스트라와 아이기스토스가 묘사된 첫 이미지가 도끼로 나무를 내리찍는 나무꾼이었던 것을 감안하면(97-99), 그녀가 미처 내리치지 못한 유일한 나무인 오레스테스가 언제 돌아와 복수할지 몰라 불안을 누르기 어려웠을 것이다. 클뤼타임네스트라는 그 꿈이 여간 심란하지 않았는지 아폴론에게 기도를 바치고 아가멤논의 무덤에 제주를 바칠 생각까지 할 정도였다.

그 기도가 끝나기를 기다렸다는 듯이 시종이 나타나 오레스테스의 부음을 전한다. 이 작품에서 가장 유명한 대목으로 꼽히는 전차 경주 장면이다. 그가 참여했다는 델포이(= 퓌티아) 경기는 올륌피아, 이스트미아, 네메이아 경기와 함께 당시 희랍의 최고/최대 종합경기 중 하나였으며, 우승자는 당대의 최고 시인 핀다로스의 우승 축가와 함께 불멸의 명성을 얻었다고 전해진다. 시종의 보고에서 드러나듯이, 희랍 전역은 물론이고, 심지어 북아프리카 이주 도시에서도 참가자들이 모여드는 이 경기는 범지중해적인 이벤트라고 보아도 과언이 아닐 것이다. 여기서 오레스테스는 '아가멤논의 아들'로 소개되며 눈부신 자태로 등장하여 모든 종목에서 최고의 위력을 보인다. 클뤼타임네스트라의 꿈에서 지역 전체를 뒤덮었던 그 나무보다 더 대단하게, 그는 이제 희랍 전역에서, 지중해 전체에서 엄청난 명성을 얻어낼 기세이다. 그러나 그는 전차 경주에서 참담하게, 덧없이 죽음을 맞이한다. 거침없이 솟구치며 뻗어 나가던 거대한 나무가 이제 작은 단지에 담긴 유골이 된 것이다. 시종의 보고를 듣는 순간, 클뤼타임네스트라는 두려움에서 벗어나 안심한다. 엄청난 기세를 보이던 그 나무는 꺾였고, 마치 자신이 싹을 틔운 그 화로에 삼켜진 듯 재가 되고 말았다. 이제 그녀는 조금 전 아폴론에게 바친 기도가 이루어졌을 거라 생각했을 것이다. 그러나 아폴론은 그녀에게 오레스테스를 한 번 더 보낸다, 이번에는 살아 있는 실물로. 되살아난 오레스테스에게 처형당할 때, 다시 말해 안도 후에 느닷없이 닥치는 낭떠러지 같은 파멸 앞에서 클뤼타임네스트라의 공포는 몇 겹이나 더 컸을 것이다. 그리고 이 감정의 궤적은 극한의 절망에서 환희로 이동하는 엘렉트라의 감정과 정확하게 대칭을 이룬다.

***

이 드라마에는 전작들에서 이루어낸 여러 성과들이 발전적으로 반영되고 있다. 『트라키스의 여인들』을 읽어본 독자라면, 이 작품의 합창단이 익숙하게 다가올 것이다. 『트라키스의 여인들』의 합창단이 주인공 데이아네이라와 정서적으로 연결되고 그녀의 내면을 확장하여 관객에게 보여주는 역할을 하듯이, 이 드라마의 합창단 역시 엘렉트라와 긴밀하게 연결된다. 합창단은 그녀와 함께 고통받고, 그녀를 위로하며 지지하고 조언한다. 이러한 설정은 드라마의 첫 부분부터 분명하게 드러난다. 그러나 데이아네이라의 파멸을 막을 수 없었던 『트라키스의 여인들』의 합창단과는 달리, 이들은 엘렉트라의 복수를 지지하며, 이 복수의 배경에 놓인 신적인 정의까지 바라본다(1384-1397). 합창단장은 효과적인 조언으로 아이기스토스에 대한 복수에 동참하며, 마지막 합창단의 노래는 복수가 자유를 위한 투쟁이었음을 선언한다.

눈 밝은 독자라면 『오이디푸스 튀란노스』와의 공통적인 패턴도 알아보았을 것이다. 이 두 작품에는 아들의 죽음을 꾀하던, 혹은 꾀하고 있는 어머니가 있다. 그녀는 불안을 달래려 아폴론에게 기도한다. 그 기도가 끝나자마자, 신의 응답처럼 낯선 손님이 등장한다. 코린토스에서 갑자기 다가온 전령처럼, 여기에서도 외국에서 온 시종이 난데없이 나타나 부음을 전한다. 어머니는 이 손님이 전하는 소식을 듣고 두려움에서 벗어난다. 그러나 그 해방감도 잠시, 어머니는 곧 집 안으로 들어가 죽음을 맞게 된다. 이 손님은 어린아이였던 남자 주인공을 누군가에게서 건네받아 외국으로 데려갔던 사람이었다. 그리고 그 부음은 실제와는 무관한 것이었다. 『오이디푸스 튀란노스』의 코린토스 사람은 오이디푸스의 '아버지'의 죽음을 알린다. 그러나 그는 오이디푸스의 생부가 아니었고, 그래서 오이디푸스의 정체와 무관한 인물이었다. 이 작품에서도 시종은 오레스테스의 죽음을 전한다. 그러나 실제 오레스테스의 생사와는 무관하다. 오레스테스는 말로만 죽었기 때문이다.

***

오레스테스의 위장된 죽음은 처음부터 계략의 핵심이었다(44-66). 그래서 '죽은' 오레스테스의 힘은 살아 있는 오레스테스보다 더욱 커져야만 한다. 그의 '유골'이 담긴 단지는 엘렉트라에게 가장 위력적인 파토스를 전하고, 그가 '죽음'을 맞이했다는 전차 경주에서 주로를 누비는 그의 모습은 희랍 문학 전체에서도 유례를 찾을 수 없을 정도로 생동감 넘치고 눈부시게 그려진다. 그의 '죽음'을 재차 각인시키려는 듯, 오레스테스는 말로 자신을 죽일 것을 천명하고, 시종의 연설 속에서 모든 이들 앞에서 한 번 죽는다. 죽어 재가 된 채로 유골함에 담겨 누이와 어미 앞에서 또 한 번 죽고, 베일에 덮인 시신으로 위장되어 아이기스토스 앞에서 다시 한번 죽는다.

아폴론은 신탁을 통해 오레스테스 혼자서 계략으로 정당한 살육을 벌이라고 명령한다(35-37). 신탁의 핵심 중 계략은 '죽은' 오레스테스를 통해 완성되며 살육은 산 오레스테스의 몫이다. 하지만 이게 간단치 않다. 이 살육에는 모친 살해가 포함되고 이것이 복수의 여신들(에리뉘에스)의 보복을 부를 일로 여겨지기 때문이다. 이 모친 살해와 복수의 여신 모티브가 중요하게 부각되는 아이스퀼로스의 오레스테이아 삼부작에서 이 여신들은 그에 걸맞은 역할을 담당한다. 이 작품에서는 복수의 여신들이 등장하지 않는다. 그럼에도 엘렉트라와 오레스테스의 행동이 여신들에 의해 처벌을 받게 될 거라고, 심지어 작품이 끝나고 난 다음의 일까지 걱정하는 비평가들이 있다. 이 작품을 어둡게 읽어나가는 이들의 전형이다. 이들은 아마도 아이스퀼로스의 『에우메니데스』에 큰 영향을 받아, 그 독법을 이 작품에까지 연장하고자 하는 것 같다. 물론 소포클레스도 같은 주제를 다룬 아이스퀼로스의 작품을 염두에 두었을 것이다. 그러나 그 설정은 전혀 다르다. 『에우메니데스』에서 복수의 여신들은 오레스테스를 노리고 델포이까지 쫓아온다. 그러나 이 작품에서 시인은 오레스테스를 델포이에서 죽이고 불사른다. 이를 통해 마치 복수의 여신들에게 추격의 빌미를 주지 않으려는 듯이, 오레스테스가 시적으로 정화되고 있는 듯한 인상을 준다. 따라서 가족 간의 살인을 처벌하는 복수의 여신들이 주목하는 대상 역시 클뤼타임네스트라를 죽인 아들이 아니다. 이 여신들은 처음부터 아가멤논의 죽음을 보복할 존재들로 거명된다.

> 엘렉트라   신들의 따님들이신 신성한 에리뉘스들이여,
> 당치 않게 목숨을 잃은 이들을,
> 도둑맞은 결혼 침대를 주시하시는 분들이여,
> 오소서, 부디 도우소서, 되갚아주소서,
> 제 아버지의 죽음을. (112-116)

합창단은 정당한 승리를 안길 정의의 여신이 곧 올 것이며, 이 여신의 요구를 복수의 여신들이 수행할 것이라고 확신한다(472-496). 엘렉트라는 보복의 여신 네메시스에게 기도하고(792), 오레스테스가 돌아온다. 이제 복수의 실행은 오레스테스와 퓔라데스가 맡는다. 그들은 이미 '사악한 만행을 좇고 있는, 도저히 피해 달아날 수 없는 개들'(1387-1389)로, 복수의 여신들과 하나의 이미지로 묘사되고 있다. 오레스테스의 복수는 이 여신들의 처벌을 부를 일이 아니라, 여신들과 하나가 되어 수행하는 일이다.

아폴론이 오레스테스에게 신탁을 내리며 시작된 이 복수는, 오레스테스의 귀환이 신들이 이룬 일로 드러난 다음(1264-1270), 모든 준비를 마친 인물들이 아폴론에게 기도를 바치는 장면에서 하나의 순환을 맺는다 (1372-1383). 아이스퀼로스의 『에우메니데스』에서 서로 반대편에서 논쟁을 벌이던 아폴론과 복수의 여신들이 이 작품에서는 한편으로 엮이는 것

이 의아해 보일 수도 있다. 그러나 이러한 설정은 소포클레스에게서는 낯설지 않다.『콜로노스의 오이디푸스』에서 아폴론의 신탁에 따라 이 여신들의 성지에 안착하게 된 오이디푸스가 좋은 예가 될 것이다. 오레스테스의 편에 선 것은 복수의 여신들과 아폴론뿐만이 아니다. 이들의 계략을 어둠으로 덮어줄 신으로 헤르메스까지 거명된다(111, 1396-1397).

누군가에게는 신적 정의와 계략이 결합되는 이 패턴이 불편하게 다가올 수도 있을 것이다. 극 중에서는 클뤼타임네스트라가 자신이 정의의 여신과 한편이었다고 주장하며(528), 아이기스토스는 오레스테스의 행위가 올바른 것이라면 왜 어둠이 필요하냐고 항변한다(1493-1494). 그러나 계략과 신들의 정의가 결합되는 이야기는 이미『오뒷세이아』의 구혼자 살육에서부터 확립되어온 것으로, 수와 힘에서 열세인 존재가 완전한 승리를 거두기 위한 장치이다.『오뒷세이아』에서 오레스테스는 신의 경고를 무시한 악인 아이기스토스를 처단한 인물로 제시되며, 그의 영웅적인 위상을 훼손할 만한 어떤 질문도 제기되지 않는다. 역자의 짐작으로는, 소포클레스는 선배 아이스퀼로스나 동시대의 에우리피데스의 노선을 따른 것이 아니라,『오뒷세이아』의 틀을 계승하고,『오뒷세이아』에서 구체적으로 언급되지 않은 클뤼타임네스트라의 악행을 생생하게 부각하여 오레스테스의 복수의 정당성을 더 견고하게 확립한 것으로 보인다.

***

그렇다면 이 복수를 통해 이들은 무엇을 얻고, 무엇이 남겨졌을까? 마지막 합창단의 노래를 들어보자.

> 코러스 오오, 아트레우스의 씨앗이여! 그대는 얼마나 많은 고통을 겪어가며
> 　　　　자유를 통해 힘겹게 끝까지 도달하였고,
> 　　　　이제야 치달아가며 완성해냈던가! (1508-1510)

이 노래를 통해, 복수는 곧 자유의 성취와 연결된다. 아가멤논의 피살로 인한 오염, 살해범들의 왕위 찬탈과 폭압적인 통치, 정당한 권리를 지닌 자녀들이 노예가 되고 망명을 떠나야 했던 상황들이 이제 비로소 극복되고, 엘렉트라와 오레스테스는 과거의 치욕으로부터 해방된다. 소포클레스는 아이기스토스가 처형되기 직전에 극을 끝낸다. 극은 시작과 끝맺음이 동등하게 중요하다. 이 끝맺음의 시점은 우연히 선택된 것이 아니다. 이후에 벌어질 수습의 과정, 혹은 속편이 모두 배제된 채, 자유를 눈앞에 둔 엘렉트라의 흥분이 최고조에 달하는 순간에 우리의 시선도 고정된다. 엘렉트라 본인의 고통과, 우리가 그녀로 인해 고통스러웠던 감정들을 달래고 씻어내게 되는 참된 카타르시스(정화)의 순간이다.

아이아스   AJAX

등장인물

메넬라오스   스파르타의 왕. 아트레우스의 아들로 아가멤논의 동생.
아가멤논   뮈케나이의 왕. 아트레우스의 아들.
아이아스   살라미스 출신으로 텔라몬의 아들. 아킬레우스에 버금가는 희랍군
             의 영웅.
아테네   올륌포스의 여신.
에우뤼사케스 아이아스와 테크멧사의 어린 아들.
오뒷세우스   이타카 출신 라에르테스의 아들. 희랍군의 주요 지휘관 중 하나.
전령
코로스   아이아스의 부하들.
테우크로스   아이아스의 이복동생.
테크멧사   아이아스가 전쟁 중에 포로로 잡아 와 아내로 삼은 여인.

(오뒷세우스와 아테네 등장한다)

아테네   언제나, 라르티오스[1]의 아이야, 네가
        적들에게 맞서 무슨 기회라도 움켜쥐려고
        사냥하는 것을 나 지켜보았다.
        지금도 마찬가지, 아이아스가 가장자리에 배치해둔
        함대 막사들[2] 곁에서 그자가 안에 있는지 없는지 보기 위해   5
        방금 찍힌 발자국들을 재어가며 사냥하는 너를
        한참 전부터 보는 중이다. 그게 너를 제대로 이끌더구나,
        마치 냄새 잘 맡는 라코니아[3] 개의 발걸음처럼.
        지금 마침 그 사내가 안에 있으니까, 머리에서도,
        살육의 칼을 든 두 손에서도 땀을 쏟아가며 말이다.   10
        그뿐이더냐, 너는 저 문 안을 샅샅이 살필 필요도 없다.
        그저 네가 왜 이렇게 애쓰는지 말만 하려무나,
        그러면 너는 알고 있는 이에게서 배우게 되리니.

오뒷세우스 아, 신들 중에서 제게 가장 살가우신 아테네의 목소리여,
        비록 임을 볼 수는 없으나, 제가 얼마나 임의 음성을   15
        잘 알아듣고 이 정신으로 온전히 붙들 준비가 되어 있는지요,
        마치 청동의 입이 달린 튀르세니아의 나팔[4]처럼.

---

1   오뒷세우스의 아버지. 아르케시오스의 아들이자 안티클레이아의 남편이다. '라에르테스'로 표기하는 것이 일반적이나 이 작품에서는 '라르티오스', '라에르티오스' 등의 표기가 혼용된다. 호메로스 이후의 전승 중에는 안티클레이아가 사기꾼으로 유명했던 시쉬포스의 아이를 임신한 상태에서 라에르테스와 결혼했고, 그렇게 낳은 아들이 오뒷세우스라는 설도 있다. 실제로 이 작품 189행, 『필로크테테스』 417행 등에서 오뒷세우스를 '시쉬포스의 자식/핏줄'로 일컬으며 오뒷세우스에 대한 경멸을 드러내기도 한다.

2   『일리아스』 11권 6-9행에는 트로이아 해안에 정박한 희랍군 함대의 양쪽 끝에 각각 아킬레우스의 배들과 아이아스의 배들이 배치된 것으로 그려진다. 적의 공격에 가장 취약한 위치에 가장 강력한 전사들이 포진한 것으로 볼 수 있다. 함대 바로 앞에는 군대의 막사가 건설되어 있고, 막사와 트로이아 성채 사이에는 넓은 평원이 있어 그곳에서 주로 전투가 벌어진다.

3   펠로폰네소스 반도 동남부에 있으며 스파르타와 가깝다. 스파르타 사람들 특유의 간결하되 묵직한 화법을 일컫는 영어 laconism, laconic이 이 지명에서 나왔다.

그리고 이제 임은 제가 적의를 품은 사내 곁을 맴돌며 걷는 걸
잘 알아보셨을 겁니다, 방패를 짊어진 아이아스[5] 말이지요.
다른 누구도 아닌 바로 그자를, 저는 한참 전부터 수색해왔으니까요.   20
오늘 밤 그는 저희를 노리고 도무지 이해할 수 없는 짓을
끝까지 해내더군요, 정말이지 그가 그 일을 저지른 거라면요.
저희는 분명히 아는 것 하나 없이 그저 헤매고만 있답니다.
그래서 바로 제가 자청해서 이 노역을 짊어진 겁니다.
전리품으로 얻은 가축들이 어떤 손에 죄다 망쳐져   25
도살된 걸 저희가 방금 발견했지 뭡니까,
게다가 그걸 지키고 서 있던 목자들마저도요.
실은 모두가 이 사태의 장본(張本)으로 저자를 지목하고 있습니다.
게다가 이를 목격한 어떤 이가, 그가 혼자서
갓 피를 떨구는 칼을 쥐고 들판 위로 뛰어다니는 걸 보고   30
제게 분명하게 일러 말해주더군요. 저는 곧바로 그 발자국을 따라
뛰쳐나갔고요. 그러면서 어떤 건 흔적으로 알아보았지만
다른 건 제가 길 밖으로 내쳐지는 통에 누구의 것인지 알아내질 못했습니다.
그런데 때마침 임께서 당도하신 겁니다. 저야 이전 일이든
이후 일이든 매사에 임의 손길에 따라 조타(操舵)되니까요.   35

아테네   알고 있었다, 오뒷세우스. 그리고 나는 네 사냥을
기꺼워하는 파수꾼이 되어 길을 나선 지 이미 오래다.

오뒷세우스 그렇다면, 다정한 여주인이시여, 제가 정말 제대로 짚어가며 애쓰고 있는 건
지요?

아테네   너는 이 일들이 그자의 소행임을 알지어다.

4　튀르세니아는 튀르레니아로도 알려져 있으며, 이탈리아 반도 중북부 해안 지역인 에트루리아를 가리
킨다. 고대 주석에 따르면 아테네 여신의 도움으로 에트루리아 사람들이 나팔을 발명했다고 한다.
5　『일리아스』에서는 아이아스가 마치 탑처럼 거대한 방패를 메고 싸우는 전사로 묘사된다. 테우크로스
는 자주 이 방패 뒤에 숨어 화살로 트로이아인들을 공격하는 전술을 사용한다.

오뒷세우스	그러면 그는 도대체 무엇 때문에 그렇게 오판해서 손을 휘두른 겁니까?	40
아테네	아킬레우스의 무구로 인해 분노에 짓눌린 게지.	
오뒷세우스	그렇다고 그길로 가축 떼를 덮치다니요?	
아테네	너희가 흘린 피로 제 손을 물들이는 거라 여긴 거다.	
오뒷세우스	그가 진심으로 아르고스인들[6]을 노리고 이 일을 획책한 겁니까?	
아테네	실제로 해냈을 거다, 내가 무심했다면.	45
오뒷세우스	이건 대체 어떤 정신의 무모함이요 만용이랍니까?	
아테네	밤중에 간계를 품고 너희에게 달려드는 거지, 저 혼자서.	
오뒷세우스	그래서 그가 정말로 가까이 다가와 목표한 지점에 도달은 했던가요?	
아테네	이미 두 지휘관[7]의 문가에 있었고말고.	
오뒷세우스	그러면 그가 살육으로 달아오른 그 손을 어떻게 잡아두었습니까?	50
아테네	도저히 견뎌낼 수 없는 기쁨으로부터 그자를 막아 세운 건 바로 나다.

그 두 눈 위로 다스릴 길 없이 치명적인 생각을 던져놓았지.
나 그자의 방향을 가축 떼를 향해, 전리품으로 얻어 와 온통 섞인 채로
나뉘지 않은 가축들을 소몰이꾼들이 지키고 선 곳을 향해 돌려놓았다.
그러자 그자가 그 자리에서 내리 덮치더니 그 뿔 달린 것들을 55
잔뜩 도살하며 베어 넘기기 시작했지, 원을 따라 척추를 끊어내며.
그렇게 그자는 아트레우스의 두 아들을 제 손으로 죽이노라 여기다가,
또 지휘관들 중 이번엔 이 사람, 다음엔 저 사람에게 달려든다고
여긴 게지. 종횡무진하던 그 사내를 광란의 질병으로 휘젓고
사악한 그물에 던져 넣은 건 바로 나. 60
그러고서 그자는 노역으로부터 휴식을 취하더니
목숨이 붙어 있던 황소들을 사슬로 옭아매어
가축 떼를 죄다 집 안으로 몰고 들어가더구나,

---

6 희랍인들을 통칭하는 말. 때에 따라 아르고스 대신 다나오스, 아카이아 같은 명칭이 쓰이며, 이 작품 안에서도 여러 번 혼용된다.
7 아트레우스의 두 아들인 아가멤논과 메넬라오스를 가리킨다.

근사한 뿔 달린 사냥감이 아니라, 사람들로 착각하고서.
그리고 여전히 온통 결박당한 그 녀석들을 집 안 곳곳에서 학대하고 있다. 65
네게도 낱낱이 보여주마, 이 질병을.
네가 이걸 들여다보고 모든 아르고스인에게 힘껏 외칠 수 있도록 말이다.
용기를 내어 이 자리를 지켜라. 저 사내를 재앙으로
받아들여선 안 된다. 내가 그 두 눈의 눈길을 돌려놓아
너의 모습을 바라보지 못하도록 막아두겠다. 70

(아이아스를 향하여)

이 사람아, 포로들의 손을 뻗치게 해 사슬로 묶은 자여,
내 너더러 나오라고 부르고 있다.
나 아이아스를 부르노라. 집 앞으로 걸어 나오너라.

오뒷세우스 어쩌시려고요, 아테네시여? 그를 밖으로 불러내지 마소서.
아테네 잠자코 있지 못하겠느냐, 겁쟁이란 말이 붙지 않으려거든? 75
오뒷세우스 신들의 이름으로 비오니 그러지 마소서, 그저 저 안에 머무는 걸로
만족게 하소서.
아테네 무슨 일이 일어날까 봐 그러느냐? 저 사내는 예전의 그자가 아니더냐?
오뒷세우스 분명 저 사내와는 원수였고, 게다가 지금은 더더욱 그렇습니다.
아테네 아니, 적들을 향해 터뜨리는 웃음이 가장 달콤한 웃음일 텐데?
오뒷세우스 저로서는 그가 집 안에 머무르는 걸로 족합니다. 80
아테네 광기 들린 사내를 낱낱이 살피는 걸 삼가겠다고?
오뒷세우스 그가 멀쩡하다면 저도 비켜서며 주저하진 않을 텐데요.
아테네 그게 아니라 지금 그자는 네가 가까이 다가서도 너를 볼 수 없단 말이다.
오뒷세우스 어째서지요, 그가 똑같은 두 눈으로 보는데도요?
아테네 제아무리 예리하게 본들 내가 그 눈 어둡게 하리라. 85
오뒷세우스 신께서 솜씨 부려 빚으신다면 분명 그 어떤 일이라도 일어날 수 있나이다.
아테네 이제 잠자코 서서 그 모습 그대로 있거라.
오뒷세우스 머물겠나이다. 다만 비켜났으면 싶긴 합니다.

아테네	*(아이아스를 향하여)*
	이 사람아, 아이아스, 내 너를 두 번씩이나 부르고 있지 않나.
	어째서 너는 네 전우에게 이렇게까지 무관심한 거지? 90

(아이아스가 막사에서 나온다)

아이아스	아, 평안하소서, 아테네시여, 평안하소서, 제우스께 나신 분,
	임은 제 곁에 얼마나 잘 서주시던지요! 저는 이 사냥에 대해
	감사하오니, 순금의 전리품들로 임께 관을 씌워드리겠나이다.
아테네	근사하게 말하는구나. 그나저나 내게 이걸 말해다오.
	그 칼을 아르고스인들의 군대를 향해 담갔느냐? 95
아이아스	저의 자랑이 거기에 있나니, 아니라고 부인하지 않겠습니다.
아테네	진정 아트레우스의 아들들에게도 무기를 든 손을 뻗었느냐?
아이아스	그래서 그자들은 두 번 다시 아이아스를 능멸하지 못하게 되었나이다.
아테네	그 사람들은 죽은 게로구나, 내 너의 말을 이해한 바대로라면.
아이아스	죽어서도 해볼 테면 제 무장을 빼앗아보라고 하지요. 100
아테네	그러라 하고, 그러면 대체 라에르티오스의 자식은 어떻게 되었나?
	그는 어떤 처지에 놓이게 되었지? 혹시 너를 피해 달아났다던가?
아이아스	그 빌어먹을 여우 놈이 어디 있느냐고 물으시는 겁니까?
아테네	바로 그거다. 너의 맞수 오뒷세우스를 말하는 거다.
아이아스	여주인이시여, 달콤하기 그지없는 그 죄수는 저 안에 105
	주저앉아 있나이다. 저는 그놈이 벌써 죽기를 바라진 않습니다.
아테네	그때까지 무슨 일을 하려고? 아니면 무슨 더 많은 이득을 얻으려고?
아이아스	그때까지 제 울타리 안 지붕의 기둥에 결박되어…
아테네	너 대체 그 불운한 이에게 무슨 재앙을 행할 셈이냐?
아이아스	…일단 채찍으로 등짝을 맞아 시뻘게지게 만들어 죽이렵니다. 110
아테네	정녕 그 불운한 이에게 그렇게까지 몹쓸 짓을 해선 안 된다.
아이아스	다른 일들이라면, 아테네시여, 임께서 기뻐하시라 저도 간청드립니다만,

아테네	저놈은 다름 아닌 이 형벌을 치러내게 될 겁니다.
아테네	네가 정 그렇게 해야 낙을 누린다면, 손을 놀려보아라,
	염두에 두는 그 어떤 것도 절대로 삼가지 말고.

115

아이아스	저는 하던 일로 물러나겠습니다. 다만 임께 이를 청하오니
	언제나 제게 지금과 같은 전우가 되어 곁에 서주소서.

(아이아스가 막사로 들어간다)

아테네	보고 있느냐, 오뒷세우스, 신들의 위력이 얼마나 대단한지?
	저자보다 더 사려 깊은 사람, 시의적절한 일들을
	더 낫게 해내는 사람이 나타난 적이 있긴 하던가?

120

오뒷세우스	저는 그런 사람을 전혀 모릅니다. 그럼에도, 저 불운한 이가
	비록 제 적이긴 하지만, 저는 저이가 가엾습니다.
	저이는 가혹한 맹목[8]의 멍에에 묶여 있으니까요.
	저이의 몫이 제 것보다 더 심해 보이지 않습니다.
	저희야 살아 있을 때조차도 그저 허상에,

125

	아니 텅 빈 그림자에 지나지 않음을 저도 보고 있으니까요.

아테네	그러니 네가 그만한 것을 직시하고 있다면 신들에게 감히
	주제넘은 말을 뱉는 일 결코 없도록 하여라.
	결코 잘난 체 굴어서도 안 된다. 설령 네 주먹이 다른 자들보다
	더 묵직하다 해도, 엄청난 재산이 깊숙이 쌓여 있다 해도.

130

	하루가 저물면, 또 하루가 솟아오르니 무릇 인간의 만사가
	그런 법이다. 다만 신들은 현명한 자들을 아끼고
	몹쓸 자들을 증오하지.

(아테네와 오뒷세우스 퇴장한다)

---

8 '맹목'으로 옮긴 원문 'ate(아테)'는 문맥에 따라 '재앙', '멸망'으로 번역할 수도 있다.

〈등장가〉

코로스 텔라몬의 아드님,[9] 바다로 둘러싸인 살라미스[10]의,
 소금 물결 곁에 놓인 토대를 움켜쥔 분이여, 135
 번영을 누리시는 그대를 두고 저는 기뻐하지만,
 제우스께서 그대를 치시거나, 다나오스인들에게서 나온
 거칠기 짝이 없는 악담이 그대 위로 내릴 때면
 저는 몹시 움츠러들고 겁에 질린답니다,
 날개 달린 비둘기의 눈처럼. 140
 아니나 다를까 저물어가는 이 밤 내내
 떠들썩한 소란이 저희를 치욕 위에
 잡아두고 있으니, 말들도 많은 초원 위로
 그대가 들어와 다나오스인들이 전리품 삼은
 그 짐승들을 끝장냈다고, 145
 창으로 얻어낸 그 전리품들 중 아직 남아 있는 것들을
 화염의 빛이 도는 칼로 쳐 죽였노라고요.
 오뒷세우스는 이런 비방의 말들을 빚어내더니
 모두의 귀에 전하고 있습니다. 게다가 그의 설득력은

---

9 아이아스의 아버지 텔라몬은 아이아코스의 아들이며 펠레우스의 형제이다. 아이기나 출신이지만 살라미스에 정착하여 왕이 되었고, 알카토스의 딸 에리보이아(또는 페리보이아)와 결혼하였다. 헤라클레스가 텔라몬을 위해 용맹한 아들을 낳게 해달라고 제우스에게 기도하자 독수리가 나타났고, 텔라몬은 독수리(아이에토스aietos)의 이름을 따서 아들의 이름을 아이아스라고 지었다고 전해진다. 칼뤼돈의 멧돼지 사냥에 참여했다거나, 헤라클레스와 함께 아마존 여왕의 허리띠를 가져오고, 트로이아를 함께 침공했다는 일화도 있다. 이때 헤라클레스는 트로이아 왕 라오메돈의 딸 헤시오네를 텔라몬에게 첩으로 주었고, 그녀에게서 아이아스의 이복동생 테우크로스가 태어난다. 이 작품에서 아이아스는 아버지 텔라몬의 성공적인 트로이아 원정과 자신의 불명예를 대조하며 깊은 수치심을 느끼고(434-440행), 테우크로스는 형 없이 귀향하게 되면 텔라몬이 격분하여 자신을 노예로 팔아넘길 것이라고, 반어까지 섞어가며 두려워한다(1008-1020행).

10 텔라몬이 정착하여 왕으로 다스리고 있던 섬. 아테나이의 외항 피레우스에서 약 2킬로미터밖에 떨어지지 않은, 같은 앗티카 지역으로서 당시 이 극을 감상하던 아테나이 사람들에겐 정서적으로 이질감이 없는 곳이다.

어마어마하기까지 합니다. 그대를 두고 쉬이 납득이 가는 말들을   150
하고 있으니까요. 그뿐인가요, 그것을 들은 이라면 누구나
말한 이보다도 더 많이 기뻐하고 있답니다,
당신의 고통을 능멸해가면서요.
위대한 영혼들을 노리며 맞힐 때에는
빗나가는 법이 없습니다. 그러나 누가 저를 두고   155
그런 말들을 한다면 그 말을 믿긴 힘들 겁니다.
질투는 가진 자를 향해 기어 오니까요.
그뿐인가요, 위대한 이들과 동떨어진 왜소한 자들은
성탑을 위태롭게 방어하는 격이지요.
위대한 이들과 함께여야 작은 이들도 비로소 최고조에 이르고,   160
위대한 이도 더 못한 이들의 도움을 얻어야 바로 서니까요.
그러나 어리석은 자들에게 이런 일들에 대해
지혜를 가르치는 것은 불가능합니다.
떠들썩한 소란이 이는 것도 그런 인간들에게서지요.
저희로서는 이런 일들을 맞서낼 힘이 나질 않습니다,   165
그대 없이는, 왕이시여.
그러나 그자들이 그대의 면전에서 벗어나면,
마치 날개 돋친 새 떼처럼 지저귑니다.
그러나 그대가 한순간 돌연 모습을 드러내신다면
그자들은 거대한 독수리 앞에서 겁에 질려   170
조용히, 숨죽이며 움츠러들겠지요.

(좌1)   정말입니까, 제우스의 따님 타우로폴라[11] 아르테미스께서

---

11 아르테미스 여신의 이름 중 하나로, '타우리스에서 경배받는', 혹은 '황소들을 사냥하는' 등의 뜻으로 옮길 수 있다.

— 오오, 내 오욕의 어미가 된
　　어마어마한 소문이여 —
　　그대를 소 떼 전부를 향해 몰아붙이셨다는 것이?　　　　　　　175
　　혹시 당신 어떤 승리를 거두고도 감사의 열매가 없었다든가,
　　또는 이름난 전리품을 받으려다가 속으셨다든가,
　　아니면 사슴 사냥에서 아무 선물도 받지 못하셨기 때문일까요?
　　혹은 청동 가슴받이를 댄 에뉘알리오스[12]께서
　　그대와 함께 창을 들다가 탓하실 일이 생겨 그 모욕에 대한 대가로　　180
　　간밤에 계략으로 보복하신 걸까요?

(우1)　그대가 결코 제정신으로는 그렇게나 불길한 쪽으로
　　가시지 않을 테니까요, 텔라몬의 아드님,
　　가축 떼를 덮치면서까지.
　　신이 내린 병마가 온 것이겠지요. 그렇더라도 제우스는,　　　　185
　　또 포이보스[13]는 아르고스인들의 흉흉한 소문을 막아주소서.
　　허나 큰 왕들이 꾸며낸 이야기들로
　　속이고 있거나,
　　갈 데까지 가버린 시쉬포스의 핏줄[14]이 그런 거라면,
　　절대로, 절대로, 왕이시여, 바닷가 침소에서　　　　　　　　　190
　　얼굴을 가린 채 오명을 들어 올리지 마소서.

　　　　　　　　　　　(종가)

　　이제 그만 자리에서 일어나소서.
　　이 지루한 싸움이

12　아레스의 또 다른 이름.
13　아폴론의 또 다른 이름.
14　각주 1번 참고.

섬을 누리는 동안, 그대가 붙박인 그 자리에서
맹목이 불타오르며 하늘에 가닿고 있답니다.   195
그러나 아무 거리낌 없이 도를 넘어선
적들의 행태가 바람 몰아치는 계곡들에서
솟구쳐 오릅니다. 모두가 그 혀로
박코스의 광란을 부리며 묵직한 고통을 안기는 통에
제게는 고통만이 서 있을 뿐입니다.   200
(테크멧사가 아이아스의 막사에서 나온다)

(애탄가)

테크멧사[15] 아이아스의 배에서 복무하는 이들이여,
대지에서 태어난 에레크테우스[16]의 핏줄들이여,
멀리 떨어진 텔라몬의 집을 두고 근심하는
우리에게 탄식할 일이 있답니다.
두렵고도 위대하며 길들일 수 없는 힘을 지닌   205
아이아스께서 지금 진흙투성이 폭풍에 맞아
앓아누워 계시니까요.

코로스 간밤은 낮과 자리를 바꾸며
무슨 무거운 짐을 놓고 갔나요?
프뤼기아의 텔레우타스의 따님[17]이여,   210

---

15 프뤼기아의 왕 텔레우타스의 딸로서, 아이아스가 프뤼기아를 무너뜨리고 트로이아로 데려와 함께 살고 있으며, 둘 사이에 에우뤼사케스라는 아들이 있다. 소포클레스 이전의 전승에서는 나타나지 않는 것으로 보아 소포클레스가 창작한 캐릭터로 보인다. 호메로스의 서사시에서도 아이아스에게 여자나 자식이 있다는 설명은 전혀 없다. 역자는 이 이름이 '판정하다(tekmairomai)'에서 온 것으로 추정하고 있으며, 이 경우 그녀의 이름이 아이아스의 운명에 결정적인 역할을 하는 아킬레우스의 무구 판정과 직결된다.

16 아테나이의 전설적인 왕으로서, 땅에서 태어나 아테네 여신이 길러주었다고 전해진다. 『일리아스』 2권 547-551행 참고.

17 각주 15번 참고. 프뤼기아는 트로이아 동쪽 지방이다. 『일리아스』 2권 184-190, 862-863행에서는 프뤼기아인들이 트로이아의 동맹으로 그려진다.

| | 말씀하세요, 당신은 창으로 얻어 온 포로이긴 하지만
| | 돌진하는 아이아스께서 당신을 사랑하시어 잠자리를 함께하시니
| | 모르는 바 없이 말씀하실 수 있겠지요.
| 테크멧사 | 입에 담을 수 없는 이야기를 제가 과연 어찌 말할 수 있을까요?
| | 당신이 이걸 들어 알게 되면 그 고통이 죽음과 맞먹을 겁니다. 215
| | 우리의 영예로운 아이아스는 간밤에
| | 광기에 사로잡혀 심한 모욕을 겪었어요.
| | 당신도 막사 안에서 그걸 볼 수 있을 거예요,
| | 그분의 손에 참살되어 피로 목욕한 희생물들을,
| | 그분의 제물들을. 220

| 코로스(좌) | 그대가 저 불타오르는 사나이에 대해 드러낸 소식은
| | 이 얼마나 견딜 수도, 피할 수도 없는 것인가요!
| | 강력한 다나오스인들에 의해 퍼져 나가고 있는 소식, 225
| | 엄청난 이야기가 키워내고 있는 그 소식 말입니다.
| | 이럴 수가, 저는 닥칠 일이 두렵습니다.
| | 모두가 보는 앞에서 그분은 죽게 될 겁니다. 230
| | 어두운 칼을 든 광기 서린 손으로
| | 짐승들도, 말을 모는 목자들도 가리지 않고 쳐 죽였으니까요.

| 테크멧사 | 아아, 그러면 그이는 저기에서부터, 저기에서부터
| | 우리에게로 옭아맨 가축 떼를 몰고 온 거로군요.
| | 그중 일부는 집 안 땅 위에서 멱을 땄고 235
| | 일부는 갈비뼈를 부러뜨리며 둘로 쪼개놓았어요.
| | 또, 뽀얀 발 달린 숫양 두 마리를 골라내더니
| | 한 마리는 머리와 혀뿌리를 베어 던졌고,
| | 또 한 마리는 곧게 세워

	기둥에 묶더니	240
	커다란 말고삐를 쥐고는, 날카로운 소리를 내는	
	두 갈래 채찍으로 삼아 때립디다,	
	험악한 욕설을 해가면서요. 그건 인간들이 아니라	
	신들이 가르쳐준 말들이에요.	

코로스(우)	이제는 머리를 덮개로 감추고	245
	두 발을 몰래 들어 올리며 가야 할 때가 왔구나.	
	아니면 빠르게 노 저을 자리에 앉아	
	바다를 가르는 배가 나아가게 해야 할 때로다.	250
	아트레우스의 아들들, 그 두 왕이 그러한 위협으로	
	우리를 노리고 서둘러 노 저어 오는구나. 돌에 맞아 격살되는	
	그 고통을 이분과 함께 나누려니 두렵구나, 범접할 수 없는	255
	운명의 몫이 이분을 사로잡고 있으니.	

테크멧사	이제 더는 아니에요. 눈부신 번개의 섬광이 사라지면	
	날카로운 노토스(남풍)가 치닫는 것처럼, 그분도 그치셨어요.	
	그리고 이제는 제정신이 들어 새로운 괴로움이 생겼지요.	
	다른 누구도 보탠 적 없는, 순전히	260
	본인이 일으킨 고통을 바라보게 되면	
	어마어마한 통증이 뻗어 나가게 되니까요.	

코로스	그래도 이제 그치셨다면, 일은 분명 잘 풀리리라 봅니다만.	
	이미 사라져버린 재난을 두고는 말을 아끼고요.	
테크멧사	만일 누가 당신께 선택지를 준다면, 당신은 무얼 택하렵니까,	265
	친구들을 괴롭혀가며 당신 본인은 낙을 누리는 것과,	
	그들의 일원으로 함께하며 함께 고통을 겪는 것 중에서?	

코로스	분명 그 두 배의 고통이야말로, 여인이여, 더 심한 재난입니다.
테크멧사	그렇다면 우리는 지금 고통을 겪고 있어요, 그분은 더 이상 앓고 있지 않지만.
코로스	그게 무슨 말씀인가요? 무슨 말씀인지 도무지 모르겠습니다. 270
테크멧사	저분은 그 질병 속에 놓였을 때,
	자신을 사로잡은 그 재난 속에서도 스스로는 낙을 누리셨고,
	제정신으로 함께 있던 우리를 괴롭히셨어요.
	그런데 지금, 그것이 멈추고 질병에서 숨을 돌리고 나더니
	저분은 몹쓸 통증으로 온통 휘몰려가고 있고, 275
	그건 우리 역시 마찬가지랍니다, 전보다 나아진 것도 없고요.
	그러니 이야말로 하나의 재난에서 갑절이 된 것 아닌가요?
코로스	그대 말씀이 맞다마다요. 사실 저는 어떤 신께서 치신 게 아닌지
	두렵습니다. 어찌 아니겠습니까, 멈췄음에도
	앓을 때보다 조금도 더 기운을 내지 못하고 계시니까요. 280
테크멧사	일단 형편이 그렇다는 걸 그대도 알고 있어야 합니다.
코로스	대체 이 재난의 시작은 어떻게 저분께 날아든 건가요?
	아픔을 나누고 있는 저희에게 그 불운에 대해 밝혀주십시오.
테크멧사	그대도 함께 나누고 있으니, 이 모든 걸 알게 될 거예요.
	한밤중이었지요, 저분은 저녁 횃불들이 285
	더 이상 타오르지 않게 되자 양날 검을 쥐고는
	부질없는 수색에 나서듯이 길을 떠나더군요.
	저도 타박하며 말했지요. "아이아스, 지금 무얼 하는 거지요?
	누가 부른 것도 아니고, 전령들에게 소집된 것도 아닌데
	작전에 나서다니요? 나팔 소리를 들은 것도 아니고요. 290
	지금은 모든 군대가 잠들어 있는 시간인데요."
	그분은 늘 노래하던 짧은 말을 제게 해주더군요.
	"여인이여, 여인에게 아름다움을 가져오는 건 침묵이오."
	그래서 저도 알아듣고 하던 말을 멈췄는데, 그분이 혼자 뛰쳐나간 거예요.

다른 곳에서 벌어진 일들에 대해서는 저도 말할 수가 없어요. 295
그러다 그분이 들어왔지요, 사지가 묶인 황소들과,
소몰이꾼의 개들과, 털이 고운 사냥감들을 데리고서요.
그분은 가축 떼를 덮치더니 어떤 것들은 멱을 땄고, 어떤 것들은 멱을 위로
   젖혀 올려
도살한 다음 등뼈를 통째로 가르더군요. 또 다른 것들은 묶어둔 채로
마치 사람들에게 하듯 고문하기 시작했어요. 300
급기야는 문밖으로 뛰쳐나가더니 어떤 그림자에게
말을 걸고 있었어요. 아트레우스의 아들들에 대해서 말하는가 하면
오뒷세우스에 대해서도, 크게 웃어가면서요, 그들이 분수 모르고
저지른 짓들을 얼마나 되갚아주었는지를 말했어요.
그러고 나서 도로 집 안으로 달려 들어왔는데, 305
어떻게 된 건지 시간이 지나면서 어렵사리 제정신으로 돌아오더군요.
그리고 지붕 아래에 맹목이 가득 찬 것을 낱낱이 살피고는
머리를 때려가며 괴성을 질렀어요, 도살당한 양들의 사체가
쓰러져 있는 그 폐허 속에 주저앉은 채로.
그분은 손톱을 세운 손으로 머리를 단단히 움켜쥐더니 310
아무 소리도 내지 않고 한참 동안을 앉아만 있었죠.
그러더니 그렇게 벌어지고 만 사태에 대해 제가 모두 말하지 않으면
무어라도 할 듯이 별안간 제게 끔찍한 말로 위협했고,
[자신이 처한 상황에 대해 물어보았어요.]
그래서 겁에 질린 저는, 친구들이여, 벌어진 모든 일들을 315
제가 아는 한에서 말해주었답니다.
그러자 그분은 곧바로 비참한 통곡으로 크게 울부짖었는데,
그건 제가 전에 그분에게서 단 한 번도 들어보지 못한 것이었어요.
그런 통곡은 몹쓸 사람, 낙담한 사람에게나 어울리는 거라고
그분이 늘 알려주셨으니까요. 320

	그랬던 그분이 날카로운 비명을 억눌러가며 마치 소가 울듯	
	나지막한 신음으로 비탄하기 시작했어요. 그러더니 지금은	
	그러한 불운 속에 놓여, 먹을 것도 마실 것도	
	입에 대지 않고, 칼에 맞아 죽은 짐승들 한가운데,	
	그분이 덮쳤던 그 자리에 말없이 주저앉아 있답니다.	325
	그러니 그분이 무슨 불길한 일을 저지르려는 게 분명해요.	
	[그런 말들을 어찌어찌하기도 하고 탄식도 하고 있으니까요.]	
	그러니 친구들이여, 저는 이것 때문에 그대들을 부른 거랍니다.	
	도와들 주세요, 저 안으로 들어가서 힘닿는 대로요.	
	저런 분들은 친구들의 말에 져주니까요.	330
코로스장	테크멧사, 텔레우타스의 따님이여, 그대가 우리에게 하신 말씀인즉슨	
	저분이 무시무시한 일들로 광기에 사로잡혔다는 것이로군요.	

(무대 밖에 있는 아이아스의 음성이 들린다)

아이아스	아아, 내 신세, 내 신세!	
테크멧사	모르긴 몰라도 금세 더 심해지겠지요. 당신들은	
	아이아스가 내지른 저만한 비명이 도대체 들리지 않나요?	335
아이아스	아아, 내 신세, 내 신세여!	
코로스장	아마도 저분은 질병을 앓고 있거나,	
	전에 온 질병에 연루되어 고통을 겪는 것 같습니다만.	
아이아스	아아, 얘야, 얘야!	
테크멧사	아아, 비참한 내 신세! 에우뤼사케스[18]야, 저분이 너를 외쳐 부르시는구나.	340
	대체 저분은 무얼 그리 애태워 바라는 걸까? 너 어디에 있느냐? 비참한 내	
	신세!	

---

18 아이아스와 테크멧사 사이에서 태어난 아들로, 테크멧사와 마찬가지로 소포클레스 이전의 전승에서는 발견되지 않는다. 이 이름은 '넓은(eury) + 방패(sakes)'라는 뜻으로 아이아스의 거대한 방패에서 비롯된 것이 명백하다. 574-577행 참고.

아이아스	내가 부르는 건 테우크로스로다. 테우크로스는 어디에 있느냐?
	언제까지고 그 애는 노상 전리품을 모으러 다닐 셈인가, 내가 죽어가는데도?
코로스장	저분이 정신이 든 것 같군요. 자, 여러 말 말고 문을 열어보세요.
	혹시라도 저분이 저를 보게 되면 수치를 느끼실 수도 있으니까요. 345
테크멧사	보세요, 제가 열고 있답니다. 그분이 한 일과
	그분의 상태를 그대도 살펴볼 수 있겠지요.

(아이아스가 막사에서 나온다)

(애탄가)

(좌1)아이아스 아아,

내 뱃사람들아, 내 사람들 중 유일하게,

유일하게 여전히 곧은 법도에 머물러 있는 이들아,　　350

그대들은 보고 있도다, 지금 피의 폭풍우 아래

과연 얼마만 한 파도가 나를 에우며 휘돌고 있는지를.

코로스장 (테크멧사에게)

제 생각에는 그대가 너무나도 정확하게 증언하신 것 같군요.

저분이 한 일이, 저분이 제정신 아님을 보여주는군요.　　355

(우1)아이아스 아아,

배를 다루는 기술로 도움을 주는 종족이여,

배에 올라 바다에서 노를 휘젓는 이여,

너에게서만, 오로지 너에게서만 이 재난을 족히 버틸 만한 것을 보노라.　　360

그러니 두말 말고 나 역시 쳐 죽여다오.

코로스장 상서로운 말씀을 하소서. 재앙에 재앙을 더해

치료책이라 내놓으며 그 맹목의 재난을 악화시키지 마소서.

(좌2)아이아스 그대 보고 있는가, 이 대담한 나를, 제대로 된 심장을 지닌 나를,

	적들 사이에서 싸우면서도 떨림이라곤 없던 나를, 365
	겁 없는 야수들 속에서도 가공할 손을 뻗던 나를?
	이럴 수가, 나 웃음거리가 되었구나. 이 무슨 눈먼 짓인가!
테크멧사	제발, 내 주인 아이아스여, 비오니 그런 말씀 마세요.
아이아스	비켜나지 못하겠소? 물러나 그 발걸음 돌리지 못하겠소?
	아이아이, 아이아이![19] 370
테크멧사	신들의 이름으로 비오니, 뜻은 그대가 굽히시고 부디 정신을 단단히 차리세요.
아이아스	오, 불운한 나! 천벌받아 마땅한
	그놈들을 이 두 손에서 놓치다니,
	뿔이 굽은 황소들과
	이름난 염소 떼를 내리 덮쳐 375
	어두운 피를 적셔가며.
코로스장	아니, 이미 다 벌어진 일을 두고 왜 그리 괴로워하십니까?
	이 상황이 어떻게든 달라지는 건 있을 수 없는 일인데요.
(우2)아이아스	아아, 이 모든 것을 보고 있는 자, 모든 악의
	영원한 도구여, 너 라르티오스의 자식이여, 380
	이 군대에서 가장 불결한 자, 갈려버린 가루 같은 자여,
	장담컨대 너는 쾌락을 누리며 많이도 웃어젖히겠지.
코로스장	누구나 신과 더불어 웃기도 하고 비탄에 젖기도 합니다.
아이아스	내 그놈을 볼 수만 있다면 원이 없으련만, 나 비록 고통 중에 있지만!
	아아, 내 신세, 내 신세여! 385
코로스장	큰소리치실 때가 아닙니다. 그대가 어떤 재앙에 도달하였는지 보지 못하십니까?
아이아스	제우스시여, 제 조상들의 아버지시여,

---

19 비통함, 슬픔을 드러내는 희랍어의 감탄사.

어찌해야 제가 저 간사하기 짝이 없는, 갈린 가루 같은 원수 놈과
왕이랍시고 같이 다스리는 그 두 놈에게 파멸을 안기고 390
마침내 저 자신도 죽을 수 있겠나이까?

테크멧사   당신이 그런 걸 기도하신다면, 하시는 김에 저도 죽으라고
기도하세요. 당신이 죽은 마당에 제가 도대체 왜 목숨을 붙들어야 하나요?

(좌3)아이아스   아아,
어둠, 나의 빛이여,
에레보스,[20] 내게는 더없는 찬란함이여, 395
붙들어 가다오, 붙들어 가다오, 나를 그곳 사람 삼아서.
날 붙들어 가다오.
나는 신들의 종족에게든, 한나절 살다 지는 인간들의 종족에게든
그 누구의 도움을 바라기에는 더 이상 어울리지 않는 자이니. 400
외려 제우스의 따님,
그 강력한 여신께서 나를
파멸에 이르도록 괴롭히시는구나.
어디로, 뉘라서 달아날 수 있을까?
어디로, 내 걸음을 옮겨 머무르랴?
만일 이 모든 것이 파멸한 거라면, 친구들아, 405
우리가 이 어리석은 제물들과 더불어 누워 있는 거라면,
전군이 양손에 창을 휘두르며 그 손으로
나를 죽이려 들겠지.

테크멧사   오, 나는 더없이 비참한 사람, 능력이 있는 분이 저런 말들을 410
내뱉다니, 예전이라면 절대로 하지 않았을 그런 말들을!

---

20 '깊은 어둠'이라는 뜻으로 저승 하데스와 지상 사이의 어두운 공간을 말하며, 종종 하데스 대신 쓰이기도 한다.

(우3)아이아스	아아,
	노호(怒號)하는 소금 물결의 길들이여,
	바닷가 동굴들이여, 수변의 초원이여,
	너희는 숱하게도, 숱하게도 긴 시간 동안
	나를 트로이아 주변에 오랜 세월 붙들고 있었구나. 그러나 이제 더는 415
	나를, 숨 쉬는 나를 붙잡을 순 없으리라.
	이것은 지각있는 자 누구나 알지어다.
	오오, 이웃한 스카만드로스[21]의
	강줄기들이여,
	아르고스인들을 위해 악의[22]를 품은 것들이여, 420
	너희도 이제 더는 이 사람을
	보지 못하리. 내 자랑의 말
	한마디 하마. 군대에서 이 정도나 되는 사람이
	희랍 땅에서 다가오는 것을
	트로이아는 목격한 적이 없도다. 425
	허나 지금은 명예라곤 없이
	이렇게 나 누워 있노라.
코로스장	저는 당신을 다잡을 수도 없고, 무슨 말씀을 하시라 해야 할지도
	모릅니다, 이만한 재앙 속에 그대 쓰러져 계시니.
아이아스	아이아이, 뉘라서 내다볼 수 있었으랴, 430
	내게 주어진 이름이 나의 재앙과 이렇게 조화를 이룰 줄을?[23]

---

21 트로이아 벌판을 흐르는 강이자 그 하신(河神)의 이름이기도 하며, 트로이아 왕가의 선조 노릇을 한 것으로 알려져 있다. 트로이아 전쟁에서도 트로이아 편에 서 있으며, 『일리아스』 20권에서는 아킬레우스에게 맹공을 퍼붓기도 한다. 희랍 신화의 세계관에서 모든 강은 오케아노스와 테튀스의 자식들이다.

22 다른 모든 사본은 '선의'로 전하고 있다.

이제 내가 두 번이나 '아이'를 외치고 밀있으니,
[그리고 세 번이나. 나는 이만한 재앙과 맞닥뜨렸도다.]
내 아버지는 이다산[24]이 놓인 이 땅에서,
군대에서 으뜸가는 활약으로 가장 아름다운 상을 얻어 435
온갖 영예를 안고 집으로 돌아오셨다.[25]
나 그분의 자식이고, 트로이아의
같은 자리로 못지않은 힘을 품고 와서
못지않은 일들을 내 손으로 이뤄냈건만,
아르고스인들 앞에서 아무런 명예도 없이 이렇게 죽어가노라. 440
그러나 나 이것만큼은 제대로 알고 있노라 여기니,
만일 아킬레우스가 살아생전에 그의 무구들을 걸고
누구에게 줄지 판정하되, 가장 탁월한 위력을 염두에 두었다면
나 대신 다른 누구도 그걸 거머쥐지 못했으리라.
그러나 지금 아트레우스의 아들들은, 그 헤아림으로 어떤 짓도 445
저지를 수 있는 자에게 그걸 넘겨주었구나, 이 사나이의 위력은 밀쳐둔 채.
만일 이 눈과 횡격막[26]이 뒤틀려
내 의도 바깥으로 솟구쳐 나가지만 않았더라도, 그자들이
나 말고 다른 자에게 이런 판정이 나오도록 투표하진 못했으리라.
그러나 지금 제우스의 따님, 길들일 수 없는, 고르곤의 눈을 한 여신[27]께서, 450

---

23 고통, 탄식을 드러내는 감탄사 '아이아이(aiai)'와 자신의 이름이 비슷하다고 보고 있다.
24 트로이아 인근의 산이며, 『일리아스』에서는 제우스가 다른 신들과 떨어져서 홀로 트로이아를 내려다 볼 때 이 산의 정상을 즐겨 찾는 것으로 그려진다. 다른 전승에 따르면 이 산의 요정 이다이아가 스카만드로스강과 결합하여 테우크로스(이 극의 등장인물과는 동명이인)를 낳았고, 그가 트로이아의 시조가 되었다고 한다.
25 각주 9번 참고.
26 고대 희랍인들은 횡격막(phren)이 인간의 사리 분별, 판단을 주관하는 신체 기관이라고 여겼다.
27 아테네를 가리킨다. 서사시 전통에서 아테네는 보통 '빛나는 눈의(glaukōpis)'라는 수식어를 받지만, 여기서는 고르곤이라는 부정적인 이미지를 사용하고 있다. 고르곤들은 세 자매로 둘은 불사의 존재이며, 다른 하나는 그 눈을 쳐다본 자는 돌로 변한다고 하는 메두사로 페르세우스에게 목이 잘린다.

내가 그자들을 향해 내 주먹을 날릴 준비가 되자
광기라는 질병으로 나를 쏘아 맞히셨고,
그 결과 이 짐승들 사이에서 내 손에 피를 묻히게 되었노라.
반면, 달아난 그자들은 웃어젖히고 있지,
나는 그걸 바란 게 아니었는데. 만일 신들 중 어떤 분이   455
방해하면, 못난 자도 더 강력한 자를 피해 달아날 수 있겠지.
그러니 이제 나 무얼 해야만 하는가? 눈에 보일 지경으로
신들에게 증오를 산 내가? 희랍인들의 군대가 나를 혐오하고,
이 트로이아의 벌판 전체가 내게 적개심을 품고 있다.
안전하게 닻을 내릴 만한 이 정박지를 버리고, 아트레우스의   460
자식들만 남겨둔 채 아이가이온 바다²⁸를 건너 집으로 돌아가야 하나?
그러면 나는 무슨 낯을 들고 아버지 텔라몬 앞에 모습을
드러내야 하나? 최고의 상도 없이 맨몸으로 모습을 드러낸 나를
그분이 무슨 수로 참고 볼 수 있냐는 말이다,
그분은 위대한 영광의 화관을 손수 얻어내었는데.   465
그건 도대체가 견딜 수 있는 일이 아니다. 아니지, 트로이아인들의
방벽으로 가서 나 혼자 그들을 덮치고, 단신으로 쓸 만한 일을
해낸 다음 마침내 죽는 건 어떨까? 아니다, 그런 일이라면
분명 아트레우스의 자식들에게나 기쁨이 되겠지.
있을 수 없는 일이다. 내 그분의 자식으로서,   470
속에 아무것도 없는 채로 태어난 건 아님을 늙은 아버지께
보여드릴 만한 어떤 시도가 모색되어야 할 터.
불행한 상황에서 아무것도 바꿀 수 없는 사람이
수명마저 오래 탐하는 건 오욕이니까.
하루를 잇는 또 하루에 무슨 낙이라는 게 있더냐,   475

---

28 희랍과 튀르키예 사이에 놓인 바다로 오늘날의 에게해이다.

죽음을 향해 앞으로 밀었다 뒤로 물렸다 할 뿐인 날들에?

텅 빈 희망으로 달아오른 자를 위해서라면

나는 단 한 푼도 치를 수 없다.

다만 훌륭히 살든지, 아니면 훌륭히 죽든지, 고귀하게 태어난 사람은

마땅히 그래야 하는 법이다. 너는 모든 말을 다 들었다. 480

코로스장 그 누구도 그대가 거짓된 말을 했노라 말하지 못할 겁니다,

아이아스여, 그러긴커녕 그대 스스로의 헤아림에서 우러나온 말씀이지요.

그래도 이제 멈춰주십시오. 친구들이 그대의 판단을 다스리게 해주십시오,

그런 생각들일랑 놓아버리시고요.

테크멧사 오, 내 주인 아이아스여, 어쩔 도리 없는 운명보다 485

사람들에게 더 큰 재앙은 없지요, 없다마다요.

저는 자유를 누리는 아버지에게서 태어났어요.

그분은 여느 프뤼기아인들처럼 부와 권력을 누렸지요.

하지만 지금 저는 여종일 뿐. 이렇게 된 건 신들의 결정이고,

또 무엇보다도 당신의 손에 의해서겠지요. 그러니, 제가 490

당신의 잠자리에 함께 오게 된 이후로 전 당신 일이 잘되기만을 생각해요.

제가 당신께 나아와 탄원합니다, 화롯가[29]의 제우스의 이름으로,

또 저와 몸을 섞은 그대의 침대를 걸고서,

제가 당신 적들 중 누군가의 손아귀에 넘겨져

고통을 안기는 이야기를 들어도 싸다고 여기지 마시기를! 495

진정 당신이 목숨을 잃게 되면, 생을 끝내고 떠나시는

바로 그날, 저 역시 아르고스인들의 완력에 채이고 낚여

당신 아이와 더불어 노예의 삶을 견뎌야 한다는 걸

부디 염두에 두시기를. 그렇게 되면

주인들 중 하나가 쓰라린 말을 입에 담으며 500

---

29 화로/화덕(hestia)은 집 안의 중심에 놓여 있고 가정을 상징한다.

이런 말로 저를 찌르겠지요. "봐두게들, 아이아스와
몸 섞었던 이 여자를. 그는 군대에서 가장 강한 자였지만 이 여자는
부러움을 받긴커녕, 이 꼴로 날품팔이가 되어 연명하는구나."
누군가는 그렇게 말할 테고, 운명도 저를 몰고 가겠지요.
하지만 그건 당신과 당신의 혈통에게도 수치스러운 말이 되겠지요. 505
이러지 마시고 당신이 참담한 노년 속에 남겨둔
당신 아버님을 보아 삼가시고, 하고많은 연세를 몫으로 받은
어머님을 보아 삼가세요. 그녀는 당신이 집으로 살아 돌아오기만을
신들께 빌고 또 빌고 있어요.
왕이시여, 당신의 아이도 가여워해주세요. 어린것이 510
당신에게 키워질 기회도 빼앗긴 채 혼자서
비정한 보호자들 밑에서 삶을 꾸려나가야 한다면, 당신은
세상을 떠나며 저 아이와 저에게
이 얼마나 큰 재앙을 나눠주는 셈인가요.
제게는 당신 말고 더 이상 바라볼 데가 전혀 없으니까요.
당신이 제 조국을 창으로 무너뜨렸고, 515
게다가 또 다른 운명의 몫이 어머니와, 나를 낳아주신 아버지를
하데스의 죽음 속에서 지내시도록 쓰러뜨렸으니까요.
그러니 제게 당신 말고 어떤 조국이, 어떤 부귀가
있을 수 있겠어요? 저는요, 모든 안위가 당신께 달려 있는 사람이에요.
그러니 저도 기억해주셔야지요. 사람이라면 응당 520
기억해야 하고말고요, 낙을 누린 적이 있었다면요.
언제든 호의가 호의를 낳는 법이잖아요.
좋은 일을 경험했던 기억조차 떠내려가게 된다면
그런 사람은 더 이상 고귀한 자가 될 수 없겠지요.

코로스장 아이아스여, 부디 제가 그리하듯이 당신도 속으로 525
연민을 품으시길 바라나이다. 이 여인의 말을 받아주시기를!

아이아스	물론 그녀가 내 승인을 얻다마다,
	내 명령을 완수하기 위해 제대로 감행만 해준다면!
테크멧사	당연히, 오, 나의 아이아스, 뭐든지 저는 따르겠어요.
아이아스	당장 내게 내 아이를 데려와주오, 내 볼 수 있도록. 530
테크멧사	실은 제가 겁에 질린 터라 그 애를 내보냈답니다.
아이아스	이만한 재앙 속에 있어서겠지. 아니면 달리 내게 뭐라 말할 테요?
테크멧사	행여 그 불쌍한 것이 당신을 마주하다 죽게 될까 봐 그랬어요.
아이아스	그것 또한 내 운명의 몫에 맞아떨어지는 일이었으리.
테크멧사	그래도 저는 그런 일을 막아낼 정도로는 지켜냈어요. 535
아이아스	당신이 해준 일과 그 예지를 나는 칭찬하오.
테크멧사	그러면 이 상황에서 제가 당신께 대체 어떻게 도움이 되어드려야 하나요?
아이아스	내가 그 아이를 마주 보고 말할 수 있게 해주오.
테크멧사	아닌 게 아니라 시종들이 그 애를 가까이에서 지키고 있는 참입니다.
아이아스	아니, 그러면 대체 왜 이 앞에 오지 않으려는 거요? 540
테크멧사	얘야, 아버지께서 너를 부르시는구나. 시종들 중 누구라도 좋으니
	그 애의 손을 잡고 이리로 데려오게.
아이아스	당신은 다가오고 있는 자에게 말하는 거요, 아니면 말을 듣고도 떠나버린
	자에게요?
테크멧사	아니, 시종들 중 하나가 아이를 가까이 데려오고 있어요.

(에우뤼사케스가 시종과 함께 등장한다)

아이아스	아이를 안아 올려보오, 올려서 이리 주오. 방금 격살된 545
	이 주검을 쳐다보아도 분명 겁내지 않을 테니까,
	만일 진정으로 나를 아비로 두고 있다면.
	천만에, 이 아이는 당장 아비의 거친 방식에
	망아지처럼 길들여져야 하고, 본성도 같아져야만 하오.
	얘야, 행운이라면 아비보다 더 많이 누리되, 550
	다른 점에서는 같아지기를! 결코 비열한 자 되지 않기를!

그래도 나 지금 이것만큼은 네가 부럽구나, 이 재앙들 중
어떤 것도 너는 감지하지 못하고 있으니까.
삶이란, 환희와 설움을 배우기 전,
아무것도 헤아리지 못할 때가 가장 달콤하지. 555
[헤아리지 못한다는 건 가장 고통스럽지 않은 악이니까.]
그러나 네가 거기까지 이르게 되거든, 너는 아버지의 적들 사이에서
네가 어떠한 인물인지, 누구에게서 나와 길러진 인물인지
기필코 보여줘야만 한다. 그때까지는 잔잔한 미풍으로
네 어린 영혼을 키우며 자라나다오, 여기 계신 어머니께 기쁨이 되도록.
나는 알고 있다, 네가 내게서 떨어져 있을지라도 아카이아인들 중 560
네게 분수를 모르고 증오스러운 망발을 부릴 자 아무도 없다는 것을.
너를 위해 그런 파수를 보는 보호자로 나는 테우크로스를
남겨놓으마. 비록 그가 지금은 적들을 사냥하기 위해
멀리 가고 없지만, 기꺼이 너를 키워줄 것이니라.
그뿐이겠느냐, 방패를 짊어진 이들이여, 바다의 백성들이여, 565
너희들에게도 이 호의에 동참할 것을 명하노라.
또, 그[30]에게도 내 명령을 전해들 다오,
그가 이 아이를 내 집으로 데리고 가서 텔라몬께, 그리고
어머니 에리보이아께 보여드리고 노년에 계신 그분들을
항상 봉양해드리는 자가 되도록 하라고. 570
[그분들이 지하 신의 깊숙한 곳에 다다를 때까지.]
그리고 내 무구들은 어떤 심판들도, 나를 파괴한 자도
아카이아인들에게 내놓지 못하게 하라고 전해다오.
안 되고말고. 대신 에우뤼사케스 네가, 네게 이름 붙여준
바로 그것을 붙들어 쥐거라. 파괴할 수 없는 일곱 겹 쇠가죽 방패의 575

---

30 테우크로스.

손잡이를, 촘촘히 꿰맨 가죽끈을 붙잡고 휘두르거라.
그러나 내 다른 무구들은 나와 함께 묻힐지어다.
(테크멧사에게)
자, 이제 어서 서둘러 이 아이를 받으시오. 그리고
집은 걸어 잠가두시오. 집 앞에서 눈물을 흘리며 애곡하지 마시오.
정말이지 여자란 연민하기를 즐기는구려. 580
어서 당장 문을 닫으시오. 잘라내야 할 재앙 앞에서 주술 노래[31]로
곡소리를 내는 건 지혜로운 의사의 일이 아니오.

코로스장 그대의 열의를 듣자니 저는 두렵습니다.
당신의 날 선 혀가 제겐 전혀 기쁘지 않습니다.

테크멧사 오, 내 주인 아이아스여, 헤아림으로 대체 무얼 염두에 두신 건가요? 585

아이아스 질문하지 마오, 캐묻지 마오. 절제가 좋은 거요.

테크멧사 이럴 수가, 내 낙담은 이리도 큰데! 당신 자식과, 신들의 이름을 걸고
당신께 빕니다. 제발 우리를 등지지 마세요.

아이아스 당신이 나를 이렇게나 심하게 괴롭히다니. 모르고 있는 거요,
내가 신들에게 더는 갚아야 할 빚이 없다는 것을? 590

테크멧사 제발 상서로운 말씀을 해주세요.

아이아스 들을 자들에게나 말해보오.

테크멧사 당신은 절대로 설득되지 않을 분인가요?

아이아스 그대는 이미 너무나도 많은 말을 외쳤소.

테크멧사 제가 겁에 질려 그런 겁니다, 왕이여.

아이아스 빨리 그 문 닫지 못하겠소?

테크멧사 신들의 이름으로 비오니 부디 너그러워지소서.

아이아스 내 보기에 당신은 어리석은 마음을 먹고 있소,

---

31 고대에는 주문을 외우는 것도 상처를 치료하는 행위 중 하나였다. 가장 유명한 사례는 『오뒷세이아』 19권 456-458행으로, 멧돼지 사냥 중 상처를 입은 소년 오뒷세우스를 외삼촌들이 치료하며 주술을 거는 장면이다.

		나의 방식을 이제 와서 가르칠 수 있다고 믿는다면 말이오.	595

(아이아스, 테크멧사, 그리고 에우뤼사케스가 막사로 들어간다)

(1정립가)

코로스(좌1)   오, 명성 높은 살라미스여, 너는 소금 물결 몰아치는 곳에서
           지내고 있겠지, 행복을 누리며,
           모두에게 언제나 단연 두드러지는 자태로.
           그러나 나는 참담하게도 이다산의 초원을 침대 삼아   600
           머무른 게 하세월이구나.
           몇 달이 지났는지 도무지 셀 수 없을 지경이니,
           시간이 흐르며 나는 헐어버렸다,   605
           나도 언젠가는 저 밉살맞은,
           뵈지 않게 만드는 하데스[32]로
           떠나리라는 몹쓸 희망을 품고서.

(우1)   그뿐이랴, 돌보기 어려운 아이아스마저
           나와 함께 앉아 있으니, 아아, 내 신세, 내 신세여,   610
           신이 보낸 광기를 품고 뜰 안에서 함께.
           너는 전에 그분을 돌진이 난무하는 전장[33]에서
           위력을 발휘하는 이로 떠나보내었지. 그러나 그분 지금은
           외따로 헤아림을 키워가며 벗들에게 엄청난 슬픔이 되었단다.   615
           예전에 그분의 두 손으로 이뤄낸 가장 위대한,
           그 탁월한 위업들은 친구를 얻지 못한 채, 친구 없는 자들에게로,

---

32 저승, 또는 저승의 지배자를 가리킨다. 저승의 지배자 하데스는 크로노스와 레아의 아들로, 제우스, 포세이돈과 동기간이다. 이 3형제가 세계를 삼분하여 다스리게 되었을 때 하데스는 지하 세계의 몫을 얻었다고 한다.

33 원문은 아레스(Ares)이나, 아레스의 이름은 전쟁, 전투, 전장 등을 대신하여 쓰이는 경우가 많다.

아트레우스의 지 쓸모없는 아들들에게로
추락하고 말았도다, 추락하고 말았도다. 620

(좌2) 길고 긴 나날들을 살아내며 허옇게 세어버린
늙으신 어머니께서, 그분의 정신이 무너져 내려 625
병을 앓고 있다는 걸 행여라도 듣게 된다면
불운한 그 여인은 장송곡을 부르지도,
가엾은 새 밤꾀꼬리의 애곡을 하지도 않을 것이니,
그저 통곡하며 날카롭게 꿰뚫는 노래를 부르리. 630
그녀의 주먹질이 둔탁한 소리를 내며
가슴 위로 떨어질 것이며,
세어버린 은발을 쥐어뜯으리라.

(우2) 헛되이 앓고 있는 저분은 차라리 하데스 곁에 감춰지는 편이 낫도다. 635
선조들로부터 내려온 혈통으로 보면, 숱한 노역을 겪는
아카이아인들 중 그분이야말로 최상이었으나,
더는 그 성정에 맞갖게
굳게 서지 못한 채 밖으로 나도는구나. 640
아아, 완고한 아버님, 아드님의 차마 견딜 수 없는 멸망이
얼마나 심각한지, 당신이 들어 아시도록 남겨져 있답니다.
이분만 제외한다면, 아이아코스[34]의 자손들 중
그 어떤 삶도 키워본 적이 없는 그런 멸망 말입니다. 645

(아이아스가 칼을 들고 막사에서 나온다. 테크멧사가 뒤따른다)

---

34 제우스와 요정 아이기나 사이에서 태어난 아들로서, 뮈르미돈인들을 이끌었다. 그의 두 아들은 펠레우스, 텔라몬으로 각각 아킬레우스와 아이아스의 아버지이다. 『일리아스』에서 아킬레우스는 아이아코스의 손자로 지칭되는 경우가 있고, 뮈르미돈인들을 휘하에 거느리고 있다.

| 아이아스 | 기나긴, 헤아릴 수 없는 시간은
| | 보이지 않는 모든 것을 드러내며, 드러난 것은 감추는구나.
| | 하여 뜻밖의 일이란 있을 수 없으니, 무시무시한 맹세도,
| | 완고하기 그지없는 판단도 극복되노라.
| | 나 역시 전에는 끔찍이도 고집스러웠지, 650
| | 마치 담금질한 무쇠처럼.
| | 그러나 이 여인으로 인해
| | 내 입도 여인처럼 되었단다. 나 가여워하노라,
| | 적들 사이에서 과부로 남겨질 그녀를, 또 고아로 남겨질 아이를.
| | 이제 나는 몸을 씻으러 가겠다,
| | 바닷가 초원으로, 내 더러움을 씻어내어 655
| | 여신의 무거운 진노로부터 달아나기 위해.
| | 그리고 사람이 발 딛지 않은 자리로 가닿아
| | 그곳에 나의 이 칼을 숨겨두리라, 무기들 중에서도 가장 혐오스러운 이것을,
| | 땅을 파내어 그 누구도 보지 못하도록.
| | 다만 밤과 하데스가 이것을 저 밑에서 간수할지어다. 660
| | 내가 이것을 적 중의 적이었던 헥토르에게서
| | 선물로 손에 받은 이후로,[35] 아르고스인들에게서
| | 믿을 만한 것이라고는 단 한 번도 얻지 못했으니까.
| | 아닌 게 아니라 사람들의 격언이 진실하도다,
| | 적들의 선물은 선물이 아니며 쓸모도 없다는 것이. 665
| | 그러니 우리는 남은 삶에서 신들께 양보하는 법을 깨닫고,
| | 아트레우스의 아들들을 숭배하는 법을 배우리라.

---

35 『일리아스』 7권에서 아이아스와 헥토르는 양 진영을 대표하여 결투를 벌이고, 아이아스의 실질적인 우세 속에서 전령들의 개입으로 결투는 중단된다. 이어 헥토르는 아이아스에게 칼을 선물하고, 아이아스는 허리띠를 선물한다. 한편, 죽은 적에게서 받은 선물이 주인공의 목숨을 앗아 가는 패턴은 『트라키스의 여인들』에서도 나타난다.

그들은 지배자이니 마땅히 양보해드려야겠지, 그래야지 않겠나?
두려운 것도, 심지어 가장 강력한 것도 명예 앞에서는
길을 비키는 법이니까. 눈 쌓인 겨울도																		670
열매가 풍성한 여름에 길을 내주고,
영원할 것만 같은 밤의 순환도 백마와 같은
낮의 빛이 불타오르도록 자리를 바꾸며,
바람은 끔찍하게 몰아치다가도 신음하는 바다를 잠재우도다.
모든 것을 제압하는 잠도 그가 결박한 것을 풀어주며,																		675
그가 쥔 것을 언제까지고 붙들고 있지는 않노라.
그러니 우리가 어찌 지혜로워지기를 배우지 않을 도리가 있으랴?
적어도 나는 그리하리라. 내 방금 깨달은 바 있으니,
우리의 원수는 증오받아야 마땅하나, 나중에 다시
친구가 될 사람으로서 그리되어야 한다. 반면 친구에게는																		680
내가 힘을 보태며 돕기를 바랄 테지만, 언제까지고
친구로 남지는 않을 사람으로서다. 많은 사람들에게
우정의 항구란 믿을 수 없는 것이니까.
그래도 이런 일들은 제대로 될 것이다. 당신은,
여인이여, 안으로 들어가서 신들께 기도하시오,																		685
내 심장이 갈망하는 것들을 남김없이 이루어주십사고.
그리고 전우들아, 너희는 이 여인과 마찬가지로 이 내 갈망을
존중해다오. 또, 테우크로스가 오거든 그에게 일러 내 일들을
돌보라고, 또 너희들에게도 다정히 대하라고 하거라.
나는 저쪽으로, 꼭 건너가야 할 곳으로 갈 테니까.																		690
너희는 내가 일러둔 바를 행하거라. 아마 너희도 곧 알게 될 것이다,
내 지금은 불운을 겪고 있지만, 구원을 받았다는 것을.

(아이아스가 퇴장하고 테크멧사는 막사로 들어간다)

〈2정립가〉

코로스(좌)　격정으로 나 전율하노라. 주체할 수 없이 기뻐 나 날갯짓하노라.

　　　　　이오, 이오,[36] 판[37]이여, 판이시여!

　　　　　오오, 판이여, 소금 물결 위를 떠다니는 판이시여! 눈 쌓인 퀼레네[38]의　　695

　　　　　바위투성이 산등성이에서

　　　　　모습을 드러내소서, 오오,

　　　　　신들 중에서 가무를

　　　　　만드는 왕이시여, 임께서 홀로 터득하신

　　　　　뮈시아의 춤[39]과 크놋시아의 춤[40]을 부디 저와 함께 추시도록!　　700

　　　　　이제 나의 관심사는 오로지 춤추는 일이로다.

　　　　　부디 델로스[41]의 왕 아폴론께서도

　　　　　알아뵙기 쉬운 모습으로

　　　　　이카리아 바다[42]를 건너오셔서

　　　　　모든 일에 호의를 품고 저와 함께해주소서.　　705

(우)　　　아레스께서 무시무시한 고통을 이 두 눈에서 풀어주셨도다.

　　　　　이오, 이오, 이제 다시금,

36　희랍어의 감탄사.
37　아버지 헤르메스 신과 마찬가지로 목자와 가축을 돌보는 신으로 알려져 있으며, 인간의 상체와 염소의 하체를 하고 격렬한 가무를 즐긴다고 전해진다. 판의 영역 중 하나로 살라미스 인근의 작은 섬 프쉬탈레이아가 거론되기도 한다.
38　펠로폰네소스 중부 아카디아 지역의 산으로 판이 태어난 곳이며, 판의 아버지 헤르메스 역시 이곳에서 태어났다고 전해진다.
39　역자는 기원전 4-3세기경의 파퓌로스 독법을 따라 '뮈시아'로 읽었으나, 다른 모든 사본에서는 뮈시아가 아닌 '뉘사'로 읽고 있다. 뉘사산은 디오뉘소스의 성지 중 하나이다. 뮈시아는 퀴벨레 여신의 고향으로 숭배자들은 격한 가무를 벌이며 여신을 기렸다고 전해진다. 이 숭배자들을 코뤼반테스라고 부른다.
40　크레테섬 크놋시아의 춤은 『일리아스』 18권 590행 이하에서 묘사되고 있다.
41　델로스는 아폴론이 태어난 곳으로서, 이 신이 가무와 밀접한 관계를 맺는다는 점에서 자연스러운 언급으로 보인다.
42　델로스와 소아시아 사이에 놓인 이카리아섬 근해로서 에게해의 일부이다.

이제는, 오, 제우스시여,

이 화창한 날의 밝은 광채가

바다 위에서 날렵한 빠른 배들에게 다가오리니, 아이아스는　710

괴로운 일을 잊기로 돌아섰고, 다시 온전한 제사로 축복된

신들의 법도를 이루어냈습니다,

최고조로 정연하게 경배를 바치며.

시간은 위대할지니, 만물의 불을 꺼뜨리도다.

말도 안 되는 일 같은 건 없노라고 내 말하리라. 기대치도 못했는데　715

아이아스께서 아트레우스의 아들들을 겨눈

그 어마어마한 싸움으로부터 심기를 돌려

달리 생각하게 되셨으니까.

(전령 등장한다)

전령　친애하는 여러분, 일단 이 소식을 전하고 싶소.

테우크로스께서 방금 뮈시아 고원에서 돌아오셨다오.　720

그런데 중앙의 본진을 향해 다가오시던 그분이

그만 모든 아르고스인들에게 한꺼번에 욕을 듣고 계시지 뭐요.

그들은 그분이 다가오는 걸 멀찍감치부터 알아보았소.

그리고 그분을 둥글게 에워싸더니 여기저기서 모욕을 가하며

덤벼들기 시작했고, 삼가는 자는 아무도 없었다오.　725

그들은 그분을 두고 군대에 반역을 꾀하는 미치광이와

피를 나눈 자라고 부르는가 하면, 바위들에 맞아 산산이

찢겨 죽는 꼴을 결코 피하지 못하리라고 하였소.

급기야는 그들이 두 손으로 뽑은 칼이 칼집에서 완전히

빠져나오는 상황까지 이르렀다오.　730

그러나 다툼은 끝까지 치닫지 않고 누그러졌으니,

화해하라는 원로들의 말씀이 있었던 거요.

	그건 그렇고, 우리 아이아스께선 어디에 계시오, 나 이 소식을 말씀드려야 하오.	
	관련된 분들께는 나 모든 것을 밝히 말씀드려야만 한다오.	
코로스장	안에 계시지 않소. 아니, 방금 떠나가셨다오,	735
	새로운 전환으로 새로운 계획을 짊어지고서.	
전령	아아, 아아!	
	나를 이 길로 보낸 분이 느렸구나,	
	아니면 내가 느림보로 드러났거나.	
코로스장	그 다급한 일에서 빠진 것이 대체 뭐기에?	740
전령	테우크로스께서 자신이 도착하기 전에는 그분이 이 집 안에서	
	밖으로 나가지 못하게 하라고 금령을 내리셨다오.	
코로스장	아니, 그분은 가셨대도 그러오. 더 유익한 방향으로 판단을 돌려,	
	분노를 그치고 신들에게 화해를 청하려고 말이오.	
전령	숱한 어리석음으로 가득 찬 말들이로구나,	745
	만일 칼카스[43]가 제정신으로 예언하는 거라면.	
코로스장	무슨 예언이오? 당신은 이 사태에 대해 무얼 알고 여기 온 거요?[44]	
전령	꽤 알고 있소. 게다가 나는 그 자리에 있었다오.	
	수장들이 모여 앉은 원형 회의석에서	
	칼카스가 빠져나와 아트레우스의 두 아들들과 떨어지더니	750
	테우크로스의 손에 자기 오른손을 친근하게	
	올리며 말했다오, 만일 아이아스에게	
	목숨이 붙어 있는 걸 보고 싶거든, 지금 빛이 내리쬐는	
	오늘 하루 동안은 수단 방법을 가리지 말고	
	그를 막사 아래 가둬두고 나가지 못하게 막으라고 말이오.	755
	왜냐하면 아테네 여신의 노여움이 이날 하루 동안만	

---

[43] 테스토르의 아들이며 트로이아 전쟁 당시 희랍군 최고의 예언자이다. 희랍군 함대가 트로이아를 침공하기 전, 아울리스에 집결했을 때 칼카스는 10년째에 트로이아를 정복할 것이라고 예언하였다고 한다.

[44] 사본에 따라 '그자(그 예언자)가 이 사태에 대해 무얼 알고 있는 거요?'라고 읽을 수도 있다.

그이를 몰고 갈 테니라고, 그가 말해주었다오.
쓸모를 잃을 정도로 과도해진 육체들은 신들에게서 온
묵직하고 불운한 사태에 추락하는 법이라고 그 예언자는
주장하곤 했소. 본성상 인간으로 태어났지만, 이후에   760
인간에게 어울리지 않는 뜻을 품는 자 누구라도 그렇단 말이오.
그런데 저이가 막 집을 나서 길을 떠나려던 그때
덕담을 해주시던 아버님 앞에서 그는 어리석은 자로 드러났다오.
그분이 그에게 이르셨소. "아들아, 이 창으로 제패하기를 추구하되,
언제든지 신을 모시고 제패하기를."   765
하지만 그이는 그만 자랑이 지나쳐 분별없이 대답했소.
"아버지, 별것 아닌 자도 신들께서 함께하시면
위력을 얻을 수 있겠지요. 그러나 저라면 그분들 없이도
명성을 얻어내리라 확신합니다."
그이는 이런 말들로 우쭐댄 거요. 두 번째, 이후   770
아테네 여신께서 그이를 격려하시며 적들에게
피를 부르는 주먹을 향하게 하라 말씀하신 바로 그때,
그이는 차마 입에 담을 수조차 없는 끔찍한 말로 맞받아쳤다오.
"여왕이시여, 부디 다른 아르고스인들 곁에 서시지요.
저희 쪽에서는 전투가 터져 나올 일이 결코 없으니까요."   775
분명 그는 이런 말들로 여신의 총애를 잃고
분노를 샀소. 인간에게 어울리지 않는 뜻을 품은 거요.
그러나 어찌 되었든 바로 오늘 하루만 그가 버텨준다면
아마 우리는 신의 뜻을 따라 그이를 구원한 사람들이 될 거요.
여기까지가 그 예언자가 해준 말이오. 그러자 테우크로스는   780
앉은 자리에서 즉시 일어나 이 전갈을 당신에게 보내어 (아이아스를)
감시하게 하려고 나를 보낸 거요. 그러나 만일 우리가 그이를
빼앗긴 거라면, 그이는 이제 없는 거요, 칼카스가 지혜로운 자라면.

(테크멧사가 막사에서 나온다)

|코로스장| 아아, 가련한 테크멧사, 불운의 몫을 타고난 분,
이리 오셔서 이 사람이 무슨 말을 외치는지 보십시오. 785
누군가는 도저히 기뻐할 수 없는 그 말이
면도날이 되어 살갗을 타고 있으니까요.
|테크멧사| 왜 그대는 비참한 나를 또다시 자리에서 일으켜 세우는가요,
사그라지지 않는 재앙에서 이제 막 쉼을 얻은 나를?
|코로스장| 이 사람에게 귀 기울여보십시오. 그가 우리에게 아이아스의 소식을
전하러 왔습니다만, 저는 고통스럽습니다. 790
|테크멧사| 이럴 수가, 이봐요, 그게 무슨 말인가요? 우리가 파멸한 건 아니겠지요?
|전령| 당신의 소식이라면 저는 아는 바가 없습니다. 그러나 아이아스에 대해서는,
그가 문 바깥에 있는 거라면, 저는 자신이 없습니다.
|테크멧사| 그분이 문 바깥에 있고말고요. 그래서 나는 당신의 말에 산고를 겪을 지경
이에요.
|전령| 테우크로스는 그분을 막사 울타리 안쪽에 가두고 795
혼자 나가지 못하게 하라 명하십니다.
|테크멧사| 테우크로스는 어디에 있나요, 그가 이런 말을 하는 이유가 뭔가요?
|전령| 그분은 이제 막 돌아오셨습니다. 그분은 아이아스가 길을 떠난 것이
파멸을 불러올 거라 내다보고 있습니다.
|테크멧사| 아아, 비참한 내 신세, 그는 대체 어떤 사람들에게서 이걸 알게 된 거죠? 800
|전령| 테스토르의 아드님인 그 예언자[45]에게서입니다. 아이아스에게
죽음을 가져올지, 삶을 가져올지는 오늘 이 하루에 달려 있다는군요.
|테크멧사| 아, 내 신세여! 벗들이여, 피할 길 없는 이 운명으로부터 나를 지켜주세요.
몇 사람은 서둘러 테우크로스더러 어서 오라고 해주시고,
몇 사람은 서쪽 만(灣)으로, 또 몇몇은 태양을 마주하는 쪽 만으로 가서 805

---

45 칼카스.

그분이 떠난 재앙의 길을 수색해주세요.

나 이제 분명히 깨달았어요, 그이에게 속았다는 걸,

그리고 예전에 받았던 호의에서 이제는 내쳐졌다는 걸.

(에우뤼사케스에게)

이럴 수가, 난 어쩌면 좋겠니, 애야? 주저앉아 있어선 안 되겠다.

안 되고말고, 나도 저리로 가리라, 힘닿는 데까지. 810

가자, 서두르자꾸나. 자리에 앉아 있을 때가 아니야.

[죽고자 서두르는 사람을 구하길 원한다면.]

코로스장 저는 갈 준비가 되어 있습니다. 말뿐이 아니라는 걸 보여드리지요.

날랜 행동과 두 발이 함께 따를 테니까요.

(테크멧사, 에우뤼사케스, 전령, 코로스가 퇴장하고, 잠시 후 아이아스 혼자 등장하여 바닥에 칼자루를 꽂는다)

아이아스 이 도살자야말로, 누군가 그걸 계산할 만한 여유가 있다면, 815

가장 날카로워야 할 자리에 서 있도다, 이방인들 중에서

내게 가장 큰 증오를 불러온 사내,

보기에도 가증스러웠던 헥토르의 선물이.

이것이 적지 트로이아의 땅속에 박혀 있구나,

무쇠를 먹는 숫돌에 새로이 갈려. 820

이것이 재빠른 죽음을 통해 이 사나이에게 더없이

다정한 것이 되도록, 나 이를 단단히 덮어 박아두었도다.

그러니 난 제대로 준비하였다. 이 일들이 있고 나면

임께서 가장 먼저, 제우스시여, 그것이 합당해 보이니, 도우소서.

저는 임께 엄청난 명예의 선물을 얻겠노라 청하지 않겠나이다. 825

저를 위해 전령 하나를, 흉한 소식을 테우크로스에게

품고 갈 이를 보내주시어, 이제 막 피를 떨굴 이 칼을 품고

쓰러진 저를 그가 처음으로 일으킬 수 있도록 해주소서.

그리고 그 전에 제가 적들 누군가에게 탐지되어 내팽개쳐져

개 떼에게 던져지고 새 떼에게 먹잇감이 되지 않게 해주소서. 830
이런 것들을, 제우스시여, 간청하나이다. 동시에 저는
영혼의 인도자이신 하계의 헤르메스[46]를 부르나이다.
제가 경련 없이, 신속히 솟구쳐 올라 이 칼로 갈비뼈들을
관통하여, 부디 제가 제대로 잠들 수 있게 해주소서.
또 저는 도움을 주실 영원한 처녀들을, 인간들이 겪는 835
모든 것을 항상 보고 계신 경외하올 분들을,
발걸음 길게 내딛는 에리뉘스[47]들을 부르나니,
제가 아트레우스의 아들들에 의해 얼마나 비참하게
산산이 파멸하는지 알아주소서.
또, 그 몹쓸 자들을 최악의 방식으로, 완전한 파멸을 향해
낚아채어 가소서. [제가 스스로를 참살하며 거꾸러지는 것을 840
보고 계시듯이, 꼭 그렇게 그자들도 혈육에게 살육당하되,
가장 사랑하는 자식들에게서 파멸을 맞을지어다!]
오소서, 재빠른 복수자 에리뉘스들이여,
맛보소서, 이 군대 전체를, 아껴두지 마소서!
임이여, 깎아지른 하늘로 마차를 몰고 가는 845
헬리오스[48]여, 제 선조들의 땅을 보시거든 황금 입힌 그 고삐를 붙들고
저의 멸망과, 제가 얻은 운명의 몫에 대한 소식을
늙은 제 아버지에게, 또 저를 키워주신
불운한 그 여인에게 전해주소서.
진정 가엾은 그 여인이 이 소식을 듣게 되면 850

---

46 헤르메스의 여러 역할 중 하나가 망자의 영혼을 저승으로 데려가는 것이다. 가장 오래된 기록으로는 『오뒷세이아』 24권 1-14행에서 헤르메스가 구혼자들의 영혼을 이끌고 가는 장면이 있다.
47 복수의 여신으로 대개 여럿이 함께 있는 것으로 되어 있다. 근본적인 질서와 위계가 흔들릴 때 개입하여 보복하는 신으로 알려져 있다.
48 태양을 뜻하며, 여기서는 마차를 몰고 궤도를 돌고 있는 이미지로 그려진다.

온 도시에 엄청난 통곡을 내지르시겠지.

아니다, 이렇게 공연히 한탄해봐야 소용없는 일.

이럴 게 아니지, 이 일은 어서 시작되어야만 해.

[오, 죽음이여, 죽음이여, 이제 와서 나를 들여다보오.

그러면 그곳[49]에서도 나 그대를 만나 말 걸겠소. 855

오, 밝은 이날의 광채여, 그리고 이번을 마지막으로

이후 두 번 다시 보지 못할,

마차를 모는 헬리오스를 나 부르노라.]

오, 빛이여, 고향 살라미스의 신성한 들판이여!

내 화로에 놓인 선조들의 토대여! 860

명성이 자자한 아테나이여, 다 함께 길러진 후손들이여,

이곳의 샘물들과 강물들이여, 그리고 트로이아의

벌판을 나 부르나니, 부디 잘 지내오, 나를 먹여 기른 자여!

이것을 그대들에게 아이아스가 마지막 말로 외치나니,

나머지 말들은 저 아래 하데스에 있는 이들에게 들려주리라. 865

(아이아스가 칼을 향해 쓰러지고, 코로스가 양편으로 나뉘어 등장한다)

(2등장가)

코로스1   고생이 고생에 고생을 가져오는구나.

어디, 어디에,

대체 어디에 내가 가보지 않았던가?

그러나 내가 알아냈다는 걸 알고 있는 장소는 아무 데도 없으니.

보아라, 보아라. 870

또다시 어떤 묵직한 소리가 들린다.

코로스2   그건 우리 소리일세, 자네와 함께 배를 모는 친구들이라네.

---

49   하데스를 뜻한다. 690행에서 언급된 장소이다.

코로스1	그래, 무슨 소식이라도 있나?
코로스2	배들 서쪽 방면으로는 모조리 밟고 다녔다네.
코로스1	얻어냈는가?	875
코로스2	고생이야 한가득 얻었지, 더는 눈에 들어오는 것도 전혀 없고.
코로스1	그뿐이겠나, 햇살이 내리는 길을 따라서도
	그분은 어디에서도 나타나시지 않은 게 분명하다네.

(애탄가)

코로스(좌)	정말이지 누가 나에게, 일하길 좋아하여
	잠도 마다하고 사냥에 나선 어떤 바닷사람이, 880
	아니면 올륌포스에 계신 여신 한 분이,
	아니면 보스포로스⁵⁰로 흐르는 강물의 여신 한 분이,
	야생의 기백을 지닌 그분이 885
	어디선가 떠도는 걸 보고서
	알려줄 수는 없으려나? 잔인하구나,
	기나긴 고생을 견뎌낸 방랑자인 내가,
	순조로운 뜀박질로 그분께 다가가지도 못하고
	쇠잔해진 그분이 어디 계신지도 보지 못하다니. 890

(테크멧사 등장한다)

테크멧사	아아, 이럴 수가, 이럴 수가!
코로스	누구의 비명이 수풀 밖으로 나와 가까이 온 걸까?
테크멧사	아아, 참담한 내 신세!
코로스	창으로 얻어낸 신부, 불운한 테크멧사가 보이는구나,
	가련함과 한 몸으로 섞여버린 이가. 895

---

50 현재의 보스포루스 해협이 아닌, 에게해와 마르마라해 사이에 놓인 다르다넬스 해협을 가리킨다.

테크멧사	나는 끝장났고, 파멸했어요. 모조리 무너져 내렸어요, 친구들이여.
코로스	대체 무슨 일인가요?
테크멧사	아이아스가 방금 격살되어 여기 우리 앞에 누워 있어요, 숨겨진 칼을 감싸안은 채.
코로스	이럴 수가, 나는 어찌 집에 돌아가라고! 900 이럴 수가, 왕이시여, 그대는 한배를 탄 저를 쳐 죽이신 겁니다, 비참한 내 신세여! 아아, 속으로 많이도 견뎌내야 할 여인이여!
테크멧사	일이 이렇게 되었으니, 우리는 애곡을 해야겠지요.[51]
코로스	이 불운한 분은 대체 누구의 손으로 이런 일을 하신 겁니까? 905
테크멧사	자기 손으로지요, 명백해요. 땅속에 꽂힌 것이, 이 칼 위로 그이가 쓰러지며 덮쳤다는 걸 말해주고 있어요.
코로스	아아, 나는 멸망했구나! 당신 혼자서 피에 젖으신 건가요, 친구들이 지켜주지 못한 사이에? 910 나야말로 완전한 천치, 아무것도 모르는 놈, 주의를 기울일 줄도 모르는 녀석입니다. 어디에, 굽힐 줄 모르는 그분은 어디에 누워 계십니까, 불운한 이름을 품으신 아이아스께서는?
테크멧사	절대로 그분을 보아서는 안 됩니다. 저는 이 수의로 915 그분을 감싸서 완전히 덮어두려 해요. 누구라 하더라도, 설령 친구일지언정, 참고 볼 수가 없으니까요. 스스로 가한 살육으로 인해 위로는 코에서도, 피투성이 상처에서도 검은 피를 뿜어내고 있답니다. 아아, 어떡해야 하나요? 친구들 중에 누가 당신을 들어 올리려나요? 920

---

51 '애곡하다'의 원문은 'aiazein(아이아제인)'으로, 앞서 쓰였던 고통의 감탄사 'aiai(아이아이)'에 이어 다시 한번 아이아스의 이름과 연결된다.

테우크로스는 어디에 있지요? 그가 만일 와준다면 쓰러진 이 형님을
수습해야 할 이때에 정말이지 잘 맞춰 오는 걸 텐데요.
오, 불운한 아이아스여, 이 정도나 되시는 분이 이런 운명을 맞으시다니,
심지어 적들에게서조차 애곡을 받을 만한 분께서!

코로스(우) 그러실 작정이었군요, 딱하신 분, 결국 그러실 작정이었군요,   925
굽힐 줄 모르는 가슴으로 그 끝 모를 고생을 안기는
사악한 운명의 몫을 남김없이 떠안으실 작정이었군요.
온밤을 지새워가며, 밝은 대낮에도
아트레우스의 혐오스러운 자식들을 향해   930
파괴적인 격정을 품고선 거친 심정으로
내내 신음하고 계셨던 게 바로 그런 것들이었군요.
그러니 그때 그 시간이 이 재앙의
거대한 시작이었던 겁니다, 가장 탁월한 자의 손으로   935
그 무구들을 얻는 경쟁이 시작된 그때가.

테크멧사 아아, 내 신세, 내 신세여!

코로스 진정한 고통이 당신의 간(肝)에 들이닥쳤군요, 저도 압니다.

테크멧사 아아, 내 신세, 내 신세여!

코로스 당신이 두 번 울부짖는다 해도 의심치 않겠습니다, 여인이여,   940
그만한 사랑을 방금 빼앗기셨으니까요.

테크멧사 당신에겐 이게 그저 짐작할 일이지만, 제게는 너무나 심각하게
깨달아야 할 일이랍니다.

코로스 동감입니다.

테크멧사 아아, 얘야, 우리가 대체 어떤 노예의 멍에를 향해
나아가는 거냐, 어떤 감시자들이 우리 둘 위에 올라설까!   945

코로스 아아, 당신은 아트레우스의 비정한 두 아들이 저지른,
차마 입에 담지 못할 짓들을

테크멧사	외치시는군요, 이 고통 속에서!
	그러나 부디 신께서 막아주소서.
테크멧사	신들이 함께하지 않았다면, 이 일들도 이렇게 일어나진 않았을 겁니다. 950
코로스	그분들이 일군 짐은 너무하리만큼 버겁습니다.
테크멧사	분명 이 재앙은 제우스의 따님, 그 두려운 여신 팔라스[52]께서
	오뒷세우스에게 호의를 베풀기 위해 심으신 거지요.
코로스	장담하지요, 잘 참고 견디는 그자는[53] 955
	이 광기의 고통을 두고
	어두운 기백으로 엄청나게 웃어젖혀 가며
	분에 넘치는 짓을 하고 있어요, 빌어먹을, 빌어먹을!
	아트레우스의 자식들, 저 두 왕들도
	이를 듣고는 그자와 함께하겠지요. 960
테크멧사	그래 그자들이야 이분의 재앙에 환호하며 웃어대라고 합시다.
	설령 이분이 눈 뜨고 계셨을 때 저들에게 이분이 아쉽지 않았을지라도
	창이 다급한 때가 오면 저들도 돌아가신 이분을 두고 곡소리를 낼 겁니다.
	비열한 꾀를 내는 자들은 좋은 것을 손에 쥐고도
	그걸 놓치기 전까지는 깨닫지 못하는 법이니까요. 965
	그분이 목숨을 잃으셨으니, 저자들의 달콤함이라기보다는 제 쓰라림이요,
	그분 본인에게는 기쁨이겠지요. 그분은 애태워 바라던 것을 자신을 위해
	얻어내셨지요, 바라마지않던 죽음을요.
	[그렇다면 왜 저자들이 그분을 비웃어야 하지요?]
	그분은 신들에 의해 목숨을 잃으신 거지, 저들에 의해서가 아닙니다, 절대로. 970
	그러니 오뒷세우스더러 이걸 보며 공허 속에서 만용을 부려보라 하지요.
	아이아스는 저들에게 더 이상 계시지 않으니. 그러나 그분은

---

52 아테네 여신의 또 다른 이름.
53 '잘 참고 견디는(polytlas)'이라는 수식어는 늘 오뒷세우스와 연결된다고 보아도 무방하다. 예를 들어, 이 단어는 『일리아스』에서 7번, 『오뒷세이아』에서 38번 발견되는데 모두 오뒷세우스와 연결된다.

	제게 설움과 눈물을 남기고 떠나셨습니다.

(테우크로스 등장한다)

테우크로스	아아, 내 신세, 내 신세여!
코로스장	조용히 해라, 내가 테우크로스의 음성을, 그분이 975
	이 파멸에 어울리는 음률을 외치는 것을 들은 것 같으니까.
테우크로스	오오, 더없이 소중한 아이아스, 나와 피를 나눈 얼굴이여,
	그대는 기승을 부리는 저 소문대로 떠난 겁니까?
코로스장	그분은 파멸하셨습니다, 테우크로스여, 이 점을 알아두십시오.
테우크로스	이럴 수가, 나의 무거운 운명이여! 980
코로스장	사정이 그렇게 되었으니…
테우크로스	아아, 나 불운한 자로다, 불운하도다!
코로스장	…탄식할 수밖에요.
테우크로스	너무나 느닷없이 벌어진 일이구나!
코로스장	심히 그렇습니다, 테우크로스여.
테우크로스	이럴 수가, 참담하구나! 이분의 아이는 어찌 되었는가?
	이 트로이아 땅 어디에서 내 그 아이를 만날 수 있겠느냐?
코로스장	막사들 곁에 혼자 있습니다.
테우크로스	그러면 그 애를 최대한 빨리 이곳으로 데려오겠나? 985
	적들 중 누군가가 짝 잃은 암사자에게서
	새끼를 채어 가듯 할지도 모르니까.
	가라, 서둘러라, 노고에 동참해다오. 누구나 쓰러져 누운
	망자들을 조롱하기를 즐기는 법이다.

(테크멧사 퇴장한다)

코로스장	테우크로스 님, 그분께서 아직 살아 계셨을 적에 그 아이를 990
	당신께서 돌보시라고 맡기셨지요, 지금 당신께서 돌봐주시는 것처럼요.
테우크로스	아아, 내 두 눈으로 직접 본 모든 광경 중에
	가장 아픈 모습이로다.

내가 지금 걸어온 길도, 그 모든 길 중에서
내 심장에 더없이 심한 설움을 안긴 길이오,   995
오오, 더없이 소중한 아이아스여,
내가 흔적을 따라 수색하다가
당신이 받은 운명의 몫을 알게 되었을 때.
당신에 대한 살을 에는 그 소문이, 마치 어떤 신에게서 나온 듯,
모든 아카이아인에게 두루 돌았으니까요, 그대가 숨져 떠났다고요.
불운한 나는 이를 듣고 멀찍이서 나직이 신음했답니다.   1000
그런데 지금 나는 그대를 보며 산산이 부서져 내립니다.
이럴 수가!
이리 와서 덮은 것을 걷어내어라, 내가 이 참사를 고스란히 볼 수 있도록.

(아이아스의 시신이 드러난다)

아아, 눈 뜨고 볼 수 없는 얼굴이여, 이 쓰라린 용기라니,
이런 설움을 내게 흩뿌리고 그대가 목숨을 잃다니!   1005
나 이제 어디로 향할 수 있을까, 어떤 사람들에게로,
그대가 겪던 고역에 무슨 도움 하나 주지 못한 내가!
그대의 아버지이자 곧 나의 아버지인 텔라몬이야
나 그대 없이 돌아가더라도 아마 밝은 낯으로 저를
너그러이 보시며 맞아주시겠지요. 왜 아니겠습니까, 일이   1010
순조롭게 될 때조차도 더 유쾌하게 웃지 못하시는 분이니까요.
그런 분이 무얼 숨기시겠습니까? 적에게서 창으로 얻은
이 서자에게 악담이나 하시지 않겠습니까?
겁쟁이라서, 사내답지 못해서 당신을 저버린 놈이라고요.
더없이 소중한 아이아스여, 아니면 제가 죽은 그대의 권력과   1015
집안 살림을 나눠 먹으려고 흉계를 꾸몄다 하시겠지요.
성마른 데다가 노년에 완고해진 그분은 그런 이야기를
하실 테지요, 아무것도 아닌 일에도 도발되어 다투시는 분이니.

결국 저는 내쫓기고 그 땅에서부터 내던져질 테고,⁵⁴
아무래도 그분 말씀에 따라 자유민 아닌 노예가 되겠지요.   1020
고향 사정이야 그렇다 하고, 트로이아에도 저를 노리는
적들은 많고 도움이 될 사람들은 없다시피 합니다.
제가 알게 된 모든 것은 그저 그대가 돌아가셨다는 것뿐입니다.
아아, 제가 무얼 해야 한단 말입니까? 이 쓰디쓴, 빛나는 칼날에서
그대를 어떻게 떼어내야 하나요? 불운한 분이여, 그대는   1025
이 도살자에게 눌려 마지막 숨을 내쉬었던가요? 보고 계시는가요,
헥토르가 죽어서까지도 결국에는 그대를 죽이게 되어 있었던 것을?
[신들께 맹세코, 너희도 잘 살펴보아라, 이 두 사람의 불운을.
헥토르는 이분께 선물받은 허리띠로
전차 난간에 결박당하여   1030
숨이 끊어질 때까지 끊임없이 짓이겨졌지.⁵⁵
허나 이분은 그자가 준 이 선물을 갖고 있다가
이것을 향해 치명적으로 쓰러지며 파멸하셨구나.
그래도 이 칼이 에리뉘스가 벼려낸 것이 아니란 말인가?
그리고 저 허리띠는 사나운 기술자 하데스가 만든 것이 아니고?   1035
그러니 나는 이 일도, 또 다른 모든 일도 매번
신들이 인간들에게 꾸미는 흉계라 말하련다.
그러나 누구든 이런 판단이 꺼림칙한 사람이 있다면
그 사람은 다른 걸 좋아하게 하라, 난 이걸 좋아할 테니.]

코로스장 길게 말씀 늘이실 때가 아닙니다. 그저 어떻게 이분을 무덤에   1040

---

54 에우리피데스의 『헬레네』 90-104행에서 다루는 대목이다. 테우크로스는 결국 진노한 텔라몬에게 추방당하고 나중에 퀴프로스섬에서 새로운 살라미스를 건국했다는 일화가 전해진다.
55 같은 사건을 다루고 있는 『일리아스』 22권 395-404행의 묘사와는 차이가 있다. 『일리아스』에서 아킬레우스는 이미 자신의 창에 맞아 숨진 헥토르의 발을 뚫어 쇠가죽 끈으로 전차와 연결한 다음 끌고 간다. 여기서는 쇠가죽 끈 대신 아이아스에게서 선물받은 허리띠가 나오며, 아직 죽지 않은 헥토르가 끌려가다가 숨지는 것으로 묘사되고 있다.

	묻으실지, 또 무슨 말씀을 하실시 어서 헤아려보십시오.	
	적의를 품은 사람이 보이니까요. 아마도 그는 이 재앙을 두고	
	웃어젖히려고 다가오는 거겠지요, 사악한 짓 일삼는 자가 꼭 그러듯이.	
테우크로스	네가 보고 있다는 사람이 누구냐, 이 군대에서?	
코로스장	메넬라오스, 분명코 우린 그를 위해 이 항해를 꾸렸습니다.	1045
테우크로스	보인다. 가까이 오니 그리 어렵지 않게 알 수 있겠구나.	

(메넬라오스 등장한다)

메넬라오스	거기 너, 네게 말해두지. 이 송장에 손대어 옮기지 마라.	
	그저 있는 그대로 놔두어라.	
테우크로스	무슨 호사를 누리려고 그런 말 같지도 않은 소릴 주워섬기느냐?	
메넬라오스	내 친히 결심한 바다. 군대를 다스리는 그분의 결심이기도 하지.	1050
테우크로스	네놈이 어떤 이유를 깔아두었는지 말하지 못하겠다는 거냐?	
메넬라오스	이유라, 애초에 이자를 집에서 데려올 때 우리는 그자가	
	아카이아인들을 위한 전우요 친구라는 기대를 품었지.	
	그러나 캐내며 알고 보니 프뤼기아 놈들보다 더 밉살맞은 놈이더군.	
	이자는 군대 전체를 창으로 몰살하려고	1055
	작심하더니 야밤에 진군해 왔지.	
	만에 하나 신들 중 누군가가 이 시도의 불을 끄지 않았더라면	
	이자가 얻게 된 운명을 우리가 얻어	
	치욕스러운 몫을 받고 죽어 누워 있었겠지,	
	이자는 살아 있었을 테고. 한데 어떤 신이 이자의 도 넘은 짓이	1060
	양 떼와 가축 떼를 향해 떨어지도록 방향을 틀어놓은 거다.	
	그런 이유로, 이 송장을 무덤에 묻을 정도로 강력한 자는	
	아무도 없을 거다.	
	그럴 것 없이 누런 모랫가에 내던져진 채로	
	바닷새들을 위한 먹이나 되라지.	1065
	그러니 이런 점들을 살피고, 행여 지독한 기운을 끌어올리진 말게.	

　　　　　이자가 눈을 뜨고 있던 동안에는 우리가 힘을 쓸 수 없었지만,
　　　　　어쨌든 숨통이 끊어졌으니 우리가 우리 손으로 좌우해가며
　　　　　지배하겠다, 네놈은 원치 않을지언정. 이자는 목숨이 붙어 있던 동안에도
　　　　　이 몸이 내리는 말씀에 단 한 번도 귀 기울이려 들질 않았지.　　　　1070
　　　　　단언컨대, 일개 백성이 되어 위에 서 계신 분들의 말씀 듣는 걸
　　　　　부당하다고 여긴다면, 그게 곧 몹쓸 인간인 거다.
　　　　　도시에서 두려움이 뿌리내리지 못한다면
　　　　　법률도 결코 제대로 도입될 수가 없을 테지.
　　　　　군대도 마찬가지, 두려움과 경외심이라는 방어책 없이는　　　　　1075
　　　　　결코 더는 절도 있게 다스려질 수 없을 거다.
　　　　　사람은 또 어떠한가, 제아무리 허우대를 큼직하게 키워놓았다 한들,
　　　　　사소한 재난으로도 굴러떨어질 수 있다는 생각을 응당 품어야 한다.
　　　　　누군가에게 두려움과 염치가 동시에 있어야만
　　　　　그가 안전책을 갖고 있음을 알아두어라.　　　　　　　　　　　　　1080
　　　　　그러나 사람이 분수도 모르고 하고 싶은 대로
　　　　　일을 저지르는 도시라면, 한때는 순풍을 받아 달렸을지라도,
　　　　　시간이 흐르면 심연으로 추락한다는 점을 명심해두어라.
　　　　　아니, 내게 품어 마땅한 두려움이 세워질지어다.
　　　　　우리가 쾌락을 얻는 대로 행동하면서도 고통스럽게　　　　　　　1085
　　　　　그 대가를 치르지 않을 거라고 생각하게 하지 말지어다.
　　　　　이런 일들은 번갈아 다가오게 되어 있지. 먼저는 이자가
　　　　　분수를 모르고 불타올랐지만, 이제 웅대한 뜻을 품은 쪽은 바로 나.
　　　　　내 다시 네게 말해두마. 이자를 묻어선 안 된다. 이자를 묻으려다가
　　　　　네놈이 무덤 속으로 굴러떨어지지 않도록 해라.　　　　　　　　1090

코로스　　메넬라오스여, 지혜로운 견해를 펼쳐놓고
　　　　　정작 본인이 망자들 사이에서 분수 모르는 이가 되진 마십시오.

테우크로스　이보게들, 혈통으로 내세울 것 하나 없는 사람이

실책을 저질러도, 나 결코 더는 놀라워하지 않으려네.
태생이 고귀하겠거니 싶은 사람들도   1095
이따위 말이나 늘어놓으며 헛손질을 해대니까.
좋다, 다시 처음부터 읊어보아라. 과연 네가 저분을
아카이아인들을 위한 전우 삼아 이리로 데려왔다 했느냐?
저분이 스스로를 다스리며 몸소 항해해 온 것이 아니고?
네가 무슨 수로 이분을 통솔할 수 있겠느냐? 이분이   1100
고향에서 이끌고 온 백성들을 네가 무슨 수로 다스릴 수 있겠느냐?
너는 스파르타의 왕으로 온 거지, 우리를 지배하는 건 아니잖으냐.
네가 이분께 명령해도 되도록 내려진 법 같은 건 어디에도 없다,
그분이 네게 그럴 수 있는 권한보다 더 많지도 않고.
[네가 이리로 배를 타고 온 건, 전군을 통솔하는 자, 그래서 아이아스를   1105
이끄는 자로서가 아니라, 다른 사람들을 시중드는 자로 온 것이다.]
그러니 여러 말 말고 네놈이 다스리는 자들에게나 가서 두목 노릇 하고,
그 경건한 말씀들로는 그 녀석들이나 혼내주려무나. 그러나 이분이라면,
네놈이든, 아니면 다른 지휘관이든 하지 말라고 해도 내가 정정당당히
무덤 속에 모시겠다, 네 입 따위 두렵지 않으니까.   1110
그분이 진군해 온 까닭은, 숱한 노역으로 차오른
다른 자들처럼 네 여자[56] 때문이 아니라,
그분을 맹세로 묶어둔 서약 때문이었으니까.[57]
네놈 때문은 아니지, 그분은 아무것도 아닌 자들에게 무슨 가치를

---

56 헬레네.
57 전승에 따르면, 헬레네를 얻기 위해 수많은 구혼자들이 스파르타에 모였고 이 중에는 아이아스도 있었다. 헬레네의 아버지 튄다레오스는 사위로 간택되지 못한 나머지 구혼자들이 불미스러운 사태를 일으킬까 걱정하였고, 그의 속내를 간파한 오뒷세우스는 헬레네 부부에게 변고가 생기면 다른 모든 구혼자들이 돕겠다는 맹세를 받으라 조언했다. 이후 파리스를 따라 헬레네가 트로이아로 가게 되자, 이 맹세가 발효되어 옛 구혼자들이 메넬라오스를 도와 트로이아 원정에 나서게 된 것이다. 지금 테우크로스는 메넬라오스에게 그 일을 상기시키고 있다.

	두신 적이 없으니까. 상황이 이러하니 전령들도 더 많이 불러다	1115
	이리로 데려오고, 지휘하신다는 그분⁵⁸도 오시라 해라. 네가 일으키는	
	소음 따위에는 내가 돌아봐주지도 못하겠구나, 네가 그따위 인간인 한.	
코로스	이 참사 속에서 그런 말씀을 하시다니 저는 또다시 꺼림칙합니다.	
	거친 말들은, 아무리 정당하고 또 정당할지언정, 물어뜯게 마련입니다.	
메넬라오스	활잡이 주제에⁵⁹ 심상찮은 생각을 품는 것 같구나.	1120
테우크로스	내가 얻어낸 기술은 손으로 뚝딱 만들어낸 게 아니니까.	
메넬라오스	만일 네놈이 방패라도 쥐었더라면 허세도 어지간히 부렸겠구나.	
테우크로스	네가 무장으로 뒤덮여 있어도, 너쯤이야 내가 맨몸으로 물리쳐주지.	
메넬라오스	네놈의 혓바닥이 그 기백을 그렇게 끔찍하게 키우는 게냐?	
테우크로스	정의와 함께라면 큰 뜻도 품을 수 있으니까.	1125
메넬라오스	정당하다고, 나를 쳐 죽인 이자가 행운을 누리는 것이?	
테우크로스	쳐 죽인 자라고? 으스스한 말을 하는구나, 네놈이 죽어서도 살아 있다면.	
메넬라오스	신이 나를 구해낸 거지, 이자에 의해 파멸한 나를.	
테우크로스	신들을 모욕하지 말거라, 신들에 의해 구원받았다면.	
메넬라오스	신들의 법도를 헐뜯고 있는 게 바로 나라는 말이냐?	1130
테우크로스	네놈이 와서 망자들을 장사 지내지 못하게 한다면.	
메넬라오스	나의 적들 중에 이자가 있으니, 그건 불미스러운 일이다.	
테우크로스	진심이냐? 아이아스가 네게 적으로 맞선 적이 있었다고?	
메넬라오스	자신을 혐오하던 이를 이자도 혐오했지. 이건 너도 아는 바다.	
테우크로스	그건 네놈이 투표에서 이분 것을 도둑질하다가 발각되었으니까.⁶⁰	1135
메넬라오스	이자의 몰락은 심판들 사이에서 결정된 것이지, 내게서가 아니다.	

---

58 아가멤논.
59 각주 5번 참고.
60 테우크로스는 메넬라오스가 심판들을 매수하여 오뒷세우스에게 유리하게 투표하도록 했거나, 아니면 투표가 끝난 후에 메넬라오스가 결과를 조작했을 것이라고 보는 것 같다. 이처럼 판정의 불공정함을 강조한 시선은 시인 핀다로스의 『네메이아 경기 축가』 8권에 나타난다.

테우크로스	너라면 사악한 도둑질을 숱하게 해내고 감쪽같이 근사해 보이게 할 수 있지.
메넬라오스	그 말이 누군가에겐 고통으로 다가올 거다.
테우크로스	우리가 안겨줄 고통보다 더 심할 순 없을 텐데.
메넬라오스	네놈에게 한 가지만 말해두지. 이자의 장례는 있을 수 없는 일이다. 1140
테우크로스	각설하고, 너도 이 한 가지를 대답 삼아 들어라, 이분은 장례를 받게 될 거다.
메넬라오스	예전에 나는 혀만 대담한 자를 본 적이 있다. 폭풍이 이는데도
	선원들에게 항해하라고 밀어붙이던 녀석이었지.
	그러나 사악한 폭풍에 휘말리게 되면, 너는 그자에게서
	아무런 소리도 들을 수 없고, 그자는 외투를 뒤집어쓴 채 1145
	선원들 중 내키는 자 누구라도 자기를 짓밟도록 놔둘 수밖에 없겠지.
	그처럼 네놈에게도, 또 네 소란스러운 입에도
	작은 구름으로부터 엄청난 폭풍이 솟구쳐 올라
	그 큰 고함 소리의 불을 꺼놓으리라.
테우크로스	나도 본 적이 있지, 온통 어리석기만 하여 이웃이 당한 1150
	재난 속에서도 분수 모르는 짓들을 하고 다니던 자를.
	그러자 생김새도, 성정도 나와 닮은 어떤 이가
	그자를 보더니 이런 말을 해주었지.
	"이 사람아, 숨진 이들에게 몹쓸 짓 하지 말게나.
	그렇게 굴다간 그대도 파멸하게 된다는 걸 알아두게." 1155
	그이는 그 딱한 녀석 곁에서 그런 조언을 해주더구나.
	그런데 지금 내 눈에 뵈는 게 바로 그 녀석이구나. 내가 보기엔
	네놈과 전혀 다른 구석이 없어. 내가 수수께끼를 낸 거냐, 아니지?
메넬라오스	나는 이만 가보마. 내가 힘으로 누를 수 있는 상대를 말로 꾸짖었다는 걸
	누가 들어 알기라도 하면 그건 창피한 일이 될 테니까. 1160

(메넬라오스 퇴장한다)

테우크로스	당장 물러가버려라. 텅 빈 인간이 늘어놓는 옹졸한 말을
	듣는다는 건 내게도 역시 치욕 중의 치욕이니까.

| 코로스 | 엄청난 불화가 경합을 벌이게 생겼구나.
| | 일단은 할 수 있는 만큼 서둘러서, 테우크로스여,
| | 얼른 우묵 파인 구덩이가 있나 봐주십시오, 이분을 위해서요.　　　1165
| | 이분이 그 안에서, 사람들에게 영원토록 기억에 남을
| | 눅눅한 무덤 속에 누우실 수 있도록 말입니다.

(테크멧사와 에우뤼사케스 등장한다)

| 테우크로스 | 게다가 때마침 그들이 이리로
| | 가까이 왔구나, 이분의 아이와 아내가
| | 이 불운한 시신의 장례에 수의를 덮으러.　　　1170

(에우뤼사케스에게)

얘야, 이리로 다가오너라, 탄원자가 되어
가까이 다가서서 너를 낳아주신 아버지께 붙어 있어라.
간구하며 자리에 앉아 네 두 손에 나와 이 여인의 머리털과,
세 번째로 네 머리털을 쥐고서, 탄원의 보물로서.
만에 하나 군대 중 누군가가 힘을 써서　　　1175
너를 이 시신으로부터 떼어놓는다면, 그 흉악한 자는 흉악하게,
장례도 받지 못하고 이 땅에서 굴러떨어질지어다,
그자의 핏줄들은 송두리째, 뿌리째 베어질지어다,
내 이 머리채를 잘라내는 것과 똑같이!
얘야, 이 머리털을 쥐고 잘 간수하거라. 아무도 너를 움직이지　　　1180
못하게 하고, 엎드려 이분을 붙들고 있거라.

(코로스를 향하여)

너희들은 사내 아닌 여인들처럼 곁에 서 있지들 말고,
내 이분의 무덤을, 설령 누가 허락지 않는다 해도
마련하고 돌아올 때까지 이 아이를 돕거라.

(데우크로스 퇴장한다)

(3정립가)

코로스(좌1) 허다하게도 떠도는 이 세월의 헤아림이   1185
         언제쯤이면 마지막으로 멈추게 되려나,
         전투의 노역이라는,
         언제까지고 멈출 줄 모르는 맹목을 내게 가져다주는 그것은,
         드넓은 트로이아에 걸쳐   1190
         희랍인들에게 참담한 오욕이 되는 그것은?

(우1)   그자는 그러기 전에 거대한 창공으로 가거나,
         모두가 나눠야만 하는 하데스로
         가라앉았다면 좋았을 것이다, 혐오스러운 무장들을 걸치고   1195
         모두가 겪는 전쟁을 희랍인들에게 (처음) 드러낸 그자는.
         아아, 노역들을 낳는 노역들이여,
         인간들을 멸망시킨 것이 바로 그자로다.

(좌2)   그자는 화관의 기쁨이,
         깊숙한 술잔의 기쁨이   1200
         나를 따르도록 몫을 나눠준 적 없노라.
         아울로스(피리)의 달콤한 소리도,
         그 저주받을 자는, 잠을 자며 누리는
         밤의 즐거움도 나눠준 적 없노라.
         그자는 사랑으로부터도, 사랑으로부터도 나를 막아 세웠노라, 내 신세여! 1205
         나 이렇게 널브러져 있다오, 무슨 배려라곤 받지도 못한 채,
         이곳이 참담한 트로이아라는 것을 일깨우는,
         언제나 무성한 이슬로

	머리칼을 적신 채. 1210
(우2)	예전에 그분은 나를 위해 때마다 밤의 공포를
	막아주던, 날아드는 무기의 공포를
	막아주던, 돌진하는 아이아스였다오.
	그러던 그분이, 지금은 밉살맞은 신[61]에게 바쳐졌으니,
	내게 더 이상 무슨, 무슨 낙이 따를 수 있을까? 1215
	나 그곳에 있을 수만 있다면 얼마나 좋으랴,
	숲이 우거진, 소금 물결에 씻기는 곳이
	바다와 닿아 자리 잡은 그곳, 1220
	수니온[62]의 평탄한 산마루 아래에서
	신성한 아테나이에게 말을 건넬 수 있도록.

(테우크로스 등장한다)

테우크로스	자, 나는 군대를 지휘하는 아가멤논이 우리를 향해
	이리로 달려드는 걸 보고 서둘러 왔다.
	볼썽사나운 저 입을 놀릴 게 분명하지. 1225

(아가멤논 등장한다)

아가멤논	사람들이 내게 전해주더구나, 네 녀석이 감히 우리를 노리고
	무슨 면책이라도 누리는 듯이 끔찍한 말을 주워섬긴다고.
	바로 너, 창으로 얻어 온 여자가 낳은 너를 두고 하는 말이다.
	만일 네놈이 어엿한 혈통의 어미에게서 자라나기라도 했다면
	기세등등하게 떠벌리며 아예 발끝으로 걸었겠구나 싶다. 1230
	아무것도 아닌 주제에 아무것도 아닌 놈 편에 서는 걸로도 모자라,

---

61 분명치는 않으나 하데스를 가리키는 것으로 보인다.
62 앗티카 반도 남쪽 끝의 곶.

아카이아인들에게도 네놈에게도, 우리가 군대의 지휘관도 아니고
함대의 사령관도 아니라고 맹세까지 걸었겠다.
네놈 왈, 아이아스가 스스로를 다스리며 배를 타고 왔다는데,
이런 엄청난 몹쓸 말을 종놈들에게서 듣는다는 것이 가당키나 한가?   1235
과연 어떤 인간이길래 네놈이 이렇게까지 자랑이랍시고 짖어대 주는 거지?
내가 가지 않았던 어디로 그자가 가고 어디에 섰단 말이냐?
아카이아인들에게 그자 말고는 사내놈이 없단 말인가?
그때 우리가 아킬레우스의 무구를 걸고 경합을 벌이라고
선포한 것이 씁쓸해 보이기까지 하는구나,   1240
테우크로스 덕택에 우리가 어디서건 몹쓸 놈들로 보인다면 말이다.
또, 네놈들이 패배한 주제에 심판들 다수의 결정에
승복하는 데에 만족할 줄을 모른다면 말이다.
웬걸, 네놈들은 언제까지고 우리에게 비열한 말들을 내던지거나,
흉계를 써서 찌르려 할 거다, 뒷전에 버려진 주제에.   1245
그따위 방식으로는 어떤 법도
확립할 수 없고말고,
정당하게 승리를 거둔 자들을 몰아내버린 다음
뒤에 있는 자들을 앞으로 끌고 온다면 말이다.
아니, 그런 일은 미연에 방지해야만 한다.   1250
무너지지 않는 이들이란 어깨가 벌어지고 등이 넓은 자들이 아니라
사려 깊은 사람들이고, 그들이 어디서건 다스리게 마련이다.
황소의 갈비뼈가 제아무리 크다 한들 작은 채찍에 맞아
곧은 길로 가게 되어 있지.
네놈에게도 역시 그런 약이 다가오는 걸 나 머지않아 보겠구나,   1255
네가 조금이라도 지각머리를 챙기지 않는다면.
그놈은 이제 더 이상 존재하지 않는 자, 이미 그림자가 되어버렸는데,
네놈은 분수도 모르고 마치 자유민이라도 된 듯 만용을 부리고 있지.

| | 정신 똑바로 차리지 못할까? 네놈이 어떻게 타고난 녀석인지 |
| | 깨닫지 못하겠느냐? 그런 다음, 네 사정을 우리에게   1260
| | 너 대신 말해줄 자유민⁶³을 하나 이리로 데려오거라.
| | 나는 네가 말하는 걸 더는 알아들을 수가 없으니 말이다.
| | 나는 바르바르⁶⁴ 울부짖는 말을 알지 못하니까.
| 코로스 | 두 분 모두 절제할 수 있는 지각이 있다면 좋으련만!
| | 저는 두 분께 이것보다 더 바람직한 걸 보여드릴 수가 없습니다.   1265
| 테우크로스 | 빌어먹을, 고인에 대한 감사는 사람들에게서
| | 얼마나 빨리 날아가버리고, 배신으로 단죄되는가!
| | 이자는 짤막한 말조차 못 할 만큼 당신을 더 이상
| | 기억하지 못하는데, 아이아스여, 이런 놈을 위해 당신은
| | 수도 없이 창을 뻗어가며 목숨을 걸고 애쓰신 거로군요.   1270
| | 그런데도 이 모든 일들이 없던 일이 되어버리고, 내팽개쳐지다니!
| | 네놈은 방금 지각없는 말들을 많이도 지껄였겠다.
| | 정말 그때 일이 더 이상 아무 기억조차 나질 않는 거냐,
| | 방벽 안에 갇혀버린 너희를, 전세가 역전되어
| | 무력해진 너희를, 그분이 다가와 혼자 힘으로   1275
| | 구해내신 일이? 그때 배들의 고물 가장 높은 자리,
| | 고물 갑판에는 불길이 타오르고 있었고,
| | 헥토르는 선체를 향해 참호 위로
| | 높이 솟구쳐 오르고 있었지.⁶⁵

---

63 소포클레스 당시 아테나이의 법률은 노예가 법정에서 자신을 변호할 권리를 인정하지 않았다. 아가멤논이 테우크로스를 바라보는 모멸의 시선이 노골적으로 드러나는 장면이다.

64 당시 희랍인들은 자신들이 모르는 외국어를 '바르바르(barbar)'라는 의성어로 통칭했고, 그런 말을 쓰는 이방인들을 '바르바로이(barbaroi)'라고 불렀다. 야만인을 뜻하는 영어 barbarian의 어원이다.

65 『일리아스』 7권에서 희랍군은 네스토르의 조언에 따라 함대와 막사를 지키는 방벽과 참호를 만든다. 15권 352행 이하에서 아폴론은 트로이아인들을 위해 참호를 무너뜨리고 다리를 놓아 헥토르의 진격을 돕는다.

이걸 누가 가로막았지? 그 일을 해내신 게 바로 이분 아니더냐? 1280

네놈이 가지 않으면 발 딛고 간 적이 없다고 네가 말한 바로 그분!

네놈들에게는 그분이 그 일을 정당하게 해내신 게 맞긴 하느냐?

또 한번은 그분이 직접 헥토르를 일대일로 만났을 때,

명령에 따라서가 아니라, 제비뽑기로 맞섰지.

그분은 한가운데로 떨어져 도망치게 될 진흙 덩어리를 1285

제비 표지로 넣지 않고, 근사한 술 달린 투구에서

제일 먼저 튀어나오게 될 가벼운 것을 넣지 않았더냐?[66]

그분은 그런 일들을 하신 분이고, 나 또한 그분 곁에 있었다.

바르바르 떠벌리는 어미에게서 난 이 종놈이 말이다!

망할 녀석, 너는 어딜 똑바로 쳐다보며 그런 말을 지껄이는 거냐? 1290

네 아비를 낳은 아비 펠롭스[67]가

애초에 바르바르 하며 말하는 프뤼기아 출신인 것을 모르느냐?

또, 네놈을 씨 뿌린 아트레우스는 제 동기에게 그의 자식들을

요리하여 불경하기 이를 데 없는 식사를 차려내지 않았더냐?[68]

네놈은 크레테 출신 어미에게 태어났지. 그녀를 낳아준 아비는 1295

---

66 『일리아스』 7권 161행 이하에서 묘사하고 있는 일화이다. 헥토르가 일대일로 싸움을 걸어오자, 희랍군 진영에서는 아이아스를 비롯하여 아가멤논, 디오메데스, 작은 아이아스, 이도메네우스, 메리오네스, 에우뤼퓔로스, 토아스, 오뒷세우스 등 아홉 명이 자원하며 제비를 뽑는다. 결국 자신의 제비가 뽑힌 아이아스가 만족해하며 무장을 갖추자 희랍인들은 몹시 기뻐하였으나, 트로이아인들은 공포에 질렸다. 대결을 제안한 헥토르마저도 위축되고 만다.

67 아가멤논과 메넬라오스의 할아버지. 펠롭스의 아비 탄탈로스는 신들의 능력을 시험해보기 위해 그를 죽이고 요리하여 내놓았다고 한다. 다른 신들은 이를 알고 음식에 손대지 않았으나, 딸 페르세포네를 잃고 경황이 없던 데메테르는 펠롭스의 어깨를 먹었다. 나중에 신들은 소년 펠롭스를 살려냈고, 데메테르는 상아로 만든 새 어깨를 선물한다.

68 펠롭스의 아들 아트레우스와 튀에스테스는 왕권을 놓고 심한 대립을 벌인다. 동생 튀에스테스는 형수와 정을 통하여 왕권을 얻었고, 분노한 형 아트레우스는 동생의 자식들을 죽여 튀에스테스에게 식사로 대접한다. 다음 세대에서 튀에스테스의 아들 아이기스토스는 아트레우스의 아들 아가멤논의 아내 클뤼타임네스트라와 정을 통하고, 트로이아 전쟁에서 귀향하는 아가멤논을 죽이지만, 훗날 아가멤논의 자식들인 오레스테스와 엘렉트라에게 보복당한다.

그녀가 샛서방을 품은 걸 보고는
말 없는 물고기들을 위한 제물이 되도록 보내버렸고.[69]
고작 그런 주제에 네놈이 감히 누구의 혈통을 헐뜯는 게냐?
나는 아버지 텔라몬에게서 태어난 몸이다. 그분은
군대에서 첫째가는 위업을 거두신 다음   1300
내 어머니를 배필로 얻으셨지. 그분은
라오메돈의 따님으로서 왕녀로 태어나신 분이며,
알크메네의 아드님께서 그녀를 가려 뽑아 그분께 선물하셨지.[70]
그런데 그 탁월하신 두 분에게서 태어난 탁월한 내가
내 핏줄들에게 오욕을 가져다줘야 하겠느냐?   1305
그럼에도 네놈은 지금 저 지경으로 고통 속에 누운 분을 매장은
못 해드릴망정 밀쳐내겠다고? 그런 말을 입에 담는 게 부끄럽지 않으냐?
그러니 이제 똑똑히 알아두어라, 네놈들이 이분을 어딘가로 내던진다면,
그건 이분과 함께 누운 우리 세 사람을 내던지는 꼴이 된다는 걸.
나야 이분을 위해 애쓰다가   1310
모든 사람이 지켜보는 앞에서 죽는 것이, 네 여자를 위해
그리하는 것보다 훨씬 좋으니까. 아니, 네 피붙이의 여자라고 하랴?
상황이 이러하니, 내 형편이 아니라 네놈의 형편도 살피거라.
네놈이 내게 무슨 해를 입힐 요량이라면, 그땐 네놈이 내게
무모하게 구는 대신 차라리 겁쟁이가 될걸 하고 바라게 될 거다.   1315

(오뒷세우스 등장한다)

---

69 아트레우스의 아내 아에로페의 일화이다. 아에로페는 노예와 정을 통하다가 아버지 카트레우스에게 발각되고, 그는 에우보이아의 왕 나우플리오스에게 딸을 보내어 익사시키라고 지시한다. 그러나 나우플리오스는 아에로페를 살려주었고, 그녀는 아트레우스와 결혼하게 된다.
70 알크메네는 제우스와 동침하여 헤라클레스를 낳았고, 헤라클레스는 텔라몬의 오랜 전우이다. 이 일화의 내용은 각주 9번 참고.

코로스장	오뒷세우스 왕이여, 그대가 때맞추어 오셨음을 알아두십시오,
	만일 그대가 이 갈등을 악화하려는 게 아니라 풀기 위해 오셨다면 말입니다.
오뒷세우스	이보게들, 이게 무슨 일인가? 아트레우스의 아들들의 고함 소리가
	이 용맹한 이의 시신 위에서 울리는 걸 내 멀리서부터 알아들었다네.
아가멤논	설마 우리가 방금 저 녀석에게 가장 모욕적인 말을 1320
	듣지 않았어도 그랬겠소, 오뒷세우스 왕이여?
오뒷세우스	어떤 말이오? 나야 험악한 말을 듣고
	악담으로 받아치는 사람에게는 동질감을 느끼니 말이오.
아가멤논	하기야 저 녀석도 모욕적인 말을 들었소. 내게 똑같은 짓을 해왔으니까.
오뒷세우스	그가 그대에게 무슨 해될 일을 저질렀기에 그러오? 1325
아가멤논	저 녀석 왈, 이 송장을 무덤의 몫을 받지 못한 채 놔둘 수 없고
	내 힘에 맞서서 장례를 치를 거랍디다.
오뒷세우스	그렇다면 친구로서 진실을 말해도 되겠소,
	그대에게 예전 못지않은 동료로서?
아가멤논	말해보오. 그걸 막는다면 내 제정신이 아닐 거요. 1330
	나는 그대를 아르고스인들 중에서 가장 큰 친구로 본다오.
오뒷세우스	그럼 이제 들어보오. 신들의 이름으로 부탁하오. 여기 이 사람을
	이렇게 비정하게 장례도 받지 못한 채로 던져놓을 생각은
	감히 마시오. 또, 폭력이 그대를 이겨서 이 사람을 증오한 나머지
	정의를 짓이기는 일도 없게 하시오. 1335
	한때는 내게도 이이가 군대에서 가장 가증스러운 사람이었다오,
	아킬레우스의 무장을 두고 내가 승리한 이후로.
	그러나 그가 내게 그런 존재였다 하더라도, 트로이아에 온 우리
	아르고스인들 중에서 아킬레우스를 제외하곤 내가 본 단 한 명
	최고의 사나이였다는 걸 부정하면서까지 1340
	나 그의 명예를 깎아내리고 싶진 않소. 그러니 그대로 인해
	그의 명예가 실추되는 건 적어도 정당한 방식으로는

있을 수 없는 일이오. 그대가 파괴하는 건 그 사람이 아니라
신들의 법도가 될 테니까. 훌륭한 인물이 숨졌을 때,
당신이 그를 증오한다고 한들 그를 불구로 만드는 건 당치 않소. 1345

아가멤논   오뒷세우스, 당신은 이런 식으로 이자의 편에서 나와 싸우자는 거요?

오뒷세우스   그렇고말고. 물론 그를 증오하는 것이 마땅할 때는 그를 증오하였소만.

아가멤논   그러니까, 그대는 이자가 죽었는데도 밟고 올라설 수가 없다는 거요?

오뒷세우스   불미스러운 이득으로 낙을 누리지 마오, 아트레우스의 아들이여.

아가멤논   그대도 알잖소, 왕이 경건해지는 건 쉬운 일이 아니오. 1350

오뒷세우스   그래도 친구들이 좋은 말을 해주면 그들에게 명예의 몫을
나눠줘야 하오.

아가멤논   훌륭한 사나이라면 응당 명령하는 분들의 말을 들어야 할진대!

오뒷세우스   그만합시다. 당신은 친구들에게 져줌으로써 다스릴 수 있소.

아가멤논   기억하시오, 그대가 과연 어떤 인간에게 친절을 베풀고 있는지를.

오뒷세우스   이 사람은 적이었지만, 전에는 고귀한 사람이었다오. 1355

아가멤논   당신 도대체 무슨 수작이오? 원수의 송장을 이렇게나 어려워하다니!

오뒷세우스   적개심보다는 그의 탁월함이 나를 훨씬 더 압도하고 있기 때문이오.

아가멤논   인간들 중에서 그런 사람들을 두고 변덕쟁이라고 하지.

오뒷세우스   진실을 말해두오, 지금은 친구들이지만 나중에 쓰라린 사이가 되는 일도
허다하오.

아가멤논   그대는 나더러 그따위들을 친구로 얻으라고 권하는 거요? 1360

오뒷세우스   나로서는 가혹한 영혼을 칭찬하는 것이 꺼림칙하오.

아가멤논   그대가 오늘 우리를 겁쟁이로 보이게 할 거요.

오뒷세우스   천만에, 모든 희랍인에게 정의로운 사람들로 보이게 될 거요.

아가멤논   그러니까 이 송장에게 장례를 치르게 놔두라고 명령하는 거요?

오뒷세우스   바로 그거요. 나 자신도 결국 그리로 들어가야 할 테니까. 1365

아가멤논   하기야 만사가 매한가지지. 모든 사람은 자기 자신을 위해 애쓰니까.

오뒷세우스   내가 나 자신 아닌 다른 누구를 위해 더 애써야 옳겠소?

아가멤논	이건 그대가 한 일이지 내가 한 일이라고 불리진 않을 거요.
오뒷세우스	그렇게만 해준다면 그대는 모든 면에서 쓸모 있는 사람이 될 거요.
아가멤논	좋소, 그러나 이 점은 분명히 알아두오, 내가 이것보다 1370
	더 큰 호의도 그대에게 베풀 수 있다는 점을.
	이자는 저승에서도 이승에서도 다름없이, 적어도 내게는
	최악의 원수로 남게 될 거요. 하지만 그대는 필요한 게 있다면 하시구려.

(아가멤논 퇴장한다)

코로스	오뒷세우스여, 이러한 당신을 두고 지혜로운 판단을 타고나지
	않았다 말하는 자 있다면, 누구든 그는 어리석은 자올시다. 1375
오뒷세우스	나 이제 테우크로스에게 바로 이 점을 알리려 하오,
	한때 내가 적이었던 만큼 지금은 친구라는 것을 말이오.
	나 또한 고인의 장례에 동참하기를 바라고 있소.
	가장 탁월한 인물들을 위해 사람이 마땅히 힘써야 할 일이라면
	그 어떤 것도 빠뜨리지 않고 나 역시 힘을 보태고 싶다오. 1380
테우크로스	가장 탁월한 오뒷세우스여, 그대가 말씀으로 이룬 모든 것을
	칭송할 따름이오. 그대는 내 예상을 많이도 속여 넘기셨구려.
	이분께는 당신이 아르고스인들 중 가장 큰 적이었건만,
	당신 홀로 손길을 내밀어 그 곁에 서주었고, 살아 있으면서도
	고인께 삼가 큰 망발을 저지르려 하지 않았소. 1385
	벼락 맞은 최악의 미치광이 두목과,
	그와 피를 나눈 자 둘이 와서는,
	그분을 무덤도 없이 모욕적으로 내던지고자 했다오.
	하여 비오니 올륌포스에서 가장 높이 계신 아버지와, 1390
	기억하시는 에리뉘스와, 성취하시는 디케[71]께서는

---

71 정의를 신격화한 것으로서, '정의의 여신'으로 옮길 수 있다.

저 흉악한 자들을 흉악하게 끝장내소서, 그자들이 이분을
가당치도 않게, 모욕적으로 내던지려 했던 바 그대로!
하지만, 오, 연로하신 아버님 라에르테스의 씨앗이여,
나로서는 그대가 이 장례에 손대도록 허락하는 것이 망설여진다오.   1395
행여 내가 고인께 꺼림칙한 일을 하는 게 아닌가 싶어 그러오.
그래도 나머지 다른 일들은 함께해주오. 그대가 혹시 군대에서
누군가를 데려오고 싶다 해도 우리는 불편해하지 않을 거라오.
다른 모든 일은 내가 직접 마련해보겠소. 그리고 당신은
우리에게 훌륭한 분으로 남아 있다는 걸 아셨으면 하오.

오뒷세우스 물론 내 바라고 있던 바요. 하지만 내가 이 일을 하는 것이   1400
그대에게 달갑지 않다면, 나 그대의 의중을 받아들여 가보겠소.

(오뒷세우스 퇴장한다)

테우크로스 충분하오. 이미 많은 시간이 지체되었으니 말이오.

(아이아스의 부하들에게)

자, 몇몇은 서둘러 손으로 우묵한 구덩이를
파내어라. 다른 몇몇은 높이 솟은 세발솥을
불로 둘러 세우고, 경건하게 시신을 씻기기에   1405
알맞도록 준비하거라.
또, 사람들 한 무리더러는 막사에서
방패 아래 걸치던 장식들을 가져오게 하라.

(에우뤼사케스에게)

애야, 너도 아버지의 양 옆구리를 있는 힘껏,
사랑을 담아 나와 함께 받쳐   1410
들어 올리려무나. 여전히 뜨거운
혈관들이 어두운 기운을 위로 뿜어 올리고 있으니.

(전체를 향하여)

자, 모두들 오시오, 친구로서 와 있다고 말하는 사람은

| | 모두 서둘러주시오, 발걸음을 떼시오.
| | 모든 면에서 훌륭했던 이 사나이를 위해 애써주오.　　　　1415
| | [죽게 마련인 인간들 중 아이아스보다 더 뛰어난 이 아직 없었소, 결코.
| | 그가 살아생전에 그랬노라고 내가 말하오.]
| 코로스 | 인간들에게는 보고 알아야 할 것들이 진정 많도다.
| | 그러나 보기 전에는, 다가올 일들을 어떻게 해낼지
| | 예언할 수 있는 자 아무도 없도다.　　　　　　　　　　1420

해설: 아이아스 AJAX

팔라스 아테네 1898 / 구스타프 클림트

테크멧사, 아이아스의 시신을 덮다 BC 490경 / 아티카 도기

아이아스의 최후를 다루고 있는 이 작품의 이해를 위해서는 약간의 배경 설명이 필요하다. 파리스와 아폴론에 의해 아킬레우스가 죽자, 아이아스는 그의 시신을 전장 밖으로 옮기고, 그동안 오뒷세우스는 트로이아인들의 공격을 막았다고 전해진다. 이후 아킬레우스의 무구가 으뜸가는 전사를 위한 상으로 걸리자, 아이아스와 오뒷세우스는 모두 자신이 적임자라며 경쟁에 나선다. 승자를 결정하는 방식에 대해서는 전승에 따라 차이가 있는데, 아테네 여신과 트로이아 포로들이 판결했다는 이야기도 있고, 트로이아 여인들이 성벽에서 나누는 일종의 품평을 정탐꾼들이 엿들었다는 이야기도 있다. 이와 달리 아가멤논이 트로이아 포로들에게 판결을 내리도록 했다는 전승도 있고, 희랍군이 투표로 승자를 결정했다는 전승도 있다. 방식은 전승마다 달라도 결과는 같아서, 승자는 오뒷세우스였다고 한다. 그러나 부당하게 승리를 빼앗겼다고 여긴 아이아스는 실추된 명예를 만회하기 위해 희랍군 주요 지휘관들을 죽일 계획을 세운다. 하지만 그날 밤 아테네 여신이 그에게 광기를 내렸고, 아이아스는 착란을 일으켜 가축 떼와 목자들을 마구잡이로 죽이고 만다. 그러나 나중에 제정신이 돌아오자 이번엔 수치심과 절망에 사로잡혀 칼로 스스로 목숨을 끊는다.

　이 작품은 아이아스가 이미 가축 떼를 도살한 시점에서 시작한다. 승리의 기쁨을 누리던 아이아스는 제정신을 되찾자 괴로워하며 울부짖다가 더는 살아서 명예를 얻을 기회가 없다고 판단하여 자살을 결심한다. 고귀한 자에게는 훌륭한 삶, 아니면 훌륭한 죽음만이 있기 때문이다(479-480). 그의 마음을 돌리기 위해 최선을 다하는 아내 테크멧사와 부하들 앞에서, 그는 자신이 죄를 정화하고 여신의 분노를 피할 것이며, 신들과 아가멤논에게 복종하겠노라고 안심시키고 해변으로 간다. 그러나 홀로 남은 아이아스는 적들을 저주하며 신들에게 마지막 기도를 바치고 스스로 목숨을 끊는다. 이후 아이아스의 장례를 준비하던 이복동생 테우크로스는 장례를 막으려는 메넬라오스, 아가멤논과 대립한다. 이들은 아이아스를 희랍군의 적이자 배신자로 규정하고 영웅의 시신을 개 떼와 새 떼의 먹이로 만들 심산이다. 이때 오뒷세우스가 나서서 아가멤논을 굴복시키고, 극은 아이아스의 시신이 영예로운 장례를 받기 직전에 끝난다.

***

이 작품의 핵은 아이아스의 자살이다. 물론 이 사태의 원인이 된, 아킬레우스의 무구를 둘러싼 경쟁의 판정부터 아이아스가 복수를 결심하는 과정, 광기에 사로잡히는 과정 등 하나하나가 큰 충격을 주는 사건이겠으나, 시인은 그 모든 세부를 단숨에 건너뛰고 재앙의 한복판에서 느닷없이 드라마를 열어젖힌다. 그래서 우리 모두는 약속 장소에 한참 늦게 달려온 사람들처럼 가쁜 숨을 몰아쉬며 작품 속으로 들어와 그 위대한 아이아스가 어쩌다가 저 지경에 이르렀는지 더듬어가며 황망한 눈길을 거둘 수 없게 된다. 『일리아스』에서 그는 아킬레우스에 버금가는 전사였다. 아킬레우스와 비교해볼 만한 점이 있다면, 자신이 살아온 삶과 시간 사이의 불화이다. 아킬레우스는 그가 살아 마땅한 시간보다도 훨씬 일찍 생을 마친다. 반면, 아이아스는 너무 오래 살아남았다. 자신이 필사적으로 이루어온 탁월함이 모조리 헛것으로 돌아가는 것을, 그는 제 눈으로 보아야 한다. 따라서 그의 소멸은 죽음 이전에 이미 확정된다. 이에 대한 비평가들의 해석은 여럿 있었지만, 그것만으로는 충분할 수 없어서 역자도 감히 몇 마디를 덧붙인다.

소포클레스는 등장인물들의 배치에서 주인공을 대조적으로 돋보이게 하는 구도를 즐겨 사용한다. 이스메네와 크뤼소테미스가 있어야 안티고네와 엘렉트라의 결기가 두드러지고 크레온이 있어야 오이디푸스의 맹렬함이 돋보이듯이, 이 작품에 대한 비평도 오뒷세우스와 아이아스의 대조에 초점을 두는 것이 일반적이다. 그들은 아이아스가 경쟁이나 명예욕 등 호메로스적인 구시대의 가치를 대변하는 영웅이고, 새로운 시대에는 오뒷세우스와 같이 유연하고 협력적인 영웅이 필요하다는 취지로 해석하여, 아이아스의 결점을 부각시키고, 오뒷세우스를 승리자로 놓으려는 경향이 강하다. 그러나 이런 주장은 호메로스의 시대와 당시 고전 시대의 구분을 지나치게 과장한 결과이다. 『일리아스』 결말부의 아킬레우스와 프리아모스의 만남, 그리고 『오뒷세이아』에서 구혼자 살육 후에 오뒷세우스가 망자들 앞에서 자랑을 삼갈 것을 당부하는 모습 등을 떠올린다면, 이 작품의 오뒷세우스의 태도가 그다지 '새로운' 게 아니라는 점을 금세 알 수 있을 것이다. 오히려 저승에서 아이아스를 바라보던 오뒷세우스의 연민과 후회의 시선을 그대로 계승한 것이 아닌가 싶을 정도이다.

  어떤 비평가들은 아이아스가 같은 편인 희랍군 지휘관들을 향해 앙심을 품고 그들을 공격하려 한 것이 아이아스가 벌받아 마땅한 이유라고 설명한다. 내분을 조장한 혐의라는 것이다. 그러나 이 '같은 편'이라는 말은 쉬이 받아들이기 어렵다. 그 지휘관들은 아이아스의 눈에는 명예를 짓밟은 자들, 적들이다. 당시의 희랍인들에게는 친구를 돕고 적에게 보복을 가하는 것이 일반적인 윤리였고, 이 작품에서도 아가멤논과 메넬라오스를 제외하면 아무도 아이아스의 행동을 비난하지 않는다. 만에 하나 비난이 가능하다면, 『일리아스』에서 아가멤논과 드잡이한 아킬레우스에게도 같은 비난이 향해야 할 것이다. 그러나 아킬레우스를 달래던 아테네 여신이 지금은 아이아스에게 광기를 내린다.

  만일 그가 다른 큰 잘못을 저질러서 아테네 여신에게 처벌받은 거라면? 이런 질문을 던지는 비평가들도 있다. 이 질문이 성립한다면, 이 작품은 인간이 신의 처벌을 피하기 위한 방법을 알려주는 지침서로 읽히게 된다. 그러나 과연 인간에게 그런 방법이 있긴 할까? 만일 헥토르가 그런 방법을 알고 있었다면, 아테네 여신이 쳐놓은 덫을 피할 수 있었을까? 태어나기도 전에 태어나지 말아야 할 존재로 규정된 오이디푸스는 어쩔 셈인가? 예언자 칼카스는 아이아스가 여신의 분노를 산 것이 인간에게 어울리지 않는 마음을 품고 있었기 때문이라고 강조한다. 하지만 동시에 바로 그 마음가짐이 있었기에 아이아스는 영웅이다. 그 마음이 아이아스를 어떤 불가능한 상황에서도 물러서지 않는 거대한 산과 같은 존재로 만든다. 산이 움직인다면, 그것은 더 이상 산이 아니다. 아이아스는 사악한 자여서가 아니라 끝 모를 위대한 인물이기 때문에, 아니 그 자신을 위대한 인물로 만들어낸 그 마음가짐 때문에 파멸한다. 예언자 칼카스는 아이아스를 향한 여신의 분노가 단 하루만 지속될 것이라고 한다. 만일 그가 목숨으로 값을 치러야 할 정도로 큰 잘못을 저질렀다면, 아테네 여신의 분노가 단 하루만 지속될 리 만무하다. 신의 노여움이 그렇게 쉽사리 누그러지는 경우는 희랍 문학 어디에도 없다.

어떤 비평가들은 이 드라마의 구조에서 결함을 찾으려 한다. 근거가 전혀 없는 것은 아니다. 주인공 아이아스가 죽은 뒤에도 극은 3분의 1 이상 남아 진행되어야 하고, 그 부분은 특별한 액션 없이 논쟁으로 채워지는 듯한 인상을 주기 때문이다. 그러나 소포클레스는 눈에 보이는 것 이상을 말하는 시인이고, 우리의 시선도 그 깊이까지 다다라야만 한다.

역자의 안내는 두 가지 사실에서 출발한다. 하나는 『아이아스』에 소포클레스의 다른 어떤 작품보다도 호메로스의 흔적이 많이 남겨져 있다는 점, 또 하나는 아이아스에게 헥토르와 오뒷세우스라는 적이 있었으며, 시인은 이 드라마 곳곳에서 아이아스와 이들의 동일화를 시도한다는 점이다.

***

> 대립하는 것은 한데 모이고,
> 불화하는 것들로부터 가장 아름다운 조화가 이루어진다.
>
> (헤라클레이토스 단편 8)

작품이 진행되는 시점에서 오뒷세우스는 아이아스의 가장 큰 적수로 설정된다. 그러나 이들에게는 대조가 아닌 유사성의 시선으로 포착되는 지점들이 더 많다. 아이아스의 첫 대사를 들어보자.

> 아이아스   아, 평안하소서, 아테네시여, 평안하소서, 제우스께 나신 분,
> 임은 제 곁에 얼마나 잘 서주시던지요! (91-92)

아이아스는 아테네 여신을 곁에서 자신을 늘 잘 돕는 존재로 인식한다. 이러한 인식은 물론, 그가 사용하는 단어와 표현도 호메로스가 그린 오뒷세우스를 연상하게 한다.

> 오뒷세우스는 아테네에게 기도하기 시작했다.
> "제 말씀 들어주소서, 아이기스를 지니신 제우스께 태어나신 분이여!
> 임은 제가 처한 어떠한 곤경에서도 매번 제 곁에 서주셨고 […]"
>
> (『일리아스』 10.277-279)

아테네 여신이 밀착하여 총애를 베푸는 대상이 있다면, 호메로스에서는 단연 오뒷세우스가 꼽힐 것이다. 아테네 여신이 그의 귀향과 복수 전체를 설계하고 돕는 『오뒷세이아』는 물론이며, 『일리아스』에서도 이 둘의 밀착은 명시적으로 드러난다. 오뒷세우스가 아테네의 총애를 받는다는 사실은 동료 전사들도 언급을 아끼지 않고(『일리아스』 23.782-783, 『오뒷세이아』 3.218-222, 379), 오뒷세우스의 곁을 늘 본인이 지키고 있었다는 아테네

의 말에시도 확인이 가능하다(『오뒷세이아』 13.300-301). 이렇듯 첫 등장에서부터 이미 아이아스에게서 오뒷세우스의 모습이 보인다.

이어지는 아테네와 아이아스의 대화에서, 그는 오뒷세우스를 피투성이가 될 때까지 때려죽일 것이라고 한다(105-110). 이 기괴한 장면과 병치될 수 있는 유일한 장면이 『오뒷세이아』에서 발견된다. 차이가 있다면 여기에서 오뒷세우스에게 심한 매질을 가한 자가 오뒷세우스 본인이라는 점이다. 헬레네의 회상을 들어보자.

> 그분은 당치도 않은 매질에 스스로를 내어주더니
> 두 어깨에는 마치 하인이라도 된 듯 형편없는 헝겊 쪼가리를 걸치곤
> 적의를 품은 사내들의, 널찍한 길이 난 도시로 잠입했어요.
> (『오뒷세이아』 4.244-246)

또, 이 대화 중에 아이아스가 온몸에 피를 뒤집어쓴 채로 칼을 들고 서 있는 장면은 구혼자들을 살육한 후 오뒷세우스의 모습 그 자체이다. 차이가 있다면, 소를 죽인 것이 오뒷세우스에게는 직유로 붙고, 아이아스에게는 착란 속의 현실이라는 점이다.

> 그리고 그녀는 살육된 시체들 사이에서, 마치 벌판에서 먹인 소를
> 잡아먹고 돌아가는 한 마리 사자처럼
> 온통 피 칠갑을 한 오뒷세우스를 보았다.
> 사자는 가슴이며 양쪽 볼 할 것 없이 온통 피범벅이 되어,
> 얼굴을 쳐다보는 것조차 끔찍할 지경이다. 꼭 그처럼,
> 오뒷세우스는 두 손과, 그 아래 두 발이 피로 물들어 있었다.
> (『오뒷세이아』 22.401-406)

아이아스와 오뒷세우스는 야간 기습이라는 점에서 연결되기도 한다.

아테네는 오뒷세우스에게 아이아스의 광란을 설명하며, 그가 밤중에 간계를 품고 습격하려 했노라 말한다(46-47). 호메로스의 서사시에서는 야간에는 전투를 중지하는 것이 상례인 것으로 묘사된다(『일리아스』 7.282, 18.267). 그러나 지금의 아이아스가 한 일과 같은 야간 기습이 아예 없는 것은 아닌데, 대표적인 예가 『일리아스』 10권이고 그 주역은 디오메데스와 오뒷세우스이다. 『오뒷세이아』에서는, 물론 오뒷세우스가 꾸며낸 이야기이긴 하지만, 오뒷세우스의 야간 기습 일화가 두 번이나 나온다(『오뒷세이아』 13.256-270, 14.462-506). 호메로스에서 오뒷세우스는 야간 기습과 가장 많이 연결되는 인물이다.

한편, 이 작품에서 아이아스는 아킬레우스에 버금가는 위대한 존재였다가 모든 것을 잃어버린 자로 추락하고 말았다. 이는 『오뒷세이아』의 오뒷세우스만이 그와 나누는 경험이다. 그는 아킬레우스의 무구를 차지하고, 트로이아 함락의 주역이 되었으나, 어느 한순간 아무것도 아닌 자로 주저앉고 만다.

> 그때 저는 그에게 상냥하게 말하였습니다.
> '퀴클롭스, 내 유명한 이름을 묻다니, 내 그대에게
> 말해드리리. 그러면 그대가 약속한 바대로 내게 접대 선물을 주시오.
> '있지도 않은 자'가 내 이름이라오. 어머니도, 아버지도, 그리고 다른
> 모든 전우들도 나를 있지도 않은 자라고 부르곤 하오.' (『오뒷세이아』 9.363-367)

아가멤논을 대하는 태도에서도 이 둘의 독특한 유사성을 발견할 수 있다. 소위 '기만 연설'(646-692)이라 불리는 아이아스의 연설 중, 그는 누구든 아가멤논에게 복종할 것을 요구한다(667-669). 누군가에게 아가멤논에 대한 존중을 넘어 복종까지 요구하는 장면 역시 호메로스에서 오뒷세우스만이 보여줄 뿐이다. 『일리아스』 2권에서 그는 테르시테스를 질책하고 매질까지 해가면서 아가멤논의 지시를 따를 것을 명령한다(『일리아

스』2.243-257). 혹자는 아이아스의 이 언설 전체가 남들을 속이기 위한 의도로 발설한 것이라고 해석한다. '기만 연설'이라는 제목이 붙은 까닭이다. 그렇다면 아가멤논에 대한 복종의 요구는 거짓일까? 그래도 상관없다. 만일 이 연설의 목적이 속이기 위한 것이라면, 아이아스는 이미 오뒷세우스 그 자체이다.『오뒷세이아』에서 귀향 후 자신의 정체를 감추고 수많은 거짓 이야기들을 태연하게 늘어놓던 그의 모습을 생각해보자.

제정신이 돌아온 아이아스는 자신의 이름에 고통스러운 탄식('아이아이')이 담긴 것으로 파악하며 자기 이름의 뜻을 불행과 연결하면서 절규한다(430-432). 호메로스에서 이름의 의미가 부정적인 맥락에서 부여되는 경우는 오뒷세우스가 유일하다.

> 그러자 이번에는 아우톨뤼코스가 그녀에게 소리 내어 대답하였다.
> "내 사위와 딸아, 내가 말하는 이름을
> 붙여주도록 하려무나. 나는 만물을 먹여 살리는 대지 위에 있는
> 많은 남녀에게 노여움을 품고 이곳으로 왔으니,
> 그 뜻을 따라 이름을 오뒷세우스라고 하여라. […]" (『오뒷세이아』 19.405-409)

아이아스는 신의 진노에서 벗어나기 위해 바닷가에서 몸을 씻겠노라고 말한다(654-656). 지중해인들이 바닷가에서 몸을 씻는 것이 무슨 특별한 일인가도 싶겠지만, 호메로스에서 바닷가 목욕 장면은 모두 오뒷세우스와 연결된다.『일리아스』 1권에서 오뒷세우스는 헤카톰베를 바치기에 앞서 병사들과 바닷가에서 목욕을 하고, 10권에서 야간 기습을 마치고 돌아온 후 디오메데스와 함께 바다에서 목욕한다.『오뒷세이아』에도 스케리아섬 바닷가에서 목욕을 하는 장면이 있다. 맨 처음 언급한『일리아스』 1권의 사례는, 신의 진노를 피하기 위한 정결 의식이라는 점에서 아이아스의 바닷가 목욕과 동기마저 같다.

한편, 이 드라마의 합창단을 구성하는 아이아스의 부하들은 살라미스

의 선원들로 설정된다. 영웅과 그 부하들의 관계를 대장과 선원들로 설정한 것은 『오뒷세이아』에서 가장 두드러진다. 승선이나 항해와 무관한 이 작품에서 이들이 굳이 선원으로 묘사된 것은 『오뒷세이아』와의 병렬을 의도하고 있다는 인상을 주기에 충분하다.

이처럼 작품 내내 진행되는 아이아스와 오뒷세우스의 동일화는 1367행에서 극에 달한다. 오뒷세우스는 아가멤논에 맞서 아이아스의 명예를 위해 애쓰는 것이 곧 자기 자신을 위해 애쓰는 것이라고 대답할 정도에 이른다.

***

> 그것이 어떻게 자신과 불화하면서도 자신과 일치하는지
> 사람들은 이해하지 못한다.
> 그것은 마치 활과 뤼라의 경우처럼 반대로 당기는 조화이다.
> (헤라클레이토스 단편 51)

아이아스에게 오뒷세우스가 현재의 적이라면, 과거의 맞수는 헥토르이다. 시인은 아이아스와 헥토르의 동일화 역시 모든 힘을 다해 그려낸다.

이 드라마의 아이아스도, 『일리아스』의 헥토르도 여성에게 신들에게 바칠 기도를 당부하나, 그 결과는 부정적이다. 아이아스는 테크멧사에게 안으로 들어가 신들에게 기도를 바치라고 당부한다(685). 『일리아스』 6권에서 헥토르는 동생 헬레노스의 조언에 따라 성안으로 들어가서 어머니 헤카베를 만난다. 그리고 귀부인들과 함께 아테네 여신에게 제물과 함께 기도를 바치라고 어머니에게 부탁한다(『일리아스』 6.263-285). 그러나 이 두 기도의 결과는 테크멧사에게도, 트로이아 여인들에게도 좌절로 돌아올 뿐이며, 그 결과가 아테네 여신의 결정이라는 점 역시 같다.

> 그녀가 이렇게 기도하며 말했음에도, 팔라스 아테네는 고개 젖혀

이를 마다했다. (『일리아스』 6.311-312)

아이아스와 헥토르 모두 죽기 직전에 자신의 시신이 개 떼와 새 떼의 먹이가 되지 않기를 소망한다. 이것이 아이아스가 마지막으로 제우스에게 바치는 기도이다(829-831). 『일리아스』에서 상대방에게 사후 시신 처리에 대한 서약을 제안하는 유일한 인물은 헥토르이다. 7권에서 그는 희랍군의 최강자에게 일대일 대결을 청하며 승자가 패자의 시신을 능욕하지 않고 합당한 장례를 보장하자고 제안한다. 이때 그 상대방은 바로 아이아스이다(『일리아스』 7.75-86). 헥토르는 22권에서 아킬레우스와 맞서며 같은 취지의 제안을 하지만 냉혹하게 거절당한다(『일리아스』 22.254-272, 337-343).

영웅이 죽고 가족이 남는다. 아이아스는 자신이 불명예스럽게 귀향한다면, 그것은 맨몸으로 아버지를 만나는 일일 것이며, 도저히 견딜 수 없는 상황이 벌어질 것이라 상상한다(462-466). 그리고 이 맨몸의 이미지는 아킬레우스를 기다리는 헥토르의 상상과 연결된다.

> 내가 그에게 간청하러 찾아간다 해도, 그가 나를 동정할 리는 없어.
> 나를 앞에 두고 무슨 몸가짐을 삼가는 건 고사하고, 내가 무장을 벗고 나면
> 마치 여자처럼 알몸뚱이가 된 나를 죽이겠지. (『일리아스』 22.123-125)

아이아스처럼 맨몸이 되어 달갑지 않은 상황에 놓이게 되는 상상을 하는 것은 호메로스에서 헥토르가 유일하다. 차이점이 있다면, 아이아스는 맨몸으로 아버지에게 돌아가기를 거부하고 자결한 반면, 헥토르의 아버지는 맨몸이 되어 누운 헥토르의 시신을 찾으러 왔다는 것이다.

아이아스와 헥토르의 어머니들은 모두 자식의 죽음 앞에서 통곡하는 이미지로 연결된다. 아이아스의 마지막 연설에서 그는 불행한 자신의 어머니의 비탄을 상상하며 그녀가 온 도시에 높이 곡소리를 올리리라 상상

한다(850-851). 아이아스의 상상이 헥토르의 죽음을 목격한 헤카베에게는 현실이 된다.

> 내 새끼! 애달픈 이 내 몸! 네가 목숨을 잃은 마당에, 이 끔찍한 일
> 겪어가며 내 목숨 더 부지해봐야 무엇 하겠니? 이 성 어디에서든, 밤에도
> 낮에도, 너는 내 자랑이었어. 이 도시 곳곳에 사는 트로이아의 모든 남녀에게
> 위안은 바로 너였고, 그들은 너를 신처럼 받들어 모셨지.
> 너는 살아생전에 그들에게 이루 말할 수 없이 커다란 영광이었으니까.
> 그러던 너를, 이제 기어코 죽음이, 운명이 따라잡고 말았구나!
> (『일리아스』 22.431-435)

아이아스는 테크멧사와 대화하면서 아들 에우뤼사케스가 자신의 생활방식에 망아지처럼 길들어야 한다고 강변한다(548-549). 『일리아스』 6권에서 아들 아스튀아낙스를 사랑스럽게 바라보는 헥토르의 모습과는 분위기가 몹시 다르다. 따라서 많은 비평가들은 아이를 대하는 태도에서 헥토르와 아이아스의 대조를 보지만, 역자는 말[馬]을 길들인다는 표현에 주목하여 이것이 시인이 아이아스에게 입힌 헥토르의 모습이라고 읽고 싶다. 『일리아스』에서 '말을 길들이는 누구누구'라는 표현이 헥토르 고유의 것은 아니다. 그러나 이 표현이 트로이아인들에게 집합적으로, 그리고 압도적으로 많이 사용되며 그중에서도 특정한 트로이아인을 지칭할 때에는 헥토르에게 가장 많이 사용된다는 점을, 소포클레스는 염두에 두었을 것이다.

아이아스의 부하들은 아이아스가 저지른 일로 인해 아이아스와 함께 투석형을 당할까 두려워한다(251-255). 호메로스에서 투석형을 언급하는 유일한 인물은 헥토르이다. 그는 파리스를 질책하며 이렇게 말한다.

> 그를 본 헥토르는 치욕적인 말들로 질책했다.

"[…]

트로이아인들은 겁이 많아도 너무 많지. 그렇짆 않았어도 너는 네가 저지른 그 허다한 몹쓸 짓으로 진작 돌로 된 옷을 입었을 것이야!" (『일리아스』 3.38-57)

한편, 헥토르를 두 번이나 돌로 쓰러뜨려 죽음의 위기까지 몰고 갔던 아이아스가 지금은 돌에 맞아 죽을 위험에 처해 있다는 점도 『일리아스』 와의 비교를 통해서만 드러나는 아이러니이다.

* * *

이 세계는 모두에게 동일한데, 어떤 신이나 인간이 만든 것이 아니라 언제나 있어왔고, 있고, 있을 것이며 영원히 살아 있는 불로서 적절한 만큼 타고 적절한 만큼 꺼진다.

(헤라클레이토스 단편 30)

이 작품에서 캐릭터 간의 동일화는 일대일로만 이루어지지 않는다. 이제 아이아스, 오뒷세우스, 그리고 헥토르가 모두 얽히는 동일화를 확인할 차례이다. 합창단은 테크멧사를 향해 말하며 아이아스를 타오르는 불에 비유한다.

코로스(좌) 그대가 저 불타오르는(aithonos) 사나이에 대해 드러낸 소식은
이 얼마나 견딜 수도, 피할 수도 없는 것인가요! (221-224)

원어 aithonos는 '불타오르다'라는 의미의 형용사 aithōn의 단수 속격인데, 『오뒷세이아』에서 페넬로페를 독대하게 된 오뒷세우스는 자신의 가명으로 바로 이 이름을 사용한다.

내 영광스러운 이름은 아이토온(aithōn)입니다.

> 나는 나중에 태어났고, 이도메네우스는 형인 데다가 더 나은 전사입니다.
>
> (『오뒷세이아』 19.183-184)

이처럼 오뒷세우스와 아이아스가 단어 차원에서 일치를 보인다면, 헥토르와 아이아스의 일치는 다른 방식으로 설정된다. 『일리아스』에서 불의 이미지는 전사들의 무훈과 분노 등에 자주 연결된다. 그러나 이 작품의 아이아스처럼 불과 광기가 중첩되어 묘사되는 경우는 오로지 헥토르밖에 없으며, 이는 위에서 인용한 221-224행의 아이아스의 이미지와 정확히 일대일로 상응한다.

> 여기에는 마치 불덩어리같이 미쳐 날뛰는 자가 앞장서고
> 있으니까요. 막강한 제우스의 자식이라 자처하는 저 헥토르 말입니다!
>
> (『일리아스』 13.43-54)

이 작품은 첫 20행까지 사냥과 수색의 은유가 일곱 번이나 사용된다. 그리고 이 중첩된 은유에서 솟아나는 이미지는 사냥꾼인 동시에 사냥감이 되어버린 아이아스의 비극적인 면모이다. 『일리아스』에서 이러한 역설적인 정체성은 헥토르에게만 보일 뿐이다. 희랍군을 몰아세우는 헥토르는 맹수를 추격하는 사냥개에 비유되고(『일리아스』 8.337-340), 사냥개를 모는 사냥꾼에 비유되기도 한다(『일리아스』 11.291-293). 그러나 사르페돈은 헥토르에게 사냥감이 되는 일이 없도록 하라고 경고도 하고(『일리아스』 5.488), 헥토르가 사냥꾼들과 개들 앞에서 투지를 잃지 않는 사냥감에 비유되기도 한다(『일리아스』 12.40-50). 『오뒷세이아』에서는 오뒷세우스가 이들과 비교할 만한 유일한 인물이다. 실제로 그는 여러 번 사냥에 나서는 것으로 묘사된다. 퀴클롭스들의 섬으로 가기 전, 그는 동료들과 함께 염소섬에서 109마리의 염소를 사냥하여 잔치를 벌였고(『오뒷세이아』 9.155-160), 키르케의 섬에서는 혼자서 거대한 사슴을 사냥하기도 한

다(『오뒷세이아』 10.156-180). 헬리오스의 섬에서는 식량이 소진되자 사냥으로 연명하였고(『오뒷세이아』 12.330), 이타카를 떠나오기 전에는 훌륭한 사냥개 아르고스의 주인이었다(『오뒷세이아』 17.291-327). 사냥꾼으로서의 오뒷세우스에 관한 일화 중에서는 유년 시절의 멧돼지 사냥이(『오뒷세이아』 19.413-466) 우리에게 가장 잘 알려져 있고, 오뒷세우스 본인에게도 그 사냥에서 새겨진 상처가 자기 정체의 결정적인 지표가 될 정도로 중요하다. 나우시카아를 대면하러 나가는 그의 모습은 사냥에 나선 사자에 비유되며(『오뒷세이아』 6.130-134), 구혼자들을 처단한 그의 모습에는 소를 사냥한 사자의 직유가 붙는다(『오뒷세이아』 22.401-406). 반면, 스케리아 섬에 상륙해서는 들짐승의 사냥감이 될까 걱정하는 모습을 드러내며(『오뒷세이아』 5.473), 텔레마코스와 상봉하는 장면에서는 새끼들을 사냥당한 새에 비유된다(『오뒷세이아』 16.216-219). 이 밖에도, 죽여서는 안 될 짐승들을 본인의 의도와 달리 사냥했다가 신이 보낸 재앙을 겪게 된 파괴적인 경험 역시 오뒷세우스와 아이아스만이 공유하는 특징이다. 차이가 있다면, 아이아스는 광기에 휩싸였고, 오뒷세우스는 부하들의 잘못으로 사태가 발생했다는 정도이다. 이 일은 『오뒷세이아』 서시의 절반 가까이를 차지할 정도로 큰 의미를 지니고 있다.

> 그러나 그토록 몸부림쳤음에도 동료들을 구해내지는 못했으니
> 그들이 저 스스로 택한 잘못으로 파멸해버린 탓이지요.
> 그 철부지들은 헬리오스 휘페리온의 소들을 잡아먹었고,
> 신께서는 그들에게서 귀향의 날을 앗아 가셨습니다. (『오뒷세이아』 1.6-9)

아이아스, 헥토르, 오뒷세우스 이 세 명은 독자들에게 자신의 내면을 가장 잘 드러내는 인물들이라는 공통점이 있다. 내면의 고백은 독백에서 가장 잘 드러나게 마련인데, 이 드라마에서는 아이아스의 '기만 연설'이 가장 유명하다. 『일리아스』에서 가장 길고 풍성한 독백은 헥토르의 것

이다(『일리아스』 22.98-130). 혼자 성문 밖에서 아킬레우스를 기다리는 그의 내면에서 솟아오르는 후회와 수치심, 또 아킬레우스에 대한 공포와 혹시 자신이 아킬레우스를 이길지도 모른다는 희망 사이의 진동 역시 이 독백 안에 고스란히 담겨 있다. 『일리아스』에서는 다른 어떤 인물도 이렇게 자신의 내면을 독자들에게 상세히 드러내지 않는다. 죽음에 직면한 두 영웅의 독백이라는 점에서도 이 둘은 깊은 유사성을 보인다. 한편, 『오뒷세이아』는 오뒷세우스의 크고 작은 독백을 다섯 차례나 들려주며(『오뒷세이아』 5.354-365, 407-423, 464-473, 13.197-216, 20.17-21), 『일리아스』에서도 적들에게 포위된 상황에서 드러내는 그의 독백은 뛰어난 전사의 마음가짐을 보여주는 예로 자주 인용된다(『일리아스』 11.403-410).

이 세 영웅 모두 자신의 존재가 아내와 아들의 이름에 투영되는 공통점을 보인다. 오뒷세우스의 아내 페넬로페의 이름은 어원적으로 pēnē(씨실) + lēpō(벗겨내다)의 조합으로 분석될 수 있다. 그렇다면 남편을 기다릴 명분을 만들기 위해 낮에는 피륙을 짜고 밤에는 실을 풀던 그녀의 계략과 그녀의 이름, 그리고 오뒷세우스와의 관계가 설명된다. 아들의 이름 텔레마코스(Tēle 멀리 + machos 전사)는 멀리 집을 떠나 투쟁해온 사람으로도, 혹은 활을 다루는 사람으로도 해석될 수 있는데, 어느 경우에나 오뒷세우스와 잘 어울린다.

헥토르와 그의 가족 역시 다르지 않다. 헥토르는 자기 아들을 스카만드리오스라 불렀지만, 다른 사람들은 아스튀아낙스(Asty 도시 + anax 지배자)라고 부른다. 헥토르 한 사람이 트로이아를 지켜왔기 때문이다(『일리아스』 6.402-403). 아내의 이름 안드로마케(Andro 남자 + machē 전투)에도 전투에 나서는 남자로서의 헥토르의 정체성이 고스란히 담겨 있다.

아이아스의 여인인 테크멧사와 아들 에우뤼사케스의 이름은 어떨까? 에우뤼사케스(Eury 넓은 + sakēs 방패)의 이름과 아이아스의 관계는 이미 잘 알려진 경우이다. '넓은 방패'라는 이름이 아이아스의 상징이라 할 수 있는 거대한 방패에서 비롯된 것이 명백하기 때문이다. 방어의 측면에 주목한다면, 아이아스-에우뤼사케스의 관계는 헥토르-아스튀아낙스의 관계와 일대일로 대응한다. 테크멧사(Tekmēssa)의 이름은 표면적으로 그 의미가 드러나지 않는 경우인데, 역자의 추정대로 이 이름이 tekmairomai(판단하다, 판정하다)라는 동사에서 비롯된 것이라면 그녀의 이름은 판정, 즉 무구의 판정을 품고 있는 셈이다. 테크멧사와 에우뤼사케스의 이름은 이 드라마 이전의 전통에서는 발견되지 않기에 소포클레스의 창작이라고 볼 수 있는 근거는 충분하다. 이 둘의 이름이 이 드라마를 위해 만들어진 것이라면, 이 이름들과 아이아스의 관계가 오뒷세우스/헥토르의 가족들을 모델로 삼지 않았다고 보기에는 지나친 우연이 된다.

***

우리는 아이아스가 자신의 적들인 헥토르, 오뒷세우스와 동화되는 모습들을 살펴보았고, 이러한 설정은 작품 내내 끊임없이 전개된다. 그렇다면 왜 소포클레스가 이러한 특성을 아이아스에게 부여하며, 이것은 어떤 효과를 주는지 묻고 대답할 차례이다.

이 드라마의 시작부에서 오뒷세우스는 아이아스를 원수로 바라보지만(78) 동시에 광기에 빠진 그의 운명을 동정하는(121-126) 양가적 상태에 있고, 아테네의 위력 앞에서 어떤 행동도 취하지 못한다. 그러나 시인은 드라마의 전개와 함께 아이아스와 오뒷세우스 사이의 지속적인 동일화를 시도하고, 결국 오뒷세우스는 죽은 아이아스의 명예를 위해 아가멤논과의 대립도 불사하며 설전에 나선다(1316-1373). 그리고 결국 그는 아이아스의 장례를 치르는 일을 자기 자신을 위한 일로 인식하는 수준까지 이른다(1367). 만일 드라마 곳곳에서 아이아스와 오뒷세우스의 동일화가 이루어지지 않았더라면, 오뒷세우스가 극 후반에 아이아스의 명예를 위해 적극적으로 나서는 모습이 자연스럽게 설명되기 어려울 것이다.

다음으로, 『일리아스』의 결말이 헥토르의 시신 반환과 장례 여부에 초점을 맞추고 있는 것처럼, 이 작품의 후반부 역시 아이아스가 장례를 받을 수 있을지, 아니면 아가멤논과 메넬라오스의 아집대로 개 떼와 새 떼의 먹이로 던져질지 여부에 초점을 맞추고 있다. 두 작품 모두 헥토르와 아이아스의 장례가 확정되고 명예를 회복하기 전까지 독자들은 긴장을 놓을 수 없다. 장례를 방해하는 존재로 아가멤논이 지목되는 것 역시 두 작품 모두 동일하며, 영웅의 유언이 난관 끝에 결국 이루어진다는 점 역시 같다. 결국 헥토르는 죽어서 적에게 연민과 화해를 이끌어낸다. 이것이 바로 이 작품의 아이아스의 모습과 정확히 겹친다. 이 작품에서 소포클레스가 계승한 것은 『일리아스』의 패턴이고, 따라서 아이아스 역시 헥토르와 마찬가지로 자신의 부재로 위력을 발휘하는 인물로 빚어진다. 그렇다면, 영웅의 죽음을 전후로 양분되는 이 드라마의 구조는 더 이상 비난의 대상이 되지 않는다.

마지막으로, 캐릭터를 다루는 기법에서 아이아스와 적들의 중첩은 큰 의미가 있는 실험이 된다. 시인은 아이아스에게 그의 적들의 모습을 거듭 덧입혀가며 역설의 이미지를 만들어가고, 결국 이 역설을 통해 명예를 회복하는 인물의 모습을 그려낸다. 이러한 기법은 후일 『오이디푸스 튀란노스』에 이르면 더욱 원숙해져 인간이 상상할 수 있는 모든 역설을 제 안에 품고 있는 인간의 투쟁을 그리게 될 것이다. 또, 처음에는 상대의 위력에 눌려 옳은 행동을 하지 못하다가 나중에 모든 것을 감수하며 행동에 나서는 오뒷세우스라는 캐릭터의 형성은 소포클레스의 말년 작품 중 하나인 『필로크테테스』에서 네오프톨레모스를 통해 선명하게 다시 드러난다. 다만, 거기서는 상대가 오뒷세우스라는 점이 아이러니하다.

트라키스의 여인들　TRACHINIAE

등장인물

데이아네이라   헤라클레스의 아내.
유모
휠로스   헤라클레스와 데이아네이라의 아들.
전령
리카스   헤라클레스의 하인.
헤라클레스
코로스   트라키스의 여인들.
노인
이올레   헤라클레스가 포로로 데려온 여인.
포로 여인들

(데이아네이라와 유모가 무대 위에 있다)

데이아네이라   오랜 옛적부터 사람들 사이에 도는 말이 있어요.
　　　　　인간의 삶이 좋은 것인지 나쁜 것인지는,
　　　　　누군가가 죽기 전에는 알 수 없다는 거지요.
　　　　　하지만 나는, 아직 하데스[1]로 들어가기 전이지만,
　　　　　내 삶이 불운하고, 또 무겁다는 걸 잘 알고 있답니다.　　　　5
　　　　　내가 플레우론에 있는 아버지 오이네우스의 집[2]에서
　　　　　아직 살고 있을 적에, 결혼을 두고 더없이 고통스럽게
　　　　　주저하고 있었지요, 다른 어떤 아이톨리아[3] 여인보다도 더요.
　　　　　말해두지만, 아켈로오스강[4]이 제 구혼자였으니까요.
　　　　　그는 세 가지 모습으로 나타나 아버지에게 나를 요구해댔어요.　　10
　　　　　황소의 모습으로 어슬렁대기도 하고, 어떤 때는 똬리를 틀고
　　　　　굼실거리는 뱀의 모습으로, 또 다른 때는 사람의 몸에
　　　　　황소의 머리를 달고서, 덥수룩한 수염에선
　　　　　물줄기가 샘솟아 올라 흩뿌려졌고요.
　　　　　그런 구혼자를 맞아, 불운한 나는　　　　　　　　　　　　15
　　　　　그 결혼 침대에 가까이 다가서기 전에
　　　　　그저 죽게 해달라고 매번 기도할 뿐이었답니다.
　　　　　그런데 늦게나마, 내겐 다행이었지요,

1　저승, 또는 저승의 지배자를 가리킨다. 저승의 지배자 하데스는 크로노스와 레아의 아들로, 제우스, 포세이돈과 동기간이다. 이 3형제가 세계를 삼분하여 다스리게 되었을 때 하데스는 지하 세계의 몫을 얻었다고 한다.
2　플레우론은 아이톨리아 지역의 도시이며, 칼뤼돈의 왕 오이네우스는 이 지역까지 통치하였던 것으로 보인다. 오이네우스는 추수 감사제에서 아르테미스를 잊는 실수를 범했고, 분노한 여신은 사나운 멧돼지를 보내 칼뤼돈을 폐허로 만든다. 왕은 희랍 전역의 영웅들을 모아 멧돼지를 처치하는데, 아탈란테와 멜레아그로스가 활약하는 것으로 그려진다. 이 일화는 칼뤼돈의 멧돼지 사냥으로 알려져 있다.
3　코린토스만 북부 산악 지역.
4　희랍 북서부에서 발원하여 이오니아해로 흘러가는, 희랍에서 가장 큰 강이다. 희랍인들에게 강은 곧 하신(河神)이기도 하다.

제우스와 알크메네의 그 유명한 아드님[5]이 내게 온 거예요.
그이는 그자와 맞서더니 전투에 뛰어들어 20
나를 구해내더군요. 그런데 그 싸움의 전말을
난 설명할 수가 없어요, 알지 못하니까요. 누구든 그 자리에서
겁내지 않고 그 광경을 바라본 이가 있다면, 그 사람이 말해주겠지요.
나야 두려움에 넋이 나간 채 주저앉아 있었으니까요,
행여 내 미모가 내게 고통이 되지 않을까 싶었던 거지요. 25
물론 다툼을 다스리시는 제우스께서 좋게 결말을 지으셨지요,
좋다고 말할 수 있다면요. 난 헤라클레스와 침대를 나누는 처로
선택되었지만, 끊이지 않고 매번 두려움에서 두려움을
키워내고 있답니다, 그이 걱정에서지요. 한 밤이 고역을
끌고 오면, 이어지는 다른 밤이 그걸 내치면서요. 30
우리도 자식들을 낳았지요. 하지만 그이는 그 애들을,
마치 밭에서 멀찍이 떨어져 지내는 농부가
씨 뿌릴 때 한 번, 거둘 때 한 번 들여다보듯 했지요.
그이의 삶이라는 게 늘 그랬지요, 누군가를 위해 일해주느라
집 안으로 들어왔다가 또 나가곤 하니까요. 35
그런데 이제, 그이가 그 고생의 끝에 이르게 되니
내가 엄청난 두려움에 휩싸이게 되었네요.
그이가 이피토스의 힘[6]을 죽이고 난 다음,
우리는 쫓겨나 이곳 트라키스[7]에서

---

5 헤라클레스.
6 희랍인들은 사람을 가리킬 때 그 사람의 힘, 또는 머리라는 표현을 즐겨 사용하였다. 이피토스는 오이칼리아의 왕 에우뤼토스의 아들이다. 에우뤼토스는 헤라클레스에게 심한 모욕을 가했고, 원한을 품은 헤라클레스는 그의 아들 이피토스마저 내던져 죽인다. 이 살인에 대한 정화(淨化)를 얻기 위해 헤라클레스는 옴팔레에게 팔려 가 종노릇을 하게 된다. 자세한 내용은 248행 이하의 리카스의 보고 참고. 한편 『오뒷세이아』 21권 13-38행에서는 이피토스가 헤라클레스에게 다른 맥락에서, 다른 방식으로 죽었다고 전한다.

　　　　 이방인의 집에 얹혀살고 있는데, 그이가 어디로　　　　　　　　　40
　　　　 가버렸는지 아무도 몰라요. 그저 여기 있는 내게
　　　　 쓰라린, 극심한 고통만 던져주고 가버렸다는 것 말고는.
　　　　 하지만 그이가 무슨 재앙을 당했다는 것 정도는
　　　　 어렴풋이나마 알아요. 짧은 세월도 아니고, 이미 열 달 하고도,
　　　　 또 거기에 다섯 달이 더 되었는데도 아무 소식이 없으니까요.　　45
　　　　 무슨 끔찍한 재앙이 있는 게지요. 그이는 그런 일이 있을 거라는
　　　　 서판을 내게 남기고 갔고, 나는 그걸 들고
　　　　 부디 재앙을 만나지 않기를 신들께 기도한답니다.
유모　　 데이아네이라 마님, 헤라클레스께서 떠나신 걸 두고
　　　　 마님이 신음하시며 온통 눈물에 젖어　　　　　　　　　　　　　50
　　　　 애곡하시는 거라면 저도 숱하게 보아왔지요.
　　　　 한데 지금, 혹시라도 노예의 판단으로 자유인을 가르치는 것도
　　　　 합당하다면, 저도 마님께서 해야 하실 일을 말씀드리렵니다.
　　　　 마님께는 그렇게나 많은 자식들이 있는데도, 왜 그분을
　　　　 찾아보라고 누구라도 하나 보내지 않으시나요?　　　　　　　　55
　　　　 아버지를 염려해서, 그분 형편이 괜찮아 보이는지 살펴보는
　　　　 일이라면, 아무래도 휠로스가 적당하지 않을까요?

　　　　　　　　　　　　 (휠로스 등장한다)

　　　　 그나저나 마침 본인이 집 안으로 뛰어 들어오며 가까이 오고 있군요.
　　　　 만일 제가 마님께 적절한 말씀을 드렸다고 생각되신다면,
　　　　 마님은 제 말씀과 저 사내를 활용하실 수 있는 겁니다.　　　　60
데이아네이라　애야, 내 새끼, 정말이지 고귀하지 않은 혈통에서 난 사람들에게서도
　　　　 훌륭한 이야기들이 흘러나오지 뭐니. 이 여인이 노예이긴 해도
　　　　 자유민다운 말을 했단 말이다.

7　오이테산 인근 지역으로 이 작품의 배경이 된다.

휠로스	어떤 말인가요? 알려주세요, 어머니, 제게 알려주셔도 되는 거라면요.
데이아네이라	아버지께서 이토록 오래 타지에 계신데도 어디에 계신지
	알아보려 하지 않는다면, 수치를 불러올 거라 하는구나.
휠로스	아니요, 알고 있지요. 이야기들에 무슨 믿을 만한 구석이 있다면요.
데이아네이라	그분이 어디 계시다고 들었니, 내 새끼, 어느 땅에 자리 잡고 계시다니?
휠로스	사람들 말로는 지난해 내내
	뤼디아 여인[8]을 위해 품을 팔며 욕보셨다 합니다.
데이아네이라	그분이 그런 일까지 견뎌냈다면, 무슨 말을 들어도 이상할 게 없겠구나.
휠로스	하지만 제가 듣기로는 그 일에서 풀려나셨다고 해요.
데이아네이라	그러면 대체 지금은 어디에 살아 계시다거나 돌아가셨다는 소식이라도?
휠로스	사람들 말로는 에우보이아 땅에 있는 에우뤼토스의 도시[9]로
	그분이 진군하고 계시거나, 곧 그렇게 하실 거라 합니다.
데이아네이라	그런데, 내 새끼, 넌 알고 있니, 그분이 내게
	이 일에 대해서 믿을 만한 예언을 남기고 가셨다는 걸?
휠로스	어떤 것이지요, 어머니? 그 말씀이라면 제가 아는 바가 없으니까요.
데이아네이라	그분이 결국 삶의 끝자락에 이르게 되든가, 아니면
	이 투쟁에 착수하여 (해내고서) 그 이후로는
	여생을 유복하게 보내리라는 것이란다.
	그러니 이렇게 저울 위에 놓여 있는 그분을, 얘야,
	도와드리지 않으련? 그분의 목숨이 안전해야
	우리도 안전할 테고, 아니면 우리도 함께 사라지겠지.[10]
휠로스	아무렴 제가 가고말고요, 어머니. 이 신탁의 말씀을

65

70

75

80

85

---

8 뤼디아의 여왕 옴팔레.
9 오이칼리아. 동명의 여러 지역이 있으나 이 작품에서는 에우보이아섬의 오이칼리아를 말한다. 헤라클레스에 의해 이 도시가 함락되는 내용을 다룬 고대 서사시 『오이칼리아의 함락(*Oechalias halosis*)』이 있었다고 하나 유실되어 전해지지 않는다. 에우보이아는 희랍에서 크레테 다음으로 큰 섬으로 본토 동쪽에 에우리포스 해협을 사이에 두고 남북으로 길게 뻗어 있다. 『일리아스』 2권 536-545행은 칼코돈의 아들 엘레페노르가 이곳 사람들을 이끌고 트로이아 전쟁에 참전하였다고 전한다.

　　　　　제가 미리 알았더라면, 전 진작에 가 있었을 겁니다.
　　　　　하지만 아버지의 운이야 워낙 익숙하니까 우리가
　　　　　미리 놀라거나 지나치게 겁먹진 않아도 되겠지요.
　　　　　아무튼 이제 저도 잘 알아들었으니, 진상을 완전히　　　90
　　　　　듣고 알아내는 데에 어떤 미진한 점도 남겨두지 않으렵니다.
데이아네이라　자, 그럼 가거라, 애야, 그분 잘 지내신다는 말씀
　　　　　행여 뒤늦게 들어 알게 된다 해도 그건 이로운 소득이니까.

　　　　　　　　　　(휠로스 퇴장한다)

　　　　　　　　　　　(등장가)

코로스(좌1)　빛나는 밤이, 무장이 벗겨져가며
　　　　　낳는 분이여, 불길에 타오르고 나면 밤이 잠재우는 분　　　95
　　　　　헬리오스,[11] 헬리오스여, 부디 이를
　　　　　알려주시기를 청하오니, 알크메네의 아드님이 어디서,
　　　　　대체 어디서 지내고 있는지요,
　　　　　오오, 찬연한 번갯불로 불타오르시는 분이여,
　　　　　그이가 바다의 해협에 있는지,　　　100
　　　　　두 뭍 중 어디로 기울어 있는지,
　　　　　말씀하옵소서, 가장 강력한 눈을 지닌 임이시여!

(우1)　　저도 들어 알고 있지요, (구혼) 경쟁의 대상이었던
　　　　　데이아네이라께서 늘 애태우는 마음으로,
　　　　　마치 가련한 한 마리 새라도 된 듯,　　　105
　　　　　두 눈의 갈망을

10　여기서 삭제된 84행은 '아니면 네 아버지의 파멸과 함께 우리도 쓰러지겠지'인데, 후대에 불필요하게 삽입된 행이며 지워야 한다는 의견이 지배적이다.
11　태양, 혹은 태양신.

눈물 없이는 잠재우지 못하고,
남편이 떠난 길을 새겨가며 두려움을 키워간다는 것을,
그 속을 짓누르는, 남편 떠난 침대에서
몹쓸 재앙을 내다보며   110
소진되어간다는 것을.

(좌2) 지칠 줄 모르는 노토스(남풍)가,
      혹은 보레아스(북풍)가 일으킨
      수많은 파도가 광활한 바다에서 다가와
      밀려오는 것을 보듯이,   115
      그렇게 삶의 수많은 노역이
      카드모스[12]에게서 태어난 그분을 되돌려놓는가 하면
      크게 키워내기도 하지요, 마치 크레테의 바다처럼.
      하지만 어떤 신께서 때마다 그분을
      하데스의 집으로부터 막아주시니,   120
      그분에게 실패란 없답니다.

(우2) 그대는 이런 걸 두고 탓하고 있지만,
      저는 예를 갖추되 반대하나이다.
      제가 말씀드리지요, 그대가 좋은 희망마저
      닳게 해선 안 된다고요. 만물을 다스리시는 왕,   125
      크로노스의 아드님[13]께서는

---

12 테바이의 시조로, 용이 지키는 샘터에서 용을 죽이고 아테네 여신의 지시에 따라 용의 이빨을 땅에 뿌리자 전사들이 솟아났다고 한다. 이들은 서로를 죽이다가 다섯 명이 남았고, 카드모스가 이들을 데리고 테바이를 세웠다고 전해진다. 이로 인해 테바이는 카드메이아라는 이름으로 불리고, 테바이 사람들은 용의 이빨에서 나온 후손들, 카드모스의 후손들이라 불린다.
13 제우스.

죽게 마련인 인간들에게
고통 없는 것을 던져주시는 법이 없고,
그저 재앙도, 기쁨도
모든 이들에게 원을 그리고 있답니다, 130
마치 큰곰자리의 행로가 돌고 있듯이.

(종가)
빛나는 밤도 죽게 마련인 인간들에게
그저 머물고만 있진 않으니, 죽음도,
부유함도 그러하여 곧장 떠나가고,
사람에겐 기뻐할 일과 아쉬울 일이 다가온답니다. 135
그러니 왕비님께서도 이 일들을 두고
쉼 없이 희망을 붙드시라고 말씀드립니다.
제우스께서 자식들에게
그렇게 마음 쓰시지 않는 걸 누가 보았단 말입니까? 140

데이아네이라 모르긴 몰라도 너는 내 고통을 듣고 여기 온 게로구나.
나야 속이 무너져 내리지만, 넌 절대로 이런 일
겪어 알게 되지 않기를! 아직 너는 이런 경험이 없으니,
젊음은 그렇게 자기만의 자리에서
자라나니까. (태양)신의 열기도, 145
폭우도, 바람의 숨결도 그걸 들쑤셔놓진 않지.
그저 젊을 때는 낙을 누리며, 고생도 모르고 삶을 북돋운단다,
그녀가 처녀 말고 여인이라고 불리기 전까지는,
그리고 아닌 밤중에 남편이나 자식들 일로 두려워져
마음 쓰게 되는 몫을 얻기 전까지는. 150
그제야 그녀도 제 처지를 살펴보면서 알 수 있겠지,

어떤 불행들로 내가 짓눌려 있는지를.

나도 수많은 일들을 겪으며 흐느껴왔다만,

그 전과는 사뭇 다른 이야기 하나만 하자꾸나.

헤라클레스 왕께서 마지막 길에 나서러   155

집에서 떠나시려던 참이었어. 그때 그분은

표지들을 새겨 넣은 오래된 서판을 집에 남겨놓고 가셨지.

그분이 숱하게 싸우러 나가시긴 했어도, 그런 식으로 내게

알리는 건 전에는 한 번도 경험해보지 못한 일이었네.

아무렴, 죽으러 가는 게 아니라, 뭐라도 하려고 나아갔던 거니까.   160

그런데 이번에는, 마치 더는 세상에 있지 않을 사람처럼 말하더구나,

내가 아내로서 얼마의 재산을 얻어야 마땅한지를, 그리고 자식들에겐

아버지의 땅이 그들 몫으로 어떻게 배분되어야 할지를 말이다.

그리고 기한도 미리 정해놓았지. 이 땅을 떠나간 지

일 년 하고도 석 달이 흐르고 나면,   165

그 시점엔 죽어 있어야 할 텐데,

만일 그 기한을 넘겨서도 살아 있게 된다면,

고생 없이 여생을 보내게 될 거라고 말이야.

바로 그렇게 신들에 의해 헤라클레스의 노역이

마침내 끝맺어지도록 정해졌노라 설명하시더구나,   170

언젠가 도도네에 있는 오래된 떡갈나무가

한 쌍의 비둘기를 통해 그렇게 말했다고 하시면서.¹⁴

그리고 그 말들이 틀림없이 이루어져야 할

시간이 바로 지금 다가오고 있단다.

그래서 나도 달게 잠들어 있다가 두려움 때문에   175

---

14 도도네는 희랍 반도의 북서부 에피로스 지역에 위치한, 신탁으로 이름난 곳이다. 도도네의 떡갈나무 신탁은 『오뒷세이아』 14권 327-330행에서도 언급된다.

	박차고 나왔지, 벗들아, 겁에 질려서 말이야, 혹 내가	
	모든 이들 중에 가장 탁월한 분을 앗긴 채로 남아 있게 될까 봐.	
코로스장	상서롭지 않은 말씀은 삼가세요. 어떤 남자가 기쁜 소식을	
	전하려는 듯 화관을 쓰고 걸어오는 게 보이니까요.	

(전령 등장한다)

전령	여주인이신 데이아네이라여, 전령들 중에서 제가 첫째가 되어	180
	마님의 근심을 풀어드리지요. 알크메네의 아드님께서는	
	살아 계시며, 위력이 있으시며, 또 전투에서 얻은 첫 제물을	
	이 땅의 신들께 바치고자 이끌고 오시는 중입니다.	
데이아네이라	그게 무슨 소리요, 할아범, 내게 그 무슨 말인가?	
전령	숱한 부러움을 사고 계신 부군께서 마님의 집으로 곧	185
	오실 거라는 말씀입니다, 승리를 거둔, 위용을 갖추신 모습으로요.	
데이아네이라	어떤 시민에게 듣고 하는 말인가, 아니면 이방인에게서?	
전령	소 먹이는 여름 초원에서, 많은 사람들 앞에서 전령	
	리카스가 이를 외쳤지요. 저는 그 사람에게서 듣고	
	뛰어왔고요. 이 소식을 마님께 제일 먼저 아뢰어	190
	이득이라도 좀 얻고, 호의도 얻어볼 요량이었지요.	
데이아네이라	그런데 어쩌자고 그 사람 본인은 멀찍감치 있는가, 상황이 순조로운데도?	
전령	운신하기가 아주 쉽진 않습니다, 마님.	
	말리스의 온 백성이 그 사람을 둘러싸고는	195
	묻고 알아보는 통에, 앞으로 한 발짝도 뗄 수 없으니까요.	
	제각각 알고 싶은 것들이 있으니까, 즐거이 듣기 전까지는	
	그 욕구를 놓아주지 못하는 겁니다.	
	그래서 그 사람은 원치 않으면서도, 원하는 사람들 사이에	
	있게 된 거지요. 하지만 그 사람이 곧 모습을 드러내는 걸 보게 되실 겁니다.	
데이아네이라	오오, 제우스시여! 풀 베지 않은 오이테[15]의 초원을 차지하신 분이여!	200
	시간이야 걸렸지만, 임께선 저희에게 기쁨을 주셨습니다.	

소리를 높여라, 여인들아, 집 안에 있는 여인들이건,
뜰 바깥에 있는 여인들이건, 차마 바랄 수도 없었던
이 빛나는 소식을 이제 우리가 열매로 얻었노라고!

코로스   곧 결혼을 앞둔 이 집은   205
화롯가의 외침과 더불어 환호성을 올릴지어다!
사내들도 함께 외칠지어다,
근사한 화살통을 메고
앞장서시는 아폴론을 위하여. 동시에
파이안[16]을, 파이안을 불러 올려드리자꾸나, 처녀들아.   210
외쳐보자꾸나, 그분과 함께 나신
오르튀기아[17]의 아르테미스의 이름을,
사슴을 쏘아 맞히고 양손에 횃불 드신 그분을,
그리고 그 곁에 계시는 요정들을.   215
나는 솟구쳐 오르고 있으니 아울로스(피리)를
내치지 않으리라. 오오, 내 마음을 다스리시는 임이여!
보라, 이 담쟁이가 지금 나를 혼돈으로 몰아가고 있구나.
에우오이![18]
박코스의 경합을 향해
나를 돌려놓으며.   220
이오, 이오,[19] 파이안이여!

---

15   희랍 중부의 산으로, 이 작품의 배경이 되는 트라키스 인근에 있다. 소포클레스의 『필로크테테스』에서도 자주 언급되는 지명이다.
16   '치유의 노래'를 뜻하며 질병을 치료하는 의신 파이온의 이름에서 비롯된 것으로 보인다. 파이온은 아폴론과 같은 신격으로 간주되는 경우가 많아, 아폴론이 거론되는 문맥에서 파이안도 종종 등장한다.
17   아르테미스가 태어난 델로스섬을 가리킨다.
18   디오뉘소스 제의에서 올리는 환호성.
19   희랍어의 감탄사.

보세요, 경애하는 마님,

당신도 분명 이것을 정면으로

바라보실 수 있으니까요.

데이아네이라   보고 있단다, 소중한 여인들아, 나도 지켜보고 있으니   225

저 행렬이 내 눈을 벗어나지 않았고.

(포로 여인들을 이끌고 등장하는 리카스를 향하여)

일단 나는 오랜만에 모습을 드러낸 전령에게

인사를 건네마, 자네가 무슨 희소식이라도 가져왔는지.

리카스   물론 저희야 무사히 도착했고, 일을 잘 마치고 온 것에

어울리는 환영도 받았습니다, 마님. 제대로 일하고 온   230

남자가 좋은 말을 듣는 것은 꼭 필요한 일이지요.

데이아네이라   오오, 사람들 중에서 가장 소중한 자여, 일단 내가 첫째로

바라는 바를 알려다오, 혹시 내가 살아 계신 헤라클레스를 맞을 수 있는지.

리카스   제가 그분에게서 물러났을 때, 그분은 강력한 모습으로

살아 계셨고, 한창이신 데다가, 병환에 짓눌리지도 않으셨답니다.   235

데이아네이라   어느 땅에 계시더냐? 고국이냐, 아니면 야만인들의 땅이냐? 말해보아라.

리카스   에우보이아에 있는 어떤 곳이고, 거기서 제단들의 구획과,

바칠 수확물을 정하고 계십니다. 케나이온[20]의 제우스를 위해서지요.

데이아네이라   기도드렸던 바를 실행하시느라고? 아니면 무슨 예언에 따른 것인가?

리카스   기도하셨던 바대로입니다. 두 눈으로 보고 계신 이 여인들의 땅을   240

창으로 폐허로 만들어 얻고자 바쳤던 기도지요.

데이아네이라   한데 이 사람들은, 신들께 걸고 묻노니, 대체 누구의, 어떤 여인들인가?

이들의 처지가 날 속이는 게 아니라면, 딱해서 묻는다만.

---

20 에우보이아섬 북서쪽의 곶이며, 제우스에게 바쳐진 성지 중 하나이다. 말리스만을 면하고 있어 배를 타고 서쪽으로 이동하면 테르모퓔라이를 지나 곧바로 트라키스로 올 수 있다.

리카스	이 여인들은 그분께서 에우뤼토스의 도시를 무너뜨리고
	그분의 소유로 삼으려고, 또 신들께 바치려고 선별하여 데려온 자들입니다. 245
데이아네이라	그러면 그분은 그 도시에 날수를 헤아릴 수 없을 정도로,
	내다뵈지도 않을 정도로 오랫동안 가 계셨단 말인가?
리카스	아니요, 그게 아니라 대부분의 세월 동안은 뤼디아 사람들 사이에
	붙들려 계셨습니다. 그분 말씀마따나 자유인이 아니라,
	팔려 간 자로서요. 이 이야기에 심기가 불편해지실 필요는 없습니다, 250
	마님. 말하자면, 제우스께서 행하신 것으로 보이는 일에 대해서는요.
	여하간 그분은 다른 말을 쓰는 옴팔레라는 여인에게 팔려 가
	한 해를 꼬박 채우셨다고 직접 말씀해주시더군요.
	그런 모욕을 받아가며 물어뜯기신 그분은
	스스로 서약을 바쳐가며 굳게 맹세하셨으니, 255
	이 고생을 불러일으킨 자를, 그 자식들과 아내와 함께
	반드시 노예로 만들어버리겠다는 것이었지요.
	이 말씀은 허언이 아니었습니다. 그분이 정화를 얻게 되자,
	용병 군대를 모아 에우뤼토스의 도시로 가신 겁니다.
	그 고통을 책임질 사람은 인간들 중에 260
	오직 그 사람뿐이라고 누차 말씀하셨으니까요.
	그 사람은 그분께서 오랜 손님으로서 그 집의 화로[21]에
	오셨을 때, 말로도, 그 눈먼 마음으로도
	수없이 모욕을 가했던 겁니다.
	그분께서 두 손에 피할 길 없는 무기를 쥐고는 있지만 265
	정작 활쏘기에서는 자기 자식들보다 뒤처진다는 둥,
	그분께서 노예라서 자유인에게 박살이 났다는 둥 말입니다.
	만찬에서는 취하신 그분을 밖으로 내던져버리기까지 했답니다.

---

21 화로/화덕(hestia)은 집 안의 중심에 놓여 있고 가정을 상징한다.

　　　　　이로 인해 그분이 분을 품으셨고,
　　　　　나중에 이피토스가 초지를 따라 떠도는　　　　　　　　　　270
　　　　　말들을 좇아 티륀스의 언덕에 왔을 때,
　　　　　그의 눈은 이쪽에, 정신은 저쪽에 있는 틈을 타서
　　　　　마치 탑처럼 생긴 꼭대기 평지에서 내던진 겁니다.
　　　　　그런데 이 일이 탓이 되어 만물을 다스리시는
　　　　　아버지, 올륌포스의 제우스께서 노하시는 바람에　　　　275
　　　　　그분을 팔려 가게 하신 거지요, 참아주시지 않았던 겁니다.
　　　　　왜냐면, 그분은 인간들 중에서 유독 그 사람만 계략으로
　　　　　죽였으니까요. 만일 그분이 공공연하게 보복하셨더라면
　　　　　제우스께서도 그분이 정당하게 이겼노라고 수긍하셨을 텐데요.
　　　　　도를 넘는 짓은 신들께서도 좋아하실 수 없나 봅니다.　　280
　　　　　아무튼, 그 몹쓸 혀를 놀리며 주제넘게 굴던 그자들은
　　　　　죄다 하데스에서 지내게 되었고,
　　　　　도시는 노예가 되었지요. 마님께서 보고 계시는 이 여인들도
　　　　　행복에서 떨어져 나와 부러울 리 없는 인생이 되어버린 채
　　　　　마님께로 나온 이들입니다. 마님의 부군께서 그렇게 하라 명하셨기에　285
　　　　　저는 충직한 자로서 그분을 위해 이를 완수하고 있습니다.
　　　　　여하간 그분은, 도시의 함락을 두고 조상 대대로 섬겨오던
　　　　　제우스께 거룩한 희생 제사를 바치고 난 다음,
　　　　　몸소 오실 거라고 알고 계십시오. 제가 많은 말씀을 근사하게
　　　　　늘어놓았지만, 이 말이 가장 달게 들리시겠지요.　　　　　290

코로스장　주인마님, 이제야 마님께 낙이 오는군요, 그것도 분명하게!
　　　　　그 낙의 일부는 여기 와 있고, 나머지는 말로 듣고 있고요.

데이아네이라　내 남편의 일이 순조롭게 이루어졌다는 말을 들은 마당에,
　　　　　내가 어찌 속에서 우러나와 진심으로 기뻐하지 않을 수 있겠느냐?
　　　　　이런 일이라면 호응해야 마땅하고말고.　　　　　　　　295

그럼에도, 제대로 바라보는 사람들에게는 일이 잘 풀리는 사람을
보면서도 두려워해야 할 것이 있단다, 그이가 언제라도 쓰러지지
않을까 싶은 거지. 내 여인들아, 이 불운한 여자들을 보고 있자니
내겐 끔찍한 연민이 다가오는구나. 이 낯선 땅에서
집도 없이, 아버지도 없이 떠도는 이 여자들 말이다. 300
지금이야 노예의 삶을 붙들고 있는 이 여자들도
아마 전엔 자유민들에게서 태어났겠지.
오오, 제우스시여, 변전(變轉)의 임이여, 임께서 제 씨앗에게
이런 길을 가게 하는 걸 저는 부디 보지 못하기만을!
제발, 행여 그렇게 하신다 하더라도, 제 생전에는 그러지 마시길! 305
저는 이 여인들을 보며 이토록 두려워하나이다.

(이올레를 지목하며)

오오, 불운한 여인이여, 이 젊은 여인들 중에서도 그대는 누군가?
아직 남자를 모르는가, 아니면 아이를 낳은 적이 있는가? 모습을
보아서는 이 모든 일을 겪어보지 않은, 고귀한 혈통 같구나.
리카스, 이 이방 여인은 대체 어떤 사람의 딸인가? 310
누가 이 여인을 낳았고, 씨 뿌린 아비는 누군가?
털어놓아라. 나는 이들을 바라보면서 이 여인을 가장 딱하게
여기게 되었으니까, 오직 그녀만이 사려할 줄 알기에.

리카스   제가 무슨 수로 알겠습니까, 왜 굳이 저를 지목하십니까?
아마 그쪽 사람들 중 가장 낮은 부류에서 나진 않았겠지요. 315

데이아네이라   통치자들의 자식이 아니려냐? 에우뤼토스에게 후손이 있었던가?

리카스   모르겠습니다. 게다가 저는 많이 알아보지도 않았으니까요.

데이아네이라   동행 중 누군가에게서 이름도 들어보지 못했고?

리카스   천만에요, 저야 그저 입 다물고 제 일을 다했을 뿐이지요.

데이아네이라   *(이올레에게)*
말해보아라, 가련한 여인아, 우리에게 네가 직접. 네가 도대체 320

	누구인지 알지 못하는 게 내겐 고통이니까.
리카스	그녀는 절대로 아무 말도 하지 않을 겁니다,
	전과 마찬가지로요. 길게든, 짧게든,
	그녀는 아예 아무 말도 내보이지 않고
	그저 그 짓눌린 처지를 쉼 없이 근심하며 325
	불행하게 눈물지을 따름입니다, 거센 바람 이는
	조국을 떠난 이후로요. 그녀 자신에게야 사나운
	운명이지만, 그래서 동정심도 얻고 있고요.
데이아네이라	그러면 그녀는 놓아주고, 집으로 들어가라 하여라,
	그게 그녀에게 가장 좋다면. 이미 있는 불행에 더해 330
	내게서 또 무슨 고통을 얻는 일 없도록 말이다.
	지금 있는 것만으로도 족하니까. 자, 이제 모두 집으로
	들어가자꾸나. 자네는 가고자 하는 곳으로 서두르고,
	나는 집 안을 정돈하마.

(리카스는 포로 여인들을 데리고 집 안으로 들어가고, 전령이 데이아네이라에게 다가온다)

전령	일단 이 자리에서 잠시만 머물다 가시죠. 지금 안으로 들이고 계신 335
	저 여인들이 없는 데에서 마님이 아셔야 할 일이 있습니다.
	잘 알고 계셔야 하는 것이지만 아직 듣지 못하신 일이랍니다.
	저는 그 전말을 알고 있고요.
데이아네이라	그게 무엇이길래 자네가 내 발걸음을 멈춰 세우는가?
전령	선 자리에서 들어보시지요. 제가 아까 드린 말씀도 들으셨겠지만 340
	헛것이 아니었고, 이제 드릴 말씀도 그럴 테니까요.
데이아네이라	그러면 내가 저 사람들을 다시 이리로 부를까? 아니면
	나와 이 여인들에게만 말하고 싶은가?
전령	마님과 이 여인들에게는 구애받을 일이 없습니다만, 저 사람들은 가게 놔
	두시지요.
데이아네이라	안 그래도 저 사람들은 갔으니, 그럼 그 이야기를 드러내보게나. 345

373

전령	그 남자 말입니다. 그자가 한 말 중에 정확하게 똑바로 들어맞는 말이 하나도 없습니다. 지금 그자는 몹쓸 전령인 게지요, 아니면 예전부터 당치도 않은 전령이었다든가.
데이아네이라	그게 무슨 말인가? 생각하는 바 전부를 분명하게 내게 말해보게. 자네가 설명하고 있는 걸 난 전혀 모르겠으니까. 350
전령	저 사람이 말하는 걸 제가 들었습니다. 곁에 있던 증인들도 많고요. 그분께서 에우뤼토스와 성탑 높이 솟은 오이칼리아를 함락하신 이유가 바로 이 소녀 때문이라는 겁니다. 신들 중에서는 오로지 에로스²²께서 그분더러 창을 던져 그렇게 하라고 호리셨다는 겁니다. 355 뤼디아 사람들에게서 있었던 일들도, 옴팔레 밑에서 품을 팔며 겪으신 고생도, 이피토스를 떨어뜨려 죽인 것도 이유가 아니었던 거지요. 저 사람은 지금 그 에로스를 제쳐두고 거꾸로 말하고 있습니다. 그게 아니라, 그분은 숨겨둔 결혼 침대로 그녀를 데려가고자 그녀의 아버지에게 딸을 달라고 설득해보았지만 무위로 돌아갔답니다. 360 그러자 그분은 사소한 구실과 탓을 만들어 그 여인의 조국으로 진군한 것이지요. [그자 말로는, 곳에서 에우뤼토스가 왕좌의 주인 노릇을 하고 있었다 하고, 그분은 그녀의 아비인 그 왕을 살해한 것이지요.] 그리고 도시를 함락하셨습니다. 그리고 지금, 보시다시피 그분은 돌아오시면서 그 여인을 365 이 집으로 보내셨는데, 그게 아무 생각 없이 하신 일이 아닙니다, 마님. 노예 삼으라고 보내신 것도 아니고요, 그런 일은 기대하지 마십시오. 그럴 리가 없으니까요, 그분이 갈망으로 달아오르신 이상. 그래서 말씀입니다만, 여주인이시여, 제 소견으로는 제가 저 사람에게서

---

22 사랑의 신. 헤시오도스의 『신들의 계보』 116행 이하에서는 태초에 카오스(큰 틈)가 생겼고, 그다음에 가이아와 에로스가 생겨났다고 전한다.

알게 된 것을 마님께 모두 밝히는 편이 좋을 것만 같았습니다. 370
이건 많은 사람들이 트라키스의 장터
한복판에서 저와 마찬가지로 함께 들은 이야기입니다,
맞서 논박할 수 있을 정도로요. 제가 내키지 않는 말씀을 드린 거라 해도,
물론 저 역시 즐겁지 않습니다만, 그래도 전 똑바로 설명드렸습니다.

데이아네이라 이럴 수가, 박복한 내 신세, 대체 내가 무슨 상황에 놓인 걸까? 375
나는 어떤 은밀한 재앙을 지붕 아래로 받아들인 걸까?
오오, 불운한 내 신세, 그러면 그 여자는 이름 없이
태어났나, 데려온 이가 맹세했던 것처럼?
얼굴이며 자태가 어마어마할 정도로 빛나던데도?

전령 그녀는 에우뤼토스를 아비로 두어 태어났고, 한때는 380
이올레라 불렸답니다. 하지만 저놈은 그녀의 출생에 대해
한마디도 하지 않았지요, 실제로 물어본 적이 없으니까요.

코로스장 멸망할지어다, 사악한 자들 전부는 아닐지라도,
스스로에게도 어울릴 수 없는 몹쓸 짓을 남몰래 꾸미는 자들은!

데이아네이라 어쩌면 좋을까, 여인들아? 지금 있었던 385
이 이야기에 나는 기함할 지경이다.

코로스장 가서 그 사람에게 물어보시지요. 힘으로 그에게 시비를
가리실 작정이면, 아마 그 사람도 명백하게 말할 테니까요.

데이아네이라 아무렴 가야지. 자네 말이 상식에서 벗어난 게 결코 아닌 만큼.

전령 저희가 곁에 머물까요? 아니면, 달리 해야 할 일이라도? 390

(리카스 등장한다)

데이아네이라 기다리게, 그 사람이 내 전갈을 받지 않았음에도
제 발로 집 밖으로 나오고 있어.

리카스 마님, 제가 헤라클레스 님께 가서 뭐라 말씀드려야 할까요?
가르쳐주시지요, 보시다시피 제가 가고 있으니까요.

데이아네이라 어찌 그리 촉박하게 서둘러 가는 건가, 올 때는 굼뜨더니. 395

	우리가 다시 이야기를 나누지도 못했는데.	
리카스	아닙니다, 마님께서 묻고 싶은 게 있으시다면 제가 여기 있겠습니다.	
데이아네이라	그렇다면 과연 믿을 만한 진실을 말해주겠느냐?	
리카스	위대하신 제우스께서 알아주소서! 제가 잘 알고 있는 것이라면 그리하겠습니다.	
데이아네이라	자네가 데리고 온 그 여자, 대체 누군가?	400
리카스	에우보이아 사람인데, 뉘게서 태어났는지는 드릴 말씀이 없습니다.
전령	이 사람아, 여길 보게나. 자네가 누구 면전에서 말한다고 생각하나?
리카스	당신 도대체 무슨 생각으로 내게 그런 걸 묻는 거요?
전령	제정신이라면 내가 묻는 말에 당당하게 답해보게.
리카스	다스리시는 분 데이아네이라의 면전이오,	405
	오이네우스의 따님이요 헤라클레스의 부인이신.
	내가 헛것을 보고 있는 게 아니라면, 이분은 내 여주인이시오.
전령	자네에게서 바로 그 말을 듣고 싶었네. 이분이
	자네의 여주인이라고 운운했겠다?
리카스	정당하잖소!
전령	그럼 이건 어떤가? 자네가 이분께 정당치 못했다는 것이	410
	발각된다면, 과연 어떤 벌을 받아 마땅하다고 여기는가?
리카스	어째서 정당치 못하단 말이오? 당신 무슨 교묘한 흉계라도 부리는 거요?
전령	전혀. 실은 자네가 어마어마한 짓을 벌이고 있는 게지.
리카스	나는 떠나가겠소. 당신 말을 한참 듣고 있던 내가 바보지.
전령	못 간다, 묻는 말에 짧게라도 대답하기 전에는.	415
리카스	말해보구려, 그게 원이라면. 당신은 입을 다물 줄 모르니까.
전령	창으로 끌고 온 저 포로, 자네가 집으로 들여보낸
	그 여자 말이다. 아마 자네도 익히 알고 있지?
리카스	안다만, 그런 건 왜 캐묻는 거요?
전령	그러니까 자네가 짐짓 모른다는 듯 보고 있는 그 여자를 두고,

|전령| 에우뤼토스의 자식 이올레를 데려가노라고 자네가 말했잖나? 420

|리카스| 어떤 사람들 있는 데서 그랬단 말이오? 당신이 그런 말을
내게서 들었다는 걸 와서 증언해줄 사람이라도 있는 거요?

|전령| 많은 시민들 있는 데서 그랬지. 적어도 그 이야기만큼은
많은 무리가 트라키스의 장터 한복판에서, 자네에게서 들었다네.

|리카스| 그래, 그들이 들었다고는 한다만, 그렇게 생각한다고 말하는 것과 425
정확하게 이야기하는 것은 결코 같은 게 아니오.

|전령| 그렇게 생각을 한다고? 그 여자를 헤라클레스의 아내로 데려가고
있노라고 자네가 맹세까지 걸며 말하지 않았나?

|리카스| 내가 아내라고 말했다고? 신들께 걸고 청하오니, 부디 말씀해주십시오,
경애하는 여주인이시여, 이 수상한 자는 도대체 누구입니까? 430

|전령| 누구냐면, 자네가 있던 자리에서 들은 사람이지, 그 여자에 대한 갈망으로
온 도시가 제압되었다는 말을. 그리고 그 도시를 무너뜨린 건
뤼디아 여인이 아니라, 그 여자에 대한 사랑이 분명하다는 말을.

|리카스| 여주인이시여, 이 사람을 내치십시오. 정신이 멀쩡한 사람이라면
이렇게 병든 어리석은 짓은 하지 않을 테니까요. 435

|데이아네이라| 오이테의 드높은 골짜기에 번개를 내리꽂으시는 제우스의 이름으로
자네에게 말해두지, 나를 말로 속이지 말게나.
자네가 말하고 있는 상대는 몹쓸 여자도 아니고, 사람살이라는 게
늘 같은 대상에서만 즐거움을 누리진 않는다는 걸
전혀 모르는 여자도 아니네. 440
에로스를 거슬러 일어나 마치 권투 선수처럼 맞붙는 자는
그가 누구든 오판하고 있는 거지.
에로스는 자신이 원하는 바대로 신들마저도 다스리고, 나 역시
다스리니까. 하물며 나와 같은 다른 여인들에게는 그러지 않으랴?
그러니 행여라도 내 남편이 이 질병에 사로잡혔다고 해서 445
내가 욕한다면, 그건 내가 제정신이 아닌 게지, 아무렴.

만일 이 여인을 욕한다 해도 마찬가지고. 낯부끄러운 짓에도,
내게 무슨 해가 될 만한 일에도 전혀 연루되지 않았으니까.
그럴 일은 없다. 한데 만일 자네가 그분께 말씀을 듣고
거짓말을 하는 거라면, 자네는 불미스러운 가르침을 받은 셈이야. 450
하지만 자네가 스스로에게 이렇게 하라고 가르친 거라면, 자네야
유능한 사람이라 말하고 싶겠다만, 몹쓸 인간으로 비칠 게다.
그러지 말고 내게 진실을 전부 말해보게. 거짓말쟁이라는 말을
듣는다는 건 자유민에게는 곧 죽음이지, 결코 좋을 리 없는.
자네가 아무리 숨기려 해봐도, 그건 될 일이 아닐세. 455
자네 말을 들은 많은 사람이 내게 이야기해줄 테니까.
행여 자네가 겁을 먹은 거라면, 두려워하는 것도 좋은 게 아니야.
내가 알게 되지 못한다면, 그게 나를 괴롭게 할 테니까.
외려, 알아서 무서울 이유는 또 무언가? 실제로 헤라클레스
그 한 분이 다른 많은 여인들과 결혼하지 않았던가? 460
하지만 그 여인들 중 어느 누구도 내게서 흉한 말이나
모욕을 받아본 적은 없지. 이 여인 역시 마찬가지라네,
설령 그녀가 넘치도록 사랑에 녹아버린다 해도.
나는 그녀를 보자마자 엄청난 동정심을 느꼈으니까.
그녀의 아름다움이 그 삶을 무너뜨렸고, 465
조국 땅마저, 불운한 그녀도 원치 않았겠지만,
무너뜨리고 노예로 만들어놓았으니까. 각설하고, 이런 것들이야
바람에 실려 흘러가게 놔두세. 하지만 자네에게는 내 일러두지,
다른 사람에게야 못되게 굴어도, 내게는 언제나 거짓을 버리라고.

코로스장 좋은 말씀을 해주셨으니, 이분 말씀을 따르시오. 그러면 나중에라도 470
당신은 마님을 탓할 일이 없어지고, 내게서도 호의를 얻을 테니까.

리카스 정 그러시다면, 경애하는 여주인이시여, 저는 마님도 죽게 마련인
인간으로서 사람살이를 이해하시고 모르시는 바 아니라는 걸

알겠습니다. 그러니 마님께 진실을 전부 아뢰고 숨기지 않겠습니다.
저 사람이 말한 바 그대로입니다. 언젠지는 모르겠습니다만   475
그 여인을 향한 무시무시한 욕망이 헤라클레스 그분을 꿰뚫었고,
그 여인 하나로 인해 그녀의 조국 오이칼리아가
창으로 전멸하고, 함락되었던 겁니다.
그리고 제가 그분 입장에서도 말씀드려야 하니 말입니다만,
그분은 이걸 숨기라 하신 적도 없고, 부인하신 적도 없습니다.   480
그게 아니라 바로 제가, 주인마님, 마님의 가슴에 고통을 안길까 봐
겁이 나서 그만 그런 말들로 과오를 저지른 겁니다, 혹 마님께서도
이걸 과오라고 여기신다면 말이지요.
하지만 이젠 분명 모든 이야기를 다 아시니만큼
그분과 마님 모두에게 똑같이 득이 되도록   485
부디 이 여인을 아껴주시고, 마님께서 그 여인을 두고 하셨던
말씀들도 확실하게 하신 것으로 여겨 품어주셨으면 합니다.
다른 모든 것은 두 주먹으로 이겨 최강의 자리에 오르신 그분이지만
이 여인에 대한 사랑에서만큼은 지극히 연약한 이가 되셨으니까요.

데이아네이라 물론 나도 그렇게 하려고 마음먹고 있다네.   490
신들과 부질없이 맞서 싸우며 결코 또 무슨 질병을
불러들여 일으키지 않으려네. 자, 이러지 말고
자네도 전해야 할 말들을 품고 갈 수 있게 집 안으로 들게나.
선물에는 그에 합당한 선물이 마련되어야 하니
그것도 자네가 가져가도록 말일세. 많은 행렬을 거느리고 온   495
자네를 빈손으로 돌려보내는 건 당치 않은 일이니까.

(데이아네이라와 리카스 퇴장한다)

(1정립가)

코로스(좌) 퀴프리스[23]께서 언제나 승리를 거두시는 그 힘은 위대하도다.

나는 신들의 일들도 지나쳐 가고,
그녀가 크로노스의 아드님을 어떻게 속였는지도 말하지 않으련다.[24]   500
한밤중에 계시는 하데스에 대해서도,
대지를 뒤흔드는 포세이돈에 대해서도.
허나, 이 여인을 아내로 얻어 결혼하려고
어떤 사내들이 온몸에 날을 세운 채 길을 나섰던가?
난무하는 타격에 먼지가 뒤덮이는 경합의 자리로   505
과연 어떤 이들이 나아왔던가?

(우) 하나는 강의 기운이었으니, 네 발을 딛고
높다랗게 뿔 솟은 황소의 모습을 한,
오이니아다이에서 온 아켈로오스였고, 다른 하나는   510
박코스의 땅 테바이로부터 왔으니,
탄력 있는 활에 창과 곤봉을 휘두르는,[25]
제우스의 아드님이었다네. 그러자 이들은
한복판으로 나아가 한데 뒤엉켰노라, 결혼 침대를 갈망하며.
그리고 오로지 아름다운 침대의 퀴프리스만이 그 가운데에서   515
심판이 되어 함께하고 계셨다네.

(종가)
그때 주먹에서, 활에서 굉음이 일었고,
황소 뿔의 굉음도 뒤섞였으며,
엎치락뒤치락하며 숨통을 조이는 소리,

---

23 아프로디테의 또 다른 이름.
24 『일리아스』 14권 186-223행에서 헤라는 제우스를 속여 동침하기 위해 아프로디테에게 누구든 유혹할 수 있는 띠를 빌려 온다. 그리고 제우스 속임(Dios apatē)이라고 알려진 사건이 벌어진다.
25 이 중 활과 곤봉은 헤라클레스 특유의 무기로 알려져 있다.

파괴를 일으키며 이마를 때리는 소리, 520
거기에 그 둘의 신음까지 뒤섞였구나.
아름다운 얼굴을 한 우아한 그녀는
멀리까지 볕이 드는 강둑 곁에
앉아 있었다네, 남편 될 이를 기다리며. 525
나야 어머니처럼 이 이야기를 알리고 있지만,
정작 경합의 대상인 신부의 눈은
딱하게 기다리고 있을 뿐.
그리고 곧바로 어머니에게서 떠나가는구나,
마치 외따로 된 송아지처럼. 530

(데이아네이라, 상자를 든 시녀와 함께 등장한다)

데이아네이라 벗들아, 손님이 길 떠나며 집 안에서
모든 포로 소녀들과 인사를 나누는 동안,
나는 몰래 문밖으로 나와 너희에게 왔단다.
이 두 손으로 솜씨 부린 일도 말할 겸,
또 내가 겪는 고통을 너희와 함께 비탄할 겸 해서. 535
그 처녀를, 아니, 이제 더는 아닐 테지, 내가 받아는 들였다만,
마치 뱃사람이 뱃짐을 받아들이듯이,
그건 내 마음을 유린할 짐인 게야.
그러니 이제 우리는 둘이서 한 외투를 덮고
그이의 품에 안기길 기다리겠지. 바로 그런 것을 헤라클레스께서, 540
미덥고 좋으신 분이라고 내 부르는 그분께서,
오랜 세월 집 안을 돌봐온 나에 대한 보답으로 보내셨다니!
그분이야 그 질병을 숱하게 앓아왔지만,
나는 분노를 터뜨리는 법조차 알지 못한단다.
한데, 과연 뉘라서 이 여자와 같이 살아낼 수 545

있겠냔 말이다, 같은 결혼 생활을 함께 나눠가면서!
한쪽의 젊음은 앞으로 뻗어가고 있고, 이쪽은 쇠하고 있는 게
훤히 뵈는데! 그걸 바라보는 눈은 그중 한 꽃은 꺾고 싶어
애태우지만, 다른 하나에게선 발길마저 돌리지.
헤라클레스께서 내 남편이라고 불리기만 할 뿐, 실제로는   550
저 젊은 여자의 남자가 될까, 나는 그게 두렵단 말이다.
하지만, 내 이미 말했듯이, 훌륭한 여인이라면
성질을 부리는 지각 따윈 없으니까, 벗들아, 내가
이걸 해결할 어떤 방책을 갖고 있는지, 너희에게 말해보마.
내겐 언젠가 그 해묵은 들짐승이 준 옛 선물이 있단다.   555
청동 솥단지 안에 숨겨둔 것이지.
내가 아직 어렸을 적에, 가슴에 털이 무성했던 넷소스[26]가
죽어가면서 흘린 피에서 내가 얻었던 것이야.
그자는 물결도 깊은 에우에노스강에서 사람들에게 삯을 받고
그 손으로 건네게 해주곤 했어. 길잡이가 되어주는   560
노의 손잡이도 젓지 않고, 배에 다는 돛도 없이 말이야.
그때 나는 아버지의 분부로 이제 막
헤라클레스의 아내가 되어 따라가고 있었는데, 그런 나를
그자가 두 어깨에 실어 나르다가 강 중간에 이르더니
그 두 손으로 헛짓거리를 벌이며 나를 만지더구나. 그래 나는   565
고함을 질렀고, 제우스의 아드님은 곧장 몸을 돌리더니 두 손으로
깃털 달린 화살을 쏘아 날리셨지. 그게 가슴 속 허파까지 쌩하니
뚫고 나아가더구나. 그러자 그 들짐승이 죽어가면서
이런 말을 하지 뭐냐. "오이네우스 노인의 따님,
내 그대를 날라다 준 게 상당한 득이 될 거요, 내 말대로 한다면.   570

---

26 반인반마(半人半馬)의 모습을 한 켄타우로스 무리 중 하나이다.

당신은 내가 마지막으로 건네 보낸 사람이니까.
만일 당신이 내 상처 둘레에 엉겨 있는 이 피를 두 손으로
가져간다면, 레르네의 휘드라[27]가 길러낸
새카만 담즙에 적신 화살이 담긴 그 부위 말이오,
그것이 당신을 위해 헤라클레스의 마음을 매혹하는 575
역할을 하게 될 거요, 그가 다른 여자를 보고서도 당신보다
더 많이 사랑하게 될 일이 없도록 말이오."
벗들아, 난 이게 생각나더구나. 그자가 죽은 이후로
집 안에 잘 간수되어 있던 그것 말이다.
그래서 그걸 이 통옷에 적셨지, 그자가 아직 숨이 붙어 있었을 때 580
내게 말해준 것들을 전부 이용해서. 그리고 이렇게 완성했단다.
흉악한 대담함은 내가 절대로 아는 일 없기를,
배우지조차 않기를! 게다가 난 대담한 여자들을 증오한다.
그래도 내가 사랑의 미약과 헤라클레스께 거는 이 주술로
어떻게든 저 소녀를 능가할 수 있다면야, 585
그 과업은 이미 설계되어 있다, 내가 헛된 짓을 벌이는 걸로 뵈지만
않는다면. 행여 그리 보인다면, 그만두마.

코로스장 그래도 그 행동에 믿을 만한 구석이 뭐라도 있다면,
저희가 보기에 마님은 흉한 계획을 세우시는 게 아니랍니다.

데이아네이라 그래 보인다는 짐작이 바로 그 근거지, 590
아직 시험이야 해보지 않았다면서도.

코로스장 일단 직접 해보면서 알아볼 필요는 있어요. 그래 보이더라도
시험해보지 않고서야 판단을 내릴 수도 없는 노릇이니까요.

---

27 헤라클레스의 열두 노역 중 두 번째가 머리 아홉이 달린 물뱀 휘드라와의 싸움이다. 이 뱀은 목 하나를 베면 그 자리에서 머리 두 개가 자라나는 괴물이라서, 헤라클레스가 조카 이올라오스의 도움을 받는다. 삼촌이 뱀의 목을 베면 횃불을 든 조카가 잘린 목을 지진 것이다. 헤라클레스는 휘드라를 처치한 후 그 독을 자신의 화살에 발랐고, 이때부터 활은 헤라클레스의 특징을 잘 드러내는 무기가 된다.

데이아네이라	아닌 게 아니라 우리도 곧 알게 될 거다, 저 사람이
	벌써 문가에 있는 게 보이니까. 금세 가겠지. 595
	이건 오직 너희들만 알고 잘 가려두어라. 어둠 속에서라면
	부끄러운 짓을 해도 수치로 굴러떨어지진 않는단다.

(리카스 등장한다)

리카스	제가 무엇을 해야 할까요? 알려주십시오, 오이네우스의 따님,
	저는 이미 오랜 시간을 지체하고 있답니다.
데이아네이라	물론 나도 몸소 자네에게 이걸 마련하고 있었네, 리카스, 600
	자네가 저 안에 있는 이방 여인들과 이야기를 나누던 동안,
	자네가 나를 위해 그분께 내 손에서 보내는 선물로
	이 수려하게 지은 긴 옷을 가져가도록 말일세.
	그분께 이걸 드리고 말씀드리게, 어떤 사람도 그분보다
	먼저 이 옷을 살갗에 두르지 못하게 하시라고 말이야. 605
	그분이 직접 모습을 드러내고 서서
	황소를 잡는 그날, 신들께 보여드리기 전에는
	태양의 광채도, 신성한 울타리도,
	화로의 불빛조차도 그분을 보지 못하게 하란 말일세.
	내가 이렇게 기도했으니까, 만일 그분이 집으로 무사히 오시는 걸 610
	내가 보거나 듣게 된다면, 이에 온전히 맞갖도록
	이 통옷을 준비해드린 다음, 그분이 새로운 옷을 입고
	새 제사를 바치는 모습을 신들께 보여드리겠노라고 말이네.
	그리고 자네는 바로 이 일들의 징표를 들고 갈 거라네. 그리고
	그분은 이 테두리 안에 찍힌 인장을 잘 알아보실 거고. 615
	자, 가게나. 그리고 무엇보다도 그 규칙을 지키게,
	전령이 정도를 넘은 과한 행동을 열망하면 안 된다는 규칙 말이네.
	그런 다음 자네를 위한 그분과 나의 호의가 합쳐져,
	하나의 일을 해서 두 배의 호의가 있게 하게나.

| 리카스 | 아무렴요, 제가 헤르메스의 기술[28]을 확실히 수행하는 이상 620
마님의 일을 하면서 절대로 실패하지 않겠습니다.
이 상자를 있는 그대로 가져가서 보여드리고
그에 걸맞게 당부하신 말씀이 확실하다는 것도 전해드리겠습니다. |
| --- | --- |
| 데이아네이라 | 이제 가보게나. 그리고 집 안의 일들이 어떻게 돌아가고
있는지는 잘 알고 있겠지? 625 |
| 리카스 | 잘 보살펴져왔다는 걸 알다마다요, 또 그렇게 전해드려야지요. |
| 데이아네이라 | 그것도 그렇거니와 그 이방 여인의 처지도, 내가 그녀를
얼마나 다정하게 받아들이며 대접했는지도 자네가 보아 알고 있겠지. |
| 리카스 | 그러셨지요, 제 심장이 기쁨으로 충격을 받을 만큼요. |
| 데이아네이라 | 그만하면 달리 뭘 또 말할 수 있겠나? 그분을 향한 630
나의 갈망을 자네가 너무 일찍 전할까 그게 걱정일세,
나 역시 그분이 갈망하고 계신지, 그분의 마음을 알기도 전에 말이야. |

(데이아네이라와 리카스 퇴장한다)

(2정립가)

| 코로스(좌1) | 오오, 배가 정박하는 곳에, 바위에서 더운 목욕물이 솟는 곳[29]에,
오이테의 언덕 곁에 살고 있는 이들이여,
말리스만(灣) 한가운데에 놓인 바다 곁에, 635
황금 물렛가락을 든 처녀[30]의 곳 곁에,
희랍 사람들의 퓔라티데스 회합[31]으로 이름난 그곳에 사는 이들이여! |
| --- | --- |

---

28 제우스의 전령으로 일하는 헤르메스의 역할을 말하고 있다.
29 테르모퓔라이의 온천을 말한다. 말리스만과 테르모퓔라이의 위치는 각주 20번 참고.
30 아르테미스 여신은 황금 화살을 지닌 것으로 그려지는데, 여기서는 화살을 물렛가락으로 바꾸어 표현한 것으로 보인다.
31 희랍에서는 성소와 제의를 다루는 회의가 델포이와 테르모퓔라이에서 열렸다고 한다. 퓔라티데스 회합의 이름은 '대문(pylai)'에서 나왔고, 테르모퓔라이는 '뜨거운(thermo) + 대문(pylai)'에서 나왔다.

385

(우1)	곱게 소리 내는 아울로스(피리)가 곧 그대들에게	640
	어그러짐 없는 소리를 울리며 다시 오르리니,	
	이는 신들의 음악인 뤼라와 맞먹는 것.	
	알크메네가 낳은 제우스의 아드님이	
	완전한 탁월함으로 얻은 전리품을 들고 집으로 달려오고 계시니까.	645

(좌2)	도시를 멀리 떠나신 그분을 두고, 우리는
	열 달 하고도 두 달이란 세월 동안 내내
	아무것도 모른 채 기다렸노라, 바다에 계신 그분을.
	그리고 그분의 사랑하는 아내는	650
	비참한 심장으로, 참으로 딱하게도
	온통 애곡으로 언제까지고 소진될 뿐.
	그러나 이제 광기에 붙들린 아레스께서
	고생스러운 날을 풀어 헤치셨도다.

(우2)	다가올지어다, 다가올지어다. 부디 멈추지 말기를,	655
	노를 많이 달고 그분을 태우고 오는 배가
	그 섬에 있는 화로를 떠나
	이 도시까지 온전히 오기 전까지는.
	거기서 그분이 제물을 바치고 계신다 하니,
	거기서부터 욕망으로 가득 차오른 모습으로 오시기를!	660
	그 들짐승의 간청으로 두루 발라둔
	페이토[32]의 약이 완전히 섞여 들어서!

(데이아네이라 등장한다)

---

32 설득, 혹은 설득의 여신. 희랍 도기 그림에는 이 여신이 아프로디테, 에로스와 함께 등장하는 장면이 많다.

데이아네이라	여인들아, 내가 지나친 짓을 벌인 게 아닐까 싶어
	얼마나 두려운지 모르겠구나, 방금 내가 저지른 모든 짓들이!
코로스장	무슨 일인가요, 데이아네이라, 오이네우스의 따님이여? 665
데이아네이라	나도 모르겠다만, 내가 좋은 기대를 품고 몹시도 흉악한 짓을 벌인
	사람으로 행여나 드러나게 될까 낙담이 되는구나.
코로스장	헤라클레스께 드린 당신의 선물과 연관된 건 아니겠지요?
데이아네이라	다름 아닌 바로 그거다. 난 누군가에게 확실치 않은 일에
	열성을 다하지 말라고 조언을 주는 격이 되겠지. 670
코로스장	알려주세요, 알려주셔도 되는 거라면요, 무엇 때문에 두려우신지.
데이아네이라	이만한 일이 일어났다고 내가 말한다면,
	여인들아, 이건 너희가 예상치도 못했던 놀라운 일이겠지.
	내가 방금 그 옷에 바르느라 썼던
	뽀얀 양털 뭉치가 있었는데, 675
	그게 사라져버렸다, 집어삼켜졌단 말이다. 집 안에 있던
	그 누구의 소행도 아니고, 저 스스로에게 먹혀 소멸해버리더구나.
	돌 위에서 자취를 감추었지. 이게 어떻게 벌어진 일인지
	네가 모두 알 수 있도록 내 더 풀어서 이야기하마.
	나는 말이다, 들짐승 켄타우로스가 그 쓰라린 화살촉으로 680
	옆구리에 고통을 겪어가며 내게 미리 알려준 규칙들 중
	어떤 것도 허투루 보지 않고 간직하고 있었단다,
	마치 청동 서판에 적혀 닦아내기 힘든 글자처럼.
	[나는 그렇게 지시를 받았고, 그대로 실행에 옮겼지.]
	그 약에서 불을 멀리해야 하고, 뜨거운 햇살에 닿지 않도록 685
	항상 안쪽 깊숙한 곳에 보존해야 한다고 하더구나,
	내가 어딘가에 알맞게 바로 펴 바르기 전까진 말이야.
	난 그렇게 했단다. 마침 실행에 옮겨야 할 때가 되었고
	난 집 안 구석에서 아무도 모르게 그걸 문질렀지,

집에서 기르는 가축의 부드러운 털을 뜯어서. 690
그리고 그 선물을 잘 접어놓은 다음 햇빛이 들지 않도록
속이 빈 상자 안에 넣어두었단다, 너희도 보았다시피.
그런데 내가 안으로 들어가다가 차마 말로 다 할 수 없는
징조를 본 거다. 그건 인간으로서는 도저히 이해할 수 없는 일이었어.
어쩌다 보니 그 털 뭉치를 햇살이 비치는 곳에 695
[내가 약을 바르느라 썼던 그걸 불길 한가운데에]
던져놓았는데, 그게 그만 달아오르더니
잘 뵈지도 않게 아예 흘러내리고 땅바닥에서 사라지지 뭐냐.
그 모습이 꼭 나무를 자를 때 나오는
톱밥을 보는 것 같더구나. 700
그건 그런 모습으로 떨어진 채 놓여 있었는데, 글쎄 땅에서,
그게 놓인 자리에서부터 엉겨 붙은 거품이 끓어올랐단다.
마치 오포라[33] 때 푸른빛이 도는 박코스의 포도에서
풍성한 과즙이 땅 위에 쏟아져 내리는 것처럼.
그래서 말이다, 이 비참한 나는 대체 어떤 판단 속에 705
빠져 들어가야 할지를 모르겠구나. 난 내가 끔찍한 짓을 저질렀다는 걸 알아.
도대체 왜, 어쩌자고 그 들짐승이 죽어가면서
내게 호의를 베풀었겠느냐, 그것도 나 때문에 죽어가면서!
그럴 리가 없지, 그게 아니라 자기를 쏘아 맞힌 그분을 죽이고 싶어서
나를 호린 게지. 그 깨달음을 나는 너무 늦게, 710
이제 더는 소용없게 된 시점에 얻게 된 거다.
내 판단이 잘못된 게 아닌 이상, 나 혼자서,
이 불운한 내가 그분을 완전히 무너뜨리는구나!
난 알고 있다, 그분이 날린 화살이 신인 케이론[34]마저도

---

33 7월 말에서 9월 초 사이를 말하며, 동지중해 지역의 수확기이다.

트라키스의 여인들

	무너뜨렸다는 걸. 어떤 맹수라 한들 그건	715
	닿기만 해도 죽게 되어 있지. 이 피로 만든	
	새카만 독도 그 짐승의 상처로부터 나온 것이니	
	어떻게 그분을 파멸시키지 않을 수 있겠느냐? 내가 보기엔 그렇다.	
	그래서 말이다만, 만일 그분께서 쓰러지신다면,	
	나 역시 같은 타격을 입고 함께 죽기로 했다.	720
	모진 소리 들어가며 사는 건 도저히 견딜 수 없지,	
	천출(賤出)이 아님을 명예로 삼는 여자에게는.	
코로스장	끔찍한 일을 두려워하는 것이야 어쩔 도리 없지만	
	결과도 나오기 전에 속단해서는 안 되지요.	
데이아네이라	불미스러운 계획에는 용기를 줄 만한	725
	희망이라는 게 있을 수 없어.	
코로스장	하지만 부러 저지르지 않은 잘못을 두고서는	
	분노도 부드러운 법입니다. 마님의 상황도 그렇게 되어야 마땅하고요.	
데이아네이라	불행을 함께 짊어지지 않고 자기 집에 무거운 짐 될 게	
	없는 사람이라면 아마 그리 말할 수도 있겠지.	730

(휠로스 등장한다)

코로스장	행여 마님 아드님께 무얼 말씀하시려는 게 아니라면	
	더 많은 말씀은 삼가시는 것이 좋을 것 같습니다.	
	전에 아버님을 찾으러 떠났던 분이 여기 와 있으니까요.	
휠로스	어머니, 어머니를 두고 제가 셋 중 하나를 택할 수만 있다면	
	얼마나 좋으려나요. 더 이상 살아 계시지 않거나, 무사하더라도	735
	다른 사람의 어머니라 불리거나, 아니면 지금 품고 계신 것보다	

---

34 반인반마의 켄타우로스이며, 오케아노스의 딸 필리라와 크로노스 사이에서 태어났다. 지혜로운 존재로서 전쟁, 음악, 사냥 등을 가르쳤고 뛰어난 의사이기도 했다. 나중에 실수로 헤라클레스의 화살에 맞아 치명상을 입지만 신이기 때문에 죽을 수가 없어 몹시 고통스러워하다가 제우스가 그의 청을 듣고 죽음을 허락했다고 전해진다.

	한결 나은 판단을 어디선가 맞바꿔 오신다거나.
데이아네이라	아니, 얘야, 내가 그런 미움받을 일을 한 게 뭐가 있다고?
휠로스	말씀드리지요, 어머니의 남편을, 제 아버지를
	어머니가 오늘 죽였다는 걸 알아두시라고요. 740
데이아네이라	이럴 수가, 네가 무슨 소식을 듣고 온 거니, 얘야?
휠로스	이루어지지 않을 도리가 없는 것이지요. 대체 뉘라서
	일어난 일을 없던 일로 만들 수 있을까요?
데이아네이라	그게 무슨 소리냐, 얘야? 대체 어떤 사람들에게 들었길래
	내가 그토록 부러울 리 없는 짓을 저질렀다고 말하는 거냐? 745
휠로스	제가 직접 이 두 눈으로 아버지의 무거운 참사를
	보았어요. 누군가의 혀에서 들은 게 아니란 말입니다.
데이아네이라	거기가 어디길래, 네가 그분 가까이에 서 있었다는 거니?
휠로스	어머니가 꼭 아셔야겠다면, 저도 전부 이야기해야만 하겠지요.
	그분이 이름난 에우뤼토스의 도시를 무너뜨린 다음, 750
	엄선된 승리의 전리품들을 가져오시던 때에,
	에우보이아에서 우뚝 솟아 파도에 두루 씻기는
	케나이온곶이라는 장소에서, 조상 대대로 섬겨오던
	제우스를 위해 제단들과 성역 숲의 구획을 나누셨어요.
	그곳에서 저는 그분을 처음 뵈었답니다, 그리움으로 기뻐하면서요. 755
	그분은 풍성한 희생 제물을 잡아 바치려던 참이었고,
	그때 집에서부터 소식을 전하러 온 시종 리카스가 도착했지요,
	어머니의 선물을 가지고서요, 그 죽음의 옷을.
	어머니가 미리 분부해놓은 대로 그분은 그 옷을 입은 다음,
	흠결 없는 전리품인 열두 마리의 황소들을 데려와 760
	잡으며 제사를 시작했고, 일백 마리의 가축을 모조리
	한꺼번에, 섞인 채로 끌고 오시더군요.
	그리고 일단 그 불운한 분은 넉넉한 마음가짐으로

장식이 놓인 그 옷에 기뻐하시면서 정성껏 기도하기 시작하셨죠.
그 거룩한 제사의 불길이 피에 물든
기름진 나무들로 타오르기 시작하자
아버지의 살갗에도 땀이 맺히기 시작했고, 그 통옷은
옆구리를 감싸며, 마치 장인이 그렇게 지어놓은 것처럼
모든 관절을 따라 들러붙더군요. 뼈를 긁어내는 발작이
들이닥치더니, 그다음엔 적대적인 독사의,
죽음에 이르는 독이 아예 잔치를 벌이기 시작했지요.
그러자 그분은 불운한 리카스를 향해, 어머니의 그 몹쓸 짓에
아무런 책임도 없는 그 사람을 향해 외치셨습니다,
도대체 무슨 짓을 꾸몄길래 그런 옷을 가져온 거냐면서요.
그 불운한 사람은 아무것도 모른 채, 그저 어머니가 보내신
선물일 뿐, 준비된 것을 고스란히 가져온 거라 말했지요.
그 말을 들은 그분은, 전율을 일으키는
고통의 발작이 그분의 폐를 움켜쥐자,
그 사람의 발을, 관절이 구부러지는 자리를 붙들고선
바다의 파도에 두루 씻기는 바위에 내던지셨습니다.
그러자 머리카락에서 뽀얀 뇌수가 흩뿌려져 나오고
동시에 머리 한가운데가 쪼개지면서 피가 솟았지요.
모든 백성이 울며불며 비명을 질렀는데,
하나는 병들었고, 또 하나는 끝장났으니까요.
하지만 아무도 그분 앞으로 나아갈 엄두를 내지 못했어요.
그분은 땅바닥에 끌려다니다가 높이 솟구쳐 오르기도 했으니까요,
비명을 지르며, 고함을 쳐대며. 그러자 절벽들도, 산으로 솟은
로크리스[35]의 곶들도, 에우보이아의 바닷가도 울렸습니다.

---

35 말리스만 남부 해안 지역.

몇 번이나 고통에 자기 몸을 땅바닥에 던져도 보다가,
몇 번이나 외쳐대며 울부짖어보다가, 결국 그분도 단념하시고는   790
짝을 잘못 찾은, 비참한 어머니의 것인 그 결혼 침대를 두고
성토하시다가, 또 오이네우스와 결혼으로 엮이게 된 것이
어떻게 그분의 인생을 망쳐놓았는지를 두고 성토하시다가,
그곳에 내려앉은 짙은 연기에서 벗어 나와,
이미 뒤집혀버린 눈을 들어 많은 군사들 속에서   795
눈물 흘리고 있던 저를 보시더니, 저를 바라보며
부르시더군요. "얘야, 이리로 와다오, 내 불행에서 도망치지 말거라.
설령 죽어가는 나와 함께 네가 죽음을 맞아야 한다 하더라도.
그러지 말고 나를 들어 올려 내어가거라. 이게 최선이다. 그래서
인간들 중 아무도 보지 못하는 곳에 나를 내려놓아다오.   800
혹시 네가 연민 때문에 삼가는 거라면, 적어도 이 땅으로부터는
최대한 빨리 나를 옮겨내어 여기서 죽진 않게 해다오."
그분은 그렇게 명령하셨고, 우리는 그분을 배 한가운데에
뉘어 이 땅으로 어렵사리 상륙했습니다, 경련으로 울부짖는
그분을요. 아닌 게 아니라 이제 곧 어머니도 그분을 보게 될 겁니다.   805
아직 숨은 붙어 있을 수도 있고, 방금 목숨을 잃었을 수도 있고요.
어머니, 어머니는 내 아버지를 노리고 이런 짓들을 꾸며 저지르다가
붙들린 겁니다. 그런 짓들을 보복하시는 디케[36]께서, 그리고 에리뉘스[37]께서
어머니에게 앙갚음하시기를! 그게 법도라면, 전 그렇게 기도합니다.
그래야 마땅합니다, 어머니가 제게 그런 권리를 던져주었으니까요.   810
이 땅 위의 모든 사람 중에 가장 탁월하신 분을 어머니가
죽였단 말입니다. 그만한 다른 사람을 어머니는 결코 다시 보지 못할 겁니다.

---

36 정의, 혹은 정의의 여신.
37 복수의 여신으로 대개 여럿이 함께 있는 것으로 되어 있다. 근본적인 질서와 위계가 흔들릴 때 개입하여 보복하는 신으로 알려져 있다.

(데이아네이라 퇴장한다)

코로스장 (퇴장하는 데이아네이라에게)
왜 말없이 물러가시나요? 비난하는 사람 앞에서
침묵하는 건 곧 동조라는 걸 모르시는 겁니까?

휠로스 물러가게 놔두시오. 가고 있는 저 여자에게 815
순풍이라도 불어 내 두 눈으로부터 멀어지도록!
나를 낳아준 여인답게 행동한 게 전혀 없는데,
어머니라는 이름으로 위신을 지킬 무슨 이유라도 있단 말인가?
그러니 희희낙락 가라고 하시오. 저 여자가 내 아버지께
선사한 그 즐거움을, 본인도 얻어야 하는데! 820

(3정립가)

코로스(좌1) 보아라, 소녀들아, 오래전에 예언된
예지의 신탁 말씀이 우리에게
얼마나 성큼 다가왔는지를!
그 말씀 외치시기를, 달이 차고 기울어, 밭을 갈아 일구는
열두 번째 해가 지나고 나면, 제우스의 친아드님께 내린 825
일련의 노역들도 끝날 것이라 하셨다.
그리고 이 일들이 똑바로, 견고하게
순풍 받아 항구로 들어오나니,
죽어서 앞 못 보는 분이
무슨 수로 또 고생스러운 노역에
품을 팔 수 있겠느냐? 830

(우1) 만일 간계를 부리는 필연이 그 켄타우로스의
피 구름으로 그분의 옆구리를 문지른 거라면,
죽음이 낳고, 미끄러져 가는 뱀이 길러낸 독이

들러붙은 거라면,

이제 무슨 수로 그분이 또 한 번 태양을 바라볼 수 있겠느냐? 835

끔찍하기 그지없는

휘드라의 환영(幻影)이

들러붙었으니, 새카만 머리칼을 기른

넷소스의 간계가 담긴

그 살인적인 자극이, 끓어오르며

한데 뒤섞여 그분을 들쑤시는구나. 840

(좌2) 비참한 그녀는 이 모든 걸 일말의 주저함도 없이 행했노라,

새 결혼이라는 커다란 상처가

집으로 덮쳐 오는 걸 내다보고선,

한편으론 직접 얻어내기도 한,

또 한편으론 다른 말을 하는 자의 판단에서 나온,

그 파괴적인 조우에서 비롯된 (그 독을). 845

아마도 그녀는 무너져 내리도록 탄식할 테지.

아마도 그녀는 창백하게 방울져 내리는

굵은 눈물 적시고 있겠지.

그러니 다가온 운명이 드러내는 것은

속임수로 빚은 거대한 재난이로다. 850

(우2) 눈물의 물줄기가 터지고

질병이 쏟아져 내리니, 오오, 이럴 수가,

적에게서는 받아본 적 없는,

그렇게나 심한, 동정받아 마땅한 고통이

명성도 드높은 이분의 몸에 다가왔도다! 855

오오, 전열의 선두에 선 새카만 창날이여,

그때 드높은 오이칼리아로부터
창끝으로 재빨리
이 신부를 데려온 분이여!
그러나 바지런히 이 일을 이루신 분은 860
말없이 빛나는 퀴프리스로 드러났으니.

유모 (안에서 목소리만 들린다)
〈아아, 이럴 수가!〉
코로스 내가 잘못 들은 걸까? 아니면, 방금 집 안에서
딱한 일이 터진 소리를 들은 걸까?
뭐라고 해야 하나? 865
아니, 누군가가 저 안에서 불길한 곡소리를
내고 있는 게 분명해. 이 집에 무슨 일이 또 생긴 거야.
보게들, 저 할멈을. 눈을 내리깔고
이마를 찌푸리며 우리에게로 오고 있잖은가,
뭔가를 알려주려는 모양이다. 870

(유모 등장한다)

유모 오오, 소녀들이여, 헤라클레스께 보낸 그 선물이
우리에게 이렇게나 큰 재앙의 시초가 되다니!
코로스 할멈, 무슨 새로운 일이 있길래 그런 말을 하나요?
유모 데이아네이라께서 모든 길 중에서도 마지막에 놓인 길을
가셨다오, 움직임을 멈춘 발길로. 875
코로스 그녀가 돌아가셨다는 말은 아니겠지요?
유모 그대는 모든 걸 다 들었다오.
코로스 그 가련한 여인이 목숨을 잃었다고요?
유모 그대는 재차 듣고 있다오.

코로스	그 가련한 분이 죽음을 맞으시다니! 대체 이렇게 돌아가셨는지 말해보세요.
유모	더없이 무자비하게 행하셨다오.
코로스	그분이 어떤 운명과 함께 달려가셨는지 말해보세요, 여인이여. 880
유모	스스로를 끝내셨다오, 〈양날의 검으로.〉
코로스	그 무슨 격정이, 그 무슨 질병이 그녀를
	흉측한 무기의 날로 붙들었나요? 어떻게
	그분의 죽음에, 탄식을 부르는 885
	무쇠의 베어냄으로 죽음을 더하기를
	작정했던 건가요? 마님이 도를 넘은 짓을
	저지르는 걸 직접 보긴 한 건가요, 괜한 말을 떠들고 있는 거죠?
유모	내가 보았다오, 그것도 바로 옆에 서서.
코로스	누가 그런 짓을? 어서 말해주세요. 890
유모	마님 스스로, 자기 손으로 한 일이라오.
코로스	그게 무슨 말이냐고요?
유모	분명한 사실인 것을.
코로스	낳았구나, 엄청난 에리뉘스를
	낳았어, 저 새색시가
	이 집을 위해서! 895
유모	정말이지 그것도 너무했다 싶을 정도로! 만일 마님이 저지른 일을
	그대가 가까이에서 보았더라면, 정말로 딱하게 여겼을 거요.
코로스	그것도 그렇고, 과연 어떤 여인의 손이 그런 일을 감행할 수 있을까요?
유모	끔찍할 지경이었다오. 그래도 들어보오, 내 말을 증언해줄 수 있도록.
	마님은 혼자서 집 안으로 들어가신 다음, 900
	아드님이 아버지를 맞으러 되돌아가려고
	우묵한 들것을 뜰에 펼치는 걸 보셨다오.
	그러자 아무도 보지 못하게끔 스스로를 뒤덮고서
	제단에서 쓰러져 그 제단이 폐허가 될 거라며

울부짖으셨다오. 그러더니 가여운 그분은　　　　　　　　　　　905
전에 쓰시던 물건마다 어루만지며 눈물을 흘리셨소.
그러더니 집 안 이곳저곳을 계속 돌아다니시다가
당신의 하인을 보기라도 하면
불운한 그분은 그를 바라보면서 눈물을 흘리셨다오,
자신의 운명을 두고 외쳐가면서.　　　　　　　　　　　　　910
[또 앞으로는 자식을 잃게 될 재산들을 두고서도.]
그런데 그걸 또 돌연 멈추시더니 헤라클레스의 침실로
뛰쳐 들어가시는 걸 내가 보았다오.
그래 나는 몰래 숨은 채로 눈 뜨고 지켜보다가
마님이 헤라클레스의 침대 위에　　　　　　　　　　　　915
큰 천을 펼쳐 던지는 걸 보았소.
그렇게 하고 나서, 마님은 잠자리 한가운데로
뛰어올라 앉으신 다음,
뜨겁게 쏟아져 내리는 눈물을 터뜨리며
말씀하셨다오. "오오, 침대며 나의 신방아,　　　　　　　920
남겨진 날들 부디 잘 지내거라. 너희가 다시는 나를
이 결혼 침대에 눕는 이로 받아들일 일 없을 테니까."
이렇게 말씀하시더니 격렬하게 손을 뻗어
자신의 옷을 풀어 헤치고는
가슴에 황금으로 두들겨 만든 바늘이 놓인 곳을,　　　925
또 왼쪽 옆구리 모두와 팔꿈치를 드러내셨다오.
나는 있는 힘껏 내달려서
아드님께 말씀드렸소, 마님께서 그런 일을 꾸미고 계시다고.
그런데 내가 그리로 가고, 또 우리가 이리로 오는 사이에
마님은 양쪽 날을 세운 칼로　　　　　　　　　　　　　930
간과 횡격막 아래 옆구리를 찔렀고, 우린 그걸 보게 된 거요.

아드님은 그걸 보자마자 오열하셨소. 딱한 그분은
자신의 분노로 이 일이 벌어지게 되었다는 걸 깨달은 거라오.
마님이 그럴 의도가 없었음에도 그 들짐승의 충고에 따라
그런 일을 하셨다는 걸 집 안 사람들에게서 뒤늦게 들어 알고서 말이오. 935
가련한 아드님은 그 자리에서 어떤 애곡도
남겨두지 않으셨고, 마님을 두고 눈물을 흘리며
부둥켜안고 입을 맞추었습니다. 자신의 옆구리를
마님의 옆구리에 대고 드러누워 크게, 많이도 탄식하면서요.
마님께 공연히 몹쓸 탓을 던졌노라면서, 940
아버지와 마님 두 분을 동시에 잃었으니
고아가 되어 살아가야 한다고 애곡하면서요.
이런 일들이 저 안에서 벌어졌다오. 그러니 혹시 누가
두 날, 혹은 더 많은 날들을 셈하고 있다면
허튼짓이오. 내일이란 건 있을 수 없으니 말이오, 945
오늘 이날을 제대로 보내기 전에는.

(4정립가)

코로스(좌1) 둘 중 무엇을 두고 먼저 탄식해야 할까,
어떤 고통을 두고 더 슬퍼해야 할까,
불운한 나에겐 가늠하기 어려운 일.

(우1) 하나는 우리가 볼 수 있게 집 안에 있고, 950
다른 하나는 예감하며 기다리고 있지만,
어차피 갖고 있는 것이나 갖게 될 것이나 다를 바 없지.

(좌2) 이 집의 화로를 향해, 바람이라도 좀 세차게
인다면 얼마나 좋으랴, 나를 이곳에서부터 멀리 보내버리도록. 955

　　　　　내가 제우스의 그 강력한 자손을
　　　　　보자마자 두려움에 떨며
　　　　　죽는 일 없도록.
　　　　　사람들 말로는, 그분이 떼어내기 힘겨운 고통을 떠안고
　　　　　입에 담을 수 없는, 경악할 모습으로　　　　　　　　　　960
　　　　　집으로 오고 계시다 하니.

(우-2)　　가까이 계시는구나, 멀리 계시지 않구나,
　　　　　마치 여가수[38]처럼 날 세워 소리 지르며 내 벌써 애곡하고 있는 그분은.
　　　　　이방인들의 낯선 발걸음이 이미 와 있으니까.
　　　　　한데 그분을 어떻게 모셔오는가? 마치 벗에게　　　　　965
　　　　　마음 쓰듯이 무거운 발걸음으로
　　　　　소리도 내지 않고 모셔오는구나.
　　　　　아아, 이분은 한마디도 없이 모셔지고 있구나.
　　　　　어떻게 가늠해야 좋은가, 이분은 돌아가신 것인가,
　　　　　아니면 잠드신 것인가?　　　　　　　　　　　　　　　970

　　　　　(사람들이 잠들어 있는 헤라클레스를 들것에 실어 날라 오고, 한 노인이 앞장선다)

휠로스　　이럴 수가, 저는 아버지로 인해,
　　　　　아버지, 이럴 수가, 저는 아버지로 인해 헛것이 되었습니다.
　　　　　저는 무슨 일을 겪게 될까요, 무슨 작정을 해야 할까요, 이럴 수가!

노인　　　조용히 하세요, 아드님, 날것 그대로의 마음을 품은
　　　　　아버지의 사나운 고통을 건드리지 마세요.　　　　　975
　　　　　저분은 엎드려 있지만 숨은 붙어 있어요. 그저 이를 악물고,
　　　　　입은 닫고 있어야 합니다.

38　밤꾀꼬리(나이팅게일)를 이르는 말.

휠로스	무슨 말씀입니까, 어르신, 서분이 살아 계신다고요?
노인	잠에 사로잡힌 분을 깨우지 말고,
	미친 듯이 떠도는
	저 끔찍한 질병을 움직여 980
	일으켜 세우지도 마세요, 아드님.
휠로스	하지만 헛것이 되어버린 나를 한없는 무게가
	짓누르고 있는데요! 내 마음은 (말하고 싶어) 미칠 지경입니다!

(헤라클레스, 잠에서 깨어난다)

헤라클레스	오오, 제우스시여,
	저는 어느 땅으로 온 겁니까? 어떤 인간들 곁에서
	그칠 줄 모르는 고통을 겪어가며 누워 있는 겁니까? 985
	이럴 수가, 비참한 내 신세!
	또다시 이 더러운 놈이 게걸스레 파먹는구나, 아악!
노인	(휠로스에게)
	침묵으로 숨겨가며, 저분의
	머리와 눈썹으로부터
	잠을 흩뜨려놓지 않는 것이 990
	얼마나 득이 되는 건지 몰랐단 말입니까?
휠로스	그래도 내가 이 불상사를 바라보면서
	어떻게 좋다며 가만히 있을 수 있을까요?
헤라클레스	오오, 케나이온 제단의 토대여,
	대체 어떤 제사에 대한 보답을
	이 가련한 제게 이루신 겁니까, 제우스시여! 995
	무슨, 이 무슨 모멸을 제게 얹으신 건가요?
	그것을 비참한 제가 이 두 눈으로 결코 보지
	않았더라면 얼마나 좋았을까요, 주술조차 통하지 않는
	이 광기의 꽃을 내려다보는 일 없었더라면요!

트라키스의 여인들

	제우스를 제외한다면, 과연 어떤 가수가,	1000
	어떤 솜씨 좋은 의사가 있을까,	
	이 재앙의 저주를 풀어줄 이가!	
	있다면 멀리서부터 경이롭게 바라볼 텐데!	

(좌1) 아악,
놔두어라, 제발 이 불운한 내가
잠들도록 놔두어라,   1005
이 비참한 나를 놔두란 말이다!
어디에, 내 몸 어디에 손을 대는 게냐? 어디로 굽는 게냐?
네가 나를 죽이는구나, 죽이고 있어!
잠들어 있는 곳까지 들쑤시다니!
내게 들러붙어서는, 아아악, 또다시 기어다니는구나. 어디서 온 녀석이길래, 1010
             (곁에 있는 사람들에게)
오오, 희랍 전체에서 가장 악독한 놈들아, 내 너희 좋자고
바다에서, 숲에서 온갖 것들을 많이도 정화해주었건만,
비참한 나는 무너져 내리고 있고, 이제 앓기까지 하는 나를 위해
불도, 도움이 될 창도 향하게 할 이가 아무도 없단 말이냐?
아악,
내 이 가증스러운 삶을 떠나도록 이 머리를 베어주고 싶은 자   1015
아무도 없단 말이냐? 빌어먹을!

노인 오오, 이분의 아드님, 이제 일은 제 힘을 넘어서는 지경에
이르렀으니, 그대가 맡아주세요. 그대에겐 저분을 구할 수 있는 힘이
저보다 더 많이 마련되어 있으니까요.

휠로스 내가 손은 대보겠습니다만,   1020
저분이 삶의 고통을 잊게 할 수 있는 방법은 제 안에도, 바깥에도
없어요. 그런 건 제우스께서 나눠주시는 겁니다.

헤라클레스(우1) 오오, 아들아, 넌 대체 어디 있느냐?
여기서 나를, 여기서 나를
붙잡아 들어 올려다오. 아아, 아악, 신이시여! 1025
또다시 덤벼드는구나,
이 빌어먹을 것이
나를 끝까지 파멸시키려고 덤벼드는구나,
다가설 수도 없는, 이 거친 질병이! 1030
오오, 팔라스,[39] 팔라스시여, 이것이 또다시 제게 잔혹한 짓을 벌입니다!
오오, 아들아, 너를 낳은 나를 가엾게 여기고 나무랄 데 없는 이 칼을 뽑거라.
이 빗장뼈 밑을 찍어라. 이 고통을 다스려다오, 신을 모시지 않는 1035
네 어미가 나를 노엽게 만든 그 고통을 말이다! 그 여자가 나를
무너뜨렸던 것 그대로 똑같이, 똑같이 고꾸라지는 것을 나도 볼 수만 있
다면! 1040
오오, 달콤한 하데스여, 오오, 한 피가 흐르는 제우스시여, 잠재워주소서,
부디 저를 잠재워주소서, 재빠른 날개 단 운명으로 이 하릴없는 자를 없애
주소서.

코로스장 왕께서 당하신 재난을 직접 듣자니 몸서리가 다 이는군요.
저분이 어떤 분인데, 고작 이런 일에 내몰리시다니! 1045

헤라클레스 오오, 과연 뜨거운 고통이라면 나도 숱하게 당해왔지,
말로만이 아니라, 이 두 손과 이 등으로.
하지만 제우스의 부인도, 밉살맞은 에우뤼스테우스[40]도
결코 이만큼까지는 내게 지운 적이 없어.
간계의 낯짝을 쓴 오이네우스의 딸이 내 두 어깨에 1050

---

39 아테네 여신의 또 다른 이름.
40 헤라가 보낸 광기에 의해 친자식들을 죽인 헤라클레스는 에우뤼스테우스를 섬기라는 신탁을 받는다. 이후 헤라클레스는 에우뤼스테우스의 지시에 따라 열두 가지 노역을 완수하게 된다.

붙여놓은 바로 이것, 에리뉘스들이 자아낸
이 그물 같은 것 때문에 내가 남김없이 파괴되는구나!
이게 양 옆구리에 들러붙어 가장 깊숙이 박힌 살점까지
집어삼키더니, 이젠 허파로 숨이 드나드는 길에 터를 잡고
게걸스레 퍼마셔대는구나. 내 새싹 같은 피는 이놈이 진작 1055
죄다 마셔버렸고, 내 몸은 죄다 무너져 내렸어,
말로 표현 못 할 이 족쇄에 제압된 채로.
벌판의 창날도, 땅에서 솟아난
거인들의 군대[41]도, 야수의 힘도,
희랍도, 혀가 없는 곳[42]도, 내가 정화(淨化)를 얻기 위해 갔던 1060
그 어느 땅도 내게 이런 짓까지 저지르진 않았단 말이다.
그런데 한 계집이, 사내 아닌 여자로 태어난 자가,
혼자서 칼 한 자루 없이 나를 넘어뜨렸구나.

(휠로스를 향하여)

얘야, 나에게서 태어난 참된 아들이 되어다오.
그리고 어머니라는 이름을 더는 존중하지 말거라. 1065
너를 낳아준 그 여자를, 네 두 손으로 네가 직접 집에서
붙들어 와서 내 손에 건네다오, 그 여자가 받아 마땅한 벌을 받으며
모진 일을 당하는 걸 보면서, 네가 그것보다 내 처지를 보며
더 괴로워하는지 내가 똑똑히 알 수 있도록 말이다.
가거라, 얘야, 한번 해보는 거다. 나를 가엾게 여겨다오, 1070
많은 이들에게 연민을 산 나를, 마치 처녀처럼
울며불며 소리 지르는 나를. 하지만 단 한 사람도
말할 수 없을 테지, 이 몸이 이전에도 이러는 걸 보았다고는.

---

41 제우스가 거인들(gigantes)과 전쟁을 벌일 때, 헤라클레스는 제우스의 편에 서서 크게 활약한다.
42 희랍어를 사용하지 않는 이방 지역을 말한다.

매번 불행들을 따라나설 때마다 나는 신음조차 내지 않았으니까.
하지만 이런 일로 인해 한낱 여자로 드러나고 말다니, 비참한 내가.   1075
자, 이제 이 아비 곁으로 다가와 서서
들여다보아라, 내 어떠한 변을 당해 이런 꼴을
겪었는지를. 가려둔 걸 벗고 이걸 보여줄 테니까.
보아라, 너희들도 모두 이 비참한 몸을 보아다오.
보아라, 이 불운한 이를, 나 얼마나 동정받아 마땅한 자인가.   1080
아아, 아아, 참담한 내 신세!
파괴적인 경련이 방금 또 나를 지져놓는구나.
옆구리로 달려들어 마구 집어삼키는 이 빌어먹을 질병은
나를 몸부림치지 않게 놓아두진 않을 모양이다.
하데스 왕이시여, 부디 저를 받아주소서,   1085
오오, 제우스께서 내리는 번개의 광채여, 저를 내리치소서,
그 벼락의 창을 앞뒤로 흔들어 내던지소서, 왕이시여,
아버지, 내리꽂으소서! 그 녀석이 되돌아와 잔치를 벌이는구나,
창궐하는구나, 들쑤셔놓는구나! 아아, 내 손, 내 손,
등에다 가슴까지! 아아, 내 팔들아,   1090
너희는 예전에 네메아에서 살던, 목자들의 사신(死神)이었던
그 사자를, 감히 다가설 수도, 말을 붙일 수도 없던
그 존재를 힘으로 끝장냈던 바로 그 팔들이 아니었더냐?[43]
또 레르네의 휘드라를,[44] 그리고 두 모습으로
남들과 어울리지도 않고 말의 다리로 걷는   1095
들짐승들의 군대를, 분수도 모른 채 법도 없이 괴력을

---

43 헤라클레스의 열두 노역 중 첫 번째로서, 이 사자의 가죽은 보통의 무기로 뚫리지 않아 헤라클레스는 사자를 들어 올린 후 몸통을 조여 죽였다고 한다. 이후 사자의 발톱으로 가죽을 벗긴 후 걸치고 다니게 된다.

44 각주 27번 참고.

휘두르는 자들을, 그리고 에뤼만토스의 짐승을,[45] 또 땅 밑
하데스의 머리 셋 달린 강아지, 대항할 길 없는 경이로운 녀석,
무시무시한 에키드나가 낳은 존재를,[46] 그리고 이 세상 끝 간 데에서
황금 사과들을 지키던 용을 끝장냈던[47] 그 팔들이 아니었더냐? 1100
이것 말고도 나는 헤아릴 수 없이 많은 고생거리들을 맛보았지만,
그 누구도 내 주먹을 꺾고 승리의 표지를 세우진 못했지.
그러나 지금은 이렇게 관절 하나 구부리지 못하고 갈가리 찢긴 채로
맹목의 재앙에 비참하게 끝장나고 말았다,
가장 탁월하신 어머니께 태어났노라 이름 붙인 자, 1105
별들 사이에 계신 제우스의 자손이라 불리는 자이건만.
그래도 너희가 이것만큼은 제대로 알아두어라, 내가 아무것도 아니고
기어갈 수조차 없다 해도, 그럼에도 불구하고
이 짓을 저지른 그 여자는 내가 제압하겠다, 그저 이리로 오게만 하라.
내가 살아서건 죽어서건 악한 자들에게 값을 치르게 한다는 걸 1110
그 여자가 깨쳐 모두에게 전해줄 수 있도록 말이다.

코로스장   오오, 비참한 희랍이여, 그 땅이 이분을 잃는다면,
얼마나 큰 설움을 내가 보게 될 것인가!

휠로스   침묵하시면서 제가 대답할 기회를 주셨으니, 아버지,

---

[45] 헤라클레스의 열두 노역 중 네 번째로서 에뤼만토스의 멧돼지를 사냥한 일을 말한다. 바로 앞의 '두 모습으로 […] 괴력을 휘두르는 자들'은 켄타우로스들을 말한다. 사냥에 나선 길에 헤라클레스는 폴로스라는 켄타우로스의 접대를 받게 되고, 술을 마시다 다른 켄타우로스들이 몰려와 큰 싸움이 벌어지는데, 헤라클레스는 화살로 여러 켄타우로스를 죽이며, 케이론도 이때 헤라클레스의 실수로 치명상을 입게 된다. 각주 34번 참고.

[46] 헤라클레스의 열두 노역 중 마지막 대상인 저승의 개 케르베로스를 말한다. 에키드나는 포르퀴스와 케토의 자식으로 튀폰에게서 많은 괴물을 낳았다. 케르베로스뿐만 아니라, 레르네의 휘드라, 키마이라, 네메아의 사자, 황금 사과를 지키는 라돈 등을 낳았다고 전해진다.

[47] 헤라클레스의 열두 노역 중 열한 번째가 세상 끝, 오케아노스 근처의 정원에서 황금 사과를 가져오는 것이다. 헤르페리데스라는 존재들이 사과나무를 지키고 있다는 전승도 있고, 이들에다 머리가 많이 달린 라돈이라는 용(혹은 뱀)이 더해지는 경우도 있다. 여기서는 후자의 전승을 따른 것으로 보인다.

|헤라클레스| 편찮으시겠지만 제 말씀도 들어보세요. 1115
아버지께서 얻어야 마땅한 걸 제가 청하는 거니까요.
그저 제게 맡겨주세요. 기백 속에서 물어뜯기는 대로 그렇게
아무렇게나 화내지 마시고요. 안 그러면 어떤 상황에서 헛되이 기뻐하려
하시는지, 또 어떤 상황에서 헛되이 고통받는지 아버지도 알 수 없게 되니까요.

|헤라클레스| 꼭 해야 할 말만 하거라. 내가 앓고 있으니 1120
네가 아까부터 교묘하게 하는 말들을 전혀 알아듣지 못하겠구나.

|휠로스| 저는 제 어머니가 지금 어떤 상황에 있는지, 그리고 그분이
어쩌다가 원치 않게 잘못을 저지르셨는지 알려드리러 온 겁니다.

|헤라클레스| 이 몹쓰디몹쓸 놈! 이 아비를 죽인 어미 이야기를
또 늘어놓겠다고? 그걸 나더러 들으란 말이냐? 1125

|휠로스| 침묵이 합당치 않으니 그렇게 하는 겁니다.

|헤라클레스| 그거야 당연히 그렇고말고, 전에 저질러진 잘못에 대해서는.

|휠로스| 게다가 오늘 일어난 일에 대해서도 그렇다고 말씀하시게 되겠지요.

|헤라클레스| 말해보아라. 하지만 조심하거라, 태생이 비천한 놈으로 드러나지 않도록.

|휠로스| 말씀드리지요. 그분은 돌아가셨어요, 조금 전에 칼로. 1130

|헤라클레스| 누가 그랬느냐? 너는 이 불행의 와중에 기적 같은 신탁을 전하는구나!

|휠로스| 그분이 스스로요. 남이 그런 게 아닙니다.

|헤라클레스| 이럴 수가! 내 손에 마땅히 죽음을 맞기 전에 그랬다고?

|휠로스| 전말을 알게 되시면, 아버지의 분노도 돌아서게 될 겁니다.

|헤라클레스| 말 한번 무섭게 잘하는구나. 네 생각을 말해보아라. 1135

|휠로스| 어머니가 한 모든 일이, 실은 좋은 결과를 좇다가 저지른 잘못입니다.

|헤라클레스| 좋은 결과라고? 이 흉악하기 그지없는 놈! 네 아비를 죽이려 든 짓이?

|휠로스| 아버지께 사랑의 미약을 보내드리는 거라고 생각했던 것이
일을 완전히 그르친 거지요, 집 안으로 들어온 그 결혼의 상대를 보고서요.

|헤라클레스| 그러면 트라키스 사람들 중에 이런 약을 짓는 자가 과연 누구냐? 1140

|휠로스| 오래전에 켄타우로스 넷소스가 어머니께 말했다 합니다,

	그 미약으로 아버지는 욕망으로 미치게 될 거라고요.	
헤라클레스	아아악, 아아악! 불운한 나는 비참하게 가는구나.	
	망했구나, 나는 망했어. 내게 더 이상 빛이란 없다.	
	이럴 수가, 내가 재앙 속에 서 있다는 걸 분명히 알겠구나.	1145
	가거라, 얘야, 네게 아버지는 더 이상 없다.	
	너와 피를 나눈 내 모든 씨를 불러오거라, 나를 위해.	
	가련한 알크메네도 불러와다오, 부질없이 제우스의 아내가	
	되신 그분을. 내 유언을, 신탁 중에서	
	내가 아는 만큼은 들을 수 있도록 말이다.	1150
힐로스	그렇지만 아버지의 어머니는 이곳이 아니라	
	티륀스⁴⁸ 해변에 자리 잡고 사십니다.	
	아버지의 자식들 몇몇은 그분이 거두어 키우시고,	
	또 몇몇은 도시 테바이에 살고 있다는 걸 아실 거라 봅니다.	
	하지만 여기 있는 저희들만큼은, 아버지, 그렇게 해야 한다면	1155
	귀담아듣고 있는 힘을 다해 도와드리겠습니다.	
헤라클레스	그러면 너는 이 일에 대해 들어라. 내 자식이라 불리는 네가	
	과연 어떤 사내인지 보여줘야 할 지점에 너도 와 닿은 게다.	
	오래전, 아버지께서 내게 신탁을 주신 적이 있었다.	
	살아 숨 쉬는 자들 중에선 아무에게도 죽임을 당하지 않겠지만,	1160
	소멸되어 하데스에 사는 자가 그렇게 하리라고 말이야.	
	그렇게 그 들짐승 켄타우로스가 죽은 채로, 신의 예언 그대로,	
	이렇게 살아 있는 나를 죽이게 된 거다.	
	나도 이제 밝히마, 이러한 형편에 잘 어울리는	
	새로운 예언을, 옛것과도 합치하는 것을 말이다.	1165
	난 그것들을, 산속에 살며 땅바닥에 누워 자는	

---

48 펠로폰네소스 반도 북동부 뮈케나이 지역.

셀로이 사람들[49]의 숲으로 들어가서, 내 아버지의 것인

많은 혀를 지닌 떡갈나무에게서 받아 새겨 적었지.

그 나무가 내게 이르길, 내가 살아서 누리는 시간에

내게 놓인 고생에서 풀려날 거라고 하더구나. 1170

그래 난 잘 살 줄만 알았다.

하지만 그건 내가 죽는다는 것, 그것 말고 다른 게 아니었어.

죽은 자들에겐 고생이 더해지지 않으니까.

이제 이 일이 명백하게 이루어지고 있으니, 얘야,

너는 다시 내 전우가 되어주어야만 한다. 1175

머뭇거리면서 내 입을 거칠게 만들지 말고,

자진해서 복종하며 나와 협력하고, 가장 훌륭한 법을

찾아낸 자가 되어 아비의 뜻을 따르도록 해라.

휠로스 오오, 아버지, 이야기가 이 지경까지 오게 된 것이

두렵긴 합니다만, 저는 아버지 좋으신 대로 따르겠습니다. 1180

헤라클레스 일단 오른손을 내게 다오.

휠로스 이렇게까지 과한 서약이라니, 도대체 무슨 생각이시기에?

헤라클레스 어서 내놓지 못하겠느냐, 내게 거역하지 말고!

휠로스 보세요, 내밀고 있습니다. 말대답하지 않을게요.

헤라클레스 제우스의 머리에 걸고 맹세해라, 나를 낳아주신 분 말이다. 1185

휠로스 대체 무얼 하시려는 겁니까? 이건 말씀해주셔야 하잖아요?

헤라클레스 내 당부하는 일을 나를 위해 진정 완수하겠다고 말이다.

휠로스 제가 맹세하겠습니다, 제우스를 증인으로 삼고서요.

헤라클레스 만일 네가 그 너머로 나가겠다면, 참화를 당하겠노라 기도하거라.

휠로스 당하지 않겠어요, 행할 테니까요. 그래도 기도는 합니다만. 1190

---

49 도도네에서 제우스의 사제로 살아가는 사람들이다. 땅바닥에서 자고 발을 씻지 않는 것으로 잘 알려져 있으며, 이러한 풍습은 아마도 대지의 기운과의 연결을 의미하는 것으로 보인다.

헤라클레스	그렇다면, 너는 지존하신 제우스의 오이테 언덕을 알고 있느냐?
휠로스	알지요. 희생 제물을 바치러 그 위에 여러 번 올라선 적 있습니다.
헤라클레스	이제 그리로 내 몸을 들어 옮겨다오, 네 손으로 직접,

            그리고 네가 필요한 만큼 친족들의 도움을 얻어서.

            깊이 뿌리 내린 참나무로 장작을 많이 패고   1195

            억센 야생 올리브나무도 같이 쪼개어

            내 몸을 거기에 던져 넣어다오.

            그리고 타오르는 관솔불을 가져와 불을 놓거라.

            다만 곡소리도, 눈물도 끼어들지 못하게 하고.

            신음도 내지 말고, 눈물도 보이지 말고 해내거라,   1200

            네가 이 남자의 아들이라면. 그렇게 하지 않겠다면,

            내 무거운 저주를 걸기 위해 너를 저 아래에서 기다리고 있겠다.

휠로스	아니, 이럴 수가, 아버지, 저더러 그런 일을 하라니 그게 무슨 말씀입니까?
헤라클레스	해야만 하는 일들이다. 만일 하지 않겠다면, 너는 다른 아비의

            자식이 될 거고, 더는 내 아들이라 불리지 않을 거다.   1205

휠로스	괴롭구나! 다시 한번 여쭙겠습니다, 제게 대체 무슨 일을 명하시는 건가요, 아버지?

            아버지를 죽인 놈, 아버지의 피를 흘리게 한 놈이 되라는 건가요?

헤라클레스	내 말은 그런 게 아니다! 그게 아니라, 내가 붙들고 있는 이 질병에

            파이온[50] 노릇을 해달라는 거고, 내 불행을 다스릴 유일한 의사가 되어달라

            는 거다!

휠로스	아버지의 몸 아래 불을 놓는다고 해서 어떻게 제가 치료해드릴 수 있겠어요? 1210
헤라클레스	그게 정 두렵거든 다른 일이라도 해다오.

---

[50] 질병을 치료하는 의신. 각주 16번 참고.

휠로스	옮겨드리는 일이야 마다하지 않겠습니다.
헤라클레스	그렇다면 앞서 말한 화장 장작더미를 채우는 것은 할 수 있겠느냐?
휠로스	제 손을 직접 대지 않는 선에서 하겠습니다.
	하지만 다른 일들은 제가 하겠고, 제가 할 몫에 대해서는 심려 마시고요. 1215
헤라클레스	그래, 그럼 그건 충분하다만, 다른 큰일들에 더해
	나를 위해 작은 호의가 될 일을 당부하마.
휠로스	어마어마하게 큰 일이라도 해드리지요.
헤라클레스	에우뤼토스에게서 태어난 그 처녀를 너도 알고 있느냐?
휠로스	제 짐작이 맞다면 이올레를 말씀하시는군요. 1220
헤라클레스	알고 있구나. 그러면 내 너에게 이렇게 하라고 당부하마, 애야.
	네가 경건해지기를 바란다면,
	아비에게 바친 맹세를 떠올리면서
	내가 죽거든 그녀를 네 아내로 삼거라, 아비를 거역하지 말고.
	내 옆구리에 함께 누웠던 그녀를 너 대신 1225
	인간들 중 다른 누구도 절대 차지하지 못하게 하여라.
	그리고 네가 직접, 애야, 그 결혼 침대를 책임지는 거다.
	내 말대로 해라. 큰일에서는 나를 믿고 따랐으면서
	정작 사소한 일에서 거역한다면 그건 이전의 호의를 흩뜨리는 셈이니까.
휠로스	이건 도대체가! 앓고 계신 분에게 분노하는 건 몹쓸 짓이다만, 1230
	이런 생각을 하는 분을 보며 누가 견딜 수 있을까?
헤라클레스	내가 말한 대로 하지 않겠노라고 외치고 있구나.
휠로스	아니, 어머니의 죽음에도, 아버지가 이런 꼴을 당하신 것에도
	책임을 나눠 가진 건 오로지 그 여인뿐인데, 복수의 정령에
	사로잡혀 시달리는 자가 아니라면 도대체 어떤 작자가 1235
	그런 짓을 택하겠습니까? 아버지, 가장 가증스러운 존재와
	함께 어울려 사느니 저도 차라리 죽는 쪽이 낫겠습니다.
헤라클레스	이 녀석은 내가 죽어가는데도 합당한 몫을

	돌리지 않을 셈인가 보구나. 아무튼 네가 내 말을 거역한다면	
	신들의 저주가 기다리고 있을 거다.	1240
힐로스	이럴 수가, 아마 모르긴 몰라도 아버지께서 얼마나 병들어 있는지 드러날 겁니다.	
헤라클레스	잠들어 있던 불행에서 나를 들쑤셔 깨운 건 네 녀석이다.	
힐로스	참담하구나! 내 이 지경까지 길을 잃고 말다니!	
헤라클레스	너를 낳아준 사람의 말을 듣지 않는 건 당치 않은 일이니까.	
힐로스	그렇지만 제가 정녕 불경함을 배워야 하겠습니까, 아버지?	1245
헤라클레스	그건 불경이 아니다, 네가 내 심장에 낙을 준다면.	
힐로스	그러면 저더러 그 일을 전적으로 정당하게 행하라고 명하시는 건가요?	
헤라클레스	그렇고말고. 그에 대해 신들을 증인으로 부르마.	
힐로스	정 그러시다면 저도 내치지 않고 하겠습니다, 아버지가	
	시키신 일을 신들께 보여드리면서요. 그러면 제가 아버지를	1250
	따르면서도 절대로 악인으로 드러나진 않을 테니까요, 아버지.	
헤라클레스	마무리가 근사하구나. 그런 일들에 덧붙여 내게 어서	
	이 호의를 더하거라, 얘야. 찢어놓는 것이든 찔러대는 것이든	
	들이닥치기 전에, 나를 화장 장작더미에 올려다오.	
	자, 너희도 서둘러라, 들어 올려라! 이 고통을 끝낼 것은	1255
	바로 이것이니, 이 사람의 최후, 그 끝이로다.	
힐로스	아버지를 위해 이 일이 이루어지는 걸 가로막을 자 아무도 없습니다.	
	아버지께서 명령하시고, 강제하고 계시니까요, 아버지.	
헤라클레스	자, 이제 그 질병이 몸부림치기 전에,	
	오오, 내 모진 목숨이여, 돌을 이어 붙인	1260
	강철 재갈을 입에 물고서	
	비명을 억눌러라, 이 꺼림칙한 일이	
	기쁨을 이루리니!	
힐로스	들어 올려라, 동료들아, 이 일에 대해서는	

411

부디 나를 보아 크게 양해를 베풀어주길, 1265
신들은 지금 벌어지고 있는 일들에
엄청날 정도로 냉담하다는 것을 바라보면서.
그들은 씨를 뿌리고 아버지라 불리면서도
이런 고통을 그저 내려다보기만 할 뿐.
다가올 일들을 내다볼 수 있는 자 분명 아무도 없겠으나, 1270
지금 이 일은 우리의 동정을 살 일이며,
저 신들에게는 부끄러운 일이고,
모든 인간들 중에서 이 재앙을 겪고 계신
저분께는 더없이 고통스러운 일이로다.

코로스 그대도 집 안에 머물러 있지 마시오, 소녀여, 1275
새로이 벌어진 엄청난 죽음들도 보았고,
전에 모르던 많은 재앙도 겪었으니.
하지만 이 중에서 제우스 아닌 것은 없노라.

해설: 트라키스의 여인들   TRACHINIAE

옴팔레의 발치에 앉은 헤라클레스 1874 / 에두아르 조제프 당탕

데이아네이라 1878 / 에벌린 드 모건

> Sie sieht nicht, sie fühlt nicht, daß sie ein Gift bereitet,
> das mich und sie zugrunde richten wird.
> 그녀가 나도, 그녀 자신도 파멸에 이르게 할 독을 마련하고 있다는 것을,
> 그녀는 보지도, 낌새를 차리지도 못하고 있다.
>
> (괴테, 『젊은 베르터의 고뇌(*Die Leiden des jungen Werther*)』 중에서)

이 드라마는 데이아네이라가 자신의 고단한 삶을 토로하는 장면으로 시작한다. 하신 아켈로오스의 끔찍한 구혼에 시달리던 그녀는 헤라클레스에게 구원받나 싶었지만, 정작 그와 결혼하고 난 후 전혀 가정을 돌보지 않는 그로 인해 그녀는 더 큰 고통을 겪어왔다. 지금도 헤라클레스는 집을 떠난 지 15개월째 소식이 없다. 이에 유모가 아들 휠로스를 시켜 남편을 찾아보라 조언하고, 그녀는 이 조언을 따른다. 곧 전령이 나타나 헤라클레스가 살아 돌아오고 있다는 소식을 전하고, 헤라클레스의 부하 리카스가 포로 여인들을 이끌고 데이아네이라 앞에 나타나 상황을 보고한다. 하지만 전령은 리카스의 말이 거짓임을 지적하고, 결국 리카스는 헤라클레스가 이올레를 얻기 위해 오이칼리아를 무너뜨린 것임을 자백한다. 그녀는 남편의 사랑을 되찾고 싶은 마음에, 넷소스의 유언에 따라 간직해온 피를 사랑의 미약으로 쓰고자 옷에 발라 리카스 편에 남편에게 보낸다. 합창단의 노래가 끝나자, 데이아네이라는 급히 되돌아와 자신이 끔찍

흑 해

에우보이아 점

마그네시아

테살리아

카나이운곶
말리스만
트라키스/헤이라테션
테르모필라이
델포이/퀴르토

오이칼리아

로크리스

파르낫소스산

아이톨리아

플레우론

「트라키스의 여인들」의 지리

한 실수를 저질렀다는 두려움에 휩싸인다. 사랑의 미약이라 믿었던 넷소스의 피가 양털 조각을 흔적도 없이 녹여버렸기 때문이다. 자신이 남편을 죽이는 게 아닐지 걱정하던 그녀에게, 휠로스가 도착하여 사태의 진상을 전한다. 과연 그 약을 바른 옷은 헤라클레스에게 맹독을 퍼뜨리고 있었다. 이를 그녀가 의도한 범행이라고 생각한 휠로스는 그녀를 격렬히 성토하지만, 그녀는 한마디 자기변호도 없이 조용히 퇴장한다.

합창단은 망자는 수고를 모르니 헤라클레스의 고생도 끝났노라며, 신탁이 뜻밖의 방식으로 성취된 것을 노래하고, 유모가 돌아와 데이아네이라의 자살을 전한다. 그녀의 진심을 너무 늦게 알아차린 휠로스는 시신 옆에서 오열한다. 합창단의 통곡에 이어 헤라클레스를 실어 나르는 행렬이 무대에 오른다. 헤라클레스는 데이아네이라를 저주하고, 휠로스는 그녀를 변호한다. 헤라클레스는 아들에게 자신을 화장하고, 이올레와 결혼할 것을 명령한다. 휠로스는 마지못해 이를 받아들이고 고통을 내린 신들을 원망하며 작품은 끝난다.

***

이 드라마에서 가장 인상적인 요소는 데이아네이라와 헤라클레스가 각각 대변하는 상극의 세계이다. 먼저 데이아네이라에 대한 설명이 필요하다. 그녀는 이 작품의 시작부터 4분의 3 지점까지 무대의 중심에 서 있는 인물이고, 그 중요성 때문에 어떤 학자들은 이 드라마의 제목을 아예 『데이아네이라』라고 부르기까지 한다. 그런데 이 작품 속 데이아네이라는 인물은 거의 소포클레스의 창작에 가깝다. 전통적으로 내려오던 신화 속의 그녀는 그 결이 많이 다르기 때문이다. (독자들에게 작은 도움이 될 만한 설명을 덧붙이자면, 이런 경우에는 희랍 신화의 집대성이자 요약이라 할 만한 아폴로도로스의 『신화집』을 참조하는 것이 가장 좋다.) 아폴로도로스의 전언에 따르면, 데이아네이라는 칼뤼돈의 왕 오이네우스의 딸이자 멜레아그로스의 누이로 설정된다. 멜레아그로스는, 나중에 큰 전쟁과 비극적인 결말에 이르게 되는 칼뤼돈의 멧돼지 사냥의 주인공이다. 거기서 데이아네이라는 오라비와 다르지 않게 전차를 몰며 전쟁에 전념하던 여인으로 소개된다. 이 전통에서 헤라클레스는 에우뤼스테우스가 부과한 12가지 노역을 모두 마친 다음에야 그녀와 연을 맺게 된다. 다시 말해, 그녀는 여전사였고 헤라클레스의 수많은 여인들 중 마지막 여인이었다. 그러나 소포클레스는 이 그림을 지워버린다. 그는 그녀의 아버지 오이네우스에 대한 소략한 언급을 제외하고는 그 가문의 모든 흔적을 감춘 다음, 그녀를 헤라클레스의 본처의 지위로 격상시키고, 호전성을 철저히 지워낸다. 이로써 데이아네이라는 전사 헤라클레스와 부창부수의 관계가 아닌, 괴물에 가까운 전사 헤라클레스와 반대편에 놓인 캐릭터로 빚어진다. 헤라클레스는 거의 가정을 돌보는 일 없이 밖으로 도는 남편이지만, 데이아네이라는 그를 비난하지 않고, 외려 그의 안위만을 걱정하며 가정을 지킨다. 그러나 헤라클레스의 새 신부가 될 이올레가 집 안으로 들어오며 그녀의 세계가 무너져 내리기 시작한다. 지금까지의 방식이었던 수동적인 체념과 기다림으로는 어떻게 해볼 수 없는 상황이다. 이것은 단순한 외도 정도가 아니다. 헤라클레스가 여성에 대한 욕망에 약하다는 것은 그녀도 익히 알고 있는 바이지만, 그녀가 오로지 그를 위해 지켜온 집에서, 그녀의 성채에서 그런 일이 벌어진다는 것은 참을 수 없는 일이다. 그녀는 이올레와 한 침대 위에서 한 이불을 덮고 남편을 기다려야 할 것이고, 남편은 이올레에게 눈길을 고정할 것이다. 절박해진 그녀는 넷소스의 유언에 따라 대책을 마련하지만, 결국 이것은 헤라클레스에게도 자신에게도 파멸이 되어 돌아온다.

***

데이아네이라가 필사적으로 지키려고 했던 세계의 경계 너머에는 헤라클레스의 세계가 있다. 데이아네이라가 오랫동안 무대의 중심에 서서 우리의 주목을 받는다면, 그는 부재를 통해 존재한다. 무대 연출의 측면에서도, 한 배우가 이 둘을 연기했던 것이 분명하므로(당시에 대사가 할당된 배우의 숫자는 세 명이라 한 배우가 여러 배역을 소화하였다), 무대 위에서 이 둘은 만날 수가 없게 되어 있다. 삶에서도, 무대에서도 이 둘은 영원히 분리된다. 데이아네이라가 그토록 갈망하던 헤라클레스의 귀환은, 그녀에게 죽음이 다가오고 나서야 이루어진다.

헤라클레스는 제우스의 아들, 괴수들과 싸우는 자, 그러나 승리의 영광을 만끽하다가도 누군가가 부과한 노역에 나서야 하는 굴종의 존재이다. 그와 데이아네이라는 결혼으로 맺어진 사이지만, 그들 각자가 바라보는 결혼에는 공통점이 없다. 그녀는 결혼 생활의 유지와 안정을 위해 모든 것을 바친다. 그러나 그에게 데이아네이라는 힘으로 거머쥔 트로피 중 하나에 지나지 않는다. 에로스의 충동을 이길 수 없는 그는 이올레라는 또 하나의 트로피를 이제 막 얻어 온 참이고, 이번에도 역시 그 수단은 무력이었다. 이것만으로는 모자랐는지, 그가 충직한 부하 리카스를 살해하는 장면, 아들 휠로스에게 이올레와의 결혼을 명령하는 장면 등이 더해지고, 우리는 데이아네이라를 향한 동정심의 깊이만큼 헤라클레스에게서 몸서리를 치며 멀어지려고 한다.

그러나 전통과 결별하고 데이아네이라를 새로 빚어낸 소포클레스는, 헤라클레스에게도 새로운 손길을 더해 결국 우리가 참고 견딜 수(는) 있는 캐릭터로 그를 변화시킨다. 헤라클레스가 끝내 야수나 괴물로 남는 것이 아니라 결국 죽음을 의연하게 맞는 면모를 보이는 데에는 자신에게 내린 두 가지 신탁이 오롯이 성취되었으며, 제우스가 자신을 버린 것이 아니라는 깨달음이 큰 역할을 한다. 하나는 오이칼리아의 함락 이후 노역에서 해방될 것이라는 신탁(76-81, 166-172, 1169-1173)이고, 다른 하나는 어떤 살아 있는 존재도 그를 죽이지 못한다는 것(1159-1161)이었다. 이는 소포클레스 이전의 어떤 신화 전통에서도 발견되지 않는 요소들이다. 따라서 이 두 신탁은 소포클레스의 창작이었을 가능성이 매우 높다.

또한 헤라클레스의 최후에 대한 유력한 전통 중 하나였던 사후 신격화

(apotheosis) 이야기도 소포클레스는 차용하지 않는다. 아폴로도로스에 따르면, 화장 장작더미에서 불에 탄 헤라클레스는 하늘로 올라가 불멸을 얻고, 헤라와 화해하여 헤베와 결혼하였다고 한다. 그러나 이 드라마는 장작더미에 불을 붙이기 전에 끝난다. 이를 통해 시인은 그의 최후를 불멸의 신으로 거듭나는 과정의 한 단계가 아닌, 그가 감내해야 할 마지막 노역으로 그려낸다.

***

그러나 이것이 이 작품의 전부는 아니다. 만일 이 드라마를 이 두 인물로 대변되는 상극의 세계의 대조, 그리고 그 충돌로 인한 비극으로만 읽는다면, 굳이 많은 이야기가 더 필요하지 않을지도 모른다. 합창단은 등장가에서 재앙과 기쁨이 원을 그리며 순환하고(130-131), 밤과 낮은 끊임없이 그 자리를 바꾸며(94-95, 132-133), 바람이 일으킨 파도가 수없이 밀려 다가오는 모습을(112-117) 노래한다. 데이아네이라는 제우스를 변전(變轉)의 신이라고 부른다(303). 이렇게 처음부터 솟아오르는 변화와 순환의 패턴은 극 전반에 걸쳐 나타난다. 재앙과 기쁨, 상실과 회복, 절망과 희망을 동시에 부르는 사건이 발생하고, 그것이 또 다른 형태로 다른 사람에게 다시 일어나며, 그러는 도중에 서로가 서로를 닮아간다. 시인은 여기에 무지, 그리고 뒤늦은 깨달음이라는 요소를 가미하여 비극을 완성한다. 데이아네이라는 사랑을 되찾을 미약이 헤라클레스를 죽일 맹독이라는 것을 뒤늦게 깨닫는다. 휠로스는 자신이 어머니의 진심을 모른 채 비난했다는 것을, 리카스는 자신이 어떤 선물을 가져왔는지를 너무 늦게 깨닫는다. 헤라클레스는 과거에 얻은 두 신탁이 성취되고 나서야 그 의미를 알게 된다.

이를 통해 결국엔 원점으로의 회귀라는 큰 순환이 그려진다. 늘 그래왔듯이 데이아네이라는, 그러나 이번에는 죽음으로 결혼 침대를 지켜낸다. 헤라클레스는 죽음마저도 자신이 늘 감당해온 노역처럼 받아들인다. 헤라클레스를 쓰러뜨린 독은, 그 자신처럼 애욕에 눈이 멀어버린 넷소스의 목숨을 빼앗았던 화살에 묻어 있던 것이었다. 그렇게 넷소스의 '옆구리'(681)에 꽂았던 화살의 독이 다시 그에게 되돌아와 그의 '옆구리'(768)에 들러붙어 그를 무참히 집어삼킨다. 그리고 그 고통의 부위는 데이아네이라가 칼을 밀어 넣은 그녀의 '옆구리'(931)로 이어지며, 휠로스는 그녀의 시신에 '옆구리를 맞대고 누워'(938-939) 통곡한다.

이 비극적인 순환이 담긴 『트라키스의 여인들』은 편안한 드라마가 아니다. 그럼에도 불구하고 우리는 이 변전과 순환의 구조 덕에 비극적인 데이아네이라의 최후를 받아들이며, 무감각하고 비인간적인 헤라클레스라는 인물을 견딜 수 있게 된다.

***

변화, 순환, 그리고 전이라는 이 드라마의 테마를 생각해보면, 주요 인물들이 상대방의 모습을 취하는 장면이 끊임없이 등장하는 것도 이상하지 않다. 헤라클레스는 쉴 새 없이 상대의 모습을 취한다. 데이아네이라를 두고 격투를 벌였던 또 다른 구혼자 아켈로오스를 떠올려보자. 그는 황소, 뱀, 그리고 사람 몸에 황소 머리를 단 세 가지 모습으로 찾아와 구혼하였다(9-14). 본래 강이라는 그의 정체성 때문인지, 그는 그 자체로 계속 흐르며 변화하는 존재인 듯하다. 합창단의 1정립가는 아켈로오스와 헤라클레스의 격투를 노래하며 이 둘의 구분을 지워버린다. 이들은 한 덩어리로 뒤엉키더니, 결국 황소 뿔의 굉음을 서로 뒤섞는다. 결국, 데이아네이라는 헤라클레스가 '황소를 잡는 그날' 열고 입어야 할 선물을 보내고(607), 헤라클레스는 그 옷을 입자 짐승처럼 돌변한다. 뱀의 모습을 취하던 아켈로오스처럼, 그에게도 독사의 환영이 들러붙는다(836-838). 이렇듯 처음에는 황소, 그리고 뱀의 이미지로 변해가는 헤라클레스는 아켈로오스와 구별할 수 없게 되고 만다.

그는 넷소스의 모습을 닮아가기도 한다. 그는 완력으로 데이아네이라는 신부를 얻었지만, 새로운 여인 이올레를 신부로 삼기 위해 기존의 결혼을 무너뜨리고 있다. 여인을 향한 노골적인 욕망 탓에 결혼을 파괴하려는 자라는 점에서, 이미 그는 또 다른 넷소스이다.

그의 모습은 데이아네이라와 중첩되기도 한다. 이는 특히 서로의 죽음에서 두드러지는데, 데이아네이라가 양날의 칼로 목숨을 끊는 장면은 (881) 헤라클레스가 데이아네이라를 얻기 위해 온몸에 날을 세운 칼처럼 다가오던 것을 연상케 한다(504). 데이아네이라는 휘드라의 독을 미약으로 여겨 헤라클레스를 죽음으로 몰고 가는데, 이 독은 그가 괴물들을 제압할 때 써온 것이었다.

상대의 모습과 중첩되는 것은 헤라클레스뿐만이 아니다. 데이아네이라와 이올레의 관계 역시 그렇다. 데이아네이라는 이올레와 함께 한 이불을 덮고 헤라클레스를 기다려야 할 불행을 내다본다(539-546). 그녀는 이올레를 보자마자 엄청난 동정심을 느꼈다고 고백하며, 이올레의 아름다움이 그 삶을 무너뜨렸노라 말한다. 데이아네이라 역시 자신의 아름다움으로 인해 삶이 고역으로 변한 여인이었으니까(25-35), 이올레는 말하자면 거의 데이아네이라의 젊은 자아나 다름없는 존재이다.

데이아네이라와 휠로스에게도 접점이 존재한다. 이 접점은 물리적인 특성을 보인다. 앞서 말한 바와 같이 데이아네이라는 이올레와 한 이불을 덮을 것을 예감하고 고통스러워하지만, 실제로 이올레와 한 이불을 덮게 될 사람은 휠로스이다. 데이아네이라는 칼로 옆구리를 찔러 자결하는데, 나중에 휠로스가 다가와 자신의 옆구리를 대고 눕는 장면 역시 놓칠 수 없다. 또 이 둘은 자신의 행동으로 인해 큰 후회를 겪게 된다는 공통점도 보인다. 후회가 무슨 대수인가 싶겠지만, 자기 행동을 후회하는 인물은 이 드라마에서 이 둘 말고는 없다.

***

때로는 상충하는 요소들, 혹은 서로 어울리기 힘들 법한 것들이 한 인물 안에서 발견되어 비극적인 아이러니를 강화하는 것도 이 드라마의 특징이다.

　데이아네이라를 보자. 축복이 되어야 마땅한 그녀의 아름다움은 고통의 원천이 되고 말았다(24-25). 헤라클레스가 무사히 돌아온다는 소식을 듣고 결혼 축가를 소리 높여 부르던 그녀는 남편이 아닌 새 신부를 맞아야 하는 입장에 놓이고 만다. 남편의 사랑을 다시 얻으려던 그녀의 시도는 죽음의 저주를 불러왔고, 그녀가 보낸 예복은 그 자리에서 수의로 변한다.

　데이아네이라의 치명적인 선물을 헤라클레스에게 전달할 임무를 받은 리카스는 자신이 전령으로서 헤르메스의 기술을 확실히 수행하겠노라 다짐한다(620). 그러나 이들의 의도와는 달리 그는 전령의 신 헤르메스가 아닌, 망자를 저승으로 보내는 헤르메스의 역할을 수행하며 헤라클레스를 죽음으로 몰아넣는다. 그는 철저하리만큼 헤라클레스를 위해 일하던 충직한 부하였으나, 결국 주군의 증오를 한 몸에 받고 잔혹하게 파괴된다.

　휠로스는 어머니의 심부름을 다녀와야 하는 소년으로 등장하여, 결국엔 부모를 성토하고 애도하는 남자가 된다. 그는 아버지를 난생처음 만나는 아들로 나오지만, 인사 대신 유언을 듣게 되고 아버지의 여인과 결혼해야 하는 운명을 떠안게 된다.

　이올레 역시 큰 변화를 겪는다. 그녀는 왕녀라는 고귀한 혈통으로 태어나 노예가 되고, 헤라클레스의 첩이 되었다가 휠로스의 아내가 될 것이다.

　합창단의 역할 역시 간과할 수 없다. 그들은 개선하는 헤라클레스의 소식을 듣고 데이아네이라를 위해 결혼 축가를 부르지만, 그것은 금세 애곡과 탄식으로 변한다.

　헤라클레스가 품는 아이러니는 더욱 다층적이다. 그는 과거에 데이아네이라를 얻기 위해 목숨을 건 격투도 마다하지 않았고, 아켈로오스로부터 그녀를 구원하였으나 나중에는 데이아네이라의 목숨을 빼앗기를 갈망하는 자로 변한다. 그는 자기 신부를 범하려던 자를 처단하던 자에서 다른 여인을 약탈하기 위해 수단 방법을 가리지 않는 자로 변해 있다. 그는 제우스를 위해 성대한 제사를 집전하려던 제관이었으나, 결국 장작 위에서 타오르는 제물이 되는 것은 자신이다. 이로써 그는 고통 없는 휴식을 갈망하던 자에서 죽는 순간까지 노역을 견뎌야 하는 자가 된다. 성 역할의 반전 역시 주목할 만한 테마이다. 그는 작열하는 고통 속에서 마치 소녀처럼 울부짖고(1070-1075), 마치 새 신부가 베일을 벗듯 가려둔 베일을 벗으며 자신의 몸을 드러낸다(1076-1080). 이렇게 그는 전사에서 여인의 이미지로 돌변한다. 그는 리카스의 전언대로, 두 주먹으로는 최강자가 된 사내이지만, 이올레에 대한 욕망으로 더없이 연약한 자가 되고 만 것이다(488-489). 승리자에서 패배자가 된 그는 지금껏 모든 노역과 투쟁에서 승리의 원천이었던 자신의 육체가 결국은 패배의 원천이었다는 제우스의 뜻을 깨닫고, 이를 받아들이며 마지막 노역을 견디면서 숨을 거둔다.

헤라클레스는 데이아네이라가 목숨을 끊고 나서야 등장한다. 그러나 처음부터 모든 사건과 모든 인물들이 그를 향하고 있었던 것을 생각해보면, 그는 처음부터 그 자리에 있었던 셈이다. 그리고 그의 모습은 국면이 바뀔 때마다 변화를 거듭한다. 처음에는 데이아네이라와 유모, 트라키스 여인들의 눈에 비친 그의 모습이 노래된다. 부재하는 남편이자 주군인 그는 제우스의 아들이고(97), 기대에 찬 기다림의 대상이다(205-224). 이어지는 리카스의 전언에 따르면, 그는 강력한 한창때의 모습 그대로, 아무런 병고도 겪지 않고 있다고 한다(232-235). 그러나 이것은 헤라클레스의 찬란한 이미지를 애써 보존하려던 리카스가 지어낸 거짓말에 지나지 않는다. 이어, 전령의 고발은 우리에게 또 다른 헤라클레스의 이미지를 전해준다. 그는 애욕에 사로잡혀 엄청난 폭력을 저지른 자이다(354-374). 이로써 우리는 왜 이올레가 거기에 있는지 알게 된다. 이 사실을 듣고 잠시 충격에 휩싸였던 데이아네이라는 헤라클레스가 다만 질병을 앓고 있는 것이라고 말하며 가능한 한 모든 것을 이해하고 품으려고 애쓴다. 그러나 헤라클레스가 앓는 영혼의 질병은, 그녀의 선물로 인해 육체의 질병과 뒤섞이게 된다. 시인은 그가 사로잡힌 에로스의 욕망도, 자신을 죽음에 이르게 한 맹독도 모두 질병으로 묘사한다(1030, 1120, 1208-1209, 1259). 마침내 그가 무대 위로 등장할 때, 그는 이미 변화를 거듭해온 자신의 모습을 드러낸다. 그는 개선하는 영웅이 아닌, 공포와 연민을 불러일으키는 패배자로 들것에 실려 온다. 한때 신과 같이 아름답고 강인했던 모습이 아닌, 고통에 몸부림치는 속수무책의 육체를 우리는 보아야 한다.

신들 역시 예외가 될 수 없다. 합창단은 아프로디테가 거둬온 위대한 승리의 힘을 노래한다(498-502). 여신은 결혼을 위해 헤라클레스와 아켈로오스가 벌인 격투에서 판정을 내리던 심판이기도 했고(515-516), 이제는 그 신랑을 무너뜨린 비극을 말없이 이루어낸 장본인이기도 하다(860-861). 그러나 말 없는 그 여신은 곧이어 큰 소리를 일으키는 이로 판명된다. 이 '사랑'의 여신은 재연된 결혼식의 흥겨운 음악이 아닌 통곡과 비탄을 일으키는 존재이다(863-867).

***

비극적 아이러니의 실마리가 구체적인 사물, 혹은 추상적인 개념에 놓이는 경우도 놓칠 수 없다. 데이아네이라는 포로 여인들 속에서 이올레에게 주목하며 그녀가 넘치는 사랑에 녹아버릴 수 있을 거라 말하지만(463), 실제로 녹아 없어진 것은 독약을 바른 털 뭉치였고(695-704), 헤라클레스의 육신이었다. 합창단은 그 약을 페이토(Peitho), 즉 헤라클레스의 사랑을 되찾을 수 있는 설득의 수단이라고 노래하지만(661-662), 실제로는 그 반대인 난폭한 독이 되어 헤라클레스를 파괴하고, 데이아네이라를 향한 저주로 돌아온다. 그녀는 어쩔 수 없이 집 안으로 받아들인 이올레를 두고 마치 뱃사람이 받아들이는 뱃짐처럼 묘사하지만(536-538), 실제로 극 중에서 배에 부려진 것은 죽어가는 헤라클레스의 몸이다(803-804). 한편, 그녀는 자신을 시들어가는 꽃에, 이올레를 한창 피어오르는 꽃에 비유한다(547-549). 이 상황을 타개하기 위해 그녀가 남편에게 보낸 선물은 주술조차 통하지 않는 광기의 꽃으로 그려지고(998-999), 그렇게 사랑의 미약은 재앙의 저주가 되고 만다(1002). 이 드라마가 시작될 때는, 그녀가 헤라클레스의 아이들을 낳고 그의 안녕을 걱정하며 가정을 지켜온 지 꽤 오랜 세월이 지난 상태이다. 그녀는 결혼 생활을 필사적으로 지켜왔지만, 그 실상은 '남편 떠난 침대'(109-110)에서 홀로 지내는 것이다. 그녀의 비유대로, 그는 마치 씨 뿌릴 때 한 번, 거둘 때 한 번 들여다보는 농부처럼 대부분의 시간을 떠나 있었다(31-35). 이제 헤라클레스는 다른 여인을 위해 자신의 허울뿐이었던 결혼 생활을 제 손으로 파괴하려 한다. 그리고 이것은, 데이아네이라를 얻을 때 치러낸 격투의 수준을 넘어, 이올레 하나 때문에 도시 전체를 궤멸로 몰아넣는 지극히 파괴적인 과정이었다. 남편과의 재회가 자신의 희망이었고, 인생의 동력 전부였던 아내 데이아네이라는 남편이 마지막 여행에서 돌아오는 순간, 마지막 여행을 떠나는 비극적인 아이러니를 보여준다(874-875). 그녀의 마지막 길을 더욱 쓰라린 것으로 빚어내는 요소는 휠로스의 성토이다. 그는 아버지의 죽음을 그녀의 탓으로 돌리며, 결혼 생활의 질서를 보호하는 디케(정의의 여신)와 에리뉘스(복수의 여신)의 보복이 어머니에게 다가오길 기도한다, 사실 그 누구보다도 그 질서와 안정을 갈망하던 사람은 데이아네이라 본인이었음에도.

헤라클레스가 돌아온다는 소식에 합창단은 기뻐하며, 내내 기다려온 부부의 재결합을 노래한다. 합창단은 그의 집이 결혼을 앞두고 있노라고, 화로에서 즐거운 외침이 일어난다고 노래한다(205-206). 물론 그 결혼의 재연 과정에서 신랑은 헤라클레스이지만, 신부는 데이아네이라뿐만 아니라 이올레도 있다. 이 결혼의 재연에서 신랑과 신부는 환호성 속에 화로(hestia)를 향해 나아가야 하지만, 신랑은 제단(hestia)에서 희생 제물로 불살라지게 된다(607). 젊은 신부 이올레는 에리뉘스를 몰고 오고(893-895), 나이 든 신부 데이아네이라는 스스로 목숨을 끊는다.

고통에 몸부림치던 헤라클레스가 결국 자신의 죽음을 받아들이게 되는 계기 역시 그에게 내린 신탁에 담긴 아이러니를 깨닫는 과정에 있다. 오래전 제우스는 그에게 이미 죽어 하데스에 있는 자만이 그를 죽일 수 있으리라는 신탁을 내린 바 있다(1159-1161). 그는 죽은 넷소스에게서 나온 독으로 자신이 죽게 되는 까닭을 깨닫고, 이것이 신탁의 성취임을 인정한다. 그러나 그를 죽인 망자가 넷소스 하나가 아니라, 데이아네이라이기도 함을 그는 깨달아야만 한다. 이어 그는 도도네에서 받은 신탁을 떠올린다. 이것은 앞서 데이아네이라를 통해 우리가 알게 된 바로 그 신탁이니, 트라키스 땅을 떠난 지 1년 3개월의 기한을 넘겨서도 그가 살아 있다면 노역이 끝나고 고생 없는 여생을 보내게 된다는 내용이었다(164-174). 그러나 노역과 고생이 끝난다는 것은 그와 그녀의 기대와는 달리 죽음을 의미할 뿐이었다.

＊＊＊

이 드라마는 극이 진행되는 도중에 주인공이 죽거나 퇴장하여, 그 순간을 기점으로 극이 앞뒤로 나뉘는 구성을 취한다. 이른바 양분구성(diphtychon)으로서, 『안티고네』 그리고 『아이아스』가 이러한 구성을 취한다. 이 드라마는 특히 『아이아스』와 많이 닮아 있다. 변화와 순환의 테마 속에서 서로 다른 존재들이 하나로 엮이고, 남자 주인공은 죽어 화장을 기다리며 막을 내리는 구성이 유사하다. 각 작품의 남자 주인공인 아이아스와 헤라클레스 역시 서로를 닮아 있다. 무적의 전사로 살아온 강력한 남성 영웅은 순식간에 추락하고, 아내에게 동정심을 표하지 않으며, 아들에게는 무조건적인 복종을 요구한다. 이들은 황소들과 여러 짐승을 분별하지 않은 채 온통 가리지 않고 모조리 죽이다가, 자신의 죽음만을 강렬히 바라며 실행에 옮긴다는 공통점이 있다. 그렇다고 이 작품의 창작 시기를 『아이아스』와 비슷하게 추정하는 것은 위험하다. 여러 학자들이 이 작품이 『안티고네』와 『오이디푸스 튀란노스』 사이에, 기원전 약 430년대에 씌었을 것이라 추정하지만 확정적인 증거는 아무것도 없다.

필로크테테스   PHILOCTETES

등장인물

네오프톨레모스   아킬레우스의 아들.
상인   장삿배의 선주로 변장한 인물. 오뒷세우스의 부하.
오뒷세우스   이타카의 왕.
코로스   네오프톨레모스의 부하 선원들.
필로크테테스   마그네시아(텟살리아) 출신 포이아스의 아들.
헤라클레스

(오뒷세우스가 조심스럽게 등장하고, 네오프톨레모스와 부하 하나가 그를 따른다)

오뒷세우스   여기가 바다로 둘러싸인 렘노스[1] 땅의 곶이다.
사람들이 살긴커녕, 발자취조차 없는 곳이지.
너, 희랍인들 중에서 가장 강력한 아비에게서 자라난 사람아,
아킬레우스의 아들 네오프톨레모스[2]야, 내가 전에 여기에
멜리스[3] 사람 포이아스의 아들[4]을 내려놓은 적이 있다,   5
왕들[5]에게서 그렇게 실행하라는 지시를 받아서,
그 집어삼키는 질병 탓에 발에서 (고름이) 흘러내리는 그자를 말이다.
우리는 헌주에도, 희생 제물에도 도저히 차분하게 손을 댈 수조차
없었단다. 그가 사납고 불경스러운 비명과 고함을 내지르며
온 진영을 시도 때도 없이 붙들고 있었으니까. 하긴, 이런 걸 말할   10
필요까지야 있을까? 지금은 우리가 긴말을 늘어놓기에 좋은 시점이

---

1   에게해 북동부에 위치한 섬. 『일리아스』 2권 721-724행에서 필로크테테스가 물뱀에게 불의 상처를 입어 렘노스섬에 버려져 있다고 한 설정과 동일하나, 렘노스를 포구도 없는 무인도로 그린 것은 소포클레스의 창작이다. 『일리아스』 7권 466-475행은 트로이아 전쟁 당시 렘노스섬 사람들과 희랍군 사이에 교역이 있었음을 알려준다. 『아르고호 이야기』 1권 603행 이하는 렘노스섬에 뮈리네라는 도시도 있는 것으로 묘사하나, 여자들만 살고 있는 섬으로 그리고 있다.
2   아킬레우스의 아들. '젊은(neo) + 전사(ptolemos)'라는 뜻이다. 트로이아의 예언자 헬레노스가 네오프톨레모스의 참전, 그리고 헤라클레스의 활과 화살이 트로이아 정복의 필수 조건이라고 한 신탁에 따라, 트로이아 전쟁 막바지에 참전하게 된다. 헤라클레스의 무기를 가지고 있던 필로크테테스를 데리러 가는 사절의 일원으로도 참여하는데, 전승에 따라서는 오뒷세우스, 포이닉스, 디오메데스가 같이 갔다고도 하나, 이 작품에서는 오뒷세우스만 동행하는 쪽을 택했다. 『오뒷세이아』 11권 505행 이하에 따르면 그는 판단력과 무력을 두루 갖춘 전사로 부상도 당한 적 없이 트로이아 점령에 큰 공을 세웠다고 한다. 전리품으로 헥토르의 아내였던 안드로마케를 차지하여 무사히 귀향했으며, 메넬라오스의 딸 헤르미오네와 결혼하였다고 한다.
3   에게해 북서해안 마그네시아 지방의 도시. 멜리보이아라고도 한다.
4   포이아스는 필로크테테스의 아버지로 아르고호 원정대의 일원이었다. 온몸에 독이 퍼진 헤라클레스가 화장 장작더미에 불을 붙여달라고 하자 두려움으로 인해 아무도 이 청을 수락하지 못했는데, 오직 포이아스만이 불을 붙여 헤라클레스의 고통을 끝냈고, 그 대가로 그의 활과 화살을 받았다고 전해진다. 이 작품에서는 포이아스의 아들 필로크테테스가 그 일을 해준 것으로 설정되어 있다. 이는 흐름상 『트라키스의 여인들』 직후에 이어지는 이야기이다.
5   아트레우스의 아들들, 즉 아가멤논과 메넬라오스를 가리킨다.

아니니까. 안 그러면 그자가 내가 온 걸 알게 되고, 나는

이 묘책을 모조리 바닥에 쏟게 되니 말이다. 난 그 묘책으로

그자를 금세 붙들 수 있다고 여긴단다.

일단 네 임무는 나머지 일들을 수행하는 것이다. 15

양편에 입구가 난, 그런 바위가 여기 어디에 있는지 살펴보아라.

추위에는 양쪽에서 햇볕 속에 앉을 자리가

마련되어 있고, 더위에는

뚫린 거처를 통해 드는 바람이 잠을 보내주지.

그 조금 아래로 왼편에는 마실 수 있는 샘물이 아마 금세 20

눈에 들어올 거다, 여전히 보존되어 있다면 말이야.

그리로 조용히 가서 내게 신호를 보내다오, 거기 그 자리에

그자가 아직도 있는지, 아니면 다른 곳에 가 있는지.

그러면 말해줄 남은 일들을 너도 듣게 될 거다.

내가 설명해주마, 대신 행동은 우리 둘에게서 함께 나오겠지. 25

(네오프톨레모스가 탐색을 시작한다)

네오프톨레모스 오뒷세우스 왕이시여, 말씀하신 그 일이 멀리 떨어져 있지 않습니다.

말씀하신 그런 동굴이 보이는 것 같군요.

오뒷세우스 네 위쪽이냐, 아래쪽이냐? 나는 알아차리지 못하겠구나.

네오프톨레모스 이 위쪽입니다. 또 발걸음 소리는 전혀 들리지 않는군요.

오뒷세우스 그자가 그 안에 있는 건 아닌지, 잠든 건 아닌지 살피거라. 30

네오프톨레모스 사람이 그 안에 살지 않는 빈 거처만 보입니다.

오뒷세우스 그 안에 살림살이나 가재도구 따위도 전혀 없느냐?

네오프톨레모스 네, 여기 머무는 사람을 위해 밟아 다진 나뭇잎 더미가 있군요.

오뒷세우스 그럼 나머지는 비어 있고? 지붕 아래 아무것도 없는가?

네오프톨레모스 나무로만 된 잔이 하나 있어요, 솜씨가 서툰 누군가가 35

만든 것이군요. 그리고 불쏘시개도 같이 있습니다.

오뒷세우스 네가 알려주고 있는 그 물건들이 그자의 것이다.

네오프톨레모스 아이고 저런, 다른 것들이 또 있군요. 누더기를 말리고 있는데
상처에서 흘러나온 것들로 묵직하게 꽉 차 있습니다.

오뒷세우스 그 사내는 이곳에 살고 있는 게 분명하고, 40
멀지 않은 어딘가에 있을 거다. 그 오랜 운명을 통해
발에 병을 앓아온 사람이 무슨 수로 멀리 나아갈 수 있겠나?
아냐, 그자는 먹을 것을 찾으러 갔거나, 아니면
통증을 다스리는 잎사귀가 어디에 있는지 알고 있을지도.
여기 이 사람을 보내어 망을 보게 해라, 그자가 45
몰래 나를 습격하지 못하도록. 그자는 아르고스인들[6] 전부를
합친 것보다 나 하나를 더 붙잡고 싶어 할 테니까.

(네오프톨레모스가 부하를 내보내고 오뒷세우스 곁에 다가간다)

네오프톨레모스 그가 가고 있고 길도 지켜 설 겁니다.
그대는 아무튼, 필요하시다면, 그다음 이야기라는 걸 설명해주시지요.

오뒷세우스 아킬레우스의 아들아, 네가 여기로 온 목적 앞에서 너는 50
네 혈통에 맞갖은 모습을 보여줘야만 한다. 몸으로만 그럴 게 아니라,
네가 전에 들어본 적 없는, 예상치 못한 어떤 것을 듣게 되더라도
네가 도와야 한단다. 너는 여기에 도움을 주러 와 있으니까.

네오프톨레모스 대체 무엇을 명령하시려고요?

오뒷세우스 너는 필로크테테스의 영혼을,
어떻게든 말로 계략을 짜내 훔쳐내야만 한다. 55
그자가 너더러 누구며 어디서 왔느냐 묻거든,
말하려무나, 아킬레우스의 아들이라고. 그건 굳이 감추지 않아도 된다.
다만, 네가 아카이아인들에게 엄청난 증오심을 품고
그들의 원정 함대를 이탈하여 집으로 항해하고 있노라고 해두어라.

---

6 희랍인들을 통칭하는 말. 때에 따라 아르고스 대신 다나오스, 아카이아 같은 명칭이 쓰이며, 이 작품 안에서도 여러 번 혼용된다.

그들이 네게 고향을 떠나와달라고 통사정을 하며 불러낸 것으로, 60
그것만이 일리오스[7]를 함락할 수 있는 유일한 방법이니까.
그런데 그들은 막상 도착한 너에게 아킬레우스의 무구를 주는 게
당치 않다고 본 거라 해두자. 네가 정당하게 요구했는데도 말이야.
그들은 그걸 오뒷세우스에게 준 거고.[8] 너는 나를 겨누어 얼마든지
원하는 대로 말하려무나, 최악 중 최악의 악담이라도 상관없다. 65
네가 그렇게 하더라도 내게 상처를 주진 못하니까. 그러나 만일 네가
이 일을 해내지 못한다면, 너는 모든 아르고스인들에게 고통을 안길 거다.
그자의 활을 쥐지 못한다면,
네가 다르다노스의 땅[9]을 무너뜨리는 건 불가능하다.
그자와 어울리는 일이 네게는 믿음직하고 안전한 반면, 70
왜 내게는 불가능한지 새겨두어라.
네가 바다를 건너온 것은, 누군가에게 맹세로 묶여서도 아니고[10]
강요에 의해서도 아닐뿐더러, 애초의 원정 탓도 아니지.
하지만 내 경우에는 이 중 어떤 것도 부인할 수가 없다.
그러니 그가 활을 지니고서 나를 알아본다면 나는 파멸할 테고, 75
함께 있다는 이유로 너까지도 덩달아 무너뜨리게 될 거다.
그러니 네가 어떻게 그 무적의 무기를 훔쳐낼 도둑이 될 수 있을지

---

[7] 트로이아의 또 다른 이름. 『일리아스』도 '일리오스에 관한 이야기'라는 뜻이다. 페르가몬이라는 이름도 쓰인다.
[8] 아킬레우스 사후, 그의 무구는 가장 탁월한 사나이의 몫으로 남겨졌고, 아이아스와 오뒷세우스가 경쟁하다가 판정에 의해 오뒷세우스가 무구를 얻게 된다. 이른바 이 무구 경쟁은 소포클레스의 『아이아스』의 배경이 되는 사건이다.
[9] 트로이아를 가리킨다. 다르다노스는 트로이아에 성채를 건설한, 도시의 시조이다.
[10] 전승에 따르면, 헬레네를 얻기 위해 수많은 구혼자들이 스파르타에 모였으나, 헬레네의 아버지 튄다레오스는 사위로 간택되지 못한 나머지 구혼자들이 불미스러운 사태를 일으킬까 걱정하였고, 그의 속내를 간파한 오뒷세우스는 헬레네 부부에게 변고가 생기면 다른 모든 구혼자들이 돕겠다는 맹세를 받으라 조언한다. 이후 파리스를 따라 헬레네가 트로이아로 가게 되자, 이 맹세가 발효되어 옛 구혼자들이 메넬라오스를 도와 트로이아 원정에 나서게 된 것이다.

바로 그것이 영리하게 강구되어야만 한다.

물론 나도 잘 알고 있다, 아들아, 너는 태생 자체가

그런 비열한 일을 입에 담지도, 실행하지도 못하게끔 되어 있다는 걸.   80

그러나 승리를 쟁취하는 건 달콤한 재산이니

감행해보아라. 우리는 나중에 다시 정의로운 자들로 드러나게 된다.

그러니 지금은, 염치없는 이 일을 위해 하루라는 짧은 시간 동안만

너 자신을 나에게 내어다오. 그러면 남은 세월 동안

모든 사람들 중에서 가장 경건한 이라고 불리게 될 거다.   85

네오프톨레모스 저는 그런 걸 말로 듣기만 해도 고통스럽습니다만,

라에르테스의 아드님, 그런 짓을 실행에 옮기다니, 끔찍이도 싫습니다.

비열한 술책을 부리며 행동하도록 타고나지 않았기 때문이지요,

그건 저 자신도 그렇고, 사람들 말로는 저를 낳아주신 분도 그렇다 합니다.

아니, 저는 그 남자를 완력으로 끌고 올 준비가 되어 있습니다,   90

계략 따위 없이요. 한 발로 그 사람이, 이 정도나 되는 우리에게

완력으로 손쓸 수는 없으니까요.

어쨌든 저는 그대의 임무를 도와드리러 파견되었으니, 배신자라고

불릴까 봐 걱정은 됩니다. 그래도 저는, 왕이시여, 비열하게 승리하느니

차라리 훌륭하게 행동하다가 실패하는 쪽을 원합니다.   95

오뒷세우스 고귀한 아비의 아들아, 나 역시 소싯적에 혀로는

아무 일도 안 하고, 주먹은 부지런했지.

하지만 지금은, 검증을 거쳐보니 사람들 사이에서

만사를 이끌어나가는 건 행동이 아니라 혀라는 것이 보이더구나.

네오프톨레모스 아니, 그러니까 저더러 거짓말을 하라고 명령하는 게 아니고 뭡니까?   100

오뒷세우스 내 말은, 네가 계략으로 필로크테테스를 붙들어야 한다는 거다.

네오프톨레모스 어째서 그를 설득해서 데려가지 않고 계략을 써야 한다는 겁니까?

오뒷세우스 그자는 설득될 수 없다. 그렇다고 네가 완력으로 그를 붙들 수도 없어.

네오프톨레모스 그 사람이 자기 힘에 그렇게나 끔찍이도 자신감이 있답니까?

오뒷세우스	화살들을 가지고 있지, 도저히 피할 수 없는, 죽음을 가져다주는 화살들을.	105
네오프톨레모스	아니, 그렇다면 그 사람에게 감히 접근조차 말아야겠군요?	
오뒷세우스	아니, 오로지 그자를 계략으로 붙든다면야, 내 말한 바대로.	
네오프톨레모스	거짓말을 한다는 게 부끄럽지 않습니까, 진심으로요?	
오뒷세우스	전혀, 그 거짓이 적어도 구원을 가져다준다면.	
네오프톨레모스	대체 무슨 낯으로 감히 그런 걸 말이라고 들먹이는 겁니까?	110
오뒷세우스	이익을 위해 뭔가를 해야 할 때에 주저하는 건 어울리지 않아.	
네오프톨레모스	그 사람이 트로이아로 가는 게 내게 무슨 이익이란 말이지요?	
오뒷세우스	오로지 그 활만이 트로이아를 함락할 수 있다.	
네오프톨레모스	아니, 그대들의 말대로 바로 내가 무너뜨리는 게 아니라고요?	
오뒷세우스	너도 그것 없이는 안 되고, 그것도 너 없이는 안 된다.	115
네오프톨레모스	사정이 그렇다면, 그건 사냥해야만 할 것이 되겠군요.	
오뒷세우스	다른 건 몰라도 이 일을 네가 하게 되면, 두 가지 선물이 올 거다.	
네오프톨레모스	어떤 겁니까? 그걸 제가 알게 되면 그 일을 거절하지 않으렵니다.	
오뒷세우스	너는 지혜로우면서 동시에 고귀한 사람이라고 칭송받을 거란다.	
네오프톨레모스	부디 그렇게 되기를! 하겠어요, 부끄러움은 모두 내던지고.	120
오뒷세우스	내가 조언해준 것들은 염두에 두고 있겠지?	
네오프톨레모스	안심하세요, 일단 제가 승낙한 이상.	
오뒷세우스	그러면 이제 너는 여기서 그자를 기다리거라.	
	나는 내가 여기 있다는 게 발각되지 않도록 떠나마.	
	정탐꾼도 도로 배 쪽으로 되돌려보낼 거다.	125
	만일 내 판단에 시간이 너무	
	지체된다 싶으면 바로 그 정탐꾼을	
	선주처럼 교묘하게 꾸며 다시 이리로 보내마,	
	알아차리지 못하게 해서 말이야.	
	아들아, 실제로 그는 교묘하게 이야기할 텐데,	130
	매번 그가 말할 때마다 득이 되는 것만 받아들이거라.	

이제 이 일은 네게 맡기고, 나는 배 쪽으로 가마.
교활한 동행자 헤르메스시여, 저희 둘을 이끄소서,
도시를 지키시는 아테네 니케[11]여, 임은 언제나 저를 지키시나이다.
(오뒷세우스가 퇴장하고, 네오프톨레모스의 부하 선원들로 이루어진 코로스가 등장한다)

〈등장가〉

코로스(좌1) 도대체 무엇을, 주군이시여, 이 낯선 땅에서 이방인인 제가   135
그 수상한 사나이에게 감추고, 도대체 무엇을 말해야 하나요?
부디 말씀하소서. 제우스께서 내리신
이 신과 같은 지휘봉을 쥐고 계신 분은
그 솜씨와 판단에서
남들을 능가하기 때문입니다.   140
아드님, 태곳적부터 내려온 이 모든 힘이
당신께로 왔나이다. 그러니 제게 말씀만 하소서,
무엇으로 그대를 섬겨야 마땅한지를.

네오프톨레모스 일단은 자네 역시 이 땅 가장자리에 있는,
그가 자리에 드는 장소를 보고 싶어 할 테니,   145
용기를 내어 바라보게. 하지만 언제라도 그 끔찍한
나그네가 처소에서 나와 이리로 다가온다면,
내 손짓을 계속 따르며 앞으로 나아가되,
상황에 따라 도울 수 있도록 노력해주게나.

코로스(우1) 그러잖아도 진즉부터 제가 염두에 두고 있던 바, 그대에게   150
가장 마땅한 것을 제 눈으로 지켜 바라보는 일을 말씀하셨습니다, 왕이시여.

---

11 '승리(Nike)'의 여신으로 원래는 티탄족 팔라스와 오케아노스의 딸 스튁스 사이에서 태어난 별개의 여신이지만, 후대에는 아테네 여신의 고유 속성처럼 묘사되기도 하였다.

하나 이제는 제게 말씀하소서, 그가 어떤 거처에

살고 있는지, 지금은 어떤 장소에

가 있는지를. 행여 그가 어디선가

몰래 나타나 저를 덮치지 못하게 하려면, 155

제가 그것을 아는 것은 전혀 부적절하지 않습니다.

그 위치가 어디입니까, 어디에 앉아 있나요?

어디에 발자국을 내고 있나요, 뜰 안입니까, 문밖입니까?

네오프톨레모스 여기 자네가 보고 있는, 양편에 문이 난 집일세,

바위로 된 침대가 있네. 160

코로스 그러면 그 불운한 사람 본인은 어디로 가버린 걸까요?

네오프톨레모스 내 보기엔 분명 그는 먹을 것이 필요하여

여기서 가까운 어딘가에 발자국을 내고 있을 거다.

사람들 말로는 깃 달린 화살들로

짐승들을 잡는 그런 방법으로 165

비참한 그가 비참하게 연명하고 있다고 하네.

그에게 몹쓸 병의 치료자가 되어줄 이는

아무도 없지.

코로스(좌2) 나는 그이가 가엾구나, 아니 어떻게,

마음 써줄 사람 하나 없이, 170

얼굴 마주할 동료 하나 없이,

불운한 그이는 늘 외톨이로

그 사나운 병고를 겪어가며,

뭔가 필요한 게 생길 때마다

당혹스러워할 테지. 대체 어떻게, 어떻게 그 불운한 이는 버텨내는 걸까? 175

오오, 신들의 손길이란!

오오, 인간이여, 그 삶의 몫이 적당치 못한

필로크테테스

불운한 종족이여!

코로스(우2) 아마 이 남자도 으뜸가는 가문에서 태어난 180
여느 누구 못지않을 테지만,
제 삶의 몫을 모조리 앗긴 채
외따로 누워 있구나, 다른 이들에게서 동떨어진 채
점박이, 털북숭이 들짐승들과 어울리며,
통증으로도, 굶주림으로도 가엾은 그이는 185
달랠 길 없는 무거운 근심을 품고 있구나.
다만 수다를 그치지 않는,
멀찌감치 들리는 산속 메아리가
그의 날카로운 비명에 대답할 뿐. 190

네오프톨레모스 내겐 이 중 어느 것도 놀랍지 않다네.
만일 내게도 어떤 통찰이 있다면, 신께서 내린
저 고통들은 사나운 기운을 품은 크뤼세로부터
그를 향해 다가왔기 때문이지. 게다가 지금도
돌봐줄 이 없이 고생하고 있는 것 또한 신께서 내린 일이고. 195
어떤 신께서 염두에 두지 않았다면 불가능한 일일세.
때가 이르기도 전에 트로이아를 향해
신들이 주신 저 대적할 길 없는 무기들을
당기지 못하게 하려는 것이지. 그 도시는 반드시
그 무기들로 제압되어야 한다고 말하지 않던가. 200

(신음 소리가 멀리서 들린다)

코로스(좌3) 말씀을 멈추세요, 아드님.
네오프톨레모스 왜지?
코로스 분명 소음이 일었는데,

앓는 사람이 늘 내는 그런 소리입니다.
여기, 아니면 저 자리일 텐데요.
와 닿습니다, 제게 틀림없이 와 닿습니다, 205
부득이하게 길을 기어가는 어떤 사람이 내는
소리가요. 멀리서부터 쇠약한 사람의 묵직한 음성이
제게 숨김없이 들립니다. 그는 분명히
울부짖고 있으니까요.

(신음 소리가 더 가까워진다)

코로스(우3) 자, 아드님… 210

네오프톨레모스 뭐지? 말해보게.

코로스 새로운 계획을 세우셔야 합니다.
그 사내는 집에서 멀리 떨어져 있기는커녕 바로 이 자리에 와 있습니다.
마치 초원에서 가축을 먹이는 목자가 부는 것 같은
쉬링크스(목적牧笛)의 선율 따위가 아니라,
아마 그가 어쩌지 못하고 휘청대며 215
멀리서도 들릴 정도로 비명을 내지르는 것 같습니다.
아니면, 배를 받으려 하지 않는 포구를 바라보며
그러는 걸 수도 있겠지요. 끔찍하리만큼 울부짖고 있잖습니까.

(필로크테테스가 활과 화살을 지닌 채 불편한 다리를 끌며 등장한다)

필로크테테스 오 오, 낯선 분들,
그대들은 대체 누군가요? 대체 어떤 고향 땅을 떠나[12] 220
닻을 내리기도 좋지 않을뿐더러 사람조차 살지 않는 이 땅에
정박했습니까? 그대들이 어떤 고장에서, 어떤 종족에게서 오셨다고

---

12 대본은 '어떻게 배를 타고 노를 저어'를 제안한다.

　　　　말해야 좋을는지요? 희랍 옷의 그 모습이,
　　　　실로 내게는 가장 사랑스럽습니다만,
　　　　일단 목소리를 듣고 싶군요. 행여 거친 내가　　　　　　225
　　　　꺼림칙하더라도 겁에 질려 도망치진 마세요.
　　　　그러지 말고 이 사람을 부디 가여워해주시구려, 이 불운한 외톨이를,
　　　　모든 것을 앗긴 채 친구도 없이 고생을 겪는 사람을.
　　　　부디 입을 열어주시구려, 그대들이 친구로 와주었다면.
　　　　제발 대답해주시구려, 내가 그대들에게 대답 듣지 못하는 것도,　　　　230
　　　　그대들이 내게 대답 듣지 못하는 것도 옳진 않은 것 같으니까요.

네오프톨레모스　그러면, 자, 낯선 분이여, 이걸 먼저 알아두시지요, 우리가
　　　　희랍인들이라는 걸. 이걸 알고 싶어 하시니 말입니다.

필로크테테스　아아, 사랑스럽기 그지없는 음성이여! 이럴 수가, 이리도
　　　　긴 세월이 흐른 끝에 이런 사람에게서 인사를 받게 되다니!　　　　235
　　　　오, 내 아들, 무슨 일이 그대를 붙든 거요, 어떤 필요가
　　　　그대를 여기까지 이끈 거요? 어떤 열망이, 어떤 순풍 중의 순풍이?
　　　　그대가 뉘신지 내가 알 수 있도록 이 모든 걸 내게 분명히 말해주오.

네오프톨레모스　나는 바다로 둘러싸인 스퀴로스[13]에서 태어난 사람입니다.
　　　　고향으로 항해하는 중이지요. 나는 아킬레우스의 아들,　　　　240
　　　　네오프톨레모스라고 합니다. 이제 그대도 모든 걸 아셨습니다.

필로크테테스　아아, 내가 가장 아끼는 아비의 자식이라니, 반가운 땅에서 왔구려.
　　　　그대 뤼코메데스[14] 어르신께서 길러주신 이여, 아니, 어떤 여행이기에
　　　　이 땅을 향한 항로를 잡으셨소, 어디로부터 항해해 온 거요?

네오프톨레모스　아닌 게 아니라 일리오스를 떠나 물길을 타고 오는 중입니다.　　　　245

필로크테테스　아니, 그게 무슨 말씀이오? 애초에 일리오스를 향해 항로를 잡을 때

13　에우보이아 동쪽에 있는 섬.
14　어떤 전승에 따르면, 아킬레우스는 스퀴로스의 왕 뤼코메데스의 딸인 데이다메이아에게서 네오프톨
　　레모스를 얻고 트로이아로 떠났으며, 네오프톨레모스는 뤼코메데스가 양육했다고 한다.

그대는 우리와 함께 바다로 나서지 않았던 게 분명한데.

네오프톨레모스 그러면 당신 역시 그 고역에 참여하셨던 겁니까?

필로크테테스 내 아들이여, 내가 누군지 모르오? 그대가 보고 있는 바로 이 사람을?

네오프톨레모스 단 한 번도 본 적 없는 사람을 내가 어떻게 잘 알겠습니까? 250

필로크테테스 아니, 내 이름조차, 내가 겪는 몹쓸 일들에 대한 소문조차

전혀 접해본 적이 없다니, 그 일들 때문에 나는 완전히 무너져 내렸건만!

네오프톨레모스 그대가 묻고 있는 것 중 내가 아는 건 전혀 없다는 걸 알아두시지요.

필로크테테스 오오, 격심한 고통을 겪는 자, 신들에게 미움을 산 자가 나로구나! 255

내 형편에 대한 소식이 집으로도,

희랍 땅 그 어디로도 가닿은 적조차 없다니.

반면, 불경스럽게도 나를 내던진 자들은

입을 다문 채 웃고 있는데, 내 병고는

끊임없이 자라나며 더 커져만 가는구나. 260

내 아들이여, 아비 아킬레우스에게서 태어난 자제여,

여기 그대 앞에 있는 나는 말이오, 아마 그대도 들어본 적

있을, 헤라클레스의 무기들의 주인인, 바로 그 사람,

포이아스의 아들 필로크테테스라오. 나를, 양 지휘관들[15]과

케팔레니아 사람들의 왕[16]이 아무것도 없는 이곳에 265

수치스럽게 내쳐버렸다오, 사람을 잡아 죽이는

독사에게 거칠게 물려 충격을 받고

사나운 질병으로 소진되어가던 나를.

그자들은, 아들이여, 바다 위의 크뤼세섬[17]으로부터 이리로

---

15 아가멤논과 메넬라오스. 아트레우스의 자식들이라고 부르기도 한다.

16 오뒷세우스. 『일리아스』 2권 631-637행에 오뒷세우스가 케팔레니아 사람들을 이끌고 트로이아 전쟁에 참전했다고 기록되어 있다.

17 필로크테테스가 테네도스섬에서 뱀에게 물렸다는 전승도 있으나, 이 작품에서는 그 장소를 크뤼세섬으로 설정하고 있다.

항로를 잡아 오더니 배를 대곤

이 질병과 함께 나를 여기에 외톨이로 내던졌다오. 270

그자들은 내가 엄청난 파도에 시달리다 잠든 걸 보더니

흡족해하며 곶에 붙은 바위 동굴 속에

나를 남겨두고 가버렸소, 누더기 몇 장에 음식 약간을

도움이랍시고 놓고서는, 이 불운한 사람에게는 그만큼도 어디냐만.

그자들에게도 부디 똑같은 일이 일어나기를! 275

그대는, 내 아들, 짐작이 가오, 그자들은 떠나간 마당에

내가 잠에서 깨어 일어나며 과연 어떻게 눈을 떴을지?

내가 얼마나 많은 눈물을 쏟아냈고, 그 자리에 사람이라곤

아무도 없고, 함께 타고 온 배들이 죄다 떠나는 걸 그저 바라만 보면서,

그 참담함에 얼마나 목 놓아 울부짖었는지? 280

지켜줄 이도 없이, 병고에 시달리는 나를 붙들어줄 이

하나 없이 말이오. 샅샅이 살펴보지 않은 곳이 없었지만

내가 찾아낸 건 내게 들러붙어 괴로움을 주는 이것 말곤 없었소,

그것만큼은 찾을 기회가 넘쳤다오, 내 아들이여.

세월은 그렇게 지나고, 또 세월이 흘러가더이다. 285

이 좁은 지붕 밑에서 나는 나 자신을 혼자서

돌봐야 했다오. 내 뱃속에 어울릴 만한 거라면

이 활이 날개 달린 비둘기를 쏘아 맞히며

찾아주었소. 하지만 시위를 당겨 날린

화살이 맞힌 것을 향해, 이 비참한 나는 290

매번 기어가야 했다오, 거기까지 이 불운한 다리를 끌어가며.

마실 것을 떠 와야 할 때에도,

또 겨울에 그러듯 서리라도 내려

장작을 패야 할 때에도, 난 고통스럽게 기어가

구해 오곤 했다오. 그리고 불이 없으면, 295

모습을 감춘 불을 돌에 돌을 비벼가며

겨우 드러나게 했고, 그게 매번 나를 살려낸다오.

기거할 수 있는 지붕에 불까지 더해지면 모든 걸

베풀어주는 셈이오, 내가 앓게 되지 않는 것만 빼고는.

자, 이제, 내 아들이여, 이 섬에 대해서도 알아두오. 300

이곳으로 자진해서 접근하는 선원은 아무도 없소.

포구라고 할 만한 것도 없고, 교역으로 이익을 보기 위해

항해해서 올 만한 그런 곳도, 환대를 받을 수 있는 곳조차 없다오.

분별이 있는 사람들은 절대로 이곳을 향해 항해하지 않소.

혹 누군가가 뜻하지 않게 정박할 때도 있긴 하오, 길고 긴 305

인생에서 그런 일도 종종 일어나는 법이니까.

그런 사람들이 올 때마다, 내 아들이여, 말로 내게 연민을 표하며

어쩌다 한 끼 먹을 것을 떼어줄 때도, 불쌍해하며 옷가지를

좀 줄 때도 있다오. 그러나 내가 이 말을 꺼내기만 하면

그건 아무도 들어주려 하질 않는구려, 부디 나를 구하여 310

집으로 데려가달라는 그 말을. 나는 고통을 겪으며 무너져 내리고 있소.

굶주림 속에서, 고통 속에서 벌써 햇수로 십 년이라오,

닥치는 대로 집어삼키는 이 질병을 먹여 살리며.

아트레우스의 자식들과 난폭한 오뒷세우스는, 내 아들이여,

내게 바로 이런 짓을 저지른 거요. 올륌포스의 신들께서는 부디 315

언젠가는 저를 위한 보복으로 저들에게 똑같은 것을 겪게 하소서!

코로스장 나 역시, 이곳에 다다랐던 그 손님들과 마찬가지로

당신을 가여워해야 좋을 성싶군요, 포이아스의 아드님.

네오프톨레모스 다름 아닌 바로 내가, 말씀하신 바의 증인이올시다.

나는 그게 진실임을 알고 있지요. 나도 당신처럼 그 몹쓸 작자들을 320

맞닥뜨렸으니까요, 아트레우스의 자식들과 난폭한 오뒷세우스를.

필로크테테스 아니, 정말 그대에게도 만물을 파멸케 하는 아트레우스의 자식들을

고발할 거리가 있는 거요, 그대가 직접 겪어 노하게 된 무언가가?

네오프톨레모스 언젠가는 이 손으로 내 분노를 잠재우게 되기만을 바랄 뿐입니다.
스퀴로스도 용맹한 사나이들의 어머니라는 걸   325
뮈케나이도, 스파르타[18]도 알 수 있도록 말이지요.

필로크테테스 옳거니, 내 아들, 그런데 그자들을 고발할 무슨 일이 있었기에
그 크나큰 분노를 품고 이리로 오게 된 거요?

네오프톨레모스 포이아스의 아드님, 말하기조차 어렵긴 하지만, 털어놓아보지요.
내가 도착했을 때, 그자들에게 극심한 패악을 겪었답니다.   330
운명의 몫이 아킬레우스를 붙들어 숨지게 한 그때…

필로크테테스 이럴 수가! 내가 이걸 먼저 알기 전에는 더 이상 말하지 마오,
펠레우스의 아들이 정말 목숨을 잃었단 말이오?

네오프톨레모스 돌아가셨습니다. 사람이 그런 것이 아니라, 신에 의해서지요.
들리는 말로는 포이보스[19]의 화살에 제압되셨다고 합니다.   335

필로크테테스 죽인 이도, 숨진 이도 고귀한 이들이로다.
내 아들이여, 그대가 겪은 일을 먼저 따져 물어야 할지,
아니면 그이를 두고 먼저 애곡해야 할지, 난감하외다.

네오프톨레모스 내가 보기에 그대는 이미 그대의 고통만으로도 충분하니,
불운한 분이여, 동료의 고통을 두고 애곡할 것까진 없습니다.   340

필로크테테스 당신이 옳게 말해주었소. 그렇다면 다시 그대의 일로 되돌아와서,
그자들이 어떻게 그대에게 주제넘게 굴었는지 말해주오.

네오프톨레모스 신과 같은 오뒷세우스, 그리고 내 아버지를 길러주신 분[20]께서
뱃머리가 화려한 배를 타고 내게 오더니 이렇게 말하더군요,

---

18 뮈케나이는 아가멤논의, 스파르타는 메넬라오스의 통치 영역이다.
19 아폴론의 또 다른 이름.
20 포이닉스. 『일리아스』 9권 445행 이하에서, 아버지 아뮌토르와 불화를 겪고 프티아로 도망친 포이닉스는 펠레우스의 환대를 받고 그 아들 아킬레우스를 기르며 돌롭스인들을 다스렸다고 한다. 포이닉스는 아킬레우스와 함께 트로이아 전쟁에 참전했고, 종전 후 네오프톨레모스와 함께 귀향하던 도중 죽었다고 전해진다.

그게 진실인지, 아니면 헛말인지는 모르겠으나, 345
내 아버지가 돌아가시고 난 다음, 나 아닌 다른 자가 페르가몬[21]을
함락하는 것은 법도에 어긋나는 일일 거라고 하더이다.
낯선 분이여, 그들은 그걸 그렇게 설명하고 나더니 이렇다 할 겨를도
주지 않고 서둘러 배를 타고 가도록 하더군요. 사실 가장 큰 이유는
돌아가신 그분에 대한 그리움이었지요. 아직 무덤에 덮이기 전에 350
뵙고자 했던 겁니다, 저는 그분을 뵌 적이 없으니까요.
그다음 이유는, 내가 트로이아 페르가몬으로 간다면
함락할 수 있을 거라는 그 근사한 말이었지요.
그러다 항해에 나선 지 이틀째가 되었고,
나는 순풍과 노 덕에 쓰라린 시게이온[22]에 가닿게 되었답니다. 355
그러곤 내가 배에서 내리자마자 전군이 나를 둘러싸더니
환영의 인사를 건네기 시작하더군요, 이제 더는 있지 않은
아킬레우스가 살아 돌아온 걸 보고 있노라며 맹세까지 하면서요.
그러나 그분은 누워 계셨고, 박복한 나는 그분을 두고
눈물을 쏟은 다음 곧바로 아트레우스의 자식들에게 360
갔답니다, 그들을 친구라고 여기고 있었으니까요.
그러곤 아버지의 무구와, 다른 나머지 유산을 돌려달라고 요구했지요.
그런데 그자들은, 맙소사, 파렴치하기 짝이 없는 말을 주워섬기더군요.
"아킬레우스의 씨앗이여, 네 아버지의 것들 중 다른 건
가져가도 좋다. 그러나 저 무구는 다른 남자가 365
주인 노릇 하고 있다, 바로 라에르테스의 아들이지."
나는 울음이 터져 나왔고, 분노가 북받쳐 그 자리에서
곧바로 솟구쳐 일어나 고통스럽게 말을 꺼냈지요.

---

21 각주 7, 9번 참고.
22 트로이아 북서쪽 인근 지역으로 스카만드로스강 어귀에 해당한다.

"이해할 수 없는 자여, 감히 나의 무구를 나 말고
다른 누군가에게 주었단 말이오, 내 뜻을 듣기도 전에?" 370
그러자 마침 곁에 있던 오뒷세우스가 말하더군요.
"그렇구나, 얘야, 이분들은 이걸 내게 적법하게 주신 거란다.
바로 이 몸이 그 자리에서 그이를 수습해냈으니까."
그자가 내게서 내 무구를 앗아 가겠다는 말에
나는 곧바로 분노에 휩싸여 욕이란 욕은 375
어느 하나 남겨놓지 않고 모조리 퍼부었지요.
상황이 여기까지 오자 그자도 성마른 사람은 아니었음에도
내 말을 듣곤 심란해졌는지 이렇게 대답하더군요.
"너는 우리와 함께 있지 않았다. 너는 멀찍감치, 네가 있어선
안 될 곳에 있었지. 네놈이 그렇게나 무모하게 입을 놀리니, 380
결코 이 무구를 가지고 스퀴로스로 항해하진 못하리라!"
나는 이런 말을 듣고, 그런 얼토당토않은 모욕을 받고
집으로 돌아가는 뱃길을 타고 있는 겁니다. 몹쓸 놈들 중에서도
최악인 아비[23]에게서 나온 오뒷세우스에게 내 몫을 빼앗긴 채로요.
[하지만 나는 그자가 아닌, 책임을 져야 할 자들을 탓하렵니다. 385
도시도 전적으로 지도자들에게 달린 법이고,
군대 역시 마찬가지니까요. 질서를 무너뜨리는 자들도
그 선생들의 가르침을 따르다 보니 몹쓸 자들이 되는 거고요.]
이제 할 말은 모두 했군요. 아트레우스의 자식들을 증오하는 이는

---

23 시쉬포스를 가리킨다. 희랍 신화에서 가장 속임수에 능한 인물로, 심지어 죽음을 상대로도 속임수를 써서 영생을 탐했다고 알려져 있다. 『오뒷세이아』 11권 593-600행은 그가 저승에서 큰 바윗덩어리를 언덕 꼭대기에 밀어 올리면 바위가 다시 굴러떨어지고, 이를 반복하는 형벌을 받고 있다고 전한다. 오뒷세우스의 아버지는 라에르테스라고 알려져 있으나, 호메로스 이후의 전승 중에는 안티클레이아가 시쉬포스의 아이를 임신한 상태에서 라에르테스와 결혼했고, 그렇게 낳은 아들이 오뒷세우스라는 설도 있다. 실제로 이 작품뿐만 아니라 『아이아스』 189행 등에서 오뒷세우스를 '시쉬포스의 자식/핏줄'로 일컬으며 오뒷세우스에게 경멸을 드러내기도 한다.

부디 내게도, 동시에 신들에게도 벗이 될지어다! 390

코로스(좌) 산들의 여신, 만물을 먹이시는 가이아,[24]
제우스 그분의 어머니시여,
황금도 풍요로운 거대한 팍토올로스강[25]을 다스리시는 분!
그곳에서도, 공경하올 어머니, 저는 임께 부르짖었나이다, 395
아트레우스의 자식들의 온갖 주제넘은 짓이
여기 이분에게로 다가오던 그때,
아버지의 무구를 라에르테스의 자식에게
넘겨주던 그때. 오오, 황소를 잡아 죽이는 사자들을 400
타고 다니시는 분이여,
더없이 드높은 경외를 받으실 분이여!

필로크테테스 내가 보기에 그대들은 고통의 분명한 징표를 들고,
손님들, 내게로 항해해 온 것 같구려. 게다가 그대들은
나와 같은 음조로 노래하니 과연 이것이 아트레우스의 405
자식들과 오뒷세우스가 벌인 짓이라는 걸 알 수 있다오.
불의한 짓을 결국 꾸밀 수만 있다면 그자는
그 어느 비열한 말에도, 어떤 짓거리에도 혓바닥을
꿈틀댄다는 걸 나도 낱낱이 알고 있기 때문이오.
내게 충격으로 다가온 건 그런 게 아니라, 큰 아이아스가 410
만일 그 자리에 있었다면, 그걸 보고도 참았다는 거요.

---

24 대지의 여신. 헤시오도스의 『신들의 계보』 116행 이하에서는 태초에 카오스(큰 틈)가 생겼고, 그다음에 가이아와 에로스가 생겨났다고 전한다. 가이아는 우라노스(하늘), 우레아(산), 폰토스(바다)를 낳았고, 우라노스와 결합하여 티탄들과 퀴클롭스들, 그리고 헤카톤케이르들을 낳았다고 한다. 제우스의 아버지 크로노스는 이 티탄 중 하나이다.
25 오늘날의 튀르키예 서해안 가까이에 흐르는 강.

네오프톨레모스 그분은 더 이상 살아 계시지 않았지요, 낯선 분이여. 그분만
살아 계셨어도 나는 그것을 빼앗기지 않았을 테지요.

필로크테테스 뭐라고 했소? 정말 그이도 죽어서 떠나갔다고?

네오프톨레모스 그분이 더는 이 빛 속에 계시지 않을 거라 여겨두십시오. 415

필로크테테스 이럴 수가, 불행이로다! 그런데 저 튀데우스의 자식[26]과,
라에르테스에게 팔아넘긴 시쉬포스의 자식은 죽지도 않는구나.
그 녀석들은 숨이 붙어 있을 이유가 없거늘.

네오프톨레모스 죽었을 리가요! 그것만큼은 확신하셔도 됩니다. 그러긴커녕
아르고스인들의 군대에서 여전히 엄청난 번영을 누리고 있지요. 420

필로크테테스 〈이런,〉 그러면 연로하신 내 훌륭한 벗은 어찌 되셨소? 퓔로스에서 오신
네스토르 말이오, 살아 계시오? 그분은 지혜로운 조언을 하시며
그자들의 패악을 막아내곤 하셨다오.

네오프톨레모스 그분도 요새 사정이 흉흉합니다. 그분 곁에 있던 아드님
안틸로코스가 죽어 떠나갔으니까요.[27] 425

필로크테테스 이럴 수가! 이번엔 그대가 두 사람을 말씀하시는구려,
내가 끝까지 부고를 듣고 싶지 않았던 그 두 사람을.
빌어먹을, 빌어먹을! 대체 나는 무엇을 바라봐야 하는 거요,
그 둘은 죽었는데 오뒷세우스는 또다시 살아 있다면! 그이들 대신
그 녀석이 송장이 되었다는 말이 나왔어야 하는 마당에! 430

네오프톨레모스 그자는 영특한 싸움꾼이지요. 그러나 그 영특한 판단이라는 것들도,
필로크테테스여, 가끔은 고꾸라지게 되어 있습니다.

필로크테테스 자, 그러면, 신들의 이름으로 부탁하니 말해주오, 그대가 처한 그 상황에서
대체 파트로클로스는 어디에 있었소? 그대 아버지가 가장 아끼던 그이 말이오.

---

26 디오메데스.
27 유실되어 전해지지 않는 서사시 『아이티오피스』에 따르면, 네스토르의 아들 안틸로코스는 에오스(새벽)의 아들 멤논에게 살해당하고, 아킬레우스가 멤논을 죽였다고 한다. 핀다로스의 『퓌티아 경기 축가』 6번 28-39행, 『오뒷세이아』 3권 111-112행, 4권 188행이 이 내용을 다루고 있다.

네오프톨레모스 그분도 이미 고인이셨지요. 간단히 줄여 당신께 분명히   435
　　　　　　알려드리자면, 전쟁이란, 짐만 되는 자들을 노리고 잡아가진 않지만
　　　　　　꼭 필요한 이들은 매번 잡아가는 법입니다.
필로크테테스 그거라면 나도 그대를 위해 함께 증인으로 나설 수 있어요. 내친김에
　　　　　　바로 그 맥락에서 하나 묻겠소, 쓸모라곤 전혀 없는 자인데
　　　　　　혓바닥은 기가 막힌 데다가 교활하기까지 하오, 그자는 지금 어찌 되었소? 440
네오프톨레모스 아니, 그런 사람이라면 오뒷세우스 말고 또 누구를 말씀하시는 겁니까?
필로크테테스 그놈을 말하려던 게 아니오. 테르시테스[28]라는 자가 있었다오.
　　　　　　그자는 한 번 말하는 걸로는 도저히 그만둘 수가 없는 자였소,
　　　　　　그자의 말을 아무도 허락하려 하지 않았지만. 그자도 여전히 살아 있는지
　　　　　　아오?
네오프톨레모스 내 직접 본 적은 없으나, 그자는 여전히 살아 있다 들었습니다.   445
필로크테테스 예상했던 대로요. 비열한 자는 파멸을 맞기는커녕
　　　　　　외려 신들께서 제대로 보호해주신다오. 어쩌면 그분들은
　　　　　　무슨 짓이라도 저지를 수 있는, 닳고 닳은 자들을
　　　　　　하데스[29] 밖으로 되돌려보내며 즐거움을 누리시는 것 같소,
　　　　　　반면 정의롭고 꼭 필요한 사람들은 매번 그리로 보내버리면서.   450
　　　　　　이걸 어떻게 여겨야 마땅하겠소, 내가 신들이 하신 일을 칭송하다가
　　　　　　신들이 비열하다는 걸 알게 되면, 대체 무슨 수로 칭송할 수 있겠냔 말이오.
네오프톨레모스 나는 말입니다, 오이테[30]에 계신 아버지께 나신 분이여,

28　트로이아 전쟁에 참전한 희랍군 병사로 아킬레우스와 오뒷세우스를 헐뜯는 버릇이 있어 모든 사람의 미움을 받는다. 『일리아스』 2권에서는 아가멤논을 비난하다가 오뒷세우스에게 호되게 매를 맞는다. 유실되어 전해지지 않는 서사시 『아이티오피스』에 따르면, 펜테실레이아를 친 아킬레우스가 죽어가는 그녀를 보고 사랑을 느끼자 테르시테스가 그를 조롱하다가 아킬레우스에게 맞아 죽었다고 한다.

29　저승, 또는 저승의 지배자를 가리킨다. 저승의 지배자 하데스는 크로노스와 레아의 아들로, 제우스, 포세이돈과 동기간이다. 이 3형제가 세계를 삼분하여 다스리게 되었을 때 하데스는 지하 세계의 몫을 얻었다고 한다.

30　희랍 중부의 산으로, 필로크테테스의 고향이며 헤라클레스가 최후를 맞은 곳이다.

일리오스도, 아트레우스의 자식들도 앞으로는 그저
멀찍감치 떨어져서 구경하되, 경계는 늦추지 않을 겁니다. 455
더 못한 자가 더 나은 자보다 더 큰 힘을 쥐며,
꼭 필요한 사람들은 절멸하되, 비겁한 자들이 다스리는
그런 곳에서 나는 그런 인간들에게 도저히 정붙일 수가 없습니다.
천만에요, 내가 집에서 낙을 누리려면 여생은
바위투성이 스퀴로스로도 차고 넘치지요. 460
이제 나는 배로 가렵니다. 그대도, 포이아스의 아드님,
가장 좋은 일이 있기만을 빕니다, 안녕히 계십시오. 신들께서 부디
그대가 바라는 바대로 그대를 질병에서 놓아주시기를!
그럼 우리는 가보겠습니다, 신께서 우리에게 허락하시는
바로 그때에 출항하려면요, 그때 우리도 움직여야지요. 465

(네오프톨레모스가 떠날 준비를 한다)

필로크테테스 내 아들이여, 그대들은 벌써 떠날 채비를 하는 거요?

네오프톨레모스 네, 출항에 맞춤한 시점을 잡으려면 멀리서 바라보는 것보다야 가까이에
서 관찰하는 것이 훨씬 더 나으니까요.

필로크테테스 그대의 아버지와 그대의 어머니의 이름으로, 내 아들이여, 그리고
집안에서 그대의 사랑을 받는 그 무엇을 두고서라도 내 그대에게
탄원자가 되어 빌고 있소, 제발 나를 이렇게 혼자 막막하게 버려두지 470
말아주오, 그대도 보다시피 이런 몹쓸 곳에 말이오. 또 내가
이 지경 속에서 살아가고 있다는 건 그대도 분명히 들었잖소.
그러지 말고 나를 들러리 삼아 실어주시오. 이 짐짝이 몹시
불쾌하다는 건 나도 잘 알고 있다오.
그래도 좀 견뎌주시구려. 고귀한 이들에게 475
수치스러운 것은 가증스럽고, 가치 있는 것은 명성을 안기니 말이오.
그대가 이걸 포기한다면 불미스러운 오욕이 있겠지만,
해주기만 한다면, 내 아들이여, 그래서 내가 살아서 오이테 땅에

가닿기만 한다면, 그대에게 더없이 커다란 명예의 선물이 있을 거요.
자, 이건 분명 한나절도 채 걸리지 않을 고생이라오.
이 한 번만 무릅써주시오. 나를 데리고 가서 어디든 그대가 원하는 곳에
던져놓으시오. 거기가 배 밑바닥이든, 이물이든 고물이든 상관없으니
내가 동행들에게 가장 폐를 끼치지 않을 수 있는 곳에 말이오.
이 한 번만 고개를 끄덕여주오. 탄원자를 지키시는 제우스 그분의 이름으로
비오, 내 아들이여, 한 번만 내 말을 들어주오. 나 비록 아무 힘도 없는
비참한 자요 절름발이일지언정 그대 앞에 무릎 꿇고 엎드려 있소.
제발 나를 사람들의 발자취도 없는 곳에 이렇게 막막하게 버려두고
가지 마오. 그러지 말고 나를 그대의 집으로 데려가 구해주오, 아니
칼코돈[31]의 거처가 있는 에우보이아[32]로 데려가도 좋소.
거기서는 오이테로, 트라키스[33]의 산등성이들로,
또 거침없이 물결치는 스페르케이오스강으로 가는 뱃길이
멀지 않으니, 그대는 나를 내 아버지께 보여줄 수 있을 거요,
물론 그분이 나를 떠나 돌아가신 게 아닌지 벌써 오랫동안
걱정해왔다오. 이곳에 왔던 사람들을 통해 그분께
와주십사며 내가 간곡하게 탄원한 게 벌써 여러 번이라오,
직접 배를 몰고 오셔서 나를 구해 집으로 데려가달라고 말이오.
하지만 그분이 이미 돌아가셨든지, 아니면 내 짐작건대
내 소식을 전해야 할 이들이 그걸 대수롭지 않게 여기고
제집으로 서둘러 항해했을 수도 있을 거요.
그러다 나 이제야 인도자요 전령인 그대에게 왔으니, 이번만큼은

480

485

490

495

500

---

31 칼코돈은 에우보이아의 전사로 테바이인들과의 전쟁에 나섰다가 암피트리온에게 죽었다고 전해진다.
32 에우보이아는 희랍에서 크레테 다음으로 큰 섬으로 본토 동쪽에 에우리포스 해협을 사이에 두고 남북으로 길게 뻗어 있다. 『일리아스』 2권 536-545행은 칼코돈의 아들 엘레페노르가 이곳 사람들을 이끌고 트로이아 전쟁에 참전하였다고 전한다.
33 오이테산 인근 지역으로 소포클레스의 『트라키스의 여인들』의 배경이 된다. 『일리아스』 2권 681-685행은 트라키스 사람들이 아킬레우스의 지휘를 받는 것으로 그리고 있다.

그대가 나를 구해주오, 나를 가엾게 여겨주오. 필멸의 인간들에게는
온갖 끔찍한 것이 위태롭게 도사리고 있다는 걸 그대도 보지 않소,
탈 없이 겪는 것도 있지만, 그렇게 안 되는 것도 있다오.
[재앙에서 벗어나 있는 자는 두려움을 직시해야만 한다오.
삶이 제대로 풀려나가는 때일수록 제 삶을 힘껏 505
들여다봐야 하오, 알아차릴 새도 없이 파멸당하지 않으려면.]

코로스(우) 연민을 품으십시오, 왕이시여. 그이는
견디기 어려운 수많은 수고로 점철된 고통을 말했나이다.
제 벗들 중에선 아무도 그런 일을 만나지 않기만을!
왕이시여, 그대가 저 쓰디쓴 아트레우스의 자식들을 증오하신다 해도, 510
저라면 그들의 패악을
이분을 위한 이익으로 자리바꿈하여,[34]
이분이 바라마지않는 곳을 향해, 515
장비를 잘 갖춘 빠른 배로
모셔다드리고, 댁으로요,
신들의 분노를 피하렵니다.

네오프톨레모스 자네는 지금 비록 잘 견디는 사람으로 이 자리에 있지만,
이분과 동행하게 되어 그 질병으로 고스란히 채워지게 되면, 520
그때 자네는 더 이상 자네가 한 말과 같은 사람으로 보이지 않을 걸세.
코로스장 그럴 리가요! 그대가 제게 그런 비난을
정당히 던지실 일은 없을 겁니다.
네오프톨레모스 어쨌든, 이 낯선 분을 위해 적절한 수고를 들이는 일에
내가 자네보다 부족하다면, 그건 정말로 부끄러운 일이지. 525

---

34 대본은 '이익으로 자리바꿈하여' 대신 '큰 이익으로 놓아'를 제안한다.

그렇게 하는 게 맞다면, 출항하세나, 저분도 서둘러 채비하시게 하게.
우리 배는 저분을 내치지 않고 모셔다드릴 테니까.
그저 신들께서는 이 땅으로부터 저희를 구해내시어
저희가 항해하기로 결정한 곳으로 저희를 이끄소서!

필로크테테스 아아, 더없이 사랑스러운 날이여! 더없이 다정한 사내여, 530
사랑하는 선원들이여, 그대들이 나를 이토록 사랑받는 벗으로
삼아주었는데, 내 이걸 그대들에게 어떻게 행동으로 보여드려야 할지!
갑시다, 내 아들이여, 집이라 할 수 없는 저 거처 안쪽에 인사를
건네고 난 다음에 말이오. 그러면 내가 무엇으로 목숨을 이어왔는지,
내 심장이 얼마나 굳센지 그대도 알게 될 거라오. 535
나 아닌 다른 사람이라면 그 광경을 눈으로
보는 것조차 참지 못할 거라 보오. 그래도 나는
어쩔 도리 없이 그 참혹함조차 사랑하는 법을 배웠다오.

(오뒷세우스, 혹은 부하 하나가 상인으로 변장한 채 선원을 데리고 등장한다)

코로스 두 분은 멈추십시오, 서 계세요.[35] 사람 둘이 있는데
하나는 그대 배의 선원이고, 다른 하나는 외지인이군요. 540
이리로 오고 있으니 일단 알아보고 나서 안으로 드시지요.

상인 아킬레우스의 아드님, 나와 동행한 여기 이 사람은
다른 두 사람과 함께 그대의 배를 지키고 있었고,
나는 그에게 어디에서 그대를 만날 수 있을지
내게 알려달라고 청했습니다. 어쩌다 보니 뜻하지 않게 545
같은 땅에 정박하게 된 거지요.
나는 장삿배의 선주올시다. 많지 않은 일행과 더불어
일리오스를 떠나 집을 향해, 포도가 잘 자라는
페파레토스[36]로 항해하는 중이지요. 이 선원들이

---

35 다른 모든 사본은 '서 계세요' 대신 '우리가 알아봐야 합니다'로 전하고 있다.

모두 그대의 배를 타는 사람들이라는 말을 듣고 나니, 550
그대에게 이걸 알려주기 전에 아무 말도 없이 항해를 이어가면
안 되겠다 싶었지요, 물론 상응하는 대가를 받고요.
그대를 둘러싸고 벌어지는 일에 대해 그대는 아마
모르고 있겠지요, 그대를 두고 아르고스인들에게
새로운 계획이 있다는 걸. 아니, 계획 정도가 아니라 555
이미 실행에 나섰지요, 더는 그냥 지나칠 수 없을 정도로요.

네오프톨레모스 나를 배려해준 그 호의는, 낯선 분이여, 감사한 기억으로
남을 거라오, 내가 비열하게 태어나지 않은 이상. 이제 그대가
말한 바를 알려주시오, 그래야 당신 말대로 아르고스인들 쪽에서
나를 노리고 세운 그 새로운 계획이 무엇인지 나도 알 수 있을 테니까. 560

상인 그들은 이미 그대를 추적하며 뱃길을 타고 나섰습니다.
노장 포이닉스, 그리고 테세우스의 아들들[37]입니다.

네오프톨레모스 나를 도로 데려가려고? 무력으로, 아니면 말로?

상인 알 수 없지요. 나는 그저 그 말을 듣고 전하러 그대 앞에 와 있으니까요.

네오프톨레모스 포이닉스, 그리고 그 배에 함께 탄 이들이 아트레우스의 자식들의 565
기쁨이 되려고 그렇게나 열성을 보이며 이 일에 나섰다니, 정말이오?

상인 그들이 그 일을 하고 있다는 걸 알아두세요, 당장 완수되지야 않겠지만.

네오프톨레모스 아니, 그러면 오뒷세우스는 어째서 스스로 사절이 되어 출항할 준비를
하지 않은 거요? 어떤 두려움이 그를 가로막았던 거요?

상인 내가 배를 띄우려고 할 때, 그이와 튀데우스의 아들은 570
다른 사람을 쫓아 떠나고 있더군요.

네오프톨레모스 오뒷세우스가 직접 항해에 나서다니, 그 대상이 과연 어떤 사람이기에?

---

36 에게해 서부, 에우보이아섬 북쪽에 위치한 작은 섬의 지역.
37 아카마스와 데모폰을 가리킨다. 호메로스의 서사시에는 등장하지 않지만, 에우리피데스의 『헤라클레스의 자녀들』 119행, 『헤카베』 122행 이하에서 아테나이 사람들로 소개된다. 유실된 서사시 『일리오스의 함락』에서는 트로이아 전쟁 말기에 활약한 사람들로 그려진 것으로 추정된다.

상인   그게 분명 누구였냐면… 아니, 우선은 이 사람이 누군지 내게
       알려주시지요. 무엇을 말하든, 목소리를 키우진 마시고요.

네오프톨레모스   그대 앞에 있는 이분이 바로 그 명성 높은 필로크테테스라오, 낯선 분
       이여.   575

상인   이제 내게 더는 묻지 마시고 그대 자신을 추슬러
       최대한 빨리 이 땅에서 배를 띄워 나가세요.

필로크테테스   저이가 무슨 말을 하는 거요, 내 아들이여? 저 뱃사람은 대체
       무슨 비밀스러운 말을 하며 나를 두고 그대와 흥정하는 거요?

네오프톨레모스   무슨 말인지 나도 잘 모르겠습니다. 이 사람은 그대와 나,   580
       그리고 이 사람들 앞에서 용건을 밝히 드러내어 말해야 합니다.

상인   아킬레우스의 아드님, 내가 하지 말아야 할 말을 했다고 해서 군대에
       고발하진 마십시오. 내가 그들을 위해 일하는 대가로 나는 그들에게서
       많은 걸 얻고 있으니까요, 가난한 사람이 얻는 그런 것들이지요.

네오프톨레모스   나는 그 자들에게[38] 원수고, 이분은 내게 둘도 없는   585
       친구라오, 아트레우스의 자식들을 혐오하니까.
       그대가 만일 내게 친구로 와주었다면, 그대가 들은 말을
       우리 앞에서 절대로 숨겨서는 안 되오.

상인   그대가 무슨 일을 하고 있는지 직시하시기를, 아드님.

네오프톨레모스   나는 이미 한참 전부터 주시하고 있소.

상인   이 일의 책임은 그대가 지는 것으로 하지요.

네오프톨레모스   그렇게 하고, 일단 말해보오.   590

상인   말씀드리다. 바로 이분을, 그대가 들은 두 남자가 노리고 있습니다,
       튀데우스의 아들과 오뒷세우스의 힘[39]이 말입니다.
       그들은 기필코 이분을 데려오겠노라며 맹세를 걸고 항해 중입니다,

---

38 다른 모든 사본은 '그 자들에게' 대신 '아트레우스의 자식들에게'로 전하고 있다.
39 희랍인들은 사람을 가리킬 때 그 사람의 힘, 또는 머리라는 표현을 즐겨 사용하였다.

말로 설득해서든, 힘의 위력을 써서든지요.

게다가 오뒷세우스가 그렇게 말하는 걸 모든 아카이아인들이 595

똑똑히 들었지요. 그는 이 일을 해내는 데에

다른 누구보다도 더 큰 자신감이 있었으니까요.

네오프톨레모스 아니, 아트레우스의 자식들이 이분을 내쳐버린 게

벌써 하세월인데, 그토록 오랜 세월이 지난 마당에 도대체

무얼 해보려고 이분에 대한 입장을 바꾼 거요? 600

그자들에게 닥친 그리움이란 게 도대체 뭐요?

패악을 되갚아주는 신들의 힘과 분노랍니까?

상인 내가 그대에게 모든 걸 낱낱이 알려드리지요, 아마도

그대는 듣지 못한 것 같으니까요. 혈통이 좋은 예언자가

하나 있었지요, 프리아모스의 아들로, 이름은 헬레노스[40]라고 합니다. 605

어느 밤, 혼자 밖에 나온 그이를 간계에 능한 오뒷세우스가

붙잡은 겁니다. 수치스럽고 명예롭지 못한 말이란 말은

모조리 듣는 사람이지요. 그는 그이를 포박한 채로 끌고 가

한가운데에 놓고 아카이아인들에게 가리켜 보였지요,

그 근사한 사냥감을 말입니다. 그이는 그들에게 다른 모든 예언을 610

전하고 나서, 트로이아 페르가몬에 대해서도 이렇게 말했지요,

이분이 지금 살고 있는 바로 이 섬에서 이분을 말로 설득해서

데려오지 못한다면, 결코 함락되지 않으리라고요.

그리고 라에르테스의 아들이 예언자의 이 말을 듣더니

당장 약속하더군요, 이분을 아카이아인들에게로 615

데려와서 보여주겠노라고요.

순순히 데려오는 게 최선이지만, 만일 이분이 원치 않는다면

억지로라도 끌고 오려고 생각한 것 같습니다. 만일 자신이 해내지

---

40 트로이아의 프리아모스 왕과 헤카베의 아들로 예언자이다.

못한다면 그들 중 누구든 원하는 사람더러 자기 머리를 쪼개게 하겠다고
하더군요. 아드님, 이제 전부 들으셨습니다. 일단 그대에게　　　　　　　620
서두르시라 말씀드립니다, 신경 써야 할 누군가가 있다면 그도.

필로크테테스 이럴 수가, 비참하도다! 온통 해악뿐인 그자가
　　　　　이 몸을 설득하여 데려가겠다고 아카이아인들에게 맹세를 했다고?
　　　　　내가 죽은 다음 하데스를 빠져나와 빛을 향해 올라오라 한다면
　　　　　납득해주마, 꼭 제 아비[41]가 그랬던 것처럼.　　　　　　　　　625

상인 그거야 내가 알 수 없는 일이고요. 그나저나 나는 이제 배로 가렵니다.
　　　어찌 되었든 신께서 그대들을 위해 최선의 것을 가져다주시기를!

(상인 퇴장한다)

필로크테테스 정말이지 이건, 내 아들이여, 끔찍하오,
　　　　　라에르테스의 자식이 솔깃한 말로 나를 배에 태우고 가서
　　　　　아르고스인들 한가운데에 놓고 보여줄 심산이라니!　　　　　　630
　　　　　안 되고말고. 차라리 내게 가장 밉살맞은 저 독사의 말을
　　　　　듣는 게 낫소, 내 발을 앗아 간 그 녀석의 말을.
　　　　　물론 그는 무슨 말이든 입에 올릴 수 있고, 무슨 짓이든
　　　　　서슴지 않는 자요. 이젠 나도 그가 들이닥칠 거라는 걸 아오.
　　　　　그러니, 내 아들이여, 갑시다. 그래야 드넓은 바다가　　　　　635
　　　　　오뒷세우스의 배와 우리를 갈라놓을 수 있을 테니까.
　　　　　출발합시다. 때맞추어 서두르면 노역이 멎고 난 다음
　　　　　잠과 휴식을 얻을 수 있다오.

네오프톨레모스 그래요, 이물로 불어오는 바람이 그치고 나면
　　　　　　그때 출항합시다. 지금은 맞은바람이 일고 있으니까요.　　　640

필로크테테스 재앙을 피해 달아날 때에는 항상 순항인 법이오.

네오프톨레모스 아니, 이건 그자들에게도 맞은바람입니다.

41　시쉬포스. 각주 23번 참고.

필로크테테스 해적들에게는 맞은바람이란 게 없다오,

훔치고 힘으로 빼앗아 갈 게 있는 이상.

네오프톨레모스 정 그러시다면 출발하지요, 저 안에서 그대에게

필요한 것, 그리고 그대가 제일 의지하는 것을 가져온 다음에요.

필로크테테스 많진 않지만 꼭 그래야 할 것이 있다오.

네오프톨레모스 내 배에 있지 않은 게 뭐가 있을까요?

필로크테테스 내게 어떤 약초가 있는데, 늘 그것으로 이 상처를

최대한 잠재우고 있다오, 온전히 길들일 수 있도록 말이오.

네오프톨레모스 그러면 그걸 꺼내 오시지요. 들고 오고 싶은 뭔가가 또 있나요?

필로크테테스 이 화살들 중에 하나라도 못 보고 남겨둔 게 있다면 가져오리다,

내가 남겨두어 누가 가져가는 일이 없도록.

네오프톨레모스 지금 쥐고 계신 것이 바로 그 유명한 활인가요?

필로크테테스 그렇소, 다른 무엇 아닌 바로 그것을 내 두 손에 들고 있다오.

네오프톨레모스 혹시 내가 가까이에서 그걸 바라보고, 들어보고,

마치 신처럼 경배해도 괜찮겠습니까?

필로크테테스 적어도 그대에게는, 내 아들이여, 이것뿐만 아니라 내 가진 것들 중

그대에게 도움이 될 만한 다른 무엇이라도!

네오프톨레모스 그러다마다요, 간절한 바람입니다. 물론 제 바람은 이렇습니다,

만일 내가 그래도 법도에 맞는다면 기꺼이 하되, 그러나 그게 아니라면 놔

두렵니다.

필로크테테스 그대의 말은 경건할뿐더러, 내 아들이여, 법도에도 맞는구려.

그대는 내게 헬리오스[42]의 빛을 보게 해준 이라오,

오직 그대만이 오이테의 땅을 보게 해주었고,

늙으신 아버지를, 벗들을 보게 해주었다오. 원수들에게

짓눌려 있던 나를 그들 너머로 일으켜 세운 이라오.

---

42 태양, 혹은 태양의 신.

용기를 내보오, 그대가 만져볼 수 있게 이 활이 곁에 있잖소.

그리고 이걸 준 사람에게 되돌려주면 되오. 그리고 크게 외쳐 자랑해보오,

필멸의 인간들 중 오로지 그대만이 그 탁월함 덕택에 이 활을 만져보았노

라고.

나 역시 훌륭한 일을 행한 덕에 이것을 얻게 된 거라오. 670

네오프톨레모스 그대를 보고, 또 친구로 삼게 되다니, 내게는 한 점 근심조차 없습니다.

누구든 좋은 일을 맞아 훌륭하게 행동할 줄 아는 사람은

그 어떤 재산보다도 더 강력한 친구가 될 테니까요. 자, 안으로 드시지요.

필로크테테스 나 그대도 안에 데려가려 하오. 이 질병이 그대를

내 곁에서 도와줄 이로 삼길 간절히 바라고 있으니까. 675

(두 남자가 동굴로 들어간다)

(정립가)

코로스(좌1) 그저 말로만 들었을 뿐, 내 눈으로 본 적 전혀 없다네,

예전에 제우스의 침상으로

가까이 다가섰던 그자를

크로노스의 막강한 아드님께서

내던져 휘도는 바퀴 테두리에

묶어놓았다는 걸.[43]

그러나 필멸의 인간들 중에서 680

여기 이 사람보다 더 가증스러운 운명의 몫을

맞닥뜨린 사람이라면 나는 듣도 보도 못했거니와

어느 누구도 알지 못하노라.

---

[43] 익시온을 가리킨다. 핀다로스의 『퓌티아 경기 축가』 2번 21-48행에서 전하는 이야기는 다음과 같다. 그가 헤라에게 음욕을 품고 접근하자, 제우스는 이를 알아차리고 헤라를 닮은 구름을 만든다. 익시온은 이 구름과 결합하여 켄타우로스들의 아비가 되었고, 제우스는 그를 바퀴에 묶어 영원히 고통받게 하였다고 한다.

이이는 누군가에게 무슨 짓을 저지른 적도 없이, 뭔가를 빼앗은 적도 없이 685
정의로운 이들 사이에서 정의로운 사람으로 지냈건만,
당치도 않게 파멸을 겪고 있었구나.
경악이 나를 사로잡는도다,
대체 어떻게, 도대체 어떻게 두루 들이치며 달려드는 파도 소리를 혼자 들어가며,
어떻게 이렇게 눈물이 쏟아져 내릴 지경으로 목숨을 붙들고 있었는지. 690

(우1) 자신이 스스로의 이웃이 되어, 걸음을 뗄 수도 없이,
재앙 중에 곁에 있어줄, 그를 갉아먹으며
피투성이로 만드는 그 상처로 인한 신음에
소리 높여 울어 답해줄 토박이 하나 없이,
야수처럼 거친 발의 상처에서 695
너무나도 뜨겁게 솟구치는 피를
약초로 잠재우며 누그러뜨려줄 이 하나 없이,
풀을 키우는 대지에서 약초를 뜯어 오고픈 갈망이
그에게 내리 덮치기라도 하면, 700
그는 이리로, 또 저리로 제 몸을 끌며
기어가곤 하지,
마치 사랑스러운 유모 없는 아이처럼,
달랠 것이 있는 그곳으로,
기백을 갉아먹는 재앙이 705
진정될 때마다.

(좌2) 신성한 대지의 소출을 식량으로 삼지도 못하고, 우리 인간들이
거두어 먹는 다른 무엇도 얻지 못한 채,
다만 빠르게 쏘아 날리는 활을 떠난 710
깃 달린 화살들로 자기 배를 위해 음식을 얻을 뿐이로다.

아아, 참혹한 목숨이여,

무려 십 년의 세월 동안 포도주 한 모금의 낙조차 누리지 못한 채,   715

그저 물웅덩이가 어디에 있을지 바라보며

늘 그리로 다가가곤 했구나.

(우2) 그러나 이제 그도 훌륭한 분들의 아드님을 만났으니

저 고통에서 벗어나 행복해지고 위대해지리라.   720

수많은 달들을 채운 끝에, 그분은 그를

바다를 가로지르는 배에 태워

멜리스의 요정이 있는 선조들의 뜰로,   725

스페르케이오스강 둑 곁으로 데려가리라. 그곳에서 청동 방패를 든

한 사내가 찬란하기 그지없는 아버지의 불길에 휩싸인 채 신이 되어

신들께로 다가갔다네, 오이테산 저 높은 곳 위에서.[44]

(네오프톨레모스와 필로크테테스가 동굴에서 나와 무대 위로 등장한다. 필로크테테스가 발작을 일으킨다)

네오프톨레모스 원한다면 오시지요. 왜 그렇게 공연히   730
     아무 말도 없이 꼼짝도 못 하고 있습니까?

필로크테테스 아아, 아아악!

네오프톨레모스 아니, 뭡니까?

필로크테테스 끔찍할 건 없는 일이라오. 자, 가시오, 내 아들이여.

네오프톨레모스 늘 있던 그 질병의 통증이 도진 거지요, 아닌가요?

필로크테테스 아니라오, 절대 아니라오, 금세 나아지는 것 같구려. 아아, 신들이시여!   735

네오프톨레모스 그러면 왜 그렇게 소리 높여 신음하며 신들을 부르는 겁니까?

필로크테테스 다정한 구원자들로서 우리에게 오시라고 그러는 거라오. 아아, 아악!

---

44 헤라클레스의 최후를 묘사하고 있다. 반면, 『트라키스의 여인들』에는 헤라클레스의 사후 신격화에 대한 암시가 없다.

네오프톨레모스 대체 무얼 겪으시길래 그럽니까? 말씀은 안 해주시고, 그저 이렇게
묵묵부답으로 계실 건가요? 곤란한 상황을 맞은 것 같습니다만.

필로크테테스 나는 끝장났소, 내 아들이여, 그대 곁에서 이 고통을
숨기지 못하게 되겠구려, 아아악! 아예 꿰뚫는구나,
꿰뚫는단 말이다! 아아, 비참한 내 신세여!
나는 끝났소, 내 아들이여. 나를 물어뜯는구려, 내 아들이여.
아악, 아아악, 으아아아아악!
신들의 이름으로 청하오, 내 아들이여,
그대 두 손에 칼을 들고 있거든,
내 발끝을 내리찍어주오. 최대한 빨리 잘라내 주오.
내 목숨 따윈 개의치 말고 해주시오, 내 아들이여.

네오프톨레모스 느닷없이 벌어진 이 심상치 않은 사태가 대체 무엇이길래
그대가 그토록 비명을 지르고 신음을 내뱉는 겁니까?

필로크테테스 그대는 알고 있소, 내 아들이여.

네오프톨레모스 그것이 대체 무언가요?

필로크테테스 그대도 알고 있단 말이오, 내 아들이여.

네오프톨레모스 당신에게 무슨 일이 벌어진 건지 저는 모릅니다.

필로크테테스 어떻게 그걸 모를 수가 있소? 아아아악!

네오프톨레모스 이 병고의 짐은 실로 끔찍하군요.

필로크테테스 끔찍하기가 이루 말할 수 없을 정도라오. 그러지 말고 나를 가엾게 여겨
주오.

네오프톨레모스 대체 내가 무얼 해드려야 합니까?

필로크테테스 겁이 난다고 해서 나를 버리고 가지 마오.
아마도 이 녀석[45]은 족히 떠돌아다니다가 시간이 좀 지나면 찾아오니 말이오.

네오프톨레모스 이오, 이오,[46] 그대 불운한 분이여,

---

[45] 대본은 '이 녀석' 대신 '이 질병'을 제안한다..

온갖 고생 속에서 모습을 드러내는 불운한 이여, 760
내가 그대를 붙들어주거나 지탱해주길 바라는 건가요?

필로크테테스 아니, 그게 아니라오. 방금 내게 청했던 바대로
내게서 이 활을 집어 드시오, 지금 내게 들러붙은 765
이 질병의 재앙이 떠나갈 때까지
이것을 잘 간수하고 지켜주오. 이 몹쓸 것이
떠나가고 나면, 잠이 나를 사로잡을 테니까.
그 전에는 결코 그치지 않는다오. 그러니 그저 내가
편안히 잘 수 있도록 해줘야 하오. 그러나 그 시간 동안
그자들이 오게 되면, 신들의 이름을 걸고 이걸 그대에게 맡길 테니, 770
자의든 타의든, 아니 어떤 방법으로든 이걸 그자들에게
결코 넘겨줘선 안 되오, 그대 자신과 그대의 탄원자인 나를
한꺼번에 몰살시키고 싶지 않다면 말이오.

네오프톨레모스 염두에 둘 테니 걱정 마십시오. 그것은 그대와 나를 제외하곤
누구에게도 건네지 않을 겁니다. 이제 행운을 담아 건네주시지요. 775

필로크테테스 자, 받으시오, 내 아들이여. 행여 이것이 그대에게 많은 고생거리가
되지 않도록 (신들의) 질시 앞에 몸을 굽히시오, 내게, 그리고
나에 앞서 이것을 얻었던 분에게 그리되었듯이.

(네오프톨레모스에게 활을 건넨다)

네오프톨레모스 오오, 신들이여,[46] 저희 둘에게 이것을 이루어주소서! 순풍을 받아
순항할 수 있게끔 이루어주소서, 신께서 합당히 세우신 곳을 향해 780
항로는 마련될지어다!

필로크테테스 그나저나 나는 그 기도가 이루어지지 않을까 걱정이라오, 내 아들이여.
깊숙한 곳에서부터 또다시 검붉게 솟구쳐 오른 핏방울이
떨어지니 말이오, 또 한 차례 새로 닥칠 것 같구려.

---

46 희랍어의 감탄사.

아아악, 빌어먹을!   785

아악, 심하구나, 내 발아, 내게 무슨 몹쓸 짓을 저지르려는 게냐!

이 녀석이 기어 오는구나,

가까이 오고 있구나, 가련한 내 신세여!

그대들도 상황을 파악했으니, 무슨 일이 있어도 달아나지 마시오.

아아악!   790

케팔레니아에서 온 뜨내기 녀석[47]아, 이 통증이 너를 움켜쥐고

네 가슴팍을 꿰뚫어버린다면 좋을 텐데. 빌어먹을, 아아악!

아아악, 다시 심해지는구나. 너희 두 우두머리들,

[아가멤논, 그리고 메넬라오스, 나 대신 네놈들이]

이 질병을 같은 세월 동안 키워왔다면 좋았으련만.   795

이오, 내 신세여!

아아, 타나토스,[48] 타나토스여, 나 이렇게 날마다

매번 부르짖건만, 어째서 그대는 오지 못하나이까?

내 아들, 고귀하게 태어난 이여, 이러지 말고 나를 붙들어

렘노스의 불이라고 불리는 이 불을 내게 붙여주오,   800

오, 고귀하게 태어난 이여. 나 역시 예전에 제우스의 아드님[49]께,

그대가 지금 간직하고 있는 그 무기들을 대가로 같은 일을

해드리는 게 옳다고 여겼다오.

뭐라 말 좀 해보오, 아들이여.

말해보시오, 왜 아무 말이 없소? 무슨 생각 속에 있는 거요, 아들이여?   805

네오프톨레모스 나는 그대에게 놓인 재앙에 탄식하며, 한참 전부터 아파하고 있습니다.

필로크테테스 그래도, 내 아들이여, 용기도 내보시오. 이건 내게

날을 세워 다가온 다음, 순식간에 떠나간다오.

---

47 오뒷세우스. 각주 16번 참고.

48 죽음.

49 헤라클레스.

필로크테테스 하지만 그대에게 비오, 나를 혼자 버려두고 가지 마오.

네오프톨레모스 용기를 내세요, 우린 머무를 겁니다.

필로크테테스 정말 머물러주겠소?

네오프톨레모스 분명 그렇다고 믿어주세요.

필로크테테스 나는 맹세를 끌어내면서까지 그대를 잡아두고 싶진 않소, 아들이여.

네오프톨레모스 그대 없이 떠난다는 건 법도에 맞지 않습니다.

필로크테테스 손을 내밀어 확약해주오.

네오프톨레모스 내밀지요, 머무를 겁니다.

필로크테테스 이제 나를 저곳으로, 저곳으로…

네오프톨레모스 어디 말씀인가요?

필로크테테스 저 위로…

네오프톨레모스 또 정신을 잃은 건가요? 어째서 서 하늘의 궁륭을 올려다보는 건가요?

필로크테테스 가게 해주오, 나를 가게 해주오.

네오프톨레모스 어디로 가게 해드려야…?

필로크테테스 이제 그만 나를 가게 해주오.

네오프톨레모스 그렇게 놓아드릴 순 없어요.

필로크테테스 그대가 만지는 게 나를 죽이는 것만 같구려.

네오프톨레모스 그러면 놓아드리지요, 그대가 분명 더 잘 알고 계시다면.

필로크테테스 오, 가이아여, 죽어가는 저를 이대로 받아주소서,

이 몹쓸 것이 제가 더 이상 똑바로 설 수 없도록 막고 있나이다.

코로스[50] 잠이 이 남자를 금세 사로잡을 것 같습니다.

머리가 완전히 뒤로 젖혀진 걸 보니 말입니다.

네오프톨레모스 온몸에 땀방울이 솟아나고,

발끝에선 검은 혈관이 벌어져

---

50 이 대사를 네오프톨레모스에게 배당하는 것이 일반적이나, 역자는 코로스의 대사로 간주하였다.

출혈이 심하구나. 이럴 게 아니라, 벗들이여, 이 사람이					825
곯아떨어질 수 있도록, 편히 쉬게 놔두자꾸나.

코로스(좌) 휘프노스[51]여, 통증을 모르는 분이여, 휘프노스여, 고통을 모르는 분이여,
산뜻하게 불어와 저희게로 오소서.
사뿐히 불어오소서, 사뿐히 불어오소서, 왕이시여.					830
이제 뻗어 나가고 있는 태양의 광채를 그의 눈앞에서는 거두어주소서.
오소서, 제게 오소서, 파이온이시여.[52]

(네오프톨레모스를 향하여)

아드님, 지금 어디에 서 계시며,
어디를 향해 나아가실지,
그리고 이제부터 제가 그대를 위해
어떻게 신경 써야 할지 살펴봐주십시오. 이미 보고 계십니까?					835
무엇 때문에 우리는 실행을 못 하고 기다려야 합니까?
맞춤한 기회야말로 모든 것을 결정하는 법이고,
발 디딘 자리에서 어마어마한 승리를 거머쥐게 됩니다.

네오프톨레모스 물론 이분은 아무것도 듣지 못한다. 그러나 이분을 놔두고 출항한다면,
이 활을 우리가 노획물로 얻어도 아무 소용 없다는 것쯤은 나도 안다.					840
승리의 왕관은 이분 것이니까. 신께서는 이분을 데려오라 말씀하셨지.
속임수까지 쓰고 목적조차 이루지 못한 일을 자랑하는 건 수치스러운 오욕
일 뿐.

---

51 잠. 796행에서 필로크테테스는 타나토스를 부르고, 지금 코로스는 휘프노스를 부르는데, 『일리아스』 16권 672행에서 이 둘은 쌍둥이 형제로 묘사된다.

52 파이온, 혹은 파이에온은 질병을 치료하는 의신으로 종종 다른 신격과 결합되어 나타나기도 한다. 『일리아스』 5권 400행은 파이온이 헤라클레스의 화살에 맞은 하데스를 치료해주었다는 일화를 전하며, 1권 472-473행은 아폴론과 파이온이 한 신격으로 결합되어 있는 듯한 인상을 준다. 지금 코로스의 노래도 전형적인 파이안(치유의 노래)이다.

| 코로스(우) | 하지만, 아드님, 그 일이라면 신께서 굽어보실 겁니다.
| | 그나저나 다음에 제게 대답하실 때에는
| | 그 말씀의 음성을 나직이, 제발 나직이 해주십시오, 아드님. 845
| | 무릇 병을 앓는 모든 이들의 잠은
| | 사실 잠이 아니라서 예민하게 보고 들으니까요.
| | 자, 그 일을, 그 일을
| | 어떻게 은밀하게 수행해내실지
| | 힘닿는 데까지 850
| | 살펴보십시오.
| | 제가 무슨 말씀을 드리는지는 알고 계실 겁니다.
| | 만일 그대가 이 사람에 대해 그런 판단을 고수하신다면,
| | 지혜로운 사람들에게는 엄청난, 빠져나갈 길 없는 고통이 예견될 겁니다.

(종가)

순풍입니다, 아드님, 그대에게 순풍이 불고 있습니다. 855
허나 이 사람은 눈으로 아무것도 볼 수 없고 도움도
받지 못한 채 밤잠 속에 뻗어 누워 있습니다
— 햇빛을 쐬며 잠자는 건 좋은 일이지만 —
손도, 발도, 어느 무엇 하나 가누질 못하고 860
마치 하데스에 있는 이처럼 누워 있군요.
보시지요, 지금 하시는 말씀이 과연 적절한지,
제 판단으로 무엇을 움켜쥘 수 있을지
잘 살펴보십시오, 아드님,
두려움 없이 감행하는 게 가장 강력합니다.

(필로크테테스의 정신이 돌아온다)

네오프톨레모스 조용히 하고 주의를 잃지 않도록 해라. 865

이 사내가 눈을 움직이며 고개를 들고 있으니까.

필로크테테스 오, 잠 뒤에 이어지는 햇살이여, 이 손님들이 나를
지켜줄 거라고는 내 감히 바라지도 못했건만!
단언컨대, 내 아들이여, 난 결코 생각지도 못했다오,
그대가 연민을 품고 이 재앙을 참아가면서 870
내 곁에 머물러주며 나를 도와줄 거라곤!
분명 아트레우스의 자식들도 이걸 그렇게 쉽사리
견뎌낼 수는 없었소, 대단하신 그 우두머리들 말이오.
어찌 되었든, 그대는 본성도 고귀하고, 태어나기도 고귀한 분들에게서요.
내 아들이여, 그래서 그대는 이 모든 걸 견딜 만한 것으로 875
여겨주었소, 비명에 악취까지 가득했는데도.
그리고 이만하면 이젠 이 몹쓸 것을 좀 잊고 쉬어도
괜찮을 것 같으니, 아들이여, 그대가 손수 나를
일으켜주오. 그대가 나를 세워주오, 아들이여.
그래야 이 타격이 나를 놓아주는 대로 880
우리도 배를 타고 움직여 항해를 미루지 않을 수 있을 거요.

네오프톨레모스 아닌 게 아니라 그대가 예상과는 달리 통증이 가신 채로
눈으로 보기도 하고 여전히 숨도 쉬니, 기쁩니다.
그 불운이 닥쳤을 때 당신이 보인 징후들이
마치 더 이상 살아 있지 않은 것같이 보였기 때문이지요. 885
자, 이제 직접 일어나보시지요. 만일 그대만 더 좋다면 여기 이 사람들이
그대를 옮겨드릴 겁니다. 이들은 노고 앞에서 움츠러들지 않으니까요.
그대도 나도 그렇게 행동하기로 했으니까요.

필로크테테스 그 점을 높이 사오, 내 아들이여, 그대 뜻대로 나를 일으켜주오.
하지만 이 사람들은 놔두시오, 꼭 해야 하기도 전에 890
악취에 짓눌리지 않도록. 이 사람들은 배 위에서
나와 함께 부대끼며 족히 고생할 테니 말이오.

네오프톨레모스 　그럼 그렇게 하지요. 자, 이제 일어나서 나를 붙드세요.

필로크테테스 　　　　　(네오프톨레모스의 부축을 받고 일어서며)

　　　　　염려 마시오. 내 오랜 습관이 반드시 나를 똑바로 일으켜 세울 테니까.

네오프톨레모스 　아아아! 이제부터 내가 도대체 무얼 해야 하지?　　　　　　　　895

필로크테테스 　아니, 무슨 일이오, 내 아들이여? 그런 말을 하며 어디로 길을 새려 하오?

네오프톨레모스 　길을 잃었는데, 어떻게 말로 표현해야 할지 모르겠군요.

필로크테테스 　아니, 그대가 무슨 길을 잃었다는 거요? 그런 말 마오, 내 아들이여.

네오프톨레모스 　그게 아니라, 나는 지금 이곳에서 괴로움과 마주하고 있어요.

필로크테테스 　분명 이 질병이 주는 역겨움이 그대로 하여금　　　　　　　　　900

　　　　　이제는 나를 배로 데려가지 않게 돌려놓은 거요, 그렇소?

네오프톨레모스 　모든 게 역겹기만 합니다, 자신의 본성을 버린 채

　　　　　어울리지도 않는 짓을 벌일 때면 언제나 그렇지요.

필로크테테스 　하지만 적어도 그대는 고귀한 사내를 돕고 있고,

　　　　　그게 그대를 낳아주신 분과 어긋난 언행을 하는 게 아니잖소.　　905

네오프톨레모스 　나는 부끄러운 놈으로 드러날 겁니다. 이게 한참 전부터 나를 괴롭혀왔습

　　　　　니다.

필로크테테스 　적어도 그대의 행동으로 그리되진 않을 거요. 하지만 그대의 말은 나를 움

　　　　　츠리게 하오.

네오프톨레모스 　아아, 제우스시여, 어떻게 해야 합니까? 숨기지 말아야 할 것을 숨겨가며,

　　　　　또 가장 파렴치한 것을 말해가며 저는 한 번 더 비열한 자로 여겨지게 되나요?

필로크테테스 　여기 이 남자는, 내가 오판한 게 아니라면,　　　　　　　　　　910

　　　　　나를 배신하고 버려둔 채 출항하겠구나.

네오프톨레모스 　내가 그대를 버려두다니요, 천만에! 그게 아니라, 내가 그대를 보내드리는 게

　　　　　그대에게 엄청난 고통이 될까 봐, 그게 한참 전부터 나를 괴롭혀왔습니다.

필로크테테스 　대체 그게 무슨 말이오, 내 아들이여, 알아듣질 못하겠소.

네오프톨레모스 　그대에게 아무것도 숨기지 않으렵니다. 그대는 트로이아로 항해해야 하고,　915

　　　　　아카이아인들에게로, 아트레우스의 자식들의 군대에게로 가셔야 합니다.

필로크테테스 끔찍하구나, 뭐라고 하였소?

네오프톨레모스 알아보기 전에 한숨부터 짓진 마세요.

필로크테테스 알아볼 게 뭐가 있다고? 이제 나를 대체 어떻게 할 셈이오?

네오프톨레모스 먼저는 이 재앙으로부터 그대를 구해낸 다음, 가서
그대와 함께 트로이아의 벌판을 함락할 겁니다. 920

필로크테테스 정말 그것이 당신이 하려고 염두에 두는 바요?

네오프톨레모스 그 점에 대해선 엄청난 필연이 힘을 떨치고 있어요.
그러니 그대는 듣고서 노하지 마시기를.

필로크테테스 비참한 나는 망해버렸구나, 배신을 당하다니. 낯선 자여, 그대는 내게
무슨 짓을 저지른 게요? 당장 그 활을 내게 돌려주오.

네오프톨레모스 아니, 그럴 순 없습니다. 지배자의 말을 따르는 것은 925
내게 정당한 일이거니와 득도 되는 일이니까요.

필로크테테스 그대 화염이여, 온통 소름 끼치는 자여, 어떤 끔찍한 짓도
서슴지 않는, 혐오스럽기 짝이 없는 속임수 그 자체여!
이게 다 무슨 짓이며, 이게 다 무슨 농간이오!
탄원하며 애원하는 나를 보면서도 그대는 부끄럽지 않소, 비정한 자여? 930
그대는 그 활을 손에 넣었으니, 내 목숨도 앗아 간 게요.
돌려주시오, 나 그대에게 빌고 있잖소, 돌려주시오, 아들이여.
선조들이 모신 신들의 이름으로 탄원하오, 내 목숨을 내게서 가져가지 마오.

(등진 네오프톨레모스는 아무 반응이 없다)

비참한 내 신세여! 이 사람은 내게 무슨 말 한마디 더 건네지 않고
절대로 포기하지 않겠다는 듯이 시선을 거두고 있구나. 935
너희 포구들아, 곶들아, 나와 함께 지내는
산속 짐승들아, 들쭉날쭉한 바위들아,
말을 건넬 다른 누구도 나는 알지 못하기에
늘 내 곁에 있어버릇해 주던 너희에게 탄원한단다,
아킬레우스의 아들이 내게 무슨 짓을 저질렀는지! 940

이자는 나를 집으로 데려다주마고 맹세까지 해놓고,
나를 트로이아로 끌고 가려는구나. 오른손까지 내밀어놓고서,[53]
제우스께 나신 헤라클레스의 신성한 활을 내게서 가져가더니
그걸 아르고스인들에게 과시하려고 안달이구나.
무슨 강력한 사내라도 사로잡은 듯이, 이자는 나를 완력으로 끌고 가지만, 945
자기가 시신을 죽이고 있다는 걸, 연기의 그림자를, 허깨비나
다름없는 자를 죽이고 있다는 걸 알지 못하는구나. 실로 내게 기운만 있었어도,
아니 내 처지가 이 꼴이어도 속임수가 아니고서는 나를 사로잡지 못했을 거다.
허나 불운한 나는 이제 속았으니, 어떻게 해야만 하나!

(다시 네오프톨레모스를 향하여)

이러지 말고 돌려주오, 부디 이젠 그대 자신의 모습으로 돌아오오. 950
말 좀 해보오, 묵묵부답이라니! 나는 불운한 자, 있지도 않은 자로다.
너, 입구가 둘 달린 바위의 형상이여, 나 또다시 네게로
되돌아간단다, 벌거벗겨진 채로, 식량도 없이,
그저 이 동굴 안에서 혼자 고갈되어가겠지.
깃털 돋은 새도, 산속을 떠도는 짐승도 955
이 활로 잡을 수 없게 되었으니까. 외려 비참한 나 스스로가
죽어가며 그간 나를 먹여왔던 것들에게 잔치를 베풀게 되겠지.
내가 사냥해오던 것들이 이제 앞으로는 나를 사냥할 테고.
비참한 나는 피를 피로 되갚아야 하겠구나,
악이라고는 모르는 것 같아 뵈는 이 사람 덕에. 960
그대 파멸해버리시오! 아니, 그러지 마오, 그대가 판단을 되돌릴 거라는 걸
내가 깨닫기 전에는. 허나 그러지 않겠다면, 흉측하게 죽어버리시오!

코로스 저희가 어찌해야 할까요? 왕이시여, 우리가 항해해야 할지,

---

53 오른손을 내밀어 약속하는 것은 보통 수준을 훨씬 뛰어넘는 엄숙한 맹세에 해당한다. 『트라키스의 여인들』 1181행 이하가 좋은 예이다.

아니면 이 사람의 말을 들어줄지는 그대에게 달려 있습니다.

네오프톨레모스   내겐 이 남자에 대한 무서운 연민이 내려앉아 있다,   965

새삼 이제 와서가 아니라, 오래전부터.

필로크테테스   가련하게 여겨주오, 내 아들이여, 신들의 이름으로 청하오, 내게서

도둑질해 갔다는 오욕을 사람들에게서 들을 일 없도록 해주오.

네오프톨레모스   빌어먹을, 어떻게 해야 하나! 아예 스퀴로스를 떠나지 않았더라면

좋았을 것을! 나 이 상황에 이토록 짓눌리고 있으니.   970

필로크테테스   비열한 건 그대가 아니오. 그대는 비열한 인간들에게서 파렴치한 것들을

배운 것 같구려. 그러니 이제 그런 건 잘 어울리는 자들에게나 주어버리고

배를 타고 떠나가시오, 그 무기는 내게 돌려주고.

네오프톨레모스   이보게들, 우린 어찌해야 하는가?

(잠복하여 상황을 보고 있던 오뒷세우스가 부하들과 함께 필로크테테스의 등 뒤에서 갑자기 나타난다)

오뒷세우스   더없이 흉악한 놈 같으니, 뭘 하려는 게냐?

그 활을 내게 건네고 돌아오지 못하겠느냐?   975

필로크테테스   이럴 수가, 이게 누구냐? 내가 오뒷세우스의 목소리를 들은 건가?

오뒷세우스   그래, 오뒷세우스다. 똑똑히 알아두어라. 네가 보고 있는 건 다름 아닌 나다.

필로크테테스   빌어먹을! 나는 팔아넘겨져 파멸했구나! 나를 붙들고

무기를 탈취한 게 바로 이 녀석이었구나!

오뒷세우스   그래, 다른 누가 아닌, 똑똑히 알아두어라, 바로 나다. 그건 인정하마.   980

필로크테테스   돌려주시오, 그 활을 내게로 넘기시오, 아들이여!

오뒷세우스   설령 그러고 싶어도 절대 그렇게는 못 할 거다. 더군다나 너는

바로 그것과 함께 가줘야만 한다, 아니면 완력이 너를 데려갈 테니.

필로크테테스   나를? 몹쓸 놈들 중에서도 최악으로 몹쓸 놈, 뻔뻔한 놈! 이 사람들이 나를

힘으로 끌고 간다고?

오뒷세우스   네가 순순히 기어 오지 않겠다면.   985

필로크테테스   오오, 렘노스의 땅이여, 헤파이스토스께서 지어내신,

만물을 제압하는 불꽃이여! 그대의 땅에서 이자가 저를

	이렇게 힘으로 끌고 간다 해도 진정 참으시렵니까?
오뒷세우스	제우스다. 네가 알아듣도록 말하자면, 이 땅을 다스리는 건 제우스란 말이다.
	이 일을 결정한 것도 제우스이고, 나는 그저 노만 저을 뿐.[54] 990
필로크테테스	가증스러운 놈, 그걸 말이라고 꾸며대는 거냐!
	신들을 핑계 삼아 신들을 거짓말쟁이로 만들다니.
오뒷세우스	천만에, 외려 진실한 분들로다. 너는 반드시 이 여행길에 올라야 한다.
필로크테테스	거절한다.
오뒷세우스	내가 명한다. 넌 여기에 따라야만 해.
필로크테테스	비참한 내 신세여! 진정 아버지는 나를 자유민이 아니라 995
	종으로 낳으신 게 분명하지.
오뒷세우스	그게 아니라, 최고의 인물들과 맞먹는 존재로 낳은 거지. 너는
	그들과 더불어 반드시 트로이아를 힘으로 궤멸시키고 손에 넣게 되어 있으
	니까.
필로크테테스	어림도 없다. 설령 내가 갖은 고생을 다 겪어야 한다 해도,
	이 땅 이 드높은 곳에 내가 발 디딜 수 있는 한, 절대 안 된다. 1000
오뒷세우스	무얼 하려는 게냐?
필로크테테스	당장 바위 위에서 뛰어내려 내 이 머리를
	바위에 찍고 피투성이로 만들련다.
오뒷세우스	(부하들에게)
	너희 둘은 저놈을 붙들어라, 저놈에게 그 사태가 일어나지 못하도록.
필로크테테스	내 손들아, 사랑스러운 활시위가 없어 이놈에게 통째로 사냥당하다니,
	대체 무슨 일을 당하는 거냐! (오뒷세우스에게) 너, 건강하고 자유로운 분별력이라곤 1005
	조금도 없는 자여, 또다시 내게 몰래 기어들어 와

---

[54] '봉사하다', '명령을 실행하다'라고 의역하기도 하나, 여기서는 원문 hypereteō(휘페레테오)의 뜻을 살려 '노를 젓다'라고 옮겼다.

나를 사냥하다니, 내가 알지 못하는 이 아이를
네놈의 앞잡이로 삼아서. 네놈에겐 가당치도 않고,
내게는 맞갖은 이 아이는 그저 명령받은 것을
수행하는 것 말곤 아무것도 모르다가   1010
분명 지금은 자신이 저지른 과오와 내가 당한 일을 두고
고통을 품고 있단 말이다.
그저 때마다 심연마저 꿰뚫어 바라보는 네놈의 비열한 영혼이
이 아이를 몹쓸 짓들에 영악해지도록 가르쳐놓은 게지,
이 아이의 천성으로는 알지도 못하고, 원치도 않았던 것을!   1015
그리고 이제는 나를, 이 빌어먹을 놈, 포박해서 이 곳으로부터
끌고 갈 작정이구나. 바로 이 자리에 너는 나를 친구도 없이, 외따로,
도시를 앗긴 채로 내던져놓았지, 살아 있는 이들 가운데 시체로 삼아, 빌어
  먹을.
네놈은 멸망할지어다! 내 너를 두고⁵⁵ 이 기도를 수도 없이 바쳤다.
그럼에도 신들께서는 내게 달콤한 몫이라곤 조금도 주시지 않았어.   1020
네놈은 생을 만끽하고 있건만, 참담한 나는 숱한 고생과
더불어 살아내며 고통을 겪고 있지, 네놈에게도, 그리고
아트레우스의 자식 놈들에게도 조롱을 받아가며.
그 두 우두머리를 위해 네놈은 이 짓을 하며 노를 젓고 있구나.
사실 네놈은 흉계와 강요라는 멍에를 메고 그놈들과 함께   1025
배를 타고 떠났다. 반면 지독하리만큼 비참한 나는 기꺼이
일곱 척의 배를 거느리고 바다를 건넜건만, 그놈들은 내 명예를 빼앗고
나를 내던져버렸지, 네놈 말로는 그놈들이, 그놈들 말로는 네놈이.
그런데 이제 와서 너희는 어쩌자고 나를 끌고 가지? 왜 나를 데려가지? 무
  슨 영화를

---

55 대본은 '내 너를 두고' 대신 '내 진정'을 제안한다.

누리려고? 나는 있지도 않은 자, 네놈들에겐 이미 오래전에 죽은 자인데.　1030
신들의 증오를 산 자여, 어째서 지금은 내가 네놈에게 절름발이가 아니며
악취를 풍기지 않는 거냐? 내가 함께 배를 타고 가면 신들께 바칠 제물에
무슨 수로 불을 붙이겠느냐? 무슨 수로 헌주하겠느냐?
[네놈에겐 바로 그것이 나를 내던져버린 구실이었으니까!]
네놈들은 흉측하게 멸망할지어다! 신들께서 정의를 염두에 두신다면,　1035
바로 이 몸에게 불의를 저지른 네놈들은 파멸케 되리라. 그분들이
염두에 두신다는 건 나도 잘 알고 있다. 만일 어떤 신의 짐승몰이 채가
나를 위해 네놈들을 몰고 오지 않았더라면, 이 비참한 사내
하나 때문에 네놈들이 이 항로를 타고 올 일은 결코 없었을 테니까.
오오, 선조들의 땅이여, 그리고 굽어살피시는 신들이여,　1040
저자들이 값을 치르게 하소서, 부디 언젠가는 값을 치르게 하소서,
임들께서 저를 가여워하신다면, 저자들 중 단 한 명도 빠짐없이!
제가 가엾게 살아가고 있으니 말입니다. 그래도 저자들의 파멸을 볼 수만
있다면, 이 질병에서 벗어날 수 있을 것만 같습니다!

코로스장　원한에 짓눌려 있는 이 낯선 자가 무거운 원한을 담아 말하는군요,　1045
오뒷세우스여, 이자는 불행에도 아랑곳하지 않습니다.

오뒷세우스　이자가 지껄인 말에는 나도 할 말이 많지만,
사정이 허락할 때나 그럴 테고, 지금은 단 한마디밖에 해줄 말이 없다.

(필로크테테스에게)

어떤 특정한 사람이 필요한 자리에선, 내가 바로 그런 사람이다.
정의롭고 훌륭한 사람들의 결정이 필요한 자리에서조차도　1050
너는 나보다 더 경건한 사람을 찾아내진 못할 거다.
모든 면에서 일단 이기기를 열망하는 게 내 천성이긴 하나,
너만은 예외로 두마. 내 지금은 너를 위해 기꺼이 물러나주지.

(부하들에게)

너희는 이자를 보내주고, 더는 손끝 하나 대지 말거라.

여기 머물도록 놔두어라. 1055

(필로크테테스에게)

우리 수중에 이 무기가 있는 이상, 우린 네놈이 필요치 않아.
다루는 법을 제대로 알고 있는 테우크로스[56]가 우리에게 있는 데다가,
나 역시 그렇지. 이 활을 소유하고 손으로 겨냥하는 일이라면
나도 네놈보다 전혀 못할 게 없다고 본다. 그러니 네놈이
도대체 왜 필요하겠느냐? 이 렘노스에서나 노닐며 낙을 누리려무나. 1060
우리는 이만 갈 테니. 하나 더, 이건 네가 선물로 얻은 것이지만, 아마
내게 명예를 줄 모양이다, 네 것이어야 했던 명예를.

필로크테테스 빌어먹을! 이 불운한 나는 어찌해야 하는가! 네놈은 내 무구로
치장하고서 아르고스인들에게 모습을 드러내려는 게냐?

오뒷세우스 내게 말대답일랑 그만해다오, 난 떠나려는 참이니까. 1065

필로크테테스 *(네오프톨레모스에게)*

오오, 아킬레우스의 씨앗이여, 나는 그대에게서 더는 어떤 말도
듣지 못하게 되는 거요, 그대 이렇게 떠나가는 거요?

오뒷세우스 *(네오프톨레모스에게)*

너, 이리 오거라. 저자에게 눈길을 주지 마라. 네 비록 고귀하게
타고났을지언정, 그러다가 우리의 행운을 망치지 않으려면 말이다.

필로크테테스 *(코로스에게)*

그러면 나는 그대들에게도 외따로 버려지는 거요, 낯선 이들이여? 1070
그대들도 내게 전혀 연민이 없는 거요?

코로스장 우리 배를 다스리는 건 여기 계신 자제분이오. 이분이
당신에게 무슨 말씀을 하시면, 우리도 당신에게 같은 말을 한다오.

---

56 텔라몬의 서자로, 아이아스와는 이복형제 간이다. 출중한 궁수로서 『일리아스』에서는 아이아스가 방패로 엄호해주고 테우크로스는 화살로 저격하며 많은 트로이아인들을 쓰러뜨리는 장면을 볼 수 있다(8권 266행 이하, 15권 442행 이하). 소포클레스의 『아이아스』에서는 아이아스의 명예를 위해 총지휘관들과의 대립도 불사하는 역할을 맡는다.

| 네오프톨레모스 | 내 천성이 이분에게 연민이 넘친다는 말을 듣게 되겠지만,
그럼에도 너희는 이분이 원하시면 여기에 남아 있거라, 1075
선원들이 배에서 출항 준비를 마치고
우리가 신들께 기도를 바칠 때까지만이라도.
그사이라도 이분이 혹시 우리에게 더 호의적인 결정을
얻게 된다면야. 우리 둘은 행동에 들어갈 테니,
너희들은 우리가 부르면 재빨리 움직이도록 하여라. 1080

(오뒷세우스와 네오프톨레모스 퇴장한다)

(애탄가)

필로크테테스(좌1) 오오, 속 빈 바위에 우묵 파인,
달궈지다가도 서리기 내려앉는 동굴아,
나 너를 끝내 떠나지 못하게 되었구나,
오오, 나는 비참한 자로다,
너는 숨이 끊어져가는 나를 지켜보리니. 1085
아아, 내 신세, 내 신세!
내 고통으로 가득 차오른
내 참담한 거처야,
이젠 대체 무엇이 내게 하루하루 있게 되겠니?
이 쓸모없어진 내가 대체 어디서, 어디로부터 1090
먹을거리를 마련하겠다는 희망을 품을 수 있겠니?
저 위를 올려다보려무나,
겁먹은 것들이 날카로운 소리 울리는 대기를 질러가고
있지만, 나 더는 그것들을 잡을 수 없단다.

코로스 다름 아닌 당신이 한 일이오, 무거운 운명의 몫을 짊어진 자여. 1095
다른 곳에서 온, 더 대단한 힘이 보낸 이 운명에 그대가 붙들린 것도 아닌데,
당신 스스로 이걸 마땅하다 여긴 거라오. 당신에게 제정신이 돌아왔을 때,

당신은 더 바람직한 운명 대신 더 궂은 몫을 붙들었던 게요. 1100

필로크테테스(우1) 불운하고 또 불운하도다, 나라는 사람은
고난에 학대당하다가 앞으로도
아무런 누군가와도
함께하지 못한 채로 여기에서
참담하게 연명하다가 파멸하리라. 1105
아이아이, 아이아이![57]
이제 날개 달린 내 무구들을
강력한 이 두 손에 쥐고
더는 양식을 구해 올 수도 없구나. 1110
다만 내게로 몰래 다가온 건 농간을 부리는 영혼의
보이지 않는, 가려진 말들일 뿐.
이 짓을 꾸며낸 자가
내가 겪는 고초를
같은 세월만큼 겪는 걸 볼 수만 있다면 좋으련만! 1115

코로스 이건 운명의 몫으로 신들에게서 그대에게 온 것이지, 내 손으로
그대에게 저지른 농간이 아니란 말이오. 그러니 그 밉살맞은,
불길한 기도는 다른 사람들에게나 향하게 하시오. 1120
다만 이 우정을 내치지 말기만을 내 진심으로 신경 쓰고 있다오.

필로크테테스(좌2) 아아, 비통하구나, 아마도 그 녀석은
잿빛 바다 기슭에 앉아
웃어젖히고 있겠지, 비참한 나를 1125
먹여 살린 내 무기를 손으로 흔들어대며,

---

57 비통함, 슬픔을 드러내는 희랍어의 감탄사.

그건 어느 누구도 들어 올려본 적 없는 것이건만.

내 활아, 내 두 손에서

강제로 떨어져 나간 내 활아,

네게도 무슨 영혼이란 게 있다면, 분명 너는   1130

연민으로 바라볼 테지,

헤라클레스와 한데 엮인 사내가

앞으로 다시는 너를 쏠 수 없음을,

대신 허다한 계략에 밝은 놈[58]의

손에 넘어가 굴려지게 됨을.   1135

너는 낯부끄러운 농간들을 볼 것이며,

혐오에 혐오를 부르는 인간을 보게 되리니,

그자는 수치스러운 바탕에서 낳은 헤아릴 수 없이 많은

몹쓸 짓거리를 나를 겨누어 획책한 자로다.

코로스 사람이 자기 권리를 주장할 수야 있지만,   1140

그런 말을 하고 난 다음 혀에 질시와 고통을 올려

뱉어내는 건 안 될 일이오.

그분은 그들의 명령에 의해 이 일을 맡도록

많은 사람들 중 한 명으로 지목되었을 뿐이고,

친구들 모두에게 도움이 되는 일을 이루셨을 뿐이오.   1145

필로크테테스 (우2) 날개 돋은 내 사냥감들아, 그리고

이 땅에서 지내며 산속에서 먹이를 얻는

사나운 들짐승의 족속들아,

너희가 달아나더라도 나 이제 더는

---

[58] '허다한 계략/계책에 밝은(polymechanos 폴뤼메카노스)'이라는 수식어는 늘 오뒷세우스와 연결된다고 보아도 무방하다. 예를 들어, 이 단어는 『일리아스』에서 19번, 『오뒷세이아』에서 25번 발견되는데, 모두 오뒷세우스와 연결된다.

집에서 나올 수 없으니, 전에는 내 힘이었던   1150
그 무기를 내 두 손에 쥐고 있지 못한 탓이다.
아아, 이제 나는 비참한 신세.
자, 망설일 것 없다, 이 자리에 묶인 나는 한낱 절름발이,
너희에게 더는 두려움이 될 수 없는 자이니,
오너라. 지금이 너희가 흘렸던 피를 피로 받아내기에   1155
좋은 시간, 너희 마음껏 내 색 바랜 살점을
부리에 채워 넣기에 좋은 시간이로다.
나야 금세 이 삶을 떠날 테니까.
내가 과연 어디서 양식을 구하겠느냐?
이렇게 미풍 속에서 먹고살 수 있는 자 누가 있겠느냐,   1160
생명을 선사하는 대지가 보내주는 그 어떤 것도
더 이상 취할 수 없게 된 마당에?

코로스 신들의 이름으로 부탁하오, 당신에게 경외심이란 게 있다면,
좋은 뜻만을 품고 다가오는 낯선 이에게 곁을 내주시오.
좀 깨달으란 말이오, 그것도 잘 깨달았으면 하오.   1165
죽음의 여신에게서 벗어나는 것은 그대에게 달린 문제요.
그걸 키우고 있다니, 딱한 일이잖소. 그것과 더불어 살다가는
헤아릴 수조차 없는 그 고통을 견디는 법을 도저히 알 수 없게 된다오.

필로크테테스 다시, 또다시 그대는 오래된 내 고통을
일깨우는구려. 그대는 지금껏 여기 온 이들보다는   1170
한결 더 호의를 품은 이오만,
왜 나를 멸하려는 거요? 내게 이 무슨 짓이오?

코로스 그게 무슨 말씀이오?

필로크테테스 내게 가증스러운 트로이아 땅으로 나를 데려가기를 그대가 바라고 있는데?   1175

코로스 그렇소, 그게 최선이라고 여기고 있소.

필로크테테스 지금 당장 내게서 떠나가주시오.

코로스 듣던 중 반가운 말씀이오, 그대의 명을 반기며

나 흔쾌히 그리하겠소.

가자꾸나, 가자꾸나,

배에서 우리에게 할당된 자리로. 1180

(배를 향해 떠나려고 한다)

필로크테테스 안 되오, 저주를 들으시는 제우스의 이름으로 탄원하오, 가지 마시오.

코로스 진정하시구려.

필로크테테스 낯선 이들이여, 여기 머무시오, 신들의 이름으로 비오.

코로스 왜 그리 목청을 높이는 거요? 1185

필로크테테스 아이아이, 아이아이,

내 운명, 내 운명이여! 나는 파멸했구나, 비참한 내 신세.

발아, 내 발아, 남겨진 삶 동안

너를 어찌하리, 이 비참한 내가!

낯선 이들이여, 다시 돌아들 오시오! 1190

코로스 무얼 어쩌라는 거요? 당신이 보여준 좀 전의 결정과는

사뭇 달라진 것이오?

필로크테테스 폭풍 같은 고통에 깊숙이 휘말린 사람이

설령 이치에 어긋나는 말을 한다 할지라도

그것으로 분개하면 안 되오. 1195

코로스 그러면 이제 우리가 그대에게 당부하는 바대로, 불운한 이여, 갑시다.

필로크테테스 절대로, 절대로 그러지 않겠소, 이건 확고부동하다고 알아두시오.

설령 불길을 품고 벼락을 내리시는 분[59]께서

천둥의 섬광으로 나를 불사르려 한다 해도, 그렇겐 안 되오.

일리오스는 사라질지어다! 그리고 그 아래에 있는 자들 중 1200

---

59 제우스.

내 발 복사뼈를 감히 밀쳐낸 자들 모두가 사라질지어다!
그리고 낯선 이들이여, 내 간청 하나만 들어주시오.

코로스 　무얼 요구한다는 말이오?

필로크테테스 　어디서든 칼을 한 자루, 아니
도끼든 다른 무기든 좋으니 가져다주시오.　　　　　　　1205

코로스 　그 손으로 대체 무슨 짓을 저지르려는 게요?

필로크테테스 　머리를 통째로 잘라내고, 이 손으로 사지도 찢어버리려 하오.
죽어버리려고, 죽어버리려는 마음뿐이오!

코로스 　대체 왜?

필로크테테스 　아버지를 찾고 있으니까.　　　　　　　　　　　　1210

코로스 　어느 땅에서?

필로크테테스 　하데스에서.
그분은 더 이상 햇빛 속에 계시지 않으니까.
오오, 도시여, 오오, 선조들의 도시여,
어찌해야 내 너를 다시 볼 수 있으랴,
이 비참한 인간이!
네 신성한 물줄기를 버리고　　　　　　　　　　　　1215
다나오스 원수 놈들을 도운답시고
떠나온 내가! 나는 아무것도 아닌 자로다.
　　　　　　　　　　(동굴로 들어간다)

코로스장 　[나는 진작에 길을 떠나 이미 내 배 근처까지
다다랐을 거라오, 만일 우리가 오뒷세우스와,
그리고 아킬레우스의 아드님이 우리를 향해　　　　　　1220
이리로 가까이 다가오는 걸 보지만 못했더라도.]
　　　　　　(오뒷세우스와 네오프톨레모스가 다시 등장한다)

483

오뒷세우스　도대체 무엇 때문에 이토록 심각하게, 서둘러가며
　　　　　　방향을 돌려 이 길을 되짚어 가는지 말해주지 않을 작정이냐?

네오프톨레모스　좀 전에 내가 잘못했던 것들을 전부 다 바로잡으렵니다.

오뒷세우스　끔찍한 말을 주워섬기는구나. 대체 그 잘못이라는 게 무어냐?

네오프톨레모스　당신과 전군(全軍)의 말에 넘어가… 　　　　　　　　　　1225

오뒷세우스　네게 어울리지 않는 무슨 일이라도 저질렀다는 말이냐?

네오프톨레모스　…낯부끄러운 농간을 부리고 계략을 써서 그 사내를 붙든 것이지요.

오뒷세우스　그놈이 도대체 뭐라고! 빌어먹을, 너 심상찮은 수작을 꾸미는 건 아니렷다?

네오프톨레모스　심상찮은 게 아니라, 나는 포이아스의 아드님께… 　　　　1230

오뒷세우스　대체 무슨 짓을 저지르려는 게냐? 아, 두려움이 나를 엄습하는구나!

네오프톨레모스　내가 이 활을 얻게 된 그분께 다시 돌려…

오뒷세우스　아아, 제우스시여! 너 대체 무슨 말이냐? 설마 되돌려줄 작정은 아니겠지?

네오프톨레모스　나는 수치스럽게, 그리고 불의하게 이것을 얻어 갖게 되었으니까요.

오뒷세우스　신들 앞에서 묻겠다, 혹시 나를 조롱하려고 하는 말이냐? 　　1235

네오프톨레모스　그 조롱이란 게 진실을 말하는 것이라면.

오뒷세우스　그게 무슨 말이냐, 아킬레우스의 아들아? 대체 무슨 말을 주워섬기는 거냐?

네오프톨레모스　내가 같은 말을 두 번이고 세 번이고 되풀이하기를 원하는 겁니까?

오뒷세우스　절대 듣고 싶지 않구나, 단 한 번이라도.

네오프톨레모스　이 점을 확실히 알아두시요, 당신은 모든 말을 다 들었습니다. 　1240

오뒷세우스　누군가 하나는 있다. 네가 그 짓을 저지르지 못하게 막을 사람 하나는 있고
　　　　　　말고.

네오프톨레모스　그게 무슨 말입니까? 내가 이걸 못 하게 가로막을 사람이 있다니요?

오뒷세우스　아카이아인들의 군대 전체가. 그중에는 나도 있지.

네오프톨레모스　당신은 지혜롭게 타고났지만, 지혜롭게 말하지는 못하는군요.

오뒷세우스　네놈은 말하는 것도, 행하려는 것도 지혜롭지 못하구나. 　　　1245

네오프톨레모스　하지만 정의롭다면, 그게 지혜보다 강력한 겁니다.

오뒷세우스　아니, 그게 어째서 정의롭단 말이냐, 내 조언을 통해 네가 얻어낸 걸

도로 돌려주는 게?

네오프톨레모스 　내 잘못으로 저지른 수치스러운 과오를, 나는 바로잡으려 노력할 뿐입니다.

오뒷세우스 　너는 이런 짓을 하면서도 아카이아인들의 군대가 두렵지 않으냐?

네오프톨레모스 　정의와 함께라면, 난 당신의 군대를[60] 두려워하지 않습니다. 　　　1250

오뒷세우스 　⋯⋯⋯⋯⋯[61]

네오프톨레모스 　아니요, 나는 이 행동을 하면서 당신 손에 굴복하지 않으렵니다.

오뒷세우스 　그렇다면 우리는 트로이아인들이 아닌 네놈과 싸우게 될 것이다.

네오프톨레모스 　어차피 벌어질 일이라면 그리되라고 하지요.

오뒷세우스 　내 오른손이 칼자루를 만지고 있는 걸 너도 보고 있겠지?

네오프톨레모스 　보다마다요, 당신도 내가 똑같이 응수하는 걸 　　　1255
　　　　　　　　보게 될 겁니다, 그것도 망설임 없이.

오뒷세우스 　일단 너를 내버려두마. 그러나 내가 그리로 가게 되면
　　　　　　　　전군에 이 사실을 고하고, 그들은 네게 보복하게 될 거다.

　　　　　　　　　　　　(오뒷세우스 퇴장한다)

네오프톨레모스 　　　　　(멀어지는 오뒷세우스를 향하여)

　　　　　　　　당신도 제정신을 차렸군요. 그렇게만 정신을 차려준다면, 　　　1260
　　　　　　　　아마 앞으로도 눈물 흘릴 일들에서 발을 뺄 수 있을 겁니다.

　　　　　　　　　　　(동굴 안에 있는 필로크테테스를 향하여)

　　　　　　　　그리고 그대, 포이아스의 아드님, 필로크테테스를 내가 부릅니다!
　　　　　　　　나와주십시오, 그 바위 지붕을 떠나서!

　　　　　　　　　　　(필로크테테스가 동굴 밖으로 나와 등장한다)

필로크테테스 　동굴 곁에서 왜 자꾸 소란스러운 고함이 이는가?
　　　　　　　　당신들은 나를 왜 불러내는 거요, 내게 원하는 게 대체 뭐요,

60　다른 모든 사본은 '난 당신의 군대를' 대신 '난 당신이 주려는 공포를'로 전하며, 대본은 '공포'라는 단어가 유실된 다음 행에 있었을 것으로 추정한다.

61　이 행은 유실되어 전해지지 않는다. 문맥상 오뒷세우스가 네오프톨레모스를 강하게 위협하는 내용이 었을 것으로 추정된다.

낯선 이들이여?

이런, 이런, 불길한 일이로군. 이 재앙들에 더해

또 예상치 못한 재앙을 가져다주려고 여기들 와 있는 거요?

네오프톨레모스 기운을 내시고, 내가 전하는 말을 들어보세요.

필로크테테스 난 두렵구려. 아까도 역시 마찬가지였소, 그대의 근사한 말에서

나는 몹쓸 것을 겪었으니까, 그대의 말을 믿은 탓에.

네오프톨레모스 결정이란 건 되돌릴 수도 있는 겁니다.

필로크테테스 내게서 활을 훔쳐 갔을 때에도 그대는 그대의 말과는 어울리는 사람이었소,

믿을 만한, 그러나 은밀하게 재앙을 가져오는!

네오프톨레모스 하지만 지금은 아닙니다, 결코. 일단 그대가 여기 머무르며 견뎌보기로

했는지, 아니면 우리와 함께 배를 타고 가기로 했는지 그걸 듣고 싶군요.

필로크테테스 그만두시오, 더 이상 말하지 마오.

그대가 말하는 모든 게 다 헛것이 될 테니까.

네오프톨레모스 그렇게 결정된 겁니까?

필로크테테스 내가 말한 것 이상으로 더욱 그렇소, 알아두시오.

네오프톨레모스 그래도 난 당신이 내 말에 설득되었으면 합니다만,

정 내 말이 변죽만 울리는 꼴이라면, 그만하겠습니다.

필로크테테스 그렇소, 그대는 죄다 헛것만 말하게 될 테니까,

그대가 내 호감을 얻을 일 따위는 절대로 없을 테니까.

내 삶 자체를 속임수로 쥐고 빼앗아 간 자가 바로 당신이오.

그것도 모자라 내게 와서는 충고를 하려 하다니,

으뜸가는 아비에게서 난 가장 수치스러운 자식이 아닌가!

그대들은 죽어버리시오, 무엇보다도 일단 아트레우스의 자식들이,

그리고 라에르테스의 자식 놈과, 당신이!

네오프톨레모스 저주는 그 정도로 하시고, 내 손에서 이 무기를 받으시지요.

(필로크테테스에게 활을 내민다)

필로크테테스 뭐라고 하였소? 내가 두 번 속아 넘어갈 줄 아오?

네오프톨레모스 맹세코 아닙니다, 순수하고 거룩하신 지존의 제우스의 이름으로!

필로크테테스 아, 더없이 사랑스러운 말이오, 그대의 말이 참이라면! 1290

네오프톨레모스 행동으로 명백하게 해드리지요. 자, 오른손을
앞으로 뻗어 그대 무구들의 주인이 되어주십시오.

(필로크테테스가 활을 건네받는 순간, 잠복해 있던 오뒷세우스가 갑자기 나타난다)

오뒷세우스 아니, 내가 금지한다, 신들이 증인이 되어주시니,
아트레우스의 아들들과 전군의 이름으로!

필로크테테스 내 아들이여, 이게 누구 목소리요? 내가 오뒷세우스의 목소리를 들은 게
요? 1295

오뒷세우스 똑똑히 알아두어라, 아킬레우스의 아들이 원하든 원치 않든,
너를 트로이아의 벌판으로 강제로 데려갈 바로 그 사람을
너는 가까이에서 보고 있다.

필로크테테스 각설하고, 이 화살이 똑바로 겨눠지면 그렇게 희희낙락하진 못하리라.

(오뒷세우스에게 화살을 겨눈다)

네오프톨레모스 안 됩니다, 절대로요! 신들의 이름으로 빕니다, 화살을 날려 보내면 안 됩
니다! 1300

(필로크테테스의 손을 붙들고 제지한다)

필로크테테스 놓아주시오, 신들의 이름으로! 내 손을 놓으시오, 내 더없이 아끼는 아들이여!

네오프톨레모스 놓아드리지 않으렵니다!

(오뒷세우스, 도망치듯이 퇴장한다)

필로크테테스 빌어먹을! 내 활로 내 적수요 저 가증스러운 놈의
숨통을 끊겠다는데 왜 방해하는 거요?

네오프톨레모스 안 됩니다, 그건 내게도, 또 그대에게도 불미스러운 일입니다.

필로크테테스 그러나 그대도 이건 알아야 하오, 군대에서 두목 노릇 하는 자들도, 1305
아카이아인들의 거짓말쟁이 전령들도, 창끝 앞에서는
비겁한 놈들이고 말만 대담하게 한다는 걸 말이오.

네오프톨레모스 그렇고말고요. 자, 이제 그대는 이 활을 쥐고 있으니,

내게 분을 품지도, 나를 비난하지도 않길 바랍니다.

필로크테테스 그 말이 맞소. 그대는 그대가 태어난 분으로부터 온 본성을   1310
보여주었소, 내 아들이여. 그대는 시쉬포스 따위가 아니라
아킬레우스에게서 난 사람이오. 그이는 산 사람들 사이에
있었을 때에도 최고라는 말을 들었고, 지금은 망자들 사이에서 그러하오.

네오프톨레모스 당신이 내 아버지와 나를 두고 좋은 말씀을 해주시니
기쁘군요. 그런데 내가 그대에게서 얻고자 갈망하는 것이 있으니   1315
일단 들어보십시오. 신들로부터 인간들에게 주어진 운명은
필연인지라 견뎌내야만 합니다.
하지만 자진해서 그 해악에 연루되려는
마치 당신 같은 사람에게는, 그게 누가 되었든,
동정심을 가져도 연민을 품어도 옳지 않은 일이 된답니다.   1320
당신은 거칠어졌고, 조언을 받으려 하지도 않지요.
행여 누가 당신에게 좋은 뜻을 품고 말해주어도,
당신은 증오할 뿐이지요, 그를 원수로, 적의에 찬 사람으로 여기면서요.
그럼에도 나는 말하렵니다. 맹세의 증인이신 제우스를 부르렵니다.
그대 부디 이걸 알아두시고, 헤아림 속에 새겨 넣으시기를.   1325
당신은 신들로부터 온 운명으로 이 고통을 앓고 있으니,
그것은 그대가 크뤼세의 파수꾼에게 다가갔기 때문이지요,
지붕 덮지 않은 그 성역을 숨어서 지키고 있던 그 뱀에게 말입니다.
그리고 이 묵직한 병고로부터 쉼을 얻을 수 없다는 것도
알아두십시오, 똑같은 헬리오스가 여기에서 떠서   1330
다시 저기로 잠겨 내려가는 동안에는,
그대가 몸소 트로이아의 벌판으로 자진해서 가서
우리 곁에 있는 아스클레피오스의 두 아드님[62]을 만나
이 질병을 누그러뜨리고, 이 활과 더불어, 또 나와 더불어
페르가몬을 무너뜨리는 것이 그대 눈앞에 드러나기 전까지는 말입니다.   1335

이 일이 이렇게 되리라는 걸 내가 어떻게 알게 되었는지도 말씀드리지요.
트로이아에서 우리에게 사로잡힌 사내가 하나 있습니다.
헬레노스라는, 가장 빼어난 예언자지요.
이 일은 반드시 일어나게끔 되어 있노라고 그 사람이
분명하게 말합디다. 게다가 올여름에는 트로이아가 반드시 완전히   1340
함락될 거라면서요. 아니면 기꺼이 자신을 죽음 앞에
내놓겠노라 했지요, 만일 그가 거짓말을 하는 거라면.
이제 당신도 이걸 속속들이 알게 되었으니, 자진해서 양보해주시지요.
덤으로 얻는 이것도 훌륭하잖습니까, 희랍인들 중에서
으뜸가는 자로 선별되고, 일단 치료의 손길에게로 간 다음,   1345
숱한 탄식을 자아내는 트로이아를 함락하여
가장 드높은 명성을 얻는 일 말입니다.

필로크테테스 오오, 가증스러운 삶이여, 너 어째서 내가 빛을 바라보도록
이 땅 위에 붙들고선 하데스로 가도록 보내주질 않는 거냐?
빌어먹을, 나는 어찌해야 좋을까! 내게 좋은 뜻을 품고 조언해주는   1350
사람의 말을 내가 무슨 수로 믿지 않을 수 있으랴?
그러나 내가 정말 양보한다면? 내 이렇게 하고 나서 이 참담한 모습으로
어떻게 빛 속으로 나아간다는 말이냐? 내 누구에게 말하리?
나를 둘러싼 모든 것을 보고 있는 눈들아,
너희가 이걸 어떻게 참고 견딘단 말이냐, 나를 철저히 망쳐놓은   1355
아트레우스의 자식 놈들과 내가 함께 있는 모습을?
모든 면에서 무너져 내린 라에르테스의 자식 놈과 함께 있는 모습을?
나를 물어뜯는 건 지나가버린 고통이 아니라오.
외려 그자들에게 여전히 겪어야만 하는 것들 때문이고, 난 그걸

---

62 마카온과 포달레이리오스. 이 둘은 트로이아 원정에 참가한 희랍군의 군의관이자 전사로 의신 아스클레피오스의 아들들이라 일컬어진다.

미리 내다볼 수 있다 보오. 그 판단이 비열한 것들의 어미가 1360
되어버린 자는 누구든, 그 판단으로 남들마저 비열하게 가르치니까.
그리고 난 말이오, 그대에게 경악하고 있다오.
당신 본인도 트로이아로 가지 말아야 할뿐더러, 우리도 못 가게
막아야 마땅하오. 바로 그놈들이 그대 아버지의 명예의 선물을
벗겨내며 당신에게 도를 넘어선 패악을 저질렀는데, 그러고 나서도 1365
당신은 그자들의 전우가 되고, 나에게도 그러라고 강요한단 말이오?
그러지 마오, 내 아들이여, 그러지 말고 맹세로 서약한 대로
나는 집으로 보내주고, 그대 본인은 스퀴로스에 머무르시오.
비열한 그자들은 사악하게 파멸하도록 내버려두시오.
그렇게 하면 그대는 내게서도 두 배의 선물을 얻게 될 것이고, 1370
내 아버지에게서도 두 배의 선물을 얻을 거라오. 비열한 녀석들을
도와가며 비열한 녀석들과 본성이 똑같은 자로 비치지 않게 하시오.

네오프톨레모스 그대 말씀이 합당합니다만, 그럼에도 나는 그대가
신들과 내 말을 믿어주길 바라고,
친구인 나와 함께 이 땅에서 배를 타고 떠나길 바랍니다. 1375

필로크테테스 그러니까, 트로이아의 벌판으로, 가증스럽기 짝이 없는
아트레우스의 그 자식 놈에게로? 이 비참한 발을 끌고서?

네오프톨레모스 아니, 당신과 이 고름 흐르는 걸음걸음의 고통을 멎게 하고
질병으로부터 구해줄 사람들에게로요.

필로크테테스 오오, 끔찍한 말을 주워섬기는 자여, 이게 대체 무슨 말이오? 1380

네오프톨레모스 나는 그대를 위해서도, 나를 위해서도 가장 바람직한 결과를 가져올 것
을 내다봅니다.

필로크테테스 아니, 이런 말을 지껄이고서도 신들 앞에서 부끄럽지 않단 말이오?

네오프톨레모스 친구들에게 도움을 주는 걸 왜 부끄러워해야 합니까?

필로크테테스 그대가 말하는 그 도움이란 게 아트레우스의 자식들을 위한 거요, 아니면
나를 위한 거요?

네오프톨레모스 당연히 그대를 위한 거지요. 나는 친구고, 내 말도 거기서 나온 겁니다.

필로크테테스 어째서 그렇소, 그대는 나를 원수들에게 내어주려고 작심했는데?

네오프톨레모스 아아, 내 벗이여, 불행 속에서 고집부리지 않는 법을 배우시기를!

필로크테테스 나는 당신을 알고 있다오. 당신은 그 말들로 나를 파멸시킬 거라오.

네오프톨레모스 나는 절대로 그러지 않아요. 내 말은 그대가 깨달으려 하지 않는다는 겁니다.

필로크테테스 아트레우스의 자식 놈들이 나를 내던진 걸 내가 모른다는 말이오?

네오프톨레모스 아니, 내던졌지만, 그들이 다시 당신을 구하려 할지, 그걸 보란 말입니다.

필로크테테스 내가 자진해서 트로이아를 본다는 건 있을 수 없는 일이오.

네오프톨레모스 그대를 말로 설득하는 것이 불가능하다면,
도대체 우리더러 어쩌란 말입니까?
내게 가장 쉬운 방법은 말하기를 멈추는 것이고,
그대는 살아갈 따름이외다, 지금 사시는 것처럼, 구원 없이.

필로크테테스 내가 겪어야만 하는 것이라면, 내가 겪도록 놔두시오.
하지만 그대 내 오른손을 쥐고 집으로 보내주겠노라
약속한 바 있으니, 그 약속 내게 이루어주시오, 내 아들이여.
머뭇거리지도 말고, 트로이아 이야기라면 더 이상
떠올리지 마시오. 내게 충분히 이야기하고도 남았으니까.

네오프톨레모스 그래야 좋겠다면, 같이 가시지요.

필로크테테스 오 오, 고귀한 말을 해주는 사람이여!

(네오프톨레모스가 필로크테테스를 부축하며 돕는다)

네오프톨레모스 자, 이제 발을 내딛고 굳게 서보세요.

필로크테테스 내 힘닿는 데까지 해보리다.

네오프톨레모스 그건 그렇고, 나는 아카이아인들의 비난을 어떻게 피할 수 있을까요?

필로크테테스 신경 쓰지 마시오.

네오프톨레모스 그러다 그들이 내 땅을 멸망시키면 어떻게 합니까?

필로크테테스 내가 곁에 있겠소.

네오프톨레모스 어떤 도움을 주시렵니까?

필로크테테스 헤라클레스의 화살들로…

네오프톨레모스 무슨 말씀인가요?

필로크테테스 그자들이 얼씬도 못 하게 막아주겠소.

네오프톨레모스 당신 말씀대로 해주시고, 이제 이 땅에 입 맞추고 떠나시지요.

(이들이 떠나려고 하자 위에서 헤라클레스가 나타난다)

헤라클레스 아직은 안 된다, 네가 우리 이야기를
 듣기 전에는, 포이아스의 아들아. 1410
 잘 알아두어라, 너는 헤라클레스의 음성을
 듣고 있고, 그 모습을 보고 있단다.
 내가 천상의 자리를 떠나 이리로 온 것은
 바로 너를 위해서다.
 네게 제우스의 결정을 보여주고, 1415
 또 네가 떠나려고 준비하는 그 길을 막기 위해서지.
 이번만큼은 너도 내 이야기를 들어다오.
 일단, 네게 나의 운명을 말해주마. 너도 보다시피
 내가 얼마나 많은 고초를 겪어왔느냐, 그리고 그 노역들을
 돌파해나가며 끝내 결코 쇠하지 않을 영광을 거머쥐지 않았더냐. 1420
 너도 마찬가지로, 똑똑히 알아두어라, 이를 겪도록 정해져 있으니,
 이 고초들을 통해 네 삶을 영광스럽게 자리매김시키게 되리라.
 네가 이 사나이와 함께 트로이아의 도시에 가게 되면,
 너는 먼저 이 사악한 질병에서 풀려나게 되고,
 너의 탁월함 덕에 군대에서 으뜸가는 자로 선별된 다음, 1425
 파리스, 이 재앙들의 탓이 되었던 그자의 목숨을
 나의 활로 빼앗게 된단다.
 너는 트로이아를 무너뜨릴 것이며, 군대에서 네 수훈의 대가로
 얻어낸 전리품을 네 집 대들보 아래로, 네 고향 오이테의 들판으로,

　　　　　네 아버지 포이아스에게로 보내게 될 것이다. 1430
　　　　　또, 네가 군대에서 얻게 될 전리품 중 몇 가지는
　　　　　내 활을 기리며 내 제단 앞에 가져다 놓으려무나.
　　　　　　　　　(네오프톨레모스에게)
　　　　　그리고 아킬레우스의 아들, 너에게도 내가 당부하마.
　　　　　네가 강력하기로서니, 이 사람 없이 트로이아의 벌판을
　　　　　함락할 정도는 아니란다. 이 사람도 너 없이는 어림없고. 1435
　　　　　다만 함께 어울리는 한 쌍의 사자처럼 지켜주어라,
　　　　　이 사람은 너를, 그리고 너는 이 사람을.
　　　　　　　　　(필로크테테스에게)
　　　　　나는 네 질병을 끝낼 아스클레피오스를 일리오스로 보내마.
　　　　　그곳은 바로 내 활로 두 차례 함락되게 되어 있으니까.[63]
　　　　　그리고 이것을 유념해두어라. 1440
　　　　　그 땅을 전멸시키고 나서도, 신들을 향해 경건을 품어야 한다.
　　　　　다른 나머지 모든 것이 아버지 제우스께는 중요치 않단다.
　　　　　경건은, 죽게 마련인 인간들과 더불어 소멸하지 않으니까.
　　　　　그들이 살아 있든, 목숨을 잃든, 파멸을 맞지 않으니까.
필로크테테스　오오, 사무치게 그리던 그 음성 제게 내려주신 분이여, 1445
　　　　　오랜 세월 지나 그 모습 드러내신 분이여,
　　　　　임의 말씀, 저 결코 거역하지 않겠나이다!
네오프톨레모스　저 또한 같은 결심을 세웠나이다.
헤라클레스　자, 이제 행동에 옮기는 데에 시간을 지체하지 말거라.
　　　　　뱃길을 타기에 맞춤한 (바람이) 1450

63　트로이아 전쟁 한 세대 전의 일로서, 헤라클레스가 바다 괴물을 물리쳐주었지만 트로이아의 왕 라오메돈은 약속했던 보상을 거절하였고, 열두 가지 노역과 옴팔레에 대한 봉사가 끝난 후, 헤라클레스는 텔라몬(아이아스와 테우크로스의 아버지) 등의 전우들과 함께 트로이아를 침공하여 함락하였다고 전해진다. 이때 라오메돈은 물론이고 프리아모스를 제외한 그의 아들 전부가 살해당했다고 한다.

	뱃고물을 밀어내고 있지 않느냐.

필로크테테스 자, 그러면 이제 나는 떠나며 이 땅에 인사해야겠구나.
잘 있으렴, 나와 함께 뜬눈으로 지새우던 지붕이여.
평안하십시오, 샘물의 요정들, 풀밭의 요정들이여,
잘 있으렴, 곶을 때리는 바다의 사나운 타격이여, 1455
거기서 나 가장 깊숙한 곳에 있으면서도
노토스(남풍)에 맞아가며 여러 번 내 머리를 적시곤 했고,
헤르메스의 산은 내가 내지르는 탄식을
폭풍우에 짓눌린 내게 몇 번이고
메아리로 되돌려주었지. 1460
하지만 이제는, 샘물들아, 그리고 너 뤼키온 샘터야,
나 너희를 떠나노라, 이제야 너희를 떠나노라,
나 그런 기대에 감히 다가서지조차 못했건만.
잘 있으렴, 너 바다에 둘러싸인 렘노스 땅이여,
부디 나를 탈 없이 순항할 수 있도록 보내다오, 1465
위대한 운명과 벗들의 판단이 나를 이끄시는 곳으로,
이를 이뤄내고야 마는 만물을 제압하시는 신[64]께서
나를 이끄시는 곳으로.

코로스 그러면 우리 모두 한 무리를 이루어 가지요,
귀향을 지켜주시는 분들로 와주십사 1470
소금 물결의 요정들께 기도하고 나서요.

(모두 배를 향해 떠난다)

---

64 제우스.

해설: 필로크테테스   PHILOCTETES

오뒷세우스를 죽이려는 필로크테테스와 그를 만류하는 네오프톨레모스 1813 / 제임스 프라디에

소포클레스의 말년 작품인(기원전 409년) 이 드라마는 세 편의 삽화(揷話, epeisodion)가 주축을 이루는 구조이다. 제1삽화는 오뒷세우스가 제시하는 첫 번째 방법인 계략의 수행, 제2삽화는 계략의 좌절에 이은 두 번째 방법인 폭력의 시도, 제3삽화는 폭력의 극복과 마지막 방법인 설득의 과정으로 이루어진다.

　계략과 폭력, 그리고 설득이라는 세 가지 방법은 프롤로고스(prologos)에서 제시되고(101-105), 오뒷세우스의 판단에 따라 가장 유력해 보이는 방법인 계략이 먼저 시도된다. 네오프톨레모스의 협조를 얻어낸 그의 계략은 손쉽게 성공할 것처럼 보이지만, 신탁을 왜곡한 그의 방법은 실패로 끝나며, 신탁의 정신을 훼손한 또 다른 방법인 폭력 역시 실패하고 만다. 이 과정은 네오프톨레모스가 자신의 본성을 회복하는 과정과 나란히 진행된다. 그는 오뒷세우스에 의해 가려졌던 자신의 본성을 점점 되찾으며 신탁의 정신에 접근한다. 자신의 행동에 깊은 수치심을 느끼며 계략을 포기한 그는 마침내 오뒷세우스에게 정면으로 맞서 그의 폭력도 좌절시킨다. 오뒷세우스의 영향에서 완전히 벗어나 본성을 회복한 네오프톨레모스는 마지막 방법이자 신탁에서 암시된 방법인 설득을 통해 필로크테테스의 마음을 돌려보고자 하나, 절반의 성공에 그치고 만다. 그의 설득이 필로크테테스와 참된 인간적 관계를 맺어야 한다는 신탁의 조건을 이루어내긴 하였지만, 그들의 목적지는 신탁이 실현될 트로이아가 아닌 필로크테테스의 고향이 되기 때문이다. 이처럼 인간이 시도할 수 있는 모든 수단과 방법이 수포로 돌아간 자리에서 그들의 참된 우정을 신탁의 실현과 결합할 최종적인 설득은 인간의 몫이 아니라 신의 몫이며, 이는 필로크테테스의 고통을 이해하는 절친한 친구이자 그보다 먼저 온갖 고난을 이겨내고 불멸의 영광을 얻은 헤라클레스에게 돌아간다. 그의 권유를 받은 필로크테테스는 마침내 마음을 돌려 네오프톨레모스와 함께 트로이아로 출항하게 된다.

***

시작부터 오뒷세우스는 필로크테테스가 이 섬에 버려진 내력을 말한다. 부상을 입은 그가 질러대는 비명이 제사에 방해가 되었기에, 오뒷세우스는 아가멤논과 메넬라오스의 명령을 받고 그를 렘노스섬에 내려놓았다는 것이다(1-25). 한편, 필로크테테스의 거처를 바라보던 네오프톨레모스는 마치『안티고네』의 인간 찬양과 의도적으로 반대 상황을 그리듯이, 나뭇잎 무더기, 볼품없는 나무잔, 불 피우는 도구, 고름투성이 누더기 등 버려진 자의 비참한 생존의 증거들을 하나씩 보고한다. 그러나 오뒷세우스는 일말의 동요도 없이 계략을 드러낸다. 그들이 렘노스섬에 온 까닭은 트로이아를 정복하기 위해 꼭 필요한 무기인 필로크테테스의 활을 훔치기 위해서라는 것이다. 그러나 그는 필로크테테스가 자신을 증오한다는 것을 알기에 나설 수 없으며, 네오프톨레모스가 활을 훔쳐내야 한다고 말이다.

네오프톨레모스는 필로크테테스가, 또는 그의 활이 도대체 왜 그토록 간절하게 필요한 것인지 아직 알지 못한다. 그러자 오뒷세우스는 68-69행의 설명에 이어 재차 그 활의 절대적 필요성을 부각시킨다. 오뒷세우스의 모든 촉각은 필로크테테스의 활에 쏠려 있다. 오뒷세우스는 이 활을 '승리'를 위한 도구적 존재로서만 바라보고 있다. 그가 알고 있는 승리의 요건에 네오프톨레모스와 필로크테테스의 활이 포함되어 있는 것은 분명

하나(115), 필로크테테스에 대해서는 아무런 언급도 없다.

　네오프톨레모스는 이 수치스러운 방법을 거부한다. 그러나 오뒷세우스는 마치 이 경우도 미리 계산에 넣고 있었던 것처럼, 이 계략이 희랍군 모두에게 구원이 될 테니 오늘 하루만 파렴치해지고 앞으로는 두고두고 명예롭게 살라고 설득한다(81-85). 결국 군대의 승리라는 대의와, 네오프톨레모스 자신에게 돌아갈 명예는 각각 부담과 유혹으로 동시에 다가오고, 이렇게 이 젊은이는 너무나 쉽게 음모에 가담하게 된다. 이제 그는 아킬레우스의 모습 속에 오뒷세우스를 품고 필로크테테스에게 다가가 그의 생명과도 다름없는 활을 빼앗게 될 것이다.

＊＊＊

　필로크테테스는 219행에 와서야 처음으로 등장한다. 제1삽화의 첫 대사는, 참으로 오랜 시간 동안 대화 없이 살아온 그의 몫으로 돌아간다. 오뒷세우스가 두려워하던 그의 기습은 아예 없을뿐더러, 그들의 예상과는 반대로 그는 어떤 적대감도 경계심도 보이지 않는다. 물리력을 사용하지 않을 뿐, 오히려 공격하려는 쪽은 그들이며, 경계하는 것도 그들이다. 예기치 못한 필로크테테스의 반응으로 인해 이 두 진영의 정체성은 역전되고, 네오프톨레모스는 당황하게 된다. 뜻밖의 손님들이 고향 사람들의 옷차림으로 나타나, 모국어로 대답하는 것은 필로크테테스의 기쁨을 배가시킨다. 그는 어린아이처럼 좋아하며 아무런 의심도 없이 그들의 여행에 관해 묻는다. 필로크테테스는 아직 그들의 계략을, 그리고 이 계략에 휘말릴 자신의 운명을 알지 못한다. 그의 눈에 그토록 반갑게 보이는, 이 희랍 옷을 입은 무리는 10년 전 오뒷세우스가 그에게 자행했던 치 떨리는 배신을 반복할 것이고, 그가 그토록 반겨 듣는 모국어에 그는 철저하게 속아 넘어갈 것이다.

　예상치 못했던, 거짓 없고 고귀한 정신과 대면한 네오프톨레모스는 당혹감을 느끼지만, 애써 침착하게 자신을 아킬레우스의 아들이라 소개하며 필로크테스와 대화를 나누기 시작한다. 그러나 '불행에 시달리며 죽어가고 있는'(252) 필로크테스에 대해 전혀 아는 바 없다는 그의 단언에 필로크테스의 짧았던 기쁨은 한없는 절망으로 바뀌고 만다. 그는 영웅으로서의 명예는커녕, 자신의 불행에 관한 소문조차도 완전히 가려진 채 이 세계에서 철저히 지워진 존재이다. 탁월한 영웅의 삶에서 어느 날 갑자기 더없이 비참한 고통 속으로 추락한 그의 운명의 변전 뒤에는 불가해한 신들의 손길(176)이 있으며, 그는 자신을 신들의 미움을 산 존재로 인식하게 된다(255).

신들에게도, 인간들에게도 잊힌 자신의 정체를 네오프톨레모스 앞에서 조심스럽게 밝힌 그는 이어 자신의 버려진 삶을 이야기한다(254-313). 그가 어떻게 잠을 청하고, 어떻게 사냥을 하며, 어떻게 온기를 유지하다가 추위에 떠는지, 자연이 어떤 식으로 그에게 친구도 되었다가 적으로 돌변하는지를 노래할 때에, 앞서 보고된 그의 힘겨운 삶의 흔적들에서 암시된 그의 비참한 삶은 눈앞에 생생히 펼쳐진다. 그의 긴 이야기는 아트레우스의 아들들과 오뒷세우스에게 내리는 저주로 맺어진다(314-316). 그러나 이 저주가 네오프톨레모스에게는 계략의 실마리가 된다. 다시 말해, 네오프톨레모스 역시 그들에게 원한을 가지고 있는 것처럼 가장하여 그의 마음을 얻는 것으로 첫 단추를 끼우는 것이다. 긴장을 극복한 네오프톨레모스는 그 자신이 가장 슬퍼해야 할 선친의 죽음마저도 거짓말의 서두를 장식하는 데에 이용한다. 그는 필로크테스가 자신의 비참한 삶을 노래한 것(254-313)과 맞먹는 분량만큼 거짓을 노래한다(343-390). 자신이 트로이아를 함락할 유일한 사람이라는 말에 트로이아로 향했으나, 아버지의 무구를 얻지 못하고 멸시받은 채 귀향 중이라고 말이다. 이어 그는 트로이아에서 쓰러져간 영웅들에 대해 이야기하고, 필로크테스는 이 세상의 어두운 진실을 확인한다. 아이아스는 비참하게 죽었지만, 디오메데스와 오뒷세우스는 보란 듯이 명예를 누리며 살고 있다. 파트로클로스와 안틸로코스는 죽음을 피할 수 없었는데, 테르시테스는 그렇지 않다. 신들은 탁월한 영웅들의 목숨을 주저 없이 빼앗는 반면, 비열하고 가치 없는 자들의 삶은 지켜준다. 번성하는 것이라고는 오직 그의 질병과, 악한들뿐이다. 이때 네오프톨레모스는 귀향해야 하는 척하며 작별을 고한다. 필로크테테스는 자신도 배에 태워달라고 절박하게 탄원하고, 네오프톨레모스는 조심스럽게 생각하는 척하며 수락한다.

***

이때 한 인물이 등장한다. 오뒷세우스가 보낸 이 정탐꾼은 트로이아로부터 귀향하고 있는 상인으로 변장한 채 나타난다(542이하). 정탐꾼은 배 두 척이 현재 항해 중인데, 한 척은 네오프톨레모스를 체포하기 위하여, 나머지 한 척은 필로크테테스를 붙잡기 위하여 움직이고 있다는 거짓 정보를 전한다. 다급해진 필로크테테스는 네오프톨레모스에게 오뒷세우스의 추격으로부터 서둘러 달아나자고 간청한다. 이 가련한 희생자는 아무런 의심 없이 모든 말을 믿으며 자신을 노리고 있는 덫을 향해 달려가고 있다. 계략을 완수할 수 있는 여건은 모두 마련되었다. 이제 남은 것은 필로크테테스를 배에 태우는 일 하나다.

정탐꾼은 오뒷세우스가 필로크테테스를 추격하는 이유를 설명하면서, 이 드라마에서 처음으로 헬레노스의 신탁을 매우 상세한 형태로 공개한다. 그런데 이 신탁은 서두에 오뒷세우스에 의해 짧게 전해진 신탁과는 결이 전혀 다르다. 오뒷세우스는 트로이아 함락에 필요한 활과 화살만을 언급했던 반면, 정탐꾼은 활에 관해서는 전혀 언급하지 않는 대신 필로크테테스가 반드시 트로이아로 와야 하며, 그것도 다른 수단이 아닌 설득을 통해서 와야 한다는 사실을 말한다. 흔들리고 있는 네오프톨레모스에게 이것은 새롭고도 충격적인 전언이다. 그는, 자신의 속임수가 필로크테테스의 영웅성과 어울릴 수 없다는 사실을, 그리고 그 속임수를 포기해야 신탁의 요구에 비로소 답할 수 있다는 사실을 직시하기 시작한다.

『오이디푸스 튀란노스』에서, 코린토스에서 온 사자가 오이디푸스에게 폴뤼보스 왕의 죽음을 전하나, 오히려 그로 인해 오이디푸스의 불안과 의혹이 더욱 커지는 것과 마찬가지로, 여기에서 정탐꾼은 계략의 신속한 실행을 위해 투입되었고, 실제로 이로 인해 계략을 성공시킬 수 있는 여건이 조성되지만, 역설적으로 네오프톨레모스는 이를 계기로 마음을 돌이키게 된다.

따라서 누구보다도 계략을 신속히 수행해야 할 그가 망설이며, 생각에 잠기고, 흔들리기 시작한다. 배 가까이에서 바람을 지켜보겠다던(467) 그가 지금은 역풍이 불고 있다며(640) 발걸음을 옮기지 못한다. 이제 그의 눈에 필로크테테스의 활은 새롭게 비친다. 그는 비로소 활에 서린 신성을 감지한다(656-657). 그것은 조금 전까지만 해도 계략으로써 탈취해야 할 대상이었으나, 이제 그가 바라보고 있는 활은 깊은 외경심으로 다루어야 할 신성한 물건이다.

필로크테테스에게 이 활은 참된 우정의 표지이다. 그는 헤라클레스가 누워 있는 장작더미에 불을 붙여줌으로써 그를 고통에서 해방시켜주었고, 그 답례로 이 활을 얻게 되었다. 그 후로 인간들 중 아무도 손대지 못하였던 이 무적의 활을 필로크테테스가 네오프톨레모스에게 기꺼이 내어맡기는 것은, 그의 깊은 신뢰의 응답인 셈이다. 네오프톨레모스가 활의 참된 의미를 발견하며 시작된 이 반전은, 이제 필로크테테스의 자랑스러웠던 과거를 상기시킴으로써, 비참한 현존 속에 숨겨진 그의 영웅성을 발견하는 데까지 이른다. 계략을 위해 투입된 정탐꾼에 의해 신성한 신탁이 전해진 것같이, 역설적이게도 가장 수치스러운 계략이 절정을 향해 갈 때 필로크테테스와 네오프톨레모스는 더없이 영웅적인 대화를 나눈다(656-675).

그러나 그들은 미처 예견하지 못한 장애에 가로막힌다. 갑자기 필로크테테스에게 엄습한 발작은, 금세 나아질 것 같다는 그의 말과는 달리 쉽사리 수그러들지 않는다(730이하). 그것은 필로크테테스를 꿰뚫고 집어삼키며 그를 고통의 한가운데로 몰고 간다. 이 고통이, 이제는 네오프톨레모스에게 전이되고, 결국 필로크테테스에게 마음에서 우러나오는 연민을 처음으로 표시한다(759-761). 필로크테테스의 소원은 하나, 즉 고통이 멎을 때까지 잠들어 있는 동안 네오프톨레모스의 '안전한' 손에 활을 맡기는 것이다. 격심한 통증으로 정신을 잃어가는 와중에도 필로크테테스는 신들의 이름을 걸고 네오프톨레모스에게 경건하게 탄원한다. 그는 헤라클레스와 자신이 그 활로 인해 과도한 행운을 가진 인간들에게 보내는 신들의 시기를 받았노라고 말하며 네오프톨레모스도 그러한 고통을 받지 않게끔 기도할 것을 당부한다(776-778). 과연 네오프톨레모스 역시 이 활로 인해 고통을 겪기 시작한다. 그러나 헤라클레스와 필로크테테스의 시련이 모진 육체적 고통이었음에 반해 그의 시련은 정신적인 고통이다. 계략은 이제 성공을 눈앞에 두고 있다. 필로크테테스에게 등을 돌리기만 하면 되니까! 그러나 이는 동시에 계략에 맞서 네오프톨레모스의 본성이 승리를 거둘 수 있는 시점이기도 하다. 그는 필로크테테스를 떠나지 못한다.

그는 자신이 터무니없이 비겁하고 교활한 방법으로 그 활을 얻었다는 것을 누구보다도 잘 알고 있다. 그는 헤라클레스와 선친 아킬레우스, 그리고 자기가 필로크테테스와 함께 애도하던 영웅들의 반열에 자신이 오르지 못하는 것은 물론, 그들과는 가장 닮지 않은 수치스러운 자로 전락할 것을 잘 알고 있다. 지혜롭고 용감한 자(119)가 되기 위해 시작한 일이 결국 그를 이 지점까지 몰고 온 것이다. 말로 그를 호리러 왔던 그는 이제 모든 말을 잃어버린다. 그는 다만 깊은 연민으로 필로크테테스의 고통을 함께 슬퍼할 뿐이다.

네오프톨레모스는 이전까지 신들에게 그들의 항해와 운명을 맡기는 모호한 기도를 반복하며 결단을 유보해왔지만, 이제 더는 그럴 수 없다. 네오프톨레모스는 결심을 굳힌 듯, 경건하고 결연한 자세로 계략을 거부한다. 그는 신탁의 운율로 새롭고도 충격적인 지식을 발설한다(839-842). 승리의 화관은 바로 필로크테테스의 몫이다. 다른 누구도 아닌, 누더기를 뒤집어쓴 채 발꿈치에서 피고름을 흘리며 혼절한 이 불쌍한 사내가 트로이아 함락이라는 불멸의 영예를 쟁취하게 될 것이다.

＊＊＊

발작에서 회복된 필로크테테스는 기뻐하며 출항을 촉구한다. 네오프톨레모스는 필로크테테스가 일어서는 것을 돕고자 한다. 다시 한번 가보려고 하지만 또다시 멈춰 선다. 그들의 출발을 가로막는 장애는 이번에도 역시 고통이다. 그러나 먼저의 경우는 발작을 일으킨 필로크테테스의 육체적 고통이었던 반면, 지금의 고통은 네오프톨레모스의 것이며 그의 정신적인 고뇌는 필로크테테스의 육체적 고통에 맞먹는 아픔이다. 그 결정적인 타격은 다름 아닌 894행의 필로크테테스의 진술에서 온다.

필로크테테스 (네오프톨레모스의 부축을 받고 일어시며)
염려 마시오. 내 오랜 습관(sunēthes)이 반드시 나를 똑바로 일으켜(orthōsei) 세울 테니까. (894)

필로크테테스의 말에는 이중의 의미가 담긴다. 그의 말은, 그가 렘노스섬에서 지난 세월 동안 아무 도움도 받지 못하고 스스로 일어서야 했던 것을 상기해본다면 전혀 새삼스럽지 않은 것이다. 그러나 네오프톨레모스는 이 말을 윤리적인 언어로 해석함으로써 자신의 '습관'적인 성격이, 자신의 진정한 윤리적인 정체성이 스스로를 일으켜 세울 수 있을지 자문하는 것이다. 오뒷세우스의 간계를 수락함으로써 그의 고유한 윤리적 정체성을 잃어버렸던 그가 과연 자기 본성을 찾고 회복할 수 있겠느냐는 질문, 이것이 지금 그를 고통스럽게 옭아매고 있는 질문이다. 네오프톨레모스의 고뇌와 불안은 그의 흔들리는 언어를 통해 그대로 드러나고 있다. 한계에 부딪힌 네오프톨레모스는 마침내 그의 속임수를 모두 털어놓고 만다. 그러나 그는 여전히 활을 손에 쥔 채 돌려주려 하지는 않는다. 그 이유는 자신의 진술대로 의무와 공익이 자신을 명령에 복종하게 하기 때문이다. 참으로 힘들게 토해낸 네오프톨레모스의 자백은 사태를 해결하기는커녕 자신과 필로크테테스의 관계를 더욱 깊은 혼란 속으로 몰고 간다. 상황에 따라 임기응변으로 살아온 오뒷세우스의 거짓말이 가져오는 파장과, 아킬레우스의 본성을 물려받은 네오프톨레모스의 거짓말이 일으키는 파장은 그 영향력을 서로 비교할 수가 없다.

***

네오프톨레모스는 이제야 비로소 흠결 없이 정직하고 용기 있게 필로크테테스에게 다가서며, 그의 모든 관심과 애정을 필로크테테스에게 쏟고 있다. 네오프톨레모스는 필로크테테스의 치료와, 그가 전장에서 얻을 명예를 생각해주고 있으며, 이것은 진심에서 우러나온 것이 분명하다. 그러나 그동안 야비한 속임수에 조롱당해온 필로크테테스는 분노에 휩싸이고, 네오프톨레모스는 긴 침묵만을 지킬 뿐이다. 이로써 가장 유력해 보였던 방법(101-105)인 계략은, 이를 수행해야 했던 네오프톨레모스 자신의 거센 내적 저항에 부딪혀 실패로 돌아가고 만다. 그는 결국 활을 되돌려주려고 한다.

그러나 바로 이 순간에 오뒷세우스가 난입한다(974). 두 번째 방법인 폭력은 이렇게 난데없이 시작되는데, 이때까지 그가 매복하여 그들의 대화를 엿듣고 있었다는 암시조차 없었기에 그의 등장은 더욱 충격적이다. 그는 네오프톨레모스가 활을 돌려주는 것을 가로막는다. 필로크테테스는 그의 모습을 눈으로 보기 전에 먼저 목소리를 듣고 알아차린다. 10년의 세월이 무색해질 정도로 원수의 목소리만큼은 분명히 기억하고 있었던 것이다.

필로크테테스는 계략의 배후에 그가 있었음을 깨닫고, 절규하며 네오프톨레모스를 향해 활을 돌려달라고 애타게 호소한다. 그러나 오뒷세우스는 그의 호소에 아랑곳하지 않고 자신의 냉혹한 의지를 관철하며 폭력을 써서라도 필로크테테스를 데려가고자 한다. 신탁은, 설득에 의한 필로크테테스의 자발적인 출항이 트로이아 함락의 열쇠라고 예언하고 있으며, 이것은 필로크테테스와의 참된 관계 회복을 통해 버림받았던 그의 상처를 치유하는 것이 출항의 선결 조건임을 암시한다. 이것이 이루어질 때 필로크테테스는 비로소 아카이아 군대의 편에 서서 트로이아를 향해 무적의 활을 겨누게 될 것이다. 그러나 오뒷세우스는 이를 무시한 채 필로크테테스를 폭력으로 데려가는 것을 정당화하기 위하여 가장 경건한 신의 권위를 끌어오는 일도 서슴지 않는다. 그는 제우스의 시종을 자처하며 제우스의 이름을 세 번이나 부른다(989-990). 필로크테테스는 사로잡힌 연약한 육체의 한계를 뛰어넘어 거세게 저항하고 분개한다. 그는 부상당한 자신을 내던진 구실이 되었던 그들의 제사와 경배가, 어떻게 지금은 자신과 함께 행해질 수 있는지 물으며, 신의 뜻을 수행한다고 자처하는 오뒷세우스의 자가당착을 폭로한다. 그러나 오뒷세우스는 전혀 동요하지 않는다. 그는 확고한 윤리관에 입각하여 행동하는 사람이 아니기 때문이다 (1049). 그는 신탁마저 거리낌 없이 배반하는 자신의 폭력성이 극악무도하게 펼쳐지는 지점에서도 자신의 경건함을 주장하며, 마치 자신의 너그러운 아량으로 필로크테테스에게 양보하는 양 그를 놓아주며 조롱한다. 처음부터 그의 주목의 대상은 활 자체이지 필로크테테스가 아니었다.

***

한편 네오프톨레모스는 두 사내가 격렬히 대립하는 동안 100행이 넘도록 침묵을 지킨다. 그는 군대의 권위를 대변하는 오뒷세우스의 명령에 굴복하는 것처럼 보이지만, 실제로 그의 침묵은 필로크테테스에 의해 드러난 바와 같이, 계략에 가담하였던 자신의 경솔한 행동에 대한 깊은 수치심과 후회의 표현이다. 그는 이 침묵을 통해 내부에 남아 있던 오뒷세우스의 목소리를 남김없이 제압하고, 오뒷세우스에게 정면으로 맞설 고귀한 반역을 모색한다. 그의 본성의 요구가 첫 번째 방법이었던 계략을 좌절시켰다면, 이제는 그 본성의 요구에서 비롯된 적극적인 행동이 두 번째 방법인 폭력마저 좌절시킬 것이다.

　활을 빼앗겨 더 이상 생존을 유지할 수 없는 필로크테테스는 이제 생명이 소진되는 가운데 자신이 사냥하여 식량으로 삼던 바로 그 동물들의 먹이가 될 자신의 운명을 노래한다(1146-1162). 합창단은 필로크테테스에게 트로이아로 향할 것을 권유하며 그가 고집을 누그러뜨리기를 원하고 있다. 그러나 수치스러운 계략에 굴복하고 야비한 자들과 타협하는 것을 죽음보다 꺼려하는 그에게는 합창단의 권유도 공허한 메아리가 될 뿐이다. 죽음을 향할 결심을 굳힌 그는 과거에 트로이아 원정을 나섰던 자신의 선택을 후회하고 암울한 여운을 남기면서 동굴 속으로 퇴장한다.

　이때, 뜻밖에도 네오프톨레모스가 오뒷세우스와 함께 돌연히 복귀한다(1221). 이로써 드라마를 지속시킬 수 있는 동인이 무대 위로 새롭게 등장한 셈인데, 이 새로운 힘은 바로 네오프톨레모스의 결단이다. 오뒷세우스가 개입하기 직전에 이미 자신의 본성을 거의 회복해가고 있었던 네오프톨레모스는, 이제 계략에 맞서는 본성의 요구를 행동으로 실천하려고 한다. 지배력을 상실한 오뒷세우스는 네오프톨레모스를 위협하기 위해 군대의 권위를 내세우나, 네오프톨레모스는 그의 위협을 두려워하지 않는다. 이 급박한 상황의 전개는 단지 그들의 설전에 그치지 않고 행동으로 확장된다. 급기야 이 둘이 서로를 향하여 칼을 뽑으려고 하자 오뒷세우스가 먼저 물러서고 만다. 결과적으로 네오프톨레모스는 그가 필로크테테스와 맺은 약속대로 활을 오뒷세우스에게 넘겨주지 않았다. 그러나 배신의 분노가 채 가시지 않은 필로크테테스는 그의 화해의 말들을 더 이상 듣고자 하지 않으며, 더 이상 어떤 변화가 있을 것이라 여기지도 않는다.

　필로크테테스는 자신을 속였던 네오프톨레모스를 저주하지만, 그는 더욱 용기 있게 필로크테테스에게 다가간다. 그는 자신의 과오를 되돌리고 불신을 허물기 위해서는, 곧 자신의 진심을 그에게 확증시키기 위해서는 말뿐만 아니라 그것을 행동으로 옮겨야 한다는 것을 알고 있다. 신성한 신뢰의 상징인 활을 되돌려줌으로써 네오프톨레모스는 필로크테테스에게 생명과 명예, 자유를 되돌려주고 있는 셈이다. 그는 앞서 필로크테테스가 만류하였던 맹세를(811) 이제는 자발적으로, 그것도 '순수하고 거룩한 지존의 제우스의 이름'에 걸고 서약한다(1289).

***

네오프톨레모스가 필로크테테스에게 활을 건네주는 순간, 또다시 오뒷세우스가 갑자기 달려 나온다. 이 장면은 제2삽화 후반부(974-990)와 설정이 매우 유사하다. 활이 넘겨지려는 순간에 오뒷세우스가 돌연히 등장하는 점, 그리고 필로크테테스가 그의 모습보다 목소리를 먼저 알아차리는 점 역시 똑같다.

이번에도 오뒷세우스는 자신을 위해 신들을 부르며 아트레우스의 아들들과 전군의 권위에 의존하여, 활을 돌려주는 것을 제지하고자 한다. 그러나 제2삽화 후반부와 이 지점을, 상호 간의 구조적인 유사성에도 불구하고 전혀 다르게 만들어가는 주인공은 다름 아닌 네오프톨레모스이다. 그는 먼저와는 달리 자신의 본성과 신념을 행동으로 옮길 수 있는 용기를 회복한 상태이다. 먼저는 오뒷세우스가 강력한 화술과 무력을 통해 상대방을 압도하였으나, 지금은 더 이상 침묵하지 않고 있는 네오프톨레모스와, 무적의 활을 되찾은 필로크테테스에게 압도당하고 있다. 필로크테테스는 그의 가증스러운 원수를 향하여 활시위를 당긴다. 그러나 네오프톨레모스의 제지로 오뒷세우스는 도망치고 간신히 죽음을 모면한다.

그동안 오뒷세우스가 무대 위에서 행사한 영향력은 결코 작지 않았다. 그는 고귀한 네오프톨레모스를 계략에 동참하도록 달콤한 말로 꾀었으며, 제2삽화에서는 필로크테테스를 폭력으로 좌절시키고 극 중에서 가장 긴장된 상황을 만들어내었다. 심지어 그가 무대 위에 없을 때에도 그가 자아낸 계략의 힘은 무대 위를 떠나지 않았다. 이것은 정립가까지 계략과 본성 사이에서 갈등하던 네오프톨레모스의 정서를 반영하던 합창단의 노래에서도, 오뒷세우스의 부하인 변장한 상인의 보고에서도 확인할 수 있다. 그러나 네오프톨레모스가 본성을 회복해가면서 오뒷세우스의 영향력은 점점 줄어들었고, 이제 그는 더없이 수치스럽게 퇴장한다. 야비한 그는 월등한 용기와 도덕적 통찰력을 가진 영웅들 앞에서 전적으로 무력할 뿐이다.

***

두 번째 방법인 폭력도 오뒷세우스와 함께 무대 밖으로 축출되고, 이제 남은 선택은 신탁의 정신에 응답할 수 있는 유일한 방법인 설득이다. 네오프톨레모스는 진심을 담아 조언하고, 완고한 필로크테테스의 마음도 흔들리기 시작한다. 압권은 30행이 넘는 네오프톨레모스의 긴 연설이다(1314-1347). 여기서 그는 앞서 나타난 신탁들과 비교할 수 없을 정도로 풍부하게 신탁을 전하며 필로크테테스의 상처를 신의 섭리라는 맥락에서 통찰한다. 그는 그 상처 뒤에 가려진 신적인 힘과, 신들이 필로크테테스에게 보낸 운명에 대해 노래하며, 상처의 치료와, 그가 얻게 될 영광에 대해서도 구체적으로 약속한다. 논리적인 관점에서 바라볼 때 네오프톨레모스가 이처럼 초자연적인 지식을 말하는 것은 설명하기 어렵다. 시인은 이에 대한 어떤 설명도 거부한다. 그러나 한 가지 분명한 사실은 그가 본성을 회복하는 과정과, 신탁의 정신에 접근해가는 과정이 일치한다는 것이다. 오뒷세우스의 영향 아래에 있었을 때 신탁에 대해 무지하였던 그가, 본성을 회복해가면서 신탁의 정신을 이해하게 되었고, 말뿐만이 아니라 행동으로도 그가 고귀한 본성을 드러내자, 마침내 신탁이 이루어지는 정확한 조건에 대해 선명한 설명까지 할 수 있게 된 것이다.

신탁의 약속이 얼마나 영광스러운 것인지는 필로크테테스도 잘 알고 있다. 그러나 희랍군 지도자들에 대한 뿌리 깊은 증오심으로 인해 그는 마음을 쉽게 돌리지 못하고, 원수들을 돕느니 차라리 죽겠다는 결심을 바꾸려 들지 않는다. 대신, 그는 자신을 집으로 데려다주겠다는 애초의 약속을 들어달라고 요구하고, 마침내 네오프톨레모스도 그의 요구를 따른다(1402). 앞서 네오프톨레모스가 계략의 성공을 위해 오뒷세우스를 증오하는 것처럼 가장하였지만 결국에는 진정 그를 증오하게 된 것과 같이, 그가 필로크테테스를 집으로 데려다주겠노라고 거짓으로 했던 약속을 이제는 진실로 이행하려는 순간이다. 쉽지 않은 결정이다. 이 결정은 희랍군의 비난을 면치 못할 것이고, 그들에 의해 네오프톨레모스의 도시가 파괴될 수도 있을 것이다. 자신에게 약속된 전리품도, 영광도 모두 사라질 것이며, 필로크테테스의 활은 트로이아 점령의 도구가 아닌, 희랍군에 대항하는 무기로 사용될 것이다(1402이하). 그러니 네오프톨레모스가 필로크테테스의 요구를 수락하는 것은 명백히 신탁의 실현에 역행하는 것이다. 그러나 역설적이게도, 그의 수락은 필로크테테스와 참된 관계를 회복하는 것이 트로이아 점령을 위한 핵심적인 조건이라는 신탁의 정신을 실행에 옮기는 것이기도 하다. 그러므로 신이 이 시점에서 개입하게 되는 것은 이 역설에 대한 필연적인 응답이다. 계략과 폭력의 야비함을 밑바닥까지 드러낸 후 오뒷세우스를 무대 밖으로 몰아낸 시인은 마침내 두 영웅들의 깊이를 헤아릴 수 없는 우정을 보여준 다음 신을 등장시킨다.

***

혹자는 소포클레스가 이례적으로 '데우스 엑스 마키나'라는 장치를 쓰면서까지 신의 뜻을 직접적으로 전달하는 것을 쉽게 받아들이지 못할 것이다. 고귀한 인간들이 어렵게 빚어낸 결말이 데우스 엑스 마키나에 의해 흐려지고 있다는 인상을 받는 독자도 있을 것이다. 그러나 조금 달리 생각해보면, 인간들의 고귀함이 신을 소환할 만큼 대단하게 펼쳐진다고 볼 수도 있지 않을까? 역자는 그렇게 믿고 싶다.

데우스 엑스 마키나로 등장하는 헤라클레스는 필로크테테스의 오랜 고통을 이해하는 절친한 친구이자, 그보다 먼저 온갖 고난을 이겨내고 불멸의 영광을 얻은 자이며, 자신이 물려준 활의 사용에 대해 제안할 자격이 있는 존재이다. 그의 말은 명령이라기보다는 우정 어린 권고에 가까우며, 제우스의 뜻에 의해 필로크테테스가 얻게 되어 있는 불멸의 영광에 대한 약속이다.

그의 개입은 현재 필로크테테스가 네오프톨레모스와 맺고 있는 우정뿐만 아니라 과거에 필로크테테스가 헤라클레스와 맺었던 우정과도 깊은 관계가 있다. 앞서 필로크테테스는 네오프톨레모스에게 자신을 집으로 데려가겠다던 약속을 이행할 것을 요구하며, 이것을 자신이 헤라클레스에게 베풀었던 호의와 비교하였다(662-670). 그는 헤라클레스를 위해 장작더미에 불을 붙여줌으로써 그가 고통에서 벗어날 수 있도록 도와주었고, 지금은 네오프톨레모스가 자신을 고향으로 데려가 거기에서 편히 눈을 감을 수 있도록 해주길 원하고 있다. 헤라클레스의 개입은, 인간적인 우정 위에 성립한 이 두 행동 간의 유사성을 신의 섭리라는 차원에서 조망할 수 있도록 한다. 필로크테테스의 우정이 제우스의 개입을 유발하여 헤라클레스가 불멸의 영광을 얻게 되었듯이, 네오프톨레모스의 우정 역시 필로크테테스를 고통으로부터 구원하는 신의 개입을 유발하고 있다고 읽을 수 있다. 계략과 폭력에 의해서가 아니라, 필로크테테스가 자발적으로 트로이아로 건너와야 한다는 신탁의 정신에 응답한 네오프톨레모스의 행동이 초래한 것은, 신탁의 실현을 불가능하게 하는 상황이다. 네오프톨레모스의 행동은 이처럼 신탁의 실현을 위협할 정도로 강력하게 드러나 마침내 신이 그들의 우정에 대답해야 하는 상황을 불러일으킨 것이다.

헤라클레스는 트로이아에서 네오프톨레모스와 필로크테테스가 이루게 될 영웅적인 업적을 예언하면서, 그것이 그들의 견고한 우정 위에 이루어져야 함을 역설한다. 네오프톨레모스가 자신의 헌신으로 필로크테테스와 참된 우정을 맺었다면, 헤라클레스는 그들의 참된 우정이 나아갈 방향을 제시함으로써 신탁의 실현을 가능케 하는 것이다.

필로크테테스의 고통이 신들의 계획이었음을, 신이 그에게 직접 확증시키고 있는 이 시점에서는 타협하지 않는 것도 더는 덕이 될 수 없고, 더는 그의 몫이 아닌 고통을 스스로 초래하는 것도 올바른 대답이 될 수 없다. 그는 헤라클레스의 제안을 수락한다. 물론 군대의 지도자들은 여전히 야비하고, 세상의 부조리한 모습 역시 변한 것이 없다. 그러나 그는 이런 요소들과 타협하지 않고, 옛 친구 헤라클레스의 신적인 우정에 의해서, 그리고 네오프톨레모스와 맺은 새로운 우정을 통해서 그의 탁월함을 유감없이 드러낼 것이다. 이렇게 자신의 운명과 신의 뜻을 받아들인 필로크테테스는 오랫동안 좌절되었던 그의 항해를 비로소 시작한다.

콜로노스의 오이디푸스　　OEDIPVS COLONEVS

등장인물

오이디푸스   추방당해 떠돌고 있는 테바이의 왕.
안티고네   오이디푸스의 큰딸.
이스메네   오이디푸스의 작은딸.
이방인   콜로노스의 주민.
테세우스   아테나이의 왕.
폴뤼네이케스   오이디푸스의 큰아들.
전령
크레온   테바이의 권력자.
코로스   아테나이의 원로 시민들.

| 오이디푸스 | 눈먼 노인[1]의 딸 안티고네야, 우리는
| | 어느 땅에, 어떤 사람들의 도시에 다다른 거지?
| | 오늘은 또 누가 이 떠돌이 오이디푸스를
| | 한 줌 적선으로 맞아주려나?
| | 적게 청하고, 그나마 얻는 것은 5
| | 더 적지만, 그것으로도 내겐 족하단다.
| | 고통이, 나와 오래도록 함께해온 세월이,
| | 그리고 세 번째로는 고귀함이 만족하는 법을 가르쳐줬단다.
| | 하지만, 얘야, 혹시 앉을 자리가 보이거든,
| | 밟고 들어가도 되는 곳으로든, 신들께 바쳐진 숲으로든 10
| | 그만 나를 멈춰주고 앉혀다오, 우리가 과연 어디에 와 있는지
| | 물어 알 수 있도록 말이다. 우리야 이방인들로 여기에 왔으니,
| | 이 도시 사람들에게서 알아봐야 하고, 들은 바대로 행해야 하니까.
| 안티고네 | 가련한 내 아버지 오이디푸스여, 도시를 두르고 있는
| | 성탑들은 눈어림으로도 사뭇 떨어져 있어요. 15
| | 반면 여기는 신성한 장소가 분명해 보여요. 월계수며 올리브, 포도가
| | 터질세라 그득하고요. 그 안에선 깃털도 촘촘한
| | 여가수[2]들이 아름답게 노래하고 있어요.
| | 다듬지 않은 바위일망정 그 위에 사지를 굽혀 (앉아)보세요.
| | 밟아 오신 그 길은 노인에게는 먼 길이었으니까요. 20
| 오이디푸스 | 이제 나를 앉혀주고, 이 눈먼 이를 지켜주렴.
| 안티고네 | 해온 세월이 있으니 이 일이라면 제가 어떻게 할지 따로 배우지 않아도 된답니다.

(안티고네, 오이디푸스를 큰 바위 위에 앉힌다)

---

1 뜻하지 않게 아버지를 죽이고, 모른 채 어머니와 결혼하여 자식들을 낳고 살고 있다는 사실을 깨닫게 된 오이디푸스는 스스로 두 눈을 찌른다. 『오이디푸스 튀란노스』 참고.
2 밤꾀꼬리(나이팅게일).

오이디푸스	그러면 우리가 대체 어떤 자리에 앉은 건지 알려줄 수 있겠니?
안티고네	아테나이란 건 알겠어요. 하지만 이 장소는 도무지.
오이디푸스	길 가던 사람 모두가 우리에게 그렇게 말해주었지. 25
안티고네	이럴 게 아니라, 제가 가서 여기가 어떤 곳인지 알아 올까요?
오이디푸스	그래다오, 애야, 여기가 사람 사는 곳이라면 말이야.
안티고네	분명히 사람은 살고 있어요. 아니, 그럴 필요도 없을 것 같아요. 우리 둘 가까이에 어떤 사람 하나가 보이니까요.

(콜로노스의 주민 하나가 등장한다)

오이디푸스	정말이냐, 발걸음을 떼어 이리로 오는 사람이 있다고? 30
안티고네	아닌 게 아니라 이미 와 있어요. 말씀하실 게 있다면, 지금 하시는 게 좋겠어요, 말씀하세요, 그 사람이 여기 있으니까요.
오이디푸스	오오, 낯선 분, 이 아이를 통해 들었지요. 자기 자신과 나를 위해 앞을 보고 있는 아이랍니다. 우리가 명확히 알지 못하는 것을 두고 상서롭게 말씀해주실 안내자로 오셨다고요. 35
이방인	더 많은 것을 묻기에 앞서, 이 자리를 떠나시오. 그대는 밟아선 안 될 신성한 자리를 차지하고 있소.
오이디푸스	아니, 이곳이 어디이기에? 어떤 신들께 속한 곳인가요?
이방인	손대어서도, 터를 잡아서도 안 되는 곳이외다. 대지와 어둠의 따님들인 무시무시한 여신들[3]이 차지하고 계신 곳이니까. 40
오이디푸스	그러면 나는 어떤 거룩한 이름을 듣고 기도를 바쳐야 하는 겁니까?
이방인	여기 사람들은 그분들을, 모든 것을 내다보시는 에우메니데스라고 부르오. 하지만 다른 곳에선 또 다른 좋은 이름으로 불리신다오.
오이디푸스	그렇다면 그분들은 이 탄원자를 너그러이 받아주실 겁니다.

---

3 복수의 여신들인 에리뉘스들로, 이 작품에서는 환유로 에우메니데스(자비로운 여신들)라고 지칭되기도 한다.

이방인	
	이 땅 이 자리를 나는 결코 떠나지 않을 테니까요.

이방인 그게 무슨 말이오? 45

오이디푸스 내 운명이 담긴 징표지요.[4]

이방인 어쨌든 나로서는 도시의 결정 없이 당신을 자리에서 일어서게 할
 엄두가 나지 않는구려, 당신의 행동을 그들에게 알리기 전에 말이오.

오이디푸스 신들께 걸고 빕니다, 낯선 분이여. 이런 처지의 뜨내기라고 해도
 부디 나를 능멸치 말고 내 그대에게 애원하는 걸 알려주십시오. 50

이방인 무언지 알려주시오. 그리고 당신은 내게 멸시받지 않을 것이오.

오이디푸스 우리가 발을 들여놓은 이곳은 대체 어떤 곳인가요?

이방인 내가 알고 있는 것은 당신도 모두 들어 알게 될 거라오.
 이곳 전체가 성역이라오. 이곳의 주인은
 거룩하신 포세이돈이오. 이곳에는 불을 가져다준 신 55
 티탄 프로메테우스[5]도 계시오. 그건 그렇고, 당신이 발을 올린
 그 자리는 청동의 발이 달린 이 땅의 문턱이라 불리는
 아테나이의 버팀목이오. 이 인근 지역에서는
 전차를 모는 콜로노스가 자신들의
 시조라며 자랑하면서, 그의 이름을 따와 60
 모두 함께 그 이름으로 자신들을 부르고 있소.
 당신이 온 이곳은 바로 그런 지역이라오, 나그네여. 그저 이야깃거리로만
 기리는 곳이 아니라, 더불어 살며 더더욱 기리는 곳이라오.[6]

오이디푸스 그러면 분명 이 영역에 사람들이 살고 있겠군요?

---

4 84-98행 참고.
5 티탄 이아페토스의 아들. 신들에게서 불을 훔쳐 인간들에게 전해주는 등 인간들을 도운 존재로 잘 알려져 있다. 그러나 제우스의 분노를 사 쇠사슬로 암벽에 묶여 독수리들에게 간을 파먹히는 형벌을 받게 된다.
6 당시의 도시국가는 도시뿐만 아니라 주변 지역까지 포괄하는 일종의 도농복합시인데, 아테네시 북서부에 있는 콜로노스 지역 역시 아테나이 도시국가의 일부였다. 콜로노스는 소포클레스가 태어난 곳으로 알려져 있다.

이방인	아무렴 살다 뿐이겠소, 여기 계신 신으로부터 이름까지 받았다오.	65
오이디푸스	그들을 다스리는 분은 누구인가요, 아니면 백성들이 직접 판단합니까?	
이방인	도시의 왕이 이 지역 역시 다스리고 있다오.	
오이디푸스	말씀과 힘에서 권력을 누리는 그분이 누구십니까?	
이방인	테세우스라고 불리는, 선대 아이게우스[7]의 아드님이라오.	
오이디푸스	당신들 중 누군가가 그분께 전갈을 가지고 갈 수 있을까요?	70
이방인	왜 그러오? 보고를 드리라는 거요, 당신을 위해 뭘 마련해달라는 거요?	
오이디푸스	그분이 작은 도움으로 커다란 이득을 얻으시라는 겁니다.	
이방인	앞을 볼 수도 없는 사람에게서 무슨 도움이 생긴다는 거요?	
오이디푸스	내가 하는 말들은, 그게 무엇이든, 모든 것을 내다보는 말들이지요.	
이방인	나그네여, 지금 어떻게 해야 넘어지지 않을지는 알고 있을 거요.	75
	보기에도 그대는 태생이 고귀한 것 같으니까, 운명[8]만 제외한다면.	
	내가 가서 도시 사람들 말고 이 지역 사람들에게	
	이 일을 말하기 전까지는, 당신은 모습을 드러낸 이 자리에	
	남아 계시오. 당신이 머물러야 하는지, 아니면	
	도로 길을 떠나야 하는지, 결정은 그 사람들이 내립니다.	80

(이방인 퇴장한다)

오이디푸스	얘야, 그 이방인이 우리를 떠났니?

---

7 아테나이의 왕, 테세우스의 아버지. 자식이 없어 고민하던 그는 델포이에 찾아가 신탁을 구하는데, '집에 가기 전에 포도주 자루를 열지 말라'는 말을 듣고 트로이젠의 왕 핏테우스를 찾아간다. 핏테우스는 이 신탁을 알아차리고 그날 밤 아이게우스의 침실에 자기 딸 아이트라를 들여보낸다. 아이게우스는 바위 밑에 칼과 신발을 감춰두고 아테나이로 떠나면서 아이트라에게 아들을 낳으면 그것을 징표로 가져오게 할 것을 당부한다. 나중에 이 징표를 들고 나타난 아들이 테세우스이다. 이후, 크레테의 미노타우로스를 물리치러 떠나면서 테세우스는 성공 시에 흰 돛을, 실패 시에 검은 돛을 달기로 약속하였으나, 성공한 뒤 돌아오는 길에 돛의 색깔을 바꾸는 것을 잊었고 멀리서 아들의 귀향을 기다리던 아이게우스는 검은 돛을 보고 절망하여 투신하였다고 전해진다. 이 바다는 아이게우스의 이름을 따서 에게해가 되었다고 한다.

8 '운명'으로 옮긴 원문은 daimon(다이몬)으로서 신, 또는 신으로부터 온 운명을 말한다. 1337, 1370, 1443, 1750행에도 같은 단어가 쓰인다.

| 안티고네 | 갔어요. 이제 무엇이든 편안하게 말씀하셔도 괜찮아요, 아버지, 곁에 저 말고는 아무도 없으니까요. |

| 오이디푸스 | *(에우메니데스에게 기도하며)* |

두려운 얼굴을 하신 여주인들이여, 이 땅에서 처음으로
제가 사지를 굽혀 앉은 자리가 임들의 것이오니,   85
포이보스[9]께, 그리고 제게도 부디 비정해지지 마소서.
그분은 제게 그 숱한 불행을 예언하시면서,
오랜 세월 후에 제가 마침내 이 땅에 이르러
거룩하신 여신들의, 이방인을 품어주는 자리를 얻게 되거든,
그곳이 제 쉴 곳이 되리라 말씀하셨습니다.   90
거기서 제가 고단한 생을 마치리라 하시면서
저를 거둬주는 이들에게는 이익을 누리는 삶을,
내보내는 이들에게는 재앙을 내리리라 하셨지요.
징표가 올 것이라고도 제게 약속하셨으니,
지진이든, 천둥이든, 아니면 제우스의 번개로 오리라고요.[10]   95
그리고 이 길을 따라 이 숲으로 저를 인도해주신,
임들께로부터 날개 달고 온 그 징조가 믿을 만한 것임을
이제 저는 깨달았나이다. 그게 아니었다면 길을 걸어오던 제가
일단 임들을, 취하지 않은 제가, 포도주를 삼가시는 임들[11]을
마주치지 못했겠지요, 그뿐이겠습니까, 저는 다듬지 않은   100
이 거룩한 자리 위에 앉지도 못했을 것입니다. 하오니, 여신들이시여,

---

9 아폴론의 또 다른 이름.
10 이로써 오이디푸스의 운명 전체와 아폴론의 신탁이 연결된다. 『오이디푸스 튀란노스』에서는 오이디푸스가 태어나기 전에 그의 부모가 받은 신탁, 젊은 오이디푸스가 델포이에 찾아가서 받은 신탁, 그리고 극이 시작될 때 크레온이 델포이에서 얻어 온 신탁이 모두 아폴론의 것이며, 극 중에서 테이레시아스가 밝히는 내용 역시 아폴론의 지시에 따른 것이라고 보아도 무방하다. 지금 아폴론의 신탁은 오이디푸스의 최후를 예언하고 있다.
11 에우메니데스는 제물로 포도주를 받지 않는다.

아폴론께서 주신 신탁에 맞추어 부디 제게
삶의 경계를, 어떤 끝맺음을 내려주소서,
어떤 인간보다도 더 극심한 노역에 한결같이 품을 팔아오던 제가
만에 하나 부족한 자로 보이지만 않는다면 말입니다.   105
오소서, 태곳적 어둠의 달콤한 따님들이시여!
오소서, 위대하기 그지없는 팔라스[12]의 도시라고 불리는
아테나이여, 모든 도시 중에서도 단연 명예로운 곳이여!
이 사람 오이디푸스의 가련한 허상을 부디 가엾게들 여기소서.
이 몸은 이미 예전의 제 육신이 아니니까요.   110

안티고네 음성을 낮추세요. 나이가 지긋한 사람들 몇몇이
아버지가 앉으신 자리를 살피러 다가오고 있으니까요.

오이디푸스 조용히 할 테니 너는 나를 데리고 나가 숲속에
숨겨다오, 저들이 무슨 말을 하는지 내가 다
알 때까지 말이야. 우리가 무얼 할 때에도   115
알아야만 신중해질 수 있으니까.

(안티고네, 오이디푸스를 데리고 숲속으로 들어가고, 코로스 등장한다)

(등장가)

코로스(좌1) 살펴보아라! 그자는 누구였을까? 어디에 머물고 있지?
자리를 벗어나 어디로 내달린 걸까, 모든 인간 중에서,
모든 인간 중에서 가장 무도한 그자는?   120
똑바로 보아라, 불러보란 말이다!
죄다 뒤져보아라!
뜨내기다, 그 늙은이는 뜨내기란 말이야.
이 지역에 사는 자일 리 없지. 그렇지 않고서야   125

---

12 아테네 여신의 또 다른 이름. 아테네는 도시 아테나이의 수호 여신이다.

도저히 겨룰 수 없는 그 소녀들[13]께 바쳐진, 밟고 지나면 안 될
저 신성한 숲에 발을 들이지도 않았을 테니까.
우리야 (그분들의) 이름을 말하는 것조차 몸이 떨려
감히 쳐다보지도 못하고 지나치면서 130
소리조차 내지 않고, 아무 말도 없이
그저 상서로운 생각만 드러내려고
입술만 움직이잖나. 한데 지금, 그 무엇도 두려워하지
않는 자가 왔다는 말이 돌고 있다네.
내가 이 영지 곳곳을 샅샅이 살펴보고 있지만 135
그자가 어디에 머물고 있는지
도무지 알아낼 수가 없구나.

(안티고네, 오이디푸스를 데리고 숲속에서 나온다)

오이디푸스	그 사람이 바로 접니다. 사람들 말마따나
	저는 소리로 보니까요.
코로스	아아, 아아! 140
	보기에도 끔찍하고, 듣기조차 끔찍하다!
오이디푸스	간청하오니 제발 저를 무법자로 바라보지 마십시오.
코로스	수호자 제우스시여, 대체 이 노인은 누구입니까?
오이디푸스	최상의 행복을 누린다고 불릴 만한 사람은
	전혀 아니외다, 이 땅을 지키시는 분들이여. 145
	제가 그런 사람이란 건 분명하지요. 그게 아니라면
	제가 이렇게 다른 사람의 눈을 통해 몸을 끌고 다니지도 않겠고,
	위대함에도 작은 이들을 향해 닻을 내리지도 않겠지요.

---

13 에우메니데스.

코로스(우1)	이런, 보지 못하는 그 두 눈은	150
	날 때부터 그런 것이었소? 당신은 힘겨운 삶을	
	오래도 지탱해온 것 같구려.	
	그건 그렇다 치고, 당신이 나와 함께한다면	
	저주들을 덧붙이진 않을 거라오. 당신은 지금 선을 넘고 있소,	155
	선을 넘고 있단 말이오. 소리조차 내선 안 되는,	
	그 풀밭으로 달려들지 않으려면	
	― 그곳은 한 동이 가득 채운 물이	
	꿀 섞은 제주(祭酒)와 더불어	
	물줄기를 이루어 흐르는 곳이라오 ―	160
	이런 것들을 삼가 유념해야 하니, 몹시도 불운한 이방인이여,	
	비켜서시오, 물러나시오. 멀찍이 떨어진 길이	
	우리를 가로막고 있는데,	
	들리시오, 고생을 많이 겪은 나그네여?	
	혹시 나와 나눌 이야기가 있거든	165
	누구도 밟아선 안 될 그곳에서 발을 빼고	
	누구든 말할 권리가 있는 이곳에서 해주시오.	
	그때까지는 삼가시오.	

오이디푸스	내 딸아, 어떤 판단을 따라가야겠니?	170
안티고네	아빠, 마땅히 양보하고 들어야만 하는 것들에 대해	
	여기 시민들과 똑같이 주의를 기울여야만 하겠지요.	
오이디푸스	그럼 이제 네 손을 내게 얹어다오.	
안티고네	그래요, 제 손을 대고 있어요.	
오이디푸스	오오, 이방인들이여, 제가 그대들을 믿고 자리를 뜨려 하니	
	부당한 일이 일어나지 않게 해주십시오.	175

코로스(좌2)	명토 박아두건대, 결코 아무도 당신을 그 자리에서 억지로 끌어내진 않을 거요, 노인장.
오이디푸스	*(안티고네의 도움을 받아 조금 걷다가 멈추며)* 좀 더 갈까요, 그러면?
코로스	더 앞으로 걸어 나오시오.
오이디푸스	*(조금 더 걷다가 멈추며)* 아직 더요?
코로스	*(안티고네에게)* 소녀여, 그대가 앞으로 이끌어주시오. 그대가 알아들으니까.
안티고네	잘 따라와주세요, 볼 수 없는 그 발을 이쪽으로 붙이면서요. 제가 이끄는 쪽으로요, 아빠.[14]
코로스	견뎌주시오, 이방 땅에 온 이방인이니, 오오, 고통 겪는 이여, 이 도시가 정붙이지 않는 것을 가증스럽게 여기고, 소중히 여기는 것은 경외하도록 말이오.
오이디푸스	이제 네가 나를 이끌어다오, 얘야. 경건을 향해 발을 옮기면서 우리가 말도 하고 듣기도 할 수 있는 곳으로 가자꾸나. 불가피한 것과 전쟁을 벌이진 말자꾸나.

(안티고네, 오이디푸스를 성역에서 데리고 나온다)

코로스(우2)	거기, 그 원석(原石) 발판 너머로 발을 놓려선 안 되오!
오이디푸스	이렇게요?

180

185

190

---

14 이후 오이디푸스의 대사 한 행, 안티고네의 대사 두 행, 그리고 오이디푸스의 대사 한 행이 사라진 것으로 추정된다.

코로스	충분하오, 당신이 듣고 있는 바대로요.
오이디푸스	제가 앉을까요?	195
코로스	몸을 돌리고, 그 돌 모서리에 몸을 굽혀 앉으시오.
안티고네	아빠, 이건 제가 해드릴 일이요. 편안하게…
오이디푸스	아아, 아아!
안티고네	한 걸음 한 걸음씩 맞추어보세요.
	연로하신 몸일랑 정다운 제 손에 기대시고요.	200
오이디푸스	아아, 서럽구나, 저주스러운 이내 몸!

(안티고네, 오이디푸스를 자리에 앉힌다)

코로스	아아, 딱한 분, 이젠 좀 누그러졌을 테니
	말해보오, 죽게 마련인 인간 중 당신은 어떻게 태어난 분이오?
	이 허다한 고생에 이끌려온 당신은 뉘시오? 나 어디를	205
	그대의 고향이라 들어 알아야 하겠소?
오이디푸스	오오, 낯선 분들이여,
	나는 도시를 빼앗긴 사람이외다, 그러니 제발 그만해주시지요.
코로스	이게 뭐길래 하지 말라는 거요, 노인장?
오이디푸스(종가)	제발, 제발, 제발 내가 누군지 묻지 마시길.	210
	더는 캐물어 알려 하지 마십시오.
코로스	대체 이건…?
오이디푸스	나는 태생이 끔찍한 자올시다.
코로스	말해보시오!
오이디푸스	(안티고네에게)
	얘야, 아아, 내 신세, 내 무어라 외쳐야겠니?
코로스	그대가 어떤 아버지에게서, 어떤 씨앗에서 나왔는지,
	낯선 분이여, 말해주오.	215
안티고네	말씀하세요, 이미 끝까지 디디셨으니까요.
오이디푸스	그러면 말씀드리지요, 숨길 도리가 없으니까요.

코로스	그대들 두 분은 마음먹는 데에만 한참이 걸리는구려. 그러지 말고 어서!	
오이디푸스	라이오스[15]에게서 태어난 자를 알고들 계십니까?	220
코로스	오오, 이런, 이럴 수가!	
오이디푸스	랍다코스 후손들의 가문도요?	
코로스	오오, 제우스시여!	
오이디푸스	가련한 오이디푸스도요?	
코로스	당신이 바로 그자구려?	
오이디푸스	제가 무슨 말씀을 드려도 두려워하지들 마십시오.	
코로스	아아, 아아, 아악!	
오이디푸스	불운한 몫을 받은 자올시다.	
코로스	아아, 아악!	
오이디푸스	내 딸아, 이제 곧 무슨 일이 닥칠까?	225
코로스	네놈들은 나갈지어다, 이 땅 밖으로 멀리!	
오이디푸스	아니, 그러면 그대는 약속한 바를 어떻게 지킬 겁니까?	
코로스	먼저 당한 것을 되갚는 사람에게는	
	운명으로 정해진 보복도 얼씬하지 않는 법.	230
	다른 속임수들에 맞서 놓인 속임수는	
	호의가 아니라 고통을 되돌려주게 마련이지.	
	네놈은 그 자리를 도로 물리고	
	내 땅으로부터 다시 뛰쳐나가거라, 떠나란 말이다.	
	그래야 네놈이 내 도시에 더 이상의	235
	짐을 얹어놓지 못할 테니까.	

---

15 테바이의 시조 카드모스의 증손자이자 랍다코스의 아들. 이오카스테를 왕비로 맞았는데, 아이를 낳으면 그 아이의 손에 죽게 되리라는 신탁에도 불구하고 아이를 낳는다. 아이는 두 발목을 쇠꼬챙이로 뚫려 키타이론산에 유기될 처지에 놓이지만, 명령을 받은 하인은 아이를 살려 코린토스로 보낸다. 아이는 발의 상처 때문에 '부어오른 발'이라는 뜻의 '오이디푸스'라는 이름을 얻게 되고, 후일 서로를 알지 못하는 상황에서 오이디푸스는 자신을 공격하는 라이오스의 목숨을 빼앗게 된다. 자세한 내용은 『오이디푸스 튀란노스』참고.

안티고네	오오, 낯선 분들, 삼가는 마음 품고 계신 분들이여,
	여기 계신 연로하신 제 아버지께서
	의도치 않게 하신 일들을
	그대들이 소문으로 듣고 그분을 용납하지 못하시니, 240
	낯선 분들이여, 부디 이 불쌍한 저를
	가엾게 여기십사 간청합니다.
	저는 그저 고통 중에 계신 아버지를 위해 빌어봅니다.
	아직 멀지 않은 이 두 눈으로
	그대의 두 눈을 바라보며, 이 불쌍한 분이 245
	존중을 마주할 수 있도록, 마치 그대의 핏줄에서
	태어난 사람이라도 된 듯이 빌어봅니다. 마치 신께 하듯
	당신들 앞에서 불쌍한 저희가 엎드립니다. 자, 그러니,
	차마 바랄 순 없지만, 그대들은 고개를 끄덕여 호의를 베푸소서.
	당신에게서 나온 당신의 소중한 존재들을 두고 빕니다, 250
	그게 자식이든, 결혼 침대이든, 재산이든, 아니면 신이든!
	그 사람이 누구든 간에
	신께서 그를 이끄신다면,
	빠져나갈 수 있는 사람을 그대는 보지 못하실 테니까요.
코로스장	하지만 이건 알아두시오, 오이디푸스의 자식이여, 그대들의
	처지를 두고 우리는 그대도, 그리고 이 사람도 똑같이 가여워한다는 것을. 255
	그러나 신들께로부터 다가올 일들에 몸이 떨리는지라
	우리는 그대에게 방금 한 말 이상을 입에 담을 여력이 없다오.
오이디푸스	아니, 영광이니 근사한 명성이니 하는 것들이
	허투루 흘러 내려가는 것이라면, 그런 게 도대체 무슨 소용이겠습니까?
	사람들 말로는 아테나이야말로 신께 경건하기로 첫째가며, 260
	몹쓸 일을 겪는 이방인을 구해줄 수 있는 유일한 곳,
	그런 이들을 지켜줄 수 있는 유일한 곳이라 하지 않던가요?

그런데 그런 것들이 저를 위해서도 있기는 합니까?
그대들은 분명 제 육신도, 제 일들도 아닌, 천만에,
그저 이 이름 하나가 두려워서 저를 이 발판으로부터   265
일으켜 세워 몰아내려고 하는데도요? 실은 제 일들이라는 것도,
정녕 어머니와 아버지의 일들을 그대에게 꼭 말씀드려야 한다면,
그 일들로 인해 저를 그렇게나 두려워하시니 말입니다만,
제가 저질렀다기보다는 외려 당한 것입니다. 그 일이라면 제가 낱낱이
잘 알고 있지요. 그런데도 어떻게 제가 타고나길 사악하다는 건가요?   270
만에 하나 제가 작정하고 저지른 일이라고 쳐도, 저는 당한 걸
행동으로 되갚은 것이니 제가 그런 사악한 자가 될 리 있겠습니까?
사실 제가 다가간 곳은, 영문도 모르고 간 곳이었지만,
제가 그 일을 겪게 만든 자들은 고의로 저를 멸하려 들었지요.[16]
그래서 제가 신들의 이름으로 그대들에게 탄원하는 겁니다, 낯선 분들이여. 275
저를 자리에서 일으켜 세운 것처럼, 저를 지켜주십시오.
그대들이 신들을 존중한다면, 신들의 몫을
절대로 무시해선 안 됩니다. 그분들이
경건한 인간뿐만 아니라 불경한 인간도
바라보고 계시다는 걸 염두에 두어야 합니다. 무엄한 인간이   280
그 눈길을 피해 달아난 적은 단 한 번도 없었지요.
그러니 그대는 부디 그분들 편에 서시고, 무엄한 짓들을 위해
노를 저으며 아테나이의 번영을 가려 덮진 마시기를!
그러지 마시고 그대가 이 탄원자를 안전한 보호 아래 받아들였듯이
저를 구하시고 지켜주십시오. 차마 눈 뜨고 보기 힘든 제 머리일지언정   285
이를 봐서라도 저를 멸시하지 마십시오.

---

[16] 한 가지 사건만을 의미하진 않는다. 오이디푸스가 태어나자 부모는 그를 고의로 죽이려 하였고, 라이오스 그 일행은 세 갈래 길에서 오이디푸스에게 적의를 품고 먼저 공격하였다. 이 작품 안에서도 오이디푸스를 고의로 추방하여 사지로 내몬 인물들이 등장한다.

	저는 신성하고 경건한 자로 여기 온 겁니다, 게다가 이곳 시민들에게	
	복을 가져다주는 자로서요. 그대들을 이끄는 통치자가	
	어떤 분이든, 그분이 이곳에 오신다면,	
	그때는 그대도 모든 걸 듣고 알게 되실 겁니다. 하지만 그동안만큼은	290
	결코 사악한 자가 되지 말아주시기를!	
코로스장	노인장, 도저히 당신의 항변을	
	두려워하지 않을 도리가 없군요, 전혀 부박하지 않은 말씀들로	
	표현되었으니까요. 이 땅의 통치자께서	
	이 일을 판가름해주신다면 나로선 그것으로 족하겠습니다.	295
오이디푸스	이 땅을 다스리신다는 바로 그분은 어디 계십니까, 이방인들이여?	
코로스장	그분은 이 땅에 있는 선친의 도시에 계십니다. 나를 이리로 보낸,	
	그 파수 보던 이가 그분을 모시러 갔지요.	
오이디푸스	그러면 그대가 보기에도 그분이 이 소경을 눈여겨보거나	
	마음을 써주실 것 같은가요, 여기까지 직접 행차하실 정도로?	300
코로스장	확실하고말고요, 그분이 당신 이름을 듣는다면야.	
오이디푸스	그런데 그 말씀을 그분께 누가 전해드리려나요?	
코로스장	길은 멀고, 오가는 이들의 수많은 말들은 이리저리	
	돌아다니게 마련이지요. 그분이 그 소식을 듣게 되실 때에는	
	이미 여기 와 계실 겁니다, 용기를 내세요. 노인장, 그대의 이름은	305
	모든 이들에게 널리 퍼져 있지요. 그러니 설령 그분이 주무시느라	
	굼떠도, 그대 소식을 듣게 되면, 이리로 서둘러 오실 겁니다.	
오이디푸스	그저 그분은 본인의 도시를 위해서도, 나를 위해서도	
	행운을 품고 오소서! 고귀한 사람치고 스스로에게 친구 아닌 자는 없으니.	
안티고네	오오, 제우스시여, 뭐라 말해야 하지요, 아빠? 제가 뭐라 여겨야 할까요?	310
오이디푸스	무슨 일이니, 내 새끼 안티고네?	
안티고네	어떤 여인이 우리에게로 가까이 다가오는 게 보여요.	
	아이트나의 망아지[17]를 타고 오고 있어요. 얼굴에 드는 햇볕을	

가리기 위해 텟살리아 모자¹⁸로 머리를 덮고 있고요.
뭐라고 말해야 하지?   315
맞나? 아닌가? 아니면 내 판단이 길을 잘못 든 걸까?
그렇지, 아니 그렇지 않아, 뭐라 말해야 할지 모르겠구나,
내 신세야.
다른 사람일 리 없어. 두 눈에서 빛을 내며
내게 인사를 건네면서 다가오는 모습이라니!   320
저건 이스메네의 머리일 수밖에 없는 분명한 표시야!

오이디푸스 뭐라고 말하는 거니, 애야?

(이스메네 등장한다)

안티고네 보여요, 아빠의 딸이, 저와 피를 나눈 아이가요.
이제 곧 그 목소리로 알 수 있을 거예요.

이스메네 오오, 아빠, 그리고 내 언니,
더없이 달콤한 두 겹의 이름들이여! 두 분을 찾느라 힘들었는데,   325
정작 이번엔 고통스러워서 보기가 힘드네요.

오이디푸스 오오, 애야, 네가 온 게로구나?

이스메네 오오, 아빠, 보기에도 불운하신 분 같으니.

오이디푸스 애야, 드디어 네가 모습을 드러냈구나?

이스메네 고생 없이 온 건 아니에요.

오이디푸스 나를 어루만져다오, 애야.

이스메네 두 분 다 같이 쓰다듬어드릴게요.

오이디푸스 오오, 내 핏줄, 내 새끼!

이스메네 오오, 이 비참한 형편이라니!   330

오이디푸스 이 애와 내 형편 말이니?

---

17 아이트나는 시칠리아의 화산이다. 시칠리아는 고대로부터 좋은 말이 자라는 곳으로 알려져 있다.
18 챙이 넓은 여행용 모자.

이스메네　불운한 몫을 받은 제 것까지 세 번째로요.

오이디푸스　그런데, 얘야, 네가 오다니 어쩐 일이냐?

이스메네　아빠 걱정에서지요, 아빠.

오이디푸스　그리웠던 거니?

이스메네　물론이지요, 게다가 직접 전해드릴 소식도 있고 해서요,
　　　　제가 유일하게 믿을 수 있는 하인 하나만 데려왔어요.

오이디푸스　그건 그렇고, 이런 노고 앞에서 우리와 피를 나눈 그 젊은 놈들은 어디에
　　　　있지?　　　　　　　　　　　　　　　　　　　　　　　　　335

이스메네　자기들 자리에 있는 거죠. 오빠들에겐 지금 무시무시한 일이 닥쳤어요.

오이디푸스　그 두 놈들 모두, 천성이며 살아가는 됨됨이하며
　　　　아이귑토스에서나 하는 행실을 빼닮았구나!
　　　　거기서는 남자가 지붕 아래 자리 잡고
　　　　피륙을 짜지, 아내들은 늘 밖에서　　　　　　　　　　　340
　　　　먹고살 거리들을 구해 오는데 말이야.¹⁹
　　　　너희 둘만 해도 그렇지, 얘들아, 정작 이 수고에 어울리는 녀석들은
　　　　계집이라도 된 듯 집구석에 자리를 틀고 있고,
　　　　그놈들 대신 애먼 너희 둘이 이 불운한 내 재앙 탓에
　　　　극심한 고초를 겪고 있잖니. 너희 중 하나는 어려서 받아야 할　345
　　　　돌봄을 벗어나 몸을 가눌 힘이 붙었을 때부터
　　　　늘 나와 함께 떠돌아왔지, 그 불운한 것이 이 늙은것을
　　　　이끌어주느라고 말이다. 거친 숲속을 따라 배를 곯아가며
　　　　맨발로 헤매며 지나온 것만 해도 허다하지.
　　　　폭풍우 속에서, 타오르는 태양의 열기 속에서　　　　　350
　　　　시달려가며 참아낸 것도 허다하고. 이 아비를 먹여 살릴 수만 있다면,

19　헤로도토스는 『역사』 2권 35장에서 아이귑토스(이집트)의 풍속을 기술하고 있는데, 그 영향을 직접 받은 구절로 보인다.

집 안에서 지내는 것도 뒷전인 게 그 애지.
그리고 너도, 얘야, 예전에 이 몸과 관계된
그 모든 예언들을 품고 카드모스[20]의 자손들의 눈을 피해
이 아비에게로 와주었어. 그뿐이냐, 내가 그 땅에서 쫓겨났을 때,   355
너는 내 미더운 보호자로 남아주었지.
그리고 지금은, 이 아비에게 또 무슨 소식을 전하러 온 거니,
이스메네야? 어떤 용건이 너를 집에서 일으켜 세운 거니?
네가 빈손으로 왔을 리는 없지, 그건 나도 확실히
알고 있단다, 뭔가 끔찍한 소식을 내게 전하려는 게 아니고서야.   360

이스메네 아빠가 어디서 끼니를 때우며 돌아다니시는지
찾아다니느라 제가 겪은 고생거리들은요, 아빠,
그냥 넘어가지요. 저는 그 일로 고통을 겪으면서, 그리고 그걸
또다시 말로 풀어내면서 두 번 고생하고 싶진 않으니까요.
그건 그렇고, 아빠의 불운한 두 아들에게 지금 재앙이   365
닥쳤다는 걸 제가 알려드리려고 온 거예요.
애초에 오빠들의 소망은 크레온에게 권좌를 이양하고
도시가 오염되지 않도록 하는 것이었어요.
가문의 뿌리 깊은 파멸, 그리고 그것이 어떻게 아빠의
불행한 집을 붙들게 되었는지 그 이유를 오빠들도 들여다본 거죠.   370
그런데 지금은, 어떤 신들로부터 온, 또 사악한 마음가짐에서
비롯된 몹쓸 다툼이, 세 배나 불행해진 그 둘에게 들이닥쳐서,
서로 통치권을, 왕의 권력을 쥐겠노라 하고 있어요.
둘 중 더 어린 쪽, 나중에 태어난 쪽[21]이

---

20 카드모스는 테바이의 시조로, 용이 지키는 샘터에서 용을 죽이고 아테네 여신의 지시에 따라 용의 이빨을 땅에 뿌리자 전사들이 솟아났다고 한다. 이들은 서로를 죽이다가 다섯 명이 남았고, 카드모스가 이들을 데리고 테바이를 세웠다고 전해진다. 이로 인해 테바이는 카드메이아라는 이름으로 불리고, 테바이 사람들은 용의 이빨에서 나온 후손들, 카드모스의 후손들이라 불린다.

먼저 태어난 폴뤼네이케스에게서 권좌를 375
빼앗고는 고향 땅에서 내쫓아버렸어요.
그런데 그이는, 우리 사이에 도는 유력한 이야기에 따르면,
협곡에 놓인 아르고스로 망명을 떠나 새장가를 들고,
거기다가 방패를 같이 짊어질 전우들도 규합했다고 해요.
당장에라도 직접 카드모스의 들판을 380
명예롭게 움켜쥐거나, 아니면 하늘까지 올라서려는 거지요.
이건 그냥 아무 말이나 이어 붙인 게 아니에요, 아빠,
끔찍한 사태라고요. 그건 그렇고, 신들께서 아빠의 노고를 두고
과연 어디쯤에서 가엾게 여기실지, 그건 저도 알 수가 없네요.

오이디푸스 신들께서 내게 눈길을 주시고, 그래서 나도 언젠가는 385
구원을 얻으리라는 희망을 읽은 거니?

이스메네 저는 그래요, 아빠, 이제 막 얻은 예언들에 따르면 그래요.

오이디푸스 그게 어떤 것들이길래? 어떤 신탁이 내려졌느냐, 얘야?

이스메네 언젠가 그곳[22] 사람들이 아빠의 생사 여부와 무관하게
아빠를 찾아 나설 것이라고 했어요, 자신들의 번영을 위해서요. 390

오이디푸스 대체 누가 나 같은 사람 덕을 보며 잘 살 수 있단 말이냐?

이스메네 그이들의 힘이 아빠에게 달려 있다는 말씀이 있었어요.

오이디푸스 내가 더 이상 존재하지 않을 때, 비로소 내가 인간이 된다는 것인가?

이스메네 이제야 신들께서 아빠를 똑바로 일으키시는 거지요, 전에는 파멸시키셨지만.

오이디푸스 젊어서 고꾸라진 노인을 일으켜 세우는 게 무슨 쓸모가 있다고. 395

이스메네 그리고 그것 때문에 크레온이 아빠에게로 곧 올 거라는 것도
알아두세요. 오래 걸리지 않을 거예요.

오이디푸스 그자가 무슨 짓을 저지르려고? 내 딸아, 내게 풀어서 말해다오.

---

21 에테오클레스.
22 테바이.

이스메네	아빠를 카드모스의 땅 가까이에 붙박아두고 아빠에게
	권력을 행사하려는 거지요. 그 땅 안으로 넘어오진 못하게 지켜보면서요. 400
오이디푸스	내가 저들 성문 밖에 눕는데, 무슨 도움이 된단 말이지?
이스메네	아빠의 무덤이 성히 돌보아지지 않으면 저들에게 묵직한 부담이 될 거래요.
오이디푸스	그거야 딱히 신의 도움 없이 판단만으로도 알 수 있겠구나.
이스메네	바로 그걸 빌미로 아빠를 저들 땅 가까이에,
	아빠가 아빠 자신도 통어하지 못할 그곳에 붙들어두려는 거예요. 405
오이디푸스	그러면 그들이 나를 테바이의 흙먼지로 덮어준다더냐?
이스메네	하지만 그건 혈족이 흘린 피[23]가 그렇게 되도록 놔두지 않아요, 아빠.
오이디푸스	그렇다면 그들도 내게 힘을 쓸 수 없을 거다, 절대로.
이스메네	그리고 언젠가 그것이 카드모스의 후손들을 무겁게 짓누르겠지요.
오이디푸스	어떤 일들이 오가고 나면 그런 일이 일어나겠니, 얘야? 410
이스메네	그들이 아빠의 무덤가에 설 때, 아빠의 진노로 인해 그렇게 될 거래요.
오이디푸스	넌 이 이야기를 누구에게서 듣고 말해주는 거니, 얘야?
이스메네	델포이의 화로[24]에서 돌아온 사절들에게서요.
오이디푸스	포이보스께서 나를 두고 정말 그렇게 말씀하셨단 말이냐?
이스메네	그이들이 테바이의 들판으로 돌아오면서 그렇게 말했어요. 415
오이디푸스	내 아들 녀석들 중에서도 이 소식을 들은 애가 있니?
이스메네	둘 다 똑같이 들었죠. 둘 다 제대로 알아들었고요.
오이디푸스	그런데도 그 추악하기 그지없는 놈들은, 그런 말까지 들었는데도
	나에 대한 그리움보다 왕권을 앞에 두었단 말이지?
이스메네	저도 그 말씀 듣기가 괴롭지만, 그래도 견디는 수밖에요. 420
오이디푸스	그놈들에게 드리워진 다툼을, 부디 신들께서는
	절대로 꺼뜨리지 마소서! 지금 그 둘이

---

23 오이디푸스가 아버지 라이오스를 살해한 일을 말한다.
24 델포이(= 퓌토)에는 아폴론의 이름난 신탁소가 있었다.

창을 집어 들고 벌이려는 그 싸움에서
그 둘에게 다가올 최후를 부디 제가 쥐게 하소서!
그러면 지금이야 지휘봉과 권좌를 쥐고 있는 그 녀석도   425
남아나지 못할 테고, 떠나가버린 저 녀석도 다시는
되돌아오지 못하겠지. 그 녀석들을 낳아준 게 난데,
내가 조국에서 치욕스럽게 내쳐졌을 때, 그놈들은 그걸
막아주지도, 날 지켜주지도 않았지. 그건 고사하고 나는
그놈들 손에 추방자로 선포되고 쫓겨나 내쳐졌다.   430
그때야 나도 그걸 바라고 있었으니, 도시도 합당한 선물을
준 것이었노라고 넌 그렇게 말할 수도 있겠다만,
전혀 그렇지 않아. 내 격정이 끓어오르던
그 당일에야 죽어버리는 것이, 그것도 돌에 맞아 죽는 것이
내겐 가장 달콤한 것이었지만,   435
내 갈망을 채워 도와줄 이는 아무도 나타나지 않았어.
하지만 시간이 흘러 그 모든 고통이 익어 누그러지게 되니
내 격정이 과거의 과오들을 과하게 질책하며
폭주했다는 걸 나도 깨닫기 시작했지.
그러자 그때, 이미 많은 세월이 지났음에도, 도시는 나를   440
그 땅 밖으로 강제로 몰아내려 했어. 그리고 그놈들은
이 아비의 아들들이고 아비를 도울 힘도 있었건만, 아무것도
하려 들지 않았지. 그놈들이 짧은 말조차 한마디 해주지 않은 바람에
나는 밖으로 내쫓긴 걸인이 되어 언제까지고 떠돌아다녀온 게야.
하지만 나는 너희 둘에게서, 소녀이긴 하다만, 자연이 너희에게   445
가져다주는 것들 전부로 생활의 방편을 얻어왔고,
땅에서는 피난처도 얻었을뿐더러, 한 핏줄의 도움도 얻어왔지.
반면, 그 두 녀석들은 낳아준 아버지 대신
권좌며, 지휘봉으로 호령하는 일이며, 그 땅의 왕권을 선택했지.

	그러니 그놈들은 내게서 결코 동맹을 얻지 못할 것이고,	450
	카드모스의 나라를 다스려봤자 아무런 이득도 얻지 못할 거다.	
	그건 내가 알고말고. 이 아이에게서 들은 예언들이 있고,	
	포이보스께서 내게 이루신 그 옛적 말씀들을 되새겨보니 그렇구나.	
	그러니 크레온이든, 아니면 그 도시에서 힘깨나 쓰는 자든	455
	나를 찾아 나서게 해보라지.	
	백성들을 지키시는 이 여신들과 더불어	
	나를 위해 힘을 실어주실 의향이 있다면,	
	그대들은 이 도시를 위한 위대한 구원자를 얻으실 거고,	
	제 원수들에게는 고역을 안기실 겁니다.	460
코로스장	그대는 우리가 연민을 품을 만한 분이외다, 오이디푸스.	
	그대뿐만 아니라, 이 두 따님도. 말씀 중에 그대는	
	스스로 이 땅의 구원자가 되겠노라 덧붙이셨으니,	
	저도 그대를 위해 도움이 될 만한 조언을 드리고 싶군요.	
오이디푸스	가장 소중한 분이여, 부디 손님 맞을 주인이 되어주십시오, 저는 무엇이든	465
	해낼 준비가 되어 있으니!	
코로스장	그 여신들께 정화(淨化)의 예를 바치세요. 그분들의 땅에	
	처음 그대가 도착해서 그곳을 발로 밟았으니까요.	
오이디푸스	어떤 방법이 있겠습니까, 이방인들이여, 부디 가르쳐주십시오.	
코로스장	일단 쉼 없이 솟아오르는 샘물에서 그분들께 바칠	
	물을 떠 오세요. 거룩한 손으로 만져야만 하고요.	470
오이디푸스	그 흠결 없는 물줄기를 받아 와서는요?	
코로스장	술 섞는 동이들이 있어요, 솜씨 좋은 사람이 빚은 것이지요.	
	그 주둥이와 양쪽 손잡이를 장식하면 됩니다.	
오이디푸스	나뭇가지나 양털 뭉치로 할까요, 아니면 다른 방법으로…?	
코로스장	갓 깎아낸 어린양의 털로요.	475
오이디푸스	그렇게 하지요. 그럼 그다음은 어떻게 마무리 지어야 마땅할까요?	

코로스장	그것을 헌주 삼아 부어드리세요, 동트는 쪽으로 고개를 돌리고 서서.
오이디푸스	말씀하신 그 동이들로 부어드리는 거지요?
코로스장	세 번을 흐르게 하되, 마지막 것은 완전히 따라내야 해요.
오이디푸스	무엇으로 그걸 채울까요? 그것도 가르쳐주십시오. 480
코로스장	물과 꿀입니다. 포도주는 절대 넣지 마시고요.
오이디푸스	그래서 짙은 낙엽 덮인 대지가 그것을 받고 나면요?
코로스장	올리브나무 잔가지 아홉 개를 두 손으로 올려놓기를 세 번 한 다음, 그분들께 이 기도를 바치세요.²⁵
오이디푸스	그걸 듣고 싶습니다, 가장 중요한 것이니만큼. 485
코로스장	저희가 그분들을 에우메니데스라 부르는 것처럼, 다정하신 그 품으로 이 탄원자를 받아주시고 구해주십사고 청하세요.²⁶ 당신이 직접 하든, 당신 대신 다른 사람이 하든, 들리지 않을 정도로 말하고, 절대 크게 소리치지 마세요. 그런 다음 물러나되, 뒤돌아선 안 됩니다. 당신이 490 이 일을 하고 나면, 나는 확신 있게 당신 곁에 서겠어요. 허나 그러지 않겠다면, 이방인이여, 난 당신이 걱정스러울 뿐입니다.
오이디푸스	얘들아, 너희 둘도 이 근방에서 지내는 이방인들의 말씀을 들었지?
안티고네	듣다마다요. 저희가 무얼 해야 할지 분부하세요.
오이디푸스	나로선 그 길을 디딜 수 없단다. 나야 힘도 쓸 수 없고 495 보지도 못하는 그 두 가지 재앙으로 인해 뒤에 남을 테니, 너희 둘 중 하나가 가서 이 일을 해다오. 내 생각엔 선의만 있다면 한 명의 목숨이 수많은 사람들을 위해 그 값을 치르기에 충분하리라 본다. 너희 둘은 서둘러 행동에 옮겨다오. 다만 나를 혼자 내버려두진 500

---

25 꿀은 망자에게 바치는 제물 중 하나이며, 양털, 물, 올리브 등에는 정화(淨化)의 힘이 있다고 믿었다고 한다.

26 에우메니데스는 '자비로운 여신들'을 뜻한다.

	말거라. 이끌어줄 사람 없이는 내 몸은 혼자서는	
	기어갈 기력조차 없단다.	
이스메네	그러면 제가 가서 그 일을 해낼게요. 그런데 제가 그 일을 해야 하는	
	장소를 어디서 찾을 수 있을지, 그걸 알고 싶어요.	
코로스장	숲의 저편이라오, 이방인이여, 당신에게 뭐가 부족하거든,	505
	그곳에 사는 사람이 설명해줄 거라오.	
이스메네	제가 그 일을 하러 갈게요. 안티고네 언니, 언니는 여기서	
	우리 아빠를 지켜줘요. 부모님을 위한 일이라면, 설령 그 일이	
	수고스럽더라도, 그 수고를 잊어야 하니까요.	

(애탄가)

코로스(좌1)	끔찍한 일이외다, 이미 자리에 누운 지 오랜	510
	재앙을 깨워 일으킨다는 것은.	
	그럼에도, 난 들어 알고 싶어 견딜 수가 없군요.	
오이디푸스	그게 뭡니까?	
코로스	당신이 엮여 있던, 어쩔 도리조차 없던 일로	
	드러났던 그 비참한 고통 말입니다.	
오이디푸스	당신이 열어준 환대에 걸고 부탁드립니다,	515
	제가 겪은 그 일들을 파렴치하게 들추려 하지 마십시오.	
코로스	결코 수그러들지 않고 널리 도는 그 이야기를	
	저도 제대로 듣고 싶습니다, 손님.	
오이디푸스	이럴 수가!	
코로스	부디 기꺼이! 제가 간청합니다.	
오이디푸스	내 신세야, 내 신세야!	
코로스	제 말대로 해주세요, 저 역시 당신의 모든 요청에 그랬듯이.	520

오이디푸스(우1) 이방인들이여, 저는 흉악한 일을 겪었답니다, 그것도 원치 않게 겪었지요.

	신께서는 알아주소서,	
	그중에서 제가 선택한 것은 하나도 없었다는 걸!	
코로스	아니, 그건 어째서지요?	
오이디푸스	그 도시는 아무것도 알지 못하던 나를	525
	그 재앙의 결혼 침대로 묶어버렸던 겁니다.	
코로스	제가 들은 바로는, 당신은 그 악명 높은 침대를	
	어머니에게서 채웠다고 합니다만.	
오이디푸스	아아아! 그 말을 듣는 건 곧 죽음이외다,	
	이방인이여. 게다가 이 두 여자아이들은 제게서 난…	530
코로스	그게 무슨 말씀입니까?	
오이디푸스	…자식들입니다, 불운한 둘이지요.	
코로스	오오, 제우스시여!	
오이디푸스	저와는 한 어머니의 산고에서 태어났지요.	

코로스(좌2)	그러니까 그대의 자식들이자 동시에…	
오이디푸스	마찬가지로 아비의 누이들이기도 합니다.	535
코로스	아아!	
오이디푸스	아악, 실로 헤아릴 수 없는 재앙이 굴러오는도다!	
코로스	그대는 당하셨구려…	
오이디푸스	도저히 지울 길 없는 일들을 당했지요.	
코로스	그대가 저지른 일은…	
오이디푸스	전 아무것도 저지르지 않았습니다.	
코로스	그건 무슨 말씀입니까?	
오이디푸스	저는 선물을 받았을 뿐이지요. 고통을 견뎌온 내 심장이여! 도와준 보답으로	540
	그 도시로부터 온 그 선물을 저는 절대로 받아 들지 말았어야 했습니다.[27]	

코로스(우2)	딱한 분, 그게 무슨 말씀입니까? 당신은 살인을 저질렀고…	

오이디푸스	그건 무슨 말씀인가요? 대체 뭘 알고 싶으신 겁니까?
코로스	당신 아버지를…
오이디푸스	아아, 아악! 또 한 번의 타격이라니, 질고(疾苦) 위에 질고가 쌓이는구나.
코로스	당신이 살해했잖습니까. 545
오이디푸스	제가 죽였지요. 하지만 그건 제게…
코로스	어떤 뭔가라도?
오이디푸스	일종의 정당함이었습니다.
코로스	아니 그게 무슨…?
오이디푸스	제가 밝혀드리지요.
	제가 죽이고, 파멸시켰습니다, 그러나 운명에 사로잡힌 채로요.[28]
	그리고 법으로는 결백합니다. 아무것도 모르는 채로 거기까지 이르렀으니까요.

(테세우스 등장한다)

코로스	보시오, 여기 우리 왕께서 오셨습니다. 아이게우스의 아드님
	테세우스라오. 그대의 말에 따라 행차하신 거지요. 550
테세우스	그 두 눈이 피로 무너져 내렸다는 건
	지난 세월 동안 많은 이들에게 들어왔기에,
	그대를 알아볼 수 있겠군요, 라이오스의 아드님. 그리고 방금
	오던 길 위에서도 보면서 훨씬 더 분명히 알게 되었습니다.
	그대의 옷차림도, 그 끔찍한 머리도 그대가 누구시라는 걸 555
	제게 분명하게 보여주고 있답니다. 그러니 연민에서 나온
	말씀을 그대에게 여쭙고 싶습니다, 불운한 몫을 얻은 오이디푸스여,
	이 도시와 저에게 어떤 탄원을 가져오셨기에 당신 스스로도,

---

27 오이디푸스는 스핑크스를 물리친 다음, 테바이 시민들에게 왕으로 추대되어 이오카스테와 결혼하게 되었다.

28 대본은 '운명' 대신 '맹목/현혹'을 제안한다.

또 곁에 있는 불운한 여인까지도 여기 서 계시는 겁니까?

알려주십시오. 당신은 저를 물러서게 할 수도 있는 560

어떤 무시무시한 일을 말씀하실 수도 있습니다만,

저 역시 당신과 다름없이 이방인으로 길러져온 처지라는 걸,[29]

낯선 땅에서 제 머리를 내놓고 다른 누구보다도

더 많이 사투를 벌여온 처지라는 걸 저도 알고 있습니다.

그러니 저는, 지금의 당신처럼 이방인이 된 분에게 565

도움 드리는 일에 등 돌리지 않겠습니다.

저도 한낱 인간이라는 걸, 제가 당신보다 내일 더 많은 몫을

얻지 못하리라는 걸 저도 잘 알고 있답니다.

오이디푸스 　테세우스여, 짧은 말씀 속에 담긴 그대의 고귀함 덕분에

저도 간단히 말씀드릴 수 있게 되었군요. 570

제가 누구인지, 어떤 아버지에게서 태어났는지,

어느 땅으로부터 왔는지를 짚어 말씀해주셨으니까요.

그러니 제가 무얼 필요로 하는지만 제외하면

제가 달리 드릴 말씀이 남아 있지 않습니다. 그러면 제 이야기도 끝납니다.

테세우스 　이제 바로 그걸 알려주십시오, 제가 남김없이 알 수 있도록. 575

오이디푸스 　제가 온 까닭은, 이 비참한 육신을 그대에게 선물로 드리려 함입니다.

보기에는 변변치 않습니다만, 이로 인한 이익은

근사한 외양보다 더 위력적이지요.

테세우스 　과연 어떠한 가치 있는 이익을 가져오신 건가요?

오이디푸스 　시간이 지나면 아시게 될 겁니다. 지금은 아직 아닌 것 같군요. 580

테세우스 　그러면 당신의 선물은 언제쯤 분명해질까요?

오이디푸스 　제가 숨을 거두고 당신이 장례를 치러주게 될 때입니다.

29　오이디푸스는 자신이 테바이의 왕자라는 사실을 모른 채 코린토스에서 폴뤼보스와 메로페의 양육을 받고 자랐다. 테세우스는 아버지가 아테나이의 왕이라는 사실을 모른 채 타향 트로이젠에서 어머니 아이트라의 손에 자랐던 자신의 과거를 반추하며 둘 사이의 공감대를 형성하고 있다.

테세우스	삶에 남은 마지막 것을 요구하시는군요. 그 사이에 있는 것들은 잊으셨거나, 아무것도 아니라고 여기시는 모양입니다.	
오이디푸스	그렇게 해서 나는 다른 것들도 거둬들이는 셈이지요.	585
테세우스	아무튼 당신이 요구하시는 그 호의는 사실 간단한 겁니다.	
오이디푸스	그래도 잘 보셔야 합니다, 이 싸움은 결코 작은 문제가 아니니까요.	
테세우스	당신 자제분들과 저를 두고 말씀하시는 건가요, 아니면?	
오이디푸스	그 녀석들이 와서 저를 그리로 억지로 데려갈 겁니다.	
테세우스	당신의 원이 그러하다면, 달아나는 건 좋지 않습니다.	590
오이디푸스	하지만 정작 내가 (돌아가길) 원했을 때는, 그 녀석들이 허락해주지 않았지요.	
테세우스	어리석은 분, 불행 속에서 격노하는 건 마땅치 않습니다.	
오이디푸스	일단 제게서 들어 아신 다음, 충고는 나중에 하시지요. 지금은 놔두시고요.	
테세우스	설명해보시지요, 제가 알지도 못 하면서 비난해선 안 되니까요.	
오이디푸스	저는 무시무시한 재앙 위에 재앙을 더하며 겪어왔습니다, 테세우스여.	595
테세우스	당신 혈족이 처했던 그 해묵은 사태를 말씀하시는 겁니까, 그렇지요?	
오이디푸스	아니, 전혀요. 그건 모든 희랍인들이 외치고 다니는 일이니까요.	
테세우스	그러면 당신이 앓고 있는, 인간이 감내하기조차 어려운 그것이 무엇인가요?	
오이디푸스	제가 처한 형편은 이렇습니다. 저는 제가 뿌린 씨앗들에 의해 제 땅에서 내쫓겼지요. 그러곤 그곳으로 다시는 돌아갈 수가 없게 되었지요, 절대로. 저는 아버지를 죽인 자니까요.	600
테세우스	당신이 떨어져 지내야만 한다면, 어떻게 그들이 당신을 데려간단 말입니까?	
오이디푸스	신탁이 그 녀석들을 강제할 겁니다.	
테세우스	그 예언으로부터 그들이 두려워하는 사태가 무엇이기에?	
오이디푸스	그 녀석들이 이 땅에서 타격을 입게 되어 있다는 거지요.	605
테세우스	아니, 어떻게 그들과 저 사이에 적개심이 솟을 수 있다는 겁니까?	
오이디푸스	오오, 더없이 소중하신 아이게우스의 아드님, 늙어감도 죽음도 없다는 것은 오로지 신들에게만 있는 일입니다.	

다른 모든 것은 막강한 시간이 바수어버리지요.
지력(地力)도 쇠하고, 육신의 힘도 쇠합니다. 610
신의가 죽어 나가고, 불신이 자라나지요.
우정의 숨결 역시 한길을 걷지는 않는답니다,
사람들 사이에서도, 도시와 도시 사이에서도요.
누군가에게는 지금, 또 다른 사람들에게는 나중에
즐거움이 쓰라림이 되었다가, 다시 사랑이 되니까요. 615
테바이 역시 마찬가지지요. 지금이야 그곳과 당신 사이의 관계가
쾌적하게 갠 나날이지만, 헤아릴 수 없는 세월이 흐르며
헤아릴 수 없는 밤과 낮을 낳을 테고,
그러다가 지금은 한목소리를 내고 있는 친선도
창(槍)으로 산산이 흩날려진답니다, 사소한 말 한마디를 빌미로. 620
바로 거기서, 묻힌 채 잠들어 있을 제 싸늘한 시신이
그들의 뜨거운 피를 마시게 될 겁니다, 제우스께서 여전히
제우스이시고, 제우스께서 낳으신 포이보스께서 여전히 진실하시다면.
하지만 휘저어선 안 될 것을 입 밖에 내는 것이
제겐 탐탁지 않으니 제가 시작한 곳에서 멈추게 해주시지요.³⁰ 625
다만 그 약속 하나는 지켜주십시오. 그러면 오이디푸스를
괜히 받아들여서 이 고장 안에 살게 했다는 말씀은
안 하실 겁니다, 신들께서 저를 속이시는 게 아니라면요.

코로스 왕이시여, 여기 이분은 힌참 전부터 이 말이며 그런 비슷한 말들을
이 땅을 위해 이뤄내겠다는 태세입니다. 630

테세우스 대체 뉘라서 이런 분의 호의³¹를 내던질 수 있겠나?
일단, 창으로 맺은 우의를 지키는 서로 간의 화로가

---

30 오이디푸스의 최후에 관한 모든 세부는 비밀에 부쳐야만 한다(1522-1529행). 그가 '시작한 곳'은 아테나이를 위해 이익을 베풀겠다는 약속이다(576-578행).
31 '호의'의 원문은 '에우메니아(eumenia)'로, 에우메니데스와 그들이 베풀 자비를 연상케 한다.

　　　　　이분을 위해 우리 곁에 항상 준비되어 있지 않나?³²
　　　　　다음으로, 이분은 신들의 탄원자로 온 데다가
　　　　　이 땅과 나를 위해 적지 않은 몫을 주고 계시네.　　　　　635
　　　　　내 이를 높이 사서, 이분의 호의를 물리치는 일 없이
　　　　　이 땅에서 시민이 되어 지내실 수 있도록 하겠네.
　　　　　　　　　　(코로스를 향하여)
　　　　　만일 여기 머무시는 것이 이 손님께 달갑다면, 내 자네를 지목하여
　　　　　이분을 지키라 명하겠네. (오이디푸스에게) 그게 아니라
　　　　　저와 함께 가시는 것이 달갑다면, 오이디푸스여, 당신께 이 중에서　　640
　　　　　달가운 쪽을 선택하실 기회를 드리죠. 저는 그 결정에 따르겠습니다.

오이디푸스　오오, 제우스시여, 복이라면 바로 이런 분들에게 내려주시기를!
테세우스　그대에게 필요한 게 과연 무엇일까요? 아니, 저희 집으로 가시겠습니까?
오이디푸스　그러는 게 법도에 맞는다면야! 하지만 바로 이 자리야말로…
테세우스　여기서 무얼 하시려고요? 제가 막아서지야 않겠습니다만.　　　　645
오이디푸스　바로 이 자리에서 나는 나를 내친 자들에게 위력을 휘두를 겁니다.
테세우스　당신이 함께 계셔서 생긴다고 하신 그 선물은 대단한 것이로군요.
오이디푸스　그대가 말씀해주신 것들이 굳게 남아 저를 위해 완수된다면요.
테세우스　바로 이 몸에 대해서는 확신을 가지세요. 저는 당신을 배반하지 않을 겁니다.
오이디푸스　그대가 무슨 비열한 사람이라도 된 듯 그렇게 맹세로 묶고 싶진 않습니다.　650
테세우스　제가 당신께 드린 말씀 이상의 것은 일어나지 않는답니다.
오이디푸스　그러면 무얼 하시려는 겁니까?
테세우스　지금 가장 저어하시는 게 무엇니까?
오이디푸스　사람들이 다가올 겁니다.
테세우스　하지만 그건 이 사람들이 신경 쓸 겁니다.
오이디푸스　보세요, 저를 두고 떠나시면…

32　아마도 테바이와 아테나이 간에 군사동맹 같은 협정이 이미 있었던 것으로 보인다.

| 테세우스 | 제가 해야 할 일을 알려주실 필요는 없습니다. |
| 오이디푸스 | 움츠러든 사람에게는 어쩔 수 없는 일이지요. 655
| 테세우스 | 제 심장은 움츠러들지 않는답니다. |
| 오이디푸스 | 당신이야 그 위협을 모르시니까요. |
| 테세우스 | 저는 알고 있습니다, 그 어떤 인간도 제게 맞서
여기서 당신을 폭력으로 데려갈 수 없다는 것을 말입니다.
[사람들은 수많은 협박으로 을러대곤 하지만,
그거야 분노에서 우러나온 수많은 헛말들일 뿐,
정신이 제자리로 돌아오면 그런 협박들도 사라지게 됩니다.] 660
저자들 역시 마찬가지랍니다. 비록 저자들이 당신을 끌고 갑네 하면서
끔찍한 말들을 허세 부려가며 늘어놓아도, 저는 알고 있답니다,
저들이 여기로 건너와야 할 대양은 멀고도 힘겨우리라는 걸.[33]
설령 이게 꼭 제 결심이 아니더라도, 저는 당신께 안심하시라고
권하고 싶습니다, 포이보스께서 당신을 보내주셨다면 말이지요. 665
설령 제가 이 자리에 없더라도, 그대가 흉한 일을 겪지 않도록
제 이름이 그대를 지켜드리리라는 것도 전 알고 있습니다.

(테세우스 퇴장한다)

(1정립가)

| 코로스(좌1) | 근사한 말들을 길러내는 이 땅으로, 손님,
그대는 지상에서 가장 강력한 거처로 오셨으니,
눈부신 콜로노스랍니다. 이곳에선 670
소리도 낭랑한 여가수[34]들이
특히나 자주 찾아와 푸릇누릇한 골짜기

---

33 테바이와 아테나이 사이에는 육로만이 있다. 여기서 대양은 위험부담이 큰 시도를 나타내는 은유이다.
34 각주 2번 참고.

깊은 곳에서 지저귀지요,
포도줏빛 검붉은 담쟁이를 차지하고서,
감히 밟아선 안 될 신[35]의 풍성한 나뭇잎들을 차지하고서, 675
햇볕조차 들지 않고 어떠한 폭풍의 바람조차
한 점 일지 않는, 수없이 많은 열매 달린 그곳에서.
바로 그 자리에 박코스 제의의
디오뉘소스께서 늘 발을 들이신답니다,
시중을 드는 신과 같은 유모들을 거느리고서.[36] 680

(우1) 하늘의 이슬 아래 날마다
곱게 송이 맺어 언제나 한껏 피어오르는
나르킷소스[37]는 위대한 두 여신의
태곳적 화관이요, 황금의 광채 뿜어내는
크로커스 역시 그러하다네. 685
잠 못 이루는 샘들은 줄지 않고
케피소스강[38]의 물줄기들을
대어주나니, 더러움이라곤 한 점 없는
그 흐름은 날마다 때마다
순산(順産)을 가져다주며 690
드넓게 부풀어 오른 이 땅의 벌판에 가닿는다네.
그곳은 무사 여신들[39]의 가무단도, 황금 고삐를 쥔
아프로디테께서도 미워하시지 않는 땅이로다.

---

35 디오뉘소스. 담쟁이와 포도는 디오뉘소스를 상징하는 고유의 식물이다.
36 디오뉘소스는 탄생 이후 요정들의 보살핌을 받았고, 이후 제의에서도 시중을 받는 것으로 그려진다.
37 수선화.
38 앗티카 지역을 가로질러 아테나이 서부로 흐르는 강.
39 제우스와 므네모쉬네의 딸들이며 시와 음악을 관장하는 여신들이다. 헤시오도스는 이들이 모두 아홉 명이라고 전한다(『신들의 계보』 54, 76).

(좌2) 그런 것이 있어 자라난다는 건 695
나는 아시아의 땅[40]에서도, 펠롭스의 거대한 도리스섬[41]에서도
들어본 적 전혀 없으니,
사람 손을 탄 적도 없이 저절로 자라나
적군의 창들에 공포를 안기는 그것,
이 땅에서 한껏 자라나 번성하는 그것은 700
아이들을 먹여 기르는 눈부신 잎사귀의 올리브라오.
젊은이든, 노령과 더불어 지내는 이든
파괴적인 손으로 그것을 망가뜨릴 수 없으니,[42]
모리오스 제우스[43]의 눈길이,
빛나는 눈망울의 아테네와 함께 705
그것을 언제까지고 바라보고 계시기 때문이오.

(우2) 어머니인 이 도시를 위해 나 더없이 강력한
칭송 하나 또 읊을 게 있으니,
위대한 신의 선물이요, 이 땅의 가장 큰 자랑거리인 710
준마(駿馬), 좋은 망아지, 그리고 바다 위의 번영이라오.[44]
오오, 크로노스의 아드님, 임께서 이 도시를
이 자랑거리 위에 앉히셨으니, 왕이신 포세이돈이여,
말을 길들이는 재갈을 임께서 처음으로

---

40 희랍인들에게 아시아는 서아시아 지역을 뜻한다.
41 희랍 남부의 반도 펠로폰네소스를 글자 그대로 풀면 '펠롭스의 섬'이 된다. 이곳으로 남하한 도리스인들이 뮈케나이 문명을 파괴하고 여러 도시국가를 세우며 정착하였다고 한다.
42 아테네 여신이 아테나이의 아크로폴리스에서 처음으로 올리브나무를 자라게 했다는 전설이 있다. 이 나무는 페르시아와의 전쟁 중에 불탄 후 기적처럼 다시 살아나 신성시되었다고 전해진다.
43 신성한 올리브나무를 지키고 보호하는 제우스라는 뜻이다.
44 말과 바다는 모두 포세이돈과 직결된다. 따라서 앞 행에 언급된 '위대한 신'은 포세이돈으로 추측된다.

	이 길들에서 만들어주셨나이다.	715
	또한, 손에 잘 맞는 놋날은	
	무서우리만큼 소금 물결을 치며	
	날아간다네, 일백의 발이 달린	
	네레이데스를 따라 뛰어오르며.[45]	
안티고네	오오, 아름다운 말들로 가장 큰 칭송을 얻은 이 들판이여,	720
	그 빛나는 말씀들을 이제 그대가 실제로 보여주셔야 할 때가 왔군요.	
오이디푸스	무슨 일이 새로 생긴 거니, 애야?	
안티고네	크레온이 우리에게 접근하고 있어요,	
	호위도 붙이고서요, 아빠.	
오이디푸스	오오, 가장 소중한 노인들이여, 이제 나를 위해	
	그대들에게서 마지막 구원의 힘이 드러나기만을!	725
코로스장	안심하세요, 그렇게 될 테니까! 나는 비록 노인일망정,	
	이 나라의 힘은 노쇠하지 않았으니까요.	

(크레온, 부하들을 거느리고 등장한다)

크레온	고귀하게 태어난 이들이여, 이 땅의 주민들이여,	
	그대들의 안색을 보아하니 내가 나타났다고 해서	
	돌연 공포에 사로잡힌 것 같구려.	730
	내 앞에서 움츠러들지들 마시오. 악담도 내던지지 마시오.	
	나는 무슨 행동을 취하려고 온 게 아니란 말이오, 나는 노인이잖소.	
	그리고 내가 당도한 이 도시가, 희랍에 그러한 도시가 있다면,	
	강력하고 위대하다는 것도 알고 있다오.	
	그게 아니라, 이 남자를 설득하여 나를 따라 카드모스의 땅으로	735
	오게 하려고 내 이 나잇살에도 이리로 보내진 거요.	

---

45 바다의 신 네레우스의 딸들로 모두 50명이라 '일백의 발'이라고 칭하고 있다. 이들의 목록은 『일리아스』 18권 39행 이하에 나오며, 가장 유명한 이는 아킬레우스의 어머니 테티스이다.

그것도 한 사람이 날 보낸 게 아니라, 모든 사람이
울력한 거요. 혈연으로서의 도리가 있으니, 대부분의 시민 대신
내게 이 사람의 재앙을 애도할 의무가 부과된 거라오.

　　　　　　(오이디푸스를 향하여)

자, 이만하고, 딱한 오이디푸스, 내 말을 듣고　　　　　　　　740
집으로 돌아오너라. 카드모스의 모든 백성이 정당하게
너를 부르고 있고, 그중에서도 특히 이 몸이 그렇다.
내가 모든 인간 중 가장 비열하게 타고난 사람이 아닌 이상,
나도 네 불행에 고통을 느낄 수밖에, 이 늙은것,
네가 이런 비참한 신세가 되어 이방인으로　　　　　　　　745
생계 이을 방편도 없이 시중드는 계집 하나만 데리고
노상 떠돌아다니는 걸 보고 있자니 말이다. 아이고, 내 신세야,
나는 저 계집이 이렇게까지 끔찍한 지경으로 추락할 거라고는
상상조차 못 했다. 이제 저 불운한 것은 굴러떨어지고 말았어,
허구한 날 구걸을 다니며 네 시중이나 들고 네 머리를　　　　750
받들어가면서, 저 나이에, 결혼도 못 해보고
지나가는 자 누구에게라도 붙들려 가겠지.
아이고, 내 신세야, 내가 읊어 내린 이 오욕이 네놈과 나뿐만 아니라
우리 가문 전체에도 참화가 되지 않겠느냐?
하지만 이미 명백한 걸 덮을 수야 없으니, 오이디푸스,　　　　755
조상 신들께 걸고 명하노니, 네놈은 내 말을 따라 이제라도
(그 오욕을) 덮고 네 조상들의 도시로, 집으로 순순히 오너라.
이 도시에는 이만 다정하게 작별의 말을 남기고. 그만한
가치가 있는 곳이니까. 그러나 네 고향에는 그보다 더한 경외가
응당 있어야겠구나. 오래전에 너를 길러준 곳이니까.　　　　760

오이디푸스　아아, 어떤 짓도 서슴지 않는 녀석! 정당한 말에서조차
교묘한 수작을 끌어내는 놈! 이렇게까지 하려 드는

이유가 뭐냐? 왜 나를 두 번 붙잡으려 드는 게냐?
그렇게 붙들리면 내가 최악의 고통을 당할 텐데?
예전에 내 집에 도사린 재앙 탓에 내가 앓고 있을 때, 765
그때는 그 땅에서 추방되는 것이 내 낙이었지. 내가 그걸
바라마지않았음에도, 너는 호의를 베풀려 하지 않았다.[46]
그러다가 내 노여움이 다 채워져서
집에서 여생을 보내는 게 달가워지니까,
그때는 네놈이 날 우격다짐으로 몰아가더니 내쫓아버리더구나. 770
그때는 같은 핏줄이라는 것도 네놈에게는 조금도 대수롭지 않았지, 전혀.
그런데 이제 와서, 나와 함께하는 이 도시와 그 온 백성이
내게 호의를 보이는 걸 네가 보더니, 다시 나를 그리로
끌고 가려 하는구나, 거친 것들을 부드럽게도 지껄여가면서.
말이 나온 김에, 억지로 사랑받는 게 도대체 무슨 기쁨이라도 되느냐? 775
그건 마치 네가 누군가에게 끈질기게 조를 때에는
그이가 네게 아무것도 내주지 않고 너를 도울 마음도 없다가,
네게 필요한 것들로 네 기백이 충족되고 나면, 그제야
내주는 것과 마찬가지다. 이미 호의가 호의를 가져다주지 못하는 시점이지.
그런데 네놈은 그런 기쁨을 헛것이라 보지 않는단 말이냐? 780
네가 내게 주려는 것도 바로 그런 것이다. 말로는 그럴싸하지만,
정작 실행되면 사악해지는 것들 말이다. 여기 계신 분들을 위해서도
내가 짚어내 주마, 네가 비열한 자라는 걸 명토 박아두도록.
네놈은 나를 끌고 가러 왔지. 그러나 집으로 데려가려는 게 아니라,
경계에서 살게 하려는 거다. 그래서 이 땅으로부터 오는 재앙에서 785
네 도시가 해를 면하고 안전해지려는 수작이지. 그러나 그건
네놈에게 이루어질 리 없다. 그러긴커녕 그 땅에

---

46 『오이디푸스 튀란노스』 1412행 이하 참고.

　　　　　내 복수의 원혼이 영원토록 거하는 것, 이게 네 몫이다.
　　　　　한편 내 자식들에게는, 그놈들이 죽어서 들어갈 만큼의 몫만
　　　　　내 땅에서 주어질 것이다. 790
　　　　　테바이의 사정은 내가 네놈보다야 더 훤히 알고 있지 않느냐?
　　　　　훨씬 더 낫고말고, 한결 더 확실한 분들에게서
　　　　　내가 들은 것들만큼은. 그분들은 포이보스, 그리고 그 아버지
　　　　　제우스 바로 그분이시다. 반면, 네놈의 날조된 주둥이는
　　　　　날카롭게 벼려진 채 이리로 왔지. 그러나 네가 지껄이는 말들로 인해 795
　　　　　너는 구원이 아닌, 더 큰 재앙을 움켜쥐게 되리라.
　　　　　어쨌든, 이런 말로 너를 설득할 수 없다는 건 나도 알고 있으니, 그만 가거라,
　　　　　우리야 여기 살도록 놔두고. 처지가 이렇다 한들 낙만 누린다면
　　　　　우리야 비참하게 사는 게 아니니까.
크레온　　지금 오가는 이야기 중 네가 한 말을 두고 800
　　　　　누가 더 큰 불행을 겪으리라고 여기느냐, 너냐, 아니면 나냐?
오이디푸스　네가 나도, 그리고 곁에 계신 이분들도 설득하지 못한다면
　　　　　그게 내게는 가장 달갑고말고.
크레온　　저주받은 놈, 세월이 흘러도 지각머리를 키우지 못한 모습이나
　　　　　내보이다니, 말년에 이르도록 오욕으로 키워질 셈이냐? 805
오이디푸스　네 혓바닥은 무시무시하다만, 세상만사를 두고 달변인 인간 중에
　　　　　정의로운 사람은 내 단 하나도 알지 못한다.
크레온　　말이 많은 것과 적절하게 말하는 건 전혀 다르지.
오이디푸스　마치 네 말이 간단하고 적절하다는 듯이 말하는구나.
크레온　　그럴 리 만무하지, 적어도 너 같은 정신머리를 가진 자에게는. 810
오이디푸스　꺼져라. 여기 계신 분들을 위해서도 내가 말하니,
　　　　　내가 터를 잡아 마땅한 이곳에 파수를 두며 막아서지 말지어다.
크레온　　네가 네 사람들에게 받치며 한 말에 대해서는, 네 녀석이 아니라
　　　　　이 사람들을 내 증인으로 삼아두지. 그러나 내 너를 붙잡기라도 하면…

오이디푸스	내 전우들이 있는데 누가 나를 강제로 붙든단 말이냐?	815
크레온	그런 일이 없더라도 너는 분명 고통을 당하게 되어 있다.	
오이디푸스	네 위협에 따르는 행동이 대체 무엇이기에?	
크레온	네 자식 둘 중에서 한 년은 내가 방금	
	붙잡아 보냈고, 다른 계집도 곧 끌고 가주마.	
오이디푸스	맙소사!	
크레온	더 크게 비명 내지를 일이 금세 생길 텐데.	820
오이디푸스	네놈이 내 딸을 데리고 있다고?	
크레온	이년도 시간 끌지 않고 데려가마.	
오이디푸스	아아, 이방인들이여, 어쩌시렵니까? 진정 나를 배신할 겁니까?	
	이 불경한 자를 이 땅에서 몰아내지 않으렵니까?	
코로스장	썩 나가시오, 낯선 자여, 밖으로! 당신은 옳지 못한 짓을	
	저지르고 있고, 그 전에 저지른 일 역시 옳지 않소.	825
크레온	(부하들에게)	
	이젠 너희들이 이 계집을 끌고 갈 때가 왔다,	
	만일 이것이 발을 떼지 않겠다면 억지로라도.	
안티고네	이럴 수가, 비참한 내 신세! 어디로 도망쳐야 하지?	
	신들이나 인간들에게서 무슨 도움을 얻을 수 있을까?	
코로스장	낯선 자여, 이게 무슨 짓이오?	
크레온	이 남자는 내가 건드리지 않겠소만, 이 계집은 내가.	830
오이디푸스	오오, 이 땅을 다스리는 분들이여!	
코로스장	낯선 자여, 당신은 부당한 짓을 저지르고 있소.	
크레온	정당한 일이오.	
코로스장	어째서 정당하다는 거요?	
크레온	내 것들을 내가 데려간다는데.	

오이디푸스(좌) 오오, 도시여!

코로스장	무슨 짓을 하는 거요, 낯선 자여! 그녀를 놓아주지 못하겠소?
	안 그러면 곧장 주먹을 섞으며 다투게 될 거요. 835
크레온	물러나시오.
코로스장	당신에게선 못 물러나오, 당신이 이 일을 도모하는 한.
크레온	당신이 내게 재앙을 일으킨다면, 당신은 내 도시와 싸우게 될 거요.
오이디푸스	이렇게 될 거라고 제가 말씀드리지 않았던가요?
코로스장	그 두 손에서 그 소녀를 놓아주시오, 당장!
크레온	권한도 없이 명령하지 마시오.
코로스장	나 그대에게 말하니, 풀어주시오!
크레온	(부하에게 안티고네를 넘기며)

내 너에게 말하니, 길을 떠나거라. 840

(크레온의 부하들이 안티고네를 끌고 간다)

코로스장	이리로들 와주시오, 와주시오, 오시오, 이곳 주민들이여!
	이 도시가, 나의 도시가 폭력으로 파괴되고 있다오, 이리로들 내게 와주시오!
안티고네	저는 비참하게 끌려가고 있어요, 오오, 이방인들, 이방인들이여!
오이디푸스	어디 있느냐, 내 새끼? 845
안티고네	저는 강제로 끌려가고 있어요!
오이디푸스	오오, 얘야, 네 두 손을 내게 뻗어다오.
안티고네	그럴 힘이 없어요!
크레온	너희들, 끌고 가지 않을 셈이냐?
오이디푸스	아아, 비참한 내 신세, 비참하도다!

(크레온의 부하들이 안티고네를 끌고 퇴장한다)

크레온	이렇게 되었으니 네놈은 두 번 다시 이 두 지팡이들을 써서
	길을 나서지 못할 거다. 그런데도 네놈은 조국을, 네 친구들을
	이겨보려고 작심하고 있으니, 이겨볼 테면 이겨보아라. 850
	내가 비록 왕이지만 난 그들의 명을 받고 이 일을 행하는 거다.
	난 알고 있지, 네가 비단 지금뿐만 아니라, 예전에도 너 자신에게조차

	불미스러운 짓을 해왔다는 걸 시간이 지나고 나면	
	너도 깨달으리라는 것을. 너는 언제나 너를 파멸로 몰고 갔던	
	그 분노를 향해 호의를 보였지, 친구들의 힘도 있었건만.	855
코로스장	(떠나려는 크레온에게)	
	그 자리에서 멈추시오, 이방인이여!	
크레온	내게 손대지 말라고 말해두지.	
코로스장	저들을 빼앗긴 마당에 당신을 가게 놔둘 순 없소.	
크레온	그러면 당신은 내 도시에 금세 더더욱 큰 담보를	
	잡히게 될 거요. 내가 이 두 계집들에게만 손대진 않을 테니까.	
코로스장	어디로 몸을 틀려고?	860
크레온	내 아자를 잡아끌고 가겠소.	
코로스장	그런 끔찍한 말을 입에 담다니!	
크레온	그것도 지금 당장 실행되겠지, 이 땅을 다스리는 자가	
	나를 막아서지만 않는다면야.	
오이디푸스	오오, 저 파렴치한 목소리! 정녕 네놈이 내게 손을 대겠다고?	
크레온	그 입 닫으라고 내 말해두지.	
오이디푸스	부디 이곳의 여신들께서는 제가 계속 읊어 내릴 저주에	
	침묵하지 않도록 해주소서!	865
	비열하기 이를 데 없는 놈, 무방비였던 내 눈을	
	내 두 눈 앞에서 억지로 끌고 가버리다니!	
	그러하오니 신들 중에서도 만물을 굽어보시는	
	헬리오스[47]께서는 네놈과 네놈 가문에	
	훗날 나처럼 늙어가는, 바로 그런 삶을 내려주시기만을!	870
크레온	이 짓을 보고들 계시오, 이 땅의 주민들이여?	
오이디푸스	나도 네놈도 이분들은 보고 계신다. 그뿐이냐, 내가 당한 행위를	

---

47 태양, 혹은 태양의 신.

	네게 말로 되갚고 있다는 것도 알고 계시지.	
크레온	이렇게까지 된 이상 나도 분노를 억누르진 않겠소. 이자를 힘으로 끌고 갈 거요, 비록 나 혼자인 데다 세월에 눌려 느려지긴 했어도.	875
오이디푸스(우)	오오, 비참한 내 신세!	
코로스장	그런 짓을 해낼 거라 여기다니, 당신은 얼마나 무엄한 생각을 품고 온 거요?	
크레온	해낼 거라 여기고 있소.	
코로스장	그렇게 된다면 난 이곳을 더 이상 도시로 여기지 않을 거요!	
크레온	정당함이 있다면, 작은 것도 큰 것을 제압할 수 있지.	880
오이디푸스	저자가 떠벌리는 소리를 듣고들 계십니까?	
코로스장	그 일은 해낼 수 없소. 〈제우스께서 이를 알아주소서!〉	
크레온	제우스야 아시겠지만, 그대는 알 수 없지.	
코로스장	이건 무도한 짓이 아닌가?	
크레온	무도하지만 참고 견뎌야지 별수 있겠소?	
코로스장	오오, 모든 백성들이여! 이 땅의 으뜸가는 이들이여! 서둘러들 와주시오, 와주시오! 분명 이자들은 선을 넘어버렸소!	885
	(테세우스가 시종들과 함께 등장한다)	
테세우스	이게 웬 비명인가? 대체 무슨 일인가? 대체 무슨 두려움이 일어서 콜로노스를 지켜주시는 소금 물결의 신[48]께 내가 그 제단 가에서 황소를 잡아 바치려는 것까지 멈추게 한 것인가? 말들 해보게나, 나도 내 발을 못살게 굴면서까지 이곳으로 달려온 이유를 낱낱이 알 수 있게 말일세.	890
오이디푸스	오오, 더없이 소중한 분이여, 제가 그대의 음성을 알아들었습니다.	

---

48 포세이돈.

	저는 방금 저자에게 끔찍한 일들을 당했습니다.
테세우스	그게 어떤 일입니까? 그대에게 재앙을 일으킨 자가 누군가요? 말씀해주세요.
오이디푸스	여기 보고 계시는 크레온이올시다. 제게 유일하게 한 쌍 남은 자식들을 제게서 떼어내어 데려가고 있습니다. 895
테세우스	뭐라 하셨습니까?
오이디푸스	들으신 바 그대로 제가 당했답니다.
테세우스	*(시종들에게)*

그러면 너희 시종 중 하나는 최대한 빨리
그 제단으로 가서 온 백성더러
제물들을 끌던 고삐를 놓고, 말에 오르든 말든 가릴 것 없이
길손들이 다니는 두 갈래 길이 하나로 합류하는 지점을 향해   900
필히 서두르라고 알리거라.
혹시나 그 소녀들이 떠나가지 못하게 하려 함이고,
내가 폭력에 굴복했다는 조롱을 이 손님께 받지 않기 위함이다.
내가 명하노니 가거라, 서둘러라! 그리고 이 사람은,
이자가 받아 마땅한 만큼 내가 분노에 이르게 된다면   905
내 손에서 무사히 놓아주진 않으리라.
하지만, 자신이 이리로 가져온 그 법으로,
다른 법 아닌 바로 그 법으로 다스려질 것이다.

(크레온을 향하여)

당신이 그녀들을 이리로 내가 보는 앞에 데려와서
세워두기 전에는, 당신은 결코 이 땅을 빠져나가지 못할 것이오.   910
당신은 내게도, 당신의 부모에게도, 당신의 땅에도
전혀 득이 되지 않는 일을 저지르고 말았소.
당신은 정의가 실현되고 있는 도시에 발을 들였소.
여긴 법률로 빚어지지 않는 것이 아무것도 없는 곳이오.

그런데 그런 이 도시의 권위를 당신이 묵살하고   915
덤벼들더니, 요구하던 바를 폭력으로 얻어내었소.
당신 눈에는 이곳이 사람들이 아예 없는 도시로, 아니면
노예가 된 도시로 뵈나 보오. 나를 헛것으로 보는 건 덤이고.
분명 테바이가 당신을 몹쓸 자로 가르쳐온 건 아닐 거요.
그곳은 불의한 인간들을 기르기를 사랑하지도 않을뿐더러,   920
당신이 내 것을, 또 신들의 것을 벗겨내 가면서,
탄원하는 저 가련한 여인들을 폭력을 휘두르며 끌고 간다는 걸
만일 들어 알기라도 한다면, 그 도시도 당신을 칭찬해주지 않을 거요.
나라면 아예 당신 땅에 발을 들여놓지 않겠소.
설령 내게 다른 모든 것보다도 더한 가장 정당한 명분이 있다 하더라도,   925
그 땅을 다스리는 자가 뭔가를 끌고 가거나 데려가도 좋다고
허락해주지 않는다면 말이오, 그가 누구든 간에. 그러긴커녕, 나는
이방인으로서 그 시민들 곁에서 어떻게 처신해야 좋을지 배웠을 거라오.
그러나 당신은 당신의 도시를 모욕하고 있구려, 거기가 그런 대접을
받을 곳이 아닌데도 말이오. 또, 세월이 채워져가면서 당신도   930
늙어가는데, 그게 또 당신 지각머리를 비워내고 있다오.
내가 아까도 분명히 말했지만, 이제 다시 말해두겠소.
만일 당신이 원치 않게 이 땅에서 강제로 지내고 싶지 않다면,
누구라도 보내서 그 소녀들을 최대한 빨리 이리로
데려오게 하시오. 그리고 이 말들은 내 정신에서, 그리고 동시에   935
내 혀에서 나와 그대에게 전하는 거라오.

코로스장 당신이 어떤 지경에 이르렀는지 이제 보이시오, 이방인이여? 태생을 보자면
당신은 정의로운 사람처럼 보이지만, 하는 짓은 비열한 것으로 밝혀졌소.

크레온 난 말이오, 이 도시에 사람이 아예 없다고 여긴 게 아니오,
아이게우스의 아들이여, 그리고 당신 말처럼 내가 무슨 음모를   940
획책해서 이런 일을 행한 것도 아니란 말이오.

그게 아니라, 내 혈족들을 내 의사에 맞서가면서까지
억지로 먹여 살릴 열의가 여기 이 사람들에게
와닿을 리 없을 거라고 여겼던 거요. 게다가 아버지를 죽인 945
더러운 자, 더불어 사는 이들을 볼 때 가장 불경한 결혼을 한 자라면
이 사람들이 받아주지 않을 줄로 알았소.
또 이 땅에는 이 사람들을 위해 좋은 조언을 베푸는
아레스의 언덕[49]이란 것이 있어서, 이따위 뜨내기들이
이 도시에서 더불어 지내는 걸 허락하지 않을 걸로 알고 있었다오.
그렇게 나는 믿고 있었고, 이 사냥에 나선 것이오. 950
하지만 만일 이자가 나 자신과 내 가문을 노리고 쓰라린 저주를
읊어 내리지만 않았어도, 난 실제로 그렇게까지 하진 않았을 거요.
내가 당한 것에 맞서 그렇게 되갚으며 행동하는 게 옳다고 여겼다오.
[분노라는 것은 늙어갈 줄을 모른다오, 죽음만이 예외가 될 뿐.
고통의 손길이 닿지 않는 건 숨진 자들뿐이오.] 955
그러니 그대가 원하는 바대로 하시구려. 설령 내 아무리
정당한 말을 한다 해도, 나는 혼자고, 그게 날
왜소하게 만드는구려. 그러나 당신이 저지르는 짓거리에 대해서는,
내 나쎄란 게 있긴 하지만, 되갚아주기 위해 애써보겠소.

오이디푸스 부끄러운 줄 모르는 무엄한 놈! 살인입네, 결혼입네, 960
게다가 비참한 내가 억지로 감내해야 했던 곤경을
— 아마도 오래전부터 내 가문에 노여워하셨던
신들께는 그렇게 되는 쪽이 좋았을 테니까 —
네놈이 입에 담아가면서, 너는 그 말로 과연 어느 쪽을
모독하고 있다고 여기느냐, 나의 노년이냐, 아니면 네 것이냐? 965

---

[49] 아레오파고스를 뜻한다. 아크로폴리스 근처의 바위 언덕이며, 이곳에서 아테나이 시민들은 살인, 종교 범죄 등에 대한 재판을 열었다.

일단 나부터 보더라도, 내가 나 자신에게,
그리고 내 부모에게 범했던 과오에 대한
나의 대응을 두고 너는 욕할 만한 흠결을
찾아낼 수 없을 거다. 내 아버지에게 신의 어떤 말씀이
자식에게 목숨을 잃으리라는 신탁의 응답으로 다가왔다 치자. 970
그런데 그것으로 네가 어찌 나를 정당하게 욕할 수 있겠느냐?
그때 나는 아버지에게서도 어머니에게서도 아직
잉태되지도 않았던, 태어나지조차 않았던 시점인데!
하지만 나는 태어났고, 이 불운한 내가 모습을 드러내자,
나는 아버지와 주먹을 섞으며 그분을 죽이고 말았다. 975
하지만 나는 내가 무슨 짓을 누구에게 저지르고 있는지 알지 못했어.
그런데도 네가 그 의도치 않았던 행위를 당당히 비난할 수 있다고?
그리고 이 무엄한 놈, 어머니와의 결혼에 대해 내게 강제로
말하게 하다니, 부끄럽지도 않으냐? 그분은 너와 피를 나눈 사이인데!
내 이제 말해주마, 네놈이 그 무엄한 입을 놀리며 그 너머까지 980
나가버렸으니, 나도 잠자코 있진 않겠다.
그분은 나를 낳으셨다. 그래, 낳아주셨지, 오오, 내 불행이여!
하지만 나도 몰랐고, 그분도 알지 못했단 말이다. 나를 낳으신 다음,
그분은 내게서 아이들을 낳아 스스로에게 오욕을 안겼지.
그러나 내가 분명히 아는 것이 하나 있으니, 너는 고의로 나와 985
그분을 그 일로 욕하고 있다는 거다. 나는 그럴 의도 없이 그분과
결혼했고, 이를 입에 올리는 것조차 꺼림칙한데!
결코, 그 결혼으로도, 아버지를 죽인 일로도 나는
사악한 자라는 말을 들을 일 없을 거다, 네놈이야 매번
그 일들을 들고 와서 표독스럽게 나를 욕해대지만. 990
다른 건 몰라도, 내가 네놈에게 묻는 것 중 이것 하나만은 대답하거라.
만약에 너는 정당한데, 네 곁에 선 누군가가 곧장 그 자리에서

널 죽이려 든다 쳐보자. 네놈은 죽이려 드는 그자에게 혹시
아버지가 아니시냐고 묻겠느냐, 아니면 단숨에 되갚아주겠느냐?
아무래도 내가 보기엔, 그게 정당한지 골고루 살펴보기보단, 너도 995
원인을 제공한 그자에게 되갚으려 했을 거다, 너도 목숨을 부지하는 게
소중했다면 말이야. 그런 곤경 속에 발을 들였던 게 바로 나다, 그것도
신들의 인도를 따라서! 그래서 드는 생각인데, 설령 아버지의 혼백이
되살아난다고 해도, 내게 반박하시진 못할 거다.
그런데 너라는 놈은 ─ 하기야 너는 불의한 놈이고, 해야 할 말, 입에 담
　　으면 1000
안 될 말을 가리지 않고 죄다 떠벌리는 게 상책이라 여기는 놈이니까 ─
여기 이분들 면전에서 나를 그따위로 모욕하는가 하면,
테세우스의 눈 앞에서는, 근사하게 삶을 꾸리고 있는
이곳 아테나이에 대해서는 아첨을 떠는 게 좋은가 본데,
그 허다한 칭찬 중에서 네가 놓치고 있는 게 하나 있다. 1005
신들께 명예로이 경배하는 법을 알고 있는 그런 땅이 있다면,
여기야말로 그런 점에서 월등한 곳이다.
그런데 네놈은 그런 곳에서 탄원하는 노인인 나를 빼돌려
잡아가려 들었고, 내 딸들은 잡아가버렸다.
이제 그 대가로, 나는 이 여신들을 부르고 탄원하면서, 1010
도움을 주시는 전우들로 와주십사고 밀어붙이며 기도하고 있다.
그러면 과연 어떤 사람들에 의해 이 도시가
지켜지고 있는지 네놈도 알게 되리라.

코로스장　왕이시여, 이 손님은 좋은 분입니다. 비록 그이의 처지야
　　　　　궤멸적이지만, 그래도 보호해드릴 만합니다. 1015

테세우스　말은 이미 족하다. 그 짓을 저지른 자들은 서두르고 있는
　　　　　마당에, 당한 우리는 우두커니 서 있지 않은가.

크레온　　앞이 잘 뵈지도 않는 이 몸에게 대체 뭘 명령하는 거요?

테세우스	그리로 가는 길에 오르시오, 나 말고 다른 사람은 길동무로
	붙이지 말고. 당신이 여기 버티고 서서 뻔뻔스럽게 벌이고 있는, 1020
	그토록 극악무도한 짓을 저지르러 오면서 아무 무장도 없이,
	아무 대책도 없이 오지 않았다는 것 정도는 나도 훤히 알고 있소.
	이런 짓거리를 하면서 당신이 믿는 구석이 있는 거요.
	이 도시를 단 한 명의 인간만도 못한 약한 곳으로 만들지 않게
	하기 위해서라도 난 그걸 면밀히 살펴야 하오. 1025
	당신이 우리 딸들을 이 지역 내에 잡아두고 있다면, 그리로
	나아가시오, 당신이 직접 내게 그 지점을 알려줄 수 있을 테니까.
	그렇지 않고 혹시 당신네 사람들이 그녀들을 강제로 데리고 도망치고 있다면,
	굳이 수고할 필요 없겠소. 다른 이들이 서두르고 있고, 당신네 사람들이
	이 땅에서 빠져나가 신들께 제물을 바칠 일은 절대로 없을 거요. 1030
	각설하고, 앞장서시오. 그리고 이건 알아두시오, 당신은 잡으려다 잡혔다는 걸.
	사냥꾼인 당신을 운명이 사로잡았소. 속임수를 써서 정당치 못하게
	얻은 재산은 안전하게 남지 않는 법이오.
	이 말을 알아듣겠소? 아니면, 당신이 이 수작을 꾀하려 들었을 때
	들은 말들과 마찬가지로 지금 이 말도 헛소리로 들리시오? 1035
크레온	여기서 당신이 내게 지껄이는 말들이야 비난할 수 없겠지만,
	내 집에서라면, 무슨 수를 써야만 할지 우리도 알게 될 거요.
테세우스	협박일랑 가면서 하시구려. 그리고 우리의 오이디푸스여,
	당신은 이곳에서 편안하게 머무십시오.
	제가 먼저 죽지 않는 이상, 따님들을 당신 앞에 1040
	세워드리기 전에는 멈추지 않겠노라는 제 말을 믿으시고요.
오이디푸스	테세우스여, 그 고귀함으로 인해, 그리고 우리를 향한
	정당한 염려로 인해 복 있으시기를!

(테세우스와 시종들, 크레온을 앞세우고 퇴장한다)

〈2정립가〉

코로스(좌1) 나도 그곳에 있었더라면,
적의를 품은 사내들이 전세를 돌리려 1045
청동의 음성으로 울부짖는 아레스와
금세 섞여 들어갈 그곳에! 퓌토의 곳이든,
아니면 횃불 밝혀둔 곳[50]이든,
그곳은 여주인들께서 죽게 마련인 인간들을 위해 1050
거룩한 의식을 손수 돌보시는 곳,
시중을 드는 에우몰포스의 후손들이
인간들의 혀에 황금 빗장을 거는 곳이니.[51]
바로 그 자리에서, 전투를 불러일으키는
테세우스는 혼자서도 충분한 도움이 되어 1055
미혼의 그 자매 한 쌍을, 그것도 금세
만나게 될 것만 같구나,
이 땅의 경계를 넘기 전에.

(우1) 어쩌면 그자들은 눈 덮인 절벽 서쪽으로
다가서고 있을지도 모르지, 1060
오이아의 초원[52]으로부터
망아지들을 타고서, 아니면 날랜 전차를 타고
경주하듯이 달아나면서.
그자는 사로잡힐 것이니, 이곳 사람들의 아레스는 무시무시하고 1065

---

50 퓌토는 콜로노스 인근에 있는 지역으로 아폴론의 신전이 있다. '횃불 밝혀둔 곳'은 엘레우시스를 가리키며 역시 퓌토에서 멀지 않다. 이곳에서는 매년 데메테르와 페르세포네를 기리기 위해 횃불을 밝히는 행렬의 의식을 거행했다고 한다. 한편, 퓌토는 델포이라는 이름으로도 불린다.
51 위 각주에서 언급된 엘레우시스의 신비 제의는 에우몰포스라는 사람의 후손들이 사제 역할을 하며 이끌었다고 하며, 이곳의 신비 제의들이 늘 그러하듯 세부 사항들은 모두 비밀에 부쳐져 있다.
52 아테나이 인근 지역의 초원.

물오른 테세우스의 휘하들도 무시무시하다네.
굴레란 굴레에선 모조리 벼락이 내리고,
기마병들은 전부 고삐를 풀어
쇄도하니,
이들은 말을 돌보시는 아테네[53]를 섬기며,   1070
레아의 사랑스러운 아드님,
대지를 뒤흔들며 바다를 다스리시는
그분[54]을 섬기고 있다네.

(좌2) 싸움을 벌이는 중일까, 아니면 이제 막 하려 드는 걸까?
내 판단이 내게 호소하는구나,   1075
끔찍한 것들을 발견하고도 견뎌낸,
피붙이들에게서 끔찍한 짓들을 겪은
그녀들을 곧 마주할 것만 같다고.
이뤄내시리라, 제우스께서 오늘 뭔가를 이뤄내시리니,
나는 고귀한 투쟁을 예언하는 자로다.   1080
내가 폭풍처럼 빠른, 날쌔게 돌진하는 비둘기였다면 좋았을 것을,
그랬더라면 창공의 구름에서 내 눈을 들어 올려
위로부터 싸움을 마주할 수 있었으련만!

(우2) 오오, 만물을 다스리시고, 만물을 굽어보시는   1085
신들 중의 신 제우스시여,
이 땅을 지키는 이들이
승리의 힘으로 추격에 성공하게 하시고,

---

[53] 말을 돌보는 여신으로서 아테네는 포세이돈과 같은 제단에서 콜로노스 사람들에게 숭배받았다고 전해진다.
[54] 포세이돈.

매복을 완수하게 해주소서! 임과 더불어,

거룩하신 영애 팔라스 아테네께서도 그리해주소서! 1090

또, 사냥하시는 아폴론과

얼룩무늬 가득 박힌 발 빠른 사슴들을 쫓고 계신, 그분의 누이[55]께서도

부디 이 땅과 그 시민들을 위해

두 겹의 도움으로 와주소서! 1095

코로스장   정처 없는 손님, 이제 이 파수꾼더러 거짓 예언자라는

말씀은 못 하시겠지요. 그 소녀들이 호위를 받아가며

다시 이리로 가까이 다가오는 게 보이니까요.

(테세우스와 시종들이 안티고네와 이스메네를 데리고 등장한다)

오이디푸스   어디, 어디요? 무슨 말씀인가요, 뭐라 하셨습니까?

안티고네   아빠, 아빠!

저희를 이리로, 아빠에게로 보내주신 그 가장 탁월하신 분을 1100

아빠가 볼 수 있도록 신들 중에서 과연 어떤 분이 허락해주실는지요?

오이디푸스   얘야, 너희 둘 다 정말 여기 와 있는 게냐?

안티고네   테세우스의 두 손과, 그분이 가장 아끼시는 부하들이

저희를 구해냈다고요.

오이디푸스   얘들아, 이 아비에게 다가오려무나, 되돌아올 거라

도저히 기대하지 못했던 너희 몸을 안아볼 수 있게끔! 1105

안티고네   얻게 되실 것을 바라시는군요. 저희도 갈망하던 바예요.

오이디푸스   어디 있단 말이냐, 너희 둘은 어디 있니?

안티고네   여기예요, 저희 둘 다 가까이 있어요.

(오이디푸스가 딸들을 포옹한다)

오이디푸스   더없이 사랑스러운 내 새끼들!

---

55 아르테미스.

안티고네	누구든 부모에게는 사랑스럽잖아요.
오이디푸스	오오, 이 몸의 지팡이들이여!
안티고네	불운하신 아버지의 불운한 지팡이들이지요.
오이디푸스	더없이 사랑스러운 것들을 내 품고 있으니, 설령 죽는다 해도 1110
	나 더는 완전히 비참한 자 아니리라, 너희 둘만 내 곁에 서준다면.
	내 양 옆구리에 기대거라, 얘들아.
	너희를 심은 나에게 뿌리를 내리거라. 또, 외따로 버려졌던
	내게 이제는 그 불운한 방랑으로부터 쉼을 다오.
	그리고 내게 말해주렴, 무슨 일이 있었는지, 할 수 있는 한 간단히. 1115
	너희 또래 소녀들에게는 짧은 말도 충분하니까.
안티고네	바로 이분이 구해주셨어요, 아빠. 그 일을 누가 해냈는지
	이분께 들어보셔야 해요. 그러면 제가 드릴 말씀도 짧아질 거예요.
오이디푸스	오오, 이방인이여, 제가 이 애들에게 긴말을 늘어놓으며 집요하게
	군다 해도 놀라진 마십시오. 기대치도 못했는데 모습을 드러낸 애들입니다. 1120
	전 알고 있답니다, 이 아이들에게서 얻는 제 기쁨이
	결코 다른 사람에게서 다시 나타난 게 아니란 걸요.
	이 애들을 바로 당신이 구해내셨지요, 인간들 중에 다른 누가 아니라.
	그러니 부디 신들께서는 제가 원하는 만큼 당신께 베푸시기를,
	그대 자신에게도, 그리고 이 땅에도! 모든 사람 중에서 1125
	저는 오로지 당신들에게서만 경건이란 것을, 이치에 맞닿는 것을,
	그리고 거짓말 삼가기를 발견했으니까요.
	저는 그런 것을 알고서 이런 말씀들로 되돌려드리는 겁니다.
	제가 가진 것이 있다면, 그건 다른 누구도 아닌 당신을 통해 얻게 된 것이니
	까요.
	제게 오른손을 뻗어주십시오, 왕이시여, 법도에 어긋나지 않는다면, 1130
	그대의 머리를 어루만지며 입 맞출 수 있도록요.

(순간 주저하며)

아니, 내가 대체 무슨 말을 하는 건가? 사악한 오점이라고는
조금도 깃들지 않은 분께, 비참하게 태어난 제가
어찌 감히 손대기를 바랄 수 있겠습니까? 저라도 당신께 그걸
허락지 않겠습니다. 이런 건 오로지 저와 같은 체험을 한 사람들만   1135
함께 나눌 수 있는 것이니까요.
그대는 지금 계신 그 자리에서 제게 인사를 받으시지요. 그리고 앞으로도
저를 정의롭게 돌봐주시기를, 그대가 오늘 이 시간까지 해주신 것처럼!

테세우스 설령 여기 이 따님들로 인한 기쁨으로 말씀을 길게 늘이셨다
할지라도, 또 제 이야기보다 그녀들의 말을 먼저 듣기를 택하셨다   1140
할지라도, 저는 그걸 조금도 이상하게 여기지 않습니다.
그것으로 제 마음이 무거워지지는 않으니까요.
제가 제 삶을 빛나는 것으로 만들고자 쏟는 노력은
행위로 일구어가지, 말로 하는 게 아니니까요.
그 증거를 보여드리지요. 제가 당신께 맹세한 것 중에 무엇 하나   1145
거짓으로 드러난 게 없답니다, 어르신. 그 협박들에도 불구하고
제가 이 소녀들을 산 채로, 탈 없이 데리고 여기 와 있잖습니까.
어떻게 그 싸움에서 이겼느냐는 문제라면, 그건 공연히 떠벌릴
이유도 없지요, 함께 있는 이 소녀들로부터 당신도 알게 되실 테니까요.
그건 그렇고, 제게 방금 이리로 오면서 생긴 일이 있는데,   1150
그 점에 대해 판단해주실 말씀이 있다면 나눠주십시오.
길게 드릴 말씀은 아닌데, 놀랄 만한 일이긴 하니까요.
사람은 어떤 일도 무시해서는 안 되지요.

오이디푸스 그게 무엇인가요, 아이게우스의 아드님? 제게 알려주십시오,
저야 그대가 묻는 바를 전혀 모르고 있으니까요.   1155

테세우스 사람들 말로는, 당신의 동료 시민은 아니지만 혈족인 어떤 남자가
어찌 된 영문인지 고꾸라진 채로 포세이돈의 제단에서
자리를 틀고 있다는군요. 제가 바로 그곳에서

565

	제물을 태워 바치다가 (이리로) 달려왔지요.
오이디푸스	어디서 온 이라 합디까? 거기서 그이가 자리 잡고 바라는 게 무얼까요? 1160
테세우스	저도 한 가지 말곤 모릅니다. 사람들이 제게 전하는 바로는
	그이가 당신과 간단한 대화를 청한답니다, 그리 대단친 않은 말이라며.
오이디푸스	무슨 말일까요? 자리가 자리인 만큼 사소한 이야기가 아닐 텐데요.
테세우스	그 사람은 당신과 말을 나누러 오기만을, 그러고는 이리로 왔던 길을
	탈 없이 되돌아가기만을 청할 뿐이라고들 하더군요. 1165
오이디푸스	그 자리에 앉은 자 과연 누구길래?
테세우스	당신께 이런 요구를 할 만한 혈연 중 하나가
	혹시 아르고스에 있지 않은지 살펴보시지요.
오이디푸스	오오, 가장 소중한 분이여, 그 자리에서 그대로 멈춰주세요.
테세우스	아니, 그대에게 무슨 일이라도?
오이디푸스	제발 제게 그걸 바라지는 마십시오. 1170
테세우스	무얼 하라는 바람 말인가요? 말씀해주세요.
오이디푸스	그 말씀 듣고 나니 거기 서 있는 자가 누구인지 똑똑히 알겠습니다.
테세우스	그자가 도대체 누구길래요, 누구든 간에 제가 그자를 비난해야 할까요?
오이디푸스	제 자식 놈입니다, 왕이시여, 가증스러운 녀석이지요. 다른 어떤
	사람들보다도 그놈의 이야기를 들을 때 저는 더 큰 고통을 겪는답니다.
테세우스	뭐라고요? 듣기만 하시고, 그대가 원치 않는 일은 안 하시면 되지 1175
	않을까요? 말을 듣는 것조차 그대에게 고통이라니, 왜 그런 겁니까?
오이디푸스	그놈의 목소리는, 왕이시여, 이 아비에게 가상 혐오스러운 것이 되고 말았시요.
	그러니 이 일에서는 제게 양보를 강요하시면 안 됩니다.
테세우스	그게 아니라 혹시 탄원자로 앉아 있는 그이가 강요하는 건 아닌지 살펴보
	시지요.
	신을 향한 그대의 의중을 지켜내기 위해서라도 말입니다. 1180
안티고네	아빠, 제가 비록 조언을 드리기엔 어리지만, 그래도 제 말대로 해주세요.
	이분께서 스스로의 마음을 위해, 또 신들을 위해

바라고 계신 바를, 이분께 호의로 베풀어주세요.

그리고 저희 둘을 위해서는, 제 오라비가 올 수 있도록 양보해주세요.   1185

안심하세요, 오빠는 아빠에게 전혀 득이 되지 않을 것들을 운운하면서

아빠의 판단을 강제로 꺾어놓지 않을 테니까요.

말을 듣기만 하는 것뿐인데, 무슨 해가 되겠어요? 아닌 게 아니라

비열하게 꾸며진 일들은 말에서도 드러나게 마련이지요.

오빠를 낳은 건 아빠예요. 그러니 설령 오빠가 아빠에게   1190

가장 흉악한 자들이나 할 법한 최악의 불경을 저질렀다 해도,

그걸, 다른 사람도 아닌 아빠가 흉악하게 되갚는 건 법도가 아니잖아요.

그러지 말고 허락해주세요.[56] 몹쓸 자식들이며 날 선 분노는

다른 사람들에게도 있어요. 하지만 그들도 조언을 얻으면,

그들의 본성도 친구들의 주문(呪文)에 매료된답니다.   1195

직면하고 계신 것들 말고, 아빠가 겪었던

아버님과 어머님의 그 재앙을 곰곰이 들여다보세요.

그리고 그것들을 보신다면, 흉한 분노의 결과야말로

얼마나 흉한 것인지 깨달으시리라는 걸, 전 알고 있어요.

그렇게 되돌아보는 게 아빠에겐 결코 사소한 일이 아닐 거예요.   1200

아빠에겐 두 눈이 없으니 보실 수가 없으니까요.

자, 저희에게 양보해주세요. 사람의 정당한 요구를 기어이

고집으로 만드는 것도 그렇고, 후의를 입은 사람이 자기가 받은 걸

어떻게 되갚아야 할지 모르는 것도 불미스러운 일이잖아요.

오이디푸스   애야, 그래 너희가 날 이겼구나, 무거운 즐거움을   1205

말해가면서 말야. 그러니 너희에게 좋을 대로 하려무나.

다만 한 가지만 부탁합니다, 이방인이여, 그 녀석이 이리로 오더라도

제 목숨을 그 녀석이 지배하게 해선 안 됩니다.

---

56 대본은 젭(Jebb)의 독법을 따라 이 구절을 '오빠의 체면을 생각해주세요'로 바꾸자고 제안한다.

| 테세우스 | 그런 말씀이라면 단 한 번만 듣고 싶은 게 제 원입니다, 어르신,
두 번이 아니라요. 자랑하고 싶은 건 아닙니다만, 그대가
안전하다는 걸 알아두십시오, 어떤 신께서 저 역시 보호해주시는 이상. 1210

(테세우스, 시종들을 거느리고 퇴장한다)

(3정립가)

| 코로스(좌) | 적절한 몫을 제쳐두고
삶에서 더 긴 몫을 요구하는 자
누구든 간에, 내게는 분명
애먼 것을 지키려 드는 자일 뿐.
저 오랜 수많은 나날은 1215
고통에 더 가까운 것들을 쌓아 올려가나니,
그대 어디에서도 즐거운 것들을
보지 못하리라, 누군가가 필요 이상의
긴 삶으로 빠져들어간다면. 어쨌든
결혼 축가도 없이, 뤼라조차, 1220
가무조차 없이 하데스의 몫이
모습을 드러낼 때면,
도움을 주는 이, 죽음이 똑같이 끝맺는다네.

(우) 태어나지조차 않는 것이 모든 계산을 이기나니.
그러나 일단 모습을 드러낸 자라면, 1225
자신이 왔던 그곳으로 전속력으로
되돌아가는 것이 탁월한 차선이라네.
부박한 어리석음을 품은
청춘이 지나가고 나면, 1230
무슨 극심한 고통의 타격이 그 너머에 있던가?

무슨 고생이 그 안에 없던가?
살육, 대립, 투쟁, 전투에
질시까지! 그리고 거기에 마지막 몫으로 얻는 것이　　　　　1235
욕받이나 되는, 아무 힘도 없는, 누구와 어울릴 수도 없고
친구조차 없는 노년이요, 거기엔 불미스러운 것들 중에서도
최악의 것들이 죄다 어울려 지낸다네.

(종가)

나뿐만 아니라, 여기 고통당하고 있는 분에게도 그렇게 되었구나.
마치 보레아스를 마주한 곶이 사방팔방에서　　　　　1240
폭풍우 치는 파도에 울력당하며 두들겨 맞듯이,
이분 역시 머리끝부터
쉼 없이 들러붙어온 끔찍한 재앙의 파도에
울력당하며 두들겨 맞아왔도다.
더러는 가라앉는 헬리오스에게서,　　　　　1245
더러는 그것이 솟아오를 때에도,
또 그 한낮의 광채에게서도,
더러는 밤으로 뒤덮인 리파이[57]에게서도.

안티고네　　여기 그이가 우리에게 오고 있는 것 같아요, 그 나그네가요.
　　　　　사람들도 거느리지 않고 혼자서요, 아빠. 여기로 길을 따라오면서　　1250
　　　　　눈에서는 눈물이 줄기가 되어 쏟아져 내리고 있어요.
오이디푸스　그래 그이가 누구니?

(폴뤼네이케스 등장한다)

안티고네　　아까부터 우리가 머릿속에 두고 있던 그 사람,

57　신화 속의 산으로, 북쪽에 있으며 폭풍우가 쏟아져 영원한 어둠에 덮인 곳으로 알려져 있다.

폴뤼네이케스가 여기에 와 있어요.

폴뤼네이케스 빌어먹을, 난 어쩌면 좋으냐? 일단 나의 불행을 두고
눈물을 흘려야겠니, 얘들아, 아니면 늙으신 아버지의   1255
불행을 바라보면서 울어야겠니? 쫓겨나신 이분이
여기 이 낯선 땅에서 이런 입성이나 두른 채로
너희 둘과 함께 있는 걸 내가 보게 되는구나.
저 노쇠하고 꺼림칙한 불결함이
이 노인에게 들러붙어 옆구리를 갉아먹으며 지내는가 하면,   1260
두 눈을 빼앗긴 머리 위로는 봉두난발이 바람에 흔들리고,
저 가련한 위장(胃腸)을 먹여보려고 들고 다니는 것들도
저 처지와 맞닿아 있는 것만 같구나.

(오이디푸스를 향하여)

철저하게 망쳐진 저라는 인간은 이걸 너무 늦게 알아버렸습니다.
뿐만 아니라, 아버지를 모시는 데 있어서 저는 모든 인간 중   1265
가장 몹쓸 놈이라는 사실을 제 입으로 증언하렵니다. 제가 그런 놈이라는 걸
다른 누구에게서 말고 제게서 들으십시오. 하지만 제우스조차도
매사에 아이도스[58]와 함께 그 보좌에 앉으시니, 아버지,
그 여신께서는 아버지 곁에도 서주시기를! 제 과오들이야
아직 고쳐볼 도리가 있고, 더 불어나지야 않을 테니까요.   1270
왜 아무 말씀도 없으세요?
뭐라도 말씀해보세요, 아버지! 제발 저를 외면하지 마세요.
아무 대답도 안 해주시렵니까? 침묵으로 저를 모욕하며 떠나보내실
작정인가요, 무슨 일에 이렇게 노여워하시는지 말씀조차 안 해주시면서?

(누이들에게)

오, 이분이 내린 씨앗들아, 나와 피를 나눈 얘들아,   1275

---

58 신격화된 표현으로, 일반명사로 쓰일 때는 '수치, 경외심, 염치, 삼가는 마음' 등으로 번역된다.

아버지가 입을 떼시도록 너희도 애써다오,

다가서기 어렵고, 다가갈 수도 없는 저 입을!

내가 신께 탄원하고 있음에도, 저분이 이렇게 한마디 대답도 없이

나를 능멸하며 돌려보내지 않게끔 말이다!

안티고네 딱한 사람 같으니, 오빠가 여기 오게 된 그 용건을 직접 말씀드리세요. 1280

낙이 되는 것이든, 견디기 어려운 것이든, 아니면 어떻게든

연민을 자아낼 만한 것이든 일단 많은 말들을 꺼내다 보면

말을 하지 않으려던 사람들에게도 말을 꺼내게 할 수 있으니까요.

폴뤼네이케스 그렇다면 내가 털어놓으마, 네가 나를 이렇게 훌륭히 이끌어주는 마당에.

먼저는 바로 그 신께 나를 도와주십사 청하련다. 1285

그분 계신 곳에서 이 땅의 지배자가 나를 일으켜 세우더니

이리로 오게 해주었단다. 게다가 그이는 내게 말하고 또

들을 기회까지 주셨고, 이 길을 따라 무사히 떠날 수 있게 해주었지.

(코로스를 향하여)

난 말이오, 이방인들이여, 바로 그것만을 그대들에게서, 또

내 두 누이들에게서, 그리고 내 아버지에게서 얻기를 바란다오. 1290

(오이디푸스를 향하여)

어쨌든, 아버지, 제가 온 이유를 아버지께 아뢰고 싶습니다.

저는 조국 땅에서 쫓겨나 추방자가 되었답니다.

그리고 그건 모든 권력이 주어진, 아버지의 왕좌에 제가 앉는 것이

합당하다고 여겼기 때문이지요, 제가 먼저 태어났으니까요.[59]

이에 맞서 에테오클레스가, 나중에 태어난 주제에, 1295

저를 그 땅 밖으로 쫓아낸 겁니다. 그 애는 이치로 저를 이긴 것도 아니고,

주먹과 행동을 겨루며 시험해본 것도 아니에요. 다만 도시를

설득했을 뿐이지요. 저는 그 가장 큰 원인이

---

59 폴뤼네이케스의 주장과는 달리, 고대 희랍에서 장자가 승계하는 원칙이 있었던 것은 아니다.

아버지의 에리뉘스라고 말씀드리렵니다.

[나중에 예언자들에게서도 그런 이야기들을 들었고요.] 1300

그래서 저는 도리스의 아르고스[60]로 갔지요.

거기서 저는 아드라스토스[61]를 제 장인으로 얻었고,

아피아[62] 땅에서 으뜸이라고 불리며 창으로 명예를

누리던 이들과 서약을 맺어 제 우군으로 삼았어요.

그이들과 함께 테바이로 향할, 일곱 창을 앞세운 부대들을 1305

꾸려 한 치 어긋남도 없이 정의에 따라 죽든지,

그 짓을 저지른 자들을 그 땅에서 몰아내기 위해서였지요.

그건 그렇고, 제가 지금 여기 온 까닭이 뭐냐면,

아버지께 간곡히 탄원드리려는 겁니다, 아버지, 이건

저 자신의 간청이기도 하고, 제 전우들의 간청이기도 하답니다. 1310

그이들은 지금 일곱 개의 창날로 일곱 부대를 배치해놓았고

테바이의 들판을 완전히 포위하고 있어요.

그들 중엔 창을 휘두르는 암피아레오스가 있지요. 창의 위력으로는

제일인자인 데다가, 새들이 가는 길을 알아보는 데에도 으뜸입니다.[63]

두 번째로는 아이톨리아에서 온, 오이네우스의 아들 튀데우스[64]가 있고, 1315

세 번째로는 에테오클레스[65]지요, 아르고스 출신이랍니다.

---

60 펠로폰네소스 반도에 있는 지역으로, 남하해 온 도리스인들이 많이 살고 있었다.
61 아르고스의 왕. 폴뤼네이케스와 튀데우스가 동시에 아드라스토스에게 피신하였고, 그는 이 두 사람에게 각각 딸 아르게이아와 데이퓔레를 주어 결혼시켰다. 이 작품에서는 테바이를 직접 침공하는 일곱 지휘관의 명단에서 빠져 있지만, 다른 전승에서는 직접 원정을 지휘하며, 10년 후의 2차 테바이 전쟁에서도 일곱 지휘관들의 아들들을 이끌었다고 전해진다.
62 펠로폰네소스의 또 다른 이름으로 아피스라는 전설의 인물에서 따온 것이다.
63 고대 희랍에서는 새들의 움직임을 보며 점을 쳤으며, 암피아레오스는 이를 통해 자신을 포함한 일곱 지휘관의 죽음을 예언했다고 한다. 제우스가 땅을 갈라놓아 전차와 함께 땅속으로 들어갔다고 전해진다.
64 디오메데스의 아버지이자 1차 테바이 전쟁의 일곱 지휘관 중 하나. 살인을 저지르고 아드라스토스에게 피신한 그는 왕의 사위가 되어 테바이 침공에 참여하였고, 멜라닙포스와 결전을 벌이다가 서로에게 목숨을 빼앗겼다고 전해진다.

네 번째 사람인 힙포메돈[66]은 그의 아비 탈라오스가 보내주었고,
다섯 번째가 카파네우스[67]인데, 그는 도시 테바이를 궤멸하고
불사르겠노라[68] 자부하고 있습니다.
여섯 번째로 돌진할 아르카디아 사람 파르테노파이오스는   1320
아탈란테의 미더운 아들로서, 전에 그녀가 오랫동안 결혼도
하지 않고 있다가 그를 낳아 어머니가 되었기에 그런 이름을 얻었지요.[69]
그리고 아버지의 자식인 저는, 아니 아버지의 자식이 아닐지라도, 사악한
운명에 의해 태어난 제가 그저 허울만 아버지의 자식이라 해도,
테바이를 향해 두려움을 모르는 아르고스의 군대를 이끌고 있습니다. 1325
여기 있는 자식들의 이름으로, 아버지의 목숨에 의지해서,
아버지, 저희 모두가 아버지께 탄원드립니다.
저를 내쫓고, 제게서 조국을 강탈해 간 제 아우에게
이제 저는 보복을 하러 달려들 참이니, 제발 부탁드립니다,
저를 노리는 그 무거운 노여움일랑 이제 내려놓으시고요.   1330
예언 중에 혹시 믿을 만한 무언가가 있다면,
아버지께서 서주시는 쪽에 힘도 생길 거라고 하더군요.
그러니 이제 우리 핏줄에 속한 샘물들과 신들께 걸고
간청드립니다, 부디 제 말대로 해주십사고, 양보해주십사고요.
우린 다 거지요, 이방인들입니다, 아버지도 이방인이고요.   1335
어딘가에 붙어살려면 남들에게 아첨해야지요, 그리고 아버지에게도,

---

65 오이디푸스의 작은아들 에테오클레스와는 동명이인이다. 다른 전승에서는 이 사람 대신 아르고스의 왕 아드라스토스가 일곱 지휘관의 명단에 들어간다.
66 아드라스토스의 조카로, 테바이 침공에서 이스마리오스에게 목숨을 빼앗겼다고 전해진다.
67 테바이의 성벽을 타고 올라 불을 던지려고 하며 제우스조차 자신을 막지 못할 것이라고 자랑하다가 제우스의 벼락에 맞아 죽었다고 전해진다.
68 대본은 이 구절을 '신속히 궤멸하겠노라'로 바꾸자고 제안한다.
69 파르테노파이오스는 '처녀가 낳은 아이'라는 뜻이다. 숲속에서 암곰에게 길러진 아탈란테는 달리기로 자신을 능가하는 남자와만 결혼하려 하였고, 결국 메일라니온이 그녀를 계략으로 이기게 된다.

저에게도 신이 똑같은 운명의 몫을 나눠주었어요.
그러나 집에서 왕 노릇 하는 그 녀석은, 아아, 비참한 내 신세,
우리 둘 모두를 조롱해가며 흥청대고 있지요.
만일 아버지께서 제 결심에 따라 함께 서주시기만 하면, 1340
시간도 고생도 별로 들이지 않고 제가 그 녀석을 박살 내고 말겠어요.
그러면 제가 앞장서서 아버지를 아버지의 집에 모시겠어요, 저 역시
그렇게 할 테고요, 제가 그놈을 힘으로 내던져버리고 나서요.
아버지 역시 그걸 한마음으로 바라신다면야, 제게 자랑거리가
되겠지요. 아버지 없이는 저 자신조차 구해낼 힘이 없으니까요. 1345

코로스장 이 남자를 이리로 보내신 분의 면을 보아서라도, 오이디푸스여,
덕담이라도 하시고 되돌려보내시지요.

오이디푸스 아니, 그보다도, 이 땅 백성들을 지켜내는 분들이여,
테세우스야 이놈이 내게서 무슨 말이라도 듣는 게 정당하다 여겼겠지만,
이놈을 이리로 내게 보낸 이가 그분만 아니었어도, 1350
이놈은 내 목소리를 들을 일조차 없었을 겁니다.
지금은 어쨌든 이놈이 내게서 무슨 말을 들을 자격이 있다고 하니,
그 인생을 절대로 즐겁게 해주지 않을, 그런 말들을 듣게 될 겁니다.

(폴뤼네이케스를 향하여)

너, 이 몹쓰디몹쓸 녀석, 너와 피를 나눈 그놈이 지금
테바이에서 쥐고 있는 지휘봉과 왕좌를 네가 쥐고 있었을 때, 1355
너는 식섭 네 아비인 나를 내쫓았지, 나를 도시를 빼앗긴 사람으로
만든 것만으로도 모자라 이런 입성까지 두르게 하면서.
그런데 이제 네놈도 나와 같은 재앙의 혼돈 속으로
걸어 들어오게 되니까 그걸 보면서 눈물을 짜대는구나.
하지만 이건 곡할 일이 아니라, 내가 사는 동안 1360
짊어져야 할 것들이지, 내 목숨을 앗아 간 자로 네놈을 기억하면서.
나를 이 고통 속에서 살아가도록 만든 게 바로 네 녀석이니까.

네가 나를 내쳤고, 네놈 덕에 난 떠돌이가 되어

하루하루 먹고살 거리를 다른 이들에게 구걸하고 다니지.

만약 내가 이 딸들을 낳지 않아 얘들이 나를 돌보지 않았더라면, 1365

아예 나는 살아 있지도 못했을 거다, 네가 준 몫만으로는.

하지만 이 딸들이 나를 지켜주고 있고, 돌봐주는 것도 내 딸들이다.

노고를 나누는 일이라면, 내 딸들은 여자가 아니라 사내들이지.

하지만 네놈들은, 내게서 나온 새끼들이 아닌 남의 자식들이야.

그래서 하는 말인데, 운명이 네놈을 지켜보고 있다. 1370

아직은 아니다만 곧 매복처에서 도사리던 군대가 도시 테바이를 향해

움직인다면 말이지. 네놈이 그 도시를 무너뜨릴 방법이

전혀 없으니까. 천만에, 그 전에 네놈은 피 칠갑을 하고

고꾸라지게 된다. 너와 피를 나눈 그놈 역시 마찬가지고.

이런 저주들은 전에도 내가 너희 두 놈에게 내던진 바 있지. 1375

그리고 지금 또다시 나는 그 저주들더러 내게 전우들이 되어 와달라고 부
르고 있다.

너희 두 놈 모두 낳아주신 분들 공경하기를 마땅히 여기고,

너희 두 놈을 낳아주신 아버지가 눈멀었다 해서

능멸치 못하도록 말이야. 내 딸들은 그런 짓을 저지르지 않았단 말이다.

그러니 내 저주는 주저앉은 네 애원도, 네 왕좌도 꺾어버리는 거다, 1380

만약 옛적부터 일컬어져온 디케[70]께서 살아 계시고,

태곳적 법도에 제우스와 함께 자리하고 계신다면.

네놈은 사라질지어다, 그것도 내게서 아비 없는 자식으로 내뱉어진 채로!

몹쓸 놈들 중에서도 최악으로 몹쓸 놈! 내 너를 두고 부르짖는

이 저주들이나 챙겨 가거라. 너는 네 가족들의 땅을 결코 1385

창으로 제압하지 못할 것이며, 협곡에 놓인 아르고스로 돌아가지도

---

[70] 정의, 혹은 정의의 여신.

못할 것이다. 대신 한 핏줄의 손으로 너는 목숨을 잃을 것이고,
너를 쫓아낸 녀석의 목숨도 빼앗게 될 거다.
바로 이러한 저주를 내리며, 나는 아버지 타르타로스[71]의
가증스러운 에레보스[72]를 부르노라, 네놈의 처소를 그곳으로 옮겨주십사고. 1390
나는 이 신들을 부르며, 아레스도 부르련다, 너희 두 놈에게
무시무시한 증오를 던져 넣으신 그분을.
이를 들었으면 이제 가거라. 가서 카드모스의 후손들
모두에게, 그리고 동시에 네가 믿는 전우들에게
오이디푸스가 제 자식들에게 바로 이러한 1395
명예의 선물을 나눠주었다고 전하거라.

코로스 폴뤼네이케스여, 그대가 걸어왔던 행보는 내가 더불어
낙을 누릴 수 없는 것이니, 이제 왔던 길을 최대한 빨리 되돌아가시구려.

폴뤼네이케스 빌어먹을, 나의 행로여, 나의 좌절이여!
한스럽구나, 내 전우들에게도! 아르고스에서 출정에 나선 1400
우리의 길에 어떠한 결말이 도사리는가, 내 비참한 신세라니!
그런 것은 전우들 아무에게도 내가 말할 수 없는데,
그렇다고 군대를 되돌릴 수도 없는 노릇이니,
그저 묵묵히 이 운명을 맞을 수밖에!
나와 피를 나눈 누이들아, 이분의 딸들아, 아버지가 1405
저주를 걸며 내린 심한 말씀을 너희도 들었잖니.
신들께 걸고 부탁하마, 만일 아버지의 저주가
이루어지게 되고, 너희도 어떻게든 집으로 돌아가게 되거든
제발 나를 능멸하진 말아다오. 그러지 말고

---

71 하데스보다도 훨씬 더 깊숙이 내려간 곳으로, 신들이 자기 원수들을 가둬두는 공간으로 알려져 있다.
72 '깊은 어둠'이라는 뜻으로 하데스와 지상 사이의 어두운 공간을 말한다.

장례 기념물과 함께 나를 무덤에 안치해다오. 1410

그렇게 해준다면, 너희 둘이 욕봐가며

이분에게서 얻는 칭찬에 덧붙여,

결코 그 못지않은 칭찬이 따르게 될 거다,

나를 위해 애써준 덕에 말야.

안티고네 폴뤼네이케스 오빠, 내가 빌 테니 제발 내 말대로 해줘요.

폴뤼네이케스 더없이 소중한 안티고네야, 어떻게 말이냐, 말해보려무나. 1415

안티고네 아르고스를 향해 군대를 되돌려달라고요, 그것도 최대한 빨리.

그래서 오빠 자신도, 도시도 망치지 마세요.

폴뤼네이케스 아니, 그렇게는 안 된다. 내가 한번 달아나게 되면

어떻게 똑같은 군대를 또다시 이끌 수 있겠니?

안티고네 하지만 오빠, 오빠가 왜 또다시 노해야 하나요? 1420

조국을 파괴한다고 해서 오빠에게 어떤 이득이 생기나요?

폴뤼네이케스 도망자가 된다는 건 수치스러운 일이야. 게다가 나는

나이도 더 많은데 동생에게 그렇게 조롱당하고 있어.

안티고네 두 오빠들이 서로에게서 죽음을 맞을 거라 외치시는

이분의 예언을 오빠가 얼마나 똑바로 이루어가고 있는지 보이잖아요? 1425

폴뤼네이케스 그분께 그게 필요한 게지. 하지만 내게 양보란 없어.

안티고네 이럴 수가, 비참한 내 신세! 아니, 오빠에게 내려진 신탁을

듣고 나면, 누가 감히 오빠를 따르려 나서겠어요?

폴뤼네이케스 그런 같잖은 것은 내 알리지도 않는다. 제대로 된 장군이라면

못한 것이 아니라 더 나은 것을 말해주는 법이니까. 1430

안티고네 그러면 그렇게 하기로 마음을 굳힌 거예요, 오빠?

폴뤼네이케스 그러니 날 붙들지 마라. 이 길만이 내 관심사가 될 테니까.

그 길은 우리 아버지와 그분의 에리뉘스들에 의해

불운해지고 사악해진 길이지.

하지만 너희 둘을 위해서는, 만일 내가 죽어서 너희가 1435

577

내 요구를 이루어준다면, 제우스께서 좋은 것을 내려주시기를!
[내게 목숨이 붙어 있는 동안에야 너희가 나를 다신 품어주지 못할 테니까.]
이제 나를 놓아들 주렴, 그리고 잘들 지내거라. 앞을 보고 있는 나를
너희는 결코 다시 만나지 못할 테니까.

안티고네　아아, 불쌍한 내 신세!

폴뤼네이케스　나를 위해 통곡할 것 없다.

안티고네　오빠가 이미 하데스를 내다보며 그리로 달려드는 마당에,
누군들 오빠를 두고 애통해하지 않겠어요, 오빠? 　　　　　　　　　1440

폴뤼네이케스　죽어야만 한다면, 죽으마.

안티고네　오빠는 그러면 안 돼요, 그러지 말고 내 말대로 해요!

폴뤼네이케스　네가 나서면 안 될 문제를 두고 설득하진 말거라.

안티고네　나보다 비참한 자 또 있을까,
오빠를 빼앗기게 된다면.

폴뤼네이케스　이렇게 되든, 저렇게 되든, 그건 신이 보낸 운명에
달려 있단다. 하지만 너희 둘은 절대로 불행을
맞지 않게 해주십사 내가 신들께 기도하마. 　　　　　　　　　　　1445
세상 누가 보더라도 너희가 불운해지는 건 당치 않은 일이니까.

　　　　　　　　　　　(폴뤼네이케스 퇴장한다)

　　　　　　　　　　　　　(애탄가)

코로스(좌1)　전에 없던 것들이 새로운 곳으로부터 다가왔도다.
새롭고도, 무거이 운명 지워진 재앙이 저 앞 못 보는 손님에게서 왔구나,
만일 운명이 (그 과녁에) 가닿는 게 아니라면. 　　　　　　　　　　1450
나야 신들의 일들을 무의미하다고
말할 수 없으니.
지켜보고 있노라, 세월은 모든 일들을 언제나
지켜보고 있노라, 어떤 것들은 비트는가 하면

어떤 것들은 도로 그다음 날 위로 키워내면서. 1455

(천둥소리가 들린다)

창공에 천둥이 울리는구나, 오오, 제우스시여!

오이디푸스   얘들아, 얘들아! 여기 누구라도 있다면 그이가 테세우스를,
만인 중에 가장 탁월한 그분을 이리로 어떻게든 모셔올 수 있을까?

안티고네   아빠, 무슨 일로 그분을 부르시려는 건가요?

오이디푸스   제우스의 날개 돋친 천둥이 이제 곧 나를 하데스로 1460
이끌 거란다. 그러니 최대한 빨리 사람을 보내다오.

코로스(우1)   보라! 제우스께서 내던지신 거대한, 차마 형언할 수 없는 것이
굉음을 일으키며 내리꽂히나니, 두려움이 내 머리 위로,
머리카락 꼭대기로 내려앉는구나. 1465
기백마저 움츠러드니, 하늘에선
번갯불이 또다시 불타오르니까.
과연 어떤 무기들을 내던지시는 걸까?
두렵도다. 이것은 공연히
시작되었을 리 없고 어떤 결과 없이 끝나지도 않을 테니까. 1470
오오, 거대한 창공이여, 오오, 제우스시여!

오이디푸스   오오, 얘들아, 이 몸을 위해 예언된 삶의 종말이 여기 와 있단다.
이제 더는 돌아설 수도 없어.

안티고네   그걸 어떻게 아시나요? 무얼 보고 그런 결론을 내리신 거예요?

오이디푸스   난 더없이 잘 알고 있어. 이럴 게 아니라 누군가 최대한 빨리 가서 1475
이 땅의 통치자를 내게 모시고 오게 해다오.

(천둥소리가 다시 들린다)

코로스(좌2) 아아, 아아! 제대로 다시 한번 보아라!
꿰뚫고 지나가는 굉음이 우리를 에워싸는구나!
너그러워지소서, 신이시여, 만일 임께서 저희 어머니 대지에   1480
암흑을 몰고 오시는 거라면, 부디 너그러워지소서.
온당한 모습의 임을 마주 뵙게 하소서.
혹여 제가 참아줄 수 없는 인간을 보았다고 해서
무익한 호의를 얻게 되는 일은 없게 하소서.
왕이신 제우스시여, 임께 아뢰나이다.   1485

오이디푸스 그분이 가까이 와 계시니? 얘들아, 아직 내게 숨이 붙어 있는 동안,
아직 내 정신을 똑바로 세울 수 있는 동안 그분이 내게 와 닿으실까?
안티고네 대체 그 약속이 무엇이기에 마음속에 그렇게 곧게 붙들길 바라세요?
오이디푸스 내가 후의를 입었으니 그 보답으로
내가 약속한 호의를 그분께 이뤄드리려는 거란다.   1490

코로스(우2) 오오, 오오, 아드님, 오소서, 오소서!
설령 골짜기 가장 깊숙한 곳에서
소금 물결의 신 포세이돈께 제물을 바치며
그 제단을 거룩히 하시는 중이더라도, 오소서!   1495
좋은 대접을 받은 그 손님께서
당신과, 도시와, 벗들에게 온당한 호의를
베풀어야 마땅하다 여기고 계시니까요.
서두르십시오, 달려오십시오, 왕이시여!
(테세우스 등장한다)

테세우스 그대들 모두에게서 울려나는 이 소란은 또 무엇이오,   1500
시민들에게서도 분명히 이는 데다 이 손님에게서도 확실히 일고 있는데?

	제우스께서 무슨 벼락이라도? 아니면 우박이라도 쏟아져 내린 거요?	
	신께서 이만한 폭풍우를 내리실 때는 별의별 짐작이 다 드는 법이니까.	
오이디푸스	왕이시여, 고대하던 저에게 모습을 드러내셨군요. 이리로 오시는 길에	1505
	신들께서 당신을 위해 행운을 마련해주셨답니다.	
테세우스	또 무슨 새로운 일이라도 생겼습니까, 라이오스의 아드님?	
오이디푸스	제 목숨의 저울이 기울고 있답니다. 저는 그대와 이 도시에	
	바친 약속을 거짓으로 만들며 죽고 싶진 않습니다.	
테세우스	그 운명이 드리워졌다는 징표가 무엇인가요?	1510
오이디푸스	신들께서 손수 전령이 되시어 제게 알리고 계시는데,	
	전에 정해놓으신 징표들 가운데 무엇 하나 틀림이 없습니다.	
테세우스	이것이 명백하다고 어떻게 말씀하실 수 있겠습니까, 노인장?	
오이디푸스	끊이지 않는 저 무수한 천둥과, 제압당한 적 없는 그 손에서	
	내던져진 저 숱한 번개들입니다.	1515
테세우스	그대 말씀에 납득이 되는군요. 허튼소리라곤 없이 많은 예언을	
	하시는 그대를 제가 보고 있으니까요. 무엇을 해야만 할지 말씀해주십시오.	
오이디푸스	제가 당신께 알려드리지요, 아이게우스의 아드님,	
	이 도시에 놓이게 될, 세월이 흘러도 쇠하지 않을 것을 말입니다.	
	이제 곧, 길잡이의 손길 없이, 제가 죽음을 맞이해야	1520
	하는 곳을 향해 제가 직접 길잡이가 되어 가겠습니다.	
	다만 그곳이 어디라는 것도, 어디에 감춰져 있다는 것도, 어떤 지역에	
	자리 잡고 있다는 것조차도, 어떤 사람에게도 말씀하시면 안 됩니다.	
	그래야 그것이 수많은 방패들보다도, 이웃들에게 빌려 온	
	창보다도 더한 위력을 언제까지고 세워줄 수 있답니다.	1525
	절대 말로 방해받아선 안 될 그 금기는,	
	당신 홀로 그곳으로 가시면 스스로 깨닫게 되실 겁니다.	
	저는 말하지 않으렵니다, 이 시민들 중 누구에게도,	
	비록 제가 사랑하는 자식들이지만 그 애들에게도요.	

그저 당신이 몸소 영원히 간직하십시오. 그러다가 삶의 마지막 순간이
다가오거든, 가장 뛰어난 사람 하나에게만 알려주시되,
그 사람이 또 후계자에게 보여주게 하십시오.
그렇게 해서 당신께서 살아가실 이 도시는
뿌려진 자들[73]에게 유린당하지 않을 겁니다. 무수히 많은 도시들이,
잘 살고 있음에도 불구하고, 무도한 짓들을 쉽게들 저지른답니다.
누군가가 신들의 몫을 무시하고 폭주를 향해 방향을 틀면,
그걸 신들께서는 제대로, 그러나 늦게 보시기 때문이지요.
아이게우스의 아드님, 당신은 그런 일 겪기를 바라지도 마십시오.
그런 걸 이미 알고 계신 분께 제가 일일이 설명을 드렸나 봅니다.
자, 이제 그 장소를 향해 나아갑시다. 더는 주저하지 맙시다.
신께서 보내신 징표가 이미 이 자리에서 저를 짓누르고 있으니까요.

(딸들에게)

얘들아, 이리로 나를 따라오렴. 마치 너희 둘이 이 아비에게 해주었던 것처럼,
이젠 내가 너희 둘의 새로운 길잡이로 모습을 드러내고 있으니까.
나아가려무나, 그리고 내게 손대지 말아다오. 내가 직접
그 신성한 무덤을 찾아내게 해다오. 이 땅에 있는 그 자리에서
감춰지는 것, 그것이 바로 이 몸에게 내린 운명의 몫이란다.
이 길로, 바로 이 길로 오려무나! 동행자 헤르메스께서, 그리고
지하의 여신께서 나를 이 길로 이끄시는구나![74]
오오, 빛 없는 빛이여, 한때는 내 것이기도 했던.
이제 내 육신이 너를 어루만지는 것도 마지막이로구나!
나 이미 내 생의 끝자락을 하데스 둘레에
감추러 가고 있으니까. *(테세우스에게)* 그건 그렇고, 이방인들 중 내게 가장 귀

---

73 테바이 사람들을 뜻한다. 각주 20번 참고.
74 헤르메스는 망자의 영혼을 저승으로 인도하는 역할을 하였다.

한 분이여,

당신도, 당신의 이 땅도, 당신을 받드는 이들도 부디

행복하시기를 빕니다. 번영을 누리시면서도

죽은 저를 떠올려주시기를, 영원히 행운을 누리시기를! 1555

(모두 퇴장한다)

(4정립가)

코로스(좌) 만약 제가 보이지 않는 그 여신[75]께, 그리고 당신께

기도를 바치며 경배하는 것이 법도에 어긋나지 않는다면,

밤으로 뒤덮인 자들의 왕이시여, 아이도네우스,[76]

아이도네우스시여, 간청하나이다. 1560

그 이방인이 욕보는 일 없이,

묵직한 고통의 몫도 받지 않고,

만물을 감추는 망자들의 벌판으로, 스튀기아[77]의 집으로

끝까지 내려갈 수 있게 해주소서.

그이에게 공연히 와 닿은 재앙이 1565

하고많지만, 정의로우신 신께서

그이를 다시 크게 높여주소서.

(우) 오오, 지하의 여신들이여, 그리고 너, 이길 도리 없는

야수의 몸뚱어리[78]여, 너는 숱한 손님들을 맞는

그 문가에서 잠을 자며 1570

동굴 밖으로까지 칭얼댄다는

---

75 페르세포네. 그녀의 남편인 하데스의 이름은 글자 그대로 '보이지 않는'이라는 뜻이다.
76 보통은 하데스로 표기하나, 시에서는 아이데스, 아이도네우스라는 이름이 쓰이기도 한다.
77 저승을 뜻하며, 스틱스강이 이곳에서 발원하여 흐른다고 알려져 있다.
78 저승을 지키는 개 케르베로스.

이야기가 늘 있더구나,

하데스 곁에 있는, 길들일 수 없는 파수꾼이여!

오오, 가이아와 타르타로스의 아드님,[79]

진심으로 비오니, 지하에 있는 망자들의 벌판으로   1575

향해 가는 그 이방인을 위해 그 파수꾼도

깨끗한 길 위로 지나다니게 하소서.

제가 임을 부르나이다, 영원한 잠을 주시는 분이여!

(전령 등장한다)

전령   시민 여러분, 오이디푸스가 숨을 거두었노라 말씀드린다면,

그것이 가장 간단한 격이 되겠지요.   1580

하지만, 이루어진 일들을 보자면, 그 이야기는

간단히 보여드릴 수도 없고, 그곳에서 일어난 일들 역시 마찬가지입니다.

코로스장 그 불운한 이가 숨졌단 말이오?

전령   그분이 늘 꾸려오던 삶을 떠났다는 것을

확실히 알아두시기를.

코로스장 어떻게? 가련한 그이는 신께서 주신 운으로 고통 없이 가셨소?   1585

전령   실로 놀랍기만 한 일입니다.

그분이 여기에서 어떻게 떠나갔는지는 당신도 여기 계셨으니

잘 알고 계실 겁니다. 자기 사람들 누구의 인도도 받지 않은 채

외려 본인이 우리 모두를 위해 길잡이가 되어주었지요.

그러다 아래로 깎아지른 문턱에,   1590

청동 발판들로 대지에 뿌리박고 있는 그곳에 이르자

그분은 여러 갈래길 중 한 곳에 멈춰 서더군요.

거긴 테세우스와 페이리토오스가 맺은

---

79 죽음을 가리키는 것으로 보인다.

영원한 맹약이 놓인 빈 술동이 곁이었답니다.[80]
그분은 그 술동이와 토리코스의 바위 사이, 곧   1595
속이 빈 돌배나무와 돌무덤 근처에 멈추어 서더니
자리에 앉더군요. 그리고 그 더러운 옷가지들을 벗더니
몸도 씻고 헌주도 마련하려고 자식들을 불러
흐르는 물을 떠 오게 했습니다.
그러자 그 둘이 바로 내다뵈는,   1600
녹음이 우거진 데메테르의 언덕으로 가더니
부탁받은 것들을 아버지께로 금세 가져와
그분을 씻겨드리고 법식에 맞게 옷을 입혀드렸어요.[81]
이 일들이 이루어지며 그분이 온전히 흡족해지고,
그분 바라던 바가 이루어지지 않은 것이 없게 되자,   1605
하계의 제우스[82]께서 벼락을 터뜨리셨고, 그 처녀들은
그 소리를 듣고는 몸을 떨며 아버지의 무릎 앞에
엎드려 울기 시작하더군요. 쉬지 않고 가슴을 쳐대며,
통곡도 한참 동안을 내지르면서요.
한편 그분도 난데없이 쓰라린 외침을 듣자, 자기 두 손으로   1610
그들을 감싸며 말하더군요. "얘들아, 이제 오늘부터는
너희에게 아버지는 있지 않을 거란다.
내 전부가 마침내 소멸했단다. 이제 너희도
나를 돌보느라 더 이상 욕보지 않아도 된다.
힘들었겠지, 나도 알고 있단다, 애들아. 하지만   1615
이 한마디가 그 모든 고생을 가시게 할 거다.

---

80 테세우스와 친구 페이리토오스는 페르세포네를 데려오기 위해 우정을 맹세하고 저승으로 내려간다. 이들의 원정은 실패하였으나, 나중에 헤라클레스가 그녀를 구출했다고 한다.
81 장례 절차 중 하나로 시신을 씻고 수의를 입히는 과정이다.
82 하데스.

585

사랑이라면 너희에게 여기 나보다
더 많이 준 사람 아무도 없단다. 이젠 나 없이
너희 여생을 이끌고 가야만 한단다."
이렇게 그들은 서로에게 기대 몸을 누인 채 1620
온통 흐느끼며 통곡하고 있었지요. 그러다가 그들이
눈물의 끝자락에 다다라 더 이상 곡소리가 솟구치지 않고
적막이 감돌게 되자, 난데없이 그분을 향해 누군가의
외침이 터져 나왔습니다. 그러자 두려움에 질린 나머지
모두의 머리카락이 끝까지 곤두섰지요, 갑자기 말입니다. 1625
신께서는 그분을 누차, 게다가 여러 방법으로 부르셨어요.
"이 사람아, 거기 오이디푸스야, 무엇 때문에 우리는 떠나기를
주지하고 있지? 너는 오랫동안 지체해왔단다."
그러자 그분은 신께서 부르신다는 걸 알아차리더니
이 땅의 통치자 테세우스께서 오셔야 한다고 말하더군요. 1630
그래 왕께서 오시자, 그분이 말했지요. "오오, 사랑스러운 머리여,
부디 제 자식들에게 그대의 손을 내밀어 오랜 맹약을 맺어주시기를!
그리고, 얘들아, 너희들도 이분께 그렇게 하렴. 그리고 약속해주십시오,
이 아이들을 결코, 일부러 배신하지 않겠다고요, 그리고 이 아이들에게
호의를 품고, 도움이 되는 것들을 언제까지고 베풀겠노라고요." 1635
그러자 왕께서는 고귀하신 분답게 눈물을 보이시지 않고
그 손님에게 그 일들을 하겠노라며 맹세하셨습니다.
왕께서 그렇게 해주시고 나자, 오이디푸스는 곧장
뵈지 않는 두 손으로 자식들을 어루만지며 말했답니다.
"얘들아, 이제 이 자리를 떠나면서 부디 1640
고귀한 정신으로 견뎌주어야만 한단다. 법도에 어긋난 걸
보는 것을, 또 그런 말을 듣는 것을 합당하게 여겨서도 안 된단다.
자, 이제 최대한 빨리 떠나가거라. 오로지 주인 테세우스만이

여기에 남아 이제 벌어지는 일들을 알게 될 거란다."
그분이 이런 말씀을 하는 것을 우리 모두가 들었고, 1645
저는 눈물을 쏟아 내리는 그 처녀들과 함께
탄식하며 동행했지요. 저희는 그렇게 떠나왔고,
채 얼마 지나지 않아 뒤를 돌아 멀리서 바라보았는데,
그분은 어디에도 계시지 않았고, 다만 왕께서
두 눈을 가리려고 얼굴 앞에 손을 들어 올리고 계신 것을 1650
보았을 따름입니다. 마치 어떤 두렵고 무시무시한 것이
모습을 드러내어, 차마 볼 수 없다는 듯이요.
그리고 잠시 후에, 우리는 왕께서 한 말씀도 없이
대지를 향해 엎드려 경배하고, 동시에 올륌포스의 신들께도
그렇게 하시는 걸 보았답니다. 1655
하지만 그분이 과연 어떠한 운명의 몫에 의해 소멸되었는지는,
테세우스의 머리를 제외하곤 단 한 사람도 말해줄 수 없을 겁니다.
신이 내린 불길을 품은 벼락이 그분을 끝낸 것도
아닌 데다가, 당시 바다에서 폭풍이 솟구쳐 올라
일고 있던 것도 아니니까요. 1660
그게 아니라, 신들께서 보내신 어떤 동행이거나, 아니면 하계,
불을 밝히지 않은 그 대지의 토대가 호의를 품고 갈라졌던 것이지요.
그분을 보내드릴 때, 한숨이나 질병의 고통 따위는 전혀 없이
그저 다른 어떤 사람들을 보낼 때보다도 경이로울 따름이었습니다.
아마 제 이야기가 어리석어 보일 수도 있겠습니다만, 1665
저를 어리석다 여기는 사람들에게까지 제가 굳이 동의를 구하고 싶진 않군요.

코로스장 그러면 그 따님들은, 또 그분을 모셔다드린 친구들은 어디에 있소?
전령 그녀들이야 멀지 않은 곳에 있지요. 곡소리가 분명히 나는 걸 보니
그녀들이 이리로 돌아오고 있군요.

(안티고네와 이스메네 등장한다)

(애탄가)

안티고네(좌1) 이럴 수가, 내 신세야! 이게 우리 둘의 몫이다, 그렇고말고. 1670
아버지에게서 태어난 불운한 우리 둘은
도저히 지워지지 않을 이 피를 두고
탄식하는 것 말고는 다른 도리가 없구나.
그분으로 인해 우리는 끊이지 않는 고생을 많이도 겪었는데,
결국에는 우리 둘이 보고 겪은 1675
그 말도 안 되는 일들을 안고 가야 하는구나.

코로스 그게 무엇이길래?
안티고네 그저 짐작만 할 수 있지요, 벗님들.
코로스 그분은 가셨소?
안티고네 당신이 바라마지않는 바 그 모습대로 가셨지요.
왜 아니겠어요, 아레스도, 바다도 그분과
맞닥뜨린 게 아니에요. 그런 게 아니라 1680
뵈지도 않는 벌판이 그분을 채어 갔지요.
뵈지도 않는 어떤 운명에 의해 보내지신 거라고요.

(이스메네에게)

비참한 내 신세, 우리 둘의 눈앞에
파멸의 밤이 다가왔구나. 우리는
머나먼 어느 땅을, 바다의 너울 위를 1685
떠돌아다니며
이 견디기조차 힘든 삶을
어떻게 꾸려야 좋단 말이냐?

이스메네 나도 전혀 모르겠어. 제발 저 살육의
하데스가 나를 붙들어 1690
나도 늙으신 내 아버지와 함께

	죽음을 맞을 수만 있다면!
	비참한 내 신세, 다가올 삶이 내게는 살 가치가 없구나.
코로스	오오, 자녀들 중 가장 뛰어난 그대 둘이여,
	신께서 주시는 것은 잘 품어야만 하오.
	너무 심하게 불타올라선 안 되오. 1695
	그대 둘이 싸잡혀 욕 들을 만한 길을 걷는 게 아니라오.
안티고네(우1)	사람이 불행조차 갈망할 수도 있나 봅니다.
	제가 그분을 이 두 손으로 품고 있던 동안에는
	도저히 사랑스러울 리 없는 것조차 사랑스러웠으니까요.
	아아, 아빠, 사랑하는 아빠, 1700
	지하에서 영원토록 어둠으로 옷 입으신 분!
	그곳에서도 아빠는 저와 이 아이로부터 사랑받지 않는 분으로
	계실 일 없을 거예요, 절대로.
코로스	결국 그분이 이루셨소?
안티고네	그분은 바라던 바를 이루셨어요.
코로스	어떤 걸 말이오?
안티고네	그분이 원하시던 이국땅에서 1705
	숨을 거두셨다는 거지요. 그늘 우거진
	저 지하에 영원한 침상을 얻으셨고,
	애곡받지 못하는 설움을 남겨둔 것도 아니지요.
	아빠, 아빠를 위해 제 눈은 눈물로
	탄식하고 있으니까요. 아빠로 인한 1710
	이다지도 큰 아픔을, 가련한 제가
	도대체 어떻게 지울 수 있을지 모르겠어요.
	아아, 내 신세야, 아빠는 이국땅에서
	눈을 감고 싶어 하셨지요. 그렇지만 저를

	이렇게 고독하게 남겨두고 돌아가시다니요!
이스메네	아아, 참담한 내 신세! 대체 어떤 운명의 몫이 1715
	이렇게 아빠를 여읜
	나와 언니를 기다리고 있으려나, 사랑하는 언니?[83]
코로스	그분이 생의 마지막은 행복하게 1720
	풀어내셨으니, 벗들이여,
	이 아픔에서 그만 벗어나십시다.
	재앙이 손 뻗지 못할 사람은 아무도 없으니.
안티고네(좌2)	되돌아가자, 애야, 속도를 내자꾸나.
이스메네	아니 무얼 하려고?
안티고네	어떤 그리움이 나를 사로잡고 있어.
이스메네	어떤 그리움 말이야? 1725
안티고네	하계의 화로를 보고 싶어.
이스메네	누구의 화로라고?
안티고네	아빠 것 말이야, 아아, 비참하도다, 내 신세!
이스메네	우리가 그러는 게 어떻게 법도에 맞을 수 있겠어, 뵈질 않는 거야?
안티고네	왜 그런 비난을 하는 거니? 1730
이스메네	게다가 또…
안티고네	게다가 이번엔 또 뭐란 말이니?
이스메네	아빠는 다른 모는 사람과 떨어진 채로, 무덤도 없이 내려가셨잖아.
안티고네	나를 그리로 데려가서 쳐 죽여다오![84]
이스메네	이럴 수가, 박복한 내 신세,
	그러면 이렇게 외톨이가 된 나는, 길을 잃은 나는 1735

---

83 다음에 이어질 이스메네의 대사 두 행이 사라진 것으로 추측된다.
84 이후 반 행씩 교차되는 이스메네와 안티고네의 대사가 사라진 것으로 보인다.

	대체 또 어디서 내 고된 삶을 끌고 가야 하나?

코로스　　벗들이여, 두려워할 것 없소.

안티고네(우2)　아니, 그러면 제가 어디로 도망가야 할까요?

코로스　　그대 둘은 이미 도망쳐 나왔잖소.

안티고네　어디서요?

코로스　　흉측하게 추락하게 될 그대들의 운명으로부터 말이오.　　　1740

안티고네　곰곰이 생각 중이랍니다.

코로스　　무얼 염두에 두고 있다는 거요?

안티고네　우리가 어떻게 집으로 가야 할지 모르겠어요.

코로스　　그런 건 알아보려 하지 마오.

안티고네　난관이 우리를 붙들고 있답니다.

코로스　　물론 지금까진 붙들고 있었소.

안티고네　전에도 대책이야 없었지만, 지금은 더 심각해요.　　　　　　1745

코로스　　그대 둘은 그런 (고통의) 대양을 운명의 몫으로 받은 거요.

안티고네　그럼요, 아무렴요.

코로스　　나 역시 동감이라오.

안티고네　아아, 아아, 제우스시여, 저희는 어디로 가야 합니까?

　　　　　어떤 희망이 남아 있다고 신께서 주신 운명이

　　　　　저를 그리로 몰아가나요?　　　　　　　　　　　　　　　　　1750

　　　　　　　　　　　(테세우스 등장한다)

테세우스　눈물을 거두시오, 따님들. 하계의 밤이 호의가 되어

　　　　　놓여 있을 때는, 우리도 서러워해선 안 되오.

　　　　　그건 신의 분노를 사는 일이라오.

안티고네　오오, 아이게우스의 아드님, 저희는 당신 앞에 엎드리나이다!　1755

테세우스　따님들, 어떤 바람을 이루고 싶어 그러오?

안티고네	저희 아버지의 무덤을, 저희도 직접 보기를 원합니다.
테세우스	아니, 그것은 법도에 어긋나는 일이오.
안티고네	무슨 말씀이신지요, 왕이시여, 아테나이를 다스리시는 분이여!
테세우스	따님들, 그분이 내게 금령을 내렸다오, 1760
	인간들 중 그 누구도 그 자리에 접근해선 안 되며,
	그분이 차지하고 계신 그 신성한 무덤을
	입에 담아서도 안 된다고 말이오. 그러곤
	내게 이런 말씀까지 하셨소, 내가 이를 훌륭하게 해내면
	이 땅에 고통도 영원토록 없을 거라고. 1765
	내가 그러겠노라 약속한 것을 신께서도 들으셨고,
	제우스를 섬기는 분, 모든 것을 들으시는 오르코스[85]께서도 들으셨다오.
안티고네	그분의 판단에 따른 일이라면,
	그걸로 족합니다. 그렇다면 저희를
	태곳적 테바이로 보내주십시오. 저희와 피를 나눈 1770
	오라비들에게 다가오고 있는 그 살육을
	혹시 저희가 어떻게든 막아볼 수 있을까 합니다.
테세우스	그 일 해드리다마다! 그뿐이겠소, 내가 실행에 옮기려는 일들은
	모두 다 그대들을 위해, 그리고 이제 막 떠나신,
	지하에 계신 그분을 위해 도움이 되는 것들이라오. 1775
	난 결코 그 일들에 지쳐선 안 되오.
코로스	자, 이제 상엿소리는 그만늘 멈추시고, 더 크게
	솟구치지 않게들 해주오. 이 일들은
	모든 면에서 보장되어 있으니까.

---

85 맹세가 신격화된 것으로서 맹세를 수호하며, 위증을 처벌한다. 헤시오도스의 『신들의 계보』 231행, 『일과 나날들』 803-804행 참고.

해설: 콜로노스의 오이디푸스　OEDIPVS COLONEVS

오이디푸스 1898 / 에밀 테셴도르프

안티고네와 이스메네 1931 / 하인츠 키비츠

테바이에서 추방된 이후 딸 안티고네와 함께 오래도록 방랑해온 오이디푸스는 아테나이 외곽 콜로노스의 한 숲에 이르게 된다.[1] 이곳이 자비로운 여신 에우메니데스의 성지라는 사실을 알게 된 그는 아폴론의 신탁에 따라 이 땅에서 마침내 안식을 취할 것임을 깨닫고 아테나이의 왕 테세우스를 만나려고 한다. 콜로노스의 주민들로 구성된 합창단은 오이디푸스의 정체를 알게 되자 겁에 질려 쫓아내려 하지만, 안티고네가 그들을 달래고 오이디푸스는 과거의 일들이 자신의 잘못이 아님을 주장한다. 곧이어 또 다른 딸 이스메네가 찾아와 오빠들의 갈등을 알리고, 오이디푸스의 거취가 테바이의 번영을 좌우할 것이라는 신탁을 전한다. 아들들이 권력에 눈이 멀어 자신을 내쫓았다는 사실에 크게 분노한 오이디푸스는 콜로노스에서 삶을 마칠 것을 결심하고, 테세우스 왕은 오이디푸스에게 도움을 약속한다. 크레온은 오이디푸스를 끌고 가려 하지만 실패하고 대신 두 딸을 납치한다. 이에 테세우스는 크레온을 추격하여 저지한 후 그녀들을 무사히 데려온다. 곧이어 폴뤼네이케스가 등장하여 오이디푸스에게 도움을 요청하나, 아들의 저의를 간파한 오이디푸스는 그를 저주하며 돌려보낸다. 제우스가 내리는 천둥소리에 마지막 시간이 다가온 것을 직감한

---

1 오이디푸스의 의지대로 테바이를 떠나는 『오이디푸스 튀란노스』의 결말과 달리, 이 작품에서는 오이디푸스가 테바이에서 추방되는 것으로 설정된다.

오이디푸스는 자기 무덤에 관한 비밀을 지켜줄 것을 테세우스에게 당부한 후 그와 딸들을 인도하며 최후를 맞이할 자리로 나아간다. 나중에 전령이 등장하여 그의 신비로운 최후를 전하고, 안티고네는 오빠들 사이의 전쟁을 막기 위해 테바이로 돌아갈 결심을 굳힌다.

***

이 작품은 소포클레스가 죽기 직전인 기원전 406년에 집필되어 5년 후 손자에 의해 디오뉘소스 대제전에서 상연되었다고 전해진다. 연대가 확실히 알려진 몇 안 되는 작품 중 하나인 것이다. 아마도 이 드라마를 처음 접하며 흥미롭게 읽은 독자들은 많지 않을 수도 있다. 이렇다 할 반전도, 극렬한 긴장도 없으니 정적이고 지루하게 느껴질 수 있는 데다가, 인물들의 대사도 길고, 전체 분량마저 가장 길다. 하지만 모든 위대한 문학들이 다 그렇듯이 겉으로 보이는 것이 전부는 아니다.

이 작품은 다른 비극들의 전형적인 상황 설정과는 달리 왕궁을 무대로 시작하지 않는다. 배경이 되는 장소는 아테나이 외곽의 콜로노스이고, 이곳은 소포클레스의 고향 마을이다. 그런데 그 자리에서 주인공 오이디푸스를 다시 만나는 것 자체가 놀랍고, 그가 오랜 세월 고통을 겪은 이후에도 여전히 젊은 날의 그 자신처럼 엄청난 에너지를 품고 있다는 사실이 놀라워 보인다. 그는 늙고 눈먼 부랑자의 행색으로, 어린 딸 안티고네의 손에 이끌려 어렵사리 무대 위에 올라선다. 그러나 마지막에는 신들의 부름을 받아 다른 이들을 이끌며 위엄 가득한 모습으로 무대를 떠난다. 이 극적인 변화는 그가 신들의 영역에 침입자로 들어와 결국 신들의 모습을 닮은 자로 떠나는 궤적, 그리고 테바이에서 비참하게 추방된 자가 아테나이의 초인적인 수호자로 변하는 궤적과 일치한다. 그 변모의 과정을 설득력 있게 그려내는 것이 이 작품의 핵심이다.

콜로노스의 주민들로 구성된 합창단이 오이디푸스의 정체를 묻자, 그는 자신을 두고 '도시를 빼앗긴 사람'이라고 말한다(208). 나중에 폴뤼네이케스를 성토할 때에도 그는 같은 단어를 사용한다(1356). 그러나 테세우스는 그를 그 모습 그대로 받아들이고 아테나이의 '시민'이 되어 지낼 수 있도록 결정한다(637). 자라난 코린토스에서도, 돌아온 테바이에서도 이방인이었던 그가 마침내 방랑을 거두고 뿌리를 내릴 수 있는 순간이 온 것이다. 그러나 그가 품은 역설은 여기서 해소되지 않고 영원으로 이어진다. 오이디푸스는 자신이 더 이상 존재하지 않을 때, 비로소 그가 인간이 된다는 수수께끼 같은 역설을 깨닫고(393), 그 운명을 따라 신비롭게 하계로 사라져 친구들을 지켜내고 적들을 벌하는 존재가 될 것이다. 이렇게 그는 연약한 탄원자로 등장했다가 강력한 구원자가 되어 떠나간다.

***

『콜로노스의 오이디푸스』는 소포클레스가 남긴 마지막 작품이니만큼 이전 작품들과 비교하며 음미할 만한 여러 이야깃거리가 눈에 띈다. 먼저 『엘렉트라』와 비교해볼 때, 가문의 저주라는 공통점을 짚어볼 수 있다. 각각 라이오스 왕가의 저주, 그리고 아트레우스 왕가의 저주라는 배경 위에 서 있는 이 두 작품은 어떤 의미에서는 서로의 거울처럼 놓이기도 한다. 엘렉트라는 자신의 왕궁에 유폐되어 위태로운 삶을 이어가고, 오이디푸스는 자신의 왕궁에서 쫓겨나 긴 방랑을 이어왔다. 결국 오이디푸스는 이상적인 왕의 도움을 얻어 명예로운 운명을 맞고, 엘렉트라는 왕가를 장악한 사악한 인물들을 처단하며 복수에 성공한다. 이 두 작품은 시종일관 한 명의 주인공이 무대의 중심에 서고, 비참한 운명에서 시작하여 결국은 승리자로 솟아오른다는 특징을 보이며, 아버지와 딸 사이의 강렬한 정서적 유대가 전면에 드러난다.

***

한편, 눈 밝은 독자는 『안티고네』와의 연결을 금세 떠올렸을 것이다. 이제 막 세상을 떠난 오라비의 무덤을 두고 안티고네와 이스메네가 격정적인 대화를 나누는 장면, 이것은 이 작품의 종지부이기도 하고, 『안티고네』의 시작이기도 하다. 이 작품은 안티고네가 테바이로 돌아가기를 청하고, 테세우스가 그 원을 들어주는 것으로 맺어진다. 『안티고네』를 읽은 독자는 그녀가 테바이에 도착하면 어떤 끔찍한 일이 벌어질지 눈앞에 떠올릴 수 있을 것이다. 숨 돌릴 틈도 없이 아르고스 군대의 침공이 시작되고, 폴뤼네이케스와 에테오클레스는 동시에 서로의 손에 목숨을 잃는다. 그리고 안티고네는 크레온에게 맞서 폴뤼네이케스의 장례를 치르려다가 붙들리게 된다. 이 사건은 이 작품에서 폴뤼네이케스가 떠나기 전 그녀에게 자신의 장례를 간청하면서 예고되고 있다(1405-1410). 그런데 오이디푸스는 폴뤼네이케스에게 무서운 저주를 내렸고, 이로써 결국 그뿐만 아니라 안티고네마저 목숨을 잃고 만다. 오이디푸스는 사랑하는 안티고네의 파멸까지 내다본 것일까? 혹시 오이디푸스는 자신의 '집'을 자녀들에게 내려놓은 것일까? 텍스트에서 확실히 알아낼 수 있는 것은 아무것도 없다. 어쩌면, 모든 불행을 딛고 마치 신과 같이 올라선 존재조차도 어두운 그림자에서 완전히 자유로울 수 없다는 암시일지도 모른다.

***

『필로크테테스』와의 비교는 좀 더 본격적이다. 이 두 작품의 상황 설정 자체가 매우 유사하기 때문이다. 이 드라마들은 모두 추방된 한 사람이 자신의 자리를 되찾아가는 과정을 그린다. 오이디푸스도, 필로크테테스도 당치 않게 추방당하고 버려진 존재들이다. 그들이 버려진 곳은 장소라고 할 수 없는 장소, 공간이라고 할 수 없는 공간이다. 발에 중상을 입은 필로크테테스는 고름투성이 누더기를 말리며 힘겨운 사냥으로 생존을 이어간다. 스스로 두 눈을 찌른 오이디푸스 역시 지저분한 행색에 누더기를 걸친 채 어느 곳으로도 이어지지 않을 길을 지팡이에 기대어 떠돈다. 우리도 아테나이의 극장에서 다른 시민들과 함께 이 드라마를 관람하고 있다고 상상해보자. 그러면 무대를 힘겹게 가로지르는 두 영웅의 불안한

걸음걸이가 곧바로 두 눈 앞에 펼쳐질 것이다. 오랜 피로와 좌절의 무게로 이보다 더 위태로울 수 없는 모습이 서로를 닮아 있다.

그러나 주인공의 추방을 주도한 자들이 다시 눈앞에 나타나고, 주인공은 이들과 격렬한 투쟁을 벌인다. 오뒷세우스에게 필로크테테스의 가치는 전쟁의 승리를 위해 필요한 도구, 혹은 그 도구의 주인에 지나지 않는다. 그 도구를 탈취해내는 과정에서 필로크테테스라는 존재는 다시 한번 모질게 짓밟힌다. 크레온과 폴뤼네이케스가 원하는 것은 오이디푸스를 테바이로 데려와 그를 회복시키는 것이 아니라, 그저 그의 몸뚱이를 통제해가며 그를 방패막이 삼아 테바이를 지켜내려는 것에 지나지 않는다.

버려지고 추방된 이후, 주인공은 실제 시간의 흐름과 무관하다시피 살아왔다. 필로크테테스에게는 무인도에서 하루하루가 똑같이 반복되고, 오이디푸스는 안티고네와 함께 정처 없는 방랑을 반복할 뿐이다. 그러나 과거에 자신을 추방했고, 지금은 자신을 이용하려는 자들과 맞서는 순간, 과거의 기억은 멈춰졌던 그 상태에서 다시 살아나고, 누그러뜨릴 수 없는 노여움도 동시에 살아난다. 공허한 기다림으로 채워져온 시간의 순환이 끝나는 순간이다.

이 두 작품의 주인공은 신이 보낸 가혹한 운명에 오랫동안 고통을 겪어왔지만, 그 영웅적인 기질은 변함이 없다. 그러다 마침내 고귀한 사람과 만나 우정을 나누고, 신의 인도를 받으며 자신이 있어야 할 자리를 향해 나아간다. 그러나 신의 예언이 있다고 해서 그것이 자동적으로 이루어지는 것은 아니다. 신이 내다보는 결말과, 이에 상응하는 인간의 선택과 행위는 항상 함께 이루어진다. 주인공은 자신의 말과 행동으로 영웅성을 드러내고, 마침내 신탁이 인도하는 길을 따라가는데, 차이도 있다. 필로크테테스가 다시금 영웅으로서 자신의 탁월함을 유감없이 발휘할 수 있는 전장으로 돌아가는 반면, 오이디푸스는 이미 신과 같은 영웅이 되어 비밀스럽고 신성한 무덤으로 들어가 생을 마친다는 점이다.

***

앞서 말한 전작들과의 비교가 대체로 유사성, 연속성으로 이루어진다면, 『오이디푸스 튀란노스』와는 닮음과 차이의 비중이 비슷하다. 이 두 작품에는 오이디푸스의 운명이 신탁과 예언을 통해 일찌감치 밝혀짐에도 불구하고 여러 '장애물'을 거치며 끝까지 극의 긴장이 유지된다는 공통점이 있다. 또한, 첫머리에서 도시의 구원과 직결되는 아폴론의 신탁이 밝혀지고, 마침내 그 신탁은 오이디푸스를 통해 실현된다. 이별이 임박한 순간에 오이디푸스가 두 딸과 파토스 넘치는 인사를 나누는 것, 그리고 자연물 중에서는 태양의 빛을 부르는 것 역시 동일하다(1549-1552). 정화와 탄원을 위한 양털 역시 두 작품 모두에서 발견된다.

이 작품에서도 그는, 마치 젊은 시절의 자신처럼 방랑자가 되어 낯선 땅으로 진입한다. 그러나 그가 과거에 들어간 '낯선' 땅은 사실 자신이 태어난 곳이었고, 이제는 자신이 생을 마칠 장소에 다다른다. 두 작품 모두에서 오이디푸스는 일관된 사람으로 그려진다. 그러나 젊은 오이디푸스가 지적인 탐구와 추리로 일관했다면, 나이 든 오이디푸스는 윤리적인 측면이 돋보인다. 이 작품의 오이디푸스는 신들에 대한 전통적인 규범을 존중하며, 벗들을 돕고 적들을 해하는 인간들의 전통적인 규범에 따라 움직임으로써, 그 자신을 환대하는 도시에 구원이 있고, 적들에게 저주가 있을 것이라는 신탁과 조응한다.

궁전 안의 요람 대신, 키타이론산이라는 가장 끔찍한 무덤에서 생을 시작했던 오이디푸스는 이제 가장 신성한 무덤에서 생을 마감한다.

인간이 상상할 수 있는 모든 역설을 한 몸에 품었던 젊은 시절만큼은 아닐지라도, 나이 든 오이디푸스 역시 저주와 축복, 그리고 비루한 외모에 감춰진 신적인 풍모라는 역설을 여전히 품는다. 이는 마치 저주와 자비의 힘을 동시에 지닌 에우메니데스의 모습 그 자체이다.

이번 작품에서도 그는 크레온과 격한 논쟁을 벌인다. 그러나 그 내용과 구도는 사뭇 다르다. 나이 든 오이디푸스는 『오이디푸스 튀란노스』에서와는 달리 자신이 누구인지도, 자신이 어떤 존재가 될 운명인지도 이미 알고 있다.

전작에서 오이디푸스는 탄원자들의 호소를 받는 신과 같은 자로 등장하지만, 결국 오염을 불러일으킨 자, 아니 오염 그 자체로 밝혀지는 반면, 이 작품에서는 탄원자로서 신들에게 호소하는 남루한 방랑자의 모습으로 등장하여 결국 그 위엄과 영예를 되찾고 정점에 도달하며 퇴장한다.

또한, 두 작품 모두에서 오이디푸스는 일련의 인물들과 대면하는 과정을 거치는데, 『오이디푸스 튀란노스』에서는 그들과의 대화가 자신의 정체를 알아내는 과정이었다면, 이 작품에서는 오이디푸스가 성취해낸 지혜를 통해 테세우스와 크레온, 폴뤼네이케스라는 인물들의 사람됨과 욕망, 존재의 방식 등이 드러난다. 그는 무력해 보이지만 실제로는 무력하지 않은 사람이고, 앞을 보지 못하지만 실은 모든 것을 내다본다(74).

신탁 역시 지나칠 수 없는 테마이다. 『오이디푸스 튀란노스』에는 세 가지 중요한 신탁이 등장한다. 내려진 순서대로 나열하면 다음과 같다.

1) 라이오스에게 아이가 태어나면, 그는 그 아이에게 목숨을 잃게 된다.
2) 오이디푸스는 아버지를 죽이고 어머니와 몸을 섞어 자식들을 낳게 된다.
3) 테바이를 구해내기 위해서는 라이오스의 살해범을 찾아 죽이든지 추방해야 한다.

이 작품에서도 다음과 같은 세 가지 신탁이 등장한다.

1) 오이디푸스는 거룩한 여신들의 자리에 이르러 생을 마칠 것이며, 제우스의 천둥 번개가 그 징조가 될 것이다. 이 과정에서 자신을 거두는 자들에게는 이익이, 내치는 자들에게는 재앙이 있을 것이다(87-95).
2) 테바이의 존망은 오이디푸스의 거취에 달려 있다(392).

3) 오이디푸스의 아들들은 아테나이 땅에서 타격을 입게 될 것이다(603-605).

『오이디푸스 튀란노스』의 신탁들은 훨씬 더 두렵고 까마득한 것이었다. 마치 신탁이라는 것이 신들의 숨겨진 지혜를 드러내기 위해 발설되는 것이 아니라 인간과 신 사이의 거리를 명토 박기 위해 존재하는 것처럼 느껴질 정도이다. 과연 『오이디푸스 튀란노스』에서 전해지는 신탁의 역할은 한나절의 삶에 불과한 인간의 질문 따위에 대답하는 것이 아니라, 자신의 운명을 지배하는 힘을 이해할 방법이 없는 인간의 무능력을 가혹하게 재확인하는 절차이다. 그러나 오이디푸스는 자신의 추방을 관철해냄으로써 세 번째 신탁을 자신의 의지대로 이루어내며 눈부신 빛을 발한다. 이 작품에서도 세 번째 신탁은 오이디푸스 본인의 의지대로 확정 짓는다. 그가 강력한 저주를 통해 폴뤼네이케스와 에테오클레스에게 죽음을 예고하기 때문이다.

물론 다른 점도 있다. 전작에서 오이디푸스는 마지막 발견 전까지 세 신탁이 서로 어떻게 연결되는지 전혀 알지 못하였다. 그러나 이 작품에서는 첫 번째 신탁을 기초로 두 번째와 세 번째가 통합되어 순차적으로 사건의 전개를 이룬다. 두 번째 신탁에서 자신들의 이익을 관철하기 위해 오이디푸스를 찾아온 크레온과 폴뤼네이케스는 첫 번째 신탁에 나오는 '자신을 내친 이들'이다. 폴뤼네이케스는 언뜻 아버지에게 사과하고 용서를 비는 것 같지만, 사실 그의 모든 행동의 동기는 자신의 이익이나. 노골적인 악당인 크레온보다도 더 가증스러운 모습이다. 이들에게는 재앙이 내려져야 한다. 크레온의 폭력은 테세우스가 굴복시켰고, 폴뤼네이케스와 에테오클레스에게는 죽음의 저주가 내려진다. 이것이 완료되면, 다시 첫 번째 신탁의 제우스의 천둥 번개로 사건이 속개된다.

***

이로써 오이디푸스는 자신의 최후의 장소를 선택할 수 있는 자유로운 존재, 자기 의지의 주인으로 남는다. 그 순간부터 오이디푸스의 무덤은 그것을 지키는 이들에게 안전과 번영을 약속하는 상징으로 남게 된다. 이 작품이 초연된 기원전 401년 즈음에 아테나이는 엄청난 정치적 혼란 속에서 갈피를 잡지 못하고 있었다. 펠로폰네소스 전쟁에서 스파르타에게 패배한 후 30인 과두제가 들어섰고, 곧이어 내전에 돌입하던 시기였다. 당시 아테나이의 관객들은 자신들의 앞마당이었던 콜로노스를 배경으로 펼쳐지는 이 신비로운 드라마 앞에서 복잡한 심사를 가누지 못했을 것만 같다. 오이디푸스를 신들의 세계로 떠나보내면서, 그리고 그의 힘으로 쇠락해가던 아테나이에 안전과 번영이 다시 찾아오길 조심스레 기원하면서.

지은이 **소포클레스**

비극 작가 소포클레스는 기원전 496년경 아테나이 인근 콜로노스에서 부유한 무구 장인 소필로스의 아들로 태어났다. 그에 대한 고대의 기록들에 의하면 어린 시절부터 외모가 뛰어났고 음악, 춤에도 두각을 나타내었다고 한다. 470년에 비극 작가로서의 경력을 시작한 그는 평생 약 120편 이상의 작품을 남겼으며, 한 작가가 네 작품씩 출품하는 비극 경연에서 총 24번의 승리를 거두었다고 전해진다. 당시 비극 경연은 1위부터 3위까지 순위를 매겼는데, 3위를 차지한 적은 한 번도 없었다고 한다. 극작가로서의 성공 외에도 그는 델로스 동맹의 재무관(443/442년), 사모스섬 원정(441/440년)의 제독으로 임명되어 활동하였으며, 펠로폰네소스 전쟁 중 중요한 현안을 다루던 10인 위원회의 위원으로 선출되었다고 전해진다(411년). 405년, 에우리피데스가 죽고 몇 달 지나지 않아 소포클레스는 90세의 나이로 사망한다. 다음 해에 펠로폰네소스 전쟁이 끝나며 아테나이는 패전을 맞는다. 401년에는 그와 이름이 같은 손자가 『콜로노스의 오이디푸스』를 상연하고 비극 경연대회에서 우승을 거두었다고 한다. 그가 120편 이상의 작품을 집필하였다고 하나 우리에게 온전하게 전해지는 작품은 7편에 불과하고, 그중에서도 연대를 확실히 알 수 있는 작품은 둘밖에 없다.

옮긴이 **이준석**

서울대학교 미학과를 졸업하고 같은 학교 서양고전학 협동과정에서 소포클레스의 비극 연구로 석사 학위를, 스위스 바젤대학교에서 호메로스의 서사시 연구로 박사 학위를 받았다. 현재 한국방송통신대학교 문화교양학과 교수로 재직 중이다. 『일리아스』와 『오뒷세이아』를 옮겼으며, 주요 논문으로는 「오이디푸스 튀란노스: 두 목자에 대한 해석」, 「아레스를 닮은 메넬라오스: 일리아스의 내적 포뮬라 연구」, 「호메로스의 휴머니티」 등이 있다.

소포클레스 전집

1판 1쇄 찍음	2025년 8월 22일
1판 1쇄 펴냄	2025년 9월 12일
지은이	소포클레스
옮긴이	이준석
펴낸이	김정호
책임편집	박수용
디자인	오진경, 이대웅
펴낸곳	아카넷
출판등록	2000년 1월 24일(제406-2000-000012호)
주소	10881 경기도 파주시 회동길 445-3
전화	031-955-9511(편집)·031-955-9514(주문)
팩시밀리	031-955-9519

ⓒ 이준석, 2025

Printed in Paju, Korea.

ISBN 978-89-5733-989-3 94890

ISBN 978-89-5733-990-9 (세트)